géographie 1re

SOUS LA DIRECTION DE
Serge Bourgeat et Catherine Bras

AUTEURS

Pascal Baud
Agrégé de géographie, lycée Champollion, Grenoble

Serge Bourgeat
Agrégé de géographie, lycée Édouard-Herriot, Voiron

Catherine Bras
Agrégée de géographie, lycée Édouard-Herriot, Voiron

Caroline Calandras
Agrégée de géographie, lycée Joffre, Montpellier

Camille Girault
Maître de conférences en géographie, université Savoie Mont-Blanc

Alain Joyeux
Agrégé de géographie, lycée Joffre, Montpellier

David Méchin
Agrégé d'histoire-géographie, lycée du Cheylard

Caroline Meynet
Agrégée de géographie, université Savoie Mont-Blanc

Florian Nicolas
Agrégé d'histoire-géographie, lycée Pierre-Bourdieu, Fronton

Bertrand Pleven
Agrégé de géographie, ESPE université Paris-Sorbonne

Nathalie Reveyaz
Agrégée de géographie, académie de Grenoble

Céline Vacchiani-Marcuzzo
Maître de conférences HDR en géographie,
université Reims-Champagne-Ardenne, UMR Géographie-cités

COLLECTION S. BOURGEAT, C. BRAS
NOUVEAU PROGRAMME

Belin ÉDUCATION

Thème 1
La métropolisation : un processus mondial différencié 12

ÉTUDES DE CAS
1. Sur quelles synergies repose la Mégalopolis (États-Unis) ? 14
2. Mumbai : quelle recomposition pour cette métropole fragmentée ? 18
3. Quels défis doit relever Londres pour garder son rang de métropole mondiale ? 22
4. Le Brésil : à quelles échelles se joue la métropolisation ? 26
5. Comment Paris tient-elle son rang de grande ville mondiale ? 28

Question monde 1
Le poids croissant des métropoles 32
À l'échelle mondiale 34
Cours 1 Quels processus sous-tendent les logiques d'urbanisation ? 36
Cours 2 Quelles spécificités présentent les métropoles ? 38
Dossier Rénover, réhabiliter, construire... Un moyen d'exister sur la scène mondiale ? 40

Question monde 2
Des métropoles inégales et en mutation 42
À l'échelle mondiale 44
Des cartes pour comprendre 46
Cours 1 Quelles sont les différentes échelles de rayonnement des métropoles ? 48
Cours 2 Quelles recompositions spatiales affectent les métropoles ? 50
Dossier Comment Stockholm relève-t-elle les défis de l'étalement et des transports ? 52
Cours 3 Quels contrastes traversent les espaces métropolitains ? 54
L'essentiel Questions 1 et 2 56
Réviser activement 58

Question France
La métropolisation et ses effets 60
À l'échelle de la France 62
Des cartes pour comprendre 64
Cours 1 Pourquoi la métropolisation renforce-t-elle le poids de Paris en France ? 66
Dossier Le système urbain régional lyonnais : des fonctions métropolitaines ? 68
Cours 2 Les villes françaises profitent-elles des recompositions liées à la métropolisation ? 70
Dossier Bordeaux : quelles mutations renforcent cette métropole régionale ? 72
Cours 3 Quelles recompositions spatiales touchent les aires urbaines ? 74
Acteurs & enjeux Faut-il revitaliser les centres des villes moyennes ? 76
L'essentiel Question France 78
Réviser activement 80

CAHIER MÉTHODE 82

Les mots avec * sont définis dans le lexique pp. 286-287

© 2019 Belin Éducation/Humensis, 170 bis, boulevard du Montparnasse, 75680 Paris cedex 14

Thème 2
Une diversification des espaces et des acteurs de la production 94

ÉTUDES DE CAS
1. Industries aéronautiques et aérospatiales européennes : quels réseaux ? 96
2. Pourquoi la Silicon Valley a-t-elle une telle influence dans le monde ? 100
3. Comment s'articulent finances, production et flux à Singapour ? 104
4. Pourquoi la Chine investit-elle en Afrique ? 106

Question monde 1
Les espaces de production dans le monde : une diversité croissante 108
À l'échelle mondiale 110
Des cartes pour comprendre 112
Cours 1 Une hiérarchie des espaces de production en recomposition ? 114
Dossier Amazon, un empire mondial ? 116
Cours 2 Un espace productif organisé en nouvelles chaînes de valeur ? 118
Dossier D'où viennent nos tomates ? 120
Cours 3 Quels acteurs organisent les espaces productifs ? 122

Question monde 2
Métropolisation, littoralisation des espaces productifs et accroissement des flux 124
À l'échelle mondiale 126
Des cartes pour comprendre 128
Cours 1 Pourquoi les espaces productifs sont-ils métropolisés et littoralisés ? 130
Dossier Le cyberespace, un espace vraiment virtuel ? 132
Cours 2 Un monde de flux ? 134
Dossier Quels sont les lieux et les flux de l'« antimonde » ? 136
L'essentiel Questions 1 et 2 138
Réviser activement 140

Question France
Les systèmes productifs : entre valorisation locale et intégration européenne et mondiale 142
À l'échelle de la France 144
Des cartes pour comprendre 146
Cours 1 Comment l'UE et la mondialisation ont-elles modifié les systèmes productifs ? 148
Dossier Le « made in France », un révélateur de l'évolution des systèmes productifs ? 150
Cours 2 Comment les systèmes productifs tirent-ils profit des atouts locaux ? 152
Dossier L'intégration européenne, une chance pour le sillon lorrain ? 154
Cours 3 Comment les systèmes productifs français sont-ils réorganisés ? 156
Acteurs & enjeux Localiser une entreprise 158
L'essentiel Question France 160
Réviser activement 162

CAHIER MÉTHODE 164

ISBN 979-10-358-0466-4

Thème 3

Les espaces ruraux : multifonctionnalité ou fragmentation ? 176

ÉTUDES DE CAS

1. Au Canada, des espaces ruraux multifonctionnels en recomposition ? 178
2. Comment le tourisme recompose-t-il les espaces ruraux de Toscane ? 182
3. Quelles mutations agricoles et recompositions des espaces ruraux en Inde ? 184
4. La région Auvergne-Rhône-Alpes, des paysages ruraux en mutation ? 186

Question monde 1
La fragmentation des espaces ruraux 190

À l'échelle mondiale 192
Des cartes pour comprendre 194

Cours 1 Comment l'agriculture structure-t-elle de nombreux espaces ruraux ? 196
Dossier L'Indonésie, quels paradoxes pour une puissance agricole émergente ? 198
Cours 2 Comment l'agriculture productiviste recompose-t-elle les espaces ruraux ? 200
Dossier Les Pays-Bas : un espace rural multifonctionnel saturé ? 202

Question monde 2
Affirmation des fonctions non agricoles et conflits d'usages 204

À l'échelle mondiale 206

Cours 1 Comment se traduit la multifonctionnalité croissante des espaces ruraux ? 208
Dossier À quelles pressions sont soumis les espaces ruraux de l'Andalousie ? 210
Cours 1 Pourquoi la multifonctionnalité peut-elle entraîner des conflits d'usages ? 212
Dossier Les aires protégées en Afrique : des espaces ruraux au cœur de conflits d'usages 214

L'essentiel *Questions 1 et 2* 216
Réviser activement 218

Question France
Des espaces ruraux multifonctionnels, entre initiatives locales et politiques européennes 220

À l'échelle de la France 222
Des cartes pour comprendre 224

Cours 1 Comment expliquer la multifonctionnalité croissante des espaces ruraux français ? 226
Dossier Les espaces ruraux en Guadeloupe et en Martinique 228
Cours 2 Quels sont les enjeux d'aménagement liés au développement rural ? 230
Dossier Quelles sont les mutations des paysages ruraux bretons ? 232
Acteurs & enjeux Le patrimoine paysager, une chance pour l'espace rural ? 234

L'essentiel *Question France* 236
Réviser activement 238

CAHIER MÉTHODE 240

Thème 4

La Chine : des recompositions spatiales multiples 252

La recomposition : notions-clés 254

ÉTUDE DE CAS Quelles recompositions spatiales la croissance de Shanghai entraîne-t-elle ? 256

À l'échelle de la Chine 260
Des cartes pour comprendre 262

Cours 1 L'émergence économique de la Chine a-t-elle réduit les inégalités ? 264
Dossier Chongqing est-elle la plus grande ville du monde ? 266
Cours 2 Quels sont les défis liés aux ressources et à l'environnement ? 268
Dossier La Chine : un environnement sous pression ? 270
Cours 3 Quelles recompositions affectent le territoire chinois ? 272
Dossier Vers un rééquilibrage du territoire chinois ? 274

L'essentiel 276
Réviser activement 278

CAHIER MÉTHODE 280

CAHIERS MÉTHODE — BAC ÉPREUVES COMMUNES

Thème 1 Analyser une photographie oblique 82
    Analyser une image satellite 83
    Préparer un exposé oral 84
BAC Répondre à une question problématisée 86
BAC Analyser des documents 88
BAC Réaliser un croquis à partir d'un texte 90
BAC Sujets pour s'entraîner 92

Thème 2 Analyser des courbes statistiques 164
    Analyser une photographie 165
    Analyser une image satellite 166
BAC Analyser un document 168
BAC Réaliser un croquis à partir d'un texte 170
BAC Répondre à une question problématisée 172
BAC Sujets pour s'entraîner 174

Thème 3 **BAC** Analyser une publicité 240
BAC Analyser une caricature 241
    Analyser des représentations artistiques 242
    Comparer des photographies diachroniques 243
BAC Analyser des documents 244
BAC Réaliser un croquis 246
BAC Répondre à une question problématisée 248
BAC Sujets pour s'entraîner 250

Thème 4 **BAC** Analyser un document 280
BAC Réaliser un croquis à partir d'un texte 282
BAC Répondre à une question problématisée 284

Géographie 1re

Programme au BO du 22 janvier 2019

« Les dynamiques d'un monde en recomposition » (48 heures)

Sous l'effet des processus de transition – appréhendés en classe de seconde –, le monde contemporain connaît de profondes recompositions spatiales à toutes les échelles. Dans le cadre du programme de première, l'étude des dynamiques à l'œuvre fait ressortir la complexité de ces processus de réorganisation des espaces de vie et de production. Ces recompositions peuvent être observées à travers le poids croissant des villes et des métropoles dans le fonctionnement des sociétés et l'organisation des territoires. La métropolisation, parfois associée à l'idée d'une certaine uniformisation des paysages urbains, renvoie toutefois à des réalités très diverses selon les contextes territoriaux. Elle contribue aussi à accentuer la concurrence entre les métropoles, ainsi que la diversité et les inégalités socio-spatiales en leur sein. En lien avec la métropolisation, les espaces productifs se recomposent autour d'un nombre croissant d'acteurs aux profils variés. Ces recompositions s'inscrivent au sein de configurations spatiales multiples qui évoluent en fonction de l'organisation des réseaux de production (internationaux, régionaux ou locaux).

Les espaces productifs liés à l'agriculture sont traités plus spécifiquement dans le thème sur les espaces ruraux. La multifonctionnalité de ces derniers et leurs liens avec les espaces urbains s'accentuent, à des degrés divers selon les contextes, et contribuent au développement de conflits d'usages.

Thème 1 La métropolisation : un processus mondial différencié (12-14 heures)

Questions	– Les villes à l'échelle mondiale : le poids croissant des métropoles. – Des métropoles inégales et en mutation.
Études de cas possibles	– La métropolisation au Brésil : dynamiques et contrastes. – Londres : une métropole de rang mondial. – Mumbai : une métropole fragmentée. – La mégalopole du Nord-Est des États-Unis (de Boston à Washington) : des synergies métropolitaines.
Question spécifique sur la France	La France : la métropolisation et ses effets.

Thème 2 Une diversification des espaces et des acteurs de la production (12-14 heures)

Questions	– Les espaces de production dans le monde : une diversité croissante. – Métropolisation, littoralisation des espaces productifs et accroissement des flux.
Études de cas possibles	– Les espaces des industries aéronautique et aérospatiale européennes : une production en réseau. – Singapour : l'articulation de la finance, de la production et des flux. – Les investissements chinois en Afrique : la recomposition des acteurs et espaces de la production aux échelles régionale et mondiale. – La Silicon Valley : un espace productif intégré de l'échelle locale à l'échelle mondiale.
Question spécifique sur la France	La France : les systèmes productifs entre valorisation locale et intégration européenne et mondiale.

Thème 3 Les espaces ruraux : multifonctionnalité ou fragmentation ? (12-14 heures)

Questions	– La fragmentation des espaces ruraux. – Affirmation des fonctions non agricoles et conflits d'usages.
Études de cas possibles	– Les mutations des espaces ruraux de Toscane. – Les transformations paysagères des espaces ruraux d'une région française (métropolitaine ou ultramarine). – Mutations agricoles et recomposition des espaces ruraux en Inde. – Les espaces ruraux canadiens : une multifonctionnalité marquée.
Question spécifique sur la France	La France : des espaces ruraux multifonctionnels, entre initiatives locales et politiques européennes.

Thème 4 conclusif La Chine : des recompositions spatiales multiples (8-10 heures)

Questions	– Développement et inégalités. – Des ressources et des environnements sous pression. – Recompositions spatiales : urbanisation, littoralisation, mutations des espaces ruraux.

Notions et vocabulaire à maîtriser à l'issue de la classe de première
(en complément des notions et vocabulaires acquis en classe de seconde qui seront remobilisés tout comme les repères spatiaux acquis) :
- Recomposition : notion transversale à l'ensemble des thèmes.
- Centralité, centre-périphérie, métropole/métropolisation, ville.
- Espace productif, entreprise multinationale, chaîne de la valeur ajoutée, flux, production, système productif.
- Espace rural, multifonctionnalité, fragmentation, périurbanisation, ruralité.

Les capacités du programme dans le manuel

1. Étudier des documents de nature diverse

Analyser une photographie oblique	p. 82	Analyser une image satellite	p. 166
Analyser une image satellite grâce à *Google street view* et en faire un schéma	p. 83	Analyser une publicité	p. 240
Utiliser des documents pour préparer un exposé oral	p. 84	Analyser une caricature	p. 241
Analyser des courbes statistiques	p. 164	Travailler sur des représentations artistiques	p. 242
Analyser une photographie	p. 165	Comparer des photographies diachroniques	p. 243

2. Maîtriser les épreuves communes de contrôle continu du baccalauréat

Réponse à une question problématisée

- Rédiger une introduction - Rédiger une conclusion	p. 86	Pourquoi peut-on dire que le processus de métropolisation recouvre des réalités diverses à l'échelle mondiale mais entraîne aussi des dynamiques communes à d'autres échelles ?
Choisir des schémas et les intégrer dans une réponse	p. 172	Quelles sont les nouvelles logiques d'organisation de l'espace économique français dans le cadre de la mondialisation ?
- Formuler une problématique - Élaborer un plan qui réponde à cette problématique	p. 248	Quels sont les enjeux et les acteurs de l'aménagement et du développement des espaces ruraux en France ?
- Maîtriser les règles formelles de la composition/argumentation - Répondre à une question problématisée	p. 284	Quelles recompositions spatiales multiples la Chine connaît-elle ?

Analyse de document(s)

Utiliser ses connaissances pour analyser des documents	p. 88	De la technopole à la métropole : le cas de Grenoble
- Mobiliser des notions pour analyser un document - Transformer une infographie en schéma	p. 168	Le jean : un révélateur d'un système productif mondialisé
- Mobiliser des connaissances pour analyser un texte - Extraire des informations d'un texte et les transformer en un schéma fléché	p. 244	« Le loup contre les bergers » : un conflit d'usages dans les espaces ruraux de montagne en France
Réutiliser les notions vues en cours dans l'année	p. 280	Les recompositions spatiales du delta de la rivière des Perles

Réalisation d'une production graphique

- Compléter un croquis à partir d'une légende organisée - Maîtriser les localisations	p. 90	La métropolisation en France métropolitaine et ses effets sur les métropoles régionales
- Bâtir et organiser la légende du croquis - Sélectionner les informations du texte	p. 170	Le système productif industriel mondial : principaux pays producteurs, flux et évolutions en cours
- Construire un croquis d'après une carte - Comprendre les différences entre carte, croquis et schéma	p. 246	Les espaces agricoles dans le monde
- Tirer des informations d'un texte - Trouver les figurés les plus adaptés	p. 282	L'espace chinois : un espace inégalement intégré à la mondialisation

3. S'entraîner avec des sujets type Bac

Réponse à une question problématisée	p. 93	Quels sont les effets de la métropolisation en France ?
	p. 175	Les systèmes productifs français, entre valorisation locale et intégration européenne et mondiale ?
	p. 251	La multifonctionnalité des espaces ruraux : complémentarité ou conflits d'usages ?
Réalisation d'une production graphique	p. 92	L'organisation spatiale d'une métropole américaine : Houston
	p. 174	Le système productif réunionnais, entre valorisation locale et intégration européenne et mondiale
	p. 246	Les types d'espaces ruraux en France métropolitaine
Analyse de document(s)	p. 93	Lille : la volonté d'être une métropole européenne
	p. 175	Paris-Saclay : une "Silicon Valley" à la française ?
	p. 250	L'espace rural au Québec : un espace multifonctionnel

SE PRÉPARER AU BAC — ÉPREUVES COMMUNES

Les épreuves communes de contrôle continu

Le calendrier

Deux épreuves communes de contrôle continu en classe de Première et une en Terminale.

En 1re

1er trimestre	2e trimestre	3e trimestre
	ECCC1	ECCC2

Le déroulement des deux épreuves communes de contrôle continu en Première

- **Durée** : 2 heures
- **Une épreuve portant à la fois sur l'histoire et sur la géographie**
  Si la première épreuve (réponse à une question problématisée) est en géographie, la seconde est en histoire, et inversement.
  Si la première partie de la première épreuve de contrôle continu est en histoire, la première partie de la deuxième épreuve est en géographie, et inversement.
- **Deux épreuves d'importance équivalente**
  Chaque partie est notée sur 10. La note finale est la somme des notes attribuées à chaque partie.
- **Trois types d'épreuves possibles en géographie** — Dans le détail…

Réponse à une ou deux question(s) problématisée(s)
> Il s'agit d'une réponse rédigée et construite. Le candidat doit montrer qu'il a acquis des capacités d'analyse, qu'il maîtrise des connaissances, sait les sélectionner et les organiser de manière à répondre à la problématique de la question.

Analyse de document(s)
> L'analyse de document(s) est accompagnée d'une consigne suggérant une problématique. Le ou les document(s), en histoire comme en géographie, comporte(nt) un titre et, si nécessaire, un nombre limité de notes explicatives.

Réalisation d'une production graphique
> Lorsque la production graphique est un croquis, ce croquis est réalisé à partir d'un texte élaboré pour l'exercice qui présente une situation géographique. Un fond de carte est fourni.
> Le candidat fait preuve d'une plus grande autonomie pour identifier, organiser et hiérarchiser les éléments à représenter et construire la légende.
> Dans le cas d'une autre production graphique, les consignes et les données servant à l'élaboration de cette production sont fournies avec l'exercice.

Les critères d'évaluation

D'après le programme : « Les épreuves communes de contrôle continu ont pour objectif d'évaluer l'aptitude du candidat à :

– **mobiliser**, au service d'une réflexion géographique, des connaissances fondamentales pour la compréhension du monde et la formation civique et culturelle du citoyen ;

– **rédiger** des réponses construites et argumentées, montrant une maîtrise correcte de la langue ;

– **exploiter**, organiser et confronter des informations ;

– **analyser** un document de source et de nature diverses ;

– **comprendre**, interpréter et pratiquer différents langages graphiques. »

La réponse à une ou deux question(s) problématisée(s)

Il s'agit de construire une réponse organisée et argumentée à la problématique en montrant des qualités d'analyse et une bonne maîtrise des connaissances et des capacités et méthodes acquises en classe.

Les grandes étapes

Vu le barème (la moitié de la note), on doit y consacrer environ la moitié du temps de l'épreuve.
Timing à moduler en fonction du nombre de questions :
- Comprendre et analyser la question ~ 5-10 mn
- Choisir et élaborer le plan ~ 10 mn
- Rédiger la réponse ~ 40-45 mn
- Se relire ~ 5 mn

Les points indispensables

- Organiser la réponse
- Mobiliser des notions et un vocabulaire géographiques
- Argumenter à l'aide de connaissances
- S'appuyer sur des exemples

Pour acquérir les méthodes : pages 86, 172, 248, 284
Sujets pour s'entraîner : pages 92, 174, 250

Des règles d'écriture à respecter

> **Réaliser une introduction et une conclusion (voir page 86)**

> Environ 55 % de la population mondiale vit désormais en ville. Cet essor de l'urbanisation s'accompagne d'un processus de métropolisation, c'est-à-dire de concentration des populations, des activités et des fonctions de commandement, qui touche en priorité les grandes villes et tend à délaisser les villes moyennes. *(L'amorce, l'intérêt du sujet)*
> Quelle importance et quelles formes ce processus de métropolisation prend-il à travers le monde ? *(La problématique)*
> Nous verrons d'abord que l'urbanisation et la métropolisation vont de pair, avant d'observer que ces phénomènes recouvrent des réalités très diverses à l'échelle mondiale. Nous finirons par analyser, à des échelles inférieures, les points communs liés à la métropolisation. *(L'annonce du plan)*

> **Rédiger en respectant des règles formelles (voir page 284)**

> L'ouverture du pays, initiée dans les années 1980, a renforcé la subdivision du territoire en « trois Chine ». *(Ne pas mettre les titres du plan mais une phrase introductive)*
> *(Commencer chaque paragraphe par un alinéa)* La Chine littorale a été la première région à se développer. Il s'agit des régions les plus peuplées du pays avec des densités dépassant souvent les 400 habitants au km², y compris en milieu rural. Ces provinces littorales représentent à elles seules environ 45 % de la population du pays. Les espaces les plus peuplés sont situés le long du golfe de Bohai et de Tianjin à Shanghai, mais aussi dans le delta de la rivière des Perles qui, de Guangzhou à Hong Kong (britannique jusqu'en 1997), compte plus de 30 millions d'habitants. Ces régions ont été les premières à connaître une transition démographique, accélérée par la politique dite « de l'enfant unique ». Le résultat en est un vieillissement qui inquiète les autorités. *(Première idée du I-A : premier paragraphe)*
> Cette Chine littorale est aussi celle des grandes métropoles. En effet...

> *(Saut d'une ligne Alinéa)* En conclusion .... *(Une courte conclusion)*

SE PRÉPARER AU BAC ÉPREUVES COMMUNES

L'analyse de document(s)

Il s'agit d'analyser le(s) document(s) afin de répondre à la problématique suggérée par la consigne.

Étape 1
La découverte du sujet
Repérer la partie du programme concernée.

Étape 2
La lecture du sujet
- Lecture du sujet : que dit précisément la consigne ?
- Une ou deux phrases peuvent guider le raisonnement.

Étape 3
L'analyse du ou des documents
Prendre connaissance du ou des documents :
- Les documents sont-ils récents ?
- De quelle nature (carte, graphique, photographie, etc.) ?
- Quelles sont les sources ?
> Des informations qu'il faudra évoquer dans la copie.

Deux cas possibles :
> Un seul document
> Deux documents. Qu'apporte la confrontation de ces deux documents ?

Mais une démarche commune s'appuyant sur l'analyse des documents et ses connaissances :
- Quels sont les apports du ou des documents pour le sujet ?
- Quelles sont les limites du ou des documents ?

Étape 4
L'organisation des idées et la réponse à la question
- Une courte introduction
- Une réponse composée de plusieurs paragraphes
- Une brève conclusion

Pour acquérir les méthodes :
pages 88, 168, 244, 280
Sujets pour s'entraîner :
pages 93, 175, 251

ACQUÉRIR LES MÉTHODES — BAC ÉPREUVES COMMUNES

Analyser des documents

SUJET De la technopole à la métropole : le cas de Grenoble

En vous appuyant sur les documents, vous évaluerez les atouts mais aussi les difficultés de Grenoble pour devenir une métropole.

1. Grenoble, la technopole* devenue métropole*

« Personne aujourd'hui ne conteste le rôle de technopole de Grenoble. La ville abrite en effet un ensemble [...] d'entreprises et de laboratoires spécialisés dans des productions particulières (logiciels, fabrication des puces électroniques, nanotechnologie[1]). Mais, l[...] présence d'activités fondées sur la connaissance, la recherche, l'innovation et la créativit[...] suffit-elle à faire de la cité dauphinoise une métropole ?
Pour accéder au véritable statut de métropole [...] Grenoble est confrontée à un d[...] majeur : intégrer ces [entreprises] dans la société urbaine locale [...]. Que ce soit en termes [...] l'aire urbaine présente des signes de fragilité plutôt sérieux. Que ce soit en termes croissance démographique et des emplois, d'attractivité migratoire, d'évolution [...] revenus par habitant, Grenoble fait systématiquement moins bien que la moyenne [...] quinze aires urbaines de taille comparable au cours de la décennie passée [...] en d[...] de ses nombreux atouts (un système productif innovant, une place dans le monde [...] recherche, une attractivité auprès des étudiants du monde entier, un réseau d'associat[...] un environnement résidentiel et récréatif[2]) [...]. Plane en effet le risque d'un divorce e[...] le système technopolitain alimenté par des « cerveaux » mobiles recrutés à l'internati[...] et une société urbaine mise à l'écart des processus de développement[3]. [...]
Grenoble saura-t-elle fendre son armure technopolitaine pour se révéler métropoli[...] Grenoble, comme technopole, truste depuis plusieurs années les sommets des classe[...] internationaux pour son dynamisme en termes d'innovation. Depuis le 1er janvier [...] elle revêt — en droit — les atouts d'une métropole. Mais, si elle en possède tous les a[...] des fragilités demeurent.

[1] Fabrication et utilisation de matériels de toute petite taille (de l'ordre du nanomètre, soit [...] milliardième de mètre).
[2] Grenoble est entourée de montagnes et est proche de stations de sports d'hiver, de deux p[...] régionaux et du Parc national des Écrins.
[3] Le taux de chômage est inférieur à la moyenne nationale mais en forte hausse depuis 15 [...] violence urbaine est en forte augmentation. Les prix de l'immobilier stagnent.

Premier plan n° 32, janvier [...]
(Publication du PUCA. Service interministériel rattaché au Ministère de la transition éco[...] solidaire et au Ministère de la cohésion des [...])

B. Cette affirmation est-elle exacte ou est-elle à relativiser ?
Doc p. 71 et 158-159.

C. Comparez les atouts de Grenoble à ceux d'autres métropoles à l'aide des documents p. 158-159.

2. [...] développement d'un nouveau quartier urbain autour d'un pôle [...] compétitivité (2017)

Situé tout autour du pôle de compétiti[...] mondial Minalogic, spécialisé dans les nanotechnologies, le nouveau quartier [...] Presqu'île se présente comme un mo[...] développement durable avec de loge[...] HQE (haute qualité environnementale[...] mixité sociale, des mobilités douces. [...] D'autres quartiers sont remaniés po[...] redynamiser Grenoble.

88 **Thème 3** Des mobilités généralisées

La réalisation d'une production graphique

Nature de la production

La production graphique n'est pas forcément un croquis.

Dans le cas d'une autre production graphique que le croquis, les consignes et les données servant à l'élaboration de cette production sont fournies avec l'exercice. Cette production peut, par exemple, être un schéma :

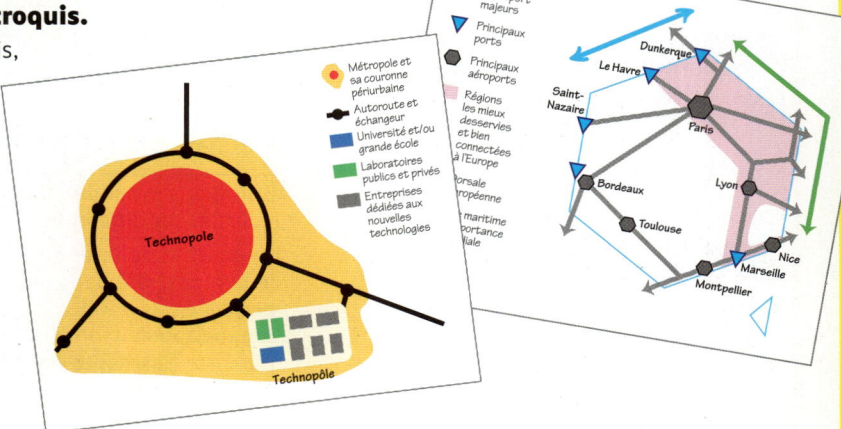

Réalisation du croquis

Lorsqu'il s'agit de réaliser un croquis à partir d'un texte :
- un fond de carte est fourni,
- des règles formelles sont à respecter.

Le croquis doit être soigné et lisible. Il faut donc sélectionner les informations.

Tout croquis comporte un titre.

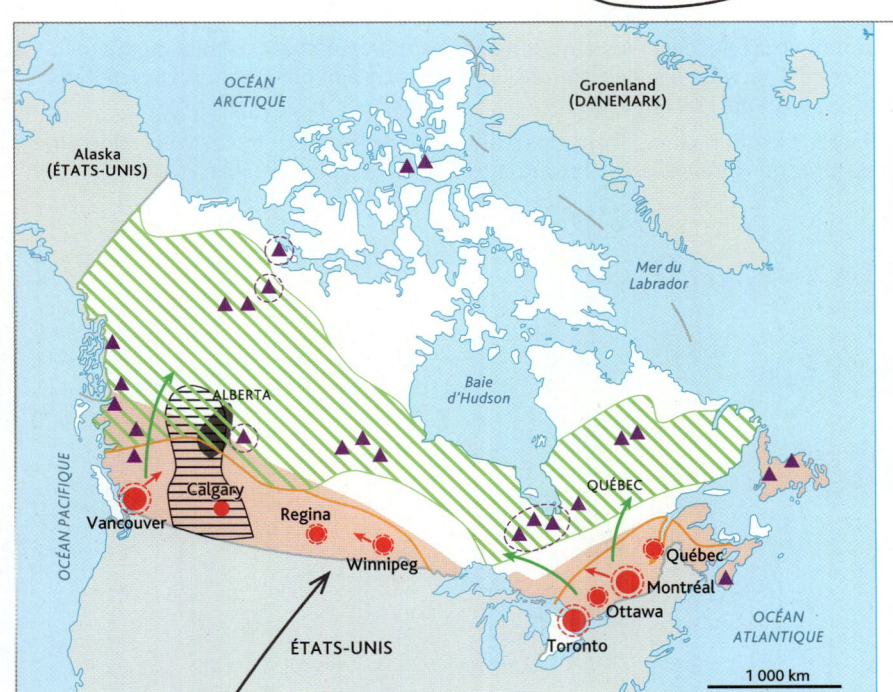

Titre : Les espaces ruraux au Canada

A Les spécificités d'un immense territoire et d'une économie rentière*
- Densité supérieure à 1 habitant/km²
- Un espace agricole limité
- La forêt boréale
- Pôles principaux d'extraction minière
- Zones d'extraction d'hydrocarbures
- Zones minières abandonnées ou polluées

B Les défis d'une multifonctionnalité* croissante sous l'influence des métropoles
- Métropole
- Exploitation des sables bitumineux
- L'étalement urbain qui transforme les espaces ruraux avoisinants
- Les processus de rurbanisation* et de gentrification* rurale
- Essor des fonctions récréatives de l'intérieur canadien

Tout croquis doit être accompagné d'une légende ordonnée selon un plan visible.

Noter une nomenclature en rapport avec le sujet (noms d'États, de villes...) en respectant une logique dans les caractères et couleurs utilisés.

Le choix des figurés est essentiel (figurés de surface, ponctuels...) ainsi que leur hiérarchisation (dégradés de couleur, tailles...).

Pour acquérir les méthodes : pages 90, 170, 246, 282
Sujets pour s'entraîner : pages 92, 174, 250

BAC ÉPREUVES COMMUNES

EXPLOREZ votre MANUEL

Aidez-vous du sommaire **p. 2-3** pour trouver les chapitres utiles.

*Pensez à utiliser le lexique **p. 286**.

Au niveau mondial, comme à l'échelle de la France, votre itinéraire doit être le plus direct possible, pour limiter l'empreinte carbone.

▶ VOTRE MISSION

En tant que géographe, vous avez pour mission d'analyser certaines recompositions spatiales dans le monde, mais aussi, plus précisément, en France. Pour cela, vous parcourrez le monde à l'aide de votre manuel à la recherche de 14 destinations (7 en France et 7 dans le reste du monde).

Destinations « monde » : 7 réparties sur différents continents	Destinations « France » : 7 réparties en différents lieux du territoire métropolitain et ultramarin
• Un quartier des affaires symbolique de la modernité dans une métropole* mondiale • Une métropole mondiale marquée par une forte fragmentation socio-spatiale* • Un espace productif fortement intégré à la mondialisation • Un espace industrialo-portuaire en forte croissance • Un espace agricole d'un pays émergent* • Un espace rural* marqué par la multifonctionnalité* • Un espace rural connaissant des conflits d'usages*	• Un quartier des affaires dans une ville mondiale* • Une métropole régionale en recomposition spatiale* • Un espace urbanisé fragmenté • Un espace de production* intégré à l'échelle européenne et mondiale • Un espace agricole en mutation • Un espace rural en recomposition • Un espace rural marqué par la multifonctionnalité

■ Commencez par choisir les étapes de votre mission d'étude à l'aide du manuel, en veillant à diversifier les localisations (différents continents et différentes régions françaises, y compris ultramarines).

■ Placez-les sur un planisphère et sur une carte de France et tracez votre itinéraire : vous partirez de votre lycée et y retournerez à la fin de votre mission.

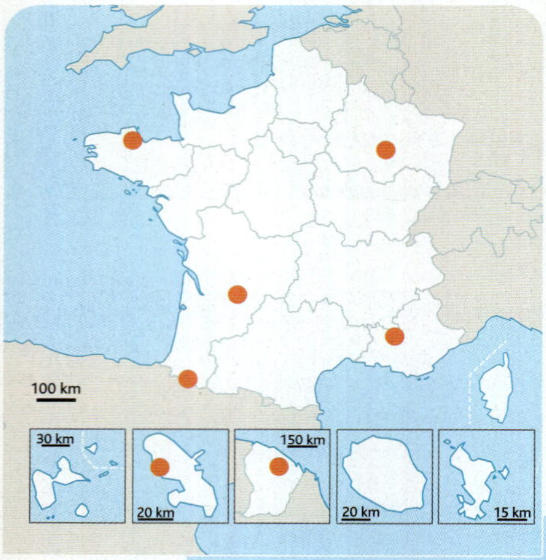

FONDS DE CARTES

DÉCOUVREZ les grandes notions du programme !

La notion-clé du programme de 1ʳᵉ — RECOMPOSITION SPATIALE

Les territoires connaissent des **recompositions spatiales** à toutes les échelles : ils se réorganisent, modifient leurs réseaux, sont animés de dynamiques variées. Ces recompositions sont liées aux différentes transitions étudiées en classe de Seconde (transition démographique, urbaine…).

Quelques-unes des recompositions spatiales que vous allez étudier cette année :

ANALYSES DIACHRONIQUES

Les recompositions spatiales liées à la métropolisation (p. 34)
Les métropoles modernisent ou créent des quartiers des affaires (Abu Dhabi en 1970 et de nos jours).

Les recompositions spatiales liées à la mondialisation (p. 126)
Les ports doivent s'adapter à leur rôle devenu majeur du fait de la conteneurisation (porte-conteneurs dans le port de Hambourg en 1967 et de nos jours).

Les recompositions spatiales des espaces productifs (p. 110)
Des espaces industriels transformés en espaces tertiaires (Nantes : de l'ancienne biscuiterie LU au « Lieu unique »).

Les recompositions spatiales des espaces ruraux (p. 206)
Des espaces ruraux souvent résiduels du fait de la périurbanisation et du développement d'activités industrielles, commerciales ou de loisirs (Lattes à proximité de Montpellier en 1965 et de nos jours).

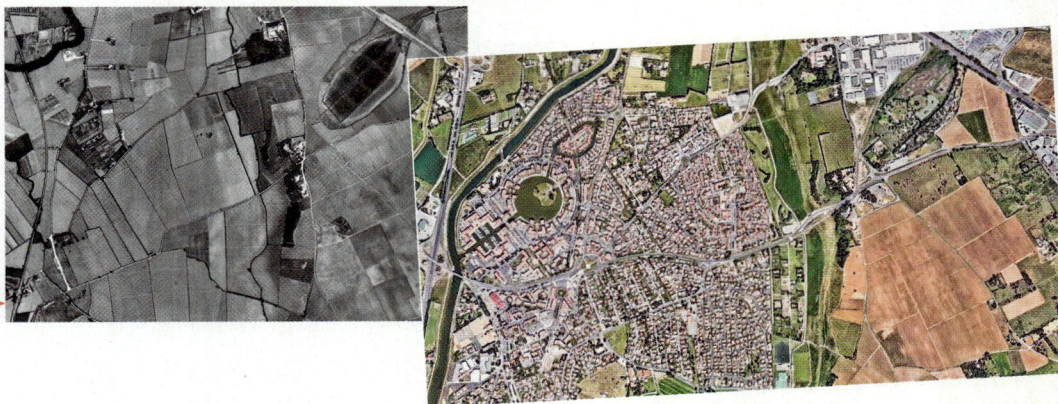

Thème 1
La métropolisation : un

? Pourquoi peut-on parler d'une certaine uniformisation architecturale des métropoles mondiales ?

La *skyline* de Tokyo, Japon

processus mondial différencié

Les quartiers des affaires sont un des symboles de la métropolisation*. Situé à Tokyo, 4e ville mondiale*, le quartier de Minato, où les projets de tours sont encore nombreux, témoigne d'une certaine uniformisation des paysages métropolitains. Cependant, la métropolisation recoupe des réalités très diverses à travers le monde.

Études de cas

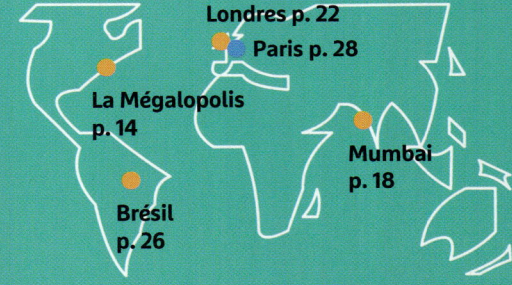

- Londres p. 22
- Paris p. 28
- La Mégalopolis p. 14
- Brésil p. 26
- Mumbai p. 18

Questions Monde

1. Le poids croissant des métropoles 32
2. Des métropoles inégales et en mutation 42

Question France

3. La métropolisation et ses effets 60

ÉTUDE DE CAS 1

Sur quelles synergies repose la Mégalopolis (États-Unis) ?

Forte de 55 millions d'habitants (dont 20 millions à New York), la mégalopole* du Nord-Est des États-Unis articule sur 1 000 km des ensembles urbains connectés par des réseaux de communication et de transport. Ce chapelet urbain, ponctué d'espaces ruraux, fonctionne en synergie* et reste, malgré la concurrence, un centre majeur de la mondialisation.

A — Comment s'articule cette région urbaine ?

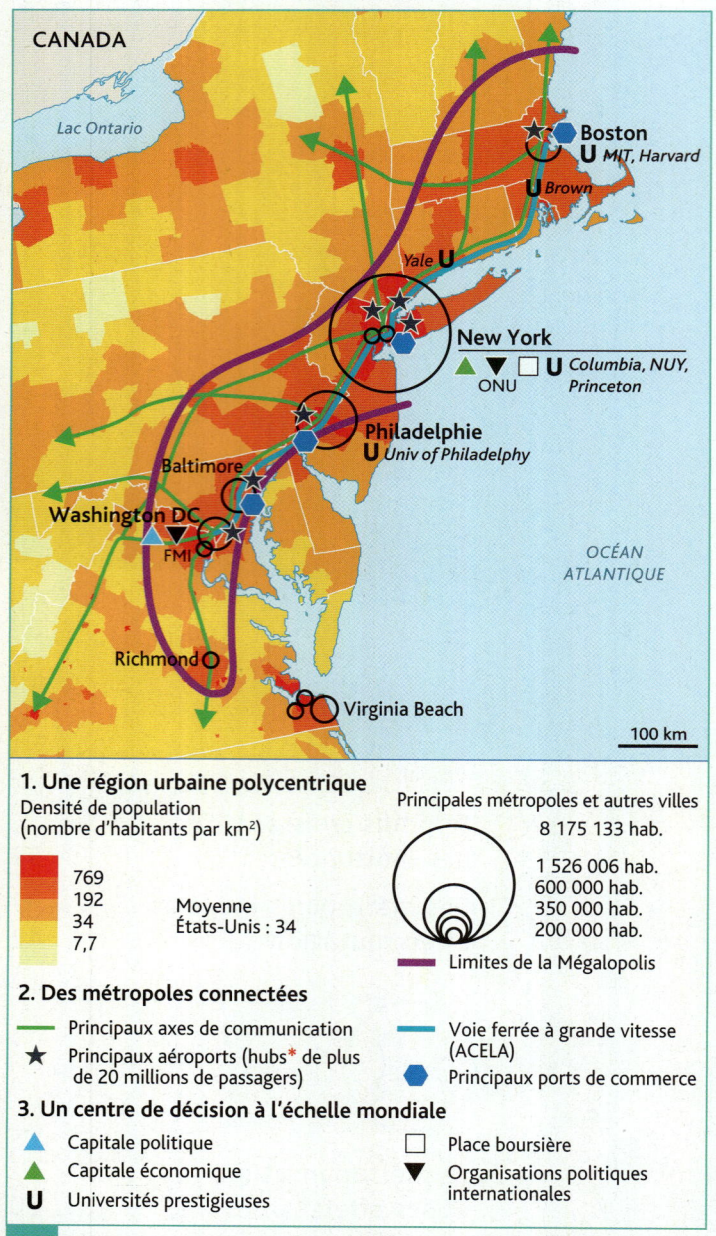

1. Une région urbaine polycentrique

Densité de population (nombre d'habitants par km²) :
- 769
- 192
- 34
- 7,7

Moyenne États-Unis : 34

Principales métropoles et autres villes :
- 8 175 133 hab.
- 1 526 006 hab.
- 600 000 hab.
- 350 000 hab.
- 200 000 hab.

— Limites de la Mégalopolis

2. Des métropoles connectées
- Principaux axes de communication
- ★ Principaux aéroports (hubs* de plus de 20 millions de passagers)
- Voie ferrée à grande vitesse (ACELA)
- Principaux ports de commerce

3. Un centre de décision à l'échelle mondiale
- ▲ Capitale politique
- ▲ Capitale économique
- U Universités prestigieuses
- □ Place boursière
- ▼ Organisations politiques internationales

1 Un espace urbain polycentrique et discontinu

2 Définir la Mégalopolis : une région urbaine nouvelle au XXᵉ siècle

« On doit l'emploi du terme « Mégalopolis » au géographe français Jean Gottmann en référence au projet de cité géante dans la Grèce antique [...]. En termes de développement urbain et de concentration des pouvoirs, cette région n'a d'égale que la mégalopole japonaise du Kanto (83 millions d'habitants) et la dorsale des villes européennes (environ 80 millions). Couvrant six États et débordant largement sur cinq autres, la Mégalopolis est apparue au XXᵉ siècle comme une région laboratoire de la modernité, de l'évolution de la ville et des modes de vie urbains, permettant d'observer la croissance urbaine par coalescence progressive des métropoles, l'étalement suburbain modifiant les relations ville-campagne. Inégalement ouverte sur l'intérieur, la façade rassemble les plus beaux sites portuaires d'Amérique du nord au fond d'amples estuaires : Baltimore et Philadelphie dans la baie de Chesapeake d'abord, Boston – au caractère plus européen – et New York. Au sud de la Delaware, le caractère rural reste plus marqué, héritage du Sud colonial ; le Nord, aux sols médiocres et aux hivers rigoureux, doit son développement à l'ouverture internationale. »

Renaud Le Goix, *Atlas de New York*, Autrement, 2013.

3 L'autre image de la mégalopole : des espaces naturels et récréatifs

« Acheter une résidence secondaire dans la Mégalopolis, c'est choisir entre la mer et la montagne. Cette proximité voulue entre la ville et la campagne est un fait de société [...]. Dans les montagnes du Nord et de l'Est, pêche, promenades en forêt et feux de bois sont au programme. Et il y en a de toutes les couleurs : les montagnes sont bleues dans le Maine, blanches dans le New Hampshire (mont Washington, 1917 m), vertes dans le Vermont et sont très prisées été comme hiver, avec plusieurs stations de ski à moins de trois heures de voiture de New York. La *suburb* au contact ville-nature puise ses origines dans ces idéaux de villégiature romantique, et ses éléments urbanistiques sont aujourd'hui banalisés. »

Renaud Le Goix, *Atlas de New York*, Autrement, 2013.

4 L'Acela Express, LGV* entre Boston et Washington

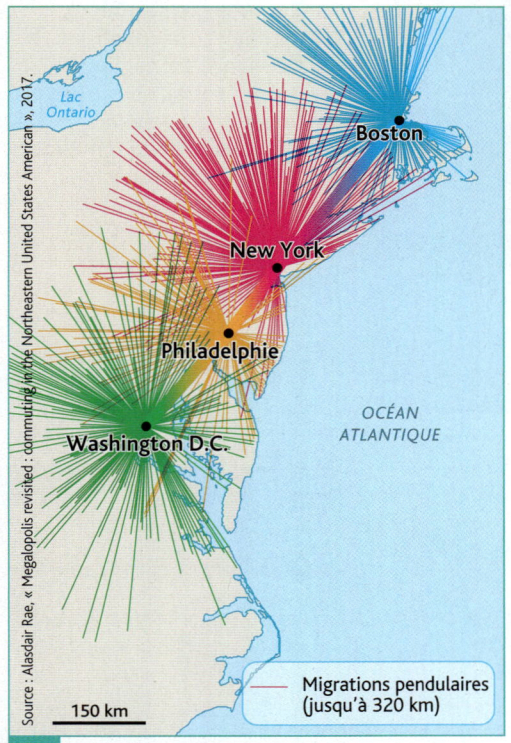

5 **Les mobilités domicile-travail dans la mégalopole**

Si les principales métropoles concentrent la majeure partie de la population, elles ont tendance à se rétracter (phénomène de « *shrinking* » *cities*). Certains habitants les quittent au profit de leurs périphéries et des villes moyennes. Ceci induit de très nombreux déplacements quotidiens de travailleurs qui effectuent jusqu'à plusieurs centaines de kilomètres entre leur domicile et les principaux pôles d'emplois. Ces mobilités créent de solides interactions entre les divers centres de la mégalopole.

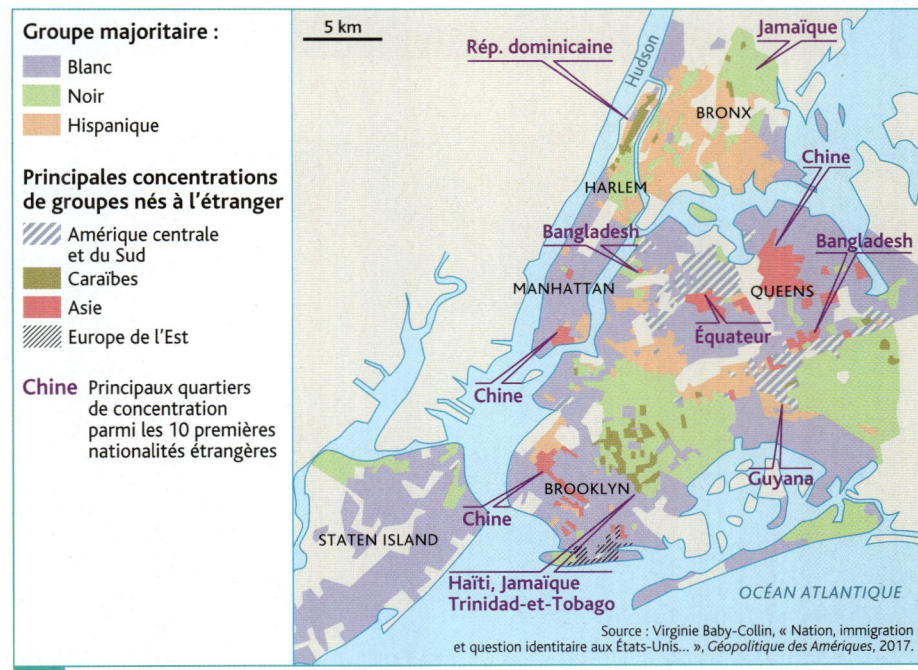

6 **New York, berceau du cosmopolitisme de la mégalopole**

Les métropoles ont été les principales portes d'entrée et ont accueilli la majorité des flux d'immigration, en provenance de l'Europe dès le XIXe siècle puis de toutes les régions du monde à partir du XXe siècle. 30 % des habitants de New York sont nés à l'étranger.

Analyser et confronter les documents

1. Décrivez le processus ayant conduit à la constitution d'une mégalopole, puis montrez la diversité des espaces qui la composent. **Doc 1, 2 et 3**
2. De quoi témoigne le caractère cosmopolite de New-York ? Quelle en est la traduction spatiale ? **Doc 6**
3. Analysez les dynamiques démographiques récentes et les mobilités au sein de la mégalopole. Comment les différents espaces sont-ils connectés ? **Doc 1, 3, 4, 5 et 6**

SYNTHÉTISER À l'aide des questions précédentes, expliquez pourquoi l'on peut parler, à propos de la Mégalopolis, d'un chapelet urbain ponctué par des espaces ruraux et fortement connecté.

Thème 1 La métropolisation : un processus mondial différencié

ÉTUDE DE CAS 1 > Sur quelles synergies repose la Mégalopolis (États-Unis) ?

B Quelles fonctions maintiennent la mégalopole au tout premier rang mondial ?

7 New York : ville mondiale au cœur du fonctionnement de la mégalopole

New York, modèle de la ville mondiale, et son *Central Business District* (CBD*), Manhattan, symbolisent la puissance économique (sièges sociaux des FTN), financier (bourses, banques,…) et diplomatique (siège de l'ONU) de la mégalopole.

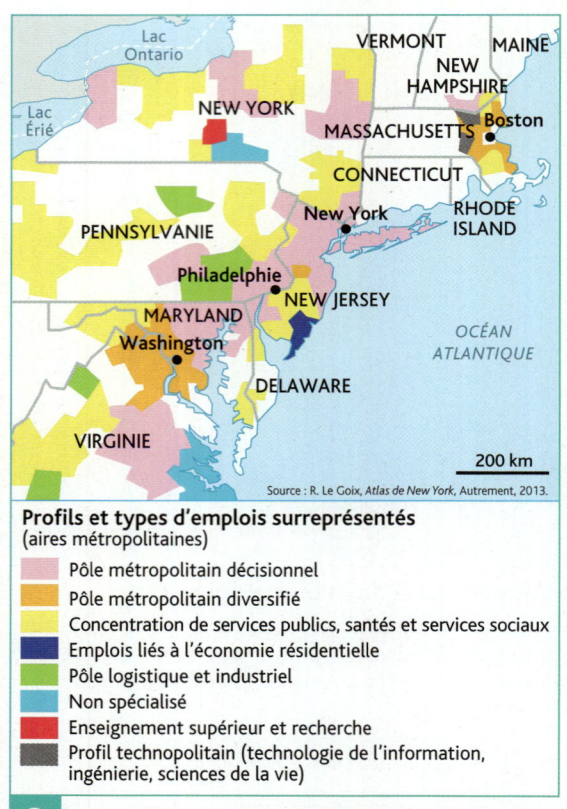

Profils et types d'emplois surreprésentés (aires métropolitaines)
- Pôle métropolitain décisionnel
- Pôle métropolitain diversifié
- Concentration de services publics, santés et services sociaux
- Emplois liés à l'économie résidentielle
- Pôle logistique et industriel
- Non spécialisé
- Enseignement supérieur et recherche
- Profil technopolitain (technologie de l'information, ingénierie, sciences de la vie)

Source : R. Le Goix, *Atlas de New York*, Autrement, 2013.

8 Un espace polycentrique aux fonctions diversifiées

La mégalopole s'articule autour de spécialisations économiques entre corridor industriel et activités innovantes (aéronautique, informatique, télécommunications). Une coopération entre ces spécialisations permet des synergies aux retombées positives.

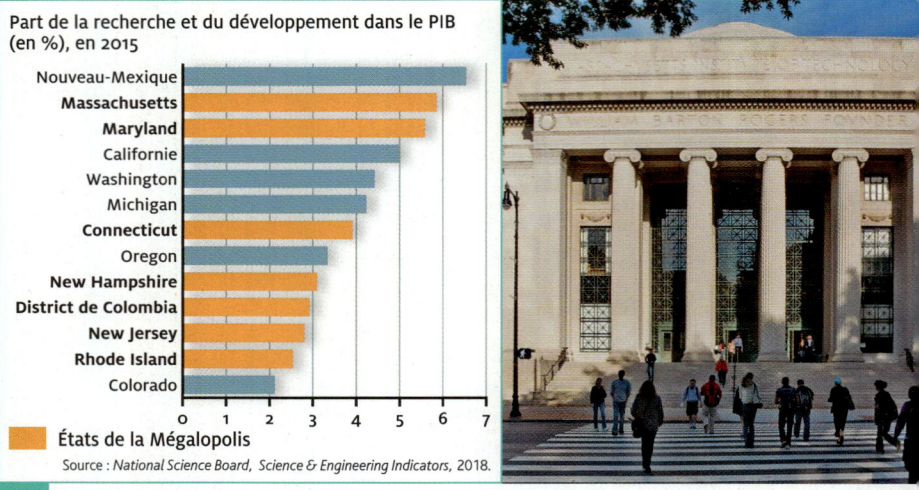

Part de la recherche et du développement dans le PIB (en %), en 2015

Nouveau-Mexique, **Massachusetts**, **Maryland**, Californie, Washington, Michigan, **Connecticut**, Oregon, **New Hampshire**, **District de Colombia**, **New Jersey**, **Rhode Island**, Colorado

■ États de la Mégalopolis

Source : *National Science Board, Science & Engineering Indicators*, 2018.

9 Le poids de l'économie de la connaissance

Boston dispose de plus de 30 universités parmi les plus prestigieuses (Harvard, *Massachusetts Institute of Technology* ou MIT). Pôle attractif pour les étudiants du monde entier, la métropole détient un nombre record de prix Nobel.

Analyser et confronter les documents

1. Quelles fonctions expliquent la puissance de la Mégalopolis ? Doc 1, 7, 8 et 9

2. Analysez la répartition des activités métropolitaines et montrez qu'elles fonctionnent en synergie*. Doc 1, 7, 8 et 9

3. Quelle place particulière tient New York au sein de la mégalopole ? Comment cela se traduit-il dans le paysage ? Doc 1 et 7

SYNTHÉTISER À l'aide des questions précédentes, montrez que la mégalopole du Nord-Est des États-Unis est un système métropolitain puissant et polycentrique fonctionnant en synergie.

Thème 1 La métropolisation : un processus mondial différencié

Bilan

→ Complétez le schéma en indiquant les idées principales et quelques lieux précis.

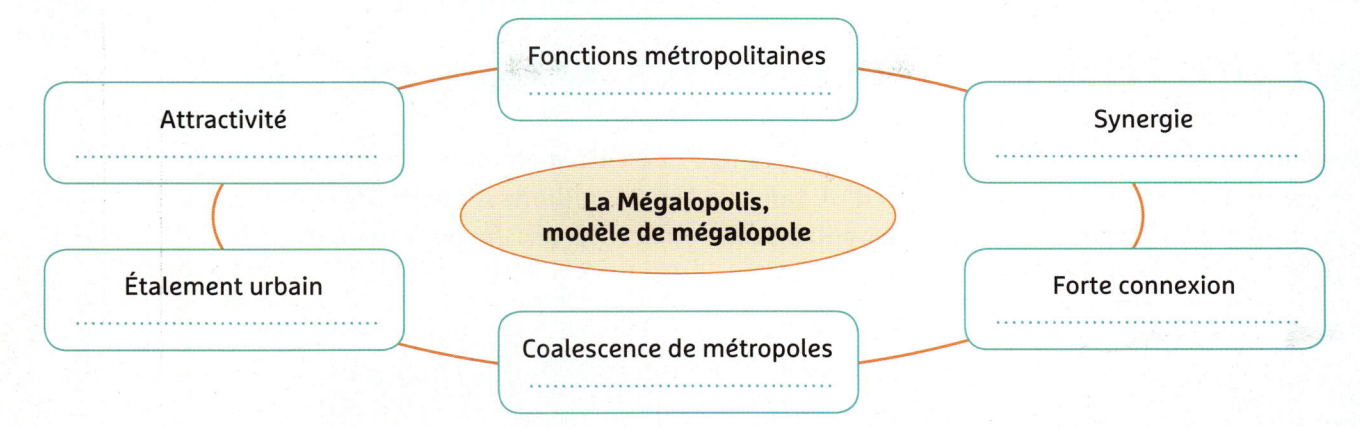

- Attractivité
- Fonctions métropolitaines
- Synergie
- Étalement urbain
- Coalescence de métropoles
- Forte connexion

La Mégalopolis, modèle de mégalopole

→ Complétez la légende et la nomenclature du schéma de la Mégalopolis.

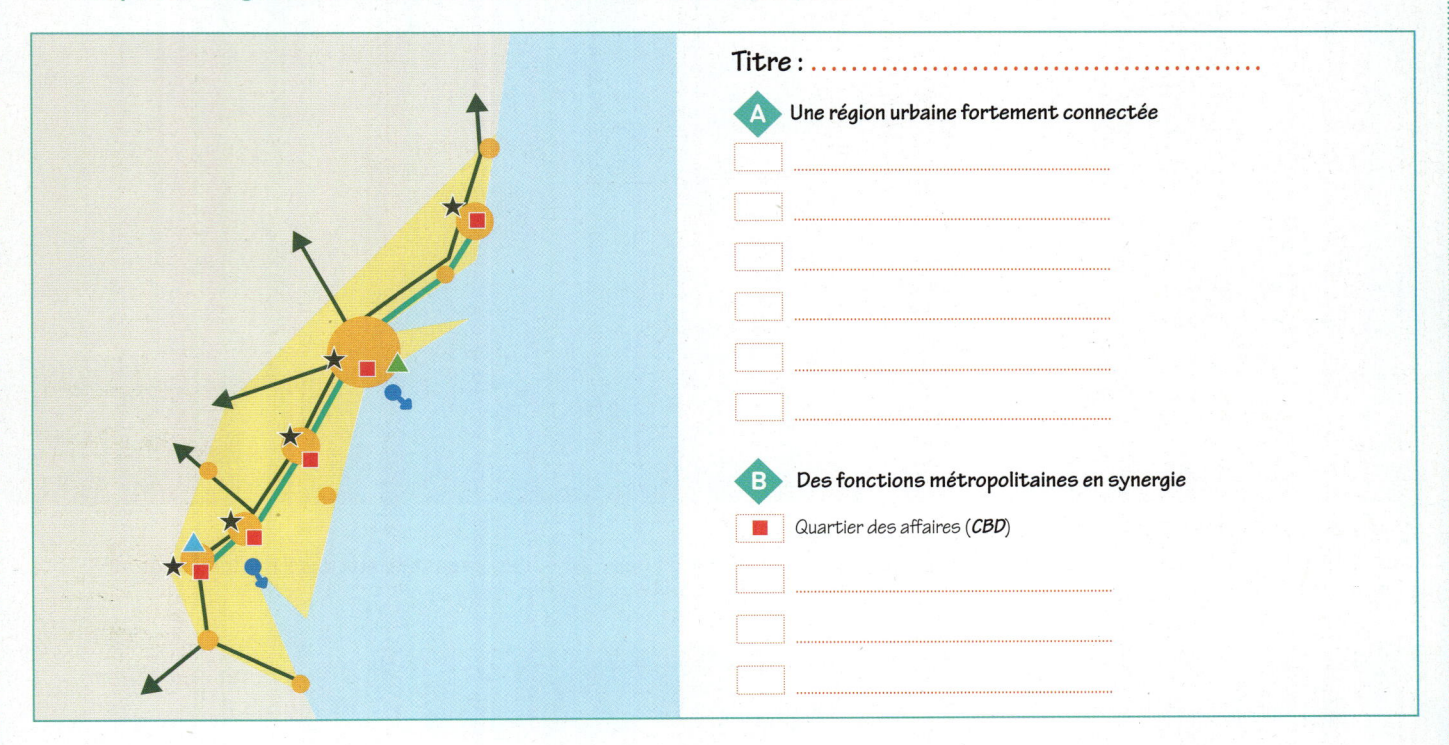

Titre : ....

A Une région urbaine fortement connectée

B Des fonctions métropolitaines en synergie
- ■ Quartier des affaires (*CBD*)

Mise en perspective

→ Répondez aux questions pour replacer le cas de la Mégalopolis à l'échelle mondiale.

A
- Citez d'autres mégalopoles existantes ou en cours de formation. Carte 2 p. 46
- Comparez la Mégalopolis à la mégalopole japonaise. Planisphères p. 34-35 et p. 44-45

B
- Recherchez dans l'ensemble du thème 1 (p. 12 à 75) des photographies de quartier des affaires et comparez-les à la photographie de Manhattan. Doc 7
- Montrez que les liens fonctionnels entre les métropoles mondiales peuvent dépasser le cadre national. Doc 2 p. 39 Pourquoi parle-t-on alors d' « archipel mégalopolitain mondial* » ?

Thème 1 La métropolisation : un processus mondial différencié 17

ÉTUDE DE CAS 2

Mumbai : quelles recompositions pour cette métropole fragmentée ?

Capitale économique de l'Inde, Mumbai est à la fois une ville mondiale* et une des villes les plus inégalitaires au monde : plus d'un tiers de ses 24 millions d'habitants habiteraient dans des *slums* (bidonvilles). La métropolisation*, en accélérant l'exode rural, contribue à cette fragmentation socio-spatiale*.

A Quelle est l'importance des inégalités socio-spatiales à Mumbai ?

1 Un des quartiers d'affaires de Mumbai, ville mondiale
Mumbai concentre le long de la mer d'Oman 70 % des activités financières du pays, 60 % des sièges sociaux des FTN* indiennes et joue un rôle culturel majeur (premier centre de production cinématographique mondial avec Bollywood).

2 Dharavi, un des *slums* de Mumbai
Les *slums* (bidonvilles) sont des espaces de vie et de production pour la moitié de la population de Mumbai.

18 Thème 1 La métropolisation : un processus mondial différencié

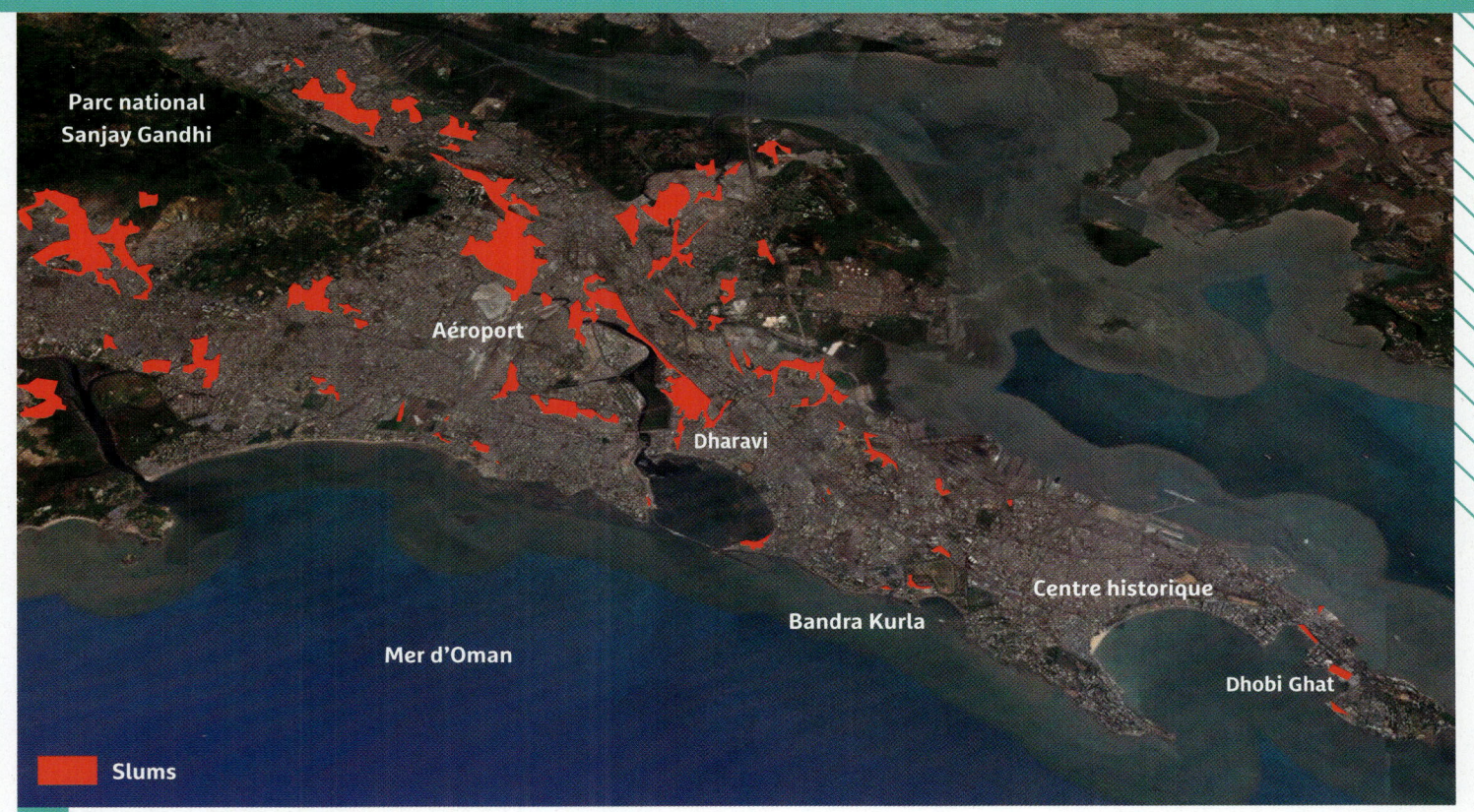

3 Mumbai ou « Slumbai » ?

Un programme de réhabilitation des *slums*, partiellement confié à des entreprises privées, est en cours à Dharavi, pour détruire des habitats informels et créer 52 000 logements.

4 Des difficultés de gestion urbaine

« Chaque jour, 1 500 migrants s'installent dans la mégapole. [...] Terrifiant symbole de cette réalité : Dharavi, l'un des plus grands bidonvilles d'Asie du Sud-Est et du monde [...] abriterait plus de 1 million d'habitants [...]. L'afflux de nouveaux habitants est si rapide que les autorités [...] peinent à tenir le rythme en matière de construction de nouvelles infrastructures. [...] Moins de 20 % des habitations de Bombay [Mumbai] ont accès à l'eau courante [...]. Mumbai génère 11 000 tonnes de déchets par jour. Une quantité colossale que les moyens de la ville ne suffisent pas à gérer [...]. Les déchetteries étant saturées, les ordures sont dispersées dans les bidonvilles et récupérées par les habitants, qui les recyclent et les revendent par la suite à des grossistes. [...] Si l'enjeu autour de l'eau est crucial, celui autour de l'air est tout aussi préoccupant. L'OMS classe Bombay parmi les villes les plus polluées au monde. À raison : les embouteillages interminables auxquels s'ajoutent les 40 000 industries recensées dans la ville et la poussière soulevée par les nombreux chantiers rendent l'atmosphère suffocante. »

Vincent Jolly, « Bombay, metropolis infernale », *Le Figaro*, 17 janvier 2014.

ARTICLE

5 La rue « Sandhurst Road », dans le centre historique

Avec l'émergence de l'Inde, le nombre de personnes faisant partie de la « *lower middle class* » (classe moyenne inférieure) a quadruplé entre 2005 et 2016.

Analyser et confronter les documents

1. Pourquoi peut-on qualifier Mumbai de métropole* et de ville mondiale* ? Introduction, Doc 1 Quelle conséquence de l'émergence évoque le doc 5 ?
2. Quelles sont les raisons de la croissance démographique de Mumbai ? Quels problèmes sanitaires et environnementaux cette croissance entraîne-t-elle ? Doc 1 et 4
3. Où sont localisés les *slums* ? Montrez que, au-delà de leur pauvreté, ils sont aussi des lieux économiquement actifs. Doc 2, 3 et 4

SYNTHÉTISER À l'aide de vos réponses, montrez que les inégalités s'inscrivent dans les paysages urbains et fragmentent l'espace.

Thème 1 La métropolisation : un processus mondial différencié 19

ÉTUDE DE CAS 2 > Mumbai : quelles recompositions pour cette métropole fragmentée ?

B Une recomposition en cours ?

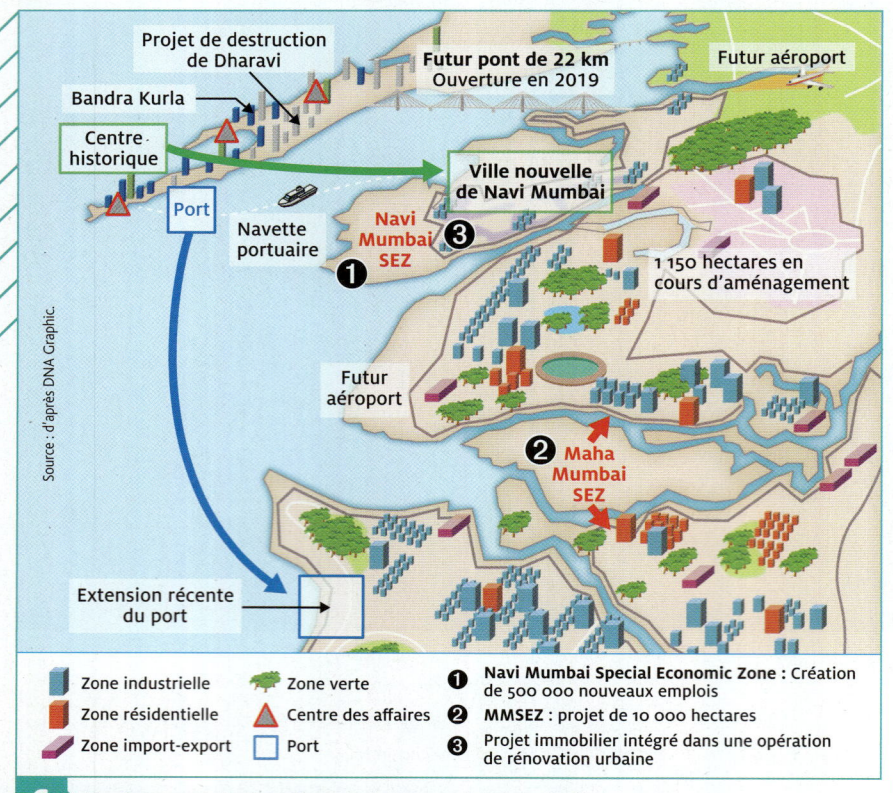

6 Projets et réalisations récentes à Mumbai

Légende de la carte :
- Zone industrielle
- Zone résidentielle
- Zone import-export
- Zone verte
- Centre des affaires
- Port
- ① Navi Mumbai Special Economic Zone : Création de 500 000 nouveaux emplois
- ② MMSEZ : projet de 10 000 hectares
- ③ Projet immobilier intégré dans une opération de rénovation urbaine

Éléments indiqués sur la carte : Projet de destruction de Dharavi, Bandra Kurla, Centre historique, Port, Navette portuaire, Futur pont de 22 km Ouverture en 2019, Futur aéroport, Ville nouvelle de Navi Mumbai, Navi Mumbai SEZ, 1 150 hectares en cours d'aménagement, Futur aéroport, Maha Mumbai SEZ, Extension récente du port.

Source : d'après DNA Graphic.

7 Mumbai déclare la guerre au plastique

« Bombay [Mumbai] vient de décider [...] d'interdire les matériaux plastiques : leur fabrication, leur utilisation, la vente, la distribution et le stockage, en particulier les objets à usage unique comme les petits sacs plastiques ou encore les couverts, assiettes ou bouteilles... Le gouvernement de l'État avait donné trois mois à tout le monde pour s'y préparer, pour trouver des solutions alternatives comme des sacs de jute, en tissu ou en papier par exemple.

Ce week-end ce sont d'abord les grosses enseignes et les commerces qui ont été contrôlés. Et depuis aujourd'hui, les particuliers eux aussi étaient susceptibles de récolter des amendes : un peu plus de 60 euros à la première incartade, puis le double la deuxième fois. [...] Tout le monde trimbalait jusqu'ici ses affaires, ses courses, dans des "poches plastiques". Donc c'est une révolution culturelle. L'Inde est très mauvaise élève dans le recyclage. Et Bombay, par exemple, produit 500 tonnes de déchets plastiques par jour ! Des déchets qui terminent souvent dans la nature, les rues, les plages, l'océan... »

Sophie Larmoyer, « Inde : le plastique est désormais interdit à Bombay », *Europe 1*, 25 juin 2018.

RADIO

8 Moderniser en tenant compte des pesanteurs de la société

Dans le nouveau métro, entièrement climatisé, un espace d'un wagon est réservé aux femmes pour assurer leur sécurité. Ces espaces se multiplient aussi dans les trains à l'échelle du pays. Cependant, ce sont les classes moyennes et aisées qui en bénéficient le plus.

Analyser et confronter les documents

1. Comment Mumbai tente-t-elle de relever le défi de la saturation urbaine ? Doc 6
2. Analysez les aménagements concernant les transports. Doc 6 et 8
3. Pourquoi la mesure prise à propos du plastique est-elle salutaire ? Pourquoi risque-t-elle de perturber l'économie de certains bidonvilles ? Doc 2, 4 et 7

SYNTHÉTISER À l'aide de vos réponses, montrez que Mumbai est en cours de recomposition.

Thème 1 La métropolisation : un processus mondial différencié

Bilan

→ Complétez le schéma fléché à l'aide de l'étude de cas.

Mumbai, métropole économique de l'Inde et ville mondiale :
....

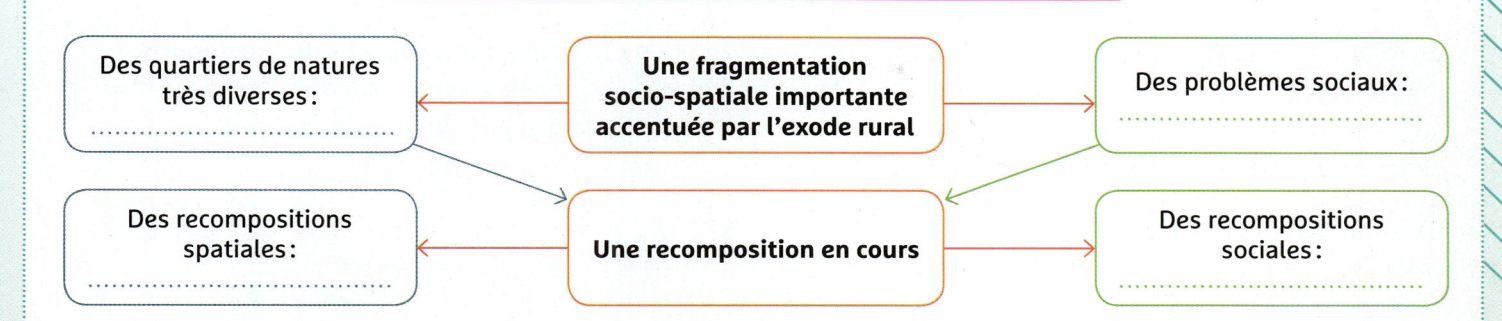

Des quartiers de natures très diverses :	←	**Une fragmentation socio-spatiale importante accentuée par l'exode rural**	→	Des problèmes sociaux :
Des recompositions spatiales :	←	**Une recomposition en cours**	→	Des recompositions sociales :

→ Complétez la légende du croquis à partir de l'étude de cas.

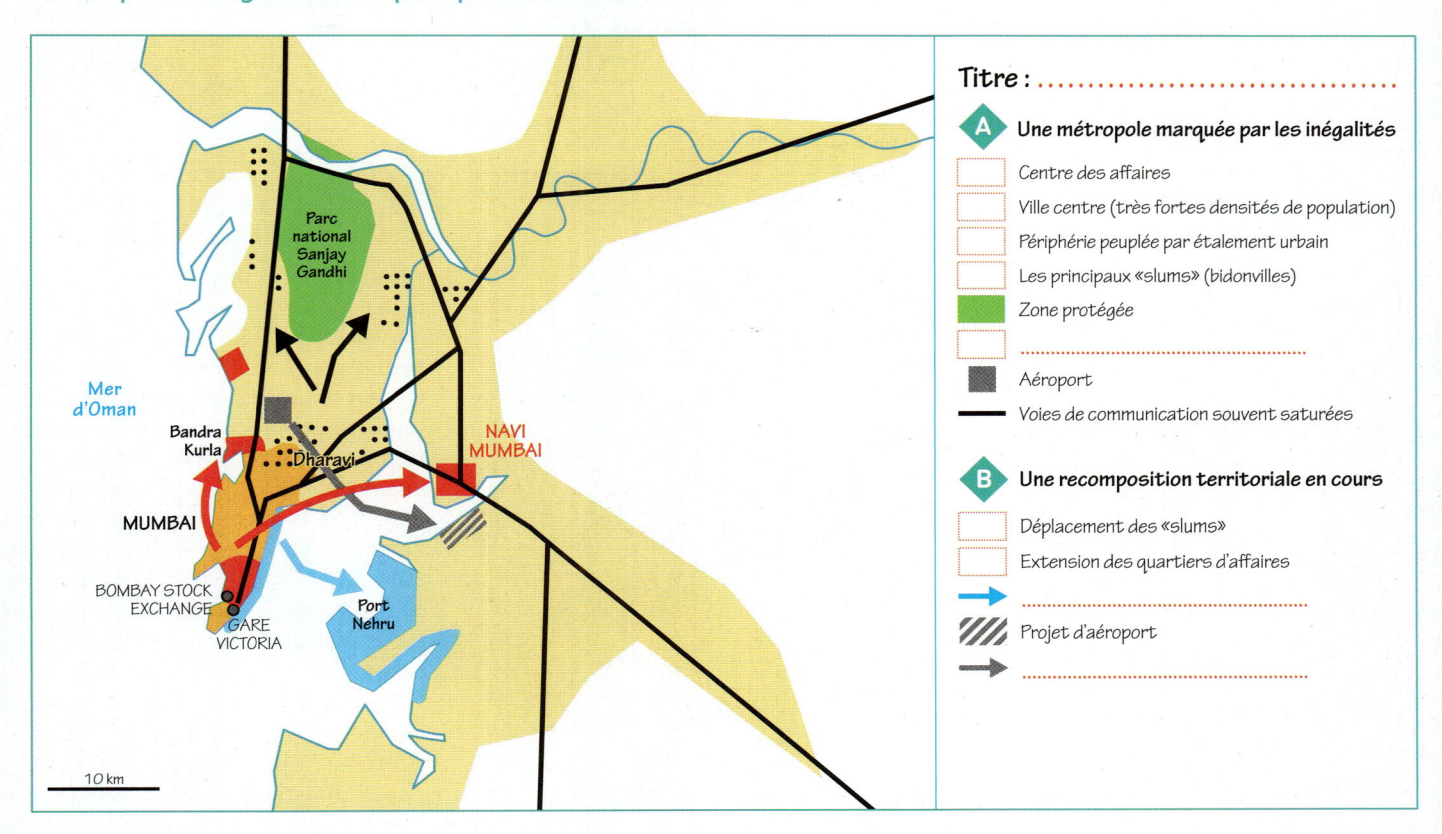

Titre : ....

A Une métropole marquée par les inégalités
- ☐ Centre des affaires
- ☐ Ville centre (très fortes densités de population)
- ☐ Périphérie peuplée par étalement urbain
- ☐ Les principaux «slums» (bidonvilles)
- ■ Zone protégée
- ☐ ....
- ■ Aéroport
- — Voies de communication souvent saturées

B Une recomposition territoriale en cours
- ☐ Déplacement des «slums»
- ☐ Extension des quartiers d'affaires
- → (bleu) ....
- ▨ Projet d'aéroport
- → (gris) ....

Mise en perspective

→ Répondez aux questions pour replacer le cas de Mumbai à l'échelle mondiale.

A
- Quelle est la place de Mumbai dans les mégapoles* mondiales ? Et dans les grandes villes mondiales ? *Cartes p. 34 et 44*
- Les fortes densités de population à Mumbai sont-elles une exception dans les métropoles du Sud ? *Carte 2 p. 46*

B La présence de nombreux bidonvilles est-elle un cas fréquent dans les métropoles du Sud ? *Carte 3 p. 47*

Thème 1 La métropolisation : un processus mondial différencié 21

ÉTUDE DE CAS 3

Quels défis doit relever Londres pour garder son rang de métropole mondiale ?

Symbole de la ville mondiale en Europe, Londres est l'un des plus puissants centres de l'économie mondiale. La capitale du Royaume-Uni (13,2 millions d'habitants pour l'aire métropolitaine) attire des populations du monde entier. Cependant, dans un contexte de plus en plus concurrentiel et à l'heure du *Brexit*, elle doit faire face à de nombreux défis.

A Dans quelles fonctions et dans quels lieux s'ancre la puissance de Londres ?

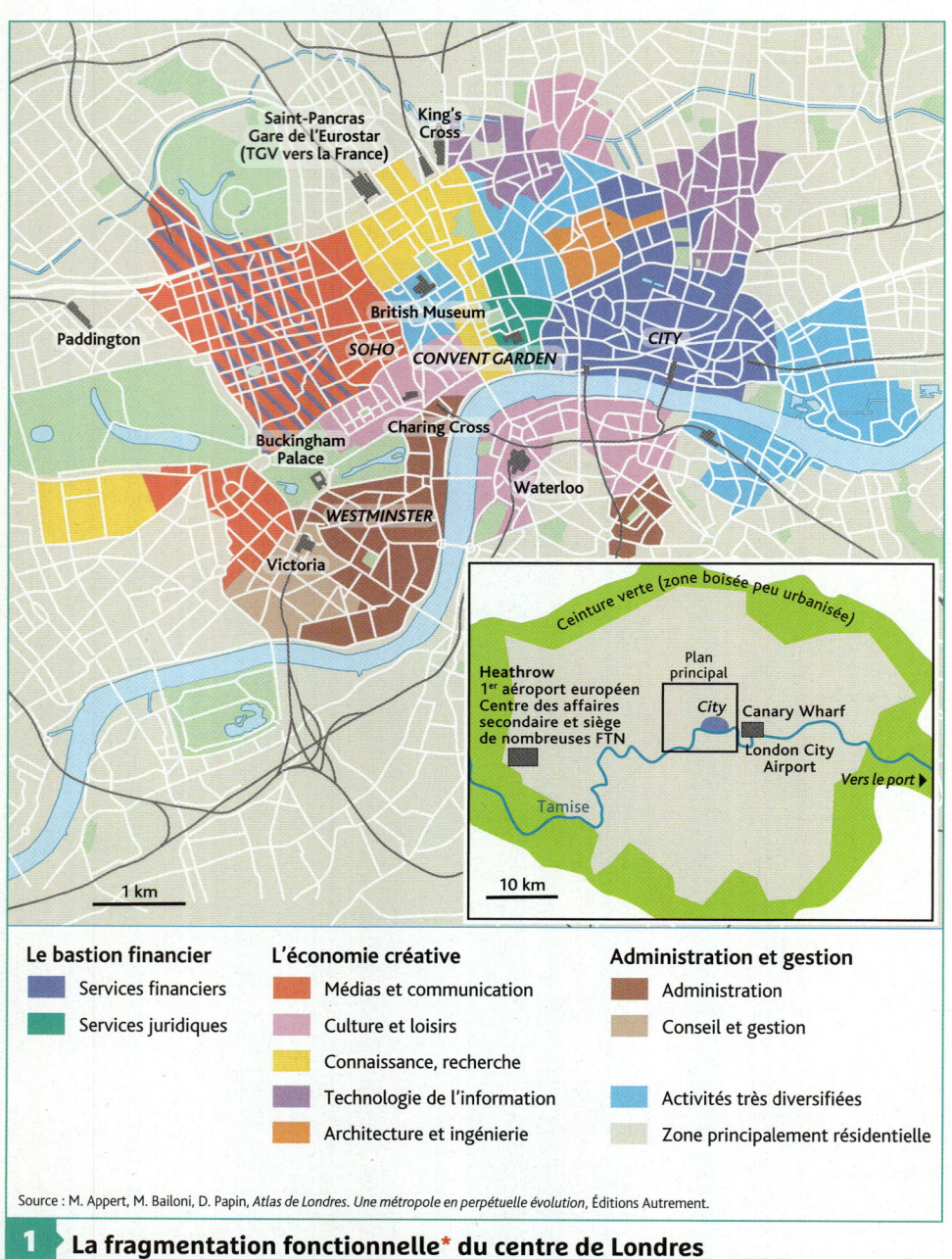

Légende :

Le bastion financier
- Services financiers
- Services juridiques

L'économie créative
- Médias et communication
- Culture et loisirs
- Connaissance, recherche
- Technologie de l'information
- Architecture et ingénierie

Administration et gestion
- Administration
- Conseil et gestion
- Activités très diversifiées
- Zone principalement résidentielle

Source : M. Appert, M. Bailoni, D. Papin, *Atlas de Londres. Une métropole en perpétuelle évolution*, Éditions Autrement.

1 La fragmentation fonctionnelle* du centre de Londres

2 De la City à Canary Wharf, une métropole polycentrique*

« Les banques sont séduites par le nouveau quartier d'affaires construit dans les anciens docks. [...] À regarder les logos sur les gratte-ciel de Canary Wharf, le visiteur pourrait avoir l'impression que toutes les grandes banques de Londres se sont installées ici. À l'est de la capitale britannique, le long de la Tamise, le quartier d'affaires construit sur les friches des anciens docks a pourtant connu des débuts difficiles. [...] Au départ, seuls 2 000 salariés travaillaient dans un quartier encore peu prisé malgré une bonne desserte en transports en commun. Le développement de Canary Wharf est ensuite allé très vite. Le big bang des services financiers, à la fin des années 1980, donna naissance à des métiers qui requièrent de la place. La City, traditionnel centre des affaires au cœur de Londres, ne suffisait plus. [...] Certaines banques ont déménagé dans le nouveau quartier pour regrouper sur un seul site des activités auparavant éclatées. Et les groupes étrangers choisirent presque tous Canary Wharf pour y installer leurs banques d'investissement européennes, d'autant que le prix du mètre carré y est moins élevé que dans la City. »

Vincent Collen, « À Londres, le déménagement des banques à Canary Wharf n'a pas nui à la City », *Les Echos*, 2015.

Thème 1 La métropolisation : un processus mondial différencié

Le « Talkie-Walkie » construit en 2013. (Bureaux, appartements, hôtels)

La « Râpe à fromage » construit en 2014 (Bureaux)

La « Heron Tower » construit en 2011

Le « Gherkin » construit en 2004

3 ▸ Le quartier de la City, cœur financier de Londres

Le quartier de la City, reconnaissable à son architecture, est l'un des plus puissants au monde.

4 ▸ Une plaque-tournante de l'art contemporain

Place artistique avec des collections de renommée mondiale (Tate Gallery, British Museum), Londres est devenue un pôle incontournable pour l'art contemporain avec des musées (ici au Tate Modern) mais aussi un nombre croissant de galeries.

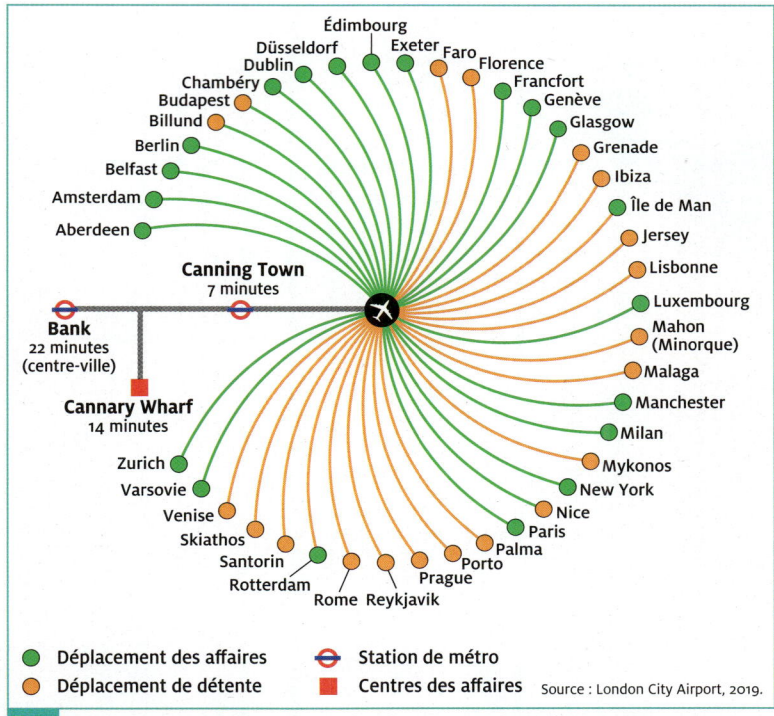

5 ▸ L'aéroport de la City, une très forte connexion à l'échelle européenne

Londres bénéficie d'une connexion optimale par la voie aérienne. La ville compte plusieurs aéroports internationaux, dont London-Heathrow, premier aéroport d'Europe. De plus le London City Airport, à proximité de Canary Wharf, révèle les liens des entreprises européennes : les destinations ciblent les villes détenant une proportion importante de sièges sociaux, de filiales et de banques (Paris, Francfort…), mais aussi spécialisées dans la détente (Ibiza, Santorin…) ou dans le blanchiment d'argent (Jersey).

- Déplacement des affaires
- Déplacement de détente
- Station de métro
- Centres des affaires

Source : London City Airport, 2019.

Analyser et confronter les documents

1. Quelle est la fonction majeure de Londres en tant que ville mondiale ? Doc 1 à 3
2. Quelles sont les autres fonctions métropolitaines* de Londres ? En quoi leur diversité témoigne-t-elle de sa puissance ? Doc 1 et 4
3. Montrez la très bonne connexion de la ville au reste du monde. Doc 1 et 5
4. Comment les différentes fonctions s'inscrivent-elles dans l'espace londonien (localisation, architecture…) ? Doc 1, 2, 3 et 5

SYNTHÉTISER À l'aide de vos réponses, expliquez comment s'ancre la puissance de Londres.

Thème 1 La métropolisation : un processus mondial différencié

ÉTUDE DE CAS 3 > Quels défis doit relever Londres pour garder son rang de métropole mondiale ?

B. Quels défis, anciens ou plus récents, Londres doit-elle relever ?

6. Les inégalités socio-spatiales dans le Grand Londres (« inner London » et « outer London »)

L'indice d'exclusion évalue les privations des populations en matière d'éducation, de santé et de qualité de vie. Le *New Deal for Communities* (NDC) est un programme de lutte contre les exclusions.

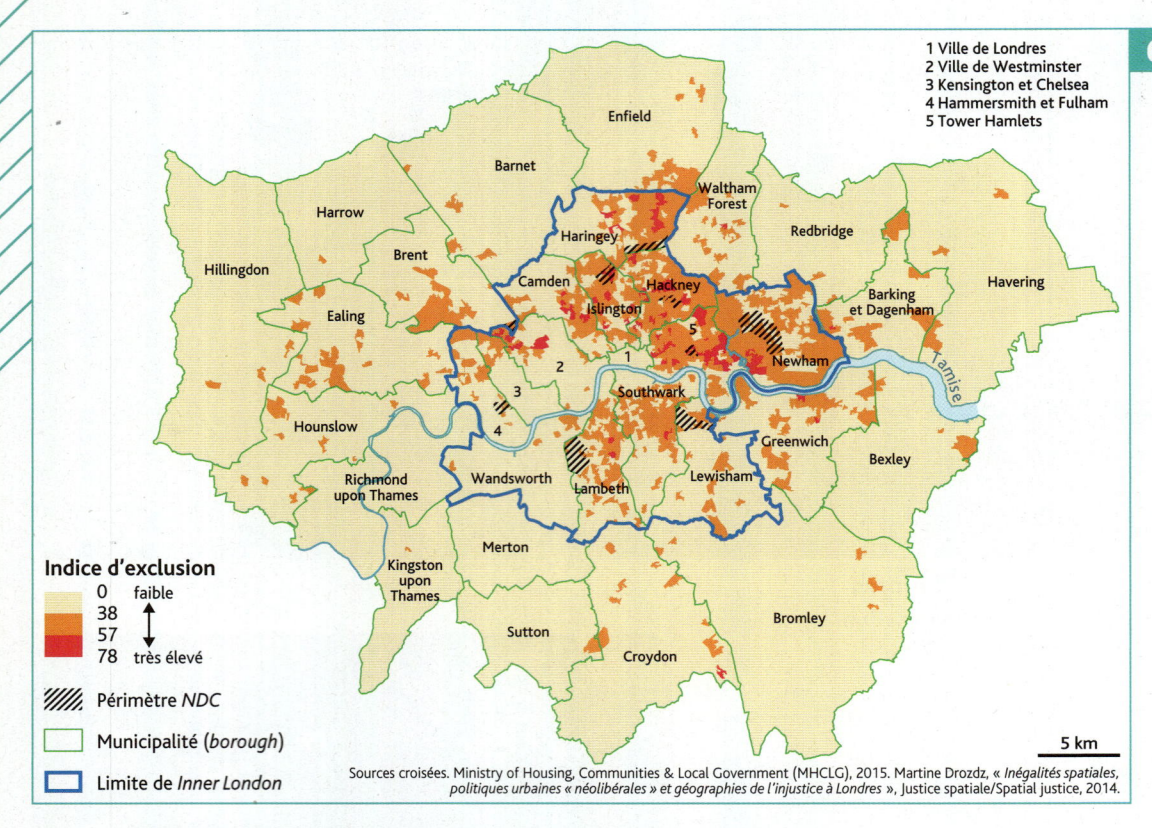

Légende de la carte :
- 1 Ville de Londres
- 2 Ville de Westminster
- 3 Kensington et Chelsea
- 4 Hammersmith et Fulham
- 5 Tower Hamlets

Indice d'exclusion :
- 0 faible
- 38
- 57
- 78 très élevé

Périmètre NDC
Municipalité (borough)
Limite de Inner London

Sources croisées. Ministry of Housing, Communities & Local Government (MHCLG), 2015. Martine Drozdz, « Inégalités spatiales, politiques urbaines "néolibérales" et géographies de l'injustice à Londres », Justice spatiale/Spatial justice, 2014.

7. Article de The Guardian, journal britannique

En 2016, les Britanniques ont voté la sortie de l'Union européenne, qui devrait être effective en 2019. De nombreuses incertitudes pèsent sur l'économie londonienne : statut plus précaire des résidents européens à Londres, transferts de sièges sociaux à Paris ou Bruxelles, réduction du trafic portuaire…

Une du Guardian : « Paris battles to cash in from Brexit: 'I think we can gain 10,000 jobs' »

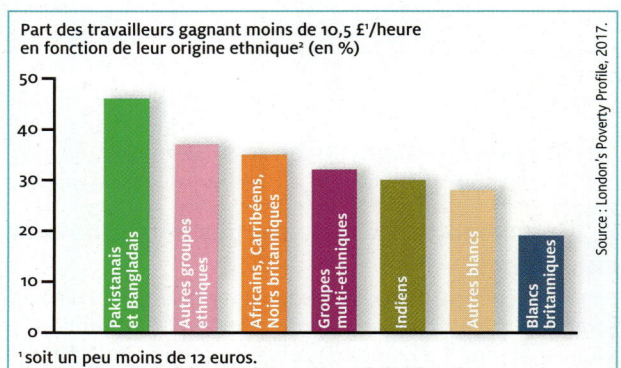

8. Londres, capitale cosmopolite, attire de très nombreux travailleurs étrangers non qualifiés

Part des travailleurs gagnant moins de 10,5 £[1]/heure en fonction de leur origine ethnique[2] (en %) :
- Pakistanais et Bangladais : ~46
- Autres groupes ethniques : ~37
- Africains, Caribbéens, Noirs britanniques : ~35
- Groupes multi-ethniques : ~32
- Indiens : ~30
- Autres blancs : ~28
- Blancs britanniques : ~19

Source : London's Poverty Profile, 2017.

[1] soit un peu moins de 12 euros.
[2] les données sur l'origine ethnique sont en général fournies au gouvernement par une personne qui déclare son origine à partir d'une liste de groupes ethniques.

Analyser et confronter les documents

1. Quels défis sociaux montrent les doc 6 et 8 ? Quelle mesure est évoquée pour les relever partiellement ? Doc 6
2. Pourquoi le *Brexit* constitue-t-il un défi pour le statut de métropole mondiale de Londres ? Doc 7 En quoi la Une du journal est-elle une illustration de la concurrence que se mènent les villes mondiales ?

SYNTHÉTISER À l'aide de vos réponses, rédigez quelques lignes synthétisant les défis que doit relever Londres.

Thème 1 La métropolisation : un processus mondial différencié

Bilan

→ Complétez le schéma fléché à l'aide de l'étude de cas.

Les fonctions métropolitaines* d'une ville mondiale* → Des défis à relever

Des fonctions économiques de rang mondial :
....

....

Des fonctions politiques
....

De nouveaux défis liés au *Brexit* :
....

→ Complétez la légende du schéma cartographique à l'aide de l'étude de cas.

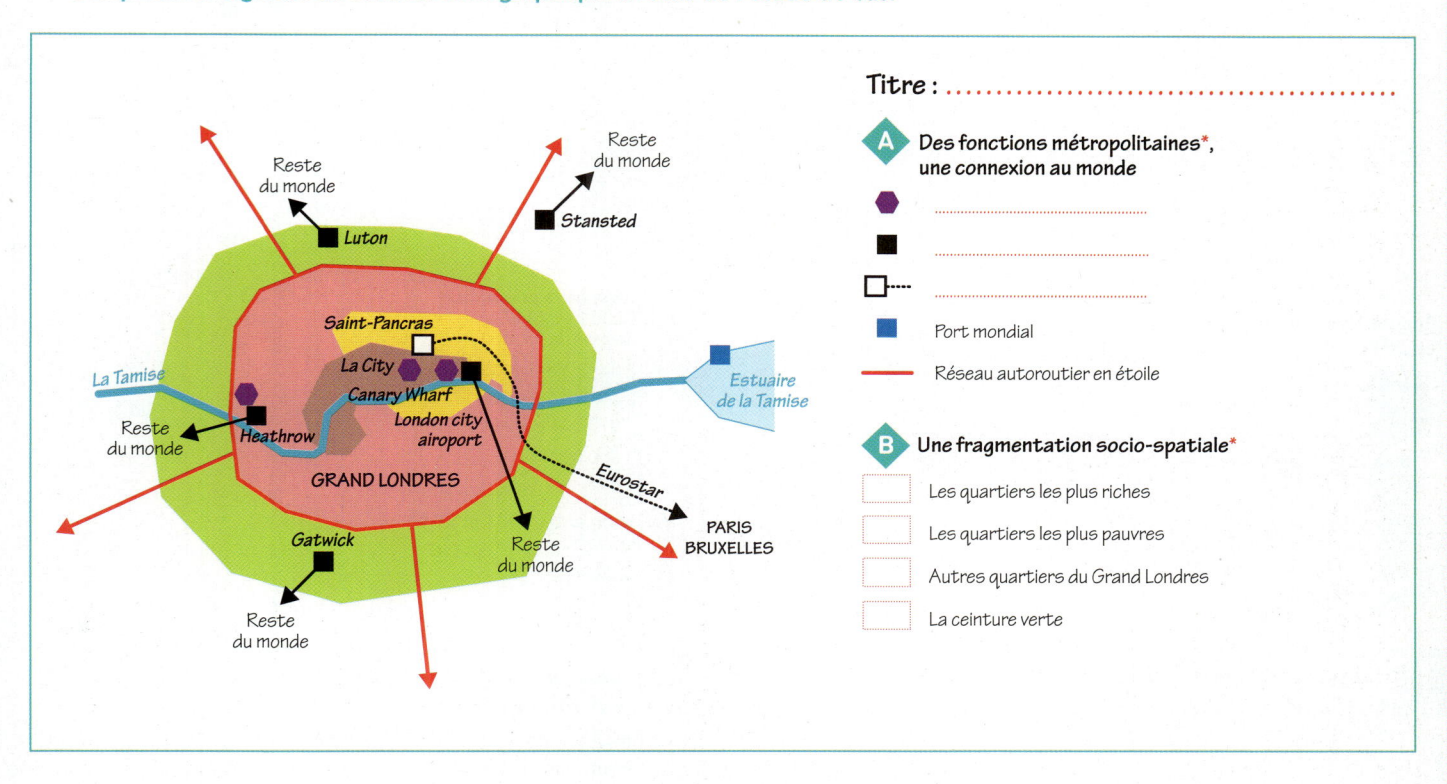

Titre : ....

A Des fonctions métropolitaines*, une connexion au monde

⬢ ....

■ ....

▫ ....

■ (bleu) Port mondial

— Réseau autoroutier en étoile

B Une fragmentation socio-spatiale*

☐ Les quartiers les plus riches
☐ Les quartiers les plus pauvres
☐ Autres quartiers du Grand Londres
☐ La ceinture verte

Éléments du schéma : Reste du monde, Luton, Stansted, Saint-Pancras, La City, Canary Wharf, La Tamise, Heathrow, London city airport, GRAND LONDRES, Estuaire de la Tamise, Eurostar, PARIS BRUXELLES, Gatwick

Mise en perspective

→ Répondez aux questions pour replacer le cas de Londres à l'échelle mondiale.

A
- Quelles sont les villes mondiales* comparables à Londres ? Planisphère p. 44-45
- Les fonctions métropolitaines* de Londres se retrouvent-elles dans une métropole comme Paris ? p. 28 à 31
- Montrez que les villes photographiées p. 34-35 et 44-45 possèdent certaines des fonctions métropolitaines de Londres.

B
- La fragmentation socio-spatiale présente à Londres est-elle un cas unique ou un phénomène répandu dans les métropoles mondiales ? Doc 8 p. 16, 3 p. 19, 4 p. 27, 7 p. 30
- Montrez que les villes mondiales fonctionnent en réseau mais se livrent une forte concurrence. Doc 2 p. 39 et p. 28-31

Thème 1 La métropolisation : un processus mondial différencié 25

ÉTUDE DE CAS 4

Le Brésil : à quelles échelles se joue la métropolisation ?

Le Brésil, pays émergent*, connaît une croissance urbaine soutenue, en particulier dans l'intérieur du pays. Le processus de métropolisation* ne concerne plus seulement São Paulo et Rio de Janeiro, dont l'influence recule aussi à l'échelle mondiale. En revanche, les inégalités socio-spatiales restent fortes à toutes les échelles.

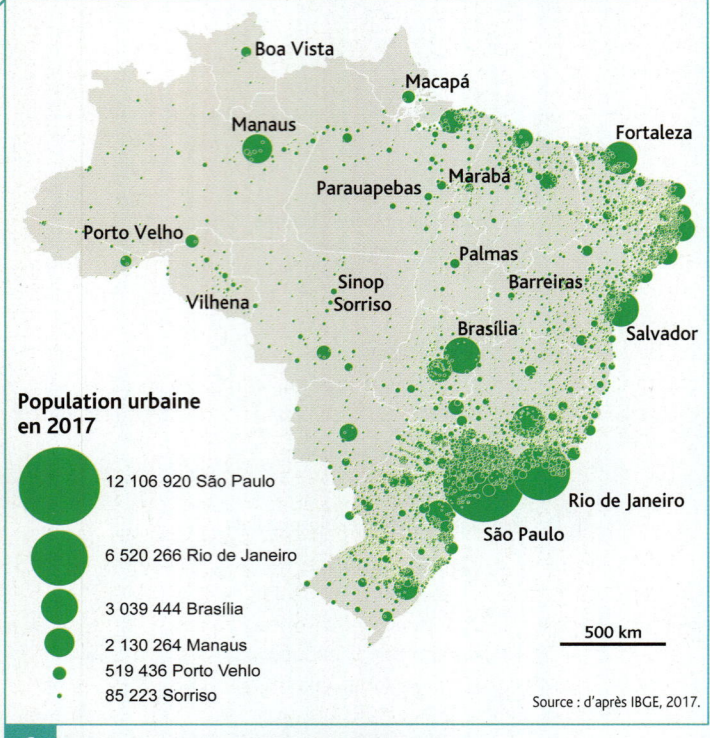

1 La population urbaine au Brésil : à l'est plus qu'à l'ouest

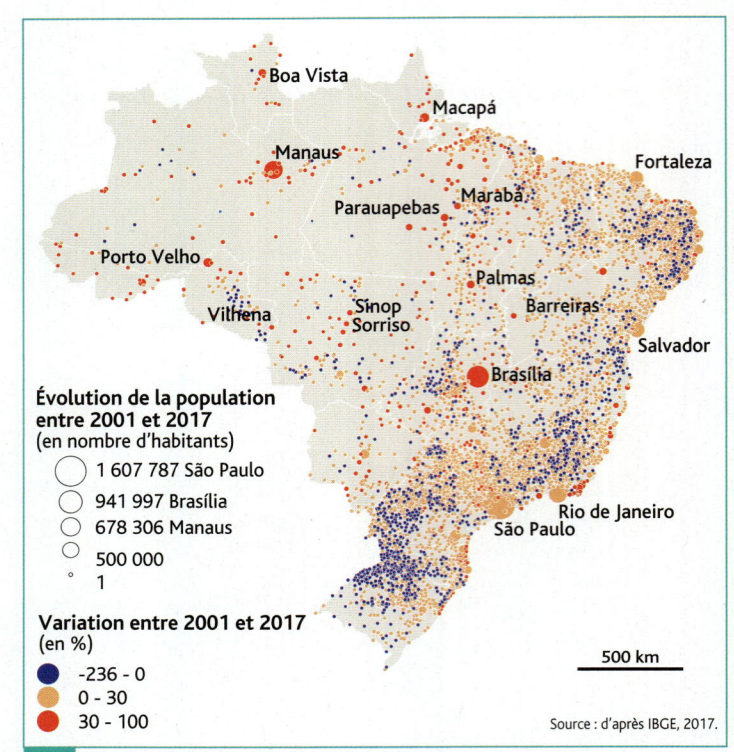

Population urbaine en 2017
- 12 106 920 São Paulo
- 6 520 266 Rio de Janeiro
- 3 039 444 Brasília
- 2 130 264 Manaus
- 519 436 Porto Vehlo
- 85 223 Sorriso

Source : d'après IBGE, 2017.

2 La croissance de la population urbaine : à l'ouest plus qu'à l'est

Évolution de la population entre 2001 et 2017 (en nombre d'habitants)
- 1 607 787 São Paulo
- 941 997 Brasília
- 678 306 Manaus
- 500 000
- 1

Variation entre 2001 et 2017 (en %)
- -236 – 0
- 0 – 30
- 30 – 100

Source : d'après IBGE, 2017.

La croissance se produit principalement sur les fronts pionniers d'Amazonie, dans les villes moyennes et à la périphérie de Rio, São Paulo et Brasília. Elle témoigne aussi d'une métropolisation des capitales d'État comme Porto Velho.

3 São Paulo : la seule métropole mondiale du Brésil

« La capitale du Brésil est Brasília, mais São Paulo est – de loin – sa principale métropole, par sa population […], par son poids économique et par son rôle de polarisation de l'espace national. […] Une extraordinaire croissance a fait passer São Paulo de 31 000 habitants en 1872 à 19 millions en 2017 [pour la région métropolitaine]. Au terme d'une expansion anarchique et dévoreuse d'espace, elle couvre aujourd'hui plus de 8 000 km² (80 fois la superficie de la ville de Paris et près de trois fois celle de l'agglomération parisienne).
Cette agglomération géante est marquée par de très fortes disparités dans l'usage du sol, la qualité du bâti et les niveaux de revenus de ses populations […]. Une très nette zonation sociale apparaît ainsi entre une zone centrale, parfois déjà dégradée, une zone sud-ouest où sont concentrés les ménages à revenus élevés, des quartiers intermédiaires et une énorme périphérie pauvre. […]
Le centre de la ville est un des paysages urbains les plus étonnants du pays, avec sa forêt de tours […]. Ce "centre étendu" […] n'est plus qu'une petite partie de la ville et autour de lui, intercalées dans le bâti résidentiel, cohabitent des zones industrielles et commerciales, des favelas, des zones de loisirs et bon nombre de friches en attente de valorisation. »

Hervé Théry, « São Paulo, du centre à la périphérie, les contrastes d'une mégapole brésilienne », *EchoGéo*, septembre 2017.

Thème 1 La métropolisation : un processus mondial différencié

4 Rio de Janeiro : une métropole contrastée et en recul

Malgré l'organisation des Jeux olympiques de 2016, Rio de Janeiro connaît un recul dans le classement des villes mondiales, dû au poids de São Paulo, devenue 40ᵉ ville mondiale en 2018, mais aussi à l'émergence d'autres villes d'Amérique du Sud, comme Buenos Aires en Argentine (39ᵉ).

VIDÉO

6 Comment les JO de 2016 ont-ils aggravé les inégalités à Rio de Janeiro ?

5 Brasília, le centre politique « dépassé par son succès » ?

ARTICLE

« Capitale politique et symbolique, Brasília [construite *ex nihilo* pour mieux répartir la population sur le territoire] a été créée à dessein sans activité industrielle [...]. Malgré le poids de son PIB, la plupart des grands indices économiques montrent la faiblesse du rôle du district fédéral dans l'économie du pays. Brasília est principalement entretenue par le budget fédéral, la population active [...] formée en grande partie de fonctionnaires fédéraux [...] jouit de très hauts revenus [...].

Mais de nouveaux courants migratoires modifient la physionomie de la ville en attirant vers elle une population importante de personnes pauvres qui ne trouvent pas à s'y employer [...]. D'où les problèmes de pauvreté et de violence que doit désormais affronter une ville qui se vantait volontiers de ne pas les connaître. [...] La métropole en voie de formation, contrairement à la ville planifiée qui a été son point de départ, est en effet désormais un territoire fragmenté, marqué par des oppositions de plus en plus fortes entre quartiers. [...] Brasília a donc été dépassée par son succès même, attirant des migrants bien au-delà de sa capacité à les absorber [...], et les voit s'accumuler dans d'immenses périphéries peu et mal planifiées, ce qui fait d'elle une métropole comme les autres. »

Hervé Théry, « Brasília, de la vitrine à la métropole », *Géoconfluences*, octobre 2017.

Bilan

→ À l'aide des documents, rédigez une réponse à la problématique selon le plan suivant.

A À l'échelle du pays, une urbanisation qui se généralise et un processus de métropolisation qui se diffuse Introduction, Doc 1, 2 et 5

B À l'échelle mondiale, la métropolisation renforce le poids de São Paulo au détriment de Rio de Janeiro Doc 3 et 4

C Des contrastes fonctionnels, sociaux et spatiaux marqués Doc 3, 4, 5 et 6

Mise en perspective

→ Répondez aux questions pour replacer le cas du Brésil à l'échelle mondiale.

A Caractérisez la croissance urbaine au Brésil : à quels types de pays est-elle comparable ? Carte p. 34-35 et 3 p. 19

B Le fait que la métropolisation renforce la plus grande ville du pays est-il fréquent ? Carte p. 34-35

C Citez d'autres métropoles concentrant des bidonvilles. Carte 3 p. 47

Thème 1 La métropolisation : un processus mondial différencié 27

ÉTUDE DE CAS 5

Comment Paris tient-elle son rang de grande ville mondiale ?

Paris, avec 12,5 millions d'habitants dans les limites de l'aire urbaine*, s'affirme comme une ville mondiale* dans toutes ses dimensions. Mais elle doit aussi se projeter dans l'avenir pour relever des défis sociaux et spatiaux, dans le cadre du Grand Paris.

A Quels sont les atouts et les faiblesses de Paris, ville mondiale ?

Assemblée nationale (fonction politique)
La Défense (fonction économique)
Champs Élysées (fonction économique)
Le Louvre (fonction culturelle)

1 Entre passé et modernité, un paysage urbain emblématique

2 Le rang de Paris, selon les critères d'un classement des villes mondiales (2018)

	Rang global	Activité économique	Recherche et développement	Activité culturelle	Vivabilité	Qualité de l'environnement	Accessibilité
1	Londres	New York	New York	Londres	Boston	Stockholm	Paris
2	New York	Londres	Tokyo	New York	Amsterdam	Zurich	Londres
3	Tokyo	Tokyo	Londres	Paris	Toronto	Copenhague	New York
4	Paris	Beijing	Los Angeles	Tokyo	Barcelone	Sydney	Shanghai
5	Singapour	Hong Kong	Boston	Singapour	Madrid	San Francisco	Tokyo
		20. Paris	9. Paris		12. Paris	21. Paris	

Source : Global Power City Index, 2018.

Thème 1 La métropolisation : un processus mondial différencié

1,5 km

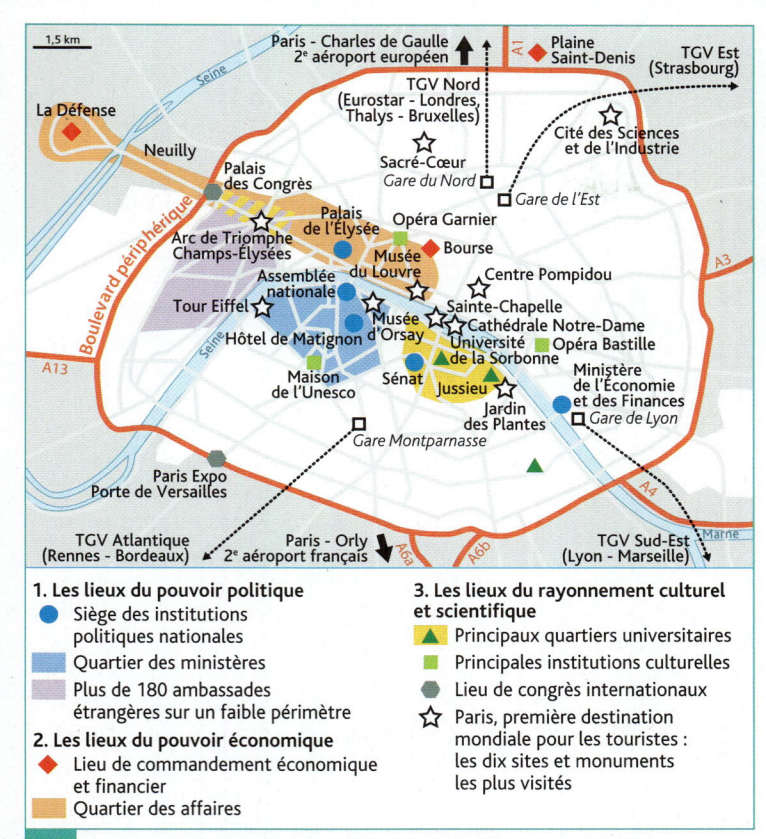

Légende carte :

1. Les lieux du pouvoir politique
- Siège des institutions politiques nationales
- Quartier des ministères
- Plus de 180 ambassades étrangères sur un faible périmètre

2. Les lieux du pouvoir économique
- Lieu de commandement économique et financier
- Quartier des affaires

3. Les lieux du rayonnement culturel et scientifique
- Principaux quartiers universitaires
- Principales institutions culturelles
- Lieu de congrès internationaux
- Paris, première destination mondiale pour les touristes : les dix sites et monuments les plus visités

3 Une concentration des fonctions métropolitaines et une bonne accessibilité

6 L'accueil des Jeux olympiques de 2024

Accueillir un événement d'échelle internationale fait partie des impératifs pour toute métropole entrée dans le club fermé des villes mondiales. Les Jeux olympiques à Paris en 2024 constituent un accélérateur du développement urbain (construction de nouveaux tronçons de transport par exemple) mais aussi un choix en termes d'investissements entre rayonnement mondial et réduction des inégalités à l'échelle locale.

4 La fondation Vuitton créée par le groupe LVMH et consacrée à l'art contemporain
Architecte : Frank Gehry

Avec plus de 200 musées, 1 000 galeries d'art, 90 cinémas, 130 salles de théâtre, 750 librairies, Paris demeure une des capitales culturelles mondiales.

5 Forces et faiblesses de Paris

« Au niveau artistique, Paris se hisse chaque année au palmarès des villes mondiales [...]. Au niveau économique, la capitale concentre les sièges sociaux de 39 multinationales parmi les 500 plus puissantes du monde. Le quartier des affaires de la Défense représente à lui seul 20 % du PIB de l'Île-de-France et forme le premier quartier d'affaires d'Europe. Pourtant, Londres surclasse Paris dès la Belle Époque, New York lui conteste la une depuis que *Big Apple* est devenue une marque exceptionnelle [...]. Les élites quittent Paris comme les héritiers Dreyfus[1] qui troquent Neuilly-sur-Seine pour Zug en Suisse. La place de Paris, 26e rang mondial en nouvelles technologies et 135e pour l'attractivité de l'environnement fiscal, ne lui donne plus les moyens de ses ambitions. [...] La muséification de Paris a sa contrepartie : une tendance à l'immobilisme avec le souci de ne pas perturber les héritages séculaires. [...] L'accessibilité du centre est l'objet de polémiques tout comme la spéculation foncière et immobilière, même si Londres n'est pas en reste. [...] Pourtant, les chiffres parlent d'eux-mêmes : l'Île-de-France représente 30 % du PIB du pays et 1 Français sur 6 y réside. »

Michel Nazet, Alain Nonjon, *Atlas des 160 lieux stratégiques du monde*, Ellipses, 2018.

[1] Le groupe Louis-Dreyfus est une FTN* de l'agroalimentaire. De même, le siège social d'Airbus Group est désormais aux Pays-Bas et le groupe Renault-Nissan BV est une société de droit néerlandais.

Analyser et confronter les documents

1. Quelles sont les principales fonctions métropolitaines* de Paris ? Doc 1, 2, 3 et 5 En quoi leur diversité témoigne-t-elle de la puissance de la ville ?
2. Où sont-elles localisées et comment marquent-elles le paysage urbain ? Doc 1, 2 et 3 et photographies p. 60
3. Caractérisez l'accessibilité de Paris. Pourquoi est-ce un atout pour une ville mondiale ? Doc 2 et 3
4. Quels sont les autres atouts mais aussi les faiblesses de Paris, en tant que ville mondiale ? Ensemble des documents

SYNTHÉTISER À l'aide de ce qui précède, récapitulez les facteurs du rayonnement et de l'attractivité de Paris, mais aussi certaines de ses fragilités.

Thème 1 La métropolisation : un processus mondial différencié — 29

ÉTUDE DE CAS 5 > Comment Paris tient-elle son rang de grande ville mondiale ?

B À quels défis socio-spatiaux le Grand Paris* doit-il répondre ?

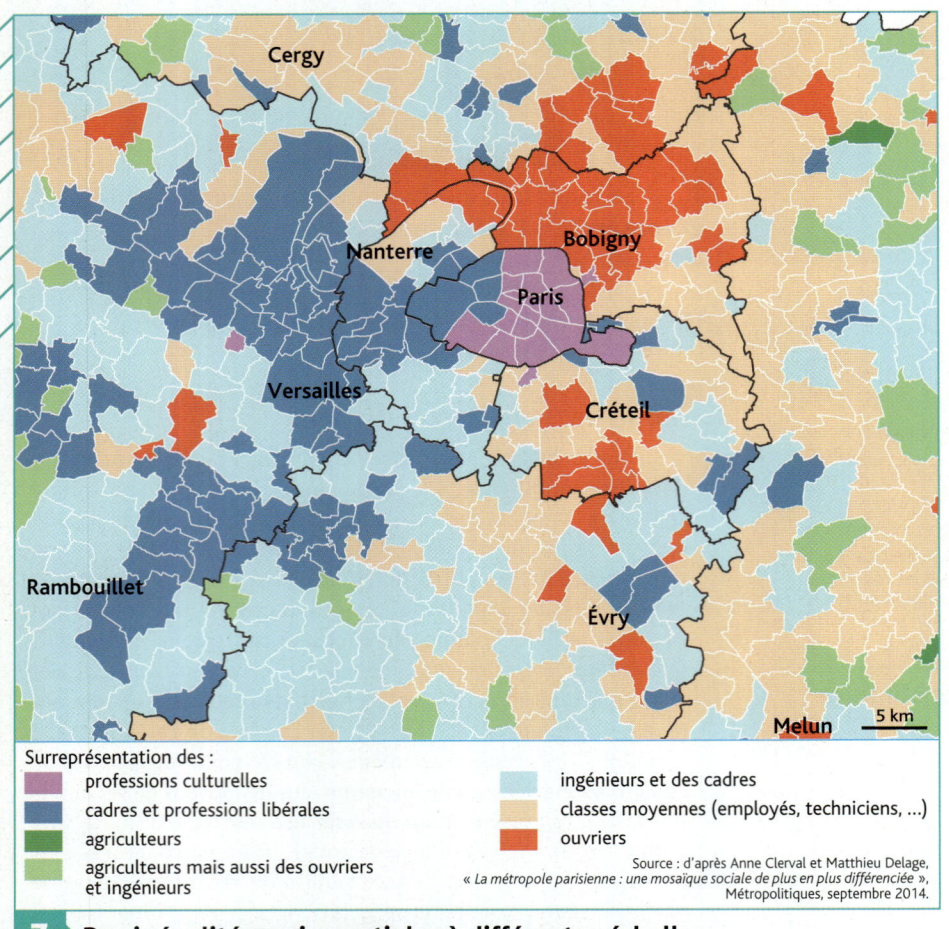

Surreprésentation des :
- professions culturelles
- cadres et professions libérales
- agriculteurs
- agriculteurs mais aussi des ouvriers et ingénieurs
- ingénieurs et des cadres
- classes moyennes (employés, techniciens, …)
- ouvriers

Source : d'après Anne Clerval et Matthieu Delage, « La métropole parisienne : une mosaïque sociale de plus en plus différenciée », Métropolitiques, septembre 2014.

7 Des inégalités socio-spatiales à différentes échelles

8 Paris se dépeuple au profit de sa périphérie

« Jusqu'ici, Philippe et Nathalie vivaient avec leurs deux filles scolarisées en maternelle, à deux pas de la place Gambetta (Paris XXe), un quartier vivant qu'ils appréciaient beaucoup. Pourtant, le mois prochain, le couple et ses enfants vont déménager. Direction Bourg-la-Reine (Hauts-de-Seine) dans la banlieue sud de la capitale, où ils ont acheté une maison, leur trois-pièces parisien de 65 m² étant devenu étroit […]. Comme nombre de familles parisiennes, ils disent adieu à la capitale, qui voit sa population baisser selon des statistiques publiées par l'Insee en pleine trêve des confiseurs. En cinq ans – de 2011 à 2016 – Paris a perdu près de 60 000 habitants, alors que pendant la même période l'Île-de-France a vu sa population augmenter de 260 000 personnes. Tous les départements de la région gagnent des habitants sauf Paris. Pourtant, les Franciliens qui aspirent à vivre en zone centrale, plus près de leur travail et à proximité des lieux de culture, de loisirs et de sortie, sont légion. Mais c'est sans compter le mur de l'immobilier. »

Tonino Serafini, « Immobilier : pierre de contrastes », *Libération*, janvier 2019.

VIDÉO

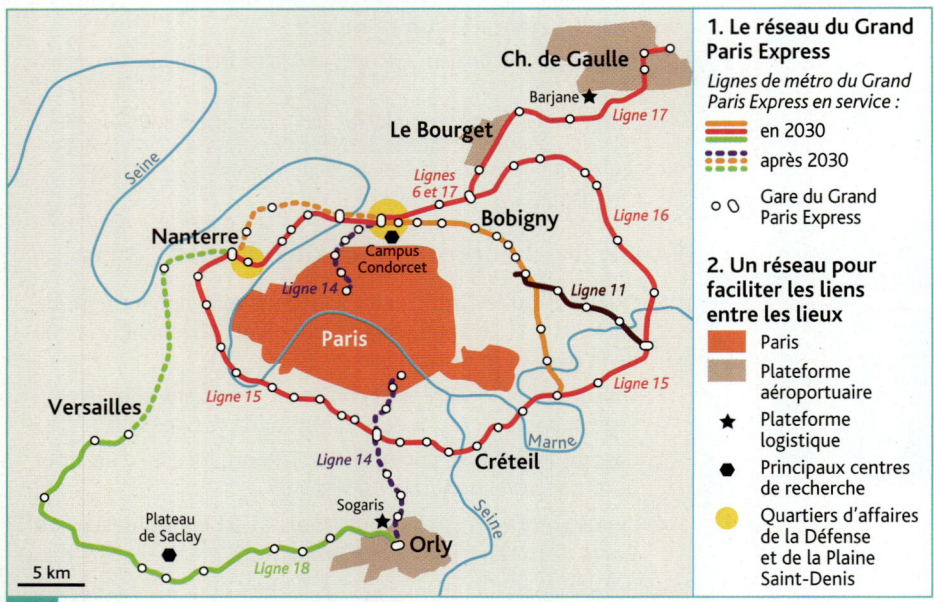

1. Le réseau du Grand Paris Express

Lignes de métro du Grand Paris Express en service :
- en 2030
- après 2030
- Gare du Grand Paris Express

2. Un réseau pour faciliter les liens entre les lieux
- Paris
- Plateforme aéroportuaire
- ★ Plateforme logistique
- ● Principaux centres de recherche
- ● Quartiers d'affaires de la Défense et de la Plaine Saint-Denis

9 Aménager la métropole dans le cadre d'un Grand Paris

Le « Grand Paris », regroupe la ville de Paris, les départements de petite couronne et certaines communes de grande couronne. Son but est d'intégrer les proches banlieues dans un territoire métropolitain polycentrique* et de concurrencer les autres villes mondiales.

Analyser et confronter les documents

1. Quels défis sociaux montrent les **documents 7 et 8** ? En quoi le projet du Grand Paris peut-il les relever partiellement ? **Doc 9**

2. Montrez que la métropole est de plus en plus polycentrique*. **Doc 1, 3, 6 et 9**

SYNTHÉTISER À l'aide de vos réponses, montrez la fragmentation sociale* mais aussi fonctionnelle* de la métropole parisienne.

30 **Thème 1** La métropolisation : un processus mondial différencié

Bilan

→ Complétez le schéma fléché à l'aide de l'étude de cas.

Paris, une des premières villes mondiales

- Des fonctions métropolitaines : ....
- Des défis économiques, sociaux et spatiaux : ....
- Des recompositions spatiales dans le cadre du Grand Paris : ....

→ Complétez le schéma cartographique à l'aide de sa légende et de l'étude de cas. Aidez-vous des limites pré-tracées et pensez à ajouter la nomenclature.

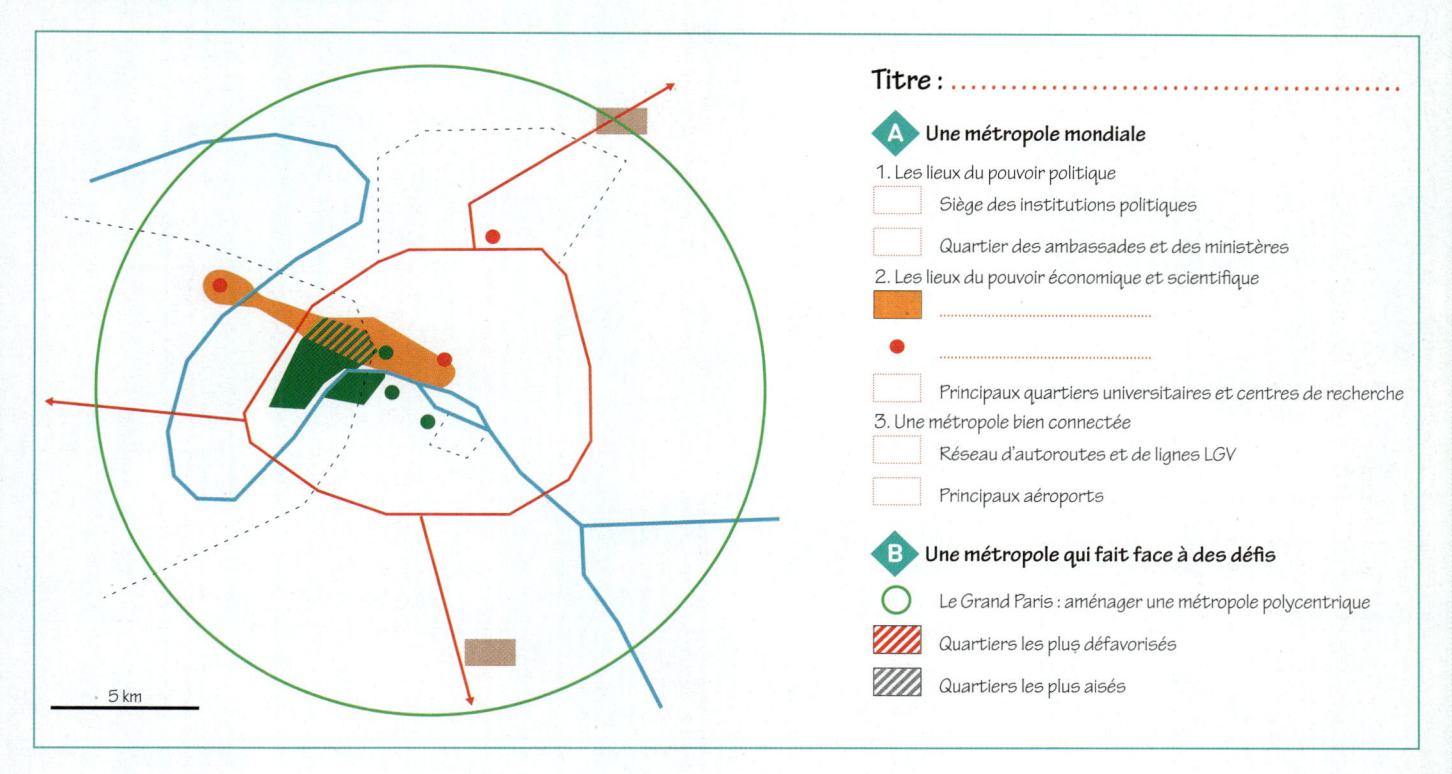

Titre : ....

A Une métropole mondiale

1. Les lieux du pouvoir politique
   - ☐ Siège des institutions politiques
   - ☐ Quartier des ambassades et des ministères
2. Les lieux du pouvoir économique et scientifique
   - ■ ....
   - ● ....
   - ☐ Principaux quartiers universitaires et centres de recherche
3. Une métropole bien connectée
   - ☐ Réseau d'autoroutes et de lignes LGV
   - ☐ Principaux aéroports

B Une métropole qui fait face à des défis
   - ○ Le Grand Paris : aménager une métropole polycentrique
   - ▨ Quartiers les plus défavorisés
   - ▨ Quartiers les plus aisés

5 km

Mise en perspective

→ Répondez aux questions pour replacer le cas de Paris à l'échelle mondiale.

A
- Quelles sont les villes mondiales* comparables à Paris ? Planisphère p. 44-45
- Les fonctions métropolitaines* de Paris se retrouvent-elles dans une métropole comme Londres (p. 22-23) ?
- Montrez que les villes photographiées p. 34-35 et 44-45 possèdent certaines des fonctions métropolitaines de Paris.

B
- La fragmentation socio-spatiale présente à Paris est-elle un cas unique ou un phénomène répandu dans les métropoles mondiales ? Doc 8 p. 16, 3 p. 19, 6 p. 24 et 4 p. 27
- Pourquoi peut-on dire que les villes mondiales fonctionnent en réseau tout en se livrant une forte concurrence ? Doc 7 p. 24 et 2 p. 39

Thème 1 La métropolisation : un processus mondial différencié

Hong-Kong, une des dix villes mondiales
Possession britannique jusqu'en 1997, la cité a été touchée, dès les années 1980, par le phénomène de métropolisation, fondé sur la présence d'activités commerciales puis financières de rang mondial.

Thème 1 • La métropolisation : un processus mondial différencié

1. Le poids croissant des métropoles

La croissance de la population urbaine (55 % de la population mondiale en 2019) s'accompagne d'un processus de métropolisation, plus ou moins avancé, marqué par la concentration des populations, des activités et des fonctions de commandement.

Santiago, Chili
La capitale du Chili est représentative du phénomène de métropolisation lié à l'émergence économique d'un pays. Santiago abrite près d'un tiers des Chiliens.

> Montrez que ces photographies illustrent à la fois l'ancienneté et l'actualité du phénomène de métropolisation et certaines de ses caractéristiques.

Quel est le poids réel des métropoles dans des territoires recomposés par l'urbanisation et la mondialisation ?

- Quels processus sous-tendent les logiques d'urbanisation ? 36-37
- Quelles spécificités présentent les métropoles ? 38-41

À L'ÉCHELLE MONDIALE

Urbanisation et métropolisation dans le monde

Notion-clé Urbanisation/métropolisation

Depuis 2007, plus de la moitié de la population mondiale vit en ville. L'urbanisation s'accompagne d'une métropolisation, avec l'émergence des très grandes villes disposant de fonctions de commandement (politique et/ou économique, scientifique, culturel) leur permettant de rayonner sur une aire plus ou moins vaste.

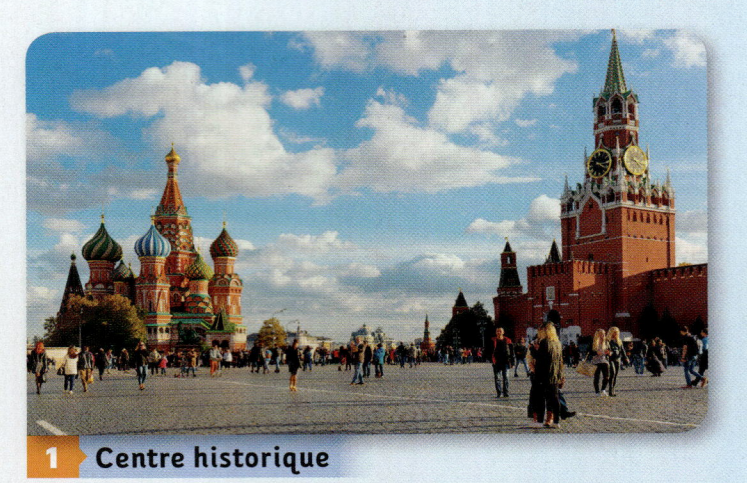

1 Centre historique

La place Rouge à Moscou (Russie) Sur la plupart des continents, les villes se sont développées à partir de centres anciens, au bâti dense et au riche patrimoine. La place Rouge de Moscou, par exemple, est inscrite au « Patrimoine mondial de l'humanité » par l'UNESCO depuis 1990.

2 Quartier des affaires-CBD

Le Kuala Lumpur City Center (Malaisie), dominé par les tours Petronas (452 m) Les métropoles possèdent un ou plusieurs quartiers des affaires qui concentrent leurs fonctions économiques et financières : place boursière, sièges des firmes transnationales, etc. Symbole de la puissance, leur architecture est souvent monumentale.

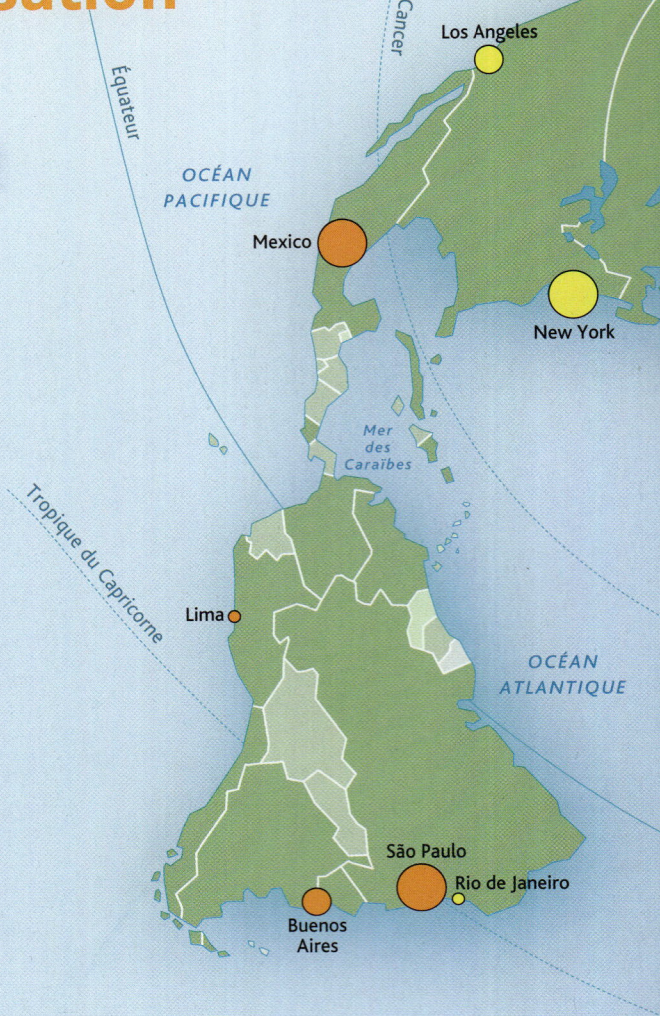

3 Accessibilité

L'aéroport John-Fitzgerald-Kennedy de New York (États-Unis) Portes d'entrée des territoires, les métropoles sont des nœuds majeurs des réseaux de communication. L'accessibilité* est un des critères essentiels pris en compte dans le classement des villes mondiales, comme New York.

34 Thème 1 La métropolisation : un processus mondial différencié

1. Taux d'urbanisation en % par État (2017)

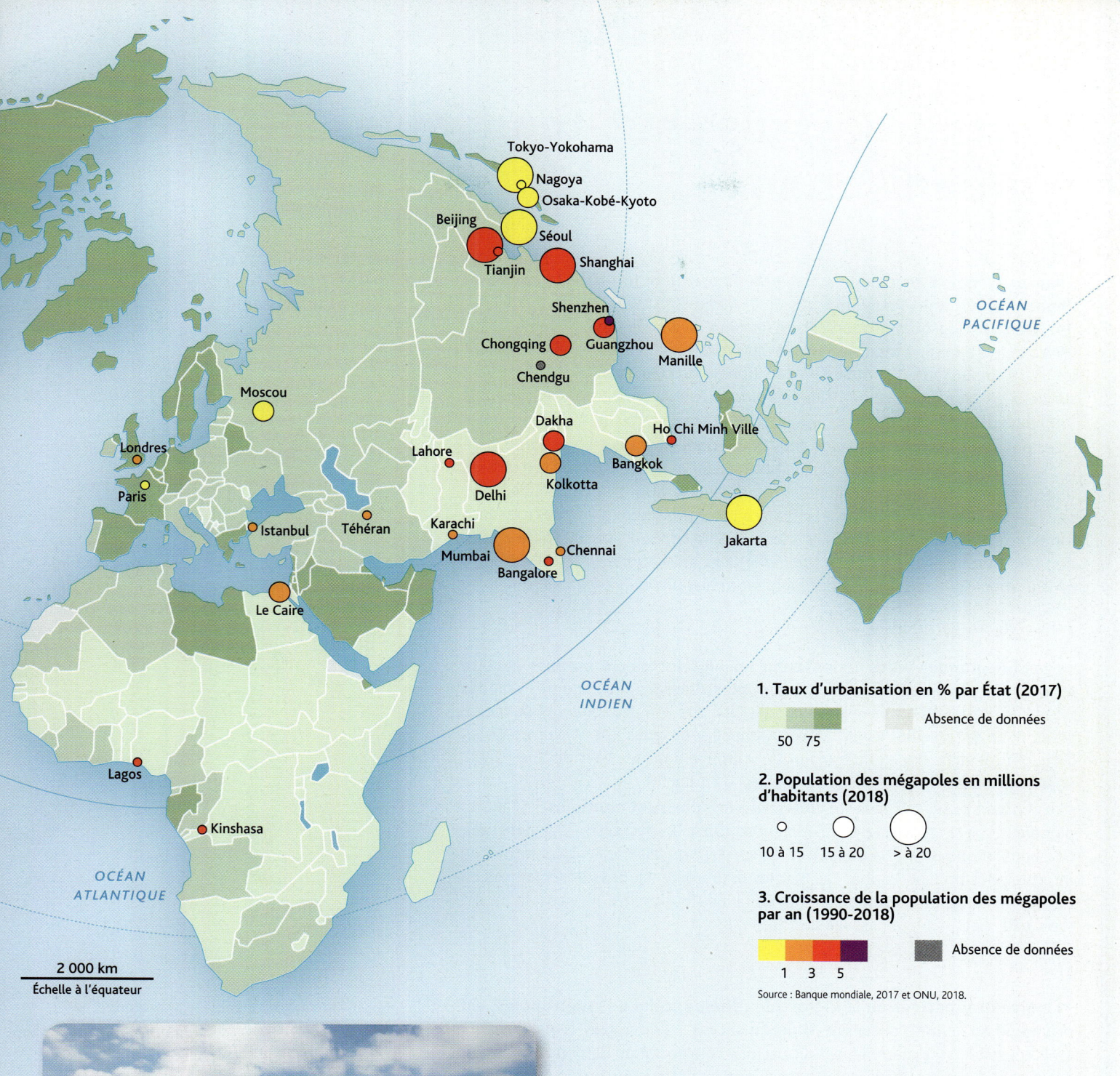

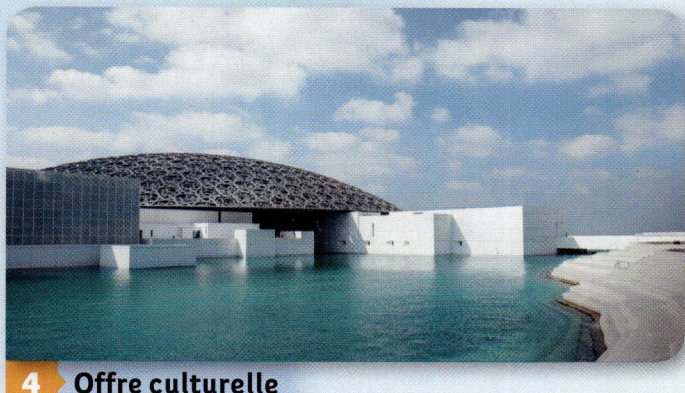

50 75   Absence de données

2. Population des mégapoles en millions d'habitants (2018)

10 à 15 — 15 à 20 — > à 20

3. Croissance de la population des mégapoles par an (1990-2018)

1 3 5   Absence de données

Source : Banque mondiale, 2017 et ONU, 2018.

4 Offre culturelle

Le musée du Louvre à Abu Dhabi (Émirats arabes unis)

Les métropoles sont des lieux de création et de diffusion culturelle. La présence d'un musée donne un ancrage international et contribue à l'attractivité touristique des lieux.

Confronter le planisphère aux documents

1. Analysez les taux d'urbanisation dans le monde, en expliquant les différences constatées. **Planisphère**
2. Où se situent les mégapoles les plus peuplées ? Sont-elles forcément celles qui enregistrent la croissance démographique la plus forte ? **Planisphère**
3. Localisez les doc 1, 2 et 4 sur la carte. Ces mégapoles font-elles partie des plus peuplées de la planète ? Comment leur population évolue-t-elle ? **Planisphère**
4. Quels types de paysages et de fonctions sont révélateurs d'une ville mondiale ? **Doc 1 à 4**

1. Le poids croissant des métropoles 35

COURS 1

Quels processus sous-tendent les logiques d'urbanisation ?

A À l'échelle mondiale, le futur est urbain

- **Plus de la moitié de la population, pour la première fois dans l'histoire de l'humanité, vit dans les villes** (près de 55 % en 2019) et la tendance s'accroît (65 % en 2050). L'urbanisation est très liée au niveau de développement. Les PMA* sont urbanisés à moins de 30 % tandis que les pays développés avoisinent les 80 %. Cependant, du fait de la répartition de la population, plus d'un urbain sur deux vit en Asie et avec l'Afrique, ces deux continents enregistrent les plus forts taux de croissance.

- **Les pays se différencient selon leur stade dans la transition urbaine.** Si la plupart des pays anciennement industrialisés ont achevé leur transition et connaissent une stagnation ou une saturation (voire une décélération), la plupart des pays émergents* et en développement sont en cours de transition (phase de croissance forte) ou en phase de démarrage. Les taux d'urbanisation sont ainsi très différenciés, de 13 % (Burundi, Niger) à 99 % (Belgique). Certains pays, en dépit d'une forte urbanisation, sont pourtant majoritairement ruraux (Inde).

B Une croissance des mégapoles

- **Les plus grandes villes connaissent les plus fortes croissances** et cette tendance se fait au détriment des plus petites. Émergent ainsi de très grandes villes, qui dépassent les 10 millions d'habitants, que l'on peut qualifier de mégapoles. Si en 1975, seules 5 villes dépassaient ce seuil, elles seront plus de 40 en 2030. Parmi elles, une grande majorité se trouve dans les pays du Sud (Delhi, Shanghai, Dhaka, Beijing, Mexico, Kinshasa ou Karachi).

- **Les enjeux posés par la forte croissance urbaine sont multiples** et d'autant plus aigus que le pays est en développement. Outre la question du logement pour une population qui croît à un rythme élevé, se pose celle de l'emploi formel ou informel, des transports pour faciliter les déplacements, des conséquences en termes de congestion et de pollution, de la distribution des services de base à tous (eau, électricité, ramassage des déchets).

C Un processus sélectif : la métropolisation

- **Le niveau supérieur de la hiérarchie urbaine, celui des métropoles, est privilégié au sein du processus d'urbanisation.** La métropole (« mêter-polis » en grec, soit la ville mère) se définit par une concentration de population mais également d'activités et de richesse et par un rayonnement conséquent. Le processus de métropolisation peut ainsi se définir comme la traduction urbaine de la mondialisation : un ancrage, dans un territoire sélectionné, des divers flux et échanges à l'échelle mondiale.

- **Les métropoles se différencient des mégapoles** car le nombre d'habitants n'est pas le seul critère. On peut ainsi observer un très grand nombre de mégapoles (Lagos) qui ne sont pas (encore) des métropoles tandis que des villes plus petites (Francfort) sont de réelles métropoles. La mise en réseau de ces haut-lieux crée un système de plus en plus sélectif.

> À l'échelle mondiale, la croissance urbaine se différencie selon le niveau de développement des pays et selon la taille des villes. Les mégapoles connaissent la plus forte croissance, mais la métropolisation peut concerner des villes moins peuplées.

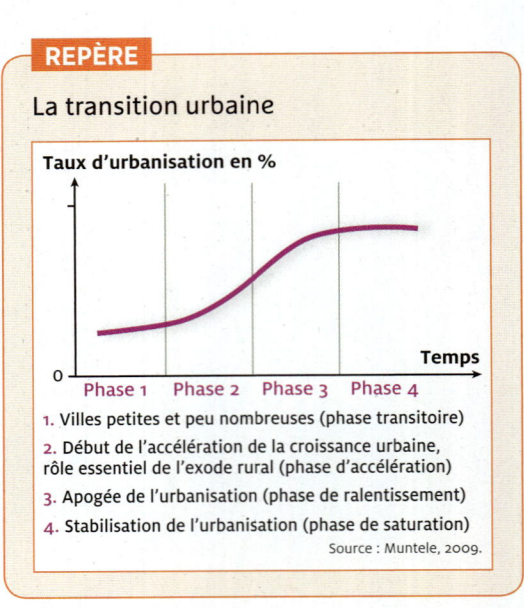

REPÈRE

La transition urbaine

Taux d'urbanisation en %

Phase 1 | Phase 2 | Phase 3 | Phase 4 — Temps

1. Villes petites et peu nombreuses (phase transitoire)
2. Début de l'accélération de la croissance urbaine, rôle essentiel de l'exode rural (phase d'accélération)
3. Apogée de l'urbanisation (phase de ralentissement)
4. Stabilisation de l'urbanisation (phase de saturation)

Source : Muntele, 2009.

VOCABULAIRE

Mégapole Ville très peuplée (10 millions d'habitants ou plus).

Métropole Grande ville, qui concentre population et fonctions de commandement (politique, économique, et/ou culturel).

Métropolisation Processus de concentration des activités et des fonctions de commandement dans un nombre limité de grandes villes, les métropoles, dans un contexte de mondialisation.

Transition urbaine Passage rapide d'un peuplement en majorité rural et dispersé à un peuplement en majorité urbain et concentré (analogie avec la transition démographique). Ce passage est marqué par une très forte croissance de la population urbaine commune à l'ensemble des pays mais à des rythmes décalés.

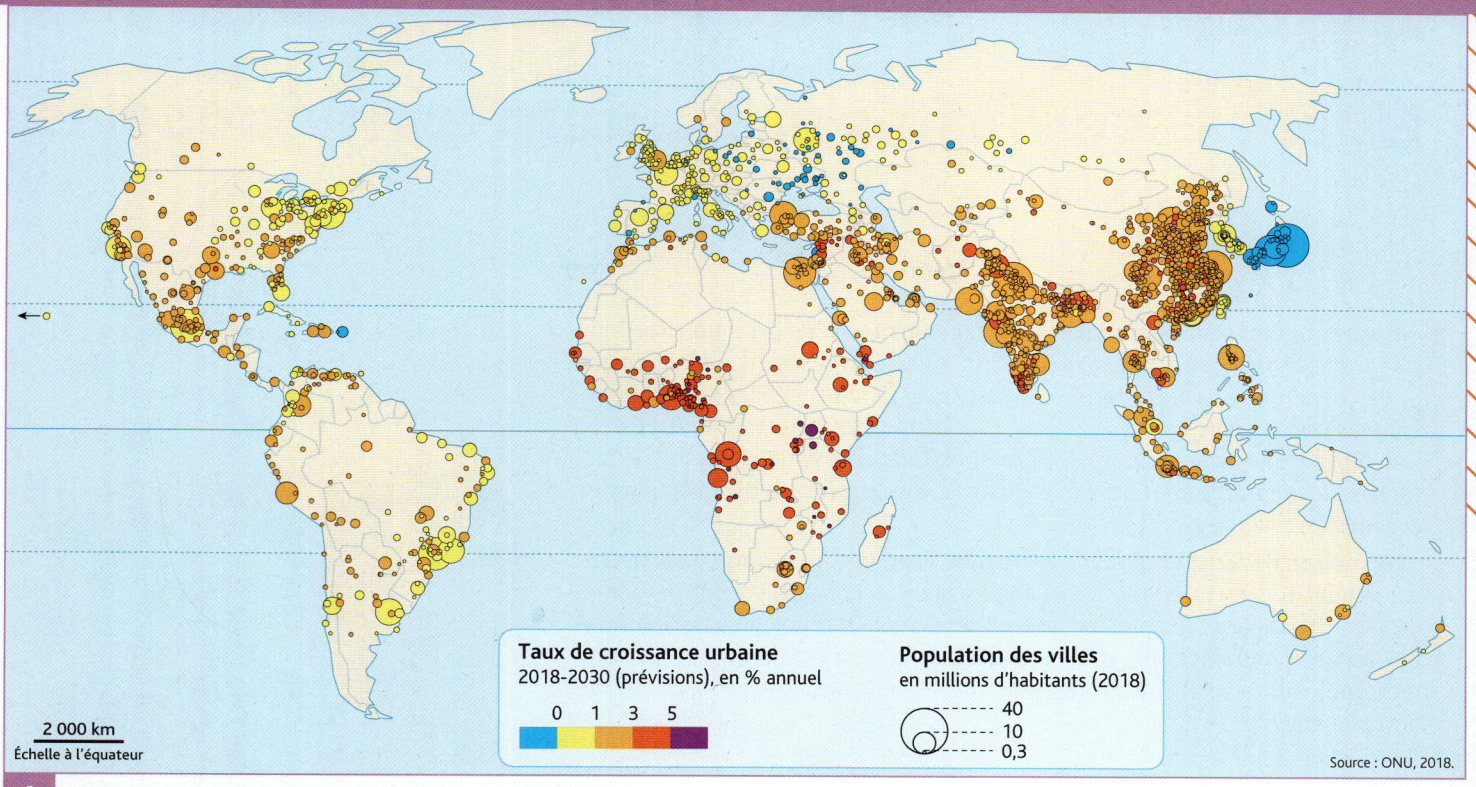

1 Répartition et croissance des villes d'ici 2030

Taux de croissance urbaine 2018-2030 (prévisions), en % annuel : 0, 1, 3, 5

Population des villes en millions d'habitants (2018) : 40, 10, 0,3

Échelle à l'équateur : 2 000 km

Source : ONU, 2018.

2 Métropoles et mégapoles

« Le processus de métropolisation concerne différemment les grandes villes des pays développés et celles des Suds [...]. Une déconnexion de plus en plus forte apparaît ainsi entre la taille des villes et l'insertion dans les réseaux de l'économie-monde. La transition urbaine, qui affecte au XXe siècle les pays en développement, favorise l'émergence de véritables mégapoles (comme Lagos, Bogota ou Le Caire), c'est-à-dire de villes dont la taille est sans commune mesure avec celles des autres villes du pays, mais qui ne constituent pas forcément des nœuds de l'archipel mégapolitain mondial*. La métropolisation concerne des villes qui sont certes de grande taille (au minimum 500 000 à 1 million d'habitants) mais qui sont surtout caractérisées par la diversité de leurs fonctions économiques. »

Anne Bretagnolle, Renaud Le Goix, Céline Vacchiani-Marcuzzo, *Métropoles et mondialisation*, La Documentation Photographique, 2011.

3 Dhaka (Bangladesh), une mégapole du Sud de 17 millions d'habitants

Analyser et confronter les documents

1. Quelles sont les régions du monde en pleine transition urbaine (phases 2 ou 3) ? Quelles sont les régions qui ont achevé cette transition (phase 4) ? Repère et doc 1
2. Quelle est la différence entre une métropole et une mégapole ? Doc 2
3. Localisez Dhaka (doc 3) sur le planisphère p. 35 et la carte 1. Quelles caractéristiques des mégapoles sont visibles sur la photographie ? Doc 1 à 3

BAC Analyser un document

Quels exemples de mégapoles et de métropoles pourriez-vous développer pour expliciter le doc 2 et comment illustreriez-vous la notion d'archipel mégapolitain mondial ? Développez les points principaux.

1. Le poids croissant des métropoles 37

COURS 2

Quelles spécificités présentent les métropoles ?

A. Une concentration des activités économiques stratégiques

- **Les métropoles sont des espaces d'ancrage territorial de la mondialisation*** où se concentrent la population mais surtout les fonctions de commandement et de conception. La très grande diversité des activités (finance, assurance, immobilier, recherche, sièges sociaux de FTN*, etc.) et les fortes interactions entre les agents économiques (citoyens, entreprises, puissances publiques, etc.) caractérisent les métropoles. Ceci s'accompagne d'un processus de sélection des activités les plus innovantes.

- **Les métropoles cristallisent une période de changement intense**, caractérisée par la transition de l'ère industrielle vers ce que l'on appelle l'ère de l'économie du savoir. La capacité à capter les cycles d'innovation (technologies de l'information et de communication, nano et biotechnologies) est un marqueur de la métropolisation. Mais toutes les villes ne suivent pas le même chemin de développement.

B. Des territoires métropolitains à l'articulation de réseaux multiples

- **La métropolisation confère aux métropoles une très grande ouverture internationale**, leur permettant de devenir des pôles dans de multiples réseaux hiérarchisés : réseaux d'entreprises, de transport, de communication et d'information, d'innovation ou encore de socialisation. Cela renforce leur attractivité et leur capacité à s'adapter. Chaque ville joue un rôle précis dans ces réseaux (New York par son milieu financier favorable aux FTN* ou Londres par sa spécialisation dans l'assurance et les transactions internationales).

- **L'émergence d'un système de villes à l'échelle mondiale** donne un rôle de pivot aux villes mondiales entre leur territoire national et le système-monde. Cela contribue à affirmer le rôle d'anciennes métropoles mais aussi à en élire de nouvelles dans les pays émergents* (São Paulo, Johannesbourg, Shanghai). La notion d'archipel mégalopolitain mondial (AMM) est à nuancer car ces villes ne sont pas déconnectées de leur ancrage national, restant fortement liées à leur arrière-pays, dans une dynamique de développement commun.

C. Une métropolisation souterraine ?

- **Les métropoles concentrent aussi des populations moins qualifiées** qui participent pleinement au fonctionnement métropolitain. Travailleurs de nuit comme agents de nettoyage dans les quartiers d'affaires ou employés dans les transports ou encore coursiers, leur travail n'est pas valorisé et pourtant, il permet aux métropoles de se développer et de perdurer.

- **L'insertion sociale dans les métropoles est loin d'être une réalité** pour des milliers de personnes qui y travaillent mais qui en sont pourtant exclues. On observe un processus croissant de bipolarisation sociale dans les métropoles mondiales, avec des écarts élevés entre populations aisées et intégrées et populations pauvres, vivant dans des conditions parfois très difficiles.

> Les métropoles sont particulièrement privilégiées dans le processus de mondialisation. Lieux de pouvoir et de concentration des richesses, elles ne jouent pas systématiquement un rôle d'intégrateur.

REPÈRE

Les 10 premières villes mondiales selon le Global Power City Index, 2018

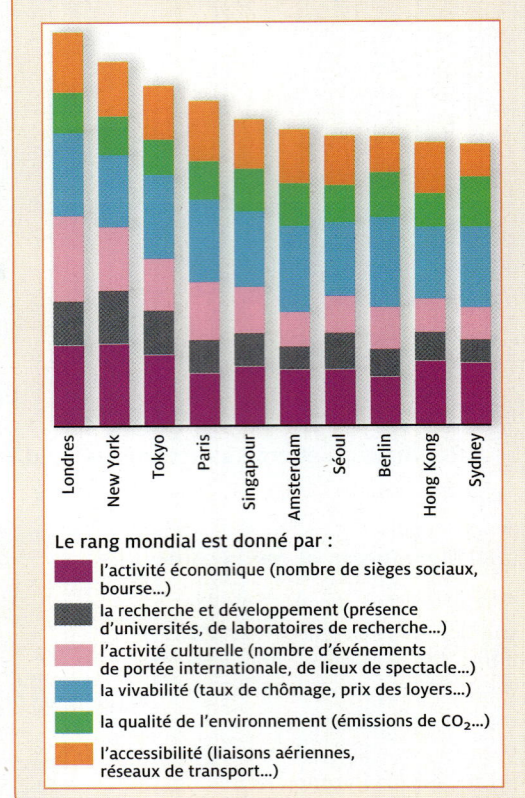

(Graphique : Londres, New York, Tokyo, Paris, Singapour, Amsterdam, Séoul, Berlin, Hong Kong, Sydney)

Le rang mondial est donné par :
- l'activité économique (nombre de sièges sociaux, bourse…)
- la recherche et développement (présence d'universités, de laboratoires de recherche…)
- l'activité culturelle (nombre d'événements de portée internationale, de lieux de spectacle…)
- la vivabilité (taux de chômage, prix des loyers…)
- la qualité de l'environnement (émissions de CO_2…)
- l'accessibilité (liaisons aériennes, réseaux de transport…)

VOCABULAIRE

Archipel mégalopolitain mondial (AMM) Métaphore désignant l'ensemble des villes mondiales, reliées entre elles par des liens et des flux, et souvent plus connectées à l'échelle mondiale qu'avec des villes de leur propre territoire national.

Économie du savoir Nouvelle phase de l'économie fondée sur des activités qui reposent sur un niveau de connaissances élevé. L'élément central est l'innovation mesurée par divers critères (budget consacré à la recherche et au développement, part des employés très qualifiés et utilisation des technologies de l'information).

Ville mondiale Métropole qui concentre des activités de commandement politiques et/ou économiques d'échelle mondiale, qui possède une forte capacité d'innovation et est marquée par un cosmopolitisme. Les villes mondiales constituent des ancrages privilégiés pour les échanges mondialisés.

Thème 1 La métropolisation : un processus mondial différencié

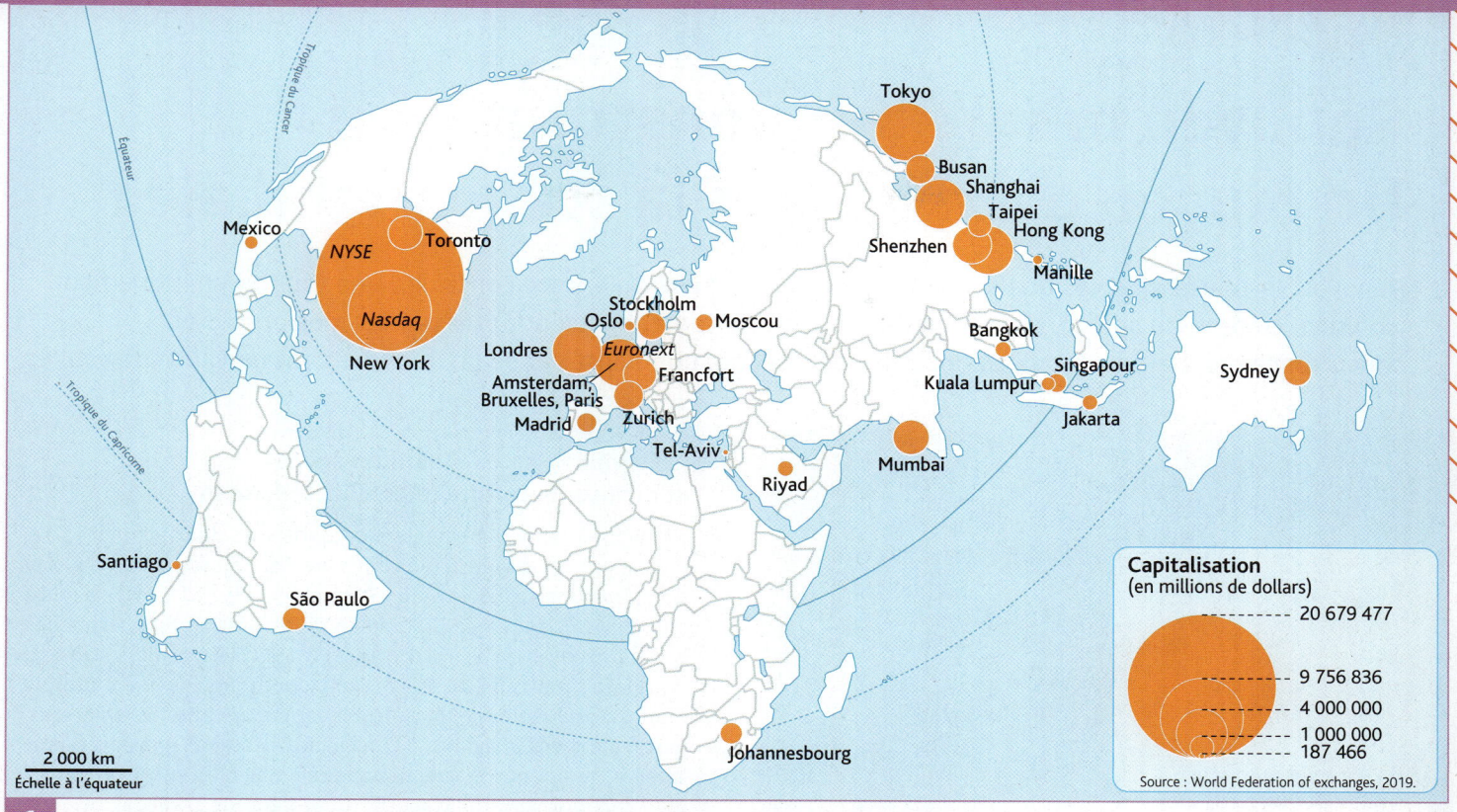

1 Un critère pour identifier la métropolisation : la capitalisation boursière en 2018

Capitalisation (en millions de dollars)
- 20 679 477
- 9 756 836
- 4 000 000
- 1 000 000
- 187 466

Source : World Federation of exchanges, 2019.

2 Des métropoles, pivots dans les réseaux d'entreprises

Paris, New York et Londres articulent le système mondial des liens entre entreprises des plus grands groupes mondiaux. Un lien entre deux villes est comptabilisé à chaque fois qu'une entreprise d'une ville A possède une partie du capital d'une entreprise d'une ville B.

Nombre de liens totaux sortant par ville :
- 36 500
- 18 000
- 3 500

Liens sortant > 250

Le nombre de liens révèle la centralité d'une ville.
- Europe de l'Ouest
- Russie
- Amérique du Nord
- Caraïbes
- Asie - Océanie

Source : d'après Bellvald, Rozenblat, 2013. Dernières données disponibles.

3 Les travailleurs pauvres, essentiels au fonctionnement des métropoles (Hong Kong)

À Hong Kong, comme dans les autres métropoles, les travailleurs de l'ombre aux horaires souvent nocturnes et aux rémunérations faibles (ici des agents de nettoyage) permettent aux populations qualifiées de travailler dans de bonnes conditions et de faire fonctionner les métropoles... en accentuant les inégalités sociales.

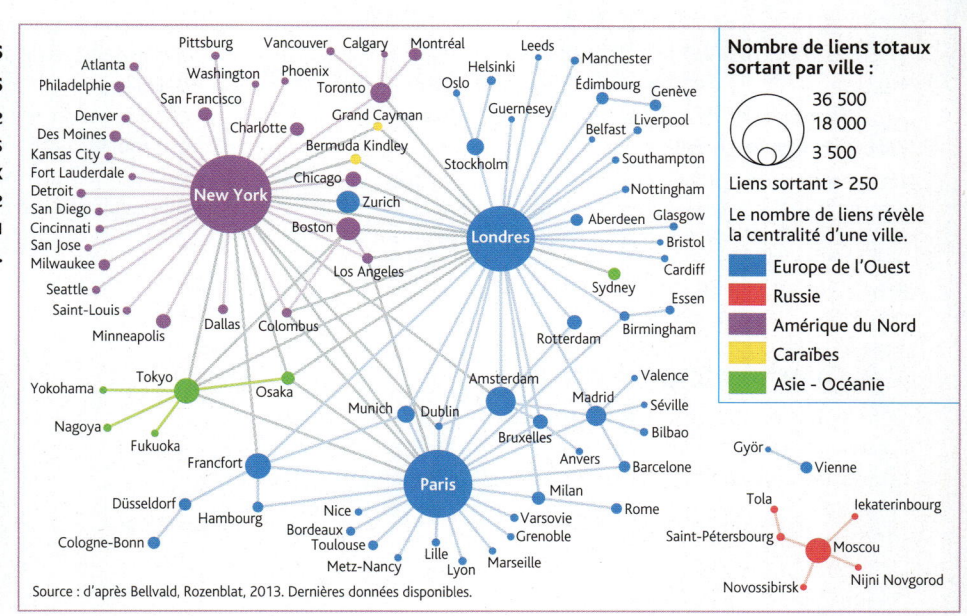

Analyser et confronter les documents

1. Comment le processus de métropolisation transforme-t-il une ville en métropole ? Repère, doc 1 et 2
2. Que permettent les divers flux entre les métropoles ? Doc 2
3. Pourquoi le fonctionnement métropolitain crée-t-il de l'inégalité ? Doc 3

BAC Répondre à une question problématisée

Montrez la puissance économique et financière des quatre premières villes mondiales et leurs interrelations. Aidez-vous du Repère et des doc 1 et 2.

1. Le poids croissant des métropoles

DOSSIER

Rénover, réhabiliter, construire... Un moyen d'exister sur la scène mondiale ?

Rénover* le centre-ville, les quais... réhabiliter des quartiers ou encore construire une tour ou un monument iconique, culturel ou sportif, sont autant de modèles internationaux adoptés par les métropoles en concurrence croissante pour s'inscrire dans les réseaux mondialisés et se positionner comme villes attractives.

1 Renverser l'image, préserver l'héritage (Détroit, États-Unis)

Détroit a subi une grave crise économique. Siège de l'industrie automobile, berceau de la *Motown* (label de musique, de la contraction de *Motor Town*), elle s'est lancée depuis 2014 dans un projet de rénovation* urbaine qui préserve la richesse architecturale tout en changeant l'image de la ville.

2 Privilégier les mobilités douces et diffuser la culture (Medellin, Colombie)

« L'agglomération de Medellin, seconde ville de Colombie, [...] a reçu le prix de la ville la plus innovante du monde décerné par le Wall Street Journal, devant New York et Tel Aviv. [...] La ville a lancé au début des années 2000 un plan de rénovation du système des transports, avec la construction en 2003 du Metrocable, un réseau de télécabines relié au réseau métropolitain. Plusieurs projets visent à privilégier la sobriété carbone mais aussi à faciliter le mouvement des individus, à l'image des escalators implantés dans le même temps que le téléphérique colombien ou encore du projet du « corridor vert » d'Ayacucho (une ligne de tramway et deux lignes de métrocable) [...]. La ville de Medellin prévoit également de construire des parcs tout le long de la rivière afin de transformer la rivière en un « hub environnemental ». Au-delà du développement du réseau de transport, la ville a mis en place un plan de développement ayant permis la création d'une douzaine d'écoles et d'un grand centre de sciences ainsi que l'implantation dans les quartiers les plus marginalisés de dix Parques Biblioteca, des centres culturels à l'architecture moderne et considérés comme des lieux de développement culturel et social. »

« Amérique latine : la ville durable comme outil de lutte contre les inégalités à Medellin », *Réseau durable*, 2015.

3 Construire toujours plus haut

« Dans un monde en urbanisation rapide, la course à la hauteur reste vive, malgré le modèle énergivore de ces tours géantes. [...] Il y a désormais 1 478 tours de plus de 200 mètres dans le monde. [...] Sans surprise, l'Asie domine le classement, avec 109 tours livrées dans l'année, dont 88 en Chine, un record pour le pays, qui reste depuis plus de 20 ans le territoire où poussent le plus grand nombre de gratte-ciels. [...]
L'Amérique du Nord compte 16 tours de plus de 200 mètres achevées dans l'année, dont 8 à New York qui fait jeu égal avec Pékin. [...] Et 13 tours ont été livrées au Moyen-Orient, dont 10 à Dubaï. On compte enfin trois tours en Amérique du Sud, une en Océanie et une seule en Europe : le Nurol Life Building... à Istanbul. Malgré de nombreux projets et chantiers à Londres, aucune tour de plus de 200 mètres n'y a été livrée en 2018. Dans le Grand Paris, il faudra attendre quelques années avant de voir La Défense réapparaître dans le classement : les 244 mètres de The Link (futur siège de Total) sont attendus pour 2021. »

Grégoire Allix, « Il existe très exactement 1478 gratte-ciel de plus de 200 mètres dans le monde », *Le Monde*, 14 janvier 2019.

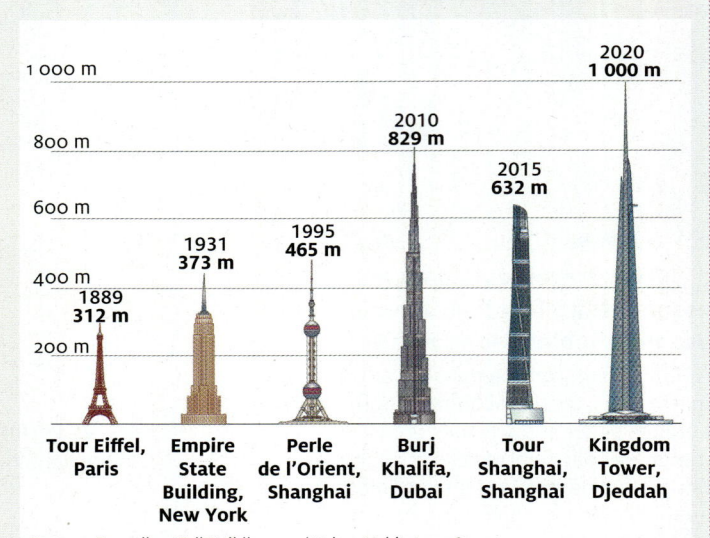

Tour Eiffel, Paris	1889	312 m
Empire State Building, New York	1931	373 m
Perle de l'Orient, Shanghai	1995	465 m
Burj Khalifa, Dubai	2010	829 m
Tour Shanghai, Shanghai	2015	632 m
Kingdom Tower, Djeddah	2020	1 000 m

Source : Council on Tall Buildings and Urban Habitat, 2018.

Thème 1 La métropolisation : un processus mondial différencié

4. Créer des « coulées vertes » (Tokyo, Japon)

De nombreuses métropoles se dotent de « coulées vertes » : Paris, Bruxelles, New York, Singapour… et ici Tokyo. Ces espaces verts linéaires, aménagés dans le cadre de plans d'urbanisme, jouent le rôle de corridors écologiques. Favorisant les mobilités douces, ils permettent aussi à la métropole de se doter d'une image de ville « verte ».

5. Aménager les berges des fleuves (Berlin, Allemagne)

ARTICLE

« La Spree et ses berges ressemblent à Berlin : polyvalentes, amicales et un poil sales. C'est avec l'arrivée des beaux jours que les Berlinois en profitent le plus, notamment depuis que la capitale a repris à son compte le concept de Paris plage. Depuis 2002, des tonnes de sable sont transportées des mers Baltique et du Nord vers la capitale pour y créer des plages le long du fleuve. Cours de salsa, partie de beach-volley, concerts, farniente dans des transats, l'ambiance y est jeune, détendue et assurée. [...] Dans le quartier de Friedrichshain, où demeure un tronçon du mur de Berlin, les berges, larges et vertes, sont elles aussi envahies de promeneurs dès les premiers rayons de soleil. De l'autre côté de la rive, à Kreutzberg, se trouvent des cafés et bars branchés et réputés, comme le Badeschiff, sa plage de sable et sa piscine bleu turquoise flottant sur les flots marron-gris de la Spree. Ici, on vient se montrer, siroter un verre au soleil et danser jusque tard dans la nuit. Car dans cette partie de Berlin, les berges du fleuve, sous exploitées et parfois en friches, devraient très vite changer d'aspect. »

« Les fleuves européens, nouveaux territoires urbains », *MyEurop*, 2013.

6. Entrer sur la scène artistique (Le Cap, Afrique du Sud)

Le Zeitz MOCAA, Musée d'Art Contemporain Africain, ouvert au Cap en 2017, a investi un ancien silo à grain, témoin du passé colonial et symbole de l'industrialisation. Cette requalification* témoigne de la volonté de reconnaissance mondiale de la métropole sud-africaine.

DEUX PARCOURS AU CHOIX

PARCOURS GUIDÉ

1. En quoi les réalisations architecturales témoignent-elles d'une concurrence entre les métropoles mais aussi d'une certaine uniformisation ? *Introduction, Doc 1, 3 et 4*
2. Dans quels domaines les métropoles cherchent-elles à améliorer leur image et à renforcer leur attractivité par les aménagements urbains ? Quels moyens mettent-elles en place ? *Doc 1, 2, 4, 5 et 6*
3. Montrez que les métropoles combinent une volonté de modernité et le souhait d'apparaître comme des villes « à dimension humaine ». *Doc 1, 3, 4 et 5*

PARCOURS AUTONOME

Prenez connaissance des documents du dossier puis cherchez dans le manuel d'autres exemples de métropoles (y compris en France) ayant mené des opérations d'urbanisme pour accroître leur attractivité nationale ou internationale. Classez les différents types d'opérations dans un tableau en donnant des exemples précis.

1. Le poids croissant des métropoles

Singapour, une des 10 premières villes mondiales
L'innovation architecturale, caractéristique des villes mondiales, est permanente, comme en témoigne ce gratte-ciel entièrement végétalisé.

Thème 1 • La métropolisation : un processus mondial différencié

2. Des métropoles inégales et en mutation

La métropolisation* est un processus mondial, mais qui n'est pas uniforme. Les métropoles* n'exercent pas toutes la même influence, ni la même attractivité. La structuration de leur territoire varie aussi.

Guayaquil (Équateur)
Principale métropole d'Équateur, Guayaquil connaît un essor récent lié à la mondialisation et au pétrole. Pour autant, les quartiers populaires et les bidonvilles témoignent de recompositions urbaines inachevées.

? Comment ces photographies illustrent-elles la diversité des métropoles et des espaces métropolitains ?

Au-delà de la diversité des métropoles, peut-on discerner des logiques de recompositions similaires ?

- Quelles sont les différentes échelles de rayonnement des métropoles ? 48-49
- Quelles recompositions spatiales affectent les métropoles ? ... 50-53
- Quels contrastes traversent les espaces métropolitains ? 54-55

À L'ÉCHELLE MONDIALE

Les villes mondiales

Notion-clé | **Ville mondiale**

Ville très peuplée, ayant un rôle moteur dans l'économie mondiale. Concentrant des activités stratégiques et de commandement, des populations hautement qualifiées et disposant d'une très grande accessibilité, elle est le lieu privilégié de l'innovation, de la création culturelle et abrite une population multi-ethnique.

1 Symbolique urbanistique

Le One World Trade Center, New York

La puissance suppose d'être reconnaissable par un symbole architectural, comme ici le One World Trade Center édifié sur le site des tours jumelles détruites par les attentats du 11 septembre 2001. Conçu par un architecte reconnu mondialement, Daniel Libeskind, il témoigne de l'émergence d'une « starchitecture ».

2 Polycentrisme

Les deux centres d'Istanbul (Turquie)

Les métropoles sont de plus en plus polycentriques. En dehors du centre historique, souvent patrimonial (basilique Sainte-Sophie, mosquée du Sultan Ahmed, ici), des centres de commandement plus récents ont été construits (à l'arrière-plan le quartier de Levent).

3 Étalement urbain

Vue aérienne de Los Angeles (États-Unis)

Toutes les métropoles s'étalent à partir du centre en développant des banlieues et des espaces périurbains. Los Angeles est une des villes les plus étalées au monde, s'étendant sur plus de 100 km du Nord au Sud.

1. Classement des villes mondiales (classement GPCI)

1 — 6 — 21 — 36 — 44

Autres villes mondiales

2. Population 2015 (en millions d'habitants)

Plus de 20 | 15 à 20 | 10 à 15 | 5 à 10 | Moins de 5

Sources : Global Power City Index[1], 2018. ONU, 2018.

[1] Le Global Power City Index repose sur 40 indicateurs mesurant la performance de la ville (activités économiques, capital humain, échanges d'informations…) et son potentiel (qualité environnementale, investissements à long-terme…).

Thème 1 La métropolisation : un processus mondial différencié

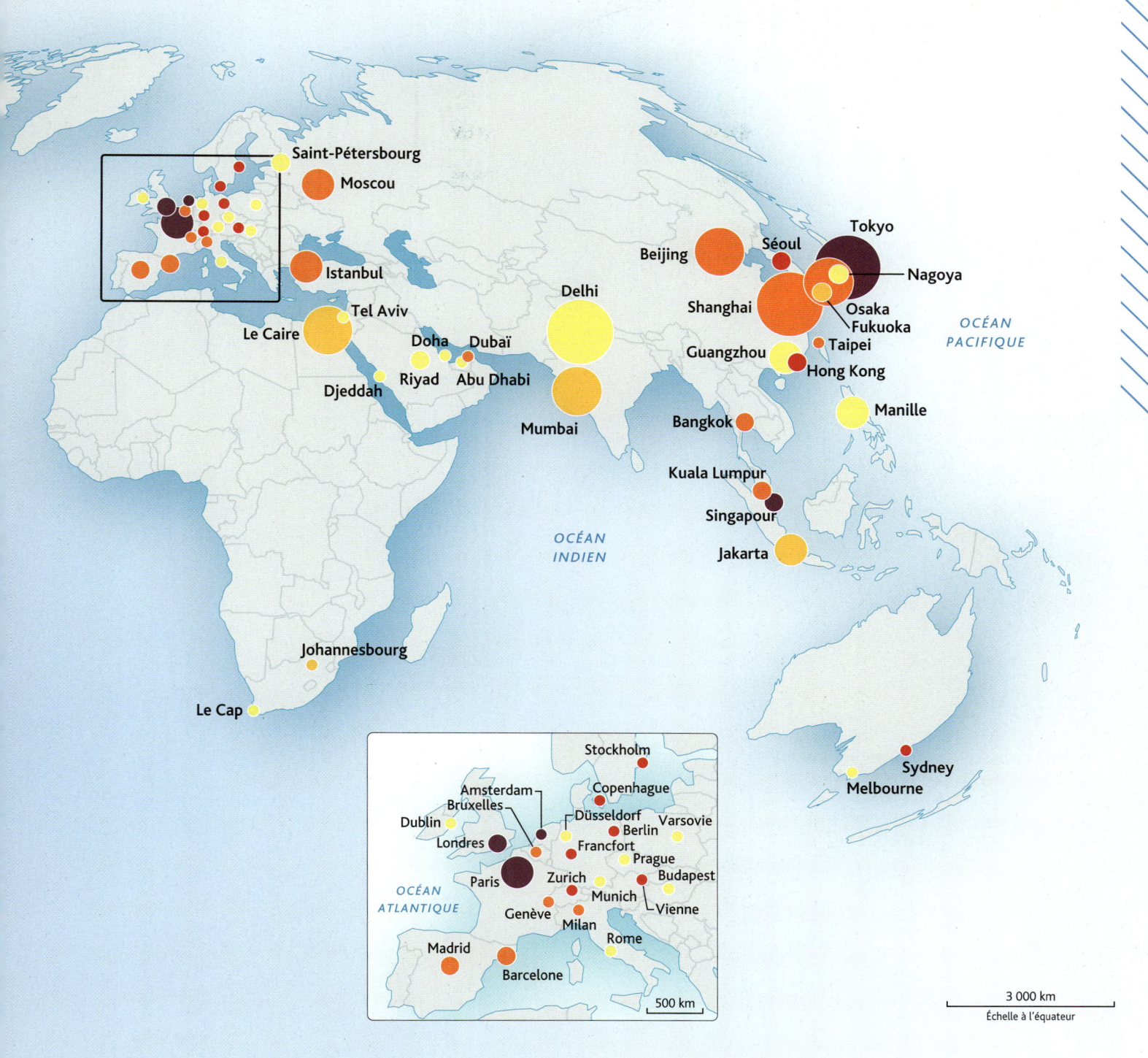

4 Fragmentation socio-spatiale

Makati, une banlieue de Manille (Philippines)

Les métropoles sont marquées par une forte différenciation des espaces en fonction du niveau de vie des habitants. Makati (530 000 habitants), en banlieue de Manille, comporte un centre de commandement mais aussi l'un des plus vastes bidonvilles de la capitale.

Confronter la carte et les documents

1. Dans quelles parties du monde sont situées la plupart des villes mondiales ? Pourquoi ? Planisphère

2. Quelle est la place des villes des doc 1 à 4 dans le classement mondial ?

3. Comment se traduit la croissance de la population dans l'espace et le paysage des métropoles ? Doc 2 à 4

4. Montrez que les paysages métropolitains présentent certaines similitudes mais aussi d'importantes différences. Doc 1 à 4

5. Comment l'espace des métropoles est-il affecté par des inégalités sociales et fonctionnelles ? Doc 1 à 4

2. Des métropoles inégales et en mutation 45

DES CARTES POUR COMPRENDRE

Des métropoles inégales et en mutation

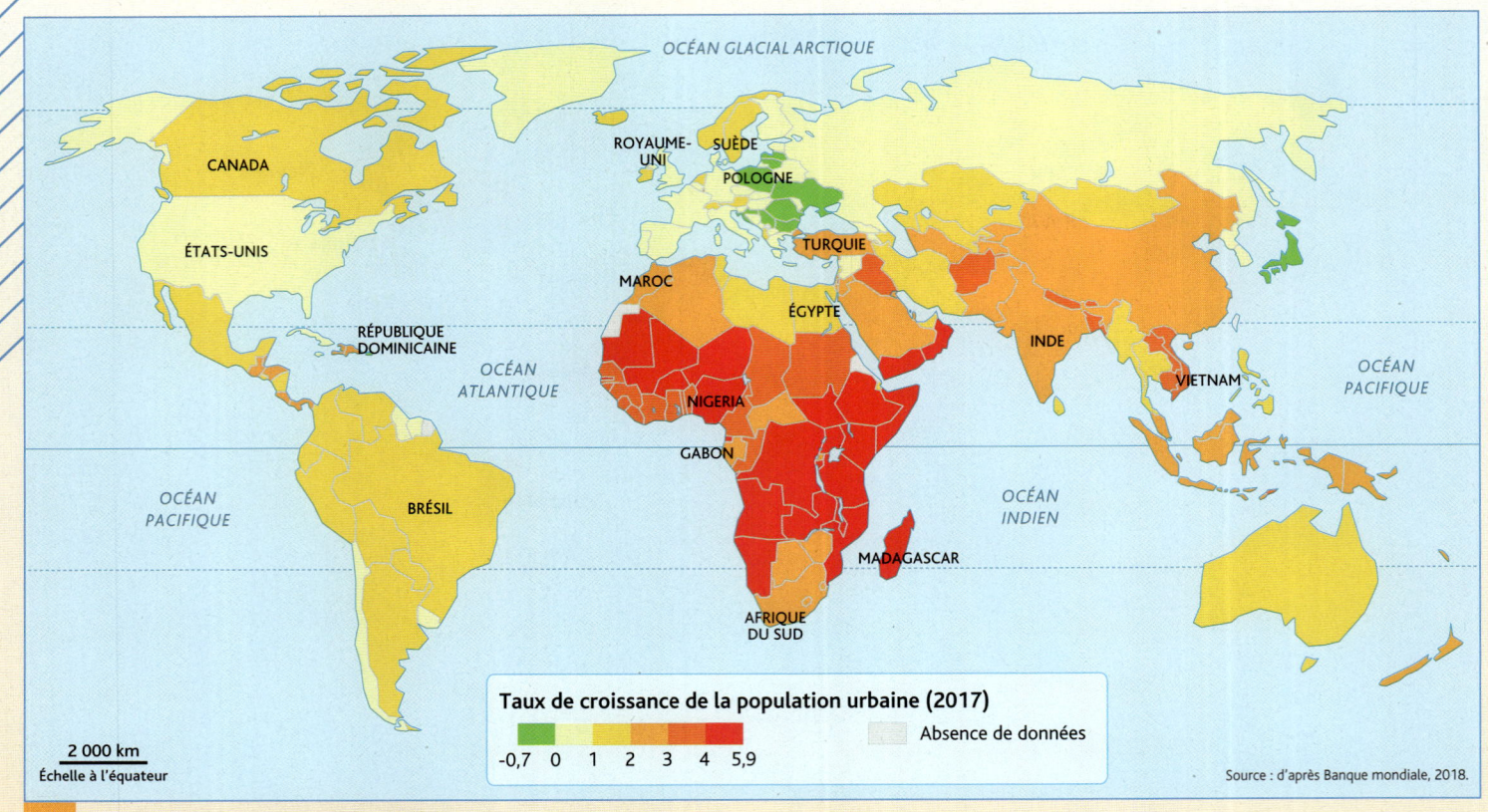

1 Une croissance urbaine inégale

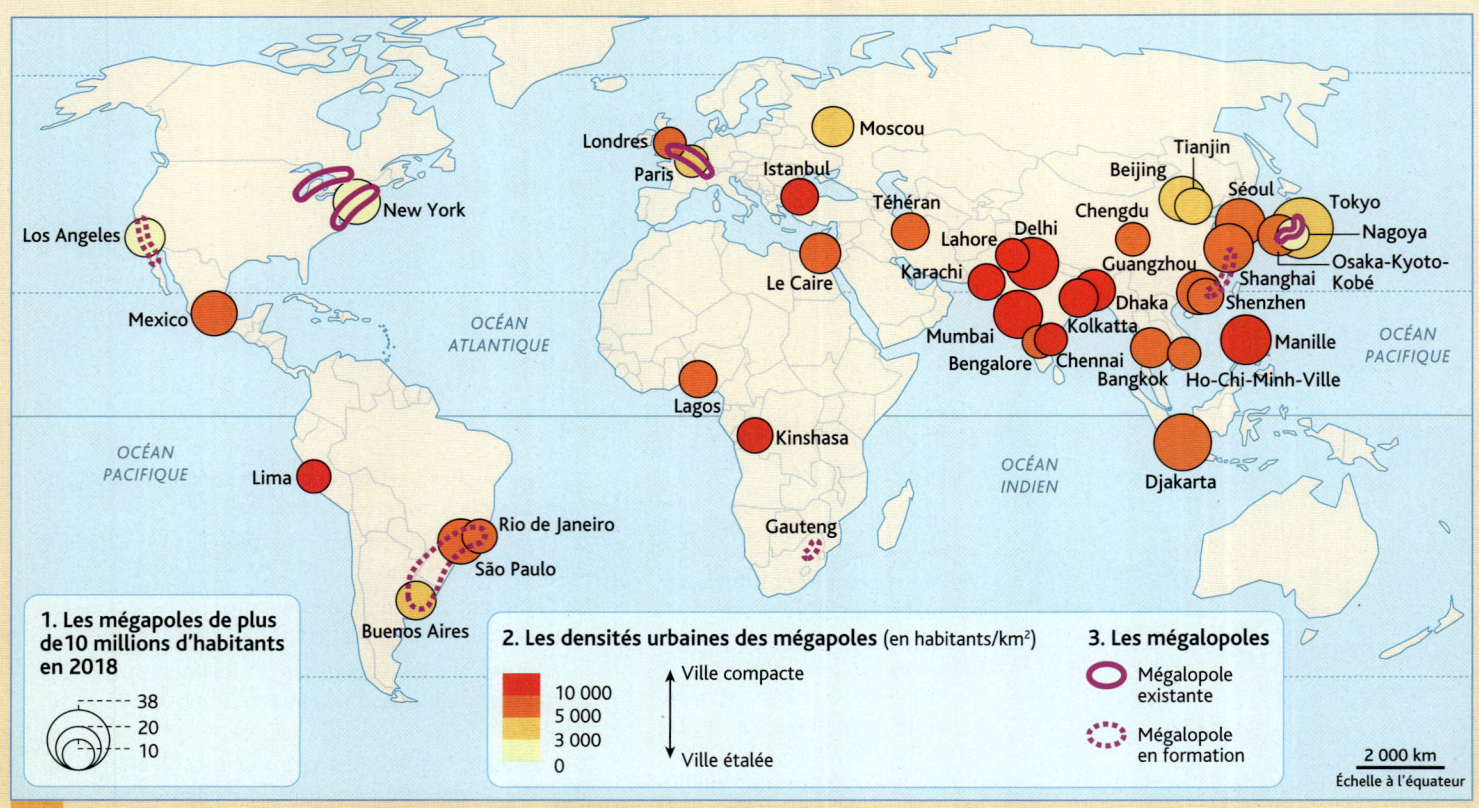

Taux de croissance de la population urbaine (2017) : -0,7 / 0 / 1 / 2 / 3 / 4 / 5,9 — Absence de données

Source : d'après Banque mondiale, 2018.

2 Un étalement urbain différencié selon les métropoles

1. Les mégapoles de plus de 10 millions d'habitants en 2018 : 38 / 20 / 10

2. Les densités urbaines des mégapoles (en habitants/km²) : 10 000 / 5 000 / 3 000 / 0 — Ville compacte ↑ / Ville étalée ↓

3. Les mégalopoles : Mégalopole existante / Mégalopole en formation

46 **Thème 1** La métropolisation : un processus mondial différencié

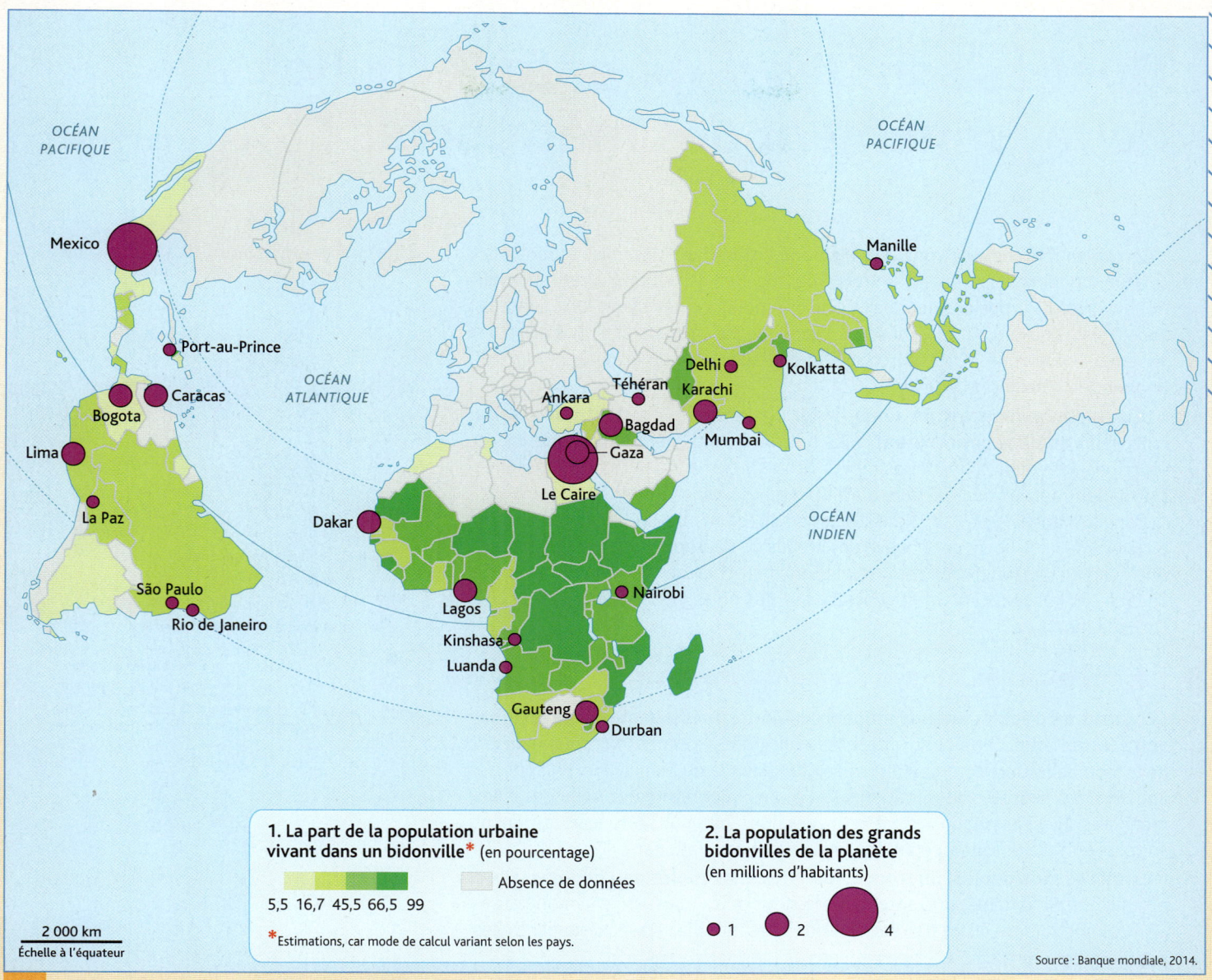

3 La population vivant dans les bidonvilles

1. La part de la population urbaine vivant dans un bidonville* (en pourcentage)
5,5 — 16,7 — 45,5 — 66,5 — 99 | Absence de données

2. La population des grands bidonvilles de la planète (en millions d'habitants) : 1 – 2 – 4

*Estimations, car mode de calcul variant selon les pays.

Échelle à l'équateur : 2 000 km

Source : Banque mondiale, 2014.

DEUX PARCOURS AU CHOIX POUR ANALYSER LES CARTES

PARCOURS RÉDIGÉ

1. Dans quel type d'États les taux de croissance urbaine sont-ils les plus élevés ? et les plus faibles ? **Doc 1**
2. Quel continent comporte le plus de mégapoles ? Où sont situées les mégapoles les plus étalées ? **Doc 2**
3. Les continents où la croissance urbaine est forte possèdent-ils les métropoles les plus nombreuses et les plus peuplées ? **Doc 1 et 2**
4. Où sont situés les villes et les États où la population vivant dans les bidonvilles est nombreuse ? **Doc 3** Donnez des facteurs explicatifs, en vous appuyant sur le **doc 1** et vos connaissances.

PARCOURS CARTOGRAPHIQUE

Synthétisez les cartes 1 à 3 par un schéma représentant :
– les taux de croissance urbaine (3 catégories)
– les métropoles de plus de 20 millions d'habitants
– les pays où plus de 45,5 % des urbains vivent dans un bidonville (hachures)

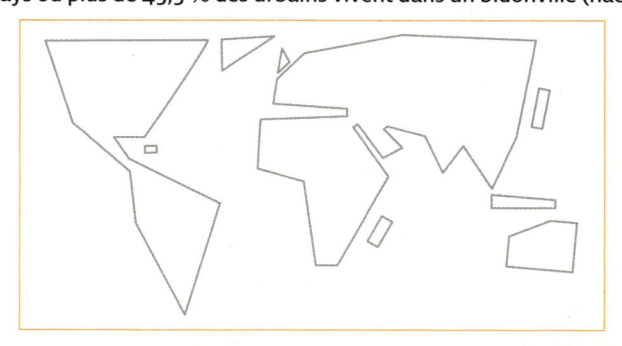

2. Des métropoles inégales et en mutation 47

COURS 1

Quelles sont les différentes échelles de rayonnement des métropoles ?

A Des métropoles au rayonnement planétaire

• **Certaines métropoles* ont une influence mondiale.** Ces villes mondiales* se situent pour la plupart dans les trois pôles majeurs de la mondialisation (Amérique du Nord, Europe occidentale et Asie orientale), comme New York, Londres, Paris, Tokyo ou Hong Kong. Leur poids s'explique par leur ancrage dans des pays fortement développés. Elles entretiennent entre elles de nombreux liens et fonctionnent en réseau (AMM*).

• **Leur rayonnement est lié aux pouvoirs (économiques, politiques et/ou culturels) qu'elles concentrent,** plus qu'à leur poids démographique. Leurs fonctions métropolitaines reposent sur des équipements métropolitains. Elles s'articulent autour de quartiers d'affaires puissants (Manhattan à New York, Pudong à Shanghai), et s'appuient sur des équipements culturels majeurs (musée du Louvre à Paris, opéra de Sydney), des nœuds de transports imposants (aéroport Chek Lap Kok à Hong Kong) et des instituts de recherche innovants (université Tōdai à Tokyo). Elles captent et génèrent des flux puissants, de toute nature et à l'échelle mondiale.

B Des métropoles au rayonnement continental

• **D'autres métropoles ont une influence moindre mais jouent un rôle régional voire continental.** Certaines d'entre elles sont situées hors des trois pôles majeurs de la mondialisation, comme Abidjan en Côte d'Ivoire ou Manille aux Philippines. Souvent très peuplées, leur influence est moins importante que celle des villes mondiales. Elles captent donc et génèrent des flux moins puissants, mais rayonnent sur plusieurs pays, tout en étant motrices au niveau national.

• **Parmi ces métropoles, on trouve aussi des métropoles peu peuplées** (de 2 à 5 millions d'habitants) présentes dans les trois pôles majeurs de la mondialisation comme Atlanta ou Osaka. Proches des villes mondiales avec lesquelles elles fonctionnent en réseau, elles ne peuvent rivaliser avec elles.

C Des métropoles au rayonnement national voire local

• **Certaines métropoles ont une influence plus limitée.** Ce sont souvent les capitales politiques de leur pays, fonction qui leur permet de commander le territoire national. Bien que parfois peuplées de plusieurs millions d'habitants, leur rayonnement dépasse rarement les frontières de leur État. Ainsi, une ville comme Athènes, capitale d'un pays en crise économique et 92e bourse mondiale en 2018, ne joue qu'un faible rôle en dehors de ses frontières nationales.

• **Les plus petites métropoles correspondent aux métropoles régionales des États.** De plus petite taille, leurs équipements métropolitains sont à l'échelle d'une région ou d'une province. Thessalonique, seconde ville grecque, domine tout le nord du pays et fonctionne comme une métropole économique à l'échelle de la Thessalie. Mais elle entretient peu de liens à l'échelle internationale. De même, Bordeaux rayonne essentiellement en Nouvelles Aquitaine dont elle est la capitale administrative. Elle est en concurrence avec Toulouse qui présente les mêmes caractéristiques.

> Le rayonnement des métropoles s'exerce à différentes échelles : planétaire, continentale, nationale. Il tient à la qualité de leurs fonctions et, souvent, au niveau de développement du pays, plus qu'à leur poids démographique.

REPÈRE
L'inégal rayonnement des métropoles

- ■ Métropole de rang supérieur
- ■ ...et sa zone d'influence
- ■ Métropole de rang inférieur
- ▫ ...et sa zone d'influence
- ▪ Équipements métropolitains (quartier des affaires, aéroport, universités, grands centres culturels)
- → Flux captés par la métropole de rang supérieur
- ↔ Flux captés et générés par la métropole de rang supérieur (capitaux, informations, marchandises)

VOCABULAIRE

Équipement métropolitain Infrastructure économique, politique, culturelle ou scientifique permettant le rayonnement d'une métropole.

Fonction métropolitaine Fonction de commandement politique (capitale), économique (siège de FTN, bourse…) ou culturelle (marché de l'art, grand musée…). Ces fonctions génèrent des emplois dits « stratégiques » : professions libérales et assimilés, cadres de la fonction publique et des entreprises, professions intellectuelles.

Métropole régionale Métropole ayant souvent le statut de « capitale administrative » d'une région à l'intérieur d'un État, et rayonnant sur cet espace.

Thème 1 La métropolisation : un processus mondial différencié

1 Les équipements métropolitains à Sydney, ville mondiale

Labels on photo : Sydney Tower ; Quartier des affaires ; Port industriel ; Opéra de Sydney ; Port de croisière ; Harbour Bridge

2 Faire d'Alger une métropole

« La métropolisation d'Alger est sans doute un projet décisif pour améliorer la compétitivité de la capitale et celle de toute l'Algérie. Une transformation fonctionnelle de la ville s'impose pour aboutir à cet objectif. Néanmoins, il ne s'agit pas uniquement de réaliser des grands projets urbains dans la capitale mais d'assurer une ouverture économique selon une double articulation.
Premièrement, par une articulation externe avec d'autres métropoles internationales et avec celles de la Méditerranée en particulier. C'est ainsi que la ville d'Alger pourra espérer être le moteur de développement de toute l'Algérie. [...]
Et deuxièmement, par une articulation interne qui passe par la connexion de la ville avec son aire métropolitaine ainsi que par l'intensification des flux avec les villes moyennes environnantes et même avec les pôles d'équilibre en voie de constitution (les nouvelles villes) sur les Hauts-Plateaux et dans le Sud. Faute de quoi, les efforts actuellement conduits en matière d'aménagement urbain à Alger en faveur de la métropolisation entreront en contradiction avec [...] le développement de ces villes dans un souci d'équilibre territorial à l'échelle nationale. »

Tarek Medjad, M'hammed Setti et Guy Baudelle, « Quelle métropolisation pour Alger ? », *Méditerranée*, 17 septembre 2015.

3 Abidjan (Côte d'Ivoire), métropole de toute l'Afrique de l'Ouest

ARTICLE

« Abidjan [...] est devenu le symbole d'une métropole en pleine résurrection, vibrante de l'incessante activité de ses presque huit millions d'habitants. [...] Forte industrialisation, urbanisation galopante, présence des grandes banques internationales, mais aussi de la BRVM – la bourse régionale des valeurs mobilières –, siège de la Banque africaine de développement (BAD) : Abidjan, premier port en eaux profondes d'Afrique de l'Ouest, est sur tous les fronts pour réaliser son ambition de rester et demeurer le principal centre d'affaires de la région. [...] Un fond national de l'innovation a aussi été créé pour soutenir la numérisation du secteur privé.
Sur les bords de la lagune d'Abidjan [...] d'un côté, les immeubles emblématiques du Plateau, l'imposant quartier des affaires, que l'on appelle parfois « le Manhattan africain » et les richissimes villas derrière leurs murs sécurisés des quartiers chics de Marcoury ou de l'île Boulay ; de l'autre, les masures des quartiers populaires ; et entre les deux, ces espaces où tout reste possible pour les jeunes entrepreneurs, artistes ou développeurs. »

Laurence Soutras, « Abidjan : « Babi », tête de pont de l'économie ivoirienne », *Voyages d'affaires*, 30 mars 2018.

Analyser et confronter les documents

1. Quels équipements métropolitains font de Sydney une métropole mondiale ? Analysez leur localisation. Repère et doc 1

2. Montrez qu'Abidjan possède les fonctions d'une métropole de rang international. Doc 2

3. Comment Alger pourrait-elle élargir son rayonnement ? Repère et Doc 3

BAC Répondre à une question problématisée

À partir du doc 1, réalisez un schéma de l'organisation spatiale de Sydney que vous pourriez insérer dans une question sur le thème de la métropolisation.

COURS 2

Quelles recompositions spatiales affectent les métropoles ?

A. Entre densification et étalement : de la ville à la mégalopole

- **La croissance urbaine se traduit souvent par une densification et une verticalisation du bâti dans le centre** des métropoles. Elle découle de la spécialisation accrue des centres qui accueillent de plus en plus d'espaces tertiaires et de moins en moins de logements, mais aussi du coût élevé du foncier devenu rare et enfin de la volonté de marquer la puissance de la ville dans le paysage par la construction d'immeubles élevés et originaux.

- **La croissance urbaine se manifeste dans le même temps par un étalement urbain.** Les quartiers résidentiels mais aussi les zones industrielles et commerciales se développent en périphérie bénéficiant d'espace disponible, de prix des terrains moins élevés et d'infrastructures de transports. Cet étalement se fait sous différentes formes allant du résidentiel de luxe aux quartiers informels et bidonvilles, enserrant parfois des espaces ruraux.

- **D'immenses aires urbaines, des conurbations voire des mégalopoles se sont créées.** Ces dernières sont constituées de métropoles et d'agglomérations secondaires, organisées en réseaux, qui forment une immense région urbaine. La plus ancienne est la Mégalopolis qui relie Boston à Washington. La mégalopole japonaise s'étend de Tokyo à Fukuoka. D'autres sont en formation, entre les métropoles de São Paulo et Buenos Aires par exemple.

B. Une organisation polycentrique des espaces métropolitains

- **De nouveaux centres fonctionnels émergent dans les métropoles.** Les centres traditionnels sont pour la plupart situés dans le centre historique ou près de celui-ci : s'y concentrent les fonctions politiques, économiques, commerciales et culturelles. Souvent, un deuxième centre fonctionnel, plus récent, est aménagé : à Londres, c'est le cas de Canary Wharf, à l'est de la City, le centre fonctionnel historique. C'est aussi le cas de Sandton à Johannesbourg.

- **De nouveaux centres fonctionnels émergent aussi en périphérie.** Ce sont très souvent des espaces dédiés à la recherche, à la logistique, à la production et à la commercialisation. Ils sont aménagés en périphérie car de vastes terrains sont moins chers et souvent plus accessibles (proximité des aéroports, des nœuds autoroutiers). Ces pôles secondaires, aussi nommés *edge cities*, sont particulièrement nombreux dans les métropoles des États-Unis, mais se développent ailleurs, comme par exemple à Mumbai avec Navy Mumbai.

- **Les espaces métropolitains sont désormais marqués par la polycentralité.** Cette organisation spatiale plus complexe nécessite l'aménagement d'infrastructures de transport pour relier les différents centres fonctionnels entre eux. Il faut non seulement relier le centre principal aux périphéries, mais aussi les périphéries entre elles. On aménage ainsi des rocades autoroutières, des lignes de métro ou de train de banlieue entre les centres fonctionnels de périphérie sans que ceux-ci ne passent par le centre. C'est le cas à Paris avec le futur métro Grand Paris Express.

> La croissance des métropoles contribue à une verticalisation de leur centre et à un étalement en périphérie, conduisant parfois à la constitution d'une mégalopole. L'émergence de nouveaux centres fonctionnels amène à une organisation polycentrique.

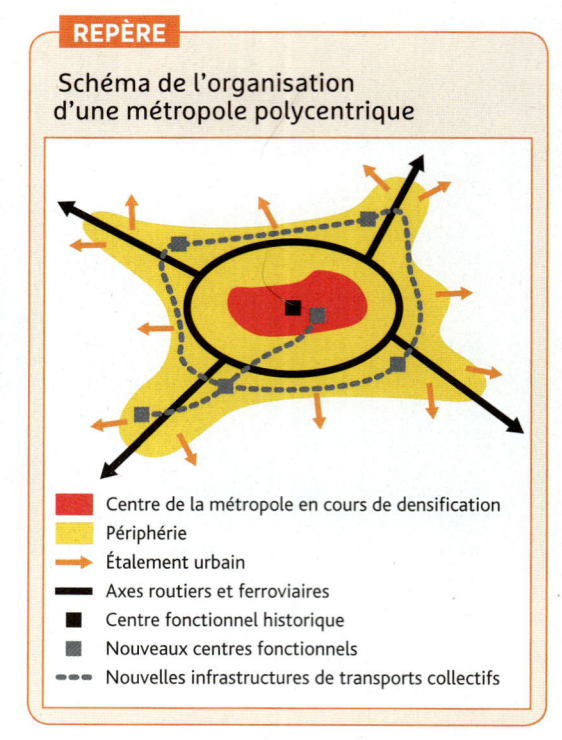

REPÈRE

Schéma de l'organisation d'une métropole polycentrique

- ■ Centre de la métropole en cours de densification
- ■ Périphérie
- → Étalement urbain
- ━ Axes routiers et ferroviaires
- ■ Centre fonctionnel historique
- ■ Nouveaux centres fonctionnels
- ┄ Nouvelles infrastructures de transports collectifs

VOCABULAIRE

Centre fonctionnel Espace qui concentre des pouvoirs de commandement au sein d'une métropole. Il s'agit notamment du centre des affaires mais aussi des fonctions culturelles (grands musées) ou politiques.

Densification Augmentation de la densité de population et/ou du bâti sur un territoire.

Étalement urbain Extension de l'espace urbanisé en périphérie des villes.

Edge city voir p. 286-287.

Mégalopole Vaste ensemble urbanisé constitué de plusieurs grandes agglomérations reliées fonctionnellement (transport,...).

Mégalopolis Ensemble urbain qui va de Boston à Richmond sur la côte est des États-Unis.

Polycentralité Organisation spatiale qui se caractérise par la présence de plusieurs centres fonctionnels au sein d'un territoire.

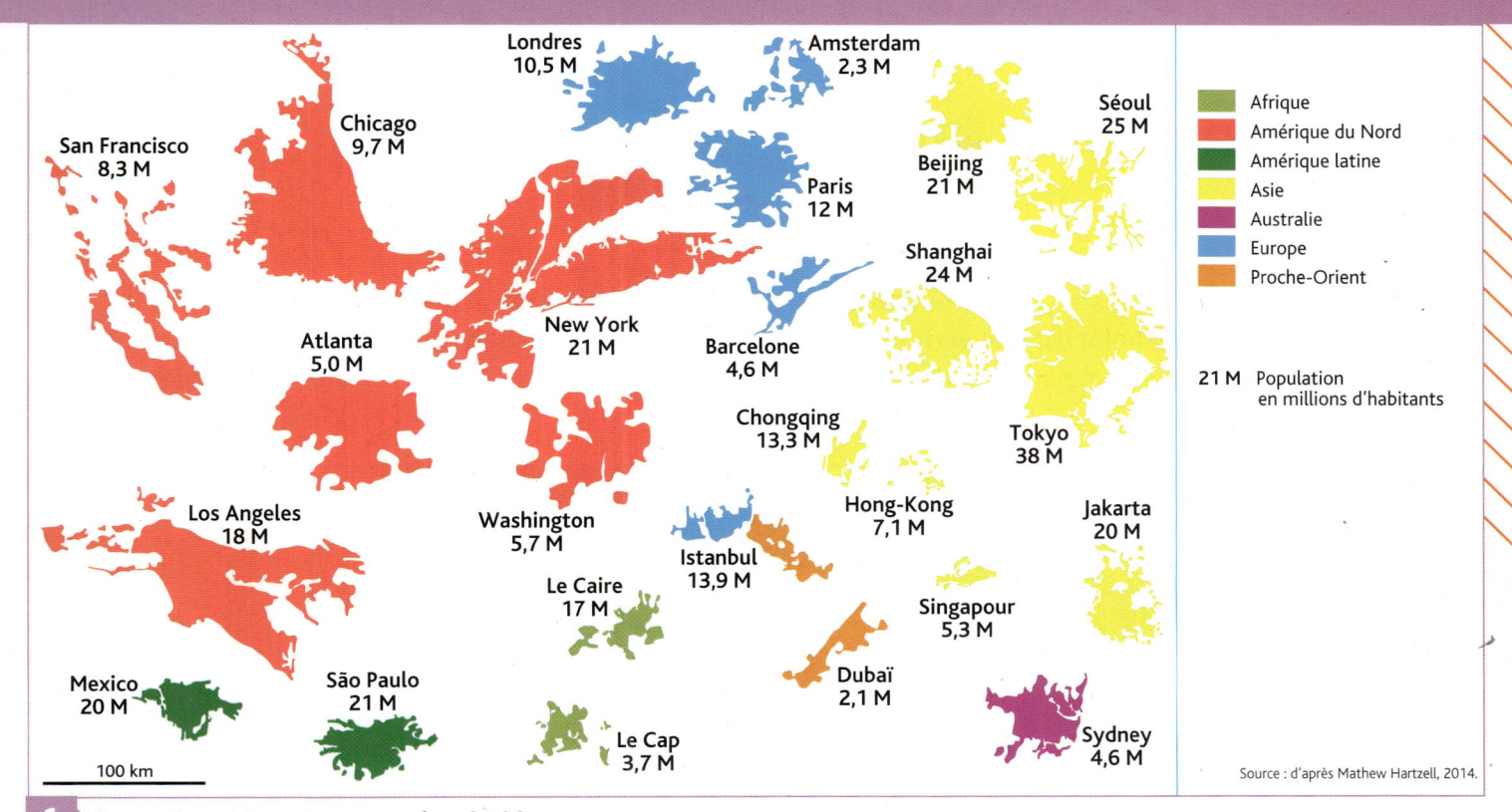

1 Des métropoles plus ou moins étalées

Carte des principales métropoles mondiales avec leur population (en millions d'habitants) :
- San Francisco 8,3 M
- Chicago 9,7 M
- Londres 10,5 M
- Amsterdam 2,3 M
- Séoul 25 M
- Beijing 21 M
- Paris 12 M
- Shanghai 24 M
- Atlanta 5,0 M
- New York 21 M
- Barcelone 4,6 M
- Chongqing 13,3 M
- Tokyo 38 M
- Los Angeles 18 M
- Washington 5,7 M
- Istanbul 13,9 M
- Hong-Kong 7,1 M
- Jakarta 20 M
- Le Caire 17 M
- Singapour 5,3 M
- Mexico 20 M
- São Paulo 21 M
- Le Cap 3,7 M
- Dubaï 2,1 M
- Sydney 4,6 M

Légende : Afrique, Amérique du Nord, Amérique latine, Asie, Australie, Europe, Proche-Orient. 21 M : Population en millions d'habitants.

Source : d'après Mathew Hartzell, 2014.

---

2 Delhi, une métropole polycentrique

« Si les lieux du pouvoir politique sont restés inchangés, Connaught Place est désormais encerclée par les hautes tours d'un centre d'affaires moderne. Le bazar de la vieille Delhi n'a guère changé d'aspect, mais les affaires qui s'y traitent ont prospéré à la mesure de la croissance du pays. Certains grossistes qui y tenaient boutique travaillent désormais à l'échelle du territoire national ou sont devenus exportateurs.
De nouveaux pôles émergent, dans lesquels se concentrent des fonctions spécifiques. Le sud de la ville, qui s'étend, regroupe de nombreux membres des professions intellectuelles, qui n'ont plus guère l'occasion de se rendre au nord de la cité. Dans les quartiers résidentiels modernes, de nouveaux types de commerces et de services détrônent les anciennes boutiques localisées aux alentours de Connaught Place. [...] Ainsi, dans certains lieux est concentré le prêt-à-porter de luxe, dans d'autres les produits de marques occidentales et les *fast-foods* de chaînes internationales ; d'autres, enfin, accueillent un grand nombre d'antiquaires. »

Philippe Cadène, « Delhi », *Encyclopédie Universalis*.

---

3 Une nouvelle capitale pour l'Égypte

Capitale d'un pays très centralisé, Le Caire est une métropole de 17 millions d'habitants. Pour la désengorger, le gouvernement a décidé de construire une nouvelle capitale, 45 km plus à l'est pour y concentrer les fonctions politiques et économiques.

Analyser et confronter les documents

1. Existe-t-il un lien direct entre la superficie des métropoles et leur nombre d'habitants ? Doc 1 Quelles sont les métropoles les plus étalées ? Les plus denses ?

2. Pourquoi l'évolution des activités à Delhi est-elle révélatrice des recompositions des espaces métropolitains ? Repère et Doc 2

3. Quelles sont les raisons de la construction d'une nouvelle capitale en Égypte ? Doc 3 Montrez que la maquette témoigne d'une volonté de modernité révélatrice de la métropolisation.

BAC Analyser un document

Analysez plus en détail le doc 1 en portant un regard critique sur la façon dont il est conçu, c'est-à-dire en en montrant l'intérêt mais aussi les limites.

2. Des métropoles inégales et en mutation

DOSSIER

Comment Stockholm relève-t-elle les défis de l'étalement et des transports ?

En dépit de sa taille modeste (2 millions d'habitants) et de son urbanisme atypique (absence de gratte-ciel…), Stockholm est une véritable métropole. La capitale suédoise est aussi un modèle de ville durable, mais son étalement urbain soulève de nombreux défis, notamment pour les transports.

1 Vue aérienne du centre-ville de Stockholm

La vieille ville et les quartiers adjacents rassemblent la plupart des fonctions métropolitaines : pouvoir politique, grandes banques, bourse, principaux musées. Un second quartier d'affaires est situé à Solna, 5 km plus au Nord.

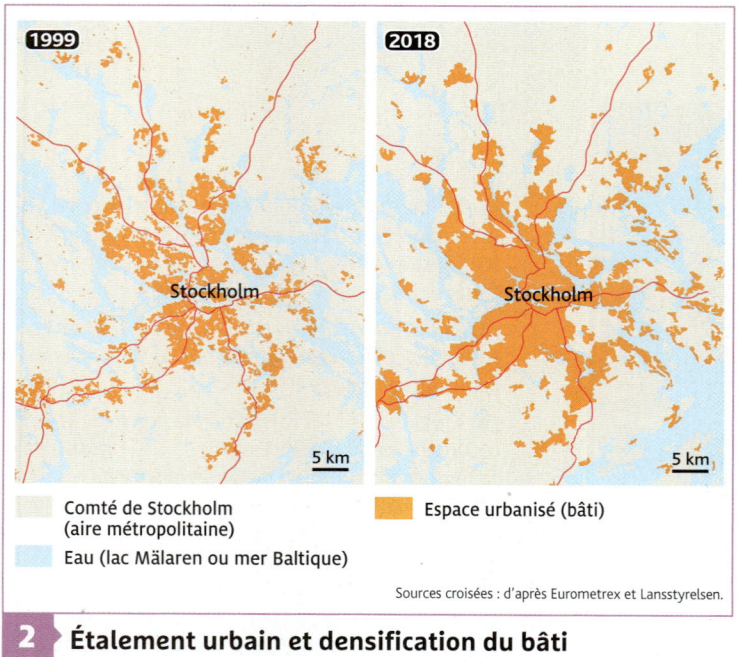

Légendes sur la photo : Hôtel de ville, Slussen, Vieille ville, Palais royal, Parlement suédois, Musée national, Djurgården.

2 Étalement urbain et densification du bâti depuis 20 ans

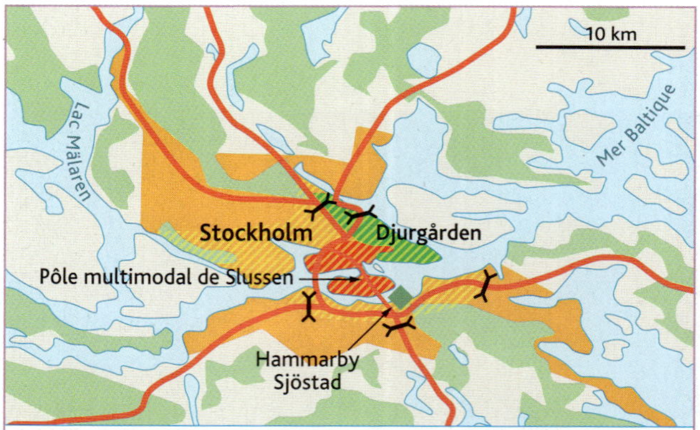

Cartes 1999 et 2018.
- Comté de Stockholm (aire métropolitaine)
- Eau (lac Mälaren ou mer Baltique)
- Espace urbanisé (bâti)

Sources croisées : d'après Eurometrex et Lansstyrelsen.

3 Une imbrication des espaces urbanisés et des espaces verts

Légende :
1. Une métropole très étendue
   - Centre-ville densément urbanisé
   - Autres espaces fortement urbanisés
   - Écoquartier
   - Autres espaces terrestres, notamment agricoles
2. Une ville très verte
   - Principaux espaces naturels préservés
   - Parc national urbain
   - Lacs et mer
3. Des mobilités partiellement durables
   - Principales autoroutes et voies rapides urbaines
   - Principaux péages urbains
   - Espaces bien desservis en transports publics et favorables aux mobilités douces

Lieux indiqués : Lac Mälaren, Mer Baltique, Stockholm, Djurgården, Pôle multimodal de Slussen, Hammarby Sjöstad.

Thème 1 La métropolisation : un processus mondial différencié

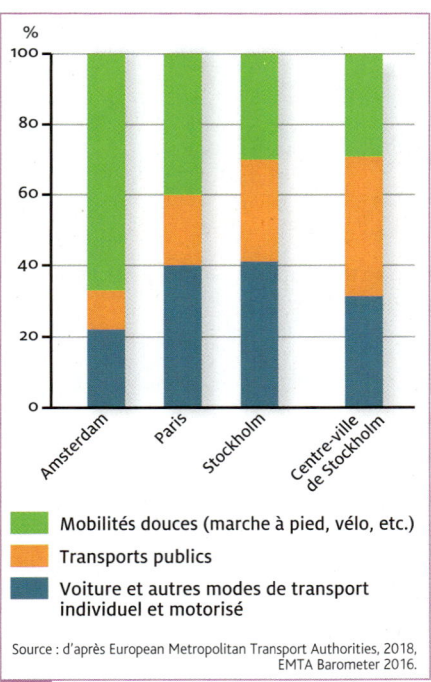

4 Les transports à Stockholm, Amsterdam et Paris

Mobilités douces (marche à pied, vélo, etc.)
Transports publics
Voiture et autres modes de transport individuel et motorisé

Source : d'après European Metropolitan Transport Authorities, 2018, EMTA Barometer 2016.

5 L'aménagement d'un pôle multimodal dans le quartier de Slussen (2017)

L'aménagement en cours consiste à enfouir les axes routiers et à promouvoir les transports en commun et mobilités douces (métro, vélo, marche à pied…). Par ailleurs, la ville a mis en place depuis 2007 un péage urbain pour limiter la circulation automobile dans le centre-ville.

6 Hammarby Sjöstad, un écoquartier pour densifier la ville et lutter contre l'étalement

« Le long des berges, des passants flânent sur la promenade en bois. D'autres parcourent les allées calmes bordées de cerisiers en fleurs. Peu de voitures traversent Hammarby Sjöstad, un quartier situé dans le sud de Stockholm. Et pour cause : il comporte peu de rues, reflet de la volonté de réduire drastiquement la circulation automobile. Les immeubles sont organisés autour de jardins, auxquels on accède par des allées piétonnes et des pistes cyclables.

Si Hammarby Sjöstad fut l'un des premiers écoquartiers d'Europe […] Il compte aujourd'hui 10 000 appartements et 25 000 habitants, plutôt aisés car les prix avoisinent ceux, élevés, du centre de Stockholm. À défaut de mixité sociale, la qualité de vie existe bel et bien dans ces 200 hectares composés à 40 % d'espaces verts. »

S. Blitman, « À Stockholm, un quartier laboratoire de la ville durable », *Le Monde*, 30 mai 2018.

VIDÉO

Stockholm, première ville à avoir reçu le label européen de « Capitale verte »

DEUX PARCOURS AU CHOIX

PARCOURS GUIDÉ

1. Le paysage du centre-ville de Stockholm correspond-il à l'image associée aux villes mondiales ? Où sont situées les principales fonctions métropolitaines ? **Introduction et doc 2**

2. Caractérisez l'étalement urbain à Stockholm (époque et ampleur) et ses conséquences. Comment la ville cherche-t-elle à le limiter ? **Doc 2, 3, 5 et 6**

3. Quelle est la place de l'automobile dans les mobilités à Stockholm ? Comparez aux deux autres villes. Quelles différences observe-t-on au sein de l'agglomération ? **Doc 1, 4, 5 et 6**

4. Pourquoi Stockholm est-elle considérée comme une métropole « verte » ? **Doc 1, 3, 5 et 6**

PARCOURS AUTONOME — ORAL

En vue d'un exposé oral sur les défis liés à l'étalement urbain et aux transports à Stockholm, réalisez une présentation numérique à l'aide d'un logiciel (Powerpoint, Impress, etc…).

Vous utiliserez les documents du dossier et effectuerez une recherche Internet complémentaire sur les thèmes suivants, qui serviront de plan à la présentation :
1. Une métropole très étalée
2. Des défis à relever
3. Des solutions plus durables

2. Des métropoles inégales et en mutation

COURS 3

Quels contrastes traversent les espaces métropolitains ?

A. Une fragmentation fonctionnelle

- **Les diverses fonctions urbaines peuvent coexister dans certains quartiers.** On assiste cependant à une spécialisation croissante de l'espace urbain : certains quartiers sont plutôt dédiés à la fonction résidentielle, d'autres à la fonction décisionnelle (administrations et sièges sociaux d'entreprises dans le centre) ; les fonctions industrielles et commerciales migrent vers les périphéries.

- **Il en résulte une fragmentation fonctionnelle de l'espace des métropoles.** Les fonctions résidentielles sont souvent spatialement dissociées des autres fonctions, générant de longs déplacements et nécessitant l'aménagement d'infrastructures de transports. Ces dernières contribuent aussi paradoxalement à fragmenter l'espace métropolitain : les autoroutes urbaines et les voies ferrées constituent des ruptures difficilement franchissables par les habitants et leurs abords sont souvent des espaces de relégation.

B. Des inégalités socio-spatiales

- **L'espace des métropoles est aussi souvent affecté par des inégalités sociales**, liées au niveau de vie des populations mais aussi parfois à la composition ethnique (Los Angeles, Johannesbourg,...). Les métropoles disposent de quartiers aisés, comme Kensington à Londres, et de quartiers nettement plus modestes. Ces quartiers peuvent être localisés au centre comme en périphérie.

- **Cette fragmentation socio-spatiale est nettement plus marquée dans les métropoles du Sud.** Elles opposent à l'extrême des quartiers aisés et des quartiers d'habitat informel. Près d'un milliard de personnes vivent dans des bidonvilles, pour l'essentiel localisés en périphérie des métropoles et parfois au cœur de celles-ci, comme Dharavi à Mumbai. Mais il existe aussi des quartiers intermédiaires, habités par des classes moyennes nombreuses dans les pays émergents.

C. Vers une fragmentation accrue des métropoles ?

- **La fragmentation socio-spatiale s'accroît avec la gentrification.** Elle affecte les quartiers centraux des métropoles, et parfois d'anciens quartiers ethniques comme Harlem à New York. La rénovation* de quartiers jusque-là peuplés par des personnes aux faibles revenus a renchéri les prix de l'immobilier, attirant des populations plus aisées souhaitant vivre à proximité du centre et repoussant les populations initiales vers d'autres quartiers, plus excentrés.

- **Les quartiers résidentiels fermés se développent dans tout l'espace urbain**, et non plus seulement en périphérie des métropoles. Ces lotissements ou groupes d'immeubles entourés d'une enceinte créent une véritable rupture dans l'espace urbain. Leur nombre et leur emprise spatiale augmentent dans de nombreuses métropoles, d'autant qu'ils sont aujourd'hui aussi investis par les classes moyennes, soucieuses de se démarquer physiquement et symboliquement des populations pauvres. Ce phénomène peut toucher les métropoles du Nord mais aussi du Sud, où les inégalités sont exacerbées.

> L'espace métropolitain est traversé par de fortes inégalités. À la fragmentation fonctionnelle s'ajoutent des inégalités socio-spatiales, particulièrement marquées dans les métropoles du Sud. Elles sont parfois renforcées par le phénomène de gentrification.

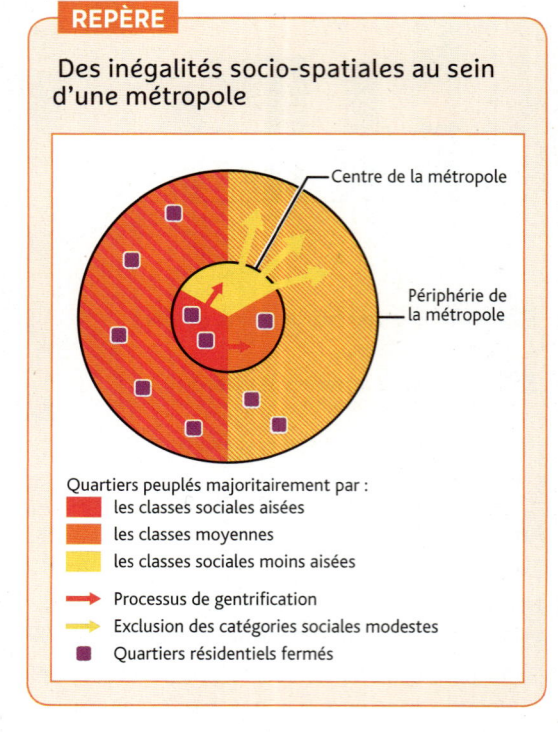

REPÈRE

Des inégalités socio-spatiales au sein d'une métropole

- Centre de la métropole
- Périphérie de la métropole

Quartiers peuplés majoritairement par :
- les classes sociales aisées
- les classes moyennes
- les classes sociales moins aisées

→ Processus de gentrification
→ Exclusion des catégories sociales modestes
■ Quartiers résidentiels fermés

VOCABULAIRE

Bidonville / Habitat informel voir p. 286-287.

Espace de relégation Espace peu attractif où des populations résident sans l'avoir véritablement choisi pour des raisons économiques, politiques...

Fragmentation fonctionnelle Organisation d'un territoire marquée par une séparation des espaces selon la fonction qu'ils remplissent.

Fragmentation socio-spatiale Organisation d'un territoire marquée par une séparation des espaces selon le niveau de vie des populations, selon leur origine.

Gentrification urbaine Installation de population aisée dans des quartiers rénovés, souvent centraux, au détriment des populations modestes.

Quartier résidentiel fermé (*gated community*) Quartier clos (mur, grille...) dont l'accès est contrôlé. Souvent surveillés par un personnel privé, ils ont des tailles très diverses et peuvent offrir toute une gamme de services.

Thème 1 La métropolisation : un processus mondial différencié

1 **Les inégalités socio-spatiales à Santa Fe (Mexico)**

Labels sur l'image : Santa Fe, quartier d'affaires ; Mexico ; Quartier aisé ; Lotissement récent ; Ancien bidonville consolidé

---

2 **Le processus de gentrification à Harlem (New York)**

« En 1969, Samuel Hargress achetait un cabaret de jazz [...] pour 35 000 dollars. Aujourd'hui, des agents immobiliers lui en offrent 10 millions de dollars [...], signe de la gentrification fulgurante – et contestée – du quartier. [...] Le Harlem où il arriva en 1960 était un quartier de légende pour la culture noire américaine, au nord de Manhattan. [...] Mais dans les années 1970 et 1980, Harlem sombre. [...]
Le redressement s'amorce en 2008 lorsque, la crise économique aidant, le marché réclame des biens immobiliers "abordables". Les promoteurs descendent alors sur Harlem et lancent les premiers chantiers. Et des familles, souvent blanches, commencent à débarquer. [...] Beaucoup d'églises [...] sont acculées à la vente en raison de coûts d'entretien qui explosent et d'un nombre de fidèles en baisse. Des immeubles résidentiels de luxe les remplacent, drainant leur lot de commerces haut de gamme. [...] Car si des prix immobiliers en hausse peuvent profiter aux propriétaires comme Samuel Hargress et doter le quartier de services de qualité, les résidents les plus pauvres, essentiellement des Noirs et des Hispaniques, sont eux poussés dehors par leurs logeurs, en quête de locataires plus aisés. »

Jennie Matthew, « Quand gentrification rime avec tensions à Harlem », AFP, 22 novembre 2017.

---

3 **Le parcours d'un gardien de résidence fermée à Nairobi (Kenya)**

« Josepha Malanje a 26 ans [...]. Il arrive pour la première fois à la capitale à l'âge de 20 ans. [...]. C'est son cousin, travaillant à Nairobi, qui lui propose de venir le rejoindre. Il promet de lui trouver un travail temporaire, et lui offre de l'héberger les premiers temps. [...]
À 24 ans, il s'engage comme gardien de nuit au sein de l'entreprise Super Security Ltd, et est affecté à la surveillance d'un *compound*[1] à Milimani, un quartier aisé, proche du centre-ville. Avec ses revenus, il loue un logement d'une pièce, en tôles, à Kibera. Chaque mois, il envoie environ 3 000 shillings (28 euros) à sa mère, ce qui correspond à un quart de son salaire. Quand il parle de son travail, Josepha évoque la fatigue des trajets, les piqûres de moustique le soir et à l'aube, la solitude et la lenteur du temps [...] et l'ombre du grand arbre, la nuit, qui ressemble à un chien méchant [...]. Chaque soir, en se rendant à pied au travail, Josepha passe devant le Nakumatt Prestige, un grand centre commercial de standing. »

[1]. Résidence fermée.

Jean-Baptiste Lanne, « Portrait d'une ville par ceux qui la veillent. Les citadinités des gardiens de sécurité dans la grande métropole africaine (Nairobi, Kenya) », Géoconfluences, janvier 2017.

Analyser et confronter les documents

1. Montrez que Mexico est affecté par des inégalités fonctionnelles et socio-spatiales.
Repère et doc 1

2. Quelles sont les manifestations sociales et spatiales de la gentrification à Harlem ?
Repère et doc 2

3. En quoi le parcours de vie décrit dans le document 3 est-il révélateur de l'attractivité de la métropole de Nairobi, mais aussi de sa fragmentation sociale et spatiale ?

BAC **Répondre à une question problématisée**

Pourquoi peut-on dire que les espaces métropolitains sont très fragmentés ? Aidez-vous des doc 1 à 3 et du repère.

2. Des métropoles inégales et en mutation 55

L'ESSENTIEL

Des métropoles inégales et en mutation

A. Le monde s'urbanise rapidement et la métropolisation s'accélère

• Près de 55 % de la population mondiale vit dans des espaces urbains. Cet essor est lié à la **transition urbaine** qui devrait porter ce chiffre à 65 % en 2050. Si certains pays, comme les PMA*, sont encore peu urbanisés, d'autres, comme les pays émergents*, connaissent une croissance urbaine très forte. Dans les pays du Nord, mais aussi en Amérique latine, l'urbanisation est généralisée et la progression plus faible.

• Les **mégapoles**, de plus en plus nombreuses, doivent faire face à des défis en termes de logement, de transports, de services et de pollution.

• L'urbanisation est sélective et favorise les **métropoles**. La **métropolisation** renforce la concentration des fonctions de commandement. Les métropoles polarisent les flux et forment des réseaux à l'échelle mondiale (AMM*) mais aussi à des échelles inférieures, constituant parfois des mégalopoles. Elles ne sont pas déconnectées de leur environnement.

B. La métropolisation joue à toutes les échelles et fragmente les espaces

• Les métropoles n'ont pas toutes le même rayonnement : certaines comme Londres ont une influence mondiale (**villes mondiales**), d'autres une influence moindre, continentale, nationale ou régionale.

• Les métropoles se densifient, souvent par croissance verticale, et s'étalent sur un espace de plus en plus vaste. Leur **polycentralité** est de plus en plus marquée, les fonctions de commandement n'étant plus exclusivement concentrées dans un seul quartier des affaires.

• La fragmentation fonctionnelle et les inégalités socio-spatiales s'amplifient. Les métropoles concentrent les populations les plus riches et les plus défavorisées. La gentrification*, le développement de quartiers fermés* ou, à l'opposé, de bidonvilles témoignent de cette fragmentation.

NOTIONS-CLÉS

• **Métropolisation** Processus de concentration des activités et des fonctions de commandement dans un nombre limité de grandes villes, les métropoles, dans un contexte de mondialisation.

• **Polycentralité** Organisation spatiale qui se caractérise par la présence de plusieurs centres fonctionnels au sein d'un territoire.

• **Transition urbaine** Passage rapide d'un peuplement en majorité rural et dispersé à un peuplement en majorité urbain et concentré (analogie avec la transition démographique).

• **Ville mondiale** Métropole qui concentre des activités de commandement d'échelle mondiale, qui possède une forte capacité d'innovation, concentre une population hautement qualifiée et est marquée par un cosmopolitisme.

NE PAS CONFONDRE

• **Mégapole / Métropole / Mégalopole :** Une **mégapole** est une ville très peuplée (plus de 10 millions d'habitants). Une **métropole** est une ville qui n'est pas forcément aussi peuplée qu'une mégapole mais qui concentre des fonctions de commandement (politique, économique et/ou culturel). Une **mégalopole** est un vaste ensemble urbanisé constitué de plusieurs grandes agglomérations reliées fonctionnellement (transports,...).

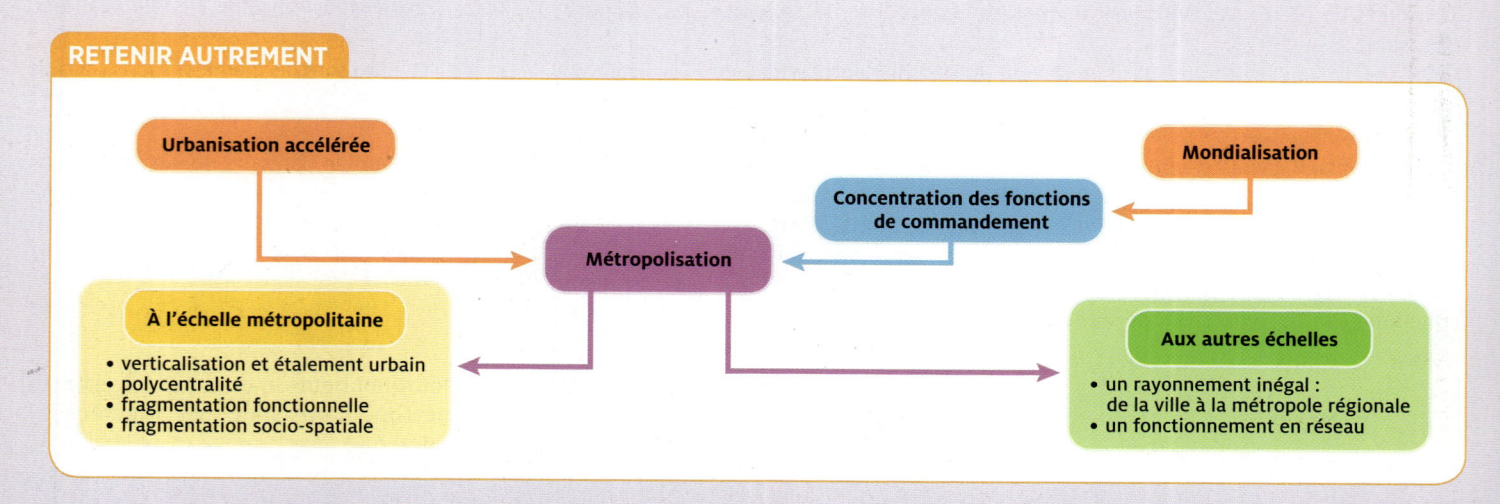

RETENIR AUTREMENT

- Urbanisation accélérée → Métropolisation
- Mondialisation → Concentration des fonctions de commandement → Métropolisation

À l'échelle métropolitaine
- verticalisation et étalement urbain
- polycentralité
- fragmentation fonctionnelle
- fragmentation socio-spatiale

Aux autres échelles
- un rayonnement inégal : de la ville à la métropole régionale
- un fonctionnement en réseau

Thème 1 La métropolisation : un processus mondial différencié

L'ESSENTIEL EN SCHÉMAS

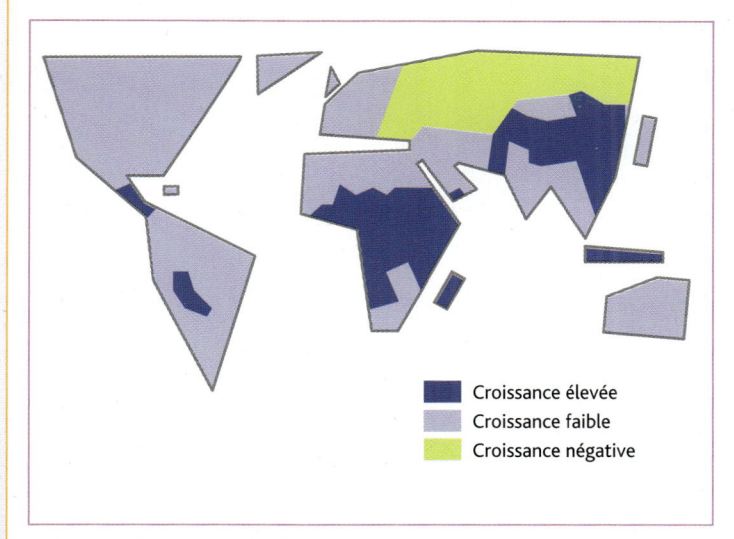

1. Une croissance urbaine inégale
- Croissance élevée
- Croissance faible
- Croissance négative

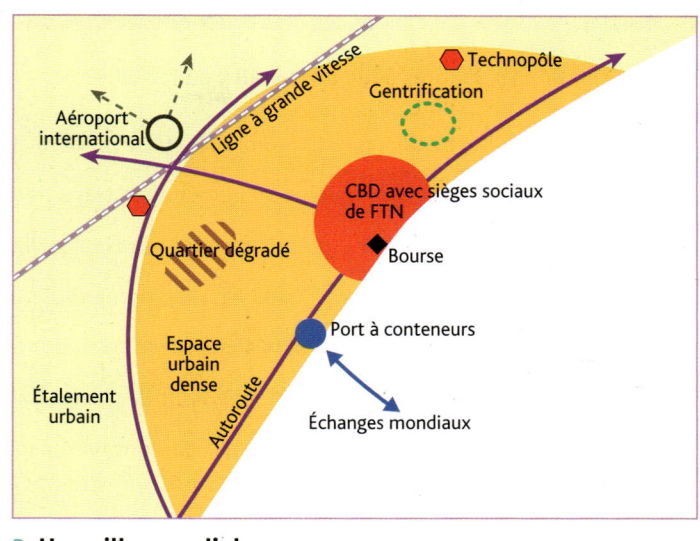

2. Une ville mondiale
- Aéroport international
- Ligne à grande vitesse
- Technopôle
- Gentrification
- CBD avec sièges sociaux de FTN
- Quartier dégradé
- Bourse
- Étalement urbain
- Espace urbain dense
- Autoroute
- Port à conteneurs
- Échanges mondiaux

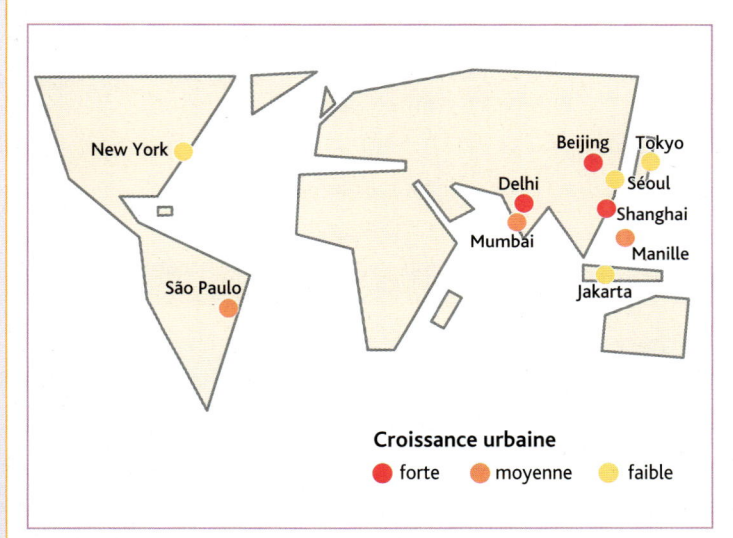

3. Les 10 plus grandes mégapoles* dans le monde
New York, São Paulo, Delhi, Mumbai, Beijing, Shanghai, Tokyo, Séoul, Manille, Jakarta

Croissance urbaine : forte, moyenne, faible

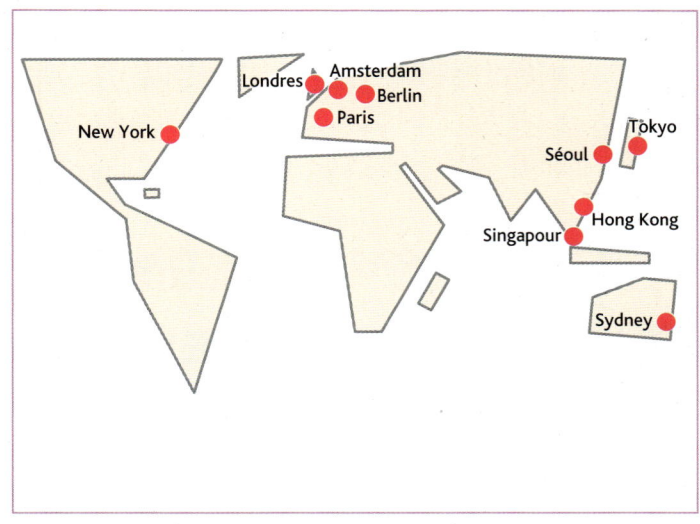

4. Les 10 premières métropoles* mondiales
New York, Londres, Amsterdam, Berlin, Paris, Séoul, Tokyo, Hong Kong, Singapour, Sydney

CHIFFRES-CLÉS

- Près de **55 %** de la population mondiale vit en ville en 2019
- **526 villes** de plus d'1 million d'habitants
- **86 villes** de plus de 5 millions d'habitants dans le monde
- **1 milliard** environ d'habitants dans les bidonvilles

Le palmarès des villes mondiales
1. Londres
2. New York
3. Tokyo
4. Paris

1. Le poids croissant des métropoles   2. Des métropoles inégales et en mutation

RÉVISER ACTIVEMENT

1 Je maîtrise les idées du cours

Les affirmations suivantes sont-elles vraies ou fausses ?

	Vrai	Faux
1. Moins de la moitié de la population mondiale (42,1 %) vit désormais en ville.		
2. Les pays africains sont pour la plupart en début de transition urbaine.		
3. New York, Shanghai, Londres et Paris sont les principales villes mondiales.		
4. Les métropoles sont marquées à la fois par l'étalement urbain et la verticalisation de leur centre.		
5. Une ville comme New York est à la fois une mégapole et une métropole.		
6. Les métropoles connaissent le développement de nouveaux centres fonctionnels.		
7. Les métropoles se suffisent à elles-mêmes et n'ont pas besoin de développer les échanges.		
8. Les fonctions urbaines sont souvent dissociées spatialement dans les métropoles.		
9. Du fait de la métropolisation, la pauvreté est en voie de disparition dans les grandes villes.		
10. Il y aurait désormais environ un milliard de personnes vivant dans les bidonvilles.		

2 J'effectue une recherche Internet pour analyser une publicité

Bannière du site du groupe Thales (spécialisé dans l'aérospatiale, la défense et le transport)

1. Quelques-uns des gratte-ciel les plus symboliques des grandes métropoles mondiales sont sur cette bannière : la Perle de l'Orient, le Burj Khalifa, le Marina Bay Sand, le Burj El Arab, le Kingdom center, le 30st Mary Axe.
Faites une recherche Internet pour voir quelles métropoles ils symbolisent et localisez-les sur l'image.

2. Examinez plus précisément l'image et citez d'autres monuments emblématiques représentés.

3. Pourquoi l'entreprise a-t-elle choisi ce « paysage urbain » pour communiquer ?

Auto-évaluation : solutions des exercices 1 et 4 p. 288

3 Je schématise l'organisation d'une mégalopole

1. Complétez la légende de ce schéma qui pourrait représenter la Mégalopolis et la mégalopole japonaise.

Termes pour compléter la légende :
– Quartier des affaires – Hub aéroportuaire – Port – Interface
– Siège du pouvoir économique – Technopôles

2. Où placeriez-vous le siège du pouvoir politique dans le cas de la Mégalopolis américaine ? Et dans le cas de la mégalopole japonaise ?

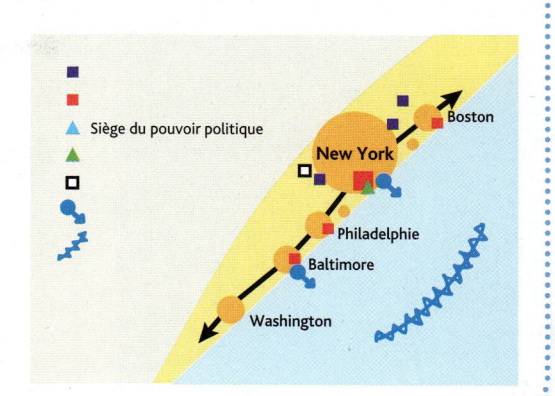

4 Je maîtrise les notions et les localisations

1. À quels numéros du schéma correspondent les villes ci-dessous ?

a. New York   b. Manille   c. Lagos   d. Londres
e. Shanghai   f. Stockholm   g. Amsterdam   h. Sydney

2. Dans quelle catégorie peut-on classer chacune d'entre elles ?

A. Ville mondiale et mégapole
B. Mégapole qui n'est pas une ville mondiale
C. Ville mondiale qui n'est pas une mégapole

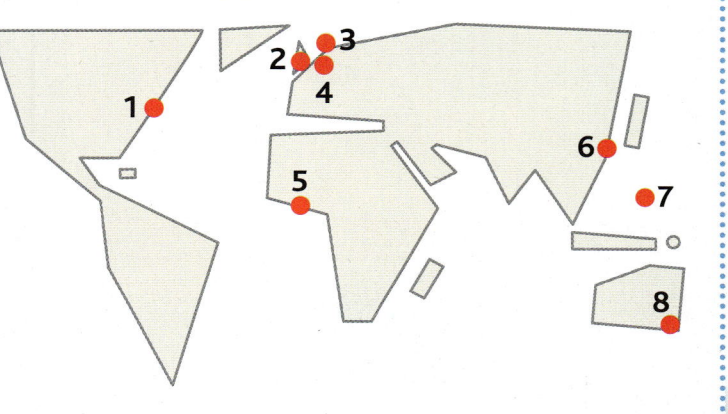

5 Je révise à l'aide d'un court documentaire

Pour mieux cerner le processus de métropolisation :

1. Visionnez le documentaire « Le dessous des cartes - Villes du futur ».

VIDÉO

2. Cette vidéo reprend les principaux points étudiés en cours. Relevez des exemples développés par le documentaire.

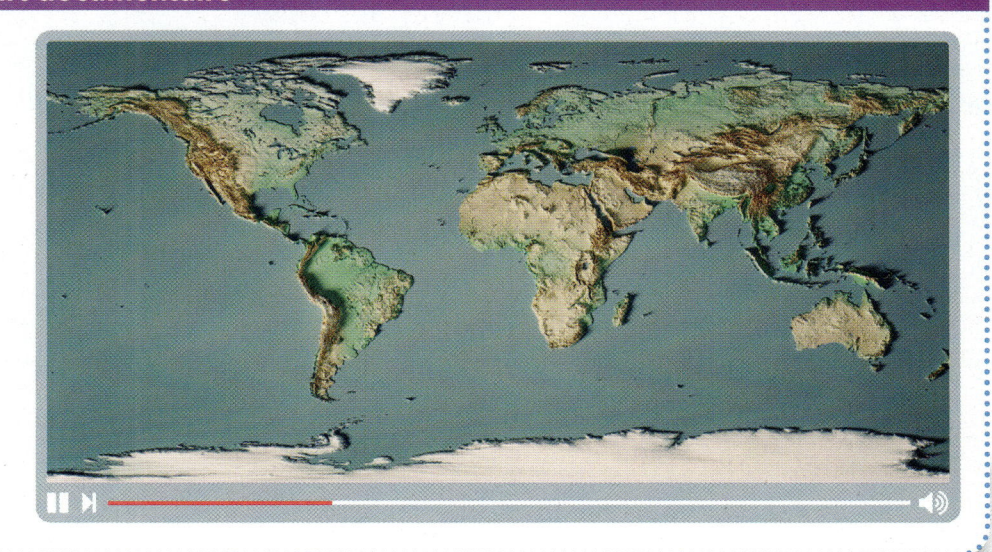

1. Le poids croissant des métropoles **2.** Des métropoles inégales et en mutation 59

Quartier de la Défense à Puteaux
(banlieue ouest de Paris)

Thème 1 • La métropolisation : un processus mondial différencié

3. La métropolisation et ses effets

La métropolisation renforce le poids de Paris et des grandes métropoles régionales, souvent en concurrence les unes par rapport aux autres. Cela conduit à une évolution de la place et du rôle des villes moyennes : dévitalisation des centres-villes pour certaines, renouveau pour d'autres.

Le centre-ville d'Auxerre (35 000 habitants)
La plupart des villes moyennes françaises voient certains commerces fermer peu à peu, les habitants préférant se rendre dans les zones commerciales de proche banlieue.

> Montrez que ces photographies présentent deux types de villes et de quartiers différents. Quels sont les effets de la métropolisation sur chacun d'eux ?

⋯▷ Quels sont, à toutes les échelles, les effets de la métropolisation en France ?

- Pourquoi la métropolisation renforce-t-elle le poids de Paris ? 66-69
- Les villes françaises profitent-elles des recompositions liées à la métropolisation ? 70-73
- Quelles recompositions spatiales touchent les aires urbaines ? 74-75
- Acteurs et enjeux : Faut-il revitaliser les centres des villes moyennes ? ..76-77

À L'ÉCHELLE DE LA FRANCE

Réseaux urbains et aires d'influence des métropoles

Notion-clé — **Centre-périphérie**

Un centre est un pôle qui joue un rôle d'impulsion et de direction. Les périphéries sont les espaces sous la domination plus ou moins forte d'un centre. En France, le pôle parisien et à une autre échelle les métropoles régionales dominent la plupart des secteurs : économie, politique, culture…

1. Population des aires urbaines en 2015 (en millions)
- 12,53
- 2,29
- de 1 à 2
- de 0,5 à 1
- de 0,3 à 0,5
- de 0,2 à 0,3
- < 0,2

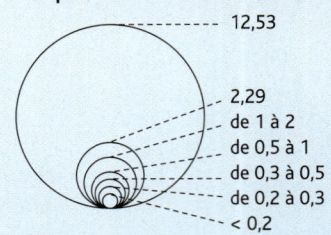

2. Hiérarchie urbaine
- Capitale nationale
- Préfecture de région
- Préfecture ou sous-préfecture

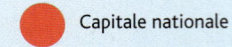

3. Réseaux urbains et aires d'influence[1]
- Aire d'influence de Paris
- Aire d'influence des principales villes françaises
- Réseau urbain

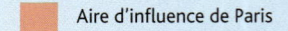

3. Dynamiques de métropolisation
- Ville globale
- Ville connaissant une dynamique de métropolisation

1. Aire d'influence : espace sur lequel une ville exerce son influence directe

Sources croisées. INSEE 2018 et Magali Reghezza-Zitt, *La France, une géographie en mouvement*, Documentation photographique n° 8096, 2013.

1 Centralisation/métropolisation

La tour Eiffel, Paris Paris, ville mondiale, est hautement symbolique de l'ensemble de la France aux yeux de l'étranger. Ceci s'explique par la très forte centralisation des activités et des fonctions de commandement à l'échelle nationale. Le processus de mondialisation joue donc ici à toutes les échelles.

2 Métropole régionale/Aire d'influence

La Maison de la région Grand-Est à Strasbourg Depuis 2014, les compétences des métropoles régionales se sont accrues. Strasbourg, par exemple, est à la tête de la région Grand-Est. Mais son aire d'influence s'étend au niveau national (université de renom) et européen (Parlement européen).

3 Périphérie/Étalement urbain

Saint-Denis-de-Pile (50 km de Bordeaux) L'étalement urbain, généralisé en France dès les années 1970, concerne notamment les métropoles régionales dont la population augmente rapidement.

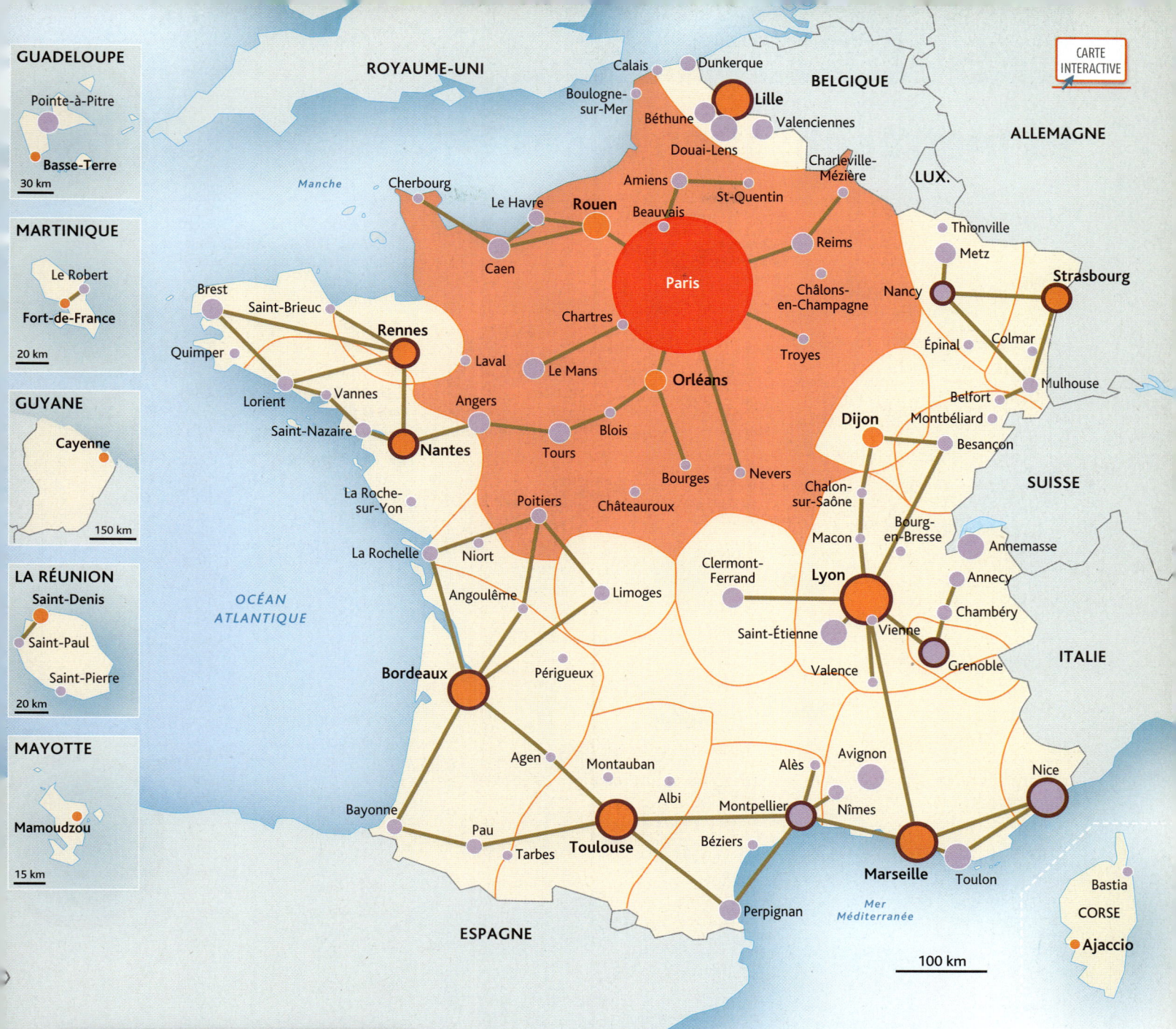

4 Fragmentation/Réhabilitation

La Courneuve, Seine-Saint-Denis Les métropoles françaises sont des espaces fragmentés socialement. Certains quartiers de grands ensembles sont devenus les symboles d'un « mal-être des banlieues ». Ils sont peu à peu rénovés, parfois au prix de la destruction de tours ou de barres. L'espace libéré permet souvent de créer des espaces verts ou récréatifs.

Confronter la carte et les documents

1. Montrez à l'aide de plusieurs exemples que les aires d'influence des villes peuvent être emboîtées. **Carte**
2. Analysez le cas de Paris (taille de l'aire urbaine, de l'aire d'influence). En quoi cela témoigne-t-il de la centralité parisienne ? **Carte et doc 1**
3. Quelles sont les métropoles régionales qui connaissent le plus grand essor ? **Carte et doc 2**
4. Pourquoi peut-on dire que les métropoles sont des espaces fragmentés ? **Doc 2, 3 et 4**

3. La métropolisation et ses effets 63

DES CARTES POUR COMPRENDRE

La métropolisation et ses effets

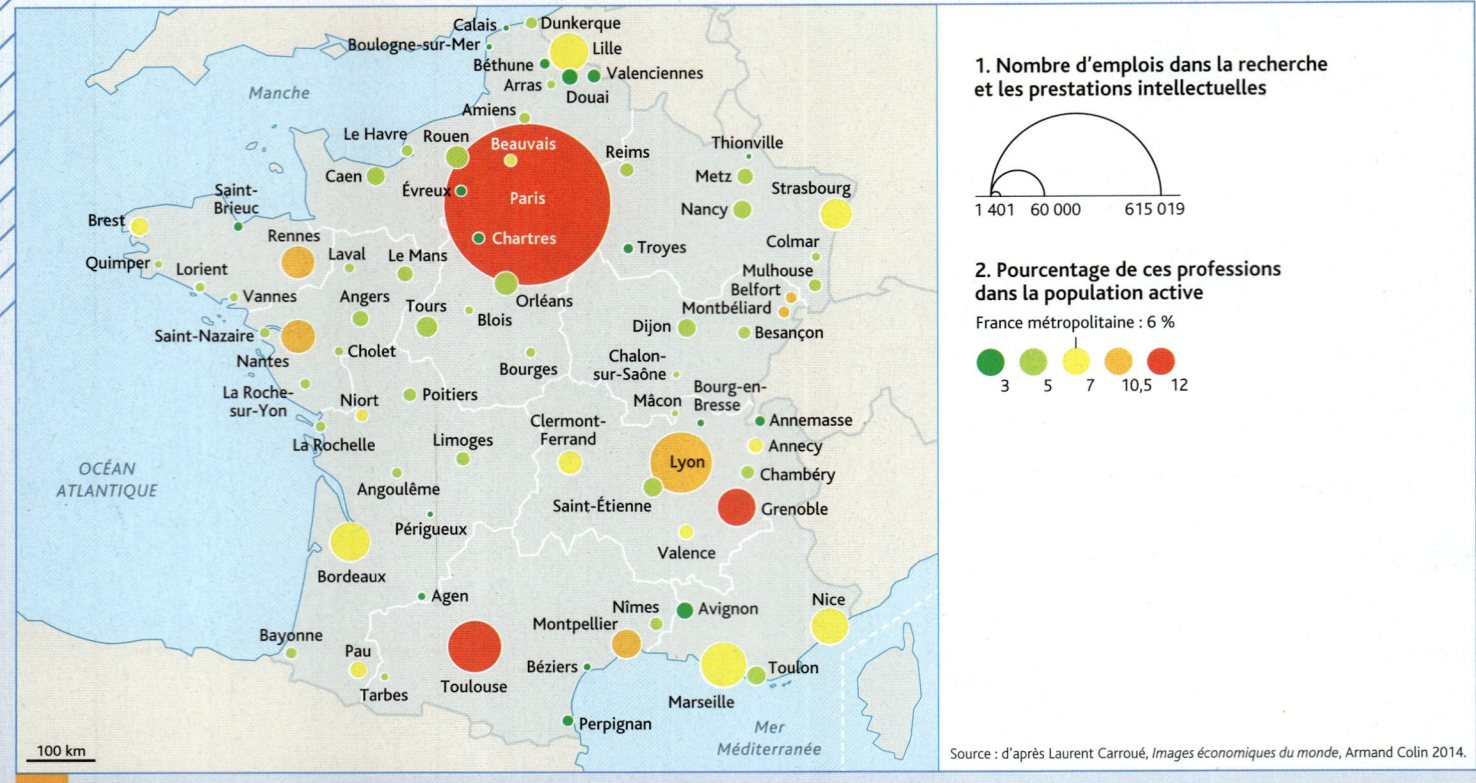

1 Professions intellectuelles et de recherche selon les aires urbaines

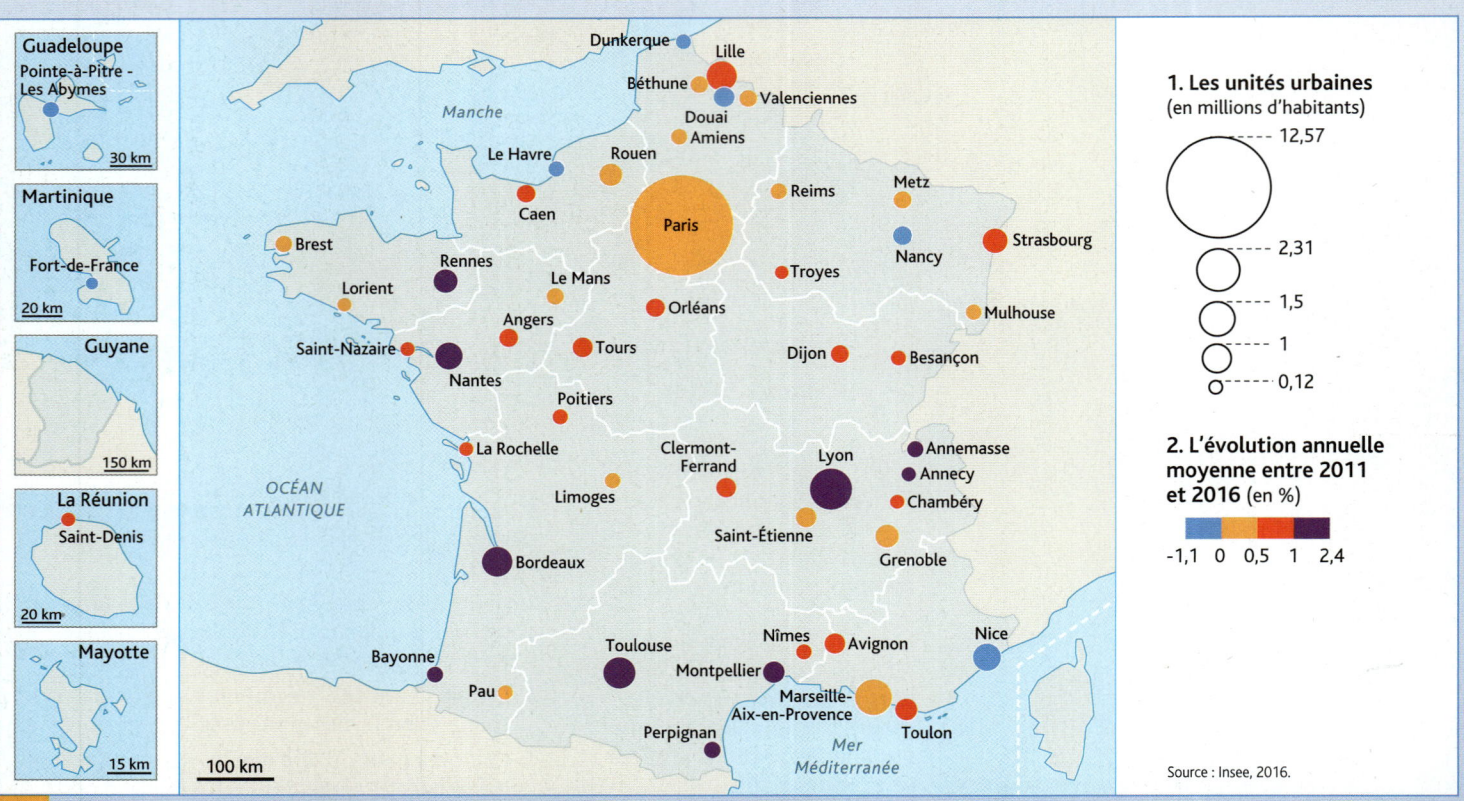

1. Nombre d'emplois dans la recherche et les prestations intellectuelles
   1 401 — 60 000 — 615 019

2. Pourcentage de ces professions dans la population active
   France métropolitaine : 6 %
   3 — 5 — 7 — 10,5 — 12

Source : d'après Laurent Carroué, *Images économiques du monde*, Armand Colin 2014.

2 La taille et la croissance des principales aires urbaines (2010-2015)

1. Les unités urbaines (en millions d'habitants)
   12,57 — 2,31 — 1,5 — 1 — 0,12

2. L'évolution annuelle moyenne entre 2011 et 2016 (en %)
   -1,1 — 0 — 0,5 — 1 — 2,4

Source : Insee, 2016.

Thème 1 La métropolisation : un processus mondial différencié

Le système interrégional de Paris

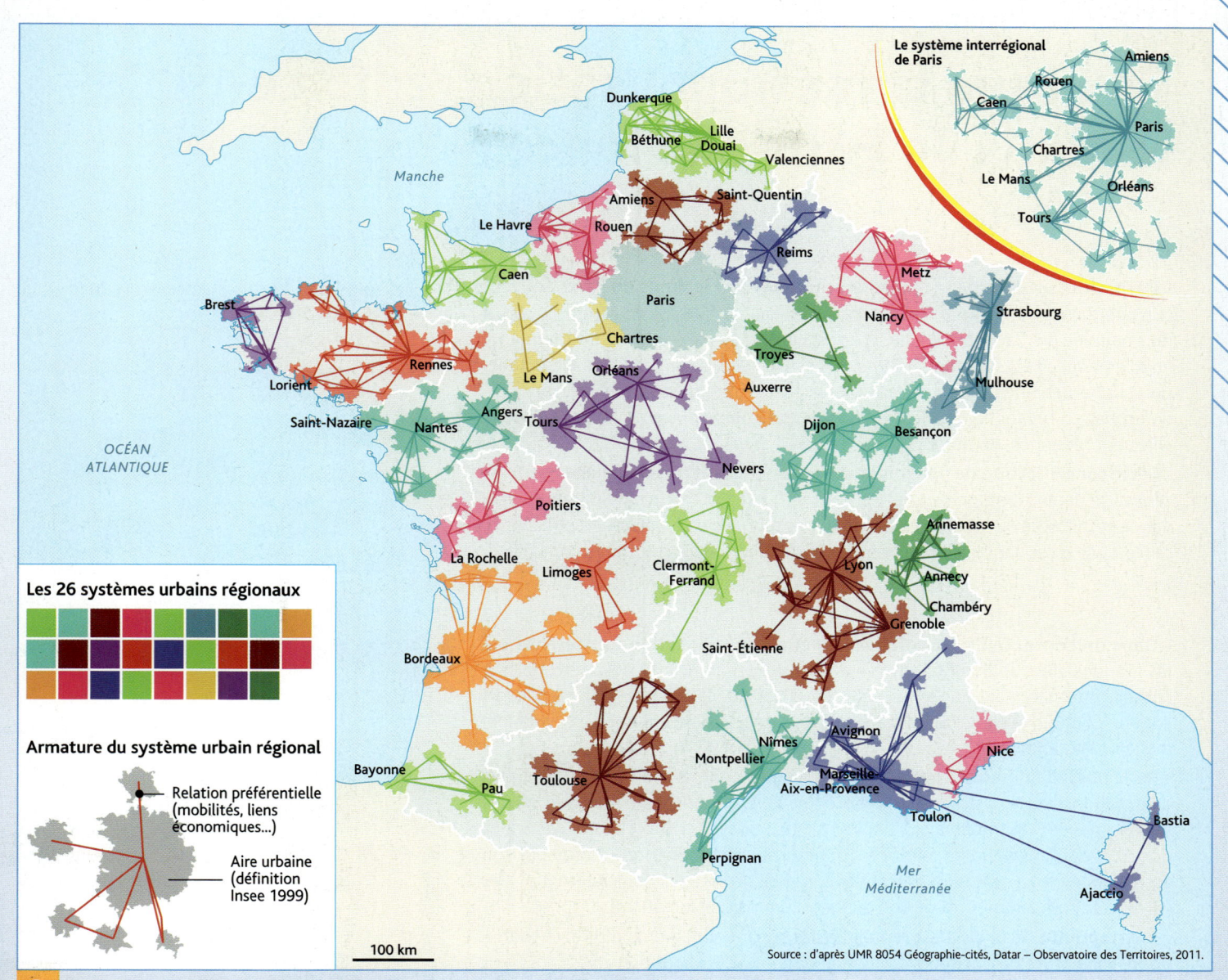

Les 26 systèmes urbains régionaux

Armature du système urbain régional
- Relation préférentielle (mobilités, liens économiques...)
- Aire urbaine (définition Insee 1999)

Source : d'après UMR 8054 Géographie-cités, Datar – Observatoire des Territoires, 2011.

3 Des aires urbaines interconnectées

DEUX PARCOURS AU CHOIX POUR ANALYSER LES CARTES

PARCOURS RÉDIGÉ

1. Quelles caractéristiques de la métropolisation sont visibles sur le doc 1 ?
2. Quelles sont les aires urbaines qui croissent le plus ? Et celles qui progressent le moins ? Donnez quelques facteurs explicatifs. Doc 2
3. Montrez que les aires urbaines ont de nombreuses relations entre elles. Pourquoi peut-on parler de système urbain ? Doc 3
4. Analysez plus en détail le cas de Paris. Doc 1 à 3

PARCOURS CARTOGRAPHIQUE

Synthétisez et simplifiez les cartes 2 et 3 par un schéma, en indiquant une dizaine de métropoles (cercles de taille différente), l'évolution de leur population (aplats de deux couleurs différentes), les principales relations qu'elles entretiennent (figurés linéaires).
Aidez-vous de la page 162.

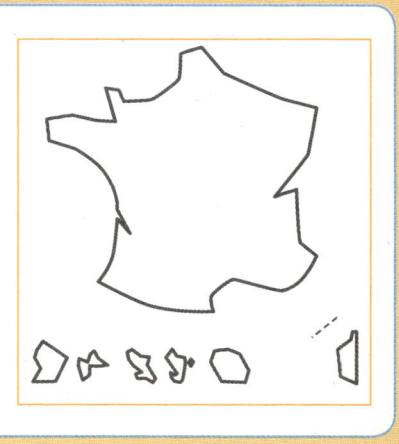

3. La métropolisation et ses effets 65

COURS 1

Pourquoi la métropolisation renforce-t-elle le poids de Paris en France ?

A Paris, capitale singulière d'un pays centralisé

• **L'armature urbaine de la France est marquée par le poids de Paris**, souvent considéré comme excessif (macrocéphalie). La capitale est en effet beaucoup plus peuplée que la seconde ville, Lyon : si l'indice de primauté est inférieur à 1,5 en Allemagne, il est supérieur à 6 en France. Avec plus de 12,5 millions d'habitants pour l'aire urbaine*, Paris est aussi une des deux plus grandes métropoles* d'Europe. En revanche, Lyon, 2e ville française, ne se place qu'au 33e rang des villes européennes, en nombre d'habitants.

• **Cette concentration de pouvoir et de richesse est le fruit d'un héritage**. Paris centralise depuis longtemps tous les pouvoirs : elle est capitale politique, économique et culturelle du pays. Si ce phénomène se retrouve en Angleterre avec Londres, ce n'est pas le cas dans la plupart des pays européens (Allemagne, Italie, Espagne…).

B La métropolisation* fait de Paris la 4e ville mondiale

• **Dans un contexte de mondialisation et de spécialisation des territoires**, les grandes villes se livrent à une vive concurrence pour être des métropoles à l'échelle internationale. En France, seule Paris possède le statut de ville mondiale*, comme Londres et New York avec lesquelles elle est bien connectée (« archipel mégalopolitain mondial* »).

• **Paris possède de nombreux atouts dans cette compétition**. Elle compte plus d'un million d'emplois stratégiques et produit 30 % de la richesse française. 39 des 500 premières FTN* mondiales y ont leur siège. Roissy, 2e aéroport européen, et les 600 TGV quotidiens qui la relient à 40 métropoles européennes renforcent son accessibilité* et sa centralité. Elle abrite des sièges d'organisations internationales (UNESCO…) qui témoignent de son poids politique et diplomatique.

• **L'attractivité de la ville** est renforcée par son rayonnement culturel et touristique. Paris attire des visiteurs du monde entier par ses haut-lieux mais aussi ses salons et congrès. Son patrimoine matériel (architecture, paysage urbain) et immatériel (gastronomie, mode…) est entretenu et, en partie, renouvelé dans l'optique des Jeux olympiques de Paris (2024).

C Aménager la métropole dans le cadre du Grand Paris

• **Une gestion plus durable des mobilités est une priorité**. Les déplacements Paris-banlieue ne sont plus majoritaires (75 % se font de banlieue à banlieue) du fait du fonctionnement polycentrique* de la métropole : les pôles économiques de Saclay, de Saint-Denis… dessinent ainsi une véritable région urbaine.

• **Les enjeux d'aménagement posent la question de la gouvernance de Paris** et de sa région. La création du « Grand Paris » bouleverse la répartition des compétences entre les différents acteurs. Sa finalité est de maintenir la compétitivité* de la métropole à l'échelle mondiale et de réduire les inégalités territoriales. Des acteurs nombreux (États, collectivités territoriales, entreprises privées, habitants, architectes nationaux et internationaux) s'y impliquent.

> Capitale d'un pays centralisé, Paris tient une place de premier plan dans la compétition entre villes mondiales. Mais le processus de métropolisation lance de nouveaux défis d'aménagement à l'échelle du « Grand Paris ».

REPÈRE

Le poids de l'Île-de-France en France

- Population : **19 %**
- PIB : **31 %** (4 % du PIB de l'UE)
- Exportations : **18 %**
- Importations : **26 %**
- Sièges sociaux de banques : **90 %**
- Cadres : **34 %**
- Chercheurs : **40 %**

Source : IAU-Insee et CCI Paris Île-de-France, 2019.

VOCABULAIRE

Grand Paris La métropole du Grand Paris regroupe la ville de Paris, les départements de petite couronne et certaines communes de grande couronne. Créée pour renforcer le rôle mondial de la capitale et corriger les inégalités territoriales, elle vise à développer des pôles économiques en périphérie de Paris et des modes de transport reliant ces pôles.

Indice de primauté Rapport entre la population de la première ville et de la deuxième ville d'un pays.

Macrocéphalie urbaine Littéralement « gros cerveau », terme qui désigne le fait qu'une ville est « anormalement » peuplée par rapport aux autres villes du système urbain national.

Thème 1 La métropolisation : un processus mondial différencié

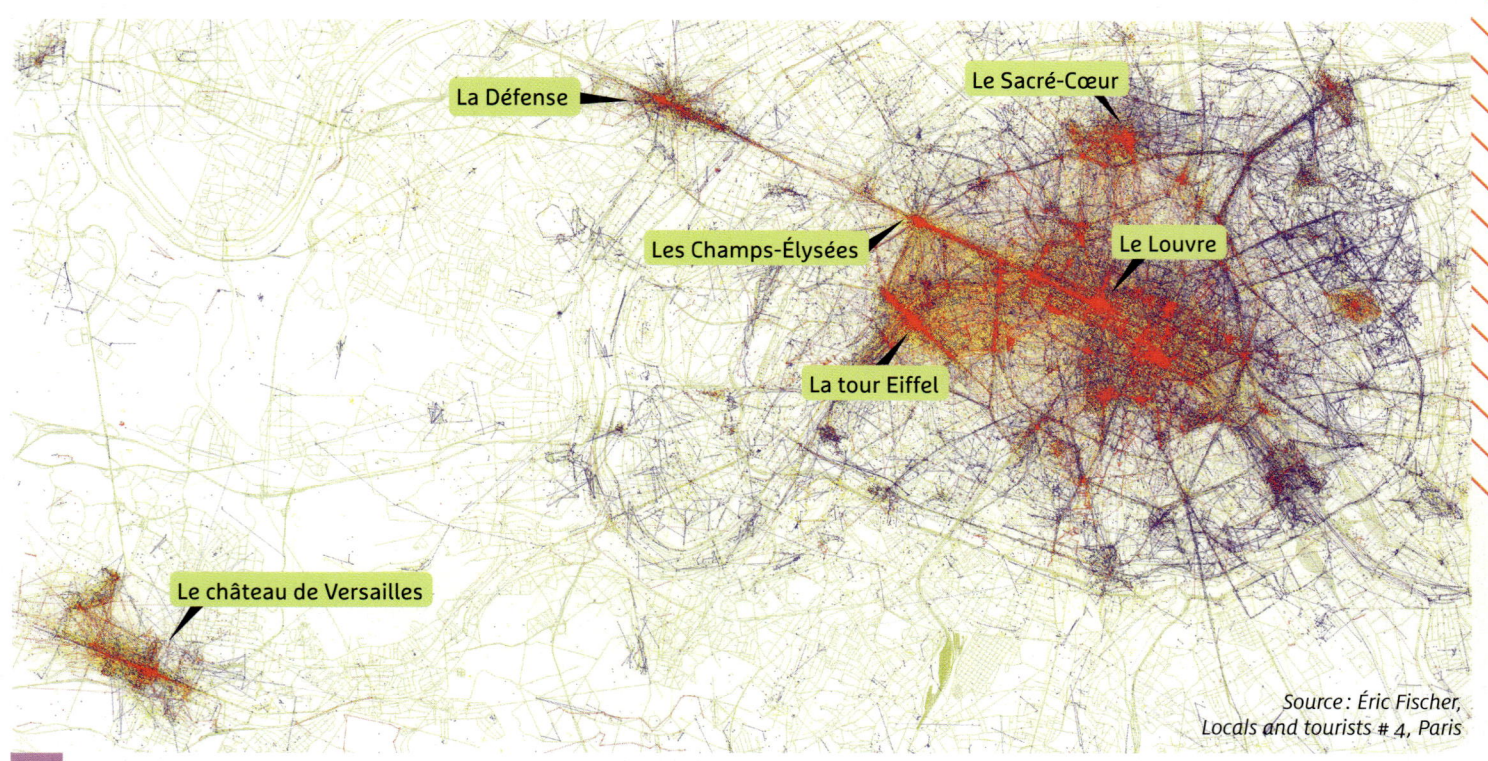

1 La localisation des photographies de Paris postées sur un site de partage

Lieux où sont prises les photographies postées sur un site de partage (en rouge par des touristes, en bleu par des habitants, en jaune, indéterminées).

Source : Éric Fischer, *Locals and tourists # 4, Paris*

ALBUM FLICKR

2 Paris et les métropoles régionales

« Jamais l'écart n'a été aussi important entre Paris et nombre de villes françaises. [...] La deuxième [métropole] est bien sûr Lyon, qui depuis vingt-cinq ans mène une politique offensive pour attirer les entreprises. Elle a su développer un marketing urbain très efficace pour redorer son image [...]. Même si c'est plus récent, Bordeaux est aujourd'hui une métropole. On peut citer Nantes et Toulouse parmi les plus attractives. [...]

La politique de l'État en direction des territoires vise à faire émerger des champions nationaux. Elle favorise donc les villes qui ont déjà des atouts. La priorité n'est plus tant d'équilibrer les territoires que d'encourager les villes qui sont déjà des locomotives en termes de développement économique. Il ne s'agit bien sûr plus de brider le développement de Paris, mais de soutenir la région-capitale dans sa concurrence avec Londres et les autres villes globales. Mais la métropolisation à l'échelle régionale permet à de plus en plus de cadres parisiens de poursuivre leur carrière à Nantes, Toulouse ou Bordeaux. Paris ne concentre plus tous les cadres supérieurs. Sur cet aspect, on ne peut plus parler de Paris et du désert français. »

Catherine Calvet, « Immobilier : "La priorité n'est plus d'équilibrer, mais d'encourager des locomotives" », *Libération*, 7 janvier 2019.

ARTICLE

3 Paris et l'Île-de-France

- ☐ Principaux territoires de l'innovation
- △ Principaux centres d'affaires

Analyser et confronter les documents

1. Quel poids représente l'Île-de-France en France ? Comment s'explique-t-il ? Repère et doc 3
2. Que révèle le doc 1 de l'attractivité de Paris et de son agglomération ?
3. Expliquez la dernière phrase du doc 2, à l'aide du reste du texte.

BAC Analyser un document

Montrez que le doc 1 renseigne sur l'attractivité touristique de Paris mais aussi sur les pratiques spatiales de ses habitants. Analysez-le en détail en vous aidant de l'étude de cas p. 28 à 31.

3. La métropolisation et ses effets

DOSSIER

Le système urbain régional lyonnais : des fonctions métropolitaines ?

Deuxième aire urbaine de France (2,3 millions d'habitants) et tête de la région Auvergne-Rhône-Alpes, la métropole lyonnaise fonctionne en lien étroit avec Grenoble. L'ensemble forme un système urbain régional bicéphale de 3,8 millions d'habitants avec un niveau élevé d'activités métropolitaines. Ce système s'affirme à différentes échelles : locale, nationale et européenne.

1 **Un lieu du pouvoir : le quartier des affaires de la Part-Dieu (Lyon)**
Ce quartier, né dans les années 1980, est en pleine rénovation, afin de renforcer la compétitivité de la métropole à l'échelle européenne.

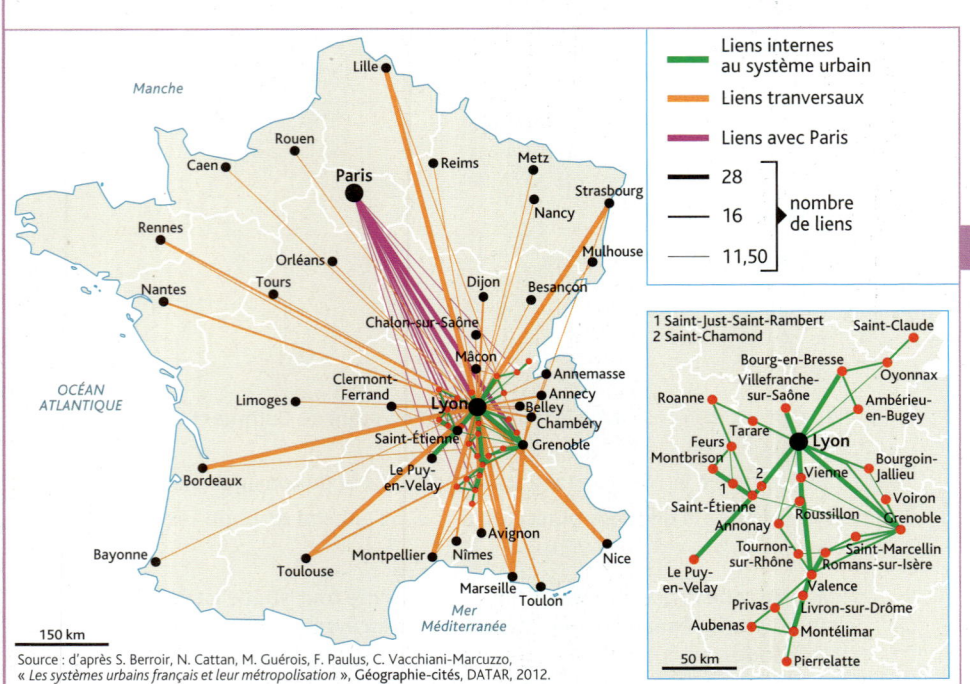

2 **Un pôle métropolitain qui s'affirme**

« Alors qu'elle jouait encore il y a quelques années en championnat de France, la ville de Lyon estime "avoir franchi un cap" et être parvenue en Ligue des champions. Selon son maire, Gérard Collomb, elle se mesure désormais à des métropoles européennes comme Barcelone ou Manchester. Et s'appuie sur trois indicateurs : la dynamique économique, la qualité de vie, les grands projets urbains. Lyon est l'une des plus importantes agglomérations industrielles de France avec des positions dominantes dans les sciences de la vie, les vaccins notamment, dans le numérique, dans les *cleantechs*. Avec 272 000 mètres carrés loués en 2015, c'est le second marché immobilier tertiaire de l'Hexagone. [...] À son échelle, Lyon participe à cette "économie d'archipel" décrite par le sociologue et économiste Pierre Veltz [...]. »

Vincent Charbonnier, « Lyon se métamorphose en métropole européenne », *Les Échos*, 2016.

3 **Un système urbain bicéphale inséré dans des réseaux multiscalaires**

Les liens entre les villes concernent, à l'échelle nationale, les mobilités des populations, des liens économiques, des partenariats scientifiques, des liens de transport et des migrations résidentielles et de loisirs. Deux tiers des liens à l'échelle nationale sont polarisés par Lyon, un tiers par Grenoble.

Source : d'après S. Berroir, N. Cattan, M. Guérois, F. Paulus, C. Vacchiani-Marcuzzo, « Les systèmes urbains français et leur métropolisation », Géographie-cités, DATAR, 2012.

68 **Thème 1** La métropolisation : un processus mondial différencié

4 Un pôle grenoblois, leader de l'innovation : GIANT

GIANT : *Grenoble Innovation for Advanced New Technologies*

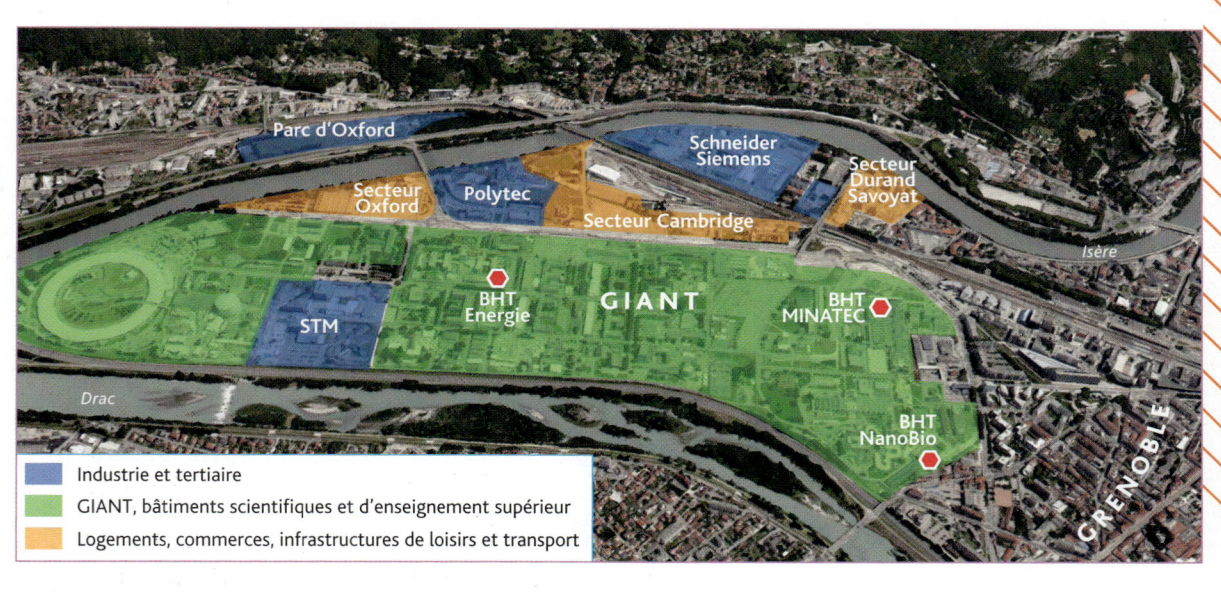

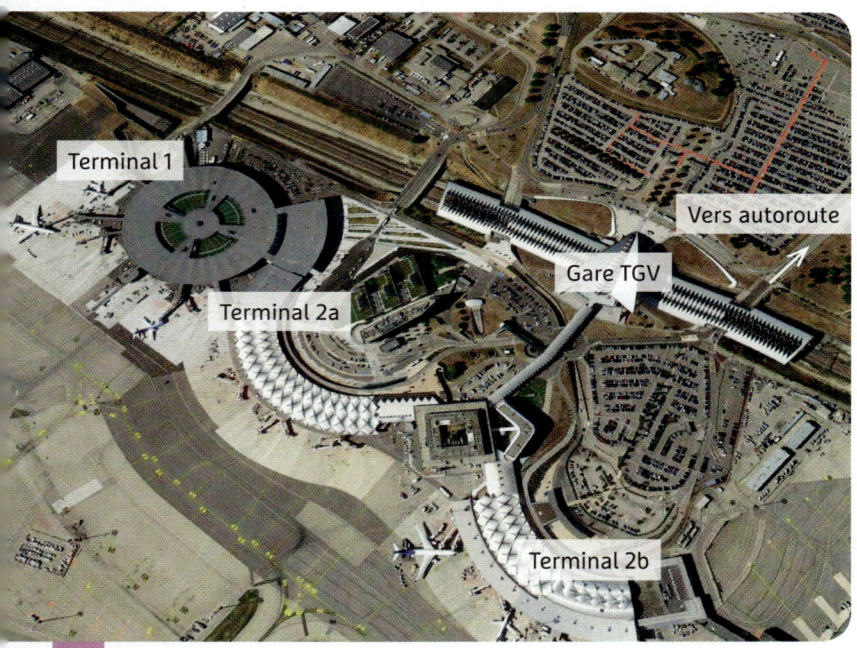

Légende :
- Industrie et tertiaire
- GIANT, bâtiments scientifiques et d'enseignement supérieur
- Logements, commerces, infrastructures de loisirs et transport

5 L'aéroport de Lyon-Saint-Exupéry, une plate-forme multimodale

L'aéroport de Lyon-Saint-Exupéry est le 3ᵉ aéroport français après ADP (Aéroports de Paris) et Nice. D'envergure européenne, il est aussi connecté à l'espace national par plusieurs moyens de transports (multimodal).

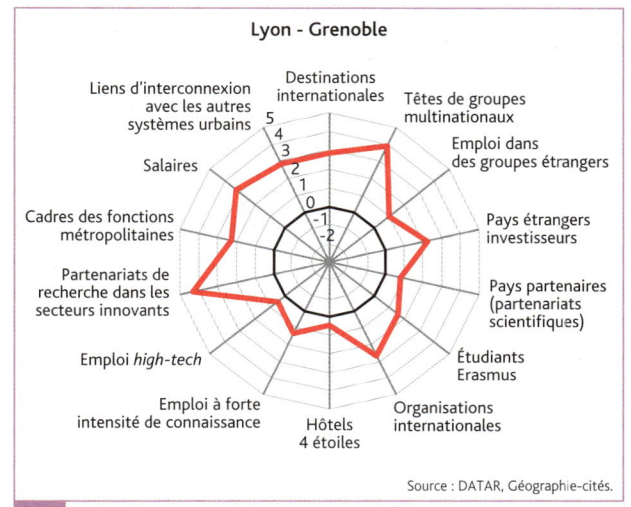

6 Un profil complet d'activités métropolitaines

La valeur 0 représente la moyenne pour les systèmes urbains en France. La structure bipolaire du réseau Lyon-Grenoble permet d'atteindre un niveau élevé de métropolisation allant des fonctions stratégiques à l'emploi *high-tech* en passant par l'attractivité des étudiants étrangers.

Source : DATAR, Géographie-cités.

DEUX PARCOURS AU CHOIX

PARCOURS GUIDÉ

1. Pourquoi peut-on parler d'un réseau urbain régional bicéphale ? Les deux villes sont-elles toutefois comparables ? Introduction et doc 3 et 6.
2. Quelles sont les activités montrant la métropolisation du système régional lyonnais ? Doc 1 à 6.
3. Pourquoi peut-on dire que le système est inséré à différentes échelles ? Doc 1 à 6
4. Quels sont les avantages d'une telle structuration par deux pôles urbains ? Et les inconvénients ? Doc 1 à 6.

PARCOURS AUTONOME

Rédigez une réponse à la problématique suivante :
Le système urbain régional lyonnais peut-il rivaliser avec Paris ?

Pour cela, utilisez l'étude de cas (p. 28 à 31) et le cours sur Paris (p. 66-67).

3. La métropolisation et ses effets 69

COURS 2

Les villes françaises profitent-elles des recompositions liées à la métropolisation ?

A Les métropoles régionales se renforcent

- **La France compte très peu de grandes villes** en dehors de Paris. Rares sont celles qui peuvent ainsi prétendre concurrencer Barcelone ou Munich... Depuis 2014, un statut de « métropole » a été accordé à 22 aires urbaines qui possèdent désormais des pouvoirs accrus en termes d'aménagement, d'enseignement supérieur et de développement économique.

- **Les grandes villes tentent de développer leur attractivité** de manière à attirer les investisseurs et mènent une compétition entre elles et avec les villes européennes de taille comparable. Le marketing territorial joue un rôle croissant dans cette compétition : « métropole » est devenu un mot-clé des politiques de communication (« Nantes-Métropole »...).

- **À l'échelle locale, les grandes opérations de rénovation urbaine** et de requalification urbaine participent de ce phénomène, comme à Marseille (Euro-méditerranée) ou à Lyon (Lyon Confluence). L'aménagement des centres-villes, la piétonisation de certains quartiers, se combinent avec un travail sur l'identité de la ville, qui cherche à se présenter sous le double angle de l'originalité et de la séduction.

REPÈRE
Les 22 métropoles (lois de 2010 et 2014)

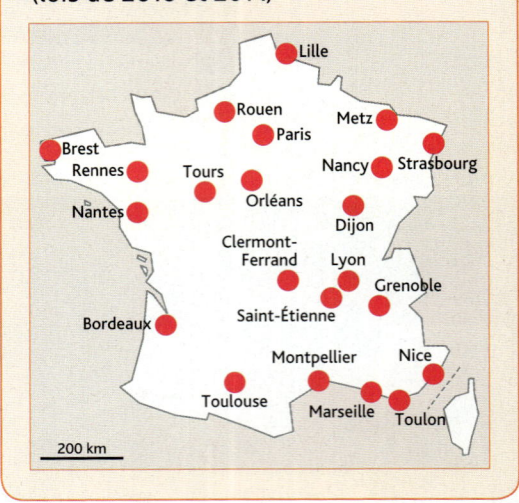

B Les villes moyennes entre renouveau et dévitalisation

- **La France est un pays de villes moyennes** : en 2018, 22 millions de Français habitaient dans des villes de 10 et 100 000 habitants. Ce sont ces 930 villes qui ont majoritairement assuré l'accès aux services administratifs sur l'ensemble du territoire et ont permis sa modernisation sociale et économique. Elles sont aujourd'hui en crise du fait de la métropolisation qui fait converger les populations jeunes et aisées vers les métropoles, mais aussi du fait de la périurbanisation* qui vide les villes centres de leur population au profit de leur couronne périurbaine. Les quartiers centraux perdent peu à peu leurs services et surtout leurs commerces, de plus en plus installés en périphérie.

- **Les villes moyennes ont cependant des trajectoires très diverses** : certaines (Albi, Sète...) s'intègrent progressivement aux processus métropolitains du fait de leur proximité avec une métropole régionale. D'autres ont encore une vraie influence car elles drainent les espaces ruraux alentours (Aurillac, Cahors...). D'autres enfin voient leur situation aggravée par la désindustrialisation (Nevers, Fécamp...) : 82 % des villes moyennes ont un taux de chômage supérieur à la moyenne nationale.

- **Ces villes moyennes tentent de réagir à la crise** par la coopération (Fédération des villes moyennes) ou par des actions de rénovation urbaine de moindre ampleur. L'État a, quant à lui, lancé des aides publiques (actions « Cœur de ville ») qui peinent encore à obtenir des résultats.

> Les recompositions liées à la métropolisation posent la question de l'aménagement des territoires : il faut, à la fois, développer Paris, ville mondiale, favoriser les métropoles régionales et veiller à une équité territoriale, au profit des villes moyennes.

VOCABULAIRE

Marketing territorial Mise en œuvre d'une communication pour valoriser un territoire de manière à influencer en sa faveur le comportement d'un public particulier (entrepreneur, décideur...) face à des concurrents.

Métropole (statut de) Le terme désigne en France un des échelons du découpage territorial créé en 2010 et effectif depuis 2014 pour renforcer le pouvoir des ensembles urbains de plus de 400 000 habitants dans une aire urbaine de plus de 650 000 habitants.

Rénovation urbaine Opération d'aménagement urbain (au moins à l'échelle d'un quartier) passant par la réhabilitation et/ou la démolition, par la création de logements, la réorganisation des activités, de la voirie, etc. Certaines de ces opérations visent à la requalification.

Requalification urbaine Opération d'urbanisme visant à changer la fonction d'un quartier (par exemple, quartier industriel transformé en quartier tertiaire ou résidentiel).

1 **Les transformations urbanistiques de Marseille**
[1] 3ᵉ FTN* mondiale du transport par conteneurs.

Labels sur l'image :
- Siège de la CMA-GMA[1]
- Les docks, entrepôts transformés en bureaux
- Musée des civilisations méditerranéennes (MUCEM)

2 **Le Mémorial ACTe de Pointe-à-Pitre (Guadeloupe)**
Architectes : Berthelot, Mocka Célestine, BM.
Le Centre caribéen d'expressions et de mémoire de la traite et de l'esclavage, ouvert en 2015, a une architecture symbolique et moderniste par son aspect minéral, rappelant celle du MUCEM de Marseille.

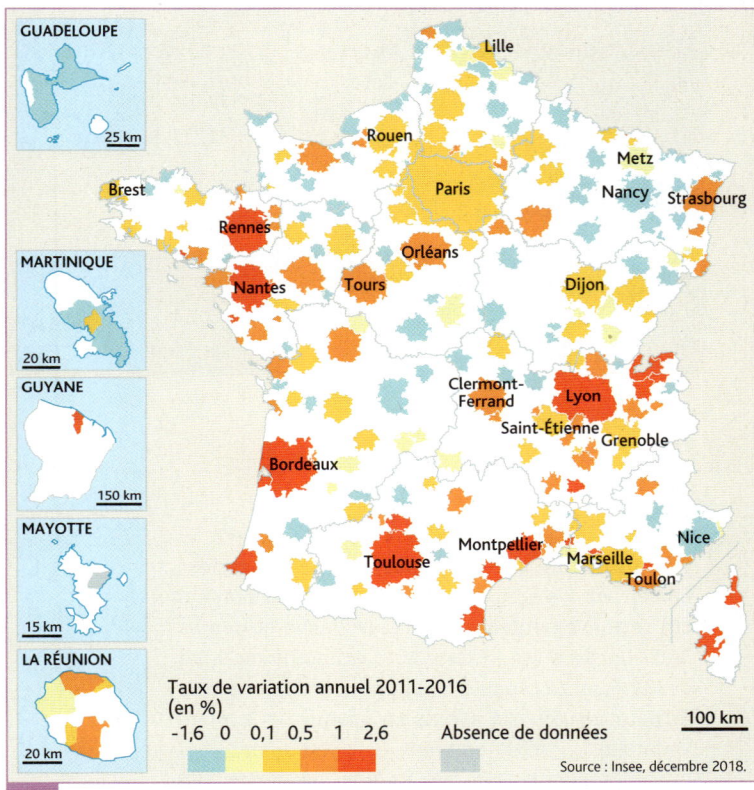

3 **L'évolution de la population des aires urbaines (2006-2013)**
Taux de variation annuel 2011-2016 (en %) : -1,6 0 0,1 0,5 1 2,6   Absence de données
Source : Insee, décembre 2018.

4 **L'évolution des commerces dans les centres-villes**

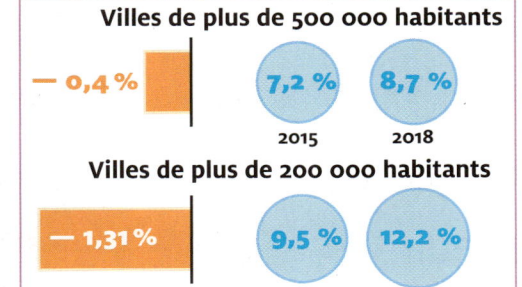

Villes de plus de 500 000 habitants
— 0,4 %
7,2 % (2015)   8,7 % (2018)

Villes de plus de 200 000 habitants
— 1,31 %
9,5 % (2015)   12,2 % (2018)

Chiffre d'affaire des commerces (2013-2016)
Vacance commerciale (nombre de locaux commerciaux ne trouvant pas preneur)
Source : *Les Échos*, 2018.

Analyser et confronter les documents

1. Comment Marseille cherche-t-elle à se positionner comme une métropole d'envergure internationale ? Doc 1
2. Montrez que la métropolisation se traduit aussi par des pratiques de rénovation urbaine et la volonté de mettre en avant une identité. Repère, doc 1 et 2
3. Comparez l'évolution des métropoles régionales à celle des villes moyennes du point de vue de la population et des activités commerciales. Repère, doc 2 et 3

BAC Répondre à une question problématisée
À partir du doc 3 et à l'aide du Repère, réalisez un schéma très simplifié montrant l'emprise spatiale et les évolutions démographiques des métropoles. Rédigez un court texte qui permettrait d'introduire ce schéma dans une argumentation sur la métropolisation en France.

3. La métropolisation et ses effets

DOSSIER

Bordeaux : quelles mutations renforcent cette métropole régionale ?

À la tête de la Nouvelle-Aquitaine, Bordeaux est une des métropoles régionales les plus dynamiques et attractives de France. Elle est à deux heures de Paris depuis 2017, avec la création d'une LGV*. La « belle endormie » est en pleine réhabilitation mais certaines inégalités persistent.

1 Bordeaux, des allures de capitale

Bordeaux a longtemps eu la réputation d'une ville grise, embouteillée, et possédant un port en déclin. Sa réhabilitation depuis les années 1990 a redonné au cœur de ville tout son attrait. Elle est inscrite au patrimoine mondial de l'humanité par l'UNESCO. La ville compte plus de 251 000 habitants et Bordeaux Métropole (28 communes) 761 000.

2 La réhabilitation de Bordeaux

« Aujourd'hui, après rénovation des quartiers anciens et des berges de la Garonne, l'harmonie a été retrouvée entre la ville et le fleuve et depuis 2007 la cité a été inscrite au patrimoine mondial de l'Unesco. La capitale aquitaine sort d'une longue torpeur et voit son avenir en grand. Les projets ambitieux [...] sont nombreux. [...] C'est aujourd'hui l'une des villes les plus dynamiques de France. Elle attire beaucoup de jeunes qui prétendent que Bordeaux est "the place to be" ! [...]
En amont de Bordeaux un projet "pharaonique" est en gestation [...]. C'est le projet Euratlantique. Ce chantier doit métamorphoser les deux rives de la Garonne sur toute la moitié amont du Pont de Pierre. L'objectif du projet est de créer un nouveau quartier d'affaire à vocation européenne pour la métropole bordelaise mais aussi de créer de nouveaux quartiers d'habitation à proximité du centre historique [...] sur une surface de 738 ha. 450 000 m² de bureaux dont 70 % à proximité immédiate de la gare TGV doivent sortir de terre, 15 000 m² de logements sont prévus sur l'ensemble de l'Opération d'Intérêt National dont 35 % de logements sociaux. »

Maryse Verfaillie, « Bordeaux, un univers paradoxal », *Les cafés géographiques*, 2015.

3 Les lieux de la réhabilitation

Grands aménagements urbains
- Centre tertiaire
- Universités, lycées
- Hôpital

Projet Bordeaux Bastide
- Aménagement des axes majeurs
- Réaménagement du tissu urbain

Réhabilitation du Bordeaux historique
- Secteur sauvegardé
- Rues piétonnes
- Centre commercial
- Forte concentration de commerces, services, administrations

---

72 **Thème 1** La métropolisation : un processus mondial différencié

4 La cité du vin, inaugurée en 2016
Architectes : Anouk Legendre et Nicolas Desmazières, XTU.

Alors que d'autres villes, comme Lyon, ont misé sur la construction de tours au centre-ville, Bordeaux a préféré préserver son cœur de ville mais construire plus au nord un bâtiment qui symbolise depuis 2016 l'activité vinicole de la région, et contribue à son rayonnement international.

5 L'arrivée du TGV à Bordeaux fait flamber les prix

[En 2017, l'inauguration d'une LGV permet de relier Bordeaux à Paris en deux heures.]

« Deux nouvelles lignes à grande vitesse seront mises en service ce dimanche, à Bordeaux et à Rennes où les prix immobiliers ont le plus augmenté en 2016. Deux villes où il fait bon investir. [...] Bordeaux ne sera ainsi plus qu'à 2h05 de Paris [...]. Un gain loin d'être négligeable pour les voyageurs mais également pour les propriétaires ou les investisseurs immobiliers. Car, généralement, qui dit construction d'une ligne TGV, dit hausse des prix de la pierre. [...] Aujourd'hui, les prix immobiliers de l'hyper-centre avoisinent ceux d'un arrondissement parisien atteignant des montants de 5 à 6 000 euros du m². Preuve que la ville que l'on a l'habitude de surnommer la «belle endormie», s'est bien réveillée. Depuis 10 ans, la ville s'est modernisée. Bordeaux Centre a rattrapé son retard sur les autres villes de province. »

Guillaume Errard, « Immobilier : voici les métropoles où les prix ont le plus flambé en 20 ans », *Le Figaro*, 27 février 2018.

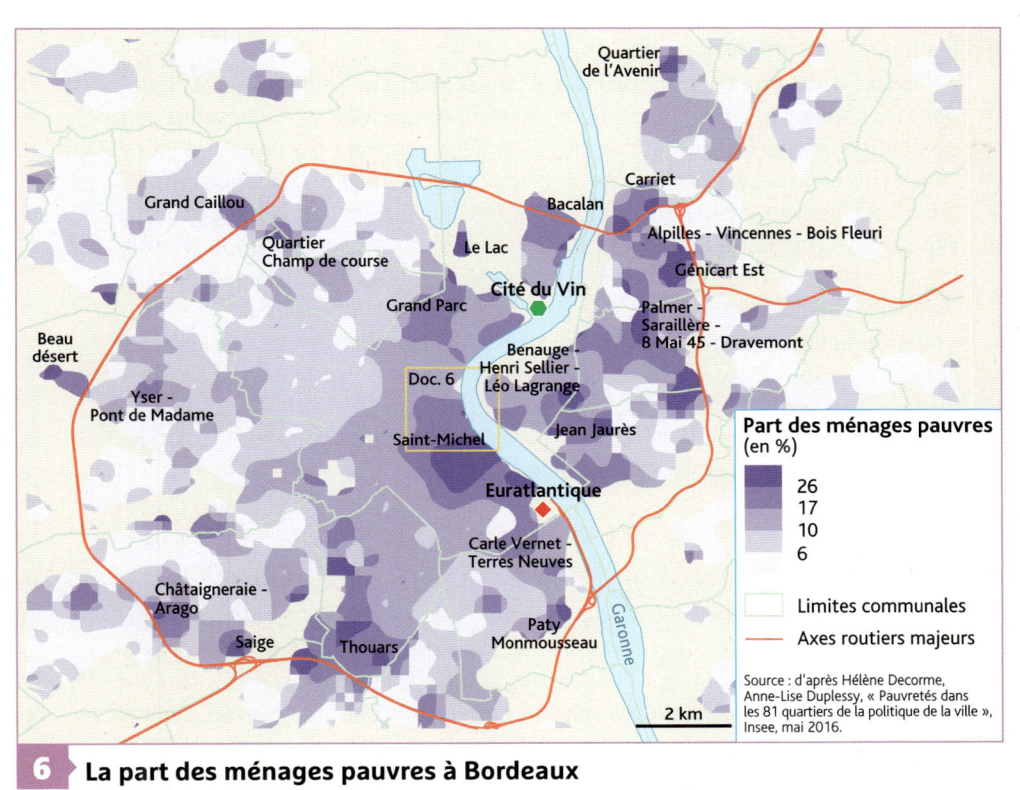

6 La part des ménages pauvres à Bordeaux

Part des ménages pauvres (en %) : 26 / 17 / 10 / 6

Source : d'après Hélène Decorme, Anne-Lise Duplessy, « Pauvretés dans les 81 quartiers de la politique de la ville », Insee, mai 2016.

DEUX PARCOURS AU CHOIX

PARCOURS GUIDÉ

1. Quelles ont été les principales transformations de Bordeaux mentionnées dans les doc 1 à 5 ?
2. En quoi renforcent-elles le rôle de la ville et contribuent-elles au processus de métropolisation ?
3. Quels sont les effets pervers d'une telle évolution ? Doc 5 et 6
4. Analysez en détail le doc 6 : où sont situées les personnes pauvres ? Et les personnes plus aisées ?

PARCOURS AUTONOME

Synthétisez les doc 3 et 6 à partir du fond de schéma ci-contre : situez les grandes opérations de réhabilitation urbaine et les zones de pauvreté.

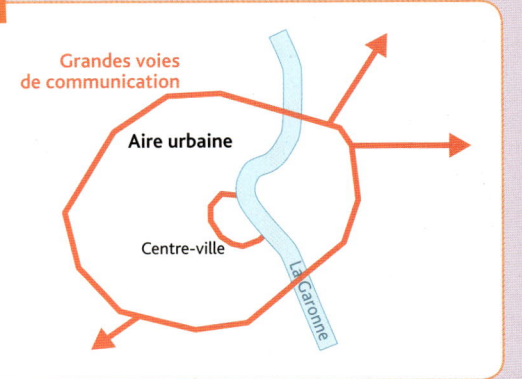

3. La métropolisation et ses effets

COURS 3

Quelles recompositions spatiales touchent les aires urbaines ?

A Des espaces urbains de plus en plus fragmentés

• **L'étalement urbain*** est un phénomène ancien, initié par l'exode rural qui a alimenté les banlieues jusqu'aux années 1970. Aujourd'hui l'espace périurbain abrite un quart des Français. Une partie des habitants des métropoles, à la recherche d'un habitat individuel et d'un « sentiment de nature », a en effet migré vers des périphéries de plus en plus éloignées : l'aire urbaine de Paris fait ainsi plus de 17 000 km². La périurbanisation* a partout engendré des mobilités croissantes et l'apparition de nouvelles fonctions en périphérie : la zone commerciale est désormais un nouveau centre attirant tout autant les périurbains que les habitants du centre historique.

• **Il existe donc une fragmentation sociale et spatiale***. Celle-ci est ancienne dans les banlieues, qui juxtaposent des banlieues pavillonnaires à des quartiers où dominent les grands ensembles. Ces derniers, souffrant d'un déficit d'investissement, connaissent parfois une dégradation de la qualité des logements. La mixité sociale y est faible et certains sont devenus le symbole d'un urbanisme excluant. La fragmentation existe aussi dans l'espace périurbain où le prix des terrains est très variable. Enfin, dans certaines villes d'Outre-mer, la question des bidonvilles se pose avec acuité.

• **Le prix de l'immobilier dans les centres-villes des métropoles est en essor constant**, ce qui a accentué la redistribution des fonctions urbaines au bénéfice de bureaux et commerces et, plus récemment, de la gentrification*. On observe également une clôture de l'espace urbain et le développement des quartiers résidentiels fermés* (20 % des logements à Marseille).

B L'aménagement des espaces urbains et métropolitains

• **Une politique de la ville** a été initiée dès les années 1960, dans une optique de construction puis de rénovation urbaine*. Plus récemment, cette politique s'est traduite par des mesures favorisant certains espaces. Ainsi, 1 500 quartiers, dont 200 dans les DROM, ont été déclarés quartiers prioritaires. Ils concernent aussi bien les métropoles que les villes moyennes touchées par la crise. L'État a également tenté de promouvoir la mixité* sociale et fonctionnelle en ville grâce à la loi SRU qui oblige les municipalités de plus de 3 500 habitants à disposer de 25 % de logements sociaux.

• **La coopération entre les différentes communes des aires urbaines*** est désormais une obligation. Elle repose sur des instruments comme les SCoT qui visent à une planification de la croissance urbaine, mais aussi à un contrôle des mobilités internes à chaque aire urbaine.

• **Les Plans de déplacement urbains (PDU), obligatoires pour les métropoles**, déterminent l'organisation des transports et tentent de lutter contre les effets néfastes de l'étalement urbain. Ils visent à promouvoir des alternatives à l'automobile, ainsi que les mobilités douces : mobilités internes à la ville-centre par des vélos en libre-service, mobilités vers les périphéries par le développement du tramway (Rennes, Montpellier...) ou par des transports en site propre (Fort-de-France).

> Les tentatives pour réduire la fracture urbaine sont anciennes. Elles s'inscrivent désormais dans le cadre de la métropolisation et visent à freiner l'étalement urbain. Mais leur bilan reste mitigé.

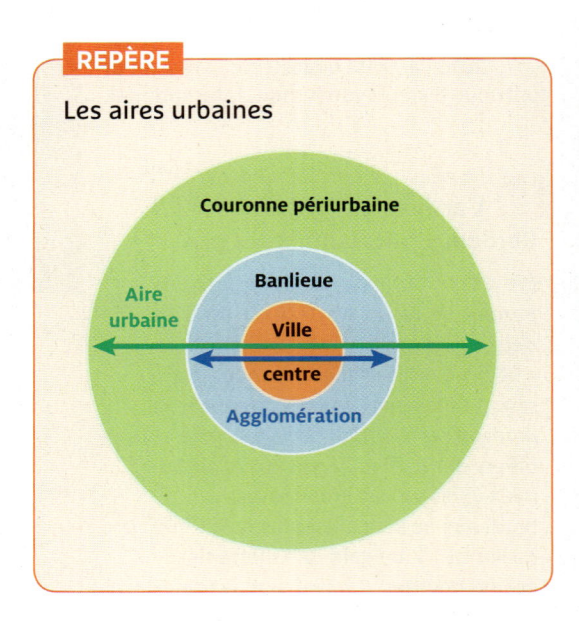

REPÈRE
Les aires urbaines

(Schéma : Couronne périurbaine / Banlieue / Ville centre / Agglomération / Aire urbaine)

VOCABULAIRE

Aire urbaine En France, zone dépendant d'un pôle urbain et d'une couronne dont 40 % de la population active au moins travaille dans le pôle ou dans les autres communes de la couronne.

Espace périurbain Espace situé autour d'une ville au-delà des banlieues et dépendant de cette ville.

Loi SRU (Loi de Solidarité et de renouvellement urbain) Vise notamment à lutter contre les fractures sociales et à coordonner l'aménagement urbain.

Mixité sociale/fonctionnelle Coexistence de personnes issues de milieux divers et de niveaux de vie différents / de fonctions diverses (résidentielle, industrielle, tertiaire...).

PDU voir p. 286-287.

Politique de la ville Politique mise en place par les pouvoirs publics pour tenter de réduire la fragmentation sociale et spatiale en zone urbaine.

Quartier prioritaire Dispositif mis en place en 2015 pour faire bénéficier certains quartiers de mesures de cohésion sociale (éducation, insertion et sécurité), de rénovation urbaine, de développement économique.

SCoT voir p. 286-287.

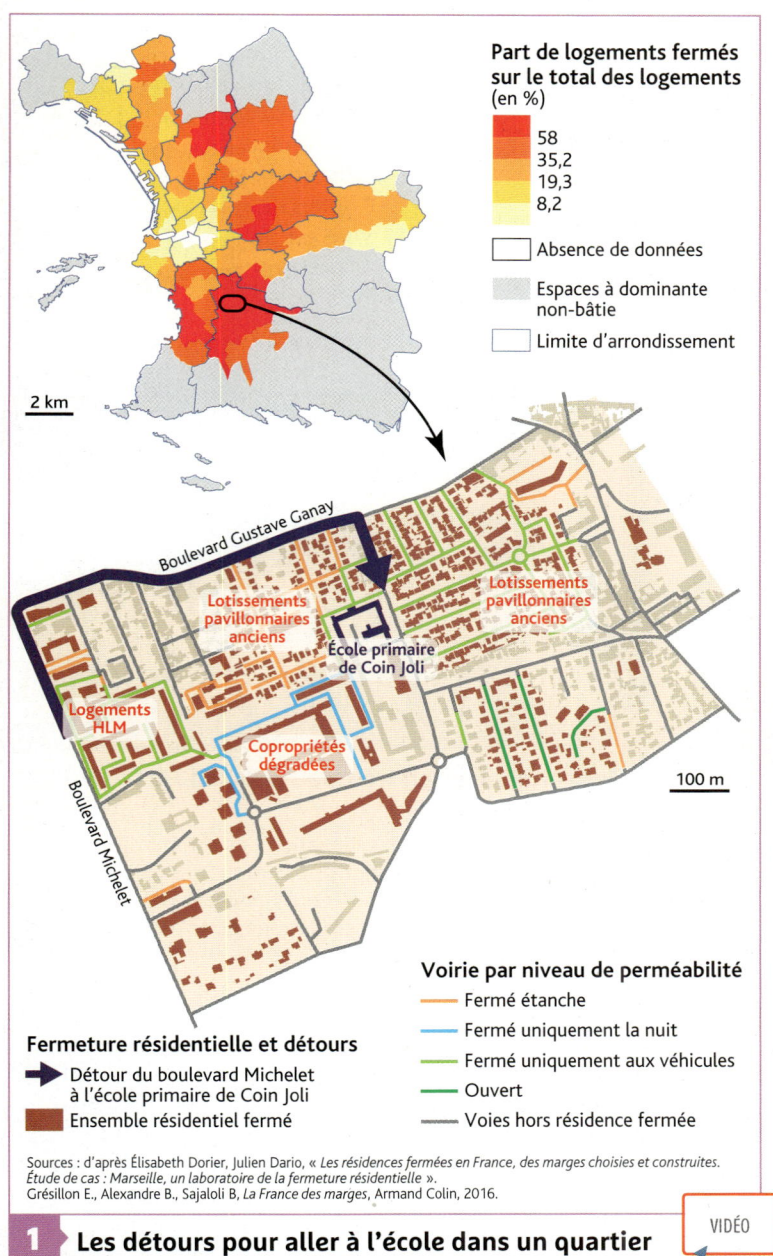

1 Les détours pour aller à l'école dans un quartier de Marseille socialement contrasté

Du fait des quartiers fermés*, des enfants sont obligés de faire des détours de plusieurs centaines de mètres pour se rendre à l'école.

Légende de la carte :
- Part de logements fermés sur le total des logements (en %) : 58 ; 35,2 ; 19,3 ; 8,2
- Absence de données
- Espaces à dominante non-bâtie
- Limite d'arrondissement

Éléments cartographiés : Boulevard Gustave Ganay, Boulevard Michelet, Lotissements pavillonnaires anciens, École primaire de Coin Joli, Logements HLM, Copropriétés dégradées.

Voirie par niveau de perméabilité :
- Fermé étanche
- Fermé uniquement la nuit
- Fermé uniquement aux véhicules
- Ouvert
- Voies hors résidence fermée

Fermeture résidentielle et détours :
- Détour du boulevard Michelet à l'école primaire de Coin Joli
- Ensemble résidentiel fermé

Sources : d'après Élisabeth Dorier, Julien Dario, « Les résidences fermées en France, des marges choisies et construites. Étude de cas : Marseille, un laboratoire de la fermeture résidentielle ». Grésillon E., Alexandre B., Sajaloli B, *La France des marges*, Armand Colin, 2016.

2 Le quartier Pierre Collinet à Meaux (53 000 habitants, Seine-et-Marne)

Entre 2008 et 2018, treize tours du quartier Collinet de Meaux, créées dans les années 1960 et 1970, ont été détruites. 1 683 logements ont été démolis et 1 700 logements sociaux construits. L'opération a coûté 270 millions d'euros financés par l'État, 16 millions par la ville, par la région et le département. De manière à favoriser la mixité sociale, la part des logements sociaux est passée de 100 % à 40 % avec l'introduction de logements privés. Les sept dernières tours seront démolies entre 2018 et 2028.

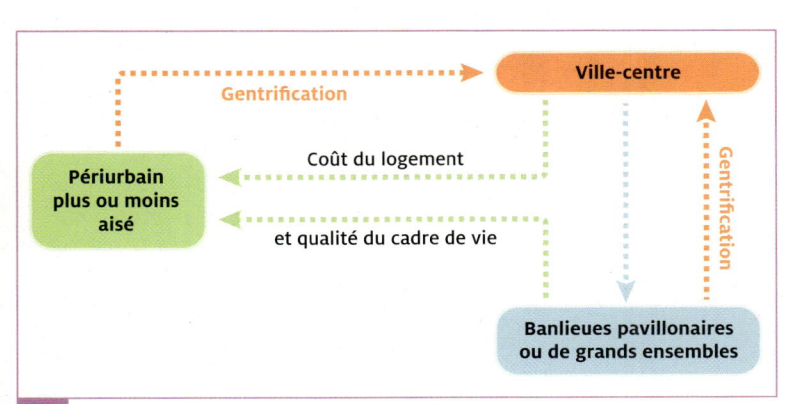

3 Le renforcement de la fragmentation socio-spatiale dans les aires urbaines

Schéma : Ville-centre ; Périurbain plus ou moins aisé ; Banlieues pavillonaires ou de grands ensembles. Flux : Gentrification (vers Ville-centre), Coût du logement et qualité du cadre de vie (vers Périurbain).

Analyser et confronter les documents

1. Montrez que la fragmentation socio-spatiale* joue non seulement à l'échelle des aires urbaines, mais aussi à l'intérieur d'un même quartier. **Doc 1 et 3**
2. À quels objectifs sociaux et environnementaux répond l'opération de rénovation urbaine présentée en **doc 2** ?

BAC Répondre à une question problématisée

En vous appuyant sur le **doc 2** et les **doc 1 et 2 p.71**, rédigez un paragraphe sur le thème de la rénovation* et de la requalification* urbaines.

acteurs & enjeux

Faut-il revitaliser les centres des villes moyennes?

D'après l'historien Henri Pirenne, la ville serait « fille du commerce » : les centres-villes sont pourtant le théâtre d'une baisse du nombre des commerces qui s'est accélérée fortement depuis dix ans. Les villes moyennes, c'est-à-dire de 10 000 à 100 000 habitants, sont les plus touchées.

VOTRE MISSION

Dans le cadre d'un débat citoyen dans une ville moyenne, défendez l'une des deux positions suivantes : « Oui, il faut sauver les commerces de centre-ville, il y a urgence et les enjeux sont multiples! » « Non, sauver les commerces de centre-ville est un combat d'arrière-garde, il faut vivre avec son temps et son espace! ».

1 Le pourcentage de commerces fermés dans les centres-villes

Tailles des villes (en milliers d'habitants) : 2 240 / 1 000 / 500 / 250 / 100 / 50

Taux de vacance commerciale (en %)[1]
0 — 5 — 10 — 15 — 20 — 25

Vacance faible, de nature conjoncturelle — Vacance très élevée, témoigne du déclin de la commercialité

1. Absence de données pour la Corse

Source : d'après Olivier Razemon, « Centres-villes à vendre », Le Monde, janvier 2016.

2 Des commerces en trompe-l'œil à La Ferté-Bernard (Sarthe)

Pour lutter contre la désertification des commerces, des mairies, des associations placardent des trompe-l'œil sur des commerces fermés depuis longtemps. Le but est de susciter de nouvelles installations et de redonner envie de fréquenter le centre-ville.

3 Les nouvelles attentes des consommateurs

« L'attractivité d'un centre-ville réside dans sa capacité à se démarquer en termes d'ambiance urbaine, à créer de la convivialité, à proposer de nouveaux services. En effet, ce n'est plus le commerce qui rend le centre-ville attractif. L'offre commerciale est pléthorique ; elle ne constitue plus un appel suffisamment puissant.
Ce sont des commerces hybrides et qui proposent une ambiance atypique. Par exemple, un commerce de prêt-à-porter sans rayonnages où les vêtements sont présentés comme dans un appartement où on peut aussi acheter les meubles et les objets de déco présentés. Les points de vente qui fonctionnent bien sont très scénarisés. Le commerce hybride – où on va acheter ce dont on a besoin et où on craque de façon imprévue pour un bijou, un bouquet de fleurs ou une pâtisserie – est pile dans la tendance.
Les générations Y (nées entre 1980 et 1995) et Z (nées après 1995) sont à la recherche d'univers et d'atmosphères ; le commerce cloisonné ne leur parle pas. La vitrine numérique, permettant d'avoir accès à une gamme de produits bien plus large que celle en boutique, fonctionne bien aussi. Le client bénéficie de conseils du vendeur lors de sa commande. »

D'après David Lestoux, consultant spécialisé dans l'attractivité commerciale, « Ce n'est plus le commerce qui rend un centre-ville attractif », Urbis, 2018.

Thème 1 La métropolisation : un processus mondial différencié

4 Des désirs contradictoires

5 Peut-on encore sauver les petites villes de leur agonie ?

« Les centres-villes se ressemblent tous, avec leurs rideaux baissés sur des boutiques vides, leurs enseignes de fripes franchisées, leurs logements vacants et leurs zones commerciales en périphérie. Le journaliste [Olivier Razemon] pointe un double échec : celui des politiques commerciales – *"la recette du déclin passe par l'hypermarché"* - encouragées par les élus eux-mêmes [...], au nom de l'emploi ; celui des politiques de transports qui privilégient, envers et contre toute logique, la voiture individuelle, cette *"espèce invasive"*. Bref, il serait temps d'abandonner les deux mamelles des Trente Glorieuses, la zone commerciale et la voiture, qui ont poussé à l'étalement urbain et par ricochet au déclin des centres-villes.
Mais que faire ? [...] Pour retrouver des centres-villes attractifs, le journaliste insiste sur l'urgence de sortir de l'addiction à la voiture individuelle pour multiplier les *"espaces publics de qualité"*. [D'autres] font la proposition inverse et plaident pour que la voiture *"soit à nouveau bienvenues dans les centres-villes"*… Les diagnostics se recoupent, les remèdes s'opposent radicalement : la France des sous-préfectures n'en a pas fini de tomber. »

Bruno Walter, « Peut-on encore sauver les petites villes de leur agonie ? », *CourrierCab*, 14 octobre 2016.

6 Annonay et Saint-Brieuc vues par le journal de France 2

Pour trouver des arguments complémentaires :

→ Un webdocumentaire de France 24 : « Saint-Brieuc, il était une fois un centre-ville français »

→ Un reportage de France 3 : « Moulins et Issoire, deux exemples pour lutter contre la désertification des centres-villes »

→ Un petit livre : Éric Chauvier, *La petite ville*, Amsterdam, 2017

→ Le podcast de l'émission de France culture, Le billet économique, du 28 février 2017

SITO GRAPHIE

→ Et si vous habitez une ville moyenne, vous pouvez étudier la situation de votre ville. Parcourez les rues et comptabilisez les commerces fermés. Interrogez commerçants, passants et habitants.

Les 18-24 ans et leurs centre-ville : loisirs et connectivité

79 % s'y rendent au moins une fois par semaine
55 % y sont très attachés
18 % attendent en priorité un multiplexe
63 % souhaitent un wifi gratuit dans la rue

Les plus de 65 ans préoccupés par le déclin de leur centre-ville

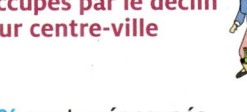

74 % sont préoccupés par le dynamisme de leur centre-ville
45 % estiment que le centre-ville qu'ils fréquentent le plus est en déclin
23 % attendent en priorité des commerces alimentaires

Source : d'après le baromètre du centre-ville et des commerces, CSA, 2017.

7 Le centre-ville idéal des 18-24 ans et des plus de 65 ans

L'ESSENTIEL

La métropolisation et ses effets

A Paris, une des grandes villes mondiales

• Capitale macrocéphale* de la France, Paris a vu son poids renforcé par la métropolisation*. Seule ville mondiale* du pays, elle concurrence Londres, New York et Tokyo, villes avec lesquelles elle entretient des relations nombreuses (archipel mégalopolitain mondial*). Son attractivité est due à son accessibilité et à son poids économique, à son influence diplomatique, culturelle et touristique.

• L'influence de Paris déborde des limites de l'agglomération ; les pôles secondaires (Saclay…) se développent rapidement. C'est donc l'ensemble d'une région urbaine qu'il convient d'aménager dans le cadre du Grand Paris*, notamment en ce qui concerne les mobilités.

B La métropolisation favorise aussi les métropoles régionales

• La France compte très peu de grandes villes. Les **métropoles** françaises exercent donc surtout leur influence dans le cadre régional. En concurrence entre elles, elles utilisent le marketing territorial* et misent sur des opérations de rénovation urbaine*.

• Les villes moyennes, largement majoritaires, souffrent de la métropolisation et sont globalement en crise démographique et économique. Les mesures pour lutter contre cette dévitalisation sont pour l'instant peu efficaces.

C Une fragmentation socio-spatiale des aires urbaines

• La fragmentation socio-spatiale* est ancienne mais s'accélère avec la métropolisation. Les **centres-villes** se dépeuplent ou accueillent des populations privilégiées (gentrification*). La mixité sociale* est faible en banlieue, mais également dans le périurbain*. L'étalement urbain*, responsable de l'accroissement de la taille des **aires urbaines**, contribue notamment à complexifier la question des mobilités.

• La politique de la ville* tente de lutter contre ces effets : mesures pour plus de mixité sociale, mesures pour faciliter les déplacements.

NOTIONS-CLÉS

• **Espace périurbain** Espace situé autour d'une ville au-delà des banlieues et dépendant de cette ville.

• **Métropole** Grande ville disposant d'un rayonnement et d'un pouvoir de commandement importants. Le terme désigne aussi en France un des échelons du découpage territorial créé en 2010 et effectif depuis 2014 pour renforcer le pouvoir des ensembles de plus de 400 000 habitants dans une aire urbaine de plus de 650 000 habitants.

NE PAS CONFONDRE

• **Agglomération/Aire urbaine** L'**agglomération** est l'ensemble formé par la ville-centre et sa banlieue. En France, l'**aire urbaine** est la zone dépendant d'un pôle urbain et d'une couronne dont 40 % de la population active au moins travaille dans le pôle ou dans les autres communes de la couronne.

• **Centre-ville/ville-centre** Le **centre-ville** est l'espace central de toute ville. La **ville-centre** est la ville la plus importante d'une aire urbaine.

RETENIR AUTREMENT

- Fort renforcement du rôle de Paris
- Renforcement du rôle des métropoles régionales
- Crise d'une partie des villes moyennes

→ **Métropolisation** →

- Des inégalités à l'intérieur des aires urbaines (banlieues, périurbain…)
- Des inégalités entre les quartiers urbains

Thème 1 La métropolisation : un processus mondial différencié

L'ESSENTIEL EN SCHÉMAS

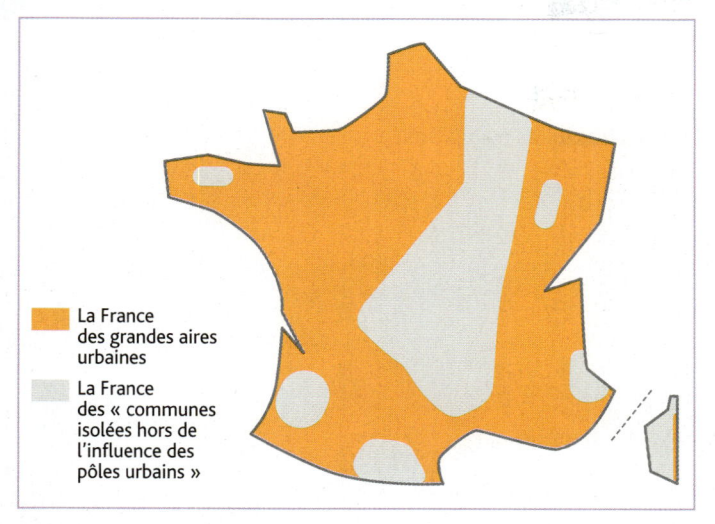

1. Une France très urbanisée
- La France des grandes aires urbaines
- La France des « communes isolées hors de l'influence des pôles urbains »

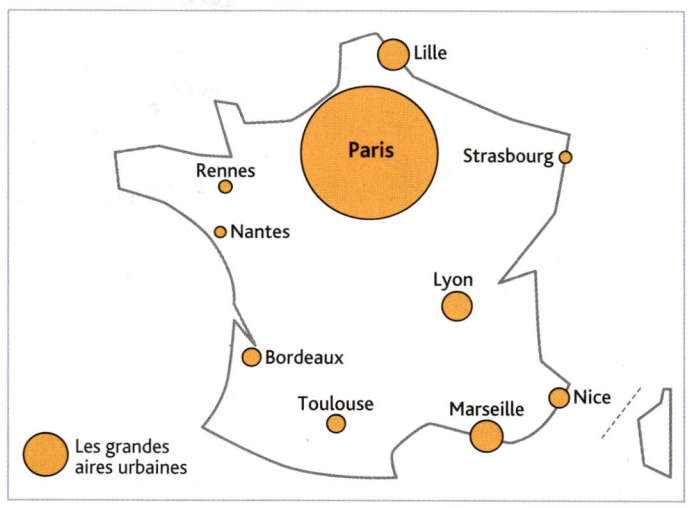

2. Les 10 plus grandes aires urbaines*
Lille, Paris, Strasbourg, Rennes, Nantes, Lyon, Bordeaux, Toulouse, Marseille, Nice
- Les grandes aires urbaines

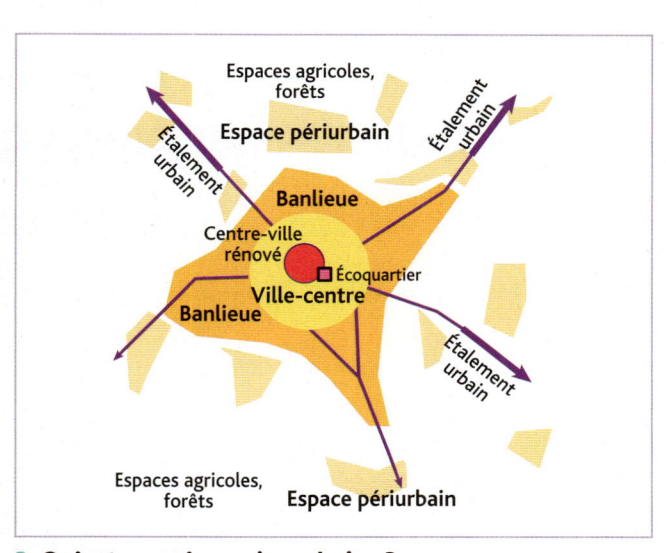

3. Qu'est-ce qu'une aire urbaine ?
- Espaces agricoles, forêts
- Espace périurbain
- Étalement urbain
- Banlieue
- Centre-ville rénové
- Écoquartier
- Ville-centre

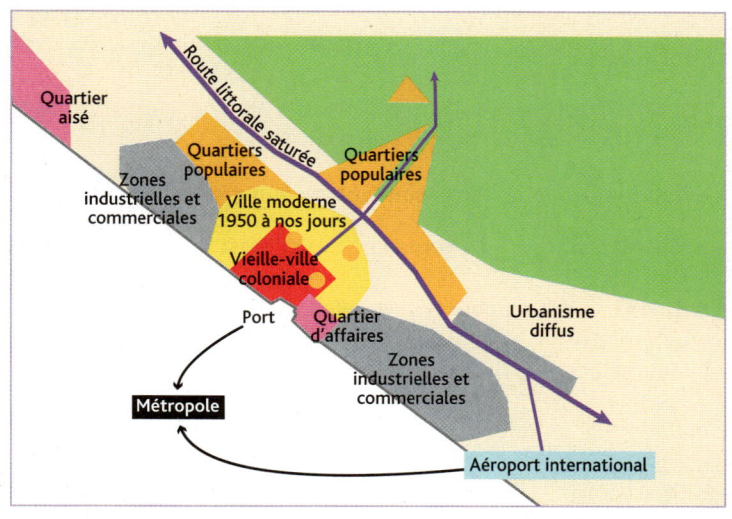

4. Les villes des DROM
- Quartier aisé
- Route littorale saturée
- Quartiers populaires
- Zones industrielles et commerciales
- Ville moderne 1950 à nos jours
- Vieille-ville coloniale
- Port
- Quartier d'affaires
- Zones industrielles et commerciales
- Urbanisme diffus
- Aéroport international
- Métropole

CHIFFRES-CLÉS

95 % de la population dans les aires urbaines

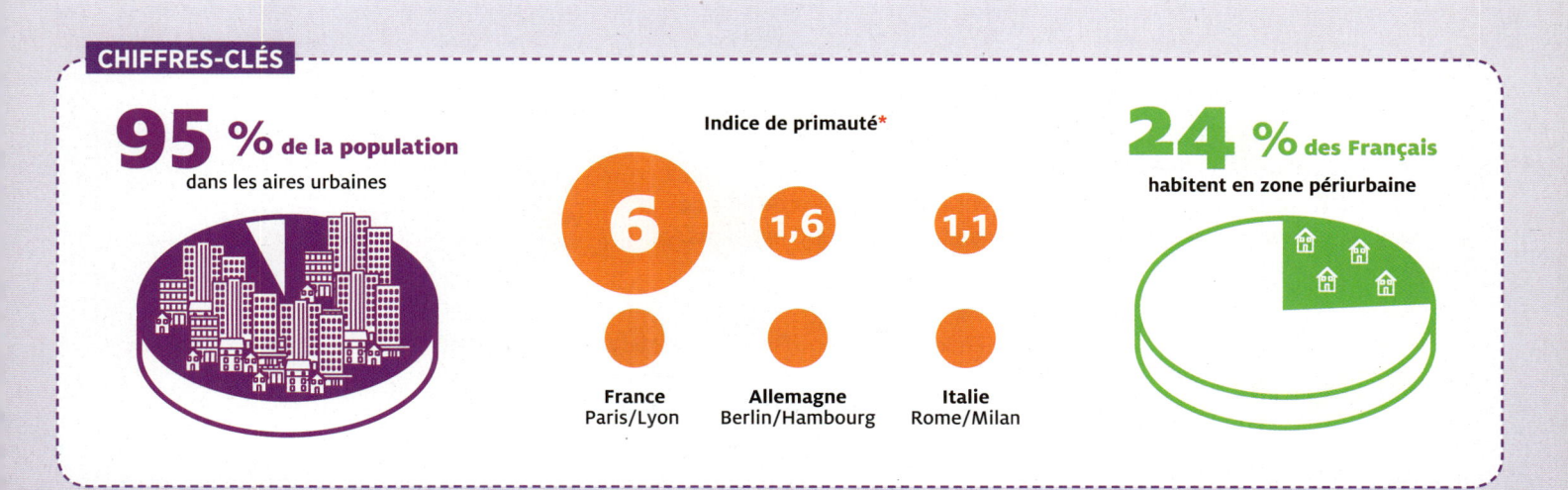

Indice de primauté*
- **6** France Paris/Lyon
- **1,6** Allemagne Berlin/Hambourg
- **1,1** Italie Rome/Milan

24 % des Français habitent en zone périurbaine

3. La métropolisation et ses effets

RÉVISER ACTIVEMENT

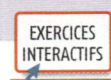

1 Je maîtrise les idées du cours

Les affirmations suivantes sont-elles vraies ou fausses ?

	Vrai	Faux
1. En France, la capitale est « anormalement peuplée » par rapport aux autres villes françaises.		
2. Paris et Lyon sont les deux seules véritables villes mondiales de France.		
3. Le « Grand Paris » a été créé en partie pour renforcer le rôle de la capitale.		
4. Paris concentre près de 50 % du revenu national.		
5. Toutes les aires urbaines sont en croissance démographique.		
6. Le processus de métropolisation ne concerne pas les métropoles régionales.		
7. Les métropoles régionales se livrent une concurrence pour attirer des investissements.		
8. Les grandes villes de l'Outre-mer sont également touchées par certains aspects de la métropolisation.		
9. La rénovation des banlieues est le seul objectif de la politique de la ville.		
10. La fragmentation socio-spatiale concerne aussi l'espace périurbain.		

2 Je maîtrise les localisations

À quelles métropoles correspondent les numéros sur la carte ?

- a. Aix-Marseille
- b. Bordeaux
- c. Brest
- d. Clermont-Ferrand
- e. Dijon
- f. Grenoble
- g. Lille
- h. Lyon
- i. Metz
- j. Montpellier
- k. Nancy
- l. Nantes
- m. Nice
- n. Orléans
- o. Paris
- p. Rennes
- q. Rouen
- r. Saint-Étienne
- s. Toulon
- t. Strasbourg
- u. Toulouse
- v. Tours

3 Je maîtrise les définitions

À quelles notions correspondent les définitions suivantes ?

1. Un des échelons du découpage territorial créé en 2010 et effectif depuis 2014 pour renforcer le pouvoir des ensembles urbains de plus de 400 000 habitants dans une aire urbaine de plus de 650 000 habitants.

2. Rapport entre la population de la première ville et de la seconde ville d'un pays.

3. Dispositif mis en place en 2015 pour permettre à des quartiers de bénéficier de mesures de cohésion sociale (éducation, insertion et sécurité), le cadre de vie et la rénovation urbaine, le développement économique.

Thème 1 La métropolisation : un processus mondial différencié

Auto-évaluation : solutions des exercices 1 à 3 en p. 288

4 J'analyse des campagnes de marketing urbain

Afin de comprendre les images véhiculées par ces logos promotionnels, sélectionnez dans la liste ci-dessous les termes qui peuvent qualifier chaque ville (attention, certains termes ne conviennent pas).

Termes souvent utilisés en marketing urbain pour qualifier les métropoles :

- agréable
- belle
- bien connectée au monde
- bien située
- centrale
- dynamique
- écologique
- en plein développement
- dans un environnement agréable
- grande richesse culturelle
- haute technologie
- proche des frontières
- puissante

BORDEAUX MÉTROPOLE

Métropole du Grand Paris

ONLYLYON LA MÉTROPOLE

montpellier méditerranée métropole

MÉTROPOLE NICE CÔTE D'AZUR

GRENOBLE ALPES MÉTROPOLE

METROPOLE Rennes — vivre en intelligence

5 Je révise à l'aide d'un court documentaire

Pour mieux cerner l'évolution des métropoles et leur marketing territorial :

1. Visionnez le documentaire de France 3 sur Lyon intitulé : « Le futur de la Part-Dieu, entre gratte-ciel et développement durable ».

VIDÉO

2. Récapitulez les buts des changements architecturaux que connaît ce quartier et en quoi ils témoignent du phénomène de métropolisation.

3. La métropolisation et ses effets

ACQUÉRIR LES MÉTHODES

Analyser une photographie oblique

SUJET

Analysez le document afin de montrer que la ville de La Paz (Bolivie) est concernée par plusieurs formes de croissance urbaine et par la fragmentation socio-spatiale.

1 La Paz (Bolivie)

POUR TRAITER LE SUJET

1. À l'aide d'un atlas ou d'un site Internet, localisez La Paz à l'échelle mondiale et à l'échelle de la Bolivie. Précisez, à l'aide du schéma ci-contre, à quel type de prise de vue cette photographie correspond.

   - Photographie aérienne verticale
   - Photographie aérienne oblique ou prise d'un sommet
   - Photographie horizontale prise au niveau du sujet

2. Identifiez les trois plans de la photographie. Puis, en affinant l'observation, faites un schéma distinguant les différents types de quartiers.

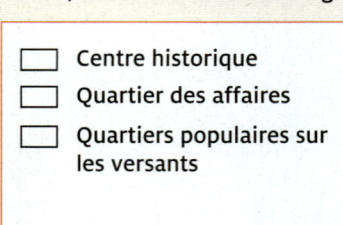

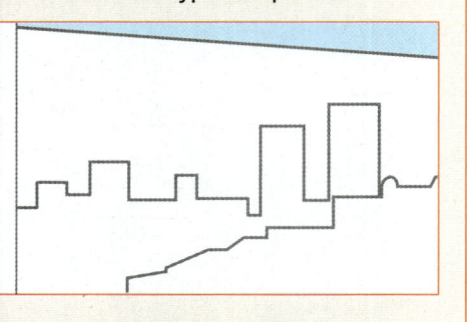

   - ☐ Centre historique
   - ☐ Quartier des affaires
   - ☐ Quartiers populaires sur les versants

3. D'après le sujet, comment devrez-vous organiser votre réponse ?

4. En approfondissant l'analyse de la photographie et en vous aidant des **pages 50-51**, rédigez une réponse organisée au sujet. Vous penserez à décrire la photographie et à utiliser un vocabulaire précis (urbanisation verticale / horizontale / métropolisation / quartier des affaires / étalement urbain…).

POINT MÉTHODE

Schématiser une photographie

C'est faire ressortir l'**organisation spatiale d'un espace**. Il faut :

→ **Localiser le lieu** et repérer **le type de prise de vue** (au sol, aérienne…).

→ **Identifier les unités du paysage** (types d'aménagement, d'espaces…) et **les éléments qui expliquent** son organisation (relief…).

→ **Représenter de façon simplifiée mais lisible** ces différents aspects par un schéma qui rappelle visuellement la photographie.

Thème 1 La métropolisation : un processus mondial différencié

Analyser une image satellite grâce à *Google Street View* et en faire un schéma

SUJET

À partir du document et de la fonction *Google Street View*, analysez le paysage d'Amiens Nord et faites-en un schéma.

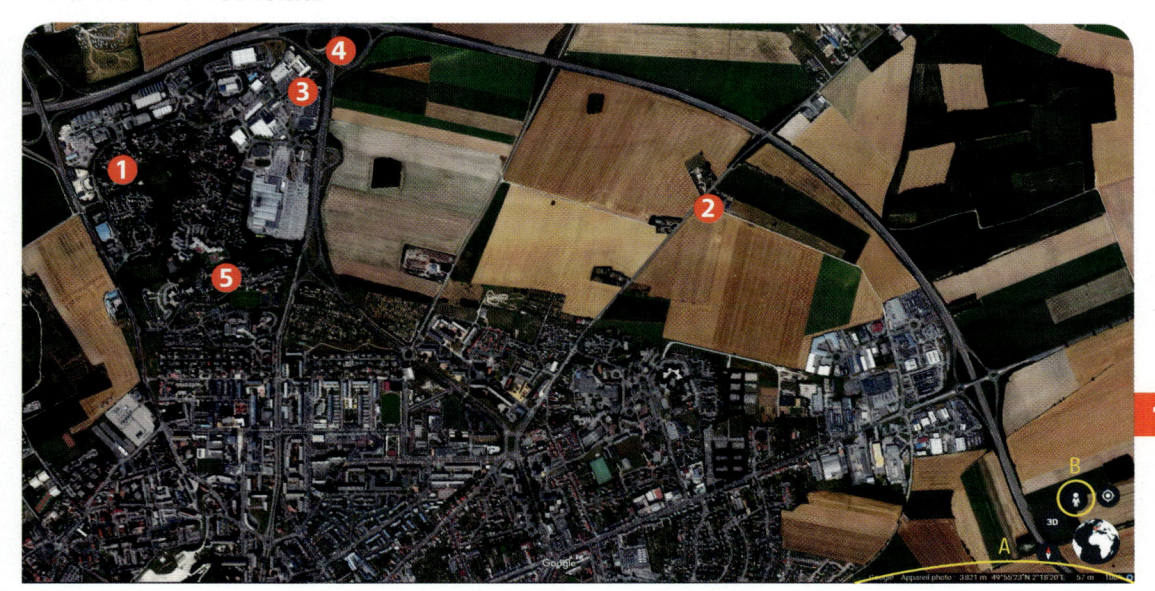

1 Amiens Nord (Somme)
GOOGLE EARTH

POUR TRAITER LE SUJET

1. Allez sur *Google Earth* pour obtenir une vue de la zone commerciale d'Amiens Nord, comme sur le document. Utilisez éventuellement les coordonnées géographiques (A).
2. Utilisez la fonction *Google Street View* en déplaçant la figurine B jusqu'à l'emplacement du 1. Promenez-vous dans le quartier à l'aide de la souris. Identifiez les éléments du paysage (type d'infrastructures…) et indiquez leur fonction (commerciale, résidentielle en individuel ou collectif, …).
3. Procédez de même avec les lieux 2 à 5.
4. Montrez que cet espace est représentatif de certaines périphéries urbaines.
5. À l'aide du dessin ci-dessous, schématisez la photographie en utilisant des couleurs et les termes suivants :

Axe de communication / centre commercial / espaces agricoles / parkings / périurbanisation en lotissement / habitat collectif

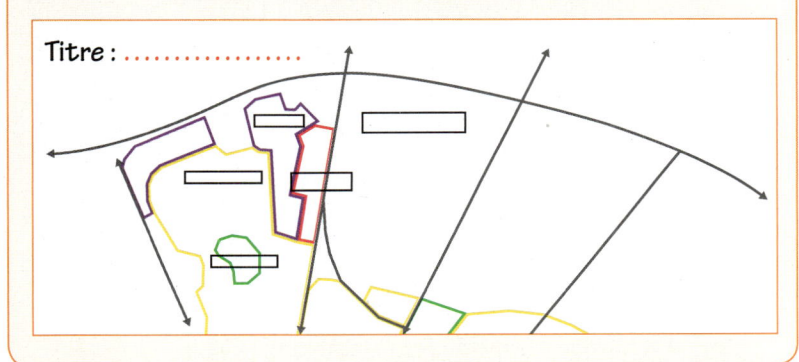

Titre : ....

POINT MÉTHODE

Utiliser *Google Street View* en géographie

→ **Le but est d'analyser des paysages.** Permettant de se déplacer, ce logiciel aide à comprendre comment l'on passe d'un type de lieu à un autre et peut montrer l'animation d'un lieu.

→ **Les limites du logiciel.** La photographie n'est pas forcément actualisée et peut donner des informations différentes et à une date différente de celles des images satellites. De plus, certains lieux ne sont pas couverts par le logiciel.

→ **Les limites éthiques du logiciel.** Il pose des problèmes de droit à l'image. Photographiant des propriétés privées, il est aussi susceptible de dévoiler certains aspects de la vie privée des gens.

Thème 1 La métropolisation : un processus mondial différencié

ACQUÉRIR LES MÉTHODES

Préparer un exposé oral (ORAL)

OBJECTIFS MÉTHODE
– Effectuer une recherche sur Internet
– Faire une présentation à l'aide d'un logiciel

SUJET Réalisez un exposé sur le thème :
« **Casablanca (Maroc) : une métropole émergente ?** »
Votre exposé s'appuiera sur un diaporama (Powerpoint, OpenOffice, Impress…).

POUR TRAITER LE SUJET

1. De manière à comprendre le sujet, revoyez la définition de « métropole » et relisez les notions mentionnées dans les pages « À l'échelle mondiale » (p. 34-35 et 44-45).
2. Un plan pour l'exposé est proposé ci-dessous

   > I. Casablanca, la principale métropole du Maroc
   > II. Casablanca, une métropole très secondaire à l'échelle internationale
   > III. Casablanca, une métropole en devenir

3. Dans quelle partie du plan pourrait-on intégrer les documents de la page de droite ? Justifiez.
4. Faites une recherche Internet de façon à nourrir les thèmes du plan, et réaliser un diaporama pour votre exposé.

   → Des informations complémentaires sur la fragmentation, le quartier d'affaires en construction, les liens entre Casablanca et Rabat (la capitale politique), la concurrence entre Casablanca et d'autres métropoles du Maghreb, …
   → Pour le diaporama :
   – des photographies illustrant différents types d'espaces
   – des chiffres et des courbes
   – quelques schémas et cartes

POINT MÉTHODE 1 — Effectuer une recherche sur internet

Cela nécessite, comme pour toute source, de **prendre quelques précautions** :

→ **Identifier la nature des sites** mentionnés, en regardant notamment leur adresse (site officiel, commercial, presse, etc.).

→ **Ne pas se contenter du premier site indiqué** (souvent Wikipédia) mais faire des recoupements.

→ **Penser à utiliser les onglets** pour avoir accès à l'actualité, mais aussi à des images, des vidéos… qu'il faudra aussi soumettre à la critique des sources.

POINT MÉTHODE 2 — Faire une présentation à l'aide d'un logiciel

→ **La réalisation**
– Commencer par une diapositive avec un titre, puis par le fil directeur et le plan.
– Ne pas mettre de texte long, sinon l'auditoire a tendance à lire au lieu d'écouter.
– Choisir des titres qui ont du sens et les notions-clés.
– Privilégier les visuels : photos, cartes, graphiques.
– Harmoniser les polices de caractère, le fond.
– Ne pas multiplier les animations.
– Faire la chasse aux fautes d'orthographe.

→ **Lors de l'exposé**
– Ne pas lire ce qui est écrit sur la diapositive.
– Faire défiler les diapositives au fur à mesure de son discours.
– Prendre le temps de les commenter.

1 Casablanca en quelques chiffres

Place dans le classement des villes mondiales : 97e (2018), 101e (2017)

4,2 millions d'habitants (2016)

1er aéroport du pays, 4e port africain

3e ville la plus attractive en Afrique et au Moyen-Orient pour les investisseurs internationaux, derrière Dubaï et Johannesbourg (2016)

Capitale économique du Maroc (la capitale politique est Rabat), **38 %** des industries marocaines, première place financière du pays. La région de Casablanca emploie **46 %** de la population active du Maroc.

2 Une métropole fragmentée

3 Les projets urbains pour faire de Casablanca une métropole internationale *(Image de synthèse)*

Ces projets prévoient la réhabilitation du port, le développement d'une cité des sciences. Certains travaux ont commencé en 2016.

4 Casablanca-Tanger, premier TGV africain, inauguré en 2018

Thème 1 La métropolisation : un processus mondial différencié

ACQUÉRIR LES MÉTHODES — BAC ÉPREUVES COMMUNES

Répondre à une question problématisée

SUJET Pourquoi peut-on dire que la métropolisation est un processus mondial différencié mais qu'elle entraîne aussi des dynamiques communes à d'autres échelles ?

ÉTAPE 1 Comprendre le sujet et faire un plan détaillé

1 Définissez le terme métropolisation.

2 Doit-on mobiliser pour ce sujet des connaissances sur la France ?

3 Laquelle des trois questions suivantes correspond mieux à la problématique du sujet ?

– Y a-t-il une réelle métropolisation à l'échelle mondiale ?
– En quoi la France connaît-elle un processus de métropolisation particulier dans le monde ?
– Quelle importance et quelles formes le processus de métropolisation prend-il à travers le monde ?

4 La proposition de plan ci-dessous correspond-elle à la consigne du sujet et à la problématique ?

I. L'urbanisation et la métropolisation sont deux processus mondiaux allant de pair
A. Un monde qui s'urbanise
B. La métropolisation, un phénomène mondial relativement récent

II. À l'échelle mondiale, la métropolisation recouvre des réalités diverses
A. Des villes mondiales en plein essor
B. Des métropoles de rang inférieur qui concentrent moins de pouvoirs

III. À d'autres échelles, des points communs liés au processus de métropolisation
A. À l'échelle nationale, le processus de métropolisation fragilise les villes moyennes
B. À l'échelle locale, un espace urbain marqué par une fragmentation socio-spatiale croissante

5 Dans quelle(s) partie(s) du plan intégreriez-vous les termes et notions suivants ?

Accessibilité / Concurrence / Quartier d'affaires / Étalement urbain / Inégalités / Fonctions de commandement / Polycentralité / Rayonnement inégal / Urbanisation

ÉTAPE 2 Réaliser une introduction et une conclusion

6 Lisez les conseils donnés pour faire une introduction (point-méthode) puis les deux exemples proposés ci-dessous. Laquelle des deux introductions vous paraît la meilleure ? Justifiez.

Introduction 1
La mondialisation est un phénomène important que l'on va étudier ici en même temps que nous parlerons d'urbanisation : 55% de la population mondiale vit désormais en ville. Ces phénomènes prennent des formes très différentes de par le monde : grands CBD dans les villes américaines ou asiatiques, métropoles en essor dans les pays émergents, recul des villes moyennes un peu partout.
Nous verrons donc dans une première partie que l'urbanisation et la métropolisation vont de pair, avant d'observer que ces processus recouvrent des réalités très diverses. Nous finirons par analyser, à des échelles inférieures, les points communs liés à la métropolisation.

Introduction 2
Environ 55% de la population mondiale vit désormais en ville. Cet essor de l'urbanisation s'accompagne d'un processus de métropolisation, c'est-à-dire de concentration des populations, des activités et des fonctions de commandement, qui touche en priorité les grandes villes et tend à délaisser les villes moyennes. Quelle importance et quelles formes ce processus de métropolisation prend-il à travers le monde ?
Nous verrons d'abord que l'urbanisation et la métropolisation vont de pair, avant d'observer que ces phénomènes recouvrent des réalités très diverses à l'échelle mondiale. Nous finirons par analyser, à des échelles inférieures, les points communs liés à la métropolisation.

7 Dans l'introduction choisie, repérez le ou les passages qui montrent l'intérêt du sujet, le passage qui définit la notion principale, celui qui énonce la problématique et celui qui annonce le plan.

8 Quels sont les défauts mentionnés dans le point méthode qui sont visibles dans l'introduction que vous avez éliminée ?

9 Rédigez une conclusion au devoir en suivant les conseils du point-méthode.

POINT MÉTHODE

	L'introduction	**La conclusion**
Un moment essentiel	▶ C'est la première chose que lit le correcteur : c'est donc la première impression qu'il a de la copie.	▶ C'est la dernière chose que lit le correcteur : c'est donc la dernière impression qu'il a de la copie. ▶ C'est l'occasion de montrer, une dernière fois, que le sujet a été traité.
Les pièges à éviter	▶ La **rédiger comme une formalité** à laquelle on n'attache pas trop d'importance. ▶ La **faire en cinq minutes**, en début de devoir, alors que l'on n'a pas encore forcément toutes les idées en tête. ▶ Annoncer un plan que **l'on ne pourra pas tenir** dans le devoir. ▶ Éviter de dire que c'est un sujet « intéressant », mais montrer pourquoi il l'est !	▶ La rédiger comme une **formalité** à laquelle on n'attache pas trop d'importance. ▶ La **faire en catastrophe**, en fin de devoir, alors que l'on n'a plus forcément le temps nécessaire… Il est très tentant en fin de devoir de vouloir à tout prix ajouter encore des connaissances et de sacrifier la conclusion !
Quelques éléments de méthode	▶ Ne pas la faire immédiatement : ne l'écrire **qu'après avoir fait le plan au brouillon**. ▶ En cas de problème (manque d'idées, etc.), on peut même **laisser blanche la première page** et commencer à rédiger la première partie. Dans ce cas, rédiger l'introduction, quand le devoir commence à prendre forme. ▶ Toute introduction **comporte plusieurs temps :** • une amorce qui montre l'intérêt du sujet (par exemple en évoquant un fait d'actualité) ; • une définition des termes ou les notions du sujet ; • l'énoncé de la problématique qui sous-tend le devoir ; • l'annonce du plan choisi.	▶ Ne **pas la faire dans la précipitation**. En cas de problème de temps, mieux vaut **écourter sa dernière partie** et faire correctement la conclusion. ▶ Toute conclusion **comporte plusieurs temps :** • un résumé du devoir, qui ne reprend que les idées-forces et répond à la problématique ; • une ouverture à une autre échelle ou dans une autre zone géographique qui montre que l'on a compris que le sujet s'insère dans un cadre plus large.

Thème 1 La métropolisation : un processus mondial différencié

ACQUÉRIR LES MÉTHODES — BAC ÉPREUVES COMMUNES

OBJECTIF MÉTHODE
Utiliser ses connaissances pour analyser un document

Analyser des documents

SUJET De la technopole à la métropole : le cas de Grenoble
En vous appuyant sur les documents, vous évaluerez les atouts mais aussi les difficultés de Grenoble pour devenir une métropole.

1. Grenoble, la technopole* devenue métropole*

« Personne aujourd'hui ne conteste le rôle de technopole de Grenoble. La ville abrite en effet un ensemble [...] d'entreprises et de laboratoires spécialisés dans des productions particulières (logiciels, fabrication des puces électroniques, nanotechnologie[1]). Mais, la présence d'activités fondées sur la connaissance, la recherche, l'innovation et la créativité suffit-elle à faire de la cité dauphinoise une métropole ?
Pour accéder au véritable statut de métropole [...] Grenoble est confrontée à un défi majeur : intégrer ces [entreprises] dans la société urbaine locale [...].
L'aire urbaine présente des signes de fragilité plutôt sérieux. Que ce soit en termes de croissance démographique et des emplois, d'attractivité migratoire, d'évolution des revenus par habitant, Grenoble fait systématiquement moins bien que la moyenne des quinze aires urbaines de taille comparable au cours de la décennie passée [...] en dépit de ses nombreux atouts (un système productif innovant, une place dans le monde de la recherche, une attractivité auprès des étudiants du monde entier, un réseau d'associations, un environnement résidentiel et récréatif[2]) [...]. Plane en effet le risque d'un divorce entre le système technopolitain alimenté par des « cerveaux » mobiles recrutés à l'international et une société urbaine mise à l'écart des processus de développement[3]. [...]
Grenoble saura-t-elle fendre son armure technopolitaine pour se révéler métropolitaine ? Grenoble, comme technopole, truste depuis plusieurs années les sommets des classements internationaux pour son dynamisme en termes d'innovation. Depuis le 1er janvier 2015, elle revêt – en droit – les atouts d'une métropole. Mais, si elle en possède tous les atouts, des fragilités demeurent.

[1] Fabrication et utilisation de matériels de toute petite taille (de l'ordre du nanomètre, soit un milliardième de mètre).

[2] Grenoble est entourée de montagnes et est proche de stations de sports d'hiver, de deux parcs régionaux et du Parc national des Écrins.

[3] Le taux de chômage est inférieur à la moyenne nationale mais en forte hausse depuis 15 ans. La violence urbaine est en forte augmentation. Les prix de l'immobilier stagnent.

Premier plan n° 32, janvier-juin 2015
(Publication du PUCA. Service interministériel rattaché au Ministère de la transition écologique et solidaire et au Ministère de la cohésion des territoires)

A. Assurez-vous d'avoir compris ce terme, à l'aide de la page 114 et de la phrase suivante. Citez d'autres technopoles dynamiques. p. 224-225.

B. Cette affirmation est-elle exacte ou est-elle à relativiser ? Doc p. 71 et 158-159.

C. Comparez les atouts de Grenoble à ceux d'autres métropoles à l'aide des documents p. 158-159.

D. Explicitez cette phrase à l'aide de la note 3.

E. Explicitez cette phrase à l'aide du Repère p. 70.

2. Le développement d'un nouveau quartier urbain autour d'un pôle de compétitivité (2017)

Situé tout autour du pôle de compétitivité* mondial Minalogic, spécialisé dans les nanotechnologies, le nouveau quartier de la Presqu'Île se présente comme un modèle de développement durable avec de logements HQE (haute qualité environnementale), une mixité sociale, des mobilités douces. D'autres quartiers sont remaniés pour redynamiser Grenoble.

F. Parcourez le thème 1 dans votre manuel de manière à repérer d'autres métropoles ayant bâti des quartiers comparables.

Thème 1 La métropolisation : un processus mondial différencié

ÉTAPE 1 Mobiliser et organiser les informations tirées des documents.

1 Répondez aux questions qui entourent les documents de manière à mobiliser vos connaissances.

2 Dans quelles parties de ce plan intégreriez-vous les connaissances mobilisées par les questions A à F ?

> **I. Des atouts très nombreux**
> **A.** Une technopole très dynamique (des pôles de compétitivité mondiale)
> **B.** Des atouts nombreux : recherche, université, cadre de vie…
> **C.** Le statut officiel de métropole depuis 2015
> **II. Mais des handicaps à surmonter**
> **A.** Une forte fracture sociale
> **B.** Un urbanisme visant à renforcer l'attractivité

ÉTAPE 2 Rédiger le devoir en intégrant ses connaissances.

3 Une partie du devoir est rédigée ci-dessous. À l'aide du point méthode, repérez les différents éléments de présentation du document.

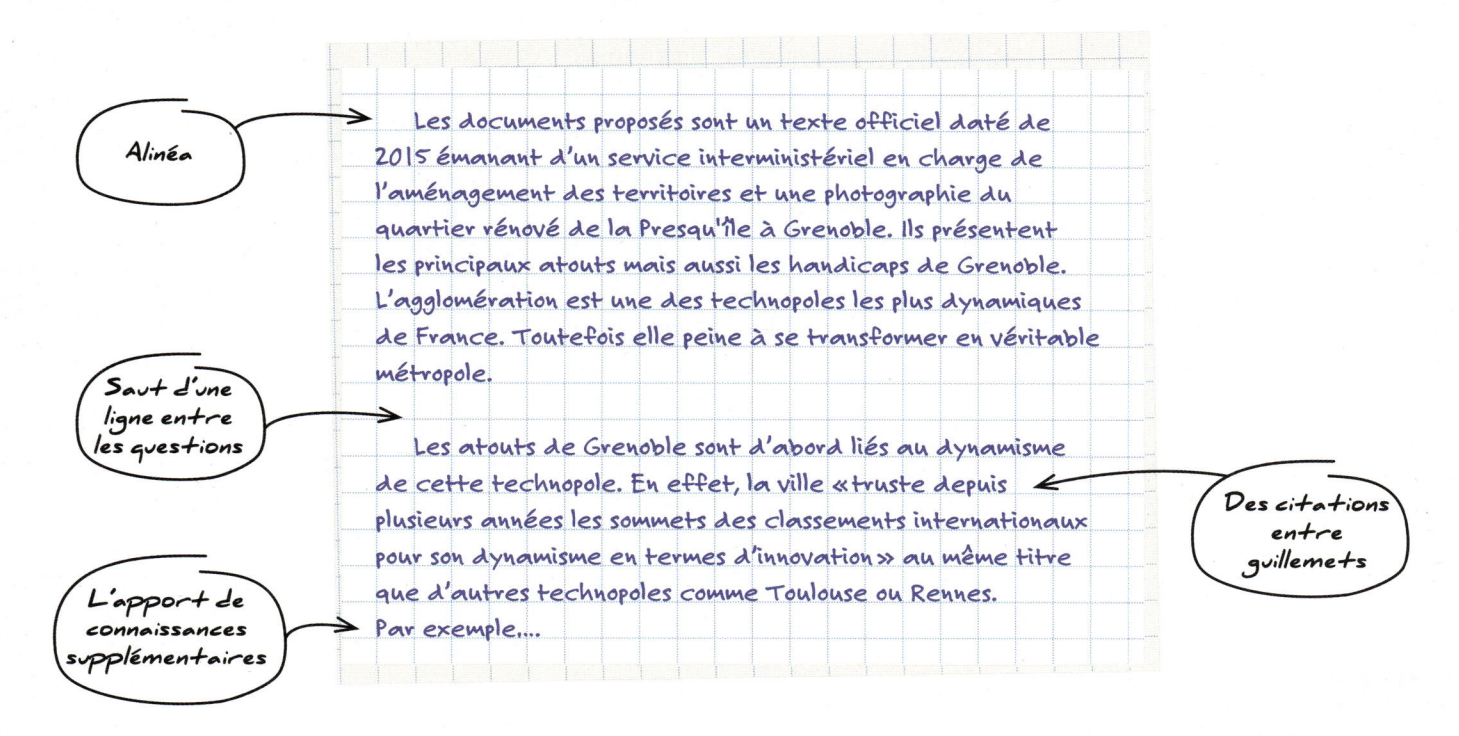

> *(Alinéa)* Les documents proposés sont un texte officiel daté de 2015 émanant d'un service interministériel en charge de l'aménagement des territoires et une photographie du quartier rénové de la Presqu'île à Grenoble. Ils présentent les principaux atouts mais aussi les handicaps de Grenoble. L'agglomération est une des technopoles les plus dynamiques de France. Toutefois elle peine à se transformer en véritable métropole.
>
> *(Saut d'une ligne entre les questions)* Les atouts de Grenoble sont d'abord liés au dynamisme de cette technopole. En effet, la ville « truste depuis plusieurs années les sommets des classements internationaux pour son dynamisme en termes d'innovation » *(Des citations entre guillemets)* au même titre que d'autres technopoles comme Toulouse ou Rennes. *(L'apport de connaissances supplémentaires)* Par exemple,…

4 Rédigez la suite du devoir en tenant compte du travail préalable et en veillant à la présentation. Pensez aussi à faire des citations extraites du texte et à utiliser des éléments de la photographie.

POINT MÉTHODE

Présenter un document

→ Il s'agit de présenter **la nature, les sources et l'auteur, la date et l'espace concerné**

→ Il faut **indiquer le thème** sans toutefois dévoiler tout le contenu du document.

ACQUÉRIR LES MÉTHODES — BAC ÉPREUVES COMMUNES

Réaliser un croquis à partir d'un texte

SUJET À partir du texte et de vos connaissances, réalisez un croquis sur le thème :
« La métropolisation en France et ses effets sur les métropoles régionales. »

Des questions à se poser pour comprendre le texte et le sujet

1 L'évolution des métropoles régionales en France métropolitaine

- Quel est le nom de ce phénomène ?
- Pourquoi les métropoles sont-elles moins tournées vers leur territoire proche ?
- Quel est le rôle des réseaux de communication dans la métropolisation ?
- Avec quelle ville les métropoles régionales tissent-elles de nombreux liens ?

« Les forces économiques et démographiques se sont recomposées au profit des métropoles, sous l'effet de la mobilité des populations et des mutations économiques. Désormais les métropoles échangent moins avec leur territoire qu'entre elles car leur offre et leur demande sont de même nature et /ou complémentaires : l'aérospatiale à Toulouse a créé un réseau avec des partenaires situés à Hambourg, Manchester, Naples et Madrid, chacun ayant besoin du travail de l'autre pour construire un avion. Cette situation est facilitée par les infrastructures de communication : les lignes à grande vitesse (LGV), les aéroports mettent les métropoles rapidement en relation. Or ces équipements, pour des raisons de rentabilité, se concentrent d'abord dans les métropoles.
Dans ce contexte, les métropoles régionales ont de nombreux échanges avec Paris, métropole de rang mondial, et comblent une partie de leur retard, notamment dans les domaines de la conception industrielle, de la recherche-développement et de l'informatique technique.
La métropolisation a produit des effets importants à l'échelle régionale : Grenoble a désormais plus d'échanges téléphoniques avec Paris qu'avec Lyon. Alors que des régions ne comptent qu'une métropole d'importance (leur capitale régionale), dans d'autres, un ensemble de métropoles constitue ou est susceptible de constituer un réseau. Parmi elles figurent l'Alsace (Strasbourg, Mulhouse), la Lorraine (un réseau de villes se met en place entre Metz, Pont-à-Mousson, Nancy et Épinal) ou PACA : la grappe urbaine structurée par Aix-Marseille semble prête à absorber Toulon d'un côté, Arles de l'autre, mais elle reste séparée de l'ensemble Cannes-Nice. »

Source : D'après Florence Smits, Géographie de la France, Hatier, 2011.

Des questions à se poser pour faire le croquis

- Quel type de figurés ? Figurés de surface, linéaires ou ponctuels ?
- Par quel signe différent représenter Paris ?
- Comment cartographier ces relations entre les villes ?

ÉTAPE 1 Comprendre le sujet et le document

1 Répondez aux questions à gauche du texte.

2 Chacune de ces propositions est-elle vraie ou fausse ?

- Des métropoles comme Toulouse ou Grenoble échangent plus avec Paris ou l'étranger qu'avec leur propre région.
- En PACA, les villes ont peu de relations entre elles.
- La métropolisation a des effets nationaux et internationaux mais aucune conséquence au niveau régional.

3 Pour le croquis, utilisez aussi des données non fournies par le document. Dans la liste ci-dessous, lesquelles sont utiles ?

- 22 villes françaises ont un statut administratif de métropole
- Paris accueillera les Jeux Olympiques en 2024
- les métropoles ont une croissance démographique importante

ÉTAPE 2 Bâtir la légende et réaliser le croquis

4 Quel plan de légende est le plus pertinent ?

Plan 1	Plan 2
I. Un réseau urbain hiérarchisé dominé par une ville mondiale	I. Les régions ne comptant qu'une métropole
II. Des dynamiques liées à la métropolisation	II. Les régions en comptant plusieurs (Alsace, PACA…)

5 À l'aide du point méthode et des questions à droite du texte, complétez la légende en partie réalisée ci-contre. Puis complétez le croquis : cercler de vert les villes ayant le statut de métropoles et ajoutez la nomenclature (villes, pays, mers et océan).

Thème 1 La métropolisation : un processus mondial différencié

ÉPREUVES COMMUNES BAC

Titre : ....

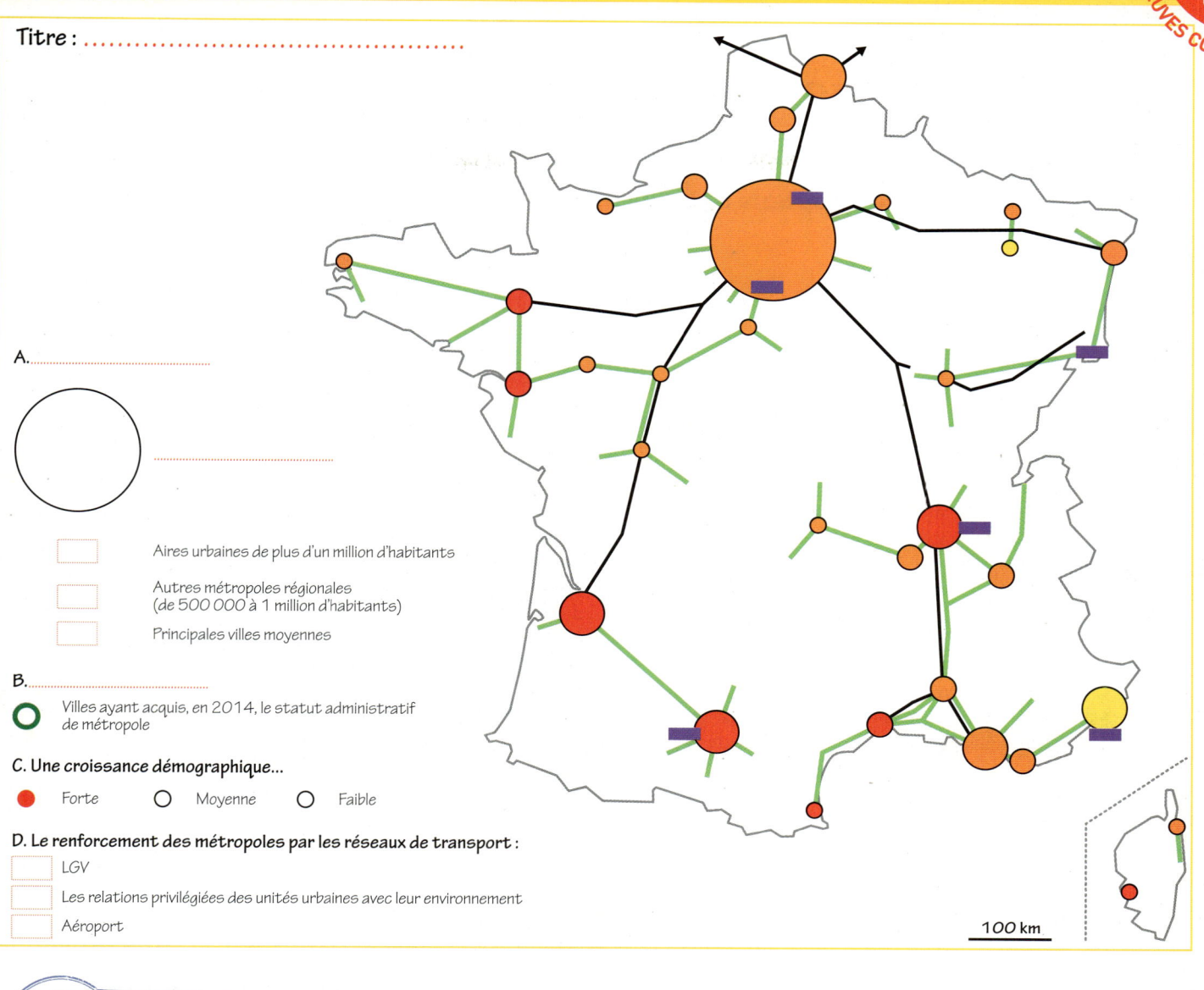

A. ....

☐ Aires urbaines de plus d'un million d'habitants
☐ Autres métropoles régionales (de 500 000 à 1 million d'habitants)
☐ Principales villes moyennes

B. ....
◯ Villes ayant acquis, en 2014, le statut administratif de métropole

C. Une croissance démographique...
● Forte   ○ Moyenne   ○ Faible

D. Le renforcement des métropoles par les réseaux de transport :
☐ LGV
☐ Les relations privilégiées des unités urbaines avec leur environnement
☐ Aéroport

100 km

POINT MÉTHODE

Hiérarchiser un phénomène sur un croquis

Cela peut se faire par **différents types de figurés** :

→ **Des figurés ponctuels ou linéaires** de taille proportionnelle à l'importance du phénomène.

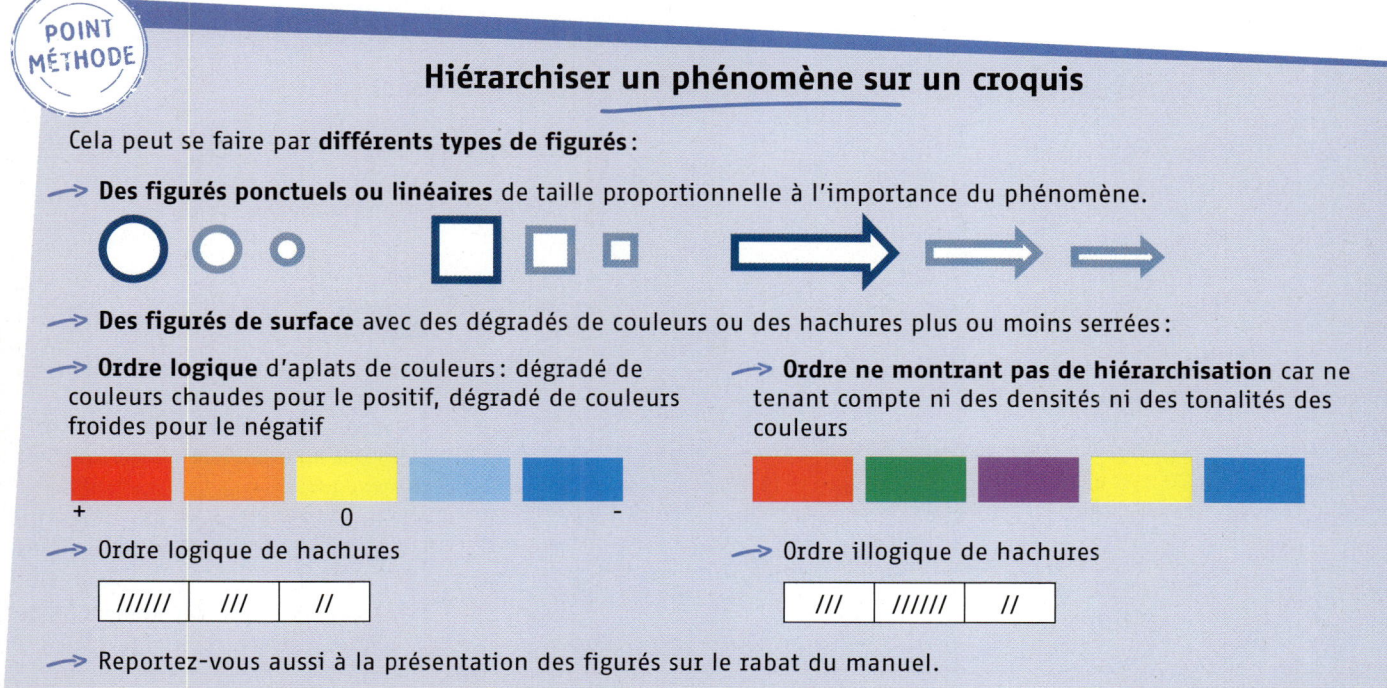

→ **Des figurés de surface** avec des dégradés de couleurs ou des hachures plus ou moins serrées :

→ **Ordre logique** d'aplats de couleurs : dégradé de couleurs chaudes pour le positif, dégradé de couleurs froides pour le négatif

+   0   -

→ **Ordre ne montrant pas de hiérarchisation** car ne tenant compte ni des densités ni des tonalités des couleurs

→ Ordre logique de hachures

→ Ordre illogique de hachures

→ Reportez-vous aussi à la présentation des figurés sur le rabat du manuel.

Thème 1 La métropolisation : un processus mondial différencié

SUJETS POUR S'ENTRAÎNER — BAC ÉPREUVES COMMUNES

Réaliser un croquis

SUJET

À l'aide de vos connaissances et du texte ci-dessous, vous réaliserez le croquis d'organisation spatiale d'une métropole américaine : Houston.

1 Houston, métropole américaine

« Houston est le modèle de la "ville automobile". Il n'existe pas de cœur urbain densément peuplé. La population (5 millions d'habitants) est dispersée en lotissements pavillonnaires sur 100 km d'est en ouest, entre Katy, Richmond et Baytown et 150 km du nord au sud le long de l'autoroute 45 entre Conroe et Galveston. Au-delà, s'étendent des espaces ruraux, agricoles et forestiers.

Les principaux centres d'affaires se repèrent dans le paysage par une concentration de gratte-ciel. Ils sont au nombre de deux : le Central Business District (CBD) de Downtown Houston, mais aussi le West Loop. Toutefois le CBD ne regroupe que 9 % des emplois de la région.

Treize autoroutes rayonnent autour du CBD et celui-ci est cerné par deux ceintures d'autoroutes de rocades. Avec une structure urbaine aussi décentralisée, les transports en commun ont très peu de succès. La voiture particulière est donc reine, et les autoroutes sont particulièrement congestionnées aux heures de pointe.

La combinaison du pavillon individuel et de la voiture a modelé la ville américaine et a transformé ses plus grandes métropoles en de vastes régions urbaines polycentriques au paysage totalement standardisé, dénué de personnalité. C'est ce que James H. Kunstler, essayiste américain, a qualifié de « géographie de nulle part ».

L'étalement urbain dans la région de Houston est facilité par l'absence de contrainte naturelle : au nord et à l'ouest, les banlieues pavillonnaires peuvent s'étaler sans limites. En revanche, les marais et la baie à l'est de la ville ont certes gêné l'urbanisation, mais ont permis le développement d'un port industriel de première importance à Pasadena le long du Buffalo Bayou. Plus au sud encore, donnant sur le golfe du Mexique, le port de Galveston est le second port américain. »

D'après Jean-Marc Zaninetti, « Croissance et étalement urbain. Le monde habité. », *La documentation photographique*, 2017.

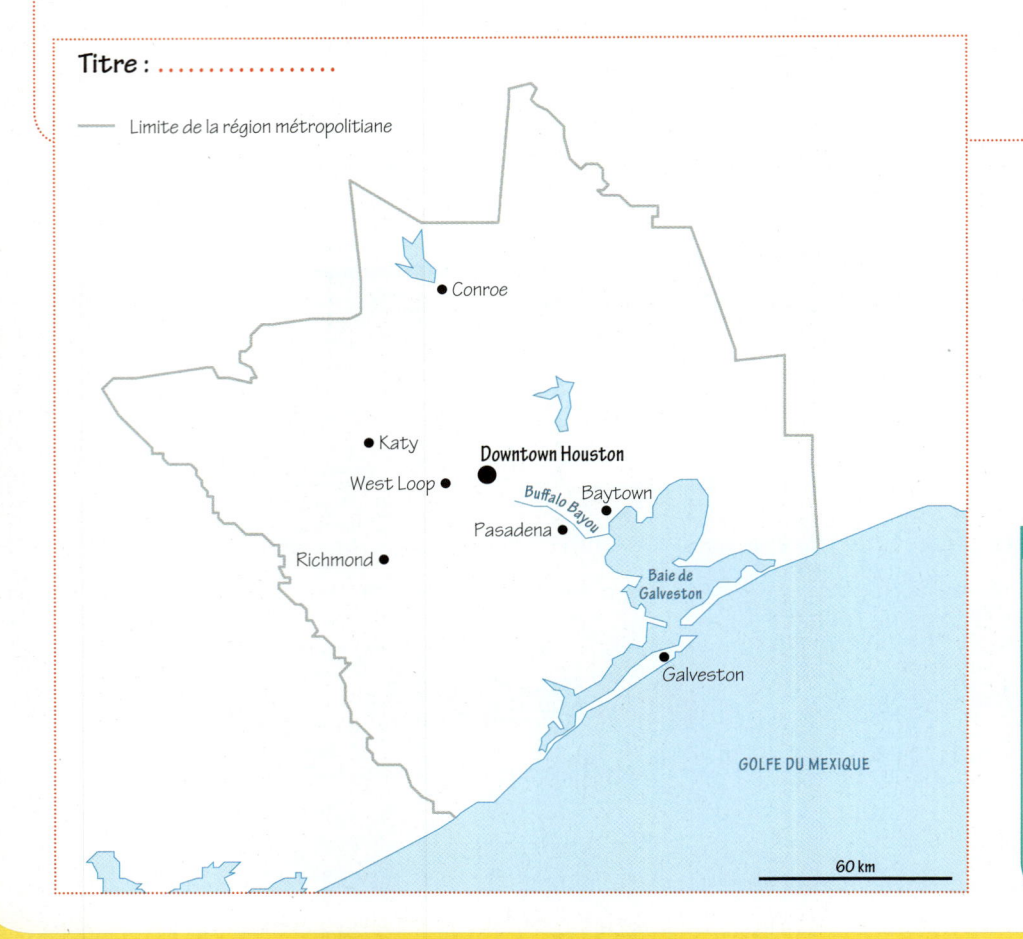

Titre : ....

— Limite de la région métropolitaine

AIDE

1. Lisez le texte en le confrontant au fond de carte :
   – repérez les lieux mentionnés ;
   – notez au brouillon les phénomènes évoqués.
2. Réalisez d'abord une légende ordonnée, en choisissant bien les figurés (Voir tableau des figurés).
3. Réalisez le croquis, en fonction de votre légende.

Analyser un document

SUJET

Lille : la volonté d'être une métropole européenne
Vous dégagerez les raisons du succès d'Euralille et montrerez plus globalement comment la métropole tire profit de sa situation géographique.

1 La renaissance d'Euralille

« C'est l'heure de la renaissance – ou presque – pour Euralille, le centre commercial lillois. Son propriétaire, Unibail-Rodamco, groupe spécialisé dans l'immobilier commercial en Europe, n'a pas hésité à mettre 48 millions d'euros sur la table pour entièrement relooker les 66 500 m² de surface commerciale. [...] « Le centre était un peu triste alors qu'il y a de formidables enseignes, a expliqué la maire de Lille, Martine Aubry, lors de l'inauguration. [...]

Mais Euralille ce n'est pas seulement un centre commercial. C'est surtout et d'abord un quartier d'affaires[1] – qui a donné son nom au centre commercial – né il y a vingt ans. Et celui-ci, niché entre les deux gares lilloises (Flandres et Lille Europe), n'en finit plus de s'étendre. Près de 145 000 m² de bureaux et 80 000 m² de logements (plus de 2 000 habitants) vont sortir de terre à travers le programme de densification "Euralille 3000".

Elle semble loin l'époque des terrains vagues. Le dynamique quartier d'Euralille est hyperconnecté aux transports en commun, au réseau autoroutier, aux sièges des grandes entreprises. Situé au cœur du triangle stratégique Londres-Paris-Bruxelles[2], le centre-ville de Lille attire.

La preuve avec les 36 000 visiteurs quotidiens du centre de shopping Euralille. Et il n'y a pas que les 1,1 million d'habitants[3] de la métropole lilloise qui viennent y faire leurs achats, puisque, sur les 46 000 chalands du samedi, 20 % sont des touristes. »

[1] Le quartier d'affaires lancé en 1994 est désormais le troisième de France derrière Paris-La Défense et Lyon-Part-Dieu. C'est un hub connecté au réseau TGV, mais aussi au réseau autoroutier, aux TER, aux tramways et au métro de Lille.

[2] Depuis l'ouverture du TGV Nord en 1993 puis du tunnel sous la Manche en 1994, Lille se trouve à une heure de Paris, à une heure 30 de Londres, à 35 mn de Bruxelles et à moins de 3 heures d'Amsterdam ou de Cologne.

[3] Ce chiffre concerne la partie française. Mais Lille est en position frontalière avec la Belgique et fait également partie de l'« Eurométropole Lille-Kortrijk-Tournai » qui compte plus de 2 millions d'habitants.

Laurie Moniez, « Nouvelle jeunesse pour le centre commercial Euralille », *Le Monde*, 21 mai 2015.

> **AIDE**
> 1. Si vous ne maîtrisez pas les localisations, regardez sur une carte de France mais aussi d'Europe où se situent Lille et les villes citées dans les notes.
> 2. Pensez à utiliser les notes du texte pour analyser la situation de Lille.
> 3. Analysez les atouts de Lille, à l'aide des documents mais aussi de votre manuel pages 70-71 et 158-159.

Répondre à une question problématisée

SUJET

Quels sont les effets de la métropolisation en France ?

> **AIDE**
> 1. Vous pouvez organiser votre devoir selon plusieurs plans. Le plus simple est sans doute de reprendre le plan donné par les cours pages 66, 70 et 74.
> 2. Pensez à développer des exemples précis et ne vous limitez pas au seul cas parisien.

Thème 2
Une diversification des espaces

Expliquez pourquoi cette photographie témoigne de la diversification des espaces et des acteurs de la production à l'échelle internationale.

Usine chinoise de fabrication de chaussures à Addis Abeba en Éthiopie

et des acteurs de la production

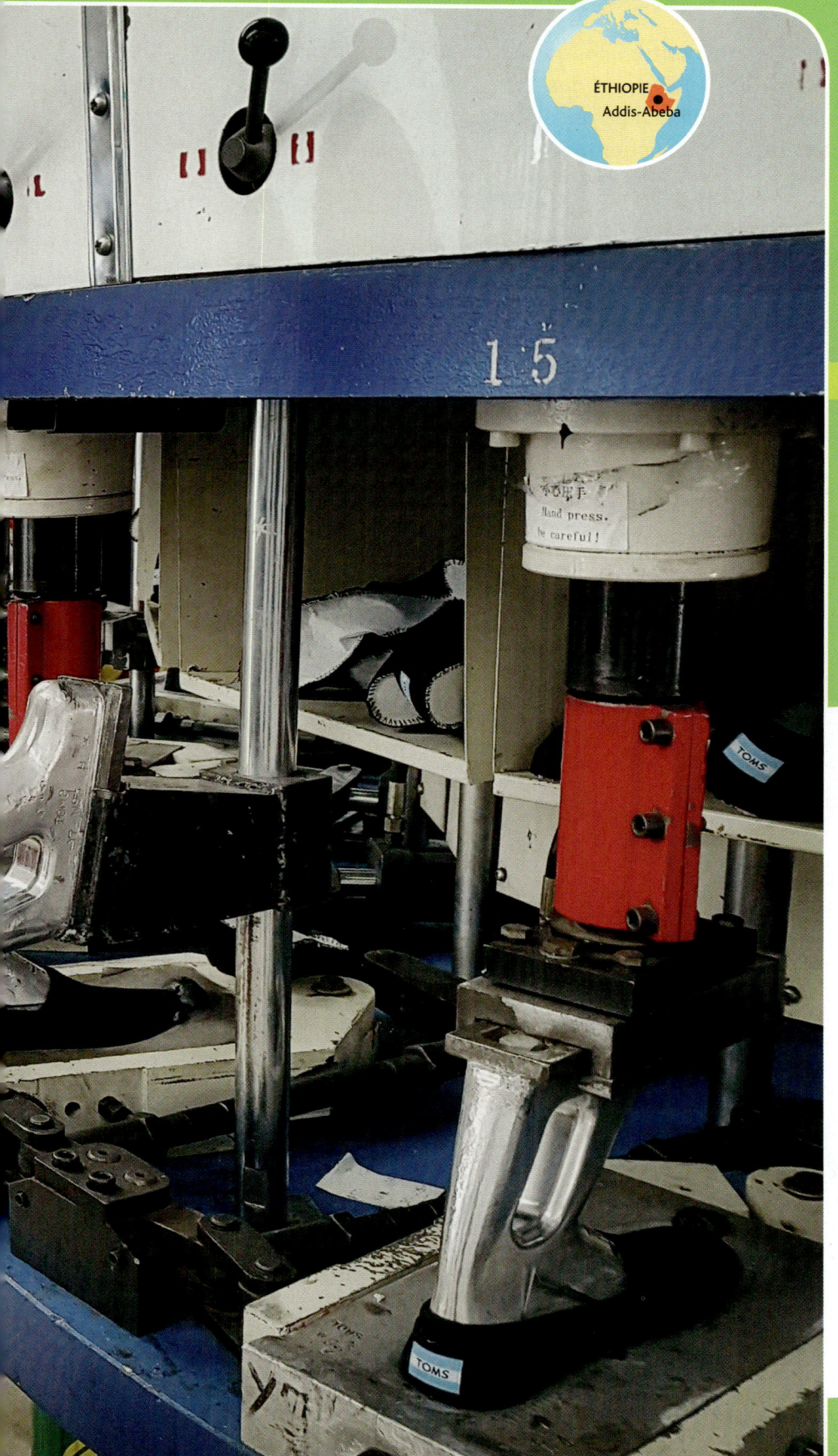

La mondialisation amène à une recomposition des espaces de production*. L'Éthiopie, un PMA* longtemps associé à l'idée de famine, est en passe de devenir un pays émergent*, notamment du fait des investissements chinois.

ÉTHIOPIE
Addis-Abeba

Études de cas

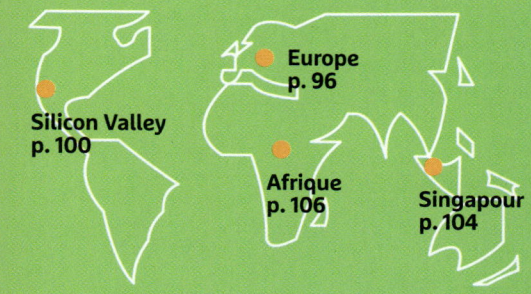

- Silicon Valley p. 100
- Europe p. 96
- Afrique p. 106
- Singapour p. 104

Questions Monde

1. Les espaces de production dans le monde : une diversité croissante 108
2. Métropolisation, littoralisation des espaces productifs et accroissement des flux 124

Question France

3. Les systèmes productifs : entre valorisation locale et intégration européenne et mondiale 142

ÉTUDE DE CAS 1

Industries aéronautiques et aérospatiales européennes : quels réseaux ?

L'aéronautique et l'aérospatial désignent la conception, la fabrication et la commercialisation des avions, hélicoptères, drones... pour l'aéronautique, et des fusées, satellites... pour l'aérospatiale. L'Europe compte de grands groupes, tels Airbus (groupe européen), Safran, Dassault, Thales (français) qui travaillent pour le secteur civil et militaire et fonctionnent en réseaux à différentes échelles.

A Comment s'organise le secteur aéronautique et aérospatial en France et en Europe ?

1 Le système productif aéronautique et aérospatial à Toulouse

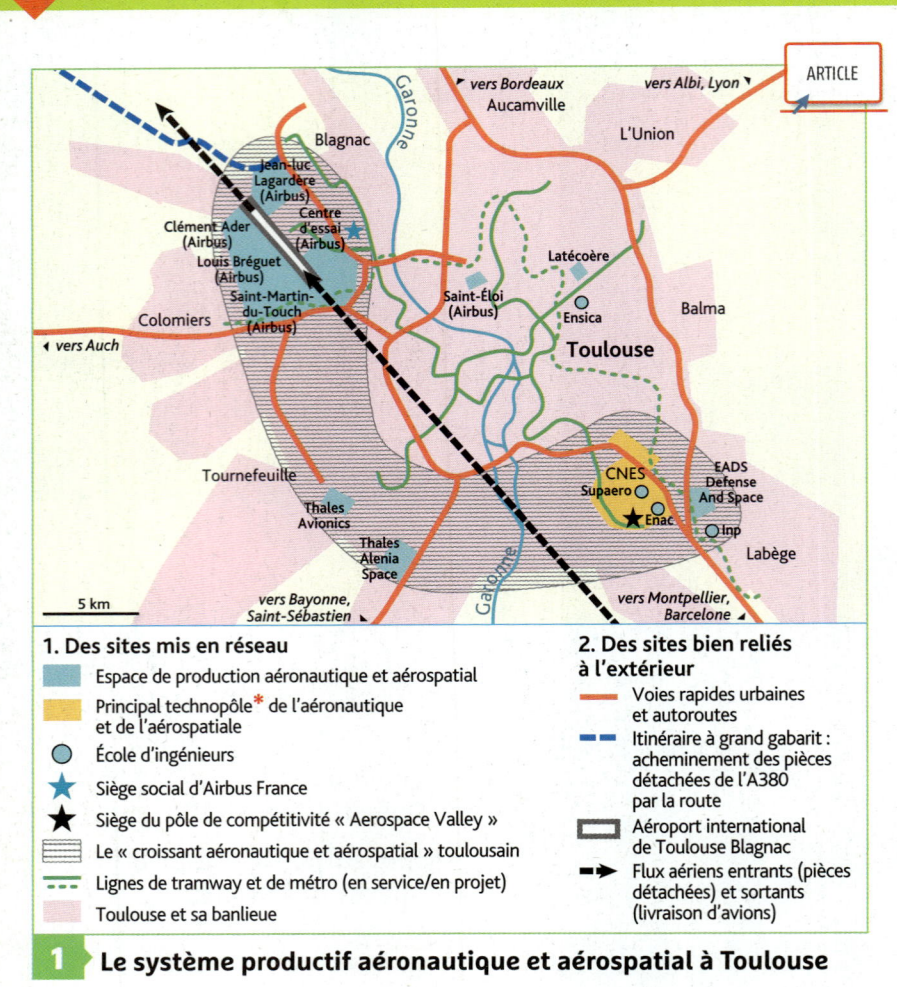

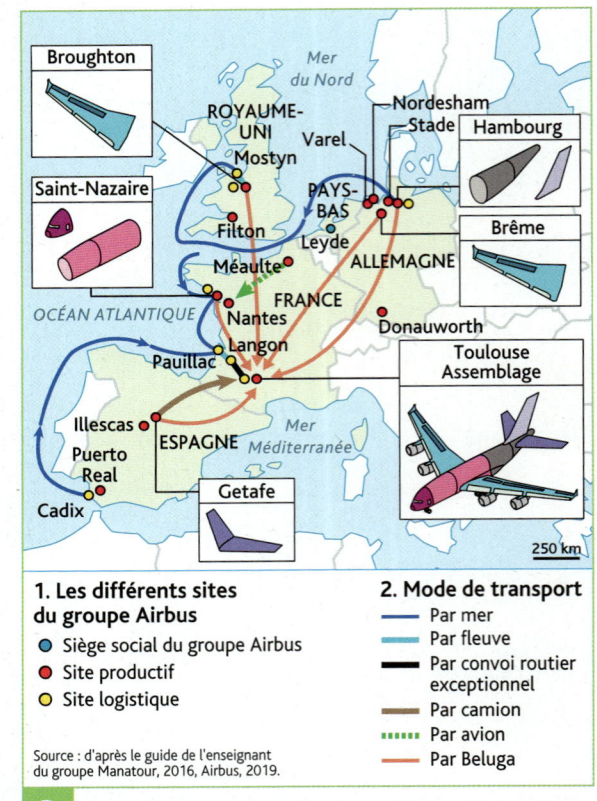

1. Des sites mis en réseau
- Espace de production aéronautique et aérospatial
- Principal technopôle* de l'aéronautique et de l'aérospatiale
- École d'ingénieurs
- Siège social d'Airbus France
- Siège du pôle de compétitivité « Aerospace Valley »
- Le « croissant aéronautique et aérospatial » toulousain
- Lignes de tramway et de métro (en service/en projet)
- Toulouse et sa banlieue

2. Des sites bien reliés à l'extérieur
- Voies rapides urbaines et autoroutes
- Itinéraire à grand gabarit : acheminement des pièces détachées de l'A380 par la route
- Aéroport international de Toulouse Blagnac
- Flux aériens entrants (pièces détachées) et sortants (livraison d'avions)

2 Les sites productifs des avions Airbus[1] en Europe

1. Les différents sites du groupe Airbus
- Siège social du groupe Airbus
- Site productif
- Site logistique

2. Mode de transport
- Par mer
- Par fleuve
- Par convoi routier exceptionnel
- Par camion
- Par avion
- Par Beluga

Source : d'après le guide de l'enseignant du groupe Manatour, 2016, Airbus, 2019.

[1] Le groupe européen Airbus produit des avions, des hélicoptères et des satellites.

3 « Aerospace Valley », pôle de compétitivité* mondial

« [Créé en] 2005 pour développer au plan national, européen et international la compétitivité du pôle Aéronautique, Espace, Systèmes embarqués en Occitanie et en Nouvelle-Aquitaine, Aerospace Valley rassemble [...] tous les industriels, PME et grands groupes, mais aussi les acteurs de la recherche et de la formation, ainsi que tous les professionnels au service du développement économique régional. [...] Le pôle de compétitivité mondial Aerospace Valley associe les régions Nouvelle-Aquitaine et Occitanie, constituant ainsi le premier bassin d'emplois européen dans le domaine de l'aéronautique, de l'espace et des systèmes embarqués : 146 000 emplois industriels, 1 900 établissements, un tiers des effectifs aéronautiques français et plus de 50 % dans le domaine spatial, 8 500 chercheurs, deux des trois grandes écoles françaises aéronautiques et spatiales. »

Aerospace-valley.com, décembre 2018.

96 **Thème 2** Une diversification des espaces et des acteurs de la production

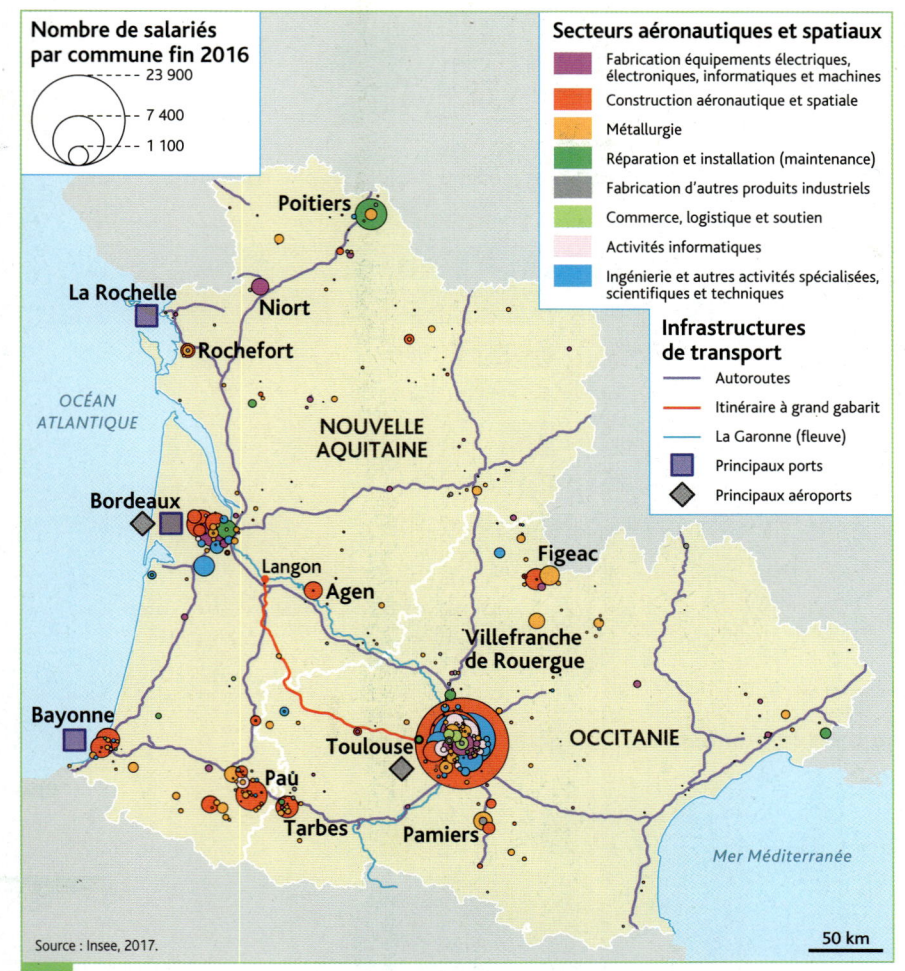

4 La filière aéronautique et aérospatiale dans le Sud-Ouest de la France

5 Aéronautique et emplois en France

« En Île-de-France, la filière aéronautique totalise 95 000 emplois au sens large. [...] De nombreuses entreprises travaillent, en effet, pour l'aéronautique tout en étant classées dans la plasturgie, l'électronique ou l'optique. [...] Les PME et les TPE dominent et représentent 82 % des 2 000 entreprises et établissements de la filière. Toutefois, elles ne totalisent qu'un tiers des effectifs. Preuve de la prégnance des grands groupes, qui, de Safran (20 000 salariés) à Thales (14 000) en passant par Dassault (4 500) ou Airbus[1] (5 000 salariés), conservent leur implantation francilienne (sièges, centres de R&D*) pour rester proche des entités de recherche ou des centres de décision nationaux [...]. L'Île-de-France possède quelques beaux sites de production comme Dugny (*Airbus Helicopters*), les Mureaux (Ariane 6) ou Élancourt (Airbus Défense). »

[1] Le siège d'Airbus France est à Toulouse depuis 2016.

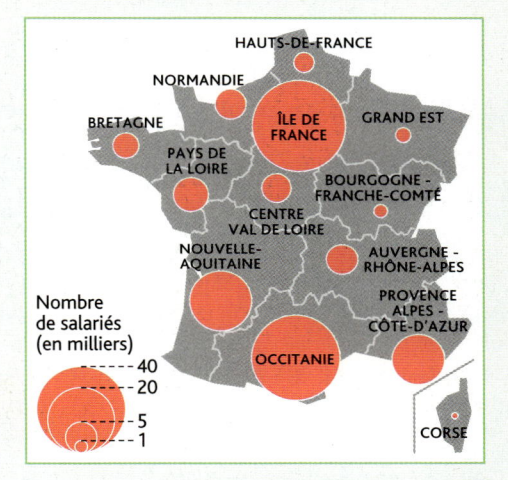

Laurence Albert, « L'Île-de-France, la région championne de l'aéronautique française », *Les Échos*, 20 juin 2017.

6 Le « BelugaXL », utilisé pour le transport des pièces détachées des avions Airbus

Le « BelugaXL », nouvel Airbus cargo qui entrera en service fin 2019, est utilisé pour le transport des ailes et des tronçons de fuselage vers les chaînes d'assemblage de Toulouse et Hambourg.

SITE

Analyser et confronter les documents

1. Pourquoi Toulouse peut-elle être qualifiée de « capitale française de l'aéronautique et de l'aérospatial » ? Doc 1 et 2
2. Montrez le poids de ces industries en termes d'emplois dans le Sud-Ouest et dans le reste de la France. Doc 1, 3, 4 et 5
3. Pourquoi peut-on parler de synergies* entre différents secteurs et acteurs à propos de ce système productif, dans le Sud-Ouest mais aussi en Île-de-France ? Doc 1, 3, 4 et 5
4. Analysez la répartition des différents sites productifs européens d'Airbus. Comment sont-ils mis en réseau ? Doc 1, 2 et 6

SYNTHÉTISER Récapitulez les territoires mis en réseau par les industries aéronautiques et aérospatiales en Europe.

Thème 2 Une diversification des espaces et des acteurs de la production

ÉTUDE DE CAS 1 > Industries aéronautiques et aérospatiales européennes : quels réseaux ?

B — Le groupe Airbus, une mise en réseau désormais mondiale ?

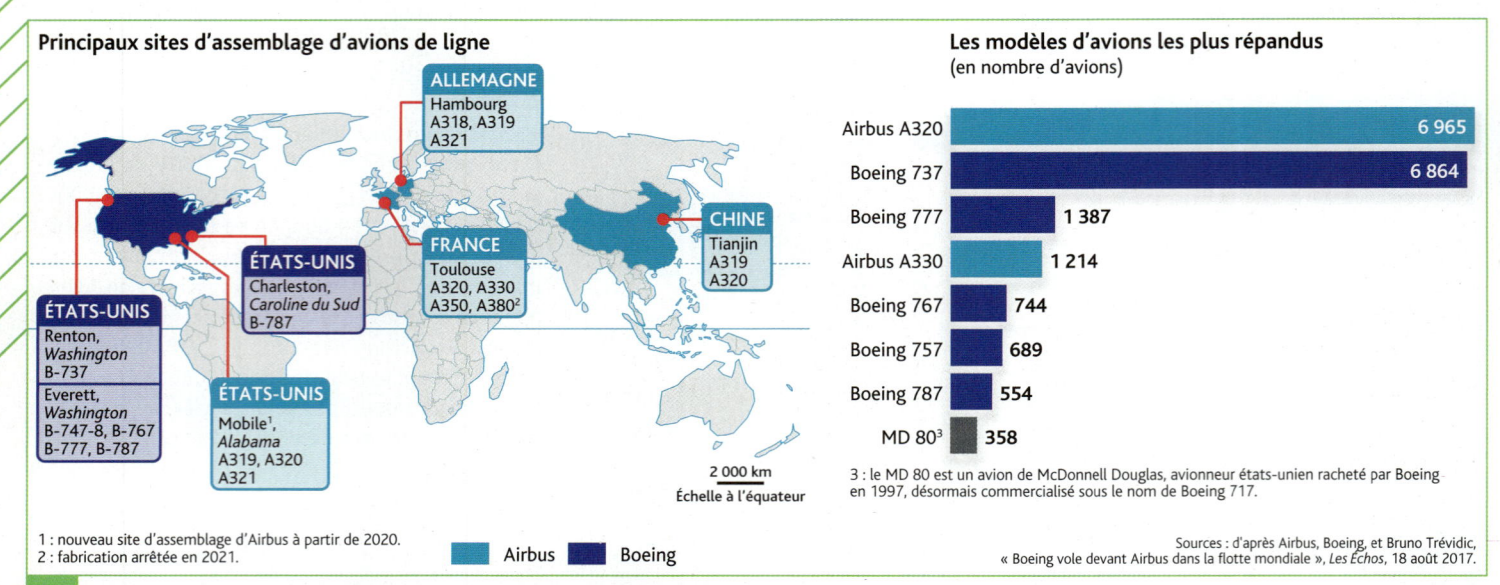

Principaux sites d'assemblage d'avions de ligne

- **ALLEMAGNE** — Hambourg : A318, A319, A321
- **FRANCE** — Toulouse : A320, A330, A350, A380²
- **CHINE** — Tianjin : A319, A320
- **ÉTATS-UNIS** — Charleston, Caroline du Sud : B-787
- **ÉTATS-UNIS** — Renton, Washington : B-737 ; Everett, Washington : B-747-8, B-767, B-777, B-787
- **ÉTATS-UNIS** — Mobile¹, Alabama : A319, A320, A321

Échelle à l'équateur : 2 000 km

1 : nouveau site d'assemblage d'Airbus à partir de 2020.
2 : fabrication arrêtée en 2021.

■ Airbus   ■ Boeing

Les modèles d'avions les plus répandus (en nombre d'avions)

Airbus A320	6 965
Boeing 737	6 864
Boeing 777	1 387
Airbus A330	1 214
Boeing 767	744
Boeing 757	689
Boeing 787	554
MD 80³	358

3 : le MD 80 est un avion de McDonnell Douglas, avionneur états-unien racheté par Boeing en 1997, désormais commercialisé sous le nom de Boeing 717.

Sources : d'après Airbus, Boeing, et Bruno Trévidic, « Boeing vole devant Airbus dans la flotte mondiale », *Les Échos*, 18 août 2017.

7 Les sites d'assemblage d'Airbus et de Boeing dans le monde

---

8 **Airbus à la conquête du marché chinois**

« [...] Depuis 2008, le constructeur européen, partenaire du chinois Avic, assemble des A320 en Chine. Pour chaque avion "made in China", Pékin commande un avion "made in Europe". [...] Les deux partenaires se sont aussi engagés à renforcer leur coopération dans plusieurs domaines, notamment l'ingénierie et le développement d'un écosystème de sous-traitants. [...]

Ces contrats et accords constituent une bonne nouvelle pour les salariés d'Airbus en Europe. Les usines européennes du géant européen fournissent en effet les packages d'A320 expédiés par bateau en Chine où ils sont ensuite assemblés à Tianjin. Parallèlement, les sites de Toulouse et de Hambourg en Allemagne fabriquent les A320 commandés par les compagnies chinoises.

Ils illustrent également la formidable montée en puissance d'Airbus face à Boeing qui a dominé (plus de 85% des ventes) le marché chinois jusqu'au début des années 2000. Au milieu des années 1990, le géant européen a décidé de conjuguer conquête commerciale et partenariat industriel pour entrer en Chine. Aujourd'hui, Airbus est à la tête de deux sites industriels : l'usine d'assemblage de Tianjin et le site d'aménagement cabine d'A330, ouvert en septembre 2017, juste à côté. Airbus détient désormais 50% du marché chinois, faisant jeu égal avec Boeing. [...] »

Véronique Guillermard, « Airbus poursuit son offensive en Chine », publié sur lefigaro.fr, 10 janvier 2018.

ARTICLE

9 **Des compagnons¹ Airbus chinois dans l'usine de Tianjin**

¹ Employés formés par Airbus.

Analyser et confronter les documents

1. Montrez qu'Airbus est un groupe industriel d'envergure mondiale. **Doc 7, 8 et 9**
2. Pour quelles raisons le groupe Airbus s'est-il implanté hors d'Europe ? **Doc 8**
3. Comment les différents sites productifs sont-ils mis en réseau à l'échelle mondiale ? **Doc 8**

SYNTHÉTISER Pourquoi peut-on dire que la mise en réseau d'Airbus fonctionne désormais à toutes les échelles ?

Thème 2 Une diversification des espaces et des acteurs de la production

Bilan

→ Complétez le schéma fléché à l'aide de l'étude de cas.

```
Des entreprises privées                          Des acteurs publics :
de différents secteurs :                         UE, États, collectivités territoriales
...............................
                         ↘                    ↙
                    Un système productif
                    fonctionnant en synergie
                         ↗                    ↖
Des universités et des centres                   Des lieux de production mis
de recherche :                                   en réseau à toutes les échelles :
...............................                  ...............................
```

→ Complétez la légende et le titre du schéma sur les industries aéronautique et aérospatiale européennes.

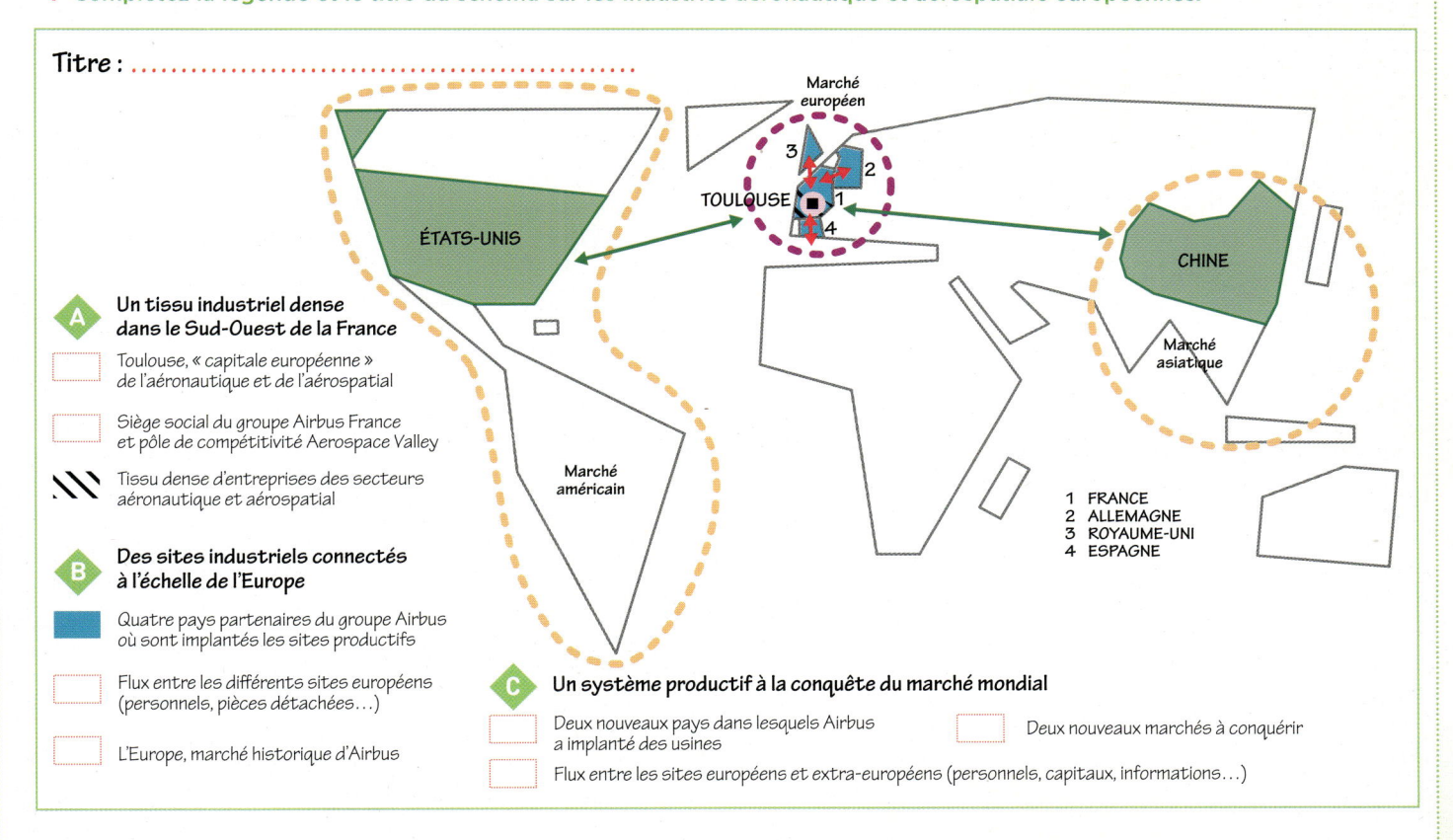

Titre : ....

A Un tissu industriel dense dans le Sud-Ouest de la France
- ☐ Toulouse, « capitale européenne » de l'aéronautique et de l'aérospatial
- ☐ Siège social du groupe Airbus France et pôle de compétitivité Aerospace Valley
- ▨ Tissu dense d'entreprises des secteurs aéronautique et aérospatial

B Des sites industriels connectés à l'échelle de l'Europe
- ■ Quatre pays partenaires du groupe Airbus où sont implantés les sites productifs
- ☐ Flux entre les différents sites européens (personnels, pièces détachées…)
- ☐ L'Europe, marché historique d'Airbus

1 FRANCE
2 ALLEMAGNE
3 ROYAUME-UNI
4 ESPAGNE

C Un système productif à la conquête du marché mondial
- ☐ Deux nouveaux pays dans lesquels Airbus a implanté des usines
- ☐ Deux nouveaux marchés à conquérir
- ☐ Flux entre les sites européens et extra-européens (personnels, capitaux, informations…)

Mise en perspective

→ Répondez aux questions pour replacer le cas de l'aéronautique et de l'aérospatial dans les systèmes productifs français.

A
- Citez d'autres métropoles françaises accueillant le siège d'un pôle de compétitivité*. **Carte 1 p. 146**
- Le système productif de l'aéronautique fonctionne-t-il de façon analogue en région PACA ? **Doc 1 p. 157**

B
- Grâce à quelles infrastructures de transport les systèmes productifs français s'insèrent-ils dans l'Union européenne et dans la mondialisation ? **Planisphère p. 144-145**

C
- La stratégie mondiale du groupe Michelin est-elle comparable à celle du groupe Airbus ? **Carte 1 p. 149**

Thème 2 Une diversification des espaces et des acteurs de la production 99

ÉTUDE DE CAS 2

Pourquoi la Silicon Valley a-t-elle une telle influence dans le monde ?

Depuis les années 1960, la vallée californienne de Santa Clara est devenue la vallée du silicium (*silicon* en anglais). Ce matériau de base des composants électroniques est emblématique de la haute technologie. Territoire de l'innovation, siège des GAFAM*, cet espace productif dynamise la Californie et s'impose comme un centre d'impulsion de la mondialisation.

A Quelles sont les clés de la réussite mais aussi les défis de la Silicon Valley ?

1 La Silicon Valley : les synergies* d'un territoire de l'innovation

Légende de la carte :

1. Une banlieue au sud de San Francisco
- Espace urbanisé
- Premier centre bancaire et financier de la côte Pacifique
- Aéroports internationaux
- Port international
- Axe autoroutier

2. Un espace dédié à l'informatique et l'Internet
- Silicon Valley
- Secteur résidentiel associé à la Silicon Valley
- Firmes transnationales* de haute technologie
- Principales universités

Sources croisées, 2018.

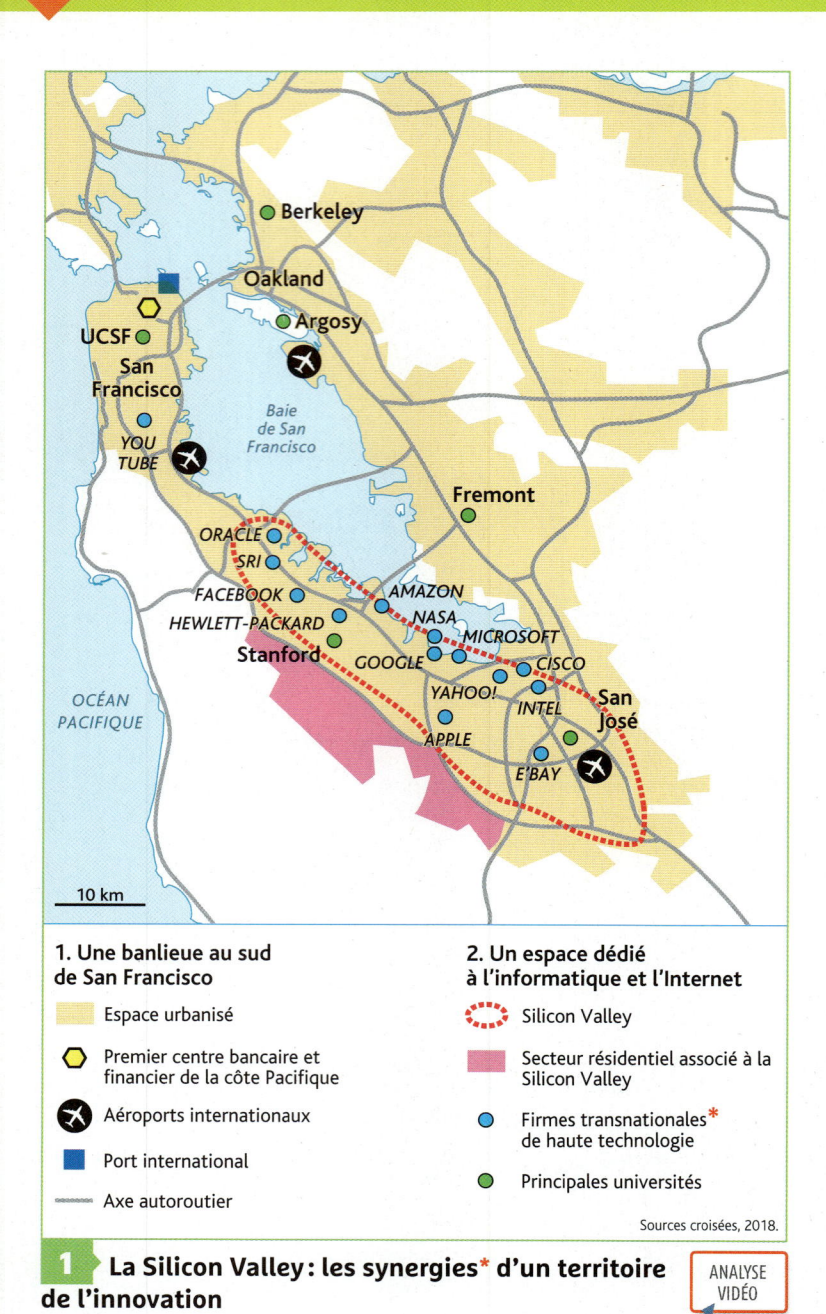

2 La Silicon Valley en quelques chiffres

11 500 entreprises, **100** milliards de dollars de chiffre d'affaires par an

11 nouvelles sociétés créées chaque semaine

15 % des brevets déposés aux États-Unis

2,6 millions d'habitants

Revenu moyen des habitants : **75 000** dollars par an (moyenne États-Unis : **36 500** dollars en 2019)

Sources croisées, dont US Census 2010.

3 Le rôle moteur de la Silicon Valley en Californie

« La Californie est [...] tournée vers l'innovation sous toutes ses formes [...]. Cette orientation particulière s'explique par trois éléments principaux :
1) un afflux continuel et massif de travailleurs qualifiés et créatifs,
2) un dispositif scientifique (universités, centres de recherche, systèmes de financement de la recherche) performant,
3) une masse colossale de capitaux, prêts en particulier à être investis dans les entreprises innovantes et prometteuses.
[...] L'emploi se concentre dans les deux principaux pôles urbains de l'État, la région urbaine de San Francisco (420 000 emplois) et l'agglomération de Los Angeles [...]. Ces métropoles constituent désormais deux pôles de croissance majeurs du capitalisme contemporain ; elles sont les leviers fondamentaux de la puissance économique de la Californie. Dans la région urbaine de San Francisco, l'industrie motrice est l'industrie électronique et informatique ancrée dans la Silicon Valley ; dans le prolongement de cette industrie s'est développée, depuis le milieu des années 1990, une industrie multimédia florissante, tandis que d'autres secteurs prospèrent également, comme l'industrie des biotechnologies, les industries "vertes", mais aussi l'industrie cinématographique. »

Frédéric Leriche, « Les paradoxes de la puissance californienne », *Géoconfluences*, juillet 2015.

Thème 2 Une diversification des espaces et des acteurs de la production

4 **La prestigieuse Université de Stanford, au cœur de la Silicon Valley**

Située dans les tout premiers rangs des classements mondiaux, l'Université de Stanford rivalise désormais avec Harvard (localisée à Cambridge, dans l'agglomération de Boston). Si Mark Zuckerberg, le fondateur de Facebook, étudiait à Harvard, ce sont des étudiants de Stanford qui sont à l'origine de Google, Netflix, Instagram, Snapchat…

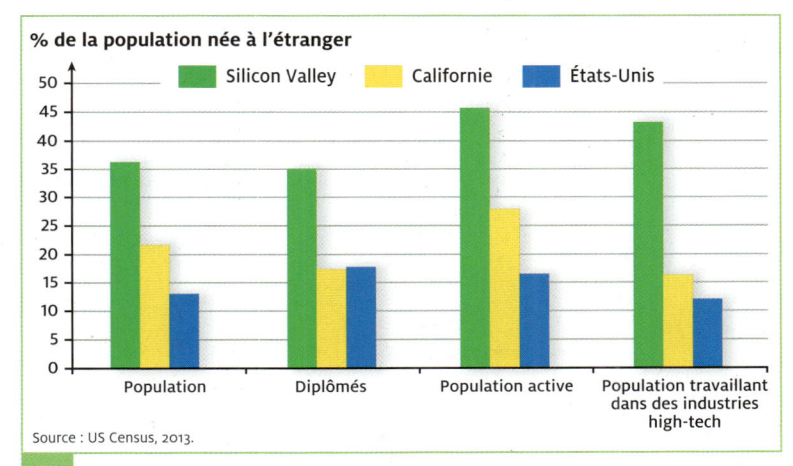

ARTICLE

5 **Une attractivité hors-norme : le *brain drain** vers la Silicon Valley**

% de la population née à l'étranger

■ Silicon Valley   ■ Californie   ■ États-Unis

(Population, Diplômés, Population active, Population travaillant dans des industries high-tech)

Source : US Census, 2013.

6 **La Silicon Valley, terre d'inégalités**

VIDÉO

7 **Un déclin de la Silicon Valley ?**

« La Silicon Valley ? "C'est comme Florence à la Renaissance." Ce bout de terre, situé entre San José et San Francisco, a attiré depuis quatre-vingts ans presque toutes les start-ups de la high-tech qui sont parfois devenues ensuite des géants. [...] [Mais selon *The Economist*] "quelque chose est en train de changer". L'année dernière les départs d'Américains de la région ont été plus nombreux que les arrivées. Et cela pour plusieurs raisons dont la principale est le coût de la vie, parmi les plus élevés dans le monde. Mais il y a aussi les conditions qui se sont détériorées, notamment avec des encombrements massifs et l'accroissement des inégalités.

Du coup, d'autres centres sont en train d'en profiter comme Miami-Fort Lauderdale, devenue la première région pour l'activité des start-ups. [...] Il y a le revers de la médaille : l'affaiblissement de l'innovation. Et *The Economist* rappelle que les politiques anti-immigrés de Trump contribuent à ce dernier phénomène : le quart des entreprises sont créées par des étrangers aux États-Unis. Il est vraisemblable que le déclin relatif de la Silicon Valley pourrait signaler qu'innover est devenu plus difficile. »

Jacques Hubert Rodier, « Silicon Valley : le début de l'exode », *Les Échos*, 3 septembre 2018.

Analyser et confronter les documents

1. Quelles caractéristiques font de la Silicon Valley un espace de haute-technologie ? Doc 1, 2, 3 et 4

2. Dressez un bilan nuancé de l'impact économique et social de la Silicon Valley en Californie. Doc 2, 3, 6 et 7

3. Comment ce territoire est-il ancré dans la mondialisation ? Doc 1, 3, 4, 5 et 7

4. Pourquoi peut-on parler d'un déclin de la Silicon Valley ? Montrez que ce déclin est toutefois très relatif. Doc 3 et 7

SYNTHÉTISER Récapitulez les points forts et les défis de la Silicon Valley.

Thème 2 Une diversification des espaces et des acteurs de la production

ÉTUDE DE CAS 2 > Pourquoi la Silicon Valley a-t-elle une telle influence dans le monde ?

B Pourquoi la Silicon Valley exerce-t-elle un tel rayonnement dans le monde ?

8 ▶ Une contre-culture ?
Les locaux et conditions de travail des entreprises *high-tech* de la Silicon Valley, comme ici, Google à Mountain View, incarnent la décontraction et la jeunesse. Elles servent désormais de modèle à de nombreuses entreprises tertiaires dans le monde.

9 ▶ La magie d'un mot ? (les « Silicon quelque chose dans le monde »)

10 ▶ Un modèle pour des métropoles comme Paris ?
Carte des territoires d'Île-de-France présentant Paris comme « la future Silicon Valley de l'Europe ».
Source : « LeGrandParisExpress », infographie Le Figaro, 2019.

Analyser et confronter les documents

1. Montrez que le modèle de la Silicon Valley est devenu un modèle mondial. **Doc 8 à 10**
2. Quelles sont les causes de ce succès international ? **Doc 1, 4, 8**

SYNTHÉTISER Montrez que le cas de la Silicon Valley a des conséquences mondiales non seulement du point de vue économique, mais aussi démographique et culturel.

102 **Thème 2** Une diversification des espaces et des acteurs de la production

Bilan

➡ Complétez ce schéma fléché à partir de l'étude de cas.

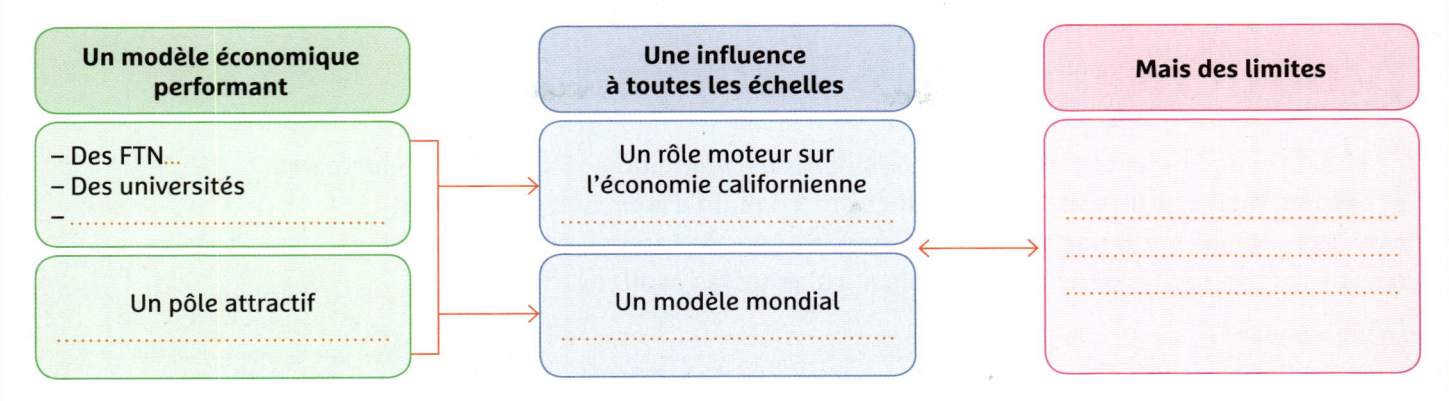

Un modèle économique performant
- Des FTN...
- Des universités
- ....

Un pôle attractif
....

Une influence à toutes les échelles

Un rôle moteur sur l'économie californienne
....

Un modèle mondial
....

Mais des limites
....
....
....

➡ Reproduisez ce schéma en indiquant des noms de lieux de la Silicon Valley et en complétant la légende.

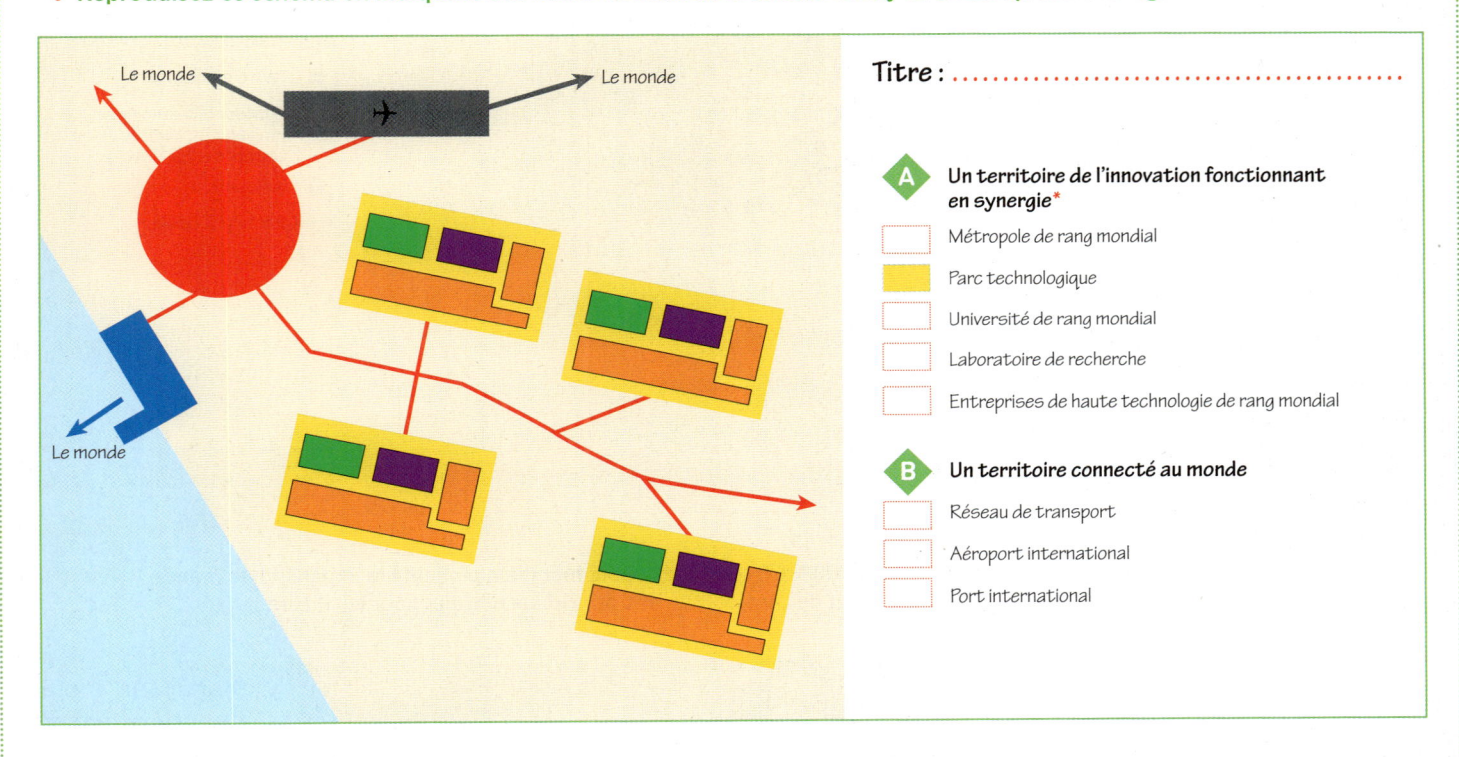

Le monde ← ✈ → Le monde

Le monde

Titre : ....

A Un territoire de l'innovation fonctionnant en synergie*
- ☐ Métropole de rang mondial
- ☐ Parc technologique
- ☐ Université de rang mondial
- ☐ Laboratoire de recherche
- ☐ Entreprises de haute technologie de rang mondial

B Un territoire connecté au monde
- ☐ Réseau de transport
- ☐ Aéroport international
- ☐ Port international

Mise en perspective

➡ Répondez aux questions pour replacer le cas de la Silicon Valley à l'échelle mondiale.

A
- Montrez que, à une autre échelle, des territoires de l'innovation existent sur le territoire français. Carte 1 p. 146, doc 1 p. 153 et doc 1 p. 157
- En quoi Singapour mise-t-elle aussi sur les synergies entre recherche, université et haute-technologie ? Doc 1 et 4 p. 104-105
- Quelles sont les grandes régions de l'innovation et de la recherche dans le monde ? Doc 3 p. 115

B
- Citez d'autres systèmes productifs urbains très bien reliés au reste du monde. Doc 1, 2 et 3 p. 104-105 et doc 2 p. 28
- D'une façon générale, pourquoi la très bonne connexion au monde est-elle recherchée par les FTN* ? Cours 1 p. 130-131

Thème 2 Une diversification des espaces et des acteurs de la production

ÉTUDE DE CAS 3

Comment s'articulent finances, production et flux à Singapour ?

La cité-État de Singapour est la 4ᵉ place financière mondiale, un grand hub* portuaire et aéroportuaire et un espace de production* en plein essor. Son classement dans les premiers PIB par habitant du monde et ses avantages fiscaux la rendent très attractive pour les personnes mais aussi pour les capitaux.

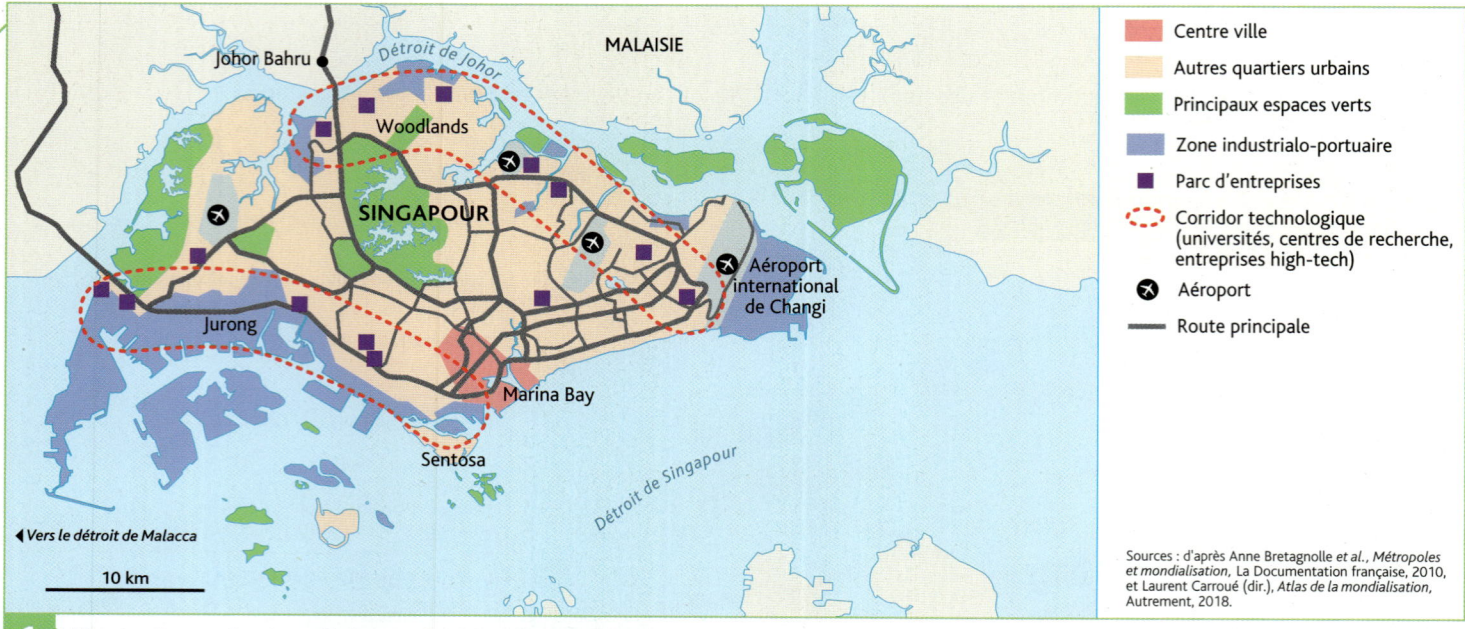

Légende :
- Centre ville
- Autres quartiers urbains
- Principaux espaces verts
- Zone industrialo-portuaire
- Parc d'entreprises
- Corridor technologique (universités, centres de recherche, entreprises high-tech)
- Aéroport
- Route principale

Sources : d'après Anne Bretagnolle et al., *Métropoles et mondialisation*, La Documentation française, 2010, et Laurent Carroué (dir.), *Atlas de la mondialisation*, Autrement, 2018.

1 Une métropole mondiale sur le détroit de Malacca
Avec 5,6 millions d'habitants en 2017 concentrés sur 700 km², cette métropole mondiale présente la 2ᵉ densité au monde (8 000 hab/km²). La situation de cet archipel lui permet de contrôler un des principaux détroits pour les flux mondiaux.

2 Singapour, 4ᵉ place financière mondiale et hub* portuaire
Au loin le centre des affaires, au premier plan le port à conteneurs. En 60 ans, Singapour a augmenté sa superficie de 25 % en construisant des terre-pleins (industriels, portuaires et aéroportuaires). Ses échanges commerciaux sont de plus en plus tournés vers l'Asie orientale (Chine en particulier).

104 **Thème 2** Une diversification des espaces et des acteurs de la production

3 L'aéroport de Changi, un des plus grands hubs* mondiaux

L'aéroport de Changi favorise la venue d'investisseurs étrangers, de femmes et hommes d'affaires, mais aussi de touristes (17 millions de touristes en 2017) qui, pour une part, se dirigent vers d'autres destinations asiatiques après avoir visité Singapour.

4 Un dynamisme économique et démographique inscrit à plusieurs échelles

« La mue métropolitaine de Singapour repose sur la mobilisation d'un vaste territoire. À l'échelle sous-continentale, elle impulse la création d'un hinterland* productif transfrontalier (zones industrielles, ports francs[1]...) à cheval sur la Malaisie et l'Indonésie, le "pôle de développement conjoint" [du SIJORI]. À l'échelle continentale, Singapour mobilise un large bassin migratoire s'étendant des Philippines à l'Inde. Ce personnel peu qualifié (ouvriers du bâtiment, personnels de service...), qui représente 30 % de la population est indispensable à son fonctionnement. À l'autre extrême, Singapour compte aussi près de 10 % d'étrangers hautement qualifiés, venus du monde entier et travaillant notamment dans la finance. »

D'après Laurent Carroué, *Atlas de la mondialisation*, Autrement, 2018.

[1] Zone franche* portuaire

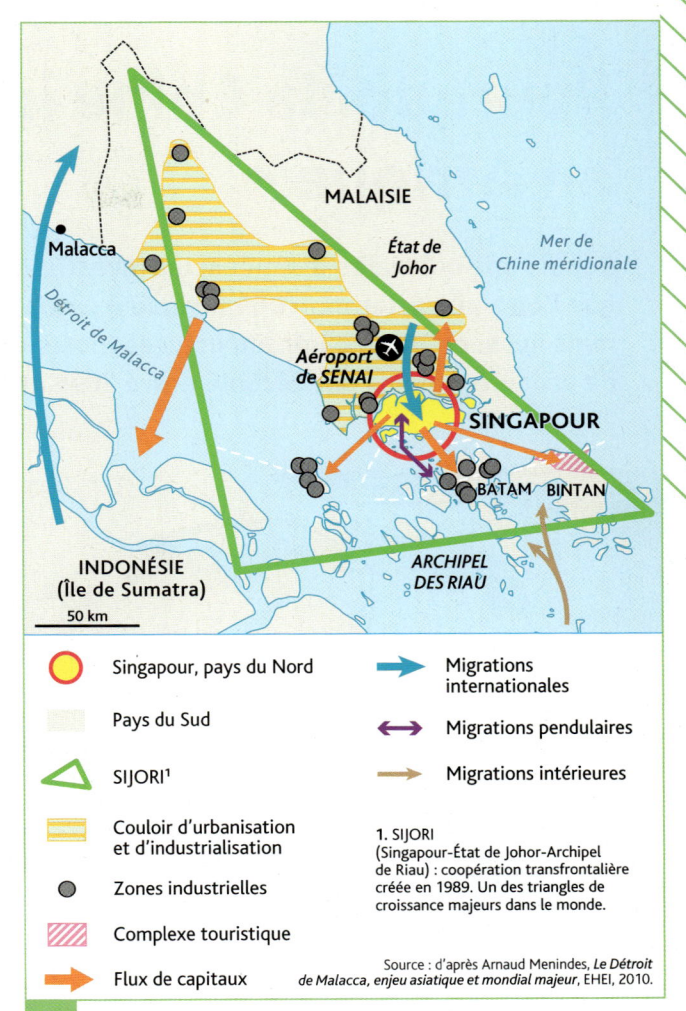

5 Les délocalisations à l'étranger proche

En 2017, 50 % des exportations industrielles de Singapour étaient des réexportations de produits acheminés depuis l'étranger, assemblés dans le SIJORI puis réexportés.

Bilan

→ À l'aide des documents, rédigez une réponse à la problématique selon le plan suivant.

A Des activités économiques diversifiées, bases de la puissance de Singapour Doc 1, 2 et 5

B Des aménagements pour profiter des atouts ou surmonter les contraintes du site et de la situation Doc 1 et 2

C Une forte insertion dans l'espace régional et l'espace mondial Doc 2 à 5

Mise en perspective

→ Répondez aux questions pour replacer le cas de Singapour à l'échelle mondiale.

A
- Citez des pays ayant de nombreuses zones franches. Carte 1 p. 112
- Quels autres pays ont connu une croissance industrielle similaire ou supérieure à celle de Singapour ? Carte 2 p. 112
- Citez d'autres types de pays attractifs pour les capitaux. Carte 1 p. 128 et doc 4 p. 137

B
- Citez d'autres détroits et des canaux stratégiques pour les échanges maritimes. Carte 3 p. 129
- Trouvez des photographies de zones industrialo-portuaires* p. 94 à 175

C
- De quelle Zone d'intégration régionale* Singapour fait-elle partie ? Citez trois autres ZIR importantes. Planisphère p. 110-111
- Où sont situées les grandes façades littorales mondiales ? Carte 3 p. 129

Thème 2 Une diversification des espaces et des acteurs de la production 105

ÉTUDE DE CAS 4

Pourquoi la Chine investit-elle en Afrique ?

Depuis une quinzaine d'années, les investissements chinois en Afrique ont augmenté, à tel point que l'on a pu parler de « Chinafrique » : achats de terres arables, de matières premières, mais aussi création d'infrastructures (ports, voies ferrées...). Parallèlement, les achats africains de produits chinois ont décuplé entre 2006 et 2016.

1 La Chine achète-t-elle l'Afrique ?
Xi Jinping dirige la Chine depuis 2013. *Takeaway* = à emporter

2 Les investissements chinois en Afrique : quels acteurs et quels secteurs ?

« Les 2 000 entreprises [chinoises] recensées en Afrique [...] sont très diverses : firmes d'État, grandes entreprises privées et PME. Les premières sont surtout actives dans le BTP (infrastructures urbaines, routes, chemins de fer, barrages, hydroélectricité), l'exploitation minière et pétrolière. Les investissements [...] sont portés par un million de Chinois parmi lesquels de nombreux migrants individuels qui travaillent dans les grands projets et dans les services. [...] Le recours fréquent à la main-d'œuvre chinoise, sur les chantiers d'infrastructures, est très impopulaire sur un continent où sévit le sous-emploi. [...] Cependant, l'aide chinoise a opportunément relayé l'aide occidentale déclinante pour financer les nécessaires infrastructures. »

Alain Dubresson, Géraud Magrin, Olivier Ninot, *Atlas de l'Afrique*, Autrement, 2018.

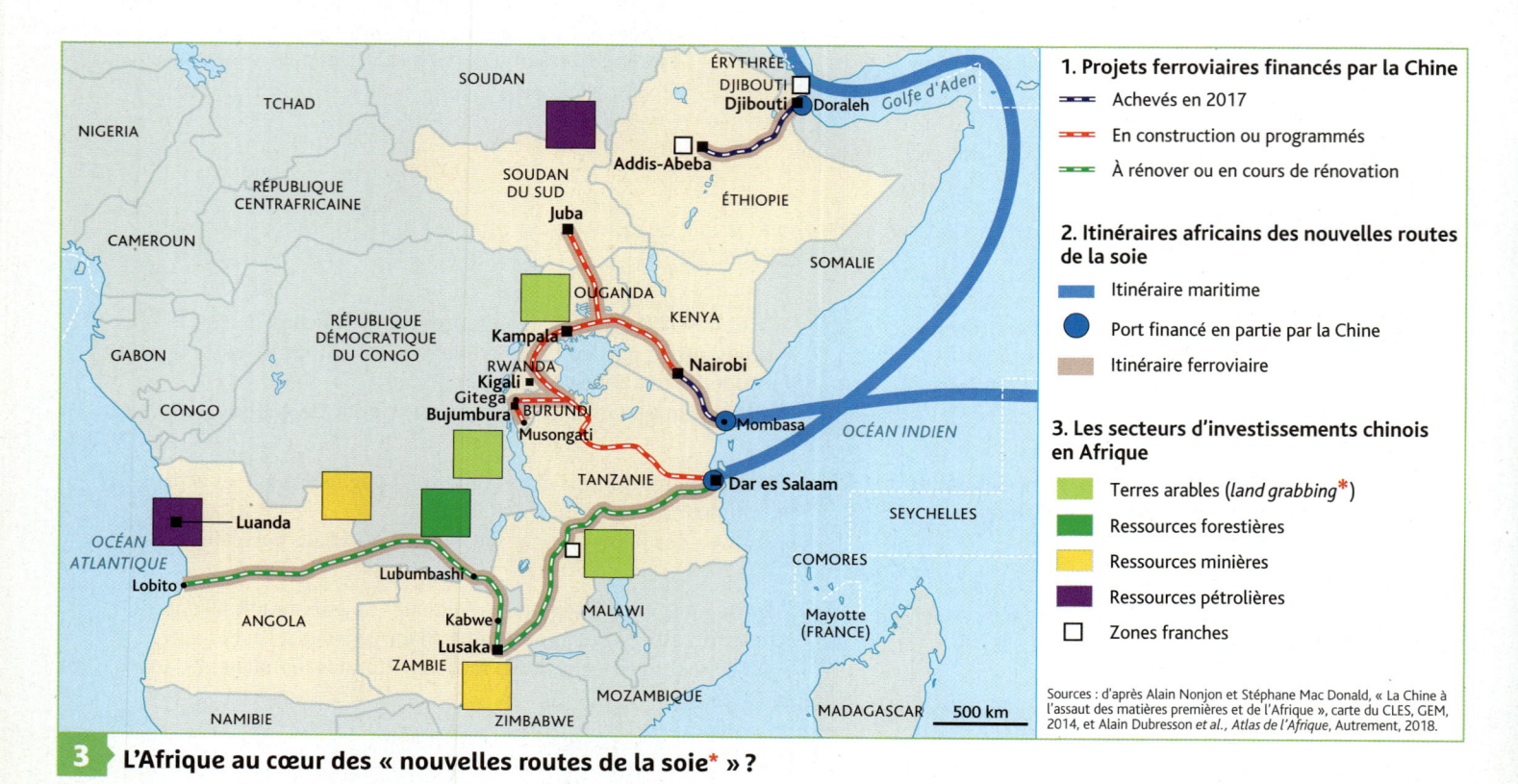

Légende de la carte :

1. Projets ferroviaires financés par la Chine
   - Achevés en 2017
   - En construction ou programmés
   - À rénover ou en cours de rénovation

2. Itinéraires africains des nouvelles routes de la soie
   - Itinéraire maritime
   - Port financé en partie par la Chine
   - Itinéraire ferroviaire

3. Les secteurs d'investissements chinois en Afrique
   - Terres arables (*land grabbing**)
   - Ressources forestières
   - Ressources minières
   - Ressources pétrolières
   - Zones franches

Sources : d'après Alain Nonjon et Stéphane Mac Donald, « La Chine à l'assaut des matières premières et de l'Afrique », carte du CLES, GEM, 2014, et Alain Dubresson et al., *Atlas de l'Afrique*, Autrement, 2018.

3 L'Afrique au cœur des « nouvelles routes de la soie* » ?

106 **Thème 2** Une diversification des espaces et des acteurs de la production

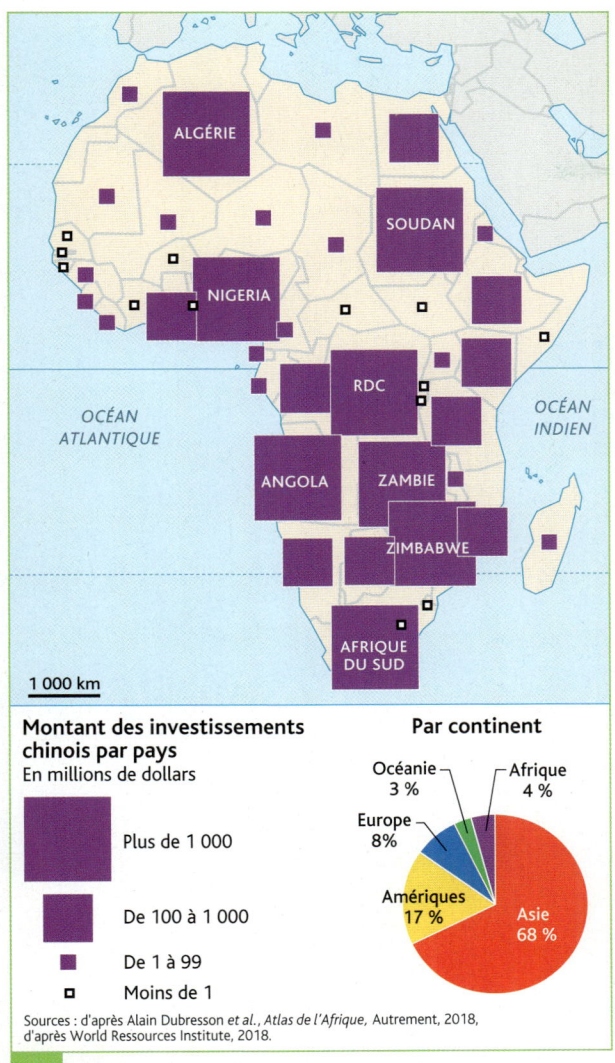

4 Vers où se dirigent les 4 % d'IDE* chinois consacrés à l'Afrique ?

Montant des investissements chinois par pays
En millions de dollars
- Plus de 1 000
- De 100 à 1 000
- De 1 à 99
- Moins de 1

Par continent : Asie 68 %, Amériques 17 %, Europe 8 %, Afrique 4 %, Océanie 3 %

Sources : d'après Alain Dubresson et al., *Atlas de l'Afrique*, Autrement, 2018, d'après World Ressources Institute, 2018.

5 Une urbanisation financée par la Chine ?
La construction de canalisations en Angola (Viana).

6 Les investissements chinois en Afrique, solution miracle pour l'Afrique ?

« La Chine n'est pas la solution miracle qui résoudra le casse-tête du développement africain. [...]
Rêver que la Chine investisse et crée des dizaines de millions d'emplois industriels en Afrique est irréaliste [...]. Très peu d'entreprises chinoises confrontées à la hausse des coûts dans le domaine des industries légères (confection, maroquinerie, petit électroménager, jouets, etc.) envisagent de se délocaliser. Même pour celles qui le font, le rapport constate que l'Afrique ne semble pas faire figure de destination privilégiée. [...]
En deuxième lieu, il y a les chiffres [...] : les entreprises chinoises implantées dans l'un des [...] 44 pays du monde [où elles sont installées] ont créé en moyenne 59 emplois chacune. Il faudrait par conséquent un nombre considérable d'entreprises chinoises pour créer les dizaines de millions d'emplois dont rêvent certains. »

Thierry Pairault, « La Chine en Afrique : un fournisseur de marchandises et un prestataire de services plutôt qu'un investisseur », *Passerelles*, 21 août 2018.

Bilan

→ À l'aide des documents, rédigez une réponse à la problématique selon le plan suivant.

A Un essor des investissements chinois en Afrique : par quels acteurs ? pour quelles raisons ? Introduction et doc 1, 2 et 3

B Les lieux des investissements : de l'échelle du continent à l'échelle locale Doc 3 à 5

C Des conséquences contrastées Doc 1, 2, 3, 5 et 6

Mise en perspective

→ Répondez aux questions pour déterminer si l'Afrique est un marché d'avenir par rapport à d'autres continents.

A
- Quelle est l'importance des IDE* en Afrique par rapport aux autres continents ? Carte 1 p. 128
- Quels pays non africains sont concernés par l'accaparement des terres* ? Planisphère p. 192-193

B
- Quels types de lieux favorisés par les investissements chinois en Afrique se retrouvent quel que soit le continent ? Doc et planisphère p. 126-127

C
- Quelle est l'importance de l'Afrique dans la production manufacturière mondiale ? Carte 3 p. 113
- En quoi la position du continent africain sur les nouvelles routes de la soie* peut-elle renforcer son rôle dans le commerce mondial ? Carte 3 p. 263

Thème 2 Une diversification des espaces et des acteurs de la production

Usine chimique Bayer (Leverkusen, Allemagne)

Thème 2 • **Une diversification des espaces et des acteurs de la production**

question Monde

1. Les espaces de production dans le monde : une diversité croissante

À l'échelle mondiale, les espaces de production* de richesses (agricoles, industrielles et tertiaires) se diversifient selon des logiques de localisation fondées sur la compétitivité*. Ces recompositions sont orchestrées par différents acteurs (FTN*, États...).

Siège social de Samsung
(Séoul, Corée du Sud)

? Montrez que ces photographies illustrent la diversité des espaces productifs et leur évolution.

⇢ Quels sont les critères de la recomposition des espaces de production ?

- Une hiérarchie des espaces de production en recomposition ? 114-117
- Un espace productif organisé en nouvelles chaînes de valeur ? 118-121
- Quels acteurs organisent les espaces productifs ? 122-123

À L'ÉCHELLE MONDIALE

Les principaux espaces productifs

Notion-clé — Espace de production
Espace mis en valeur dans un but de création de richesses (mines, agriculture, industrie, tertiaire...) par différents acteurs (individus, entreprises, collectivités locales, États, organisations régionales...).

1 DIPP, chaînes de valeur

Zone franche de Tianjin en Chine
La décomposition internationale des processus productifs (DIPP*), ou organisation en chaînes de valeur*, diversifie les espaces productifs. Elle s'appuie sur l'inégale compétitivité* des territoires et profite de l'attractivité de certains d'entre eux, comme les zones franches*.

2 FTN (firme transnationale)

Siège social de BMW à Munich en Allemagne
Les FTN*, plus puissantes que de nombreux États, génèrent de multiples espaces productifs (sièges sociaux, centres de recherche, usines...).

3 Monde multipolaire

Forum des BRICS de 2018
Longtemps localisés principalement dans des pays du Nord ou dans des espaces sous leur domination, les espaces productifs sont de plus en plus contrôlés par de nouvelles puissances, comme les BRICS* (Brésil, Russie, Chine, Inde, Afrique du Sud).

110 **Thème 2** Une diversification des espaces et des acteurs de la production

1. Des espaces majeurs de production

- ⭕ Dix pays produisant les deux-tiers du PIB mondial (en % du PIB mondial)
- 🔴 Grandes métropoles (production tertiaire et industrielle)
- ······ Principales façades littorales (ZIP* nombreuses)
- ━━━ Principaux littoraux touristiques
- 🟩 Principaux espaces d'agriculture productiviste

Valeurs sur la carte :
- JAPON : 5,9 — Tokyo
- CORÉE DU SUD : 1,8
- CHINE : 14,8 — Beijing, Shanghai, Hong Kong
- INDE : 2,8
- Londres : 3,8
- Berlin, Francfort : 4,5
- Paris : 3,2
- (Italie) : 2,4
- ASEAN + 3
- UNION EUROPÉENNE
- RUSSIE, ÉGYPTE, AUSTRALIE, AFRIQUE DU SUD, MAURICE, MALDIVES
- Dubai, Singapour, Johannesburg

2. Les acteurs de la production

- ÉTATS-UNIS : Le rôle des États
- 🟨 Membres des BRICS
- ▢ Zones d'intégration régionale (ZIR*)

Nombre de FTN classées dans les 500 premières mondiales
(États-Unis, Canada, Allemagne, France, Royaume-Uni, Pays-Bas, Suisse, Chine, Japon, Corée du Sud)

Sources croisées, 2018.

Échelle à l'équateur : 2 000 km

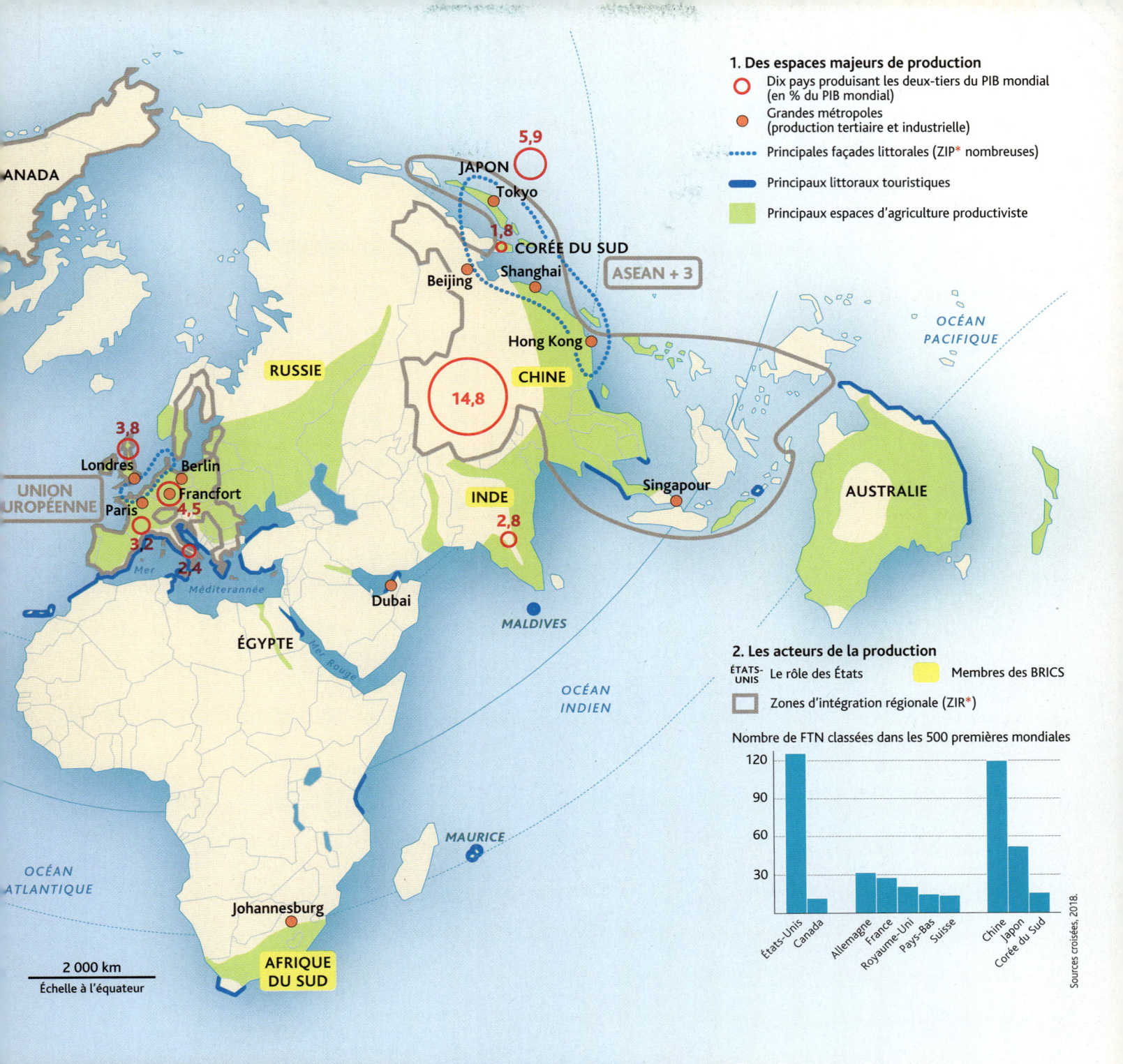

4 Marges/recomposition

Industrie bolivienne de textile

Les marges, situées à l'écart des grands espaces de production, peuvent s'y intégrer progressivement par la DIPP*. Ainsi, la production de textile bolivienne, longtemps réservée au marché local, s'internationalise du fait d'accords internationaux et d'avantages comparatifs* (faible coût de la main-d'œuvre, présence de laine d'alpaca…).

Confronter la carte et les documents

1. Où sont situés les grands types d'espaces productifs mondiaux ? **Planisphère**

2. Pourquoi peut-on parler d'une hiérarchie des différents espaces productifs dans le monde ? **Planisphère**

3. Quels sont les principaux acteurs de la production mondiale ? **Planisphère, doc 1 à 3**

4. Quelles régions se situent en marge des grands espaces de production ? **Planisphère, doc 4**

---

1. Les espaces de production dans le monde : une diversité croissante

DES CARTES POUR COMPRENDRE

Les espaces de production dans le monde : une diversité croissante

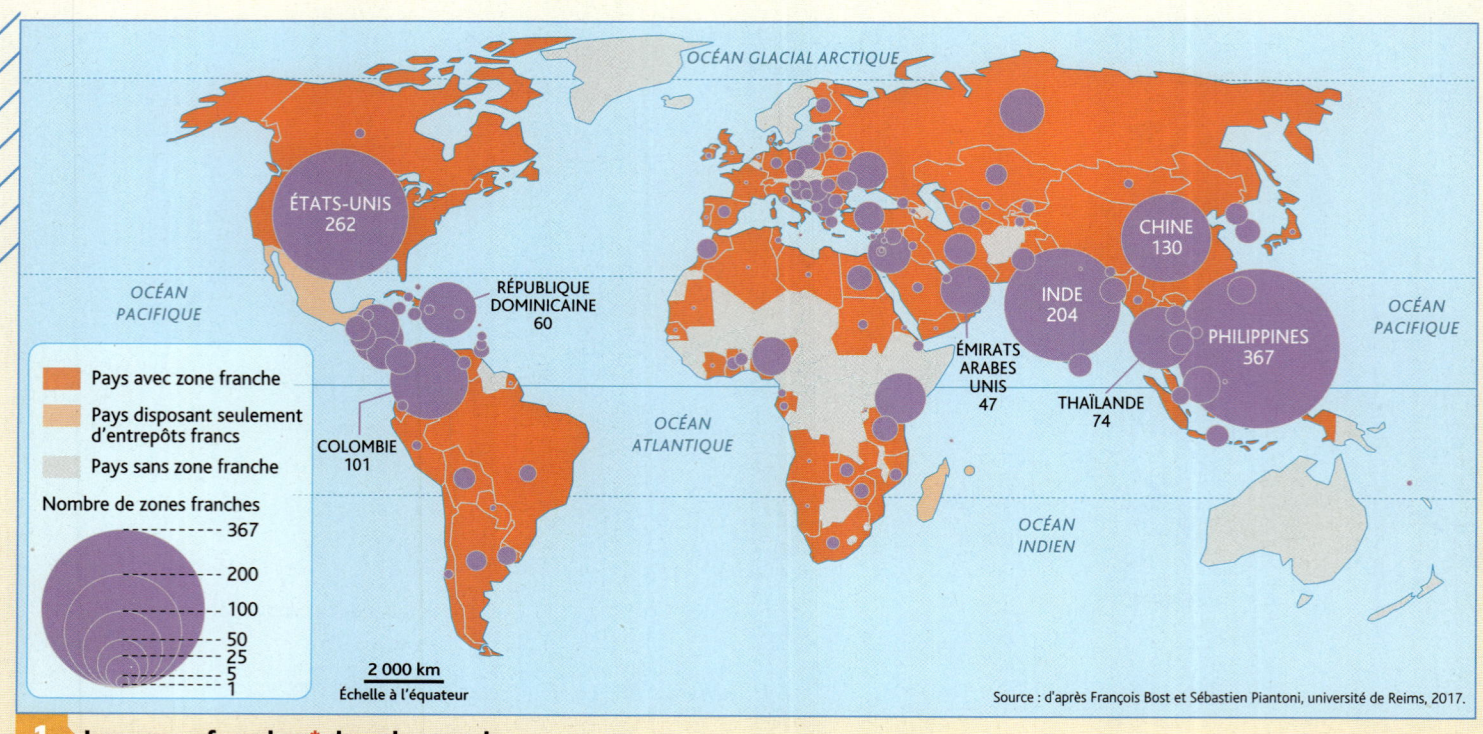

1 Les zones franches* dans le monde

Légende :
- Pays avec zone franche
- Pays disposant seulement d'entrepôts francs
- Pays sans zone franche

Nombre de zones franches : 367 – 200 – 100 – 50 – 25 – 5 – 1

Données indiquées :
- ÉTATS-UNIS 262
- RÉPUBLIQUE DOMINICAINE 60
- COLOMBIE 101
- ÉMIRATS ARABES UNIS 47
- INDE 204
- CHINE 130
- THAÏLANDE 74
- PHILIPPINES 367

Échelle à l'équateur : 2 000 km

Source : d'après François Bost et Sébastien Piantoni, université de Reims, 2017.

2 Vers une diffusion mondiale des espaces de production

1. De la domination des États du « Nord » dans les années 1980...
   - États réalisant 80 % de la production mondiale dans les années 1980

2. À un monde multipolaire de nos jours marqué par l'émergence de nouveaux espaces productifs
   - Membres des BRICS (un tiers du PIB mondial en 2019)
   - Autres pays émergents*

Sources croisées, 2018.

112 **Thème 2** Une diversification des espaces et des acteurs de la production

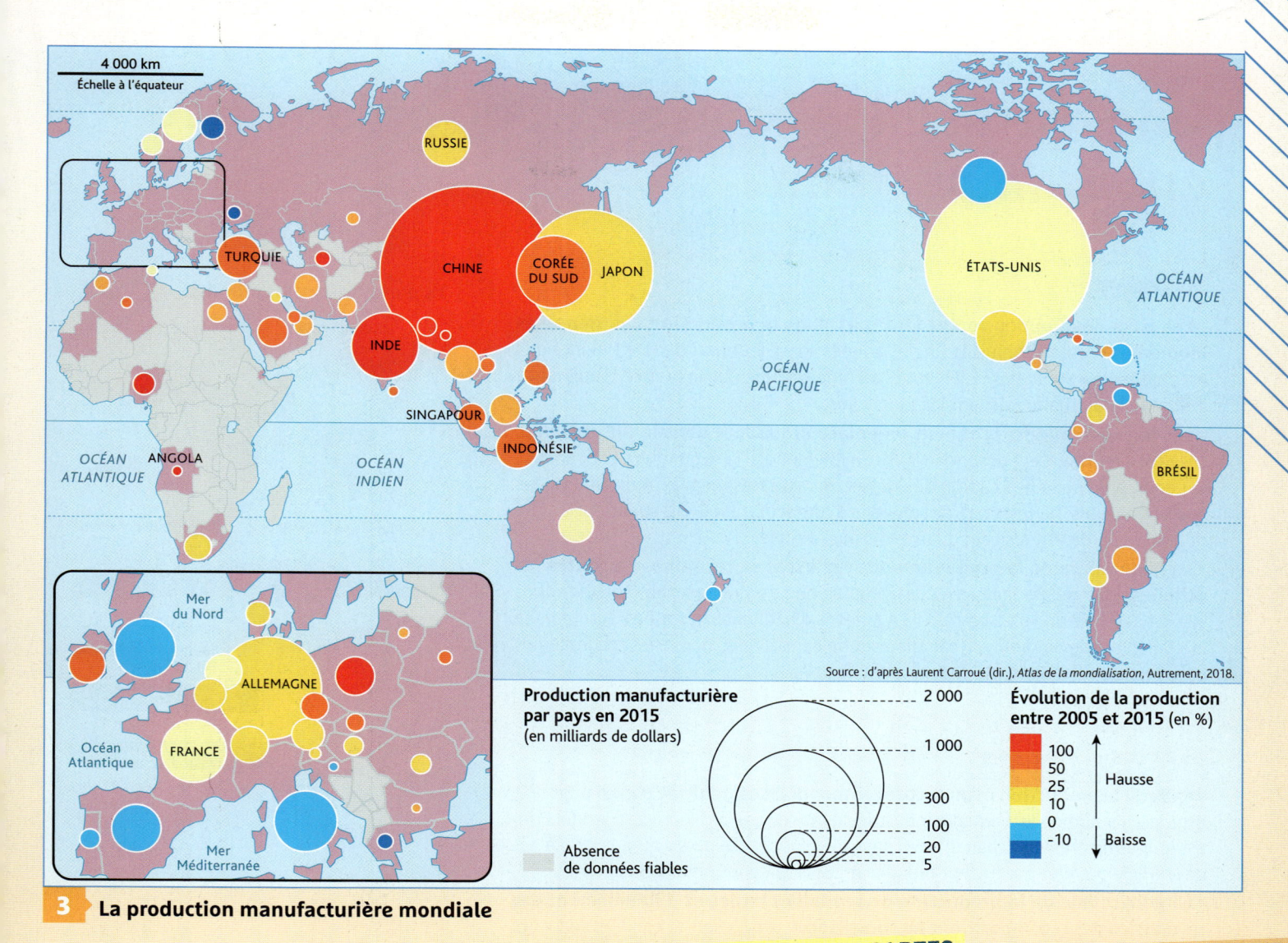

3 La production manufacturière mondiale

Production manufacturière par pays en 2015 (en milliards de dollars) : 2 000 / 1 000 / 300 / 100 / 20 / 5. Absence de données fiables.

Évolution de la production entre 2005 et 2015 (en %) : 100 / 50 / 25 / 10 (Hausse) ; 0 / -10 (Baisse).

Source : d'après Laurent Carroué (dir.), *Atlas de la mondialisation*, Autrement, 2018.

DEUX PARCOURS AU CHOIX POUR ANALYSER LES CARTES

PARCOURS RÉDIGÉ

1. Pourquoi peut-on parler d'espaces de production à propos des pays mentionnés dans le doc 1 ? Où sont situés la plupart d'entre eux ?
2. Comparez les doc 2 et 3 : quelle part approximative de la production manufacturière représentent, en 2015, les pays qui fournissaient 80 % de la production mondiale dans les années 1980 ?
3. Où sont localisés les États qui connaissent la plus forte croissance de leur production manufacturière depuis 2005 ? Doc 3

PARCOURS CARTOGRAPHIQUE

Réalisez un schéma synthétisant les doc 2 et 3, en représentant :
– les pays ayant une production manufacturière importante, ancienne, mais en faible progression,
– les principaux pays émergents ayant une production en forte hausse,
– les pays moins producteurs.

Aidez-vous de la p. 140.

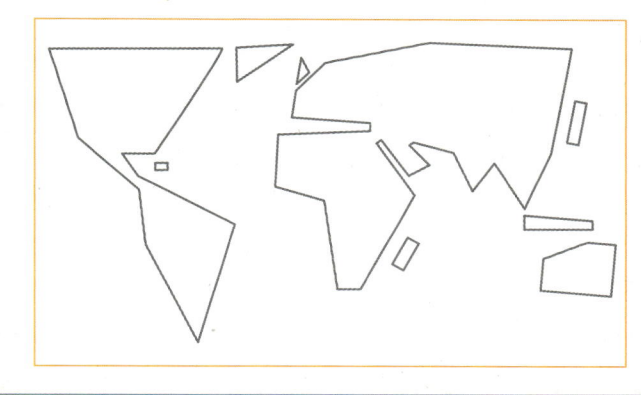

1. Les espaces de production dans le monde : une diversité croissante

COURS 1

Une hiérarchie des espaces de production en recomposition ?

A. Une géographie de la production des richesses en recomposition*

- **Les pays développés voient leur part dans la production des richesses mondiales reculer.** Depuis la fin des années 1990, leur part dans le PIB mondial est passée de 62 % à 45,5 %. En 2013, la Chine est devenue la première puissance industrielle du monde devant les États-Unis.
- **Les pays émergents prennent une place croissante dans le PIB mondial.** Les BRICS représentent désormais 25 % du PIB mondial (7 % en 1994). Pour autant, la géographie de la production des richesses reste très inégale. Ainsi, le PIB des seuls États-Unis, peuplés par 330 millions d'habitants, est 6 fois supérieur à celui de tout le continent africain quatre fois plus peuplé.
- **La géographie de la production des richesses se recompose à toutes les échelles.** En Inde, Bangalore n'était peuplée que de 778 000 habitants en 1950 : elle est devenue une métropole de 8,5 millions d'habitants, désormais surnommée la « Silicon Valley indienne » car elle est une capitale des nouvelles technologies dans le pays et en Asie.

B. La diffusion de l'activité productive à de nouveaux espaces

- **83 % de la production manufacturière mondiale est réalisée par 20 pays.** Par exemple, l'automobile, première industrie du monde par la valeur de sa production, est longtemps restée l'apanage des pays développés. Depuis 2009, la Chine est devenue le premier producteur mondial grâce à son énorme marché intérieur.
- **La géographie de la production de produits textiles et d'habillement est révélatrice des recompositions en cours.** Concentrée jusqu'aux années 1970 aux États-Unis et en Europe occidentale, cette activité s'est déplacée vers l'Afrique du Nord et surtout l'Asie, à la recherche d'une main-d'œuvre bon marché. En 2016, l'Asie est de loin la première exportatrice mondiale, la Chine réalisant à elle seule 37 % des exportations mondiales. La part de la Chine ne cesse cependant de baisser au profit de nouveaux producteurs dont le Bangladesh, le Vietnam ou l'Éthiopie grâce au coût faible de leur main-d'œuvre et de la fiscalité.

C. La spécialisation de certains espaces productifs

- **La production du savoir reste concentrée dans quelques territoires.** Cinq États dans le monde polarisent 70 % des dépenses de recherche, dont un tiers pour les seuls États-Unis. La Chine dépose depuis 2011 plus de brevets que le Japon ou l'Allemagne. Des technopôles développés autour de prestigieuses universités dominent la production de haute technologie (Silicon Valley en Californie).
- **Au sein de grandes métropoles* mondiales, des quartiers dominent la production de services financiers.** C'est le cas à Wall Street (New York), la City (Londres). Mais les places financières des métropoles du Sud comme Shanghai, Dubaï ou São Paulo concentrent désormais 40 % de la capitalisation boursière mondiale.

> La géographie des espaces productifs évolue selon un triple mouvement : rééquilibrage des activités productives au profit du Sud, diffusion à de nouveaux espaces, spécialisation de certains territoires dans un type de production.

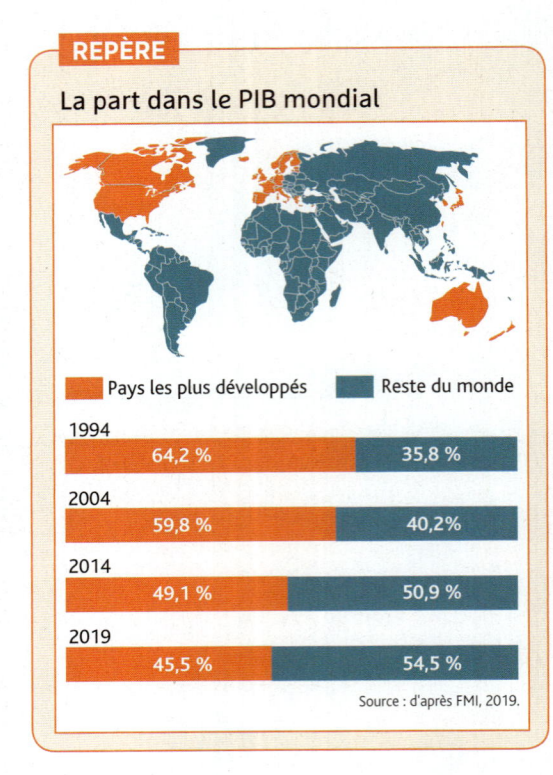

REPÈRE

La part dans le PIB mondial

Pays les plus développés | Reste du monde

- 1994 : 64,2 % | 35,8 %
- 2004 : 59,8 % | 40,2 %
- 2014 : 49,1 % | 50,9 %
- 2019 : 45,5 % | 54,5 %

Source : d'après FMI, 2019.

VOCABULAIRE

Brevet Titre de propriété intellectuelle qui attribue à son titulaire un monopole d'exploitation sur l'invention brevetée en général pour une durée maximale de 20 ans.

BRICS Acronyme désignant Brésil, Russie, Inde, Chine et Afrique du Sud. Les BRIC devenus BRICS en 2010 ont été désignés en 2003 par Jim O'Neill, un économiste de la banque américaine Goldman Sachs, comme des pays où il était intéressant pour les entreprises d'investir. Ces pays émergents se réunissent lors de sommets annuels pour peser sur la scène internationale.

Capitalisation boursière Valeur marchande des actions de toutes les sociétés cotées sur un marché boursier.

Pays émergent Pays où la forte croissance économique entraîne un certain développement (essor de la participation aux échanges internationaux, développement humain, essor de la classe moyenne).

Technopôle Parc d'activités regroupant des activités de pointe (recherche, haute technologie) et de formation supérieure.

1 Shenzhen, en 1980 et en 2018

Shenzhen est devenue le pôle dominant de la production électronique en Chine et a un rayonnement mondial. L'usine Foxconn, implantée en 1998, y emploie 300 000 salariés et fabrique les iPhone et McBooks. Les géants chinois et étrangers de l'industrie numérique y sont implantés (Huawei, IBM ou Oracle).

ANALYSE DIACHRONIQUE

2 L'éclatement des territoires productifs

« À partir de 1970, le processus de désindustrialisation touche l'ensemble des pays qui ont fait de l'industrialisation des XIXe et XXe siècles le socle de leur croissance économique. La crise des anciens territoires industriels, qu'il s'agisse des industries minières, des industries lourdes ou, plus récemment, des industries de biens de consommation à faible valeur ajoutée, affecte de nombreuses régions des pays du Nord dont les sites de production ont été fermés ou délocalisés vers des territoires aux coûts de main-d'œuvre inférieurs et/ou aux marchés prometteurs. La hiérarchie des puissances économiques est notamment remise en cause par l'apparition de nouveaux espaces productifs en Asie. Plus généralement, un nouveau système productif, fondé sur la croissance des services, la délocalisation des activités et le rôle décisif des technologies de l'information et de la communication, recompose les territoires de l'industrie. L'hypermobilité, rendue possible par la révolution informatique et celle des transports, remet en cause les paradigmes de la localisation des activités. »

Nicolas Balaresque, *La mondialisation contemporaine*, Nathan, 2017.

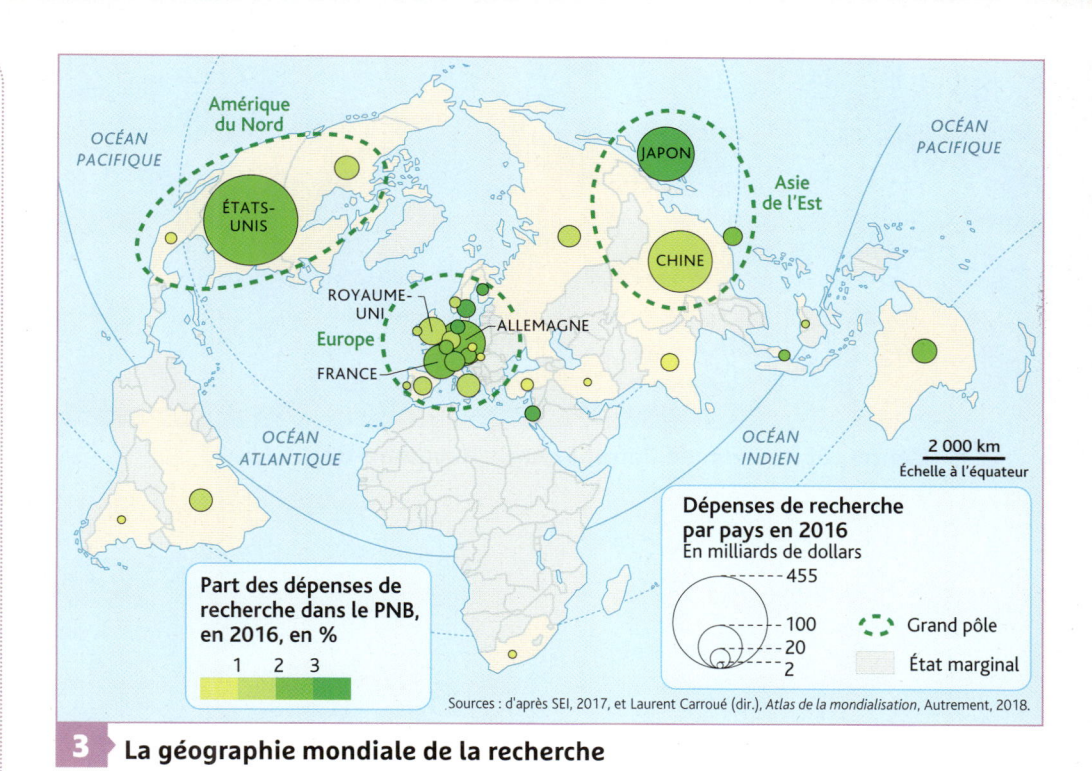

3 La géographie mondiale de la recherche

Sources : d'après SEI, 2017, et Laurent Carroué (dir.), *Atlas de la mondialisation*, Autrement, 2018.

Analyser et confronter les documents

1. Décrivez l'évolution du paysage de la ville de Shenzhen. **Doc 1**
2. Pourquoi peut-on parler de recomposition de l'espace productif mondial ? **Repère et doc 2 et 3**
3. Comment expliquer ces recompositions ? **Doc 1 à 3**

BAC Répondre à une question problématisée

Pourquoi l'essor des industries de haute technologie est-il un facteur primordial des recompositions des espaces productifs ?

1. Les espaces de production dans le monde : une diversité croissante

DOSSIER

Amazon, un empire mondial ?

Avec Google, Facebook, Apple et Microsoft, Amazon fait partie des GAFAM*, géants du web dont le chiffre d'affaires cumulé représente l'équivalent de 1,5 fois le PIB de la France. Fondé en 1994 à Seattle, Amazon a d'abord été une petite librairie en ligne baptisée Amazon.com. Aujourd'hui, Amazon est le leader mondial du e-commerce et emploie 540 000 salariés (2e employeur privé des États-Unis).

1 L'entrepôt Amazon de Peterborough, Royaume-Uni

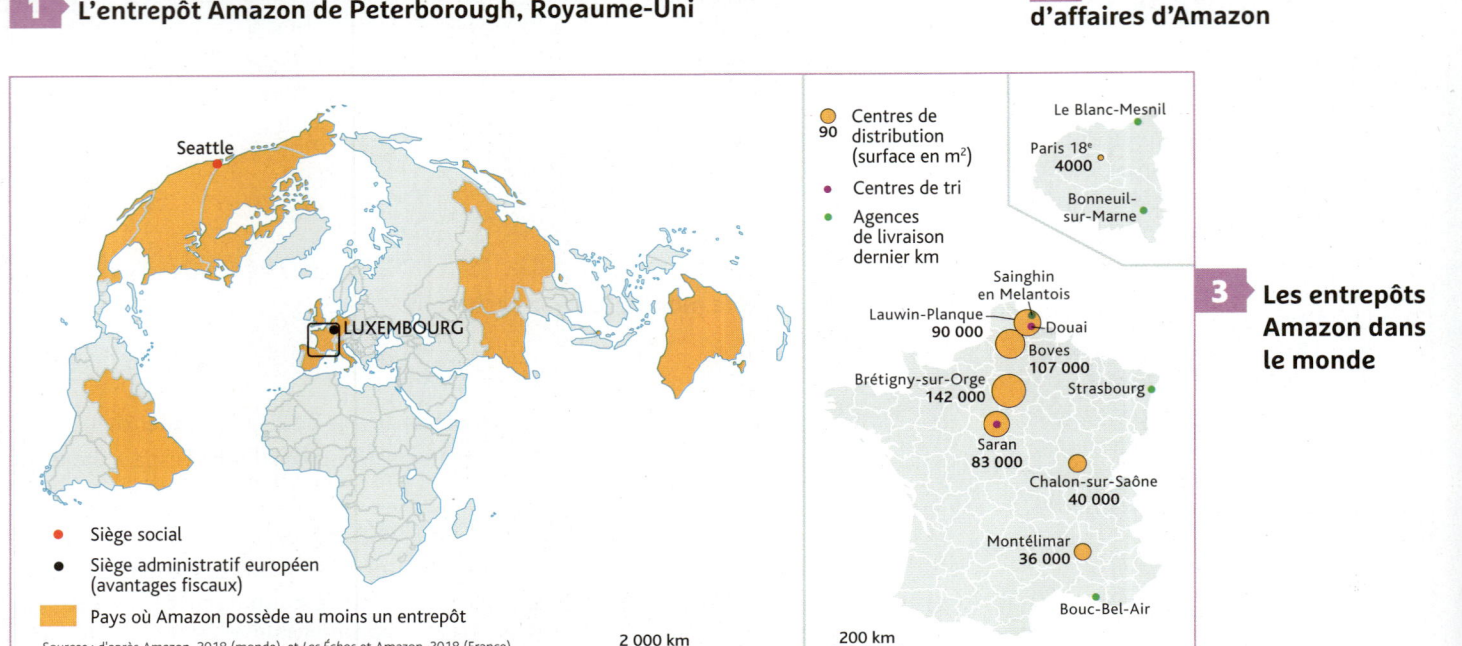

Chiffre d'affaires d'Amazon par types d'activités
- 67 % Vente en ligne de tous types de produits
- 17 % Vente en ligne pour un tiers[1]
- 9 % Location d'espace de stockage des données sur le cloud
- 5 % Abonnements dont Amazon Prime[2]
- 2 % Autres activités dont publicités, finances, etc.

[1] Des particuliers vendent des produits, Amazon encaisse une commission.
[2] Abonnement qui permet de recevoir des produits 1 jour après leur commande.

Chiffre d'affaires d'Amazon par pays
- États-Unis 67,8 %
- Allemagne 9,5 %
- Japon 6,7 %
- Royaume-Uni 6,4 %
- Autres 9,6 %

Sources : d'après Sensefuel, 2018 et Boursorama.com, 2018.

2 La répartition du chiffre d'affaires d'Amazon

3 Les entrepôts Amazon dans le monde

Légende carte monde :
- Siège social (Seattle)
- Siège administratif européen (avantages fiscaux) (Luxembourg)
- Pays où Amazon possède au moins un entrepôt

Légende France :
- Centres de distribution (surface en m²)
- Centres de tri
- Agences de livraison dernier km

- Le Blanc-Mesnil
- Paris 18e 4000
- Bonneuil-sur-Marne
- Sainghin en Melantois
- Lauwin-Planque 90 000
- Douai
- Boves 107 000
- Brétigny-sur-Orge 142 000
- Strasbourg
- Saran 83 000
- Chalon-sur-Saône 40 000
- Montélimar 36 000
- Bouc-Bel-Air

Sources : d'après Amazon, 2018 (monde), et Les Échos et Amazon, 2018 (France).

116 **Thème 2** Une diversification des espaces et des acteurs de la production

4 Les conséquences de l'installation d'Amazon

Source : Chappatte, New York Times, 22 juin 2017.

[ARTICLE]

5 La puissance logistique d'Amazon

« Pour accompagner sa croissance, Amazon multiplie les entrepôts près des grandes villes. Rien qu'en Europe, quinze nouveaux ont ouvert en 2017, comme à Hambourg, Rome ou Barcelone, portant leur nombre à 47. [...] À l'avenir, le traitement des commandes ira encore plus vite grâce aux robots Kiva, que le groupe a rachetés en 2012. "Ils déplacent les rayonnages automatiquement jusqu'aux préparateurs" souligne Frank Journo, consultant en e-logistique. Comme tous les webmarchands, Amazon joue sa réputation de fiabilité sur le respect des délais fixés [...]. Ainsi, il s'est lancé dans le fret maritime entre l'Asie et les États-Unis. Il loue depuis peu des avions-cargos pour convoyer ses marchandises à travers le continent américain et prévoit même d'avoir son hub aérien dans le Kentucky ! De plus, il commence à avoir ses camions. Amazon déploie enfin des agences pour la distribution finale au client. Il en existe six dans l'hexagone, la dernière ayant ouvert à Toulouse. »

Bruno Declairieux, « Amazon : quatre secrets de son incroyable logistique », *Capital*, 21 décembre 2017.

[VIDÉO]

6 Amazon, un danger pour le commerce traditionnel ?

« Amazon pratique la vente à perte. Il compense la non-rentabilité de cette activité par la location – juteuse, elle – d'espace sur le *cloud*. Ce faisant on laisse ce géant concurrencer de façon déloyale les enseignes classiques. À terme, ce sont les magasins qui disparaîtront en masse [...]. Amazon est devenu un monstre tentaculaire. La pieuvre Amazon va s'infiltrer dans tous les secteurs, de l'alimentaire aux produits technologiques en passant par l'assurance. Envisageons à présent l'avenir à moyen terme : souhaitons-nous échanger très provisoirement une baisse des prix pour le consommateur qui les adore, contre une modification définitive de notre style de vie ? Nous pourrons dire adieu à nos rues commerçantes et nous n'aurons plus d'autres choix que d'aller faire nos courses dans des ruelles virtuelles qui mèneront toutes à Amazon. »

Bernard Darty (cofondateur des magasins d'électroménager Darty), « Ne laissons pas Amazon détruire le commerce traditionnel », *Les Échos*, 3 août 2018.

[ARTICLE]

DEUX PARCOURS AU CHOIX

PARCOURS GUIDÉ

1. Dans quel type de pays Amazon est-il le plus fortement implanté ? Doc 2 et 3
2. Comment expliquer la puissance du groupe Amazon ? Doc 1, 2, 3 et 5
3. Pourquoi l'auteur du doc 6 qualifie-t-il Amazon de « monstre tentaculaire » et de « pieuvre » ? Doc 2 et 6
4. Qui la puissance d'Amazon menace-t-elle ? Doc 4 et 6 (pensez à regarder la source du doc 6)

PARCOURS AUTONOME ORAL

En vous appuyant sur le cas d'Amazon, élaborez un argumentaire sur les avantages et les risques de l'essor des firmes de l'e-commerce que vous rédigerez ou exposerez à l'oral (par exemple dans le cadre d'un débat).

1. Les espaces de production dans le monde : une diversité croissante

COURS 2

Un espace productif organisé en nouvelles chaînes de valeur ?

A Une nouvelle division internationale du travail

- **La division internationale du travail a longtemps consisté en une spécialisation des territoires selon les grandes familles de produits**. Les pays du Nord produisaient surtout des produits manufacturés à forte valeur ajoutée*, les pays du Sud fournissaient principalement des matières premières et les pays émergents* se consacraient à la fabrication de produits à faible valeur ajoutée et à fort besoin de main-d'œuvre (produits textiles, jouets…).

- **Désormais, les FTN pratiquent la décomposition internationale des processus productifs**. Ainsi, les pièces qui composent l'iPhone sont fabriquées dans un minimum de 8 pays différents avant d'être assemblées en Chine. Les espaces productifs des entreprises sont donc de plus en plus géographiquement fragmentés : 30 % du commerce international de marchandises sont le fait d'échanges entre les usines d'une même firme. Cette segmentation des chaînes de valeur profite de la forte mobilité mondiale des hommes, des capitaux, des services et des marchandises. Elle entraîne néanmoins la désindustrialisation des pays développés.

B La recherche de la compétitivité maximale structure les chaînes de valeur

- **Les entreprises externalisent une partie de leurs productions** pour qu'elles soient les plus compétitives possibles, notamment les activités les moins valorisées des chaînes de valeur comme la fabrication. Mais elles gardent souvent dans leurs pays d'origine les activités stratégiques à forte valeur : recherche, finance, marketing, conception. Certaines firmes, comme Intel ou IBM, externalisent désormais aussi des laboratoires de recherche en Inde, en Chine et dans l'Asie du Sud-Est.

- **En fonction des chaînes de valeur, les territoires sont inégalement attractifs**. Pour les activités de fabrication, le faible coût de la main-d'œuvre, une fiscalité faible et l'accessibilité sont déterminants. Pour les activités à forte valeur, c'est la présence d'un marché potentiel, d'une main-d'œuvre qualifiée, de laboratoires de recherche, de sous-traitants compétents qui vont attirer les entreprises.

C Remonter les chaînes de valeur, un enjeu de développement

- **De nombreux pays du Sud ne valorisent pas assez leurs productions**. Par exemple, le chocolat est fabriqué principalement dans les pays développés alors même que les deux premiers producteurs mondiaux de cacao sont la Côte d'Ivoire et le Ghana. Pour valoriser leur production et ne plus dépendre des prix fixés par les firmes du Nord, ces pays devraient s'industrialiser mais au prix d'un endettement souvent insupportable.

- **Des pays asiatiques comme la Corée du Sud ont réussi à remonter les chaînes de valeur industrielles pour se développer**. Grâce à des exportations de produits à faible valeur, ils ont acheté des brevets, attiré des firmes étrangères et se spécialisent de plus en plus dans les productions électroniques et numériques.

> L'espace productif mondial se décompose géographiquement selon les chaînes de valeur du fait d'une recherche de compétitivité maximale par les firmes. Remonter les chaînes de valeur est un vecteur de développement pour les pays.

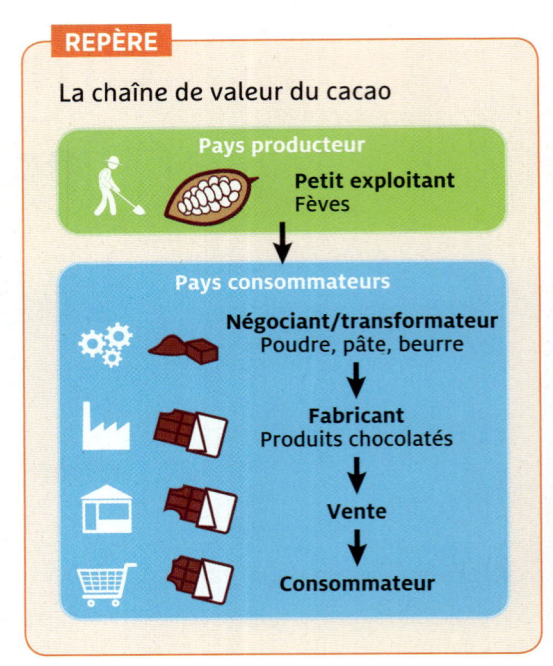

REPÈRE

La chaîne de valeur du cacao

Pays producteur
- Petit exploitant — Fèves

Pays consommateurs
- Négociant/transformateur — Poudre, pâte, beurre
- Fabricant — Produits chocolatés
- Vente
- Consommateur

VOCABULAIRE

Chaîne de valeur (ajoutée) Segmentation du processus de production d'un même produit en de multiples tâches effectuées par des entreprises réparties dans différentes régions du monde. L'organisation en chaînes de valeur est aussi qualifiée de décomposition internationale des processus productifs (DIPP). Elle est assurée par des firmes transnationales et leurs filiales.

Compétitivité Capacité à produire à moindre coût et prix le même bien ou service que celui de ses concurrents. La compétitivité hors-prix est la capacité de produire un bien ou service de meilleure qualité, plus innovant ou ayant un meilleur design que celui des concurrents.

Désindustrialisation Diminution de la part de l'industrie dans le PIB et l'emploi des actifs. Dans les pays développés, elle résulte d'un transfert de la partie fabrication des chaînes de valeur vers des territoires plus compétitifs.

Externalisation Terme voisin de sous-traitance. Il s'agit pour une entreprise de transférer une partie de ses activités vers une autre entreprise, dans le même pays ou à l'étranger.

FTN (firme transnationale) Entreprise réalisant ses activités et son chiffre d'affaires dans plusieurs pays. Elle est constituée d'une société-mère qui a son siège social dans le pays d'origine et de filiales implantées dans d'autres pays mais sous son contrôle.

1 Shenzhen en Chine : la « cité des iPhone » (Foxconn, firme taïwanaise)

2 La segmentation de la production chez Apple

« Apple assemble la majorité de ses produits (Mac, iPhone, iPad...) dans les usines chinoises du géant taïwanais Foxconn avant de les réexporter vers d'autres pays, y compris les États-Unis. Mais la Chine en profite finalement assez peu. L'iPhone est un concentré de mondialisation à lui tout seul où la Chine ne joue qu'un rôle mineur dans la chaîne de valeur. À l'intérieur du dernier modèle, l'iPhone X, l'écran Oled fourni par le sud-coréen Samsung coûte déjà 110 dollars, soit près d'un tiers du coût de production total de l'appareil. À cela il faut ajouter les mémoires NAND achetées auprès du japonais Toshiba, les mémoires DRAM conçues par le sud-coréen Hynix, ou encore certains éléments de la caméra à reconnaissance faciale qui sont fournis par ST Microelectronics (société franco-italienne) et Texas Instruments. Si Apple réalise des marges importantes sur les ventes d'iPad et d'iPhone et capte ainsi une large partie de la valeur ajoutée*, d'autres entreprises internationales sont ravies de profiter du succès des produits de la firme. Bien que concurrent dans les smartphones, Samsung a finalement de bonnes raisons de se féliciter du succès d'Apple. »

Frédéric Schaeffer, « L'iPhone, un concentré de mondialisation à lui seul », *Les Échos*, 2 août 2018.

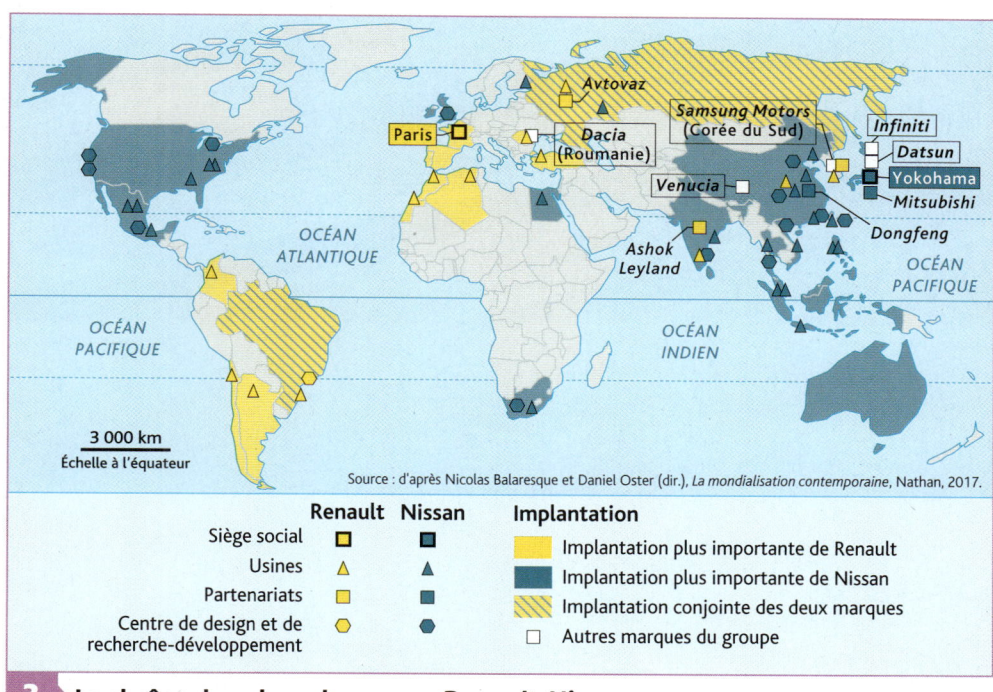

3 La chaîne de valeur du groupe Renault-Nissan

Analyser et confronter les documents

1. Décrivez la chaîne de valeur* du cacao. Repère

2. En quoi la chaîne de valeur de la téléphonie mobile montre-t-elle un clivage Nord-Sud ? Doc 1 et 2

3. Pourquoi Samsung peut-il quand même se réjouir du succès de son concurrent Apple ? Doc 2

4. Expliquez la répartition géographique des usines du groupe Renault-Nissan. Doc 3

BAC Réaliser une production graphique

Faites un schéma cartographique à partir du doc 2 pour montrer la chaîne de valeur des iPhones.

1. Les espaces de production dans le monde : une diversité croissante

DOSSIER

D'où viennent nos tomates ?

La tomate est un des aliments les plus consommés au monde. Ce produit est souvent associé à l'Italie. Pourtant la réalité est plus complexe et témoigne de l'évolution du secteur agroalimentaire* dans le monde.

1 Séchage de tomates en plein air en Chine

La Chine produit 5 millions de tonnes de tomates chaque année dont une partie est séchée en plein air pour être exportée.

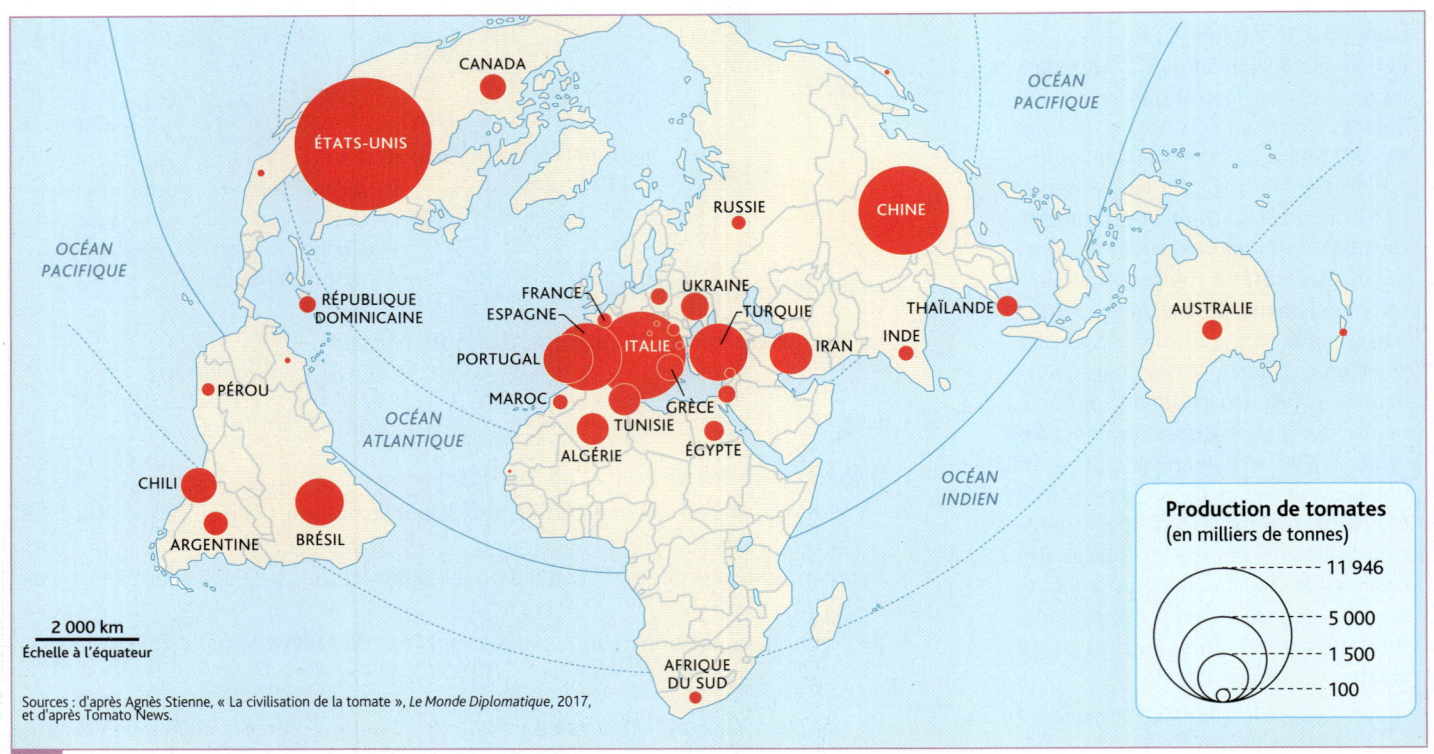

Sources : d'après Agnès Stienne, « La civilisation de la tomate », *Le Monde Diplomatique*, 2017, et d'après Tomato News.

2 Les principaux producteurs de tomates destinées à l'industrie agroalimentaire

Production de tomates (en milliers de tonnes) : 11 946 – 5 000 – 1 500 – 100

Thème 2 Une diversification des espaces et des acteurs de la production

3 Le concentré de tomates, un produit agro-industriel mondialisé

Production mondiale
- 1963
- 2013 : 64 millions de tonnes

- XVIe siècle : diffusion dans la culture européenne
- XVIIe siècle : diffusion dans la culture nord-américaine
- 1876 : invention du ketchup par H.J. Heinz à Pittsburgh
- 1914 : industrialisation de la tomaticulture en Californie
- XIXe siècle : invention de la pizza rossa (rouge) à Naples
- aujourd'hui : le Xinjiang, l'une des premières régions productrices
- Le berceau : domestication à l'époque précolombienne
- Les boîtes de concentré vendues dans les PMA sont parfois toxiques

ÉTATS-UNIS · ESPAGNE · GHANA · CHINE

Kraft Heinz
Géant agroalimentaire mondial
Siège social : Pittsburgh (Pennsylvanie, États-Unis)
fondée en 1869
41 000 employés
106e entreprise mondiale (classement *Fortune*, 2017)

COFCO Tunhe
(China National Cereals, Oils and Foodstuffs Corporation)
Principale entreprise chinoise de transformation de tomates
Siège social : Ürümqi (Xinjiang, Chine)
fondée en 1952
60 000 employés
121e entreprise mondiale (classement *Fortune*, 2015)

Source : d'après Jean-Benoît Bouron, « Le concentré de tomate, un produit agro-industriel mondialisé », *Géoconfluences*, 2017.

4 Couverture du livre *L'Empire de l'or rouge*, publié en 2017 chez Fayard

Le journaliste français Jean-Baptiste Malet a enquêté après avoir découvert que la conserverie Le Cabanon, située en Provence (Vaucluse), avait été rachetée en 2004 par le géant chinois de la transformation de tomates Chalkis et que du « triple concentré de tomates » made in China était la matière première tomate des sauces provençales, alors que la firme s'était engagée à utiliser 60 000 tonnes de tomates locales. En 2016, la conserverie a été reprise par un groupe portugais, Unitom.

5 Interview du journaliste Jean-Baptiste Malet

Question Quel rôle exact joue l'Italie dans le circuit mondial de la tomate d'industrie ?

Réponse J'ai découvert que ce sont les Italiens qui sont allés bâtir la filière chinoise, en organisant un immense transfert de technologie. Il a été pensé pour permettre aux conserveries napolitaines de récupérer d'immenses quantités de concentré de tomates chinois ; concentré chinois dont il arrive quotidiennement dix conteneurs à Salerne, et qui est massivement retravaillé dans les conserveries du Sud de l'Italie, où il est habillé aux couleurs de l'Italie. Les conserveries napolitaines inondent l'Europe avec leurs petites boîtes de concentré ou de tomates pelées. Le concentré chinois est aussi importé par l'Allemagne et les Pays-Bas, premiers exportateurs européens de sauces, bien que ne produisant pas la moindre tomate d'industrie. En Chine, ce sont parfois des enfants ou des prisonniers des *laogaïs*, le goulag chinois, qui cueillent les tomates d'industrie destinées à la transformation et au transport en barils. Ceux qu'achètent Heinz, Unilever ou Nestlé. »

Eugénie Bastié, « Comment la tomate d'industrie est devenue le symbole des dérives de la mondialisation », publié sur lefigaro.fr, 11 juin 2017.

DEUX PARCOURS AU CHOIX

PARCOURS GUIDÉ

1. Quel est l'espace géographique d'origine de la tomate ? Quand et comment sa consommation s'est-elle d'abord diffusée ? À quelle époque et comment devient-elle ensuite un produit de base de l'industrie agroalimentaire* ? Doc 3
2. Analysez la localisation des principaux producteurs de tomates destinées à l'industrie. Doc 1, 2 et 3
3. Quels types d'entreprises contrôlent la transformation des tomates ? Donnez des exemples. Doc 3 et 4
4. Pourquoi la Chine est-elle devenue un « géant » de la tomate ? Que dénonce Jean-Baptiste Malet dans son livre « l'empire de l'or rouge » ? Doc 4 et 5

PARCOURS AUTONOME

À l'aide de l'ensemble des documents, justifiez le titre du livre de Jean-Baptiste Malet, *L'Empire de l'or rouge*, à propos de la mondialisation de « la tomate d'industrie ». Vous pouvez suivre les axes suivants :
– une mondialisation progressive de la consommation de tomates et de son utilisation dans le secteur agroalimentaire,
– une mondialisation de la production,
– les risques liés à cette mondialisation.

1. Les espaces de production dans le monde : une diversité croissante

COURS 3

Quels acteurs organisent les espaces productifs ?

A Le poids prépondérant des firmes transnationales

- **Les 100 plus importantes FTN* du monde fournissent 10 % du PIB mondial** alors qu'elles ne représentent que 0,1 % des entreprises de la planète. Environ 107 000 FTN contrôlent plus de 910 000 filiales. Le géant américain de la grande distribution Walmart emploie plus de deux millions de salariés. Des FTN géantes se développent désormais dans la haute technologie, à l'image des GAFAM.

- **La taille permet aux grandes entreprises d'améliorer leurs capacités** d'investissements mais aussi de profiter d'économies d'échelle. Leur force d'innovation est considérable : les dépenses de recherche et développement des GAFAM sont supérieures à celles de nombreux États.

- **Le volume des IDE dans le monde a été multiplié par 10 dans les 25 dernières années.** Par leurs IDE, les FTN sélectionnent les espaces productifs qui offrent le plus d'avantages comparatifs dont, par exemple, les zones franches. Moins de 5 % des IDE sont des délocalisations*. La majorité des IDE relèvent de stratégies de conquêtes de nouveaux marchés par les firmes. Ainsi, Nestlé réalise 90 % de son chiffre d'affaires hors de son pays d'origine, la Suisse. Les FTN organisent ainsi les chaînes de valeur* en cherchant à produire le plus efficacement au moindre coût.

B Les États sont aussi des acteurs importants

- **Les États fixent le cadre juridique, fiscal et social dans lequel les entreprises évoluent.** Ainsi, l'Irlande, qui taxe les bénéfices des entreprises à 12,5 % (33 % en France), abrite de nombreux sièges européens de grandes FTN. Par ailleurs, les États aménagent leurs territoires pour les rendre attractifs. La France est reconnue pour la qualité de ses infrastructures de transport, ce qui attire des FTN comme Amazon qui y installe plusieurs entrepôts.

- **Les États et les FTN ont souvent des intérêts partagés.** Certaines FTN sont contrôlées par des États comme Gazprom, le géant gazier russe. Même lorsqu'elles sont privées, l'origine nationale d'une firme reste importante. Le pays d'origine est privilégié, notamment en cas de relocalisations*. Les États peuvent néanmoins contraindre les FTN : plusieurs pays européens veulent taxer plus fortement les GAFAM ou encore imposer des normes environnementales, notamment aux constructeurs automobiles.

C D'autres acteurs jouent un rôle dans les espaces productifs

- **Les Zones d'intégration régionale (ZIR) facilitent la mobilité des hommes, des capitaux, des marchandises et des services.** Une entreprise qui s'installe par exemple dans l'Union européenne profite d'un marché de près de 450 millions d'habitants.

- **De nombreux contre-pouvoirs** (syndicats, ONG...) font pression sur les firmes et les États pour qu'ils exercent une responsabilité sociale et environnementale. Il s'agit de limiter les externalités négatives liées aux activités productives.

> Les grandes FTN organisent l'espace productif mondial dans le cadre d'une décomposition internationale des processus productifs. D'autres acteurs, comme les États, les ZIR ou des contre-pouvoirs, contribuent aussi à l'évolution des espaces productifs.

REPÈRE

Les destinations des investissements directs étrangers (IDE)

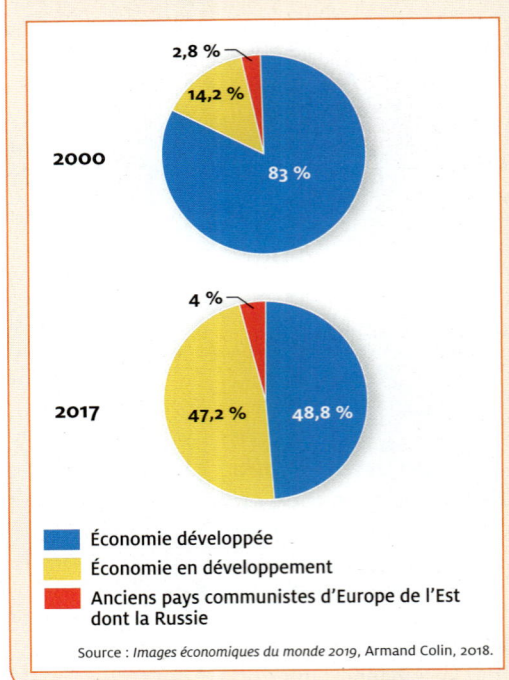

2000 :
- Économie développée : 83 %
- Économie en développement : 14,2 %
- Anciens pays communistes d'Europe de l'Est dont la Russie : 2,8 %

2017 :
- Économie développée : 48,8 %
- Économie en développement : 47,2 %
- Anciens pays communistes d'Europe de l'Est dont la Russie : 4 %

Source : *Images économiques du monde 2019*, Armand Colin, 2018.

VOCABULAIRE

Avantages comparatifs d'un territoire Ensemble des éléments qui lui permettent d'être plus attractif que les autres.

Économies d'échelle Baisse du coût unitaire de fabrication d'un produit obtenue par une entreprise en accroissant sa production.

Externalités négatives Conséquences négatives d'une activité sur les sociétés et l'environnement.

GAFAM Google, Apple, Facebook, Amazon, Microsoft.

IDE Investissements directs à l'étranger réalisés par de grandes entreprises lorsqu'elles implantent une activité ou rachètent une société dans un autre pays.

ZIR Union douanière entre plusieurs États avec, parfois, des politiques économiques et même une monnaie commune.

Zone franche Territoire dans lequel un État offre des avantages notamment fiscaux pour attirer des investissements étrangers et développer des activités à des fins d'exportation.

Thème 2 Une diversification des espaces et des acteurs de la production

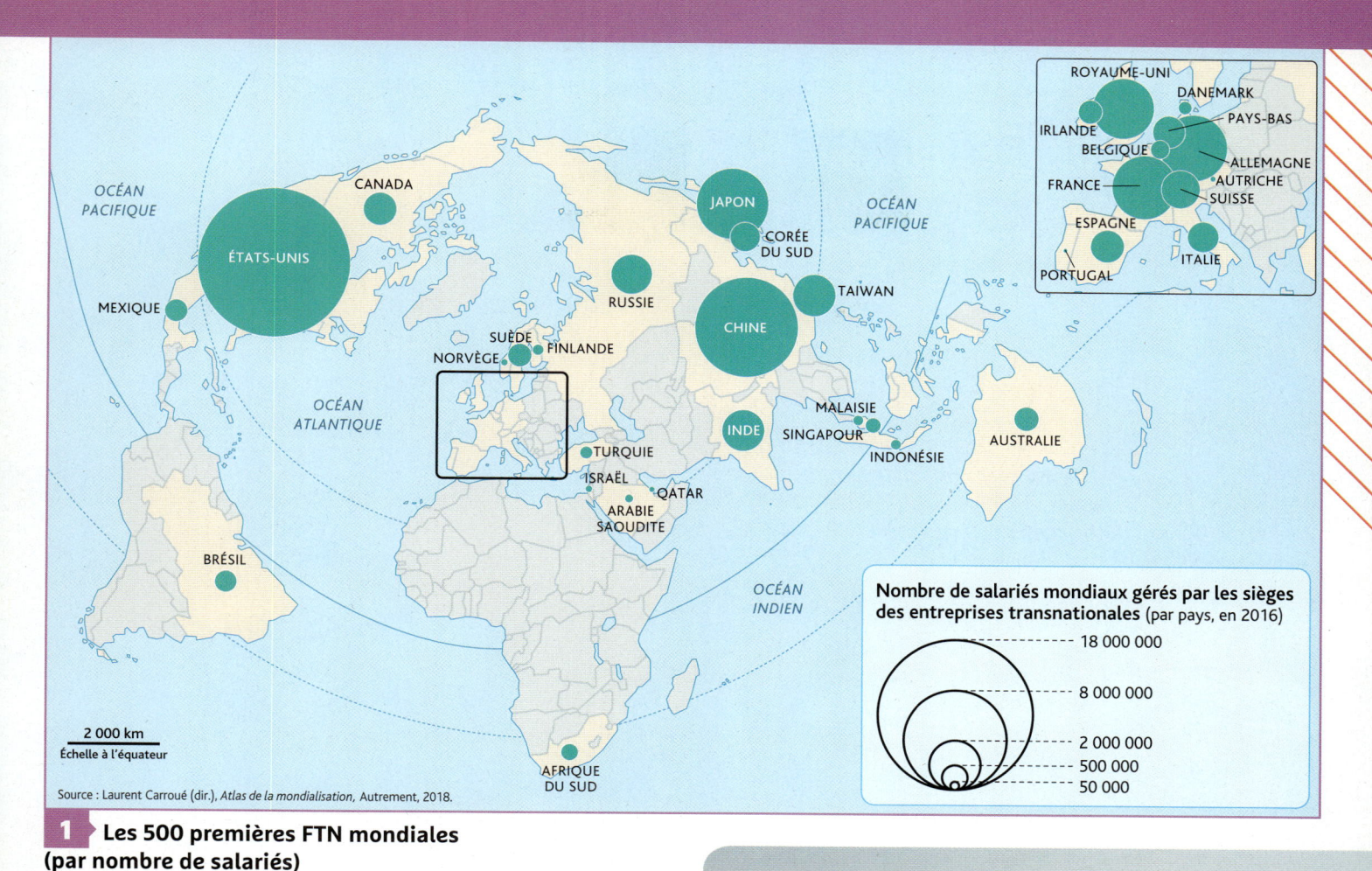

1 Les 500 premières FTN mondiales (par nombre de salariés)

Source : Laurent Carroué (dir.), *Atlas de la mondialisation*, Autrement, 2018.

Nombre de salariés mondiaux gérés par les sièges des entreprises transnationales (par pays, en 2016) : 18 000 000 ; 8 000 000 ; 2 000 000 ; 500 000 ; 50 000.

2 L'inauguration de la plus grande zone franche* d'Afrique, à Djibouti, en 2017

3 Les plus grandes FTN mondiales en 2018 selon le chiffre d'affaires

	Nom	Pays	Activité
1	Walmart	États-Unis	Commerce de détail
2	State Grid	Chine	Électricité
3	Sinopec	Chine	Hydrocarbures
4	CNPC	Chine	Hydrocarbures
5	Royal Dutch Shell	Pays-Bas	Hydrocarbures
6	Toyota	Japon	Automobile
7	Volkswagen	Allemagne	Automobile
8	BP	Royaume-Uni	Hydrocarbures
9	Exxon Mobil	États-Unis	Hydrocarbures
10	Berkshire Hataway	États-Unis	Finance et industrie

Source : Fortune 500, 2018.

Analyser et confronter les documents

1. Dans quels pays sont principalement localisées les grandes FTN ? Quels sont les secteurs d'activité des plus puissantes FTN ? Repère, doc 1 et 3

2. Pourquoi peut-on parler de tendance au rééquilibrage Nord-Sud du point de vue des IDE et des FTN ? Repère, doc 1 et 3

3. Comment expliquer le faste de la cérémonie d'ouverture d'une zone franche à Djibouti ? Doc 2

BAC Répondre à une question problématisée

Pourquoi peut-on parler du rôle prédominant des FTN dans l'organisation des espaces productifs mondiaux ?

1. Les espaces de production dans le monde : une diversité croissante

La bourse du New York Stock Exchange (Wall Street)

Thème 2 • **La diversification des espaces et des acteurs de la production**

question Monde

2. Métropolisation, littoralisation des espaces productifs et accroissement des flux

La recomposition des espaces productifs se déroule à l'échelle mondiale mais aussi à l'échelle des États et des régions. L'accroissement des flux* qui en résulte favorise certains types d'espaces au détriment d'autres.

L'essor de la conteneurisation
(port de Koper, Slovénie)

> Montrez que ces photographies illustrent la métropolisation et la littoralisation des espaces productifs, mais aussi l'accroissement des flux matériels et immatériels.

Comment la métropolisation et la littoralisation des espaces productifs sont-elles liées à l'essor des flux ?

- **Pourquoi les espaces productifs sont-ils métropolisés et littoralisés ?** 130-133
- **Un monde de flux ?** 134-137

125

À L'ÉCHELLE MONDIALE

Métropolisation, littoralisation et accroissement des flux

Notion-clé — **Mondialisation économique**

Processus d'intensification et de libéralisation des échanges à l'échelle planétaire, qui aboutit à un espace mondial de plus en plus intégré et interdépendant.

1 Littoralisation

Le port de Rotterdam 55 % de l'humanité habite à moins de 50 km de la mer. Cette littoralisation des populations et des espaces de production s'accélère.

2 Flux

L'aéroport de Gatwick, à Londres Les flux* de personnes, de marchandises, de services ou de capitaux, sont en augmentation constante. Si les flux de marchandises sont à 85 % maritimes, les voies terrestre et aérienne sont principalement utilisées par les personnes.

3 Métropolisation

La banque centrale européenne à Francfort La mondialisation a renforcé la métropolisation* : les sièges sociaux des FTN* et des banques, les bourses sont situés pour la plupart dans de très grandes métropoles.

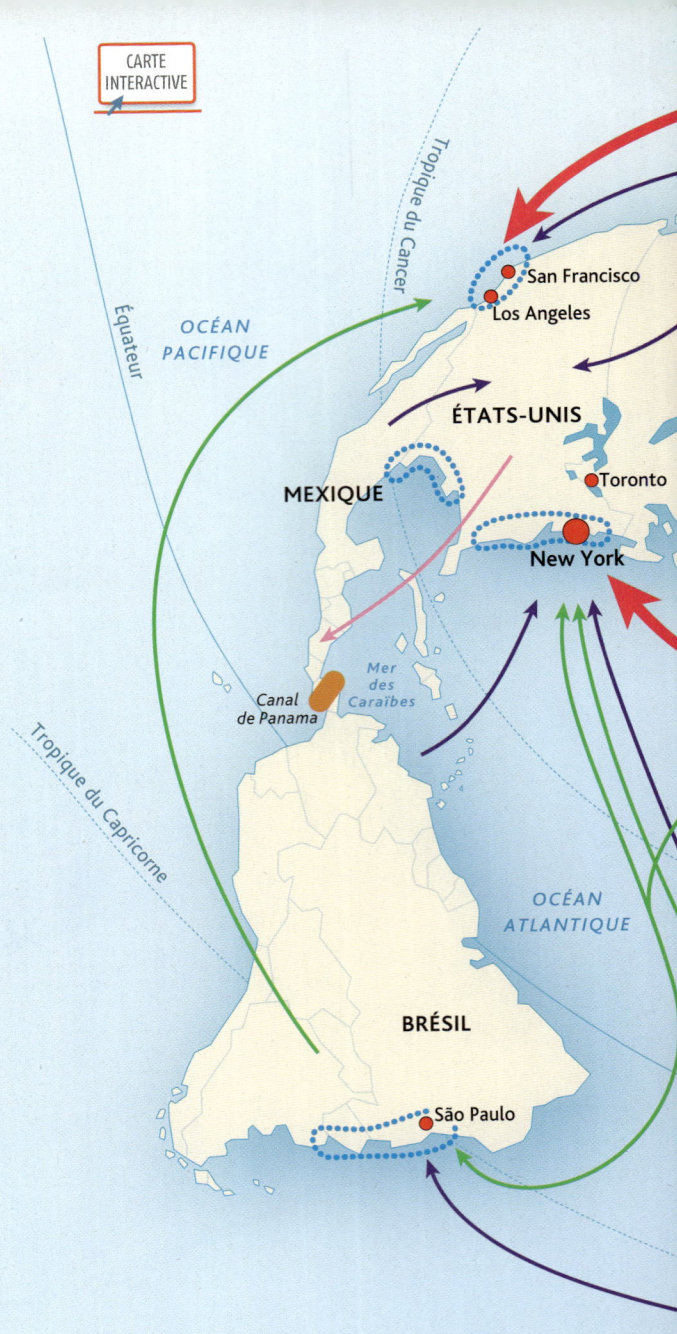

Thème 2 Une diversification des espaces et des acteurs de la production

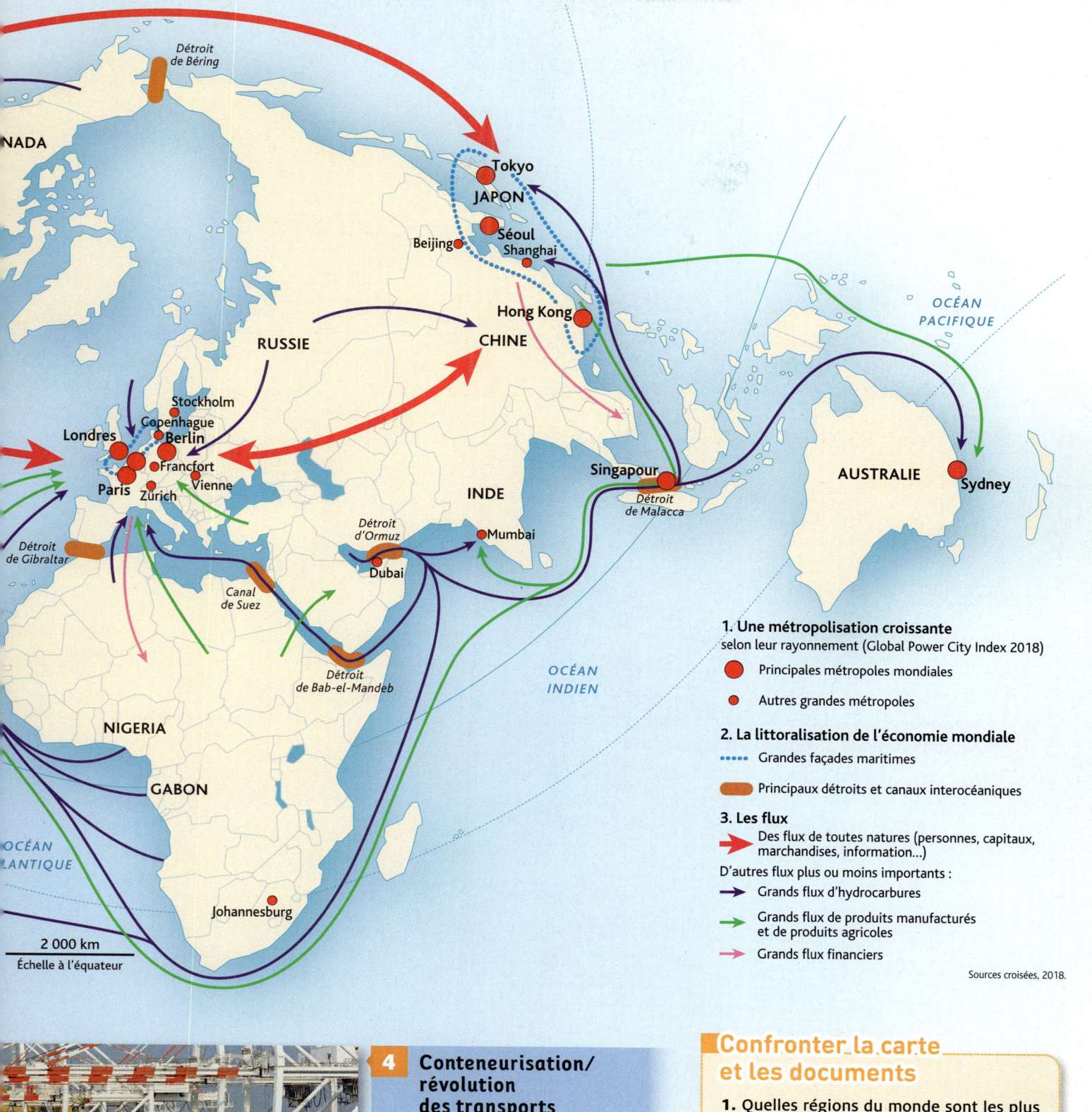

1. Une métropolisation croissante
selon leur rayonnement (Global Power City Index 2018)

- ● Principales métropoles mondiales
- • Autres grandes métropoles

2. La littoralisation de l'économie mondiale

- ···· Grandes façades maritimes
- ▬ Principaux détroits et canaux interocéaniques

3. Les flux

- ➡ Des flux de toutes natures (personnes, capitaux, marchandises, information...)

D'autres flux plus ou moins importants :
- ➡ Grands flux d'hydrocarbures
- ➡ Grands flux de produits manufacturés et de produits agricoles
- ➡ Grands flux financiers

Sources croisées, 2018.

4 Conteneurisation/révolution des transports

Porte-conteneurs dans le port de Laem Chabang, en Thaïlande

La révolution des transports a facilité l'essor des flux : la généralisation de la conteneurisation a permis l'abaissement du coût des transports maritimes.

Confronter la carte et les documents

1. Quelles régions du monde sont les plus concernées par les échanges commerciaux ? **Planisphère**

2. Quelle(s) grande(s) région(s) semble(nt) au contraire à l'écart des grands flux économiques mondiaux ? **Planisphère**

3. Quel rôle jouent les métropoles dans l'accroissement des flux ? **Planisphère, doc 2 et 3**

4. Quels liens peut-on faire entre accroissement des flux et littoralisation ? **Planisphère, Doc 1 et 4**

2. Métropolisation, littoralisation des espaces productifs et accroissement des flux 127

DES CARTES POUR COMPRENDRE

Métropolisation, littoralisation des espaces productifs et accroissement des flux

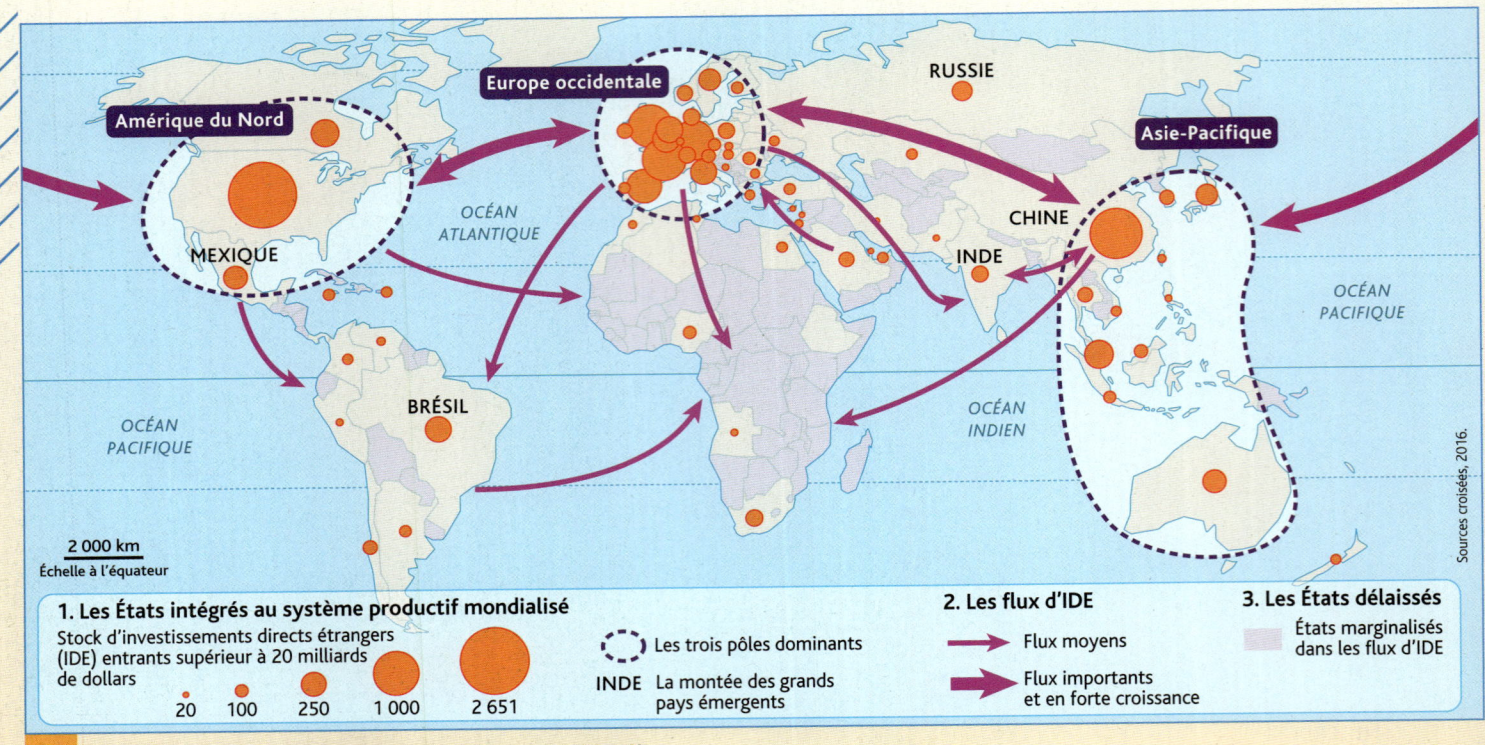

1 Les investissements directs à l'étranger (IDE*)

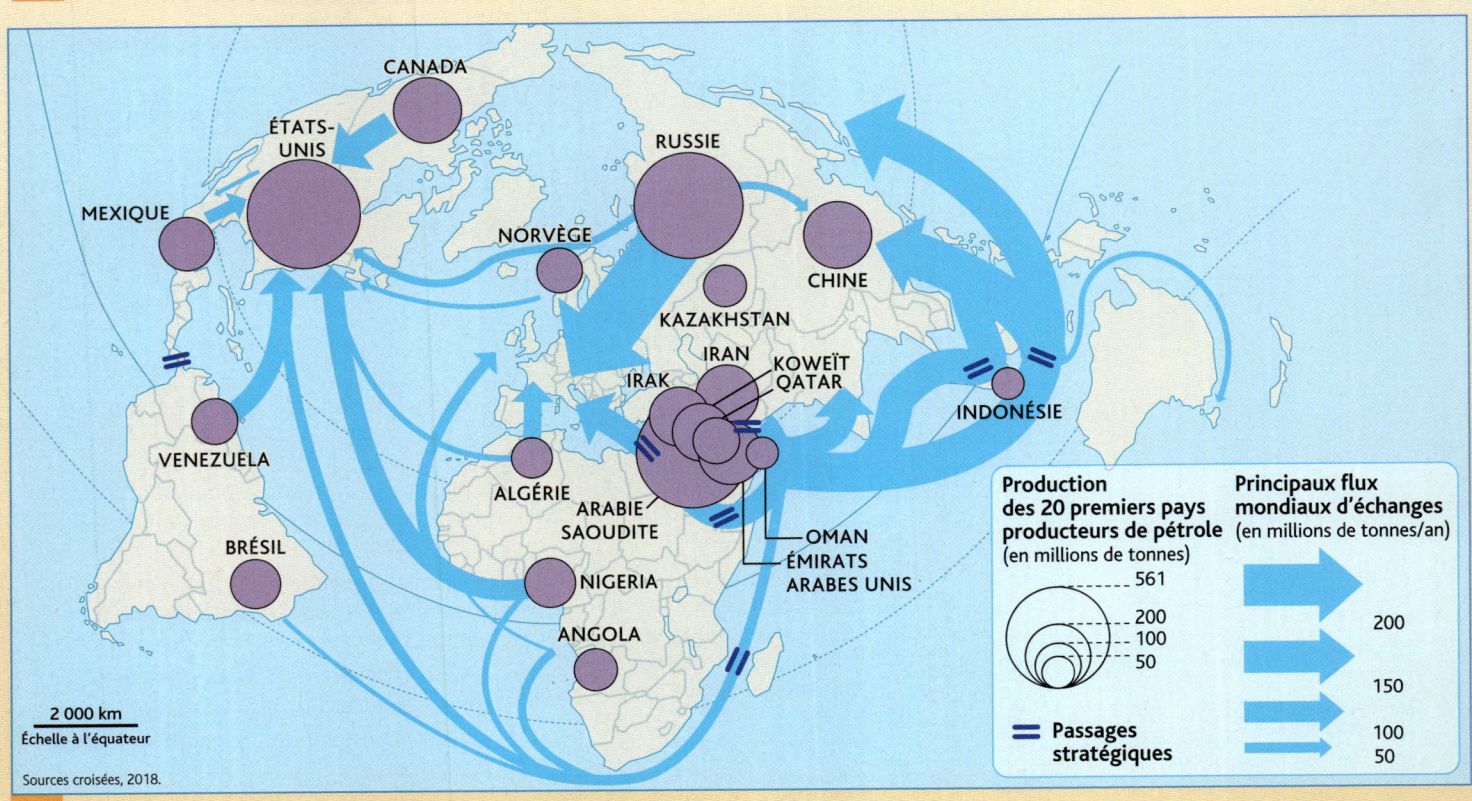

1. Les États intégrés au système productif mondialisé
Stock d'investissements directs étrangers (IDE) entrants supérieur à 20 milliards de dollars : 20, 100, 250, 1 000, 2 651

- ◯ Les trois pôles dominants
- INDE La montée des grands pays émergents

2. Les flux d'IDE
- → Flux moyens
- ⇒ Flux importants et en forte croissance

3. Les États délaissés
- États marginalisés dans les flux d'IDE

Sources croisées, 2016.

2 Les flux de pétrole dans le monde

Production des 20 premiers pays producteurs de pétrole (en millions de tonnes) : 561, 200, 100, 50

Principaux flux mondiaux d'échanges (en millions de tonnes/an) : 200, 150, 100, 50

═ Passages stratégiques

Sources croisées, 2018.

Thème 2 Une diversification des espaces et des acteurs de la production

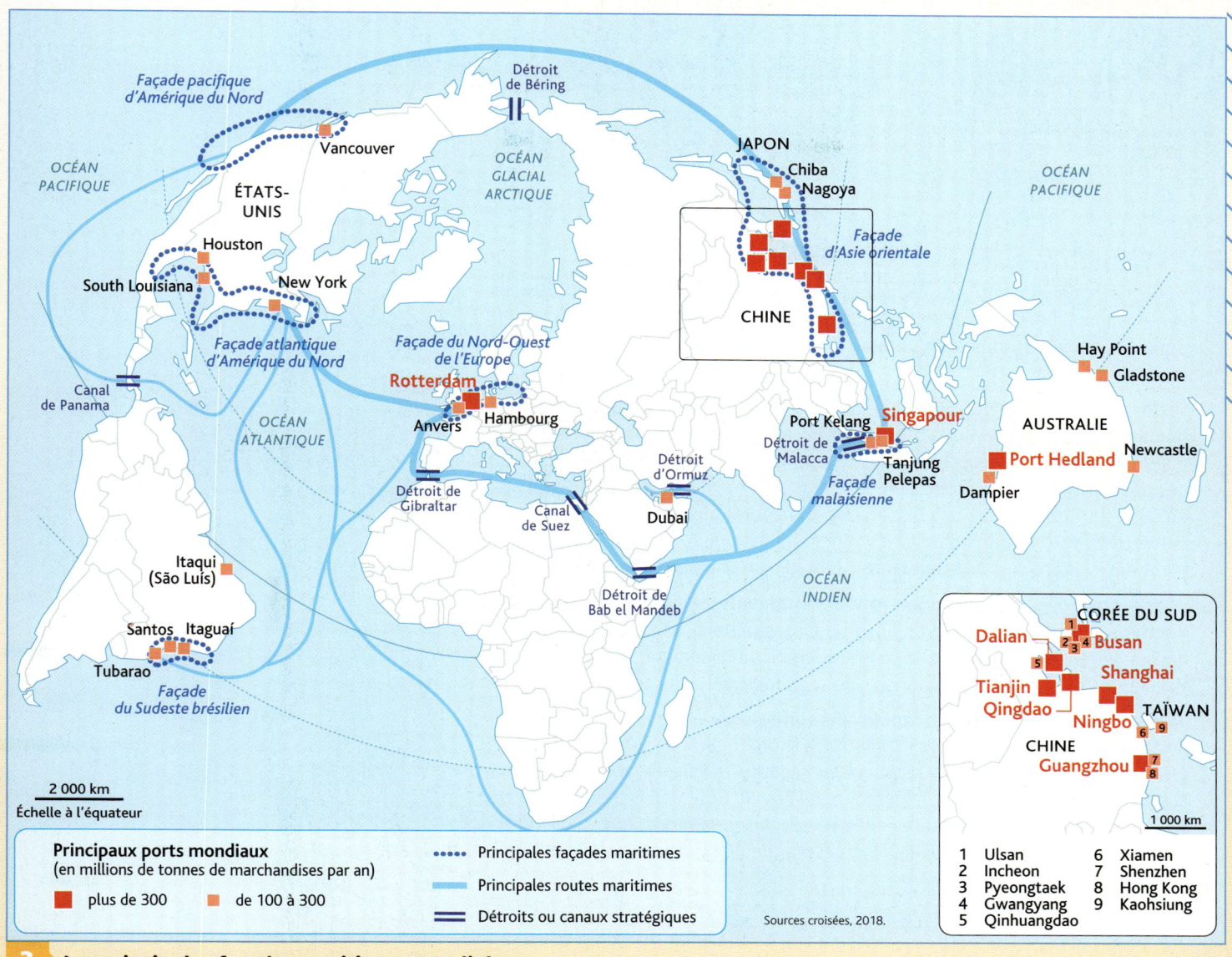

3 Les principales façades maritimes mondiales

Principaux ports mondiaux (en millions de tonnes de marchandises par an) :
- ■ plus de 300
- ■ de 100 à 300

- ‧‧‧‧ Principales façades maritimes
- — Principales routes maritimes
- ═ Détroits ou canaux stratégiques

Sources croisées, 2018.

Échelle à l'équateur : 2 000 km

Façades et lieux identifiés sur la carte :
- Façade pacifique d'Amérique du Nord : Vancouver
- ÉTATS-UNIS : Houston, South Louisiana, New York
- Façade atlantique d'Amérique du Nord
- Canal de Panama
- Détroit de Béring
- OCÉAN GLACIAL ARCTIQUE
- JAPON : Chiba, Nagoya
- Façade d'Asie orientale
- CHINE
- Façade du Nord-Ouest de l'Europe : Rotterdam, Anvers, Hambourg
- Détroit de Gibraltar
- Canal de Suez
- Détroit d'Ormuz : Dubai
- Détroit de Bab el Mandeb
- Port Kelang, Détroit de Malacca, Singapour, Tanjung Pelepas
- Façade malaisienne
- AUSTRALIE : Hay Point, Gladstone, Port Hedland, Newcastle, Dampier
- Itaqui (São Luís), Santos, Itaguaí, Tubarão
- Façade du Sudeste brésilien

Encart Asie orientale (1 000 km) :
- CORÉE DU SUD : Dalian, Busan
- Tianjin, Qingdao, Shanghai, Ningbo
- CHINE : Guangzhou
- TAÏWAN

1. Ulsan — 6. Xiamen
2. Incheon — 7. Shenzhen
3. Pyeongtaek — 8. Hong Kong
4. Gwangyang — 9. Kaohsiung
5. Qinhuangdao

DEUX PARCOURS AU CHOIX POUR ANALYSER LES CARTES

PARCOURS RÉDIGÉ

1. Montrez que les trois cartes illustrent des flux de nature différente.
2. Analysez les flux d'IDE : en quoi sont-ils révélateurs de l'inégal développement ? **Doc 1**
3. Quelles régions du monde sont les plus concernées par les flux de pétrole ? **Doc 2**
4. Pourquoi la façade maritime de l'Asie orientale est-elle la première mondiale ? **Doc 3**

BILAN À l'aide des cartes et du planisphère p. 127, montrez soit sous forme rédigée, soit sous forme d'un schéma, la variété des flux dans le monde et leur lien avec la littoralisation et la métropolisation.

PARCOURS CARTOGRAPHIQUE

Synthétisez les **cartes 1 à 3**, en faisant apparaître les pôles dominants de l'économie mondiale et les grandes routes maritimes.

Aidez-vous de la **p. 140.**

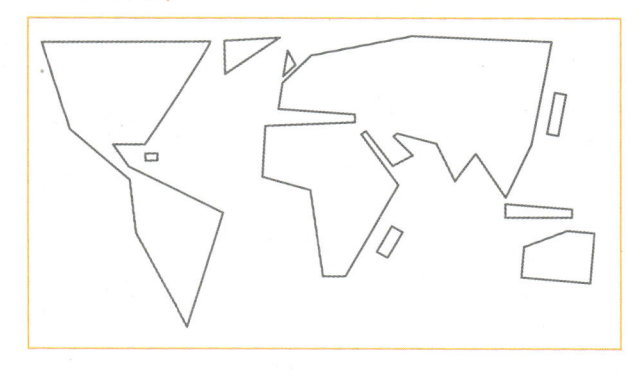

---

2. Métropolisation, littoralisation des espaces productifs et accroissement des flux

COURS 1

Pourquoi les espaces productifs sont-ils métropolisés et littoralisés ?

A. La métropolisation* des espaces productifs

- **Les métropoles* sont des espaces privilégiés de production de richesses.** Par exemple, la production de l'agglomération de Tokyo est équivalente au PIB du Mexique, ce qui place la ville au 15e rang des puissances économiques mondiales.

- **Elles attirent les entreprises car elles offrent des infrastructures de qualité** (recherche, éducation...), ainsi qu'un grand marché de consommation et de la main-d'œuvre abondante. Les entreprises cherchent à se rapprocher des lieux des pouvoirs politiques, économiques, financiers, intellectuels et culturels. Parce qu'elles sont des nœuds des réseaux de transports mondiaux, les métropoles permettent aux entreprises de fonctionner en flux tendus* et de s'insérer facilement dans les chaînes de production à l'échelle internationale.

- **Les métropoles sont en concurrence pour développer leurs fonctions productives.** Ainsi, Paris, Francfort ou Amsterdam se battent pour attirer les banques qui souhaitent quitter Londres à cause du Brexit. Inversement, le fait que 14 des 15 villes les plus polluées du monde soient en Inde freine les investisseurs.

- **Les espaces productifs métropolitains sont divers.** Les quartiers des affaires (Manhattan, la City de Londres...) polarisent la production de services financiers. En périphérie, des clusters ou technopôles* comme la Silicon Valley profitent de la synergie* entre entreprises, laboratoires de recherche et universités. L'industrie, surtout si elle est polluante, est reléguée en périphérie dans des zones industrielles comme Incheon près de Séoul. Des formes d'agriculture urbaine peuvent parfois se développer.

B. La littoralisation croissante des espaces productifs

- **Certains littoraux et métropoles littorales sont au cœur du système productif mondial.** 40 % de la population mondiale vit à moins de 60 km d'un littoral : ces territoires ont donc un potentiel de consommation et de main-d'œuvre élevé. Ils accueillent aussi des activités spécifiques liées à la pêche et au tourisme.

- **Les littoraux s'imposent comme des territoires privilégiés pour l'industrie** comme le montre la puissance des zones industrialo-portuaires (ZIP) dotées souvent de zones franches*. Cela s'explique par le rôle d'interface que jouent ces littoraux entre leur hinterland et le reste du monde. Ce rôle est amplifié par la maritimisation des échanges : 90 % du commerce mondial de marchandises se fait par la voie maritime.

- **Les grands ports jouent le rôle de hubs commerciaux continentaux comme Shanghai.** Ils sont dotés de plateformes logistiques* de plus en plus efficaces pour faciliter les ruptures de charges, en particulier pour les conteneurs. La localisation portuaire permet aux entreprises de s'approvisionner en matières premières et d'exporter. La mondialisation renforce donc la littoralisation.

> Les grandes métropoles et certains littoraux sont les espaces productifs les plus dynamiques et puissants du monde. Ils sont en compétition pour attirer les entreprises qui trouvent dans ces territoires des avantages comparatifs.

REPÈRE

Une façade maritime

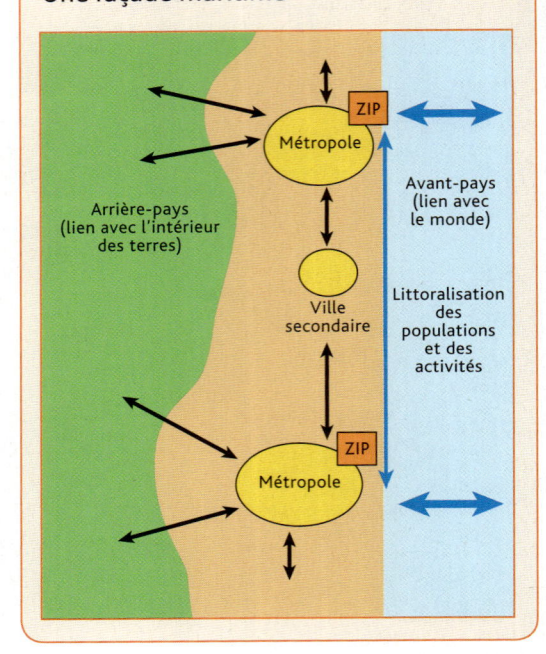

Schéma : Arrière-pays (lien avec l'intérieur des terres) — Métropole — ZIP — Avant-pays (lien avec le monde) — Ville secondaire — Métropole — ZIP — Littoralisation des populations et des activités.

VOCABULAIRE

Cluster Concentration en un même lieu d'activités spécialisées dans un même domaine. Les clusters spécialisés dans la haute technologie sont des technopôles.

Hinterland (ou arrière-pays) Zone faisant le lien entre la côte et l'intérieur des terres.

Hub Lieu permettant une redistribution des passagers, marchandises ou informations vers d'autres destinations (hubs portuaires, aéroportuaires...).

Interface Zone de contact entre des espaces de nature différente.

Littoralisation Processus de concentration croissante des populations et des activités à proximité des littoraux.

Réseau Ensemble des chemins et axes matériels et immatériels qui relient les différentes parties de la planète. Les lieux de connexion de ces réseaux sont des nœuds.

ZIP (Zone industrialo-portuaire) Espace littoral associant des activités industrielles et portuaires.

Thème 2 Une diversification des espaces et des acteurs de la production

Une métropole d'importance internationale

- Population... d'Incheon, de la ville de Séoul, du Grand Séoul
- Limites de la zone urbaine
- Zones fortement urbanisées
- Installations portuaires et aéroportuaires
- Grandes infrastructures autoroutières
- Frontière internationale

Les espaces productifs de la métropole

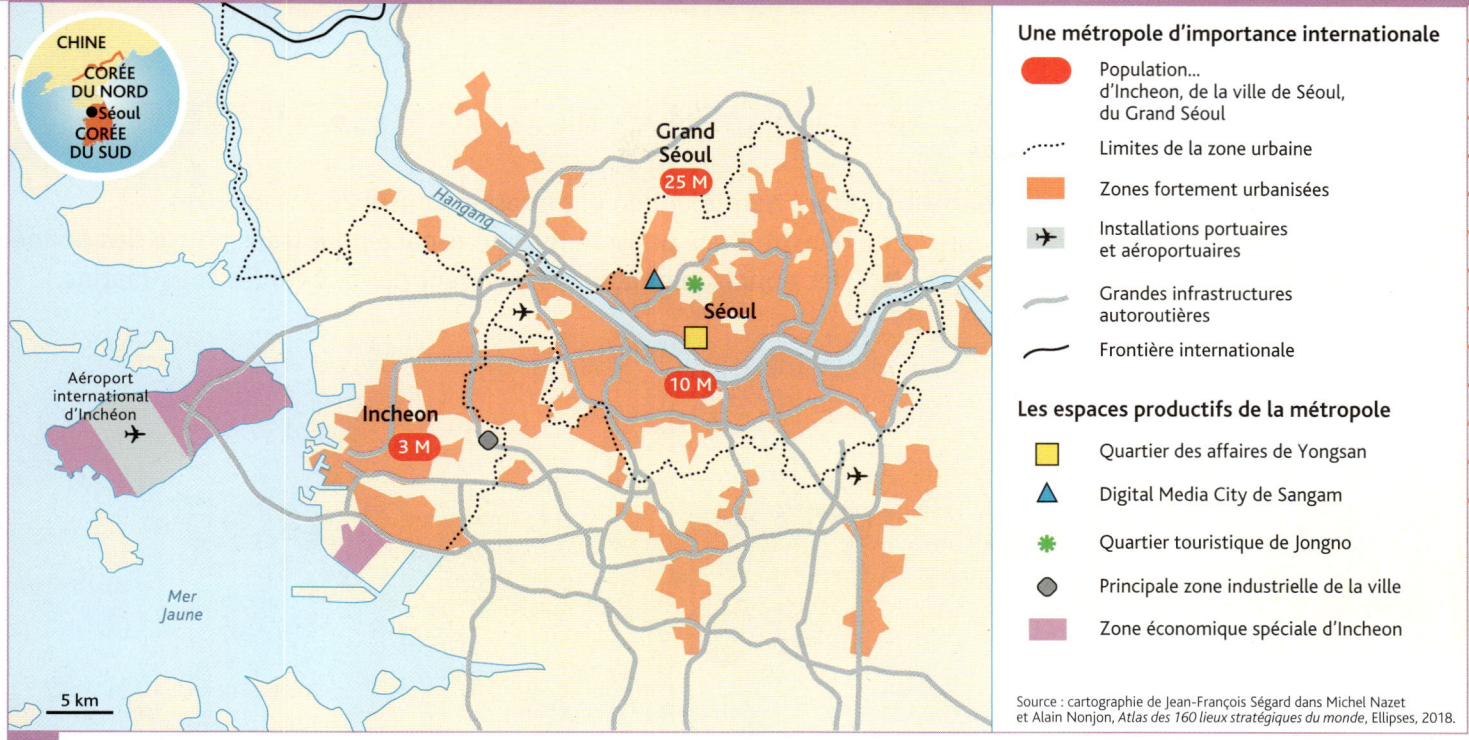

- Quartier des affaires de Yongsan
- Digital Media City de Sangam
- Quartier touristique de Jongno
- Principale zone industrielle de la ville
- Zone économique spéciale d'Incheon

Source : cartographie de Jean-François Ségard dans Michel Nazet et Alain Nonjon, *Atlas des 160 lieux stratégiques du monde*, Ellipses, 2018.

1 Les espaces productifs de l'agglomération de Séoul

2 Les métropoles attractives pour les FTN de conseils aux entreprises

« Les métropoles concentrent la plupart des entreprises de services et de conseil aux entreprises. Ces activités de conseil sont devenues une des fonctions emblématiques des plus grandes métropoles : Accenture, Ernst&Young, KPMG ou Capgemini[1] ont toutes leurs sièges sociaux ou des bureaux dans les quartiers d'affaires des grandes métropoles mondiales. Fondée en 1967 à Grenoble, Capgemini est aujourd'hui une firme transnationale qui se classe parmi les cinq premières entreprises de conseils à l'échelle mondiale. Elle s'est étendue en Europe avec une présence au sein de 21 pays européens dès les années 1970, puis aux États-Unis au cours des années 1980. Différentes acquisitions pendant les années 1990 ont renforcé son implantation européenne et américaine, mais aussi asiatique. Elle est aujourd'hui présente au cœur du quartier d'affaires de la Défense à Paris, sur la 5e avenue à New York, mais aussi à Londres, Berlin, Tokyo, Shanghai ou Singapour. »

Nicolas Balaresque, *La mondialisation contemporaine*, Nathan, 2017.

[1] FTN de services informatiques et numériques.

3 Le port d'Incheon et sa zone industrielle et portuaire, dans l'agglomération de Séoul en Corée du Sud

Analyser et confronter les documents

1. Quelles sont les activités productives mentionnées sur le doc 1 ?
2. Pourquoi Séoul et le port d'Incheon sont-ils attractifs pour les firmes ? Repère, doc 1 et 2
3. Pourquoi les FTN de conseils aux entreprises s'installent-elles dans les centres des métropoles ? Doc 2

BAC Réaliser une production graphique

Réalisez, à partir du repère et des doc 1 et 3, un schéma de l'organisation spatiale du port d'Incheon (pensez à indiquer des termes spécifiques).

2. Métropolisation, littoralisation des espaces productifs et accroissement des flux

DOSSIER

Le cyberespace, un espace vraiment virtuel ?

En 2026, 45 % de la population mondiale utilisera quotidiennement Internet contre 28,7 % en 2010.
De plus en plus d'individus, d'entreprises ou d'institutions utilisent le cyberespace pour transmettre des données. Or, 99 % du trafic mondial d'Internet et 90 % des appels téléphoniques passent par des câbles sous-marins.

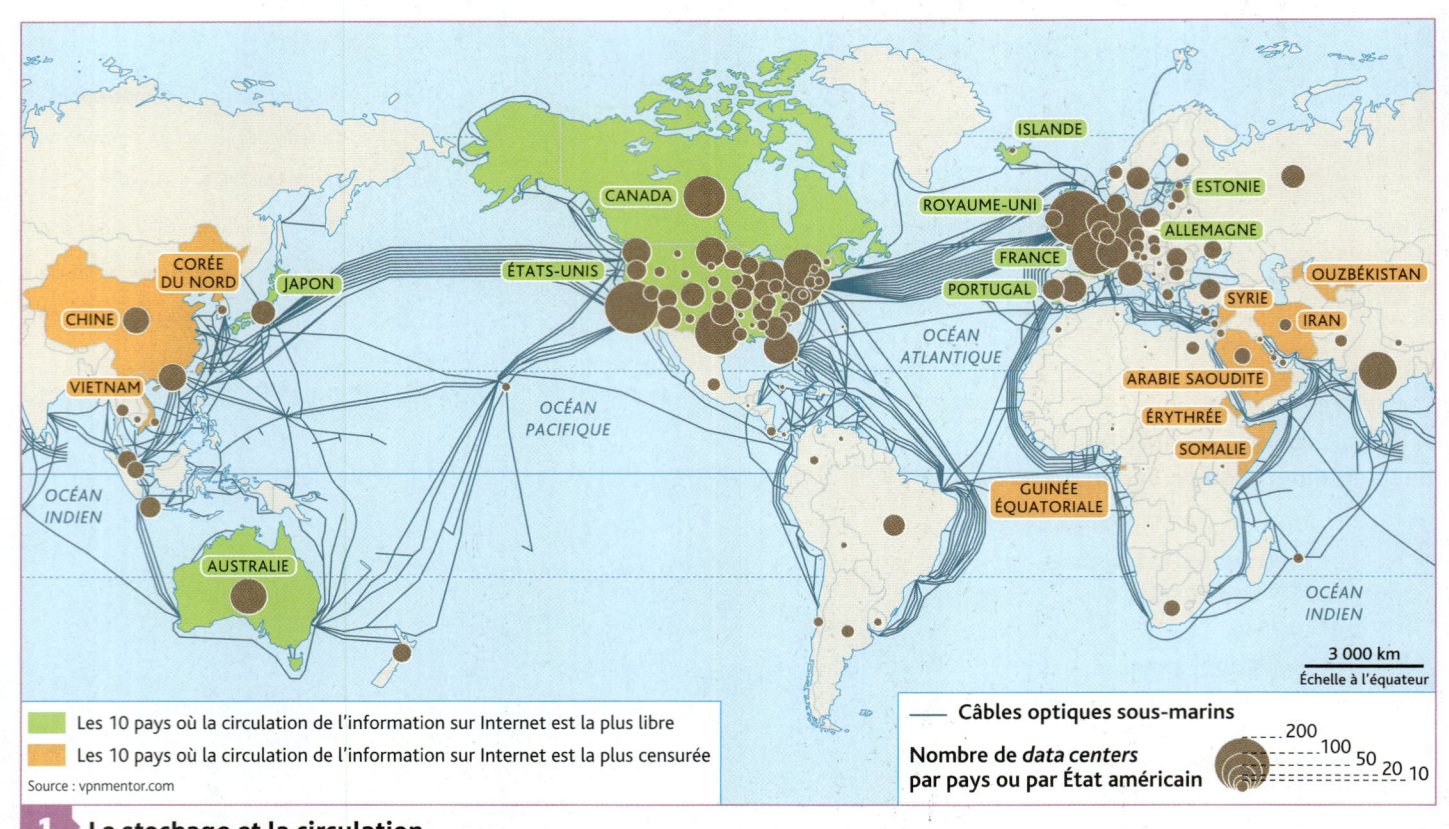

1 Le stockage et la circulation des données sur le réseau Internet

- Les 10 pays où la circulation de l'information sur Internet est la plus libre
- Les 10 pays où la circulation de l'information sur Internet est la plus censurée

Source : vpnmentor.com

— Câbles optiques sous-marins
Nombre de *data centers* par pays ou par État américain : 200, 100, 50, 20, 10

2 Le data center de Facebook en Suède

Ces infrastructures composées d'un réseau d'ordinateurs sont utilisées par de nombreux acteurs, dont les entreprises, pour organiser, traiter, stocker et entreposer les informations avec le maximum de sécurité. Il y a environ 3 600 data centers dans le monde employant 600 000 salariés, soit un chiffre d'affaires mondial de 40 milliards de dollars en 2018 (90 milliards en 2026).

3. Comment fonctionne le cyberespace ?

« Le squelette de l'Internet est composé de trois éléments majeurs : des data centers, des réseaux qui transportent les données de et vers les appareils (ordinateurs, téléphones, machines, etc.) et des points d'interconnexion qui mettent en relation les réseaux et les data centers. [...] Les principaux risques qui pèsent sur les réseaux sont la rupture des câbles lors d'une catastrophe naturelle ou de travaux de voieries ou l'arrachage d'un câble sous-marin par l'ancre d'un navire. En mars 2018, une dizaine de pays de la côte ouest de l'Afrique ont ainsi été privés d'Internet pendant plusieurs jours parce qu'un chalutier avait endommagé un câble. Pour parer à ce genre de problème, les câbles sont la plupart du temps redondés, c'est-à-dire doublés. [...] Le rôle des data centers est également crucial. Leurs exploitants choisissent avec soin leur localisation pour être au plus près des points d'atterrage des câbles et des grandes agglomérations. Ainsi, ils peuvent garantir à leurs clients des temps de latence inférieurs à quelques millisecondes. Les géants du Net comme Google, Apple, Facebook, Amazon ou Microsoft investissent eux aussi massivement depuis longtemps dans les data centers, mais aussi dans les câbles. »

Sophy Caulier, « Internet, la bataille du réseau », *Le Monde*, 26 juin 2018.

4. La pose des câbles océaniques par un navire câblier

Fin 2018, 448 câbles sous-marins font fonctionner le réseau Internet. Ils représentent une longueur cumulée de 1,2 million de km, soit 30 fois le tour de la Terre.

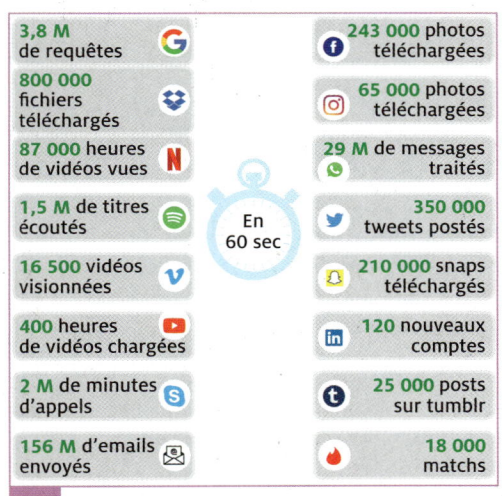

5. L'intensité des flux sur Internet

En 60 sec :
- 3,8 M de requêtes (Google)
- 800 000 fichiers téléchargés (Dropbox)
- 87 000 heures de vidéos vues (Netflix)
- 1,5 M de titres écoutés (Spotify)
- 16 500 vidéos visionnées (Vimeo)
- 400 heures de vidéos chargées (YouTube)
- 2 M de minutes d'appels (Skype)
- 156 M d'emails envoyés
- 243 000 photos téléchargées (Facebook)
- 65 000 photos téléchargées (Instagram)
- 29 M de messages traités (WhatsApp)
- 350 000 tweets postés (Twitter)
- 210 000 snaps téléchargés (Snapchat)
- 120 nouveaux comptes (LinkedIn)
- 25 000 posts sur tumblr
- 18 000 matchs (Tinder)

Source : Pascaline Boittiaux, statista.com, 30 mai 2018.

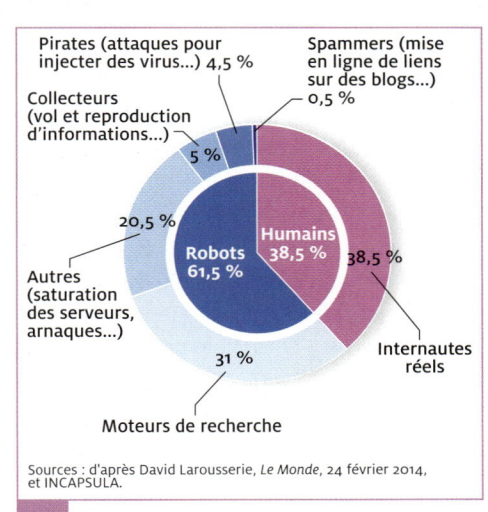

6. Un réseau mal sécurisé, un trafic web géré à 60 % par des robots

- Pirates (attaques pour injecter des virus...) 4,5 %
- Spammers (mise en ligne de liens sur des blogs...) 0,5 %
- Collecteurs (vol et reproduction d'informations...) 5 %
- Autres (saturation des serveurs, arnaques...) 20,5 %
- Moteurs de recherche 31 %
- Robots 61,5 %
- Humains 38,5 %
- Internautes réels 38,5 %

Sources : d'après David Larousserie, *Le Monde*, 24 février 2014, et INCAPSULA.

DEUX PARCOURS AU CHOIX

PARCOURS GUIDÉ

1. Quels pays et quelles régions du monde sont les mieux desservis par les câbles sous-marins et les mieux équipés en data centers ? **Doc 1**
2. Quelles sont les infrastructures physiques nécessaires pour faire circuler des données dans le cyberespace ? **Doc 1 à 4**
3. Pourquoi l'importance du cyberespace est-elle de plus en plus forte ? **Doc 2 et 5**
4. Quels risques pèsent sur la circulation et le stockage des données dans le cyberespace ? **Doc 1, 3 et 6**

PARCOURS AUTONOME

En utilisant des données du dossier, rédigez une réponse à la question : « Le cyberespace, un espace stratégique mais soumis à des risques croissants ? »

2. Métropolisation, littoralisation des espaces productifs et accroissement des flux

COURS 2

Un monde de flux ?

A — Des espaces productifs de plus en plus interconnectés

• **Les flux immatériels sont en forte progression** (plus de 20 % des échanges mondiaux). Les flux de services sont en net essor tandis que les flux financiers sont dynamisés par la croissance des IDE* mais aussi par l'interconnexion des bourses du monde. Les flux d'informations sont intenses : 1,2 milliard d'e-mails sont envoyés chaque heure dans le monde par plus de 3 milliards d'êtres humains connectés.

• **Les flux matériels restent dominants mais avec des évolutions contrastées.** Les échanges de produits manufacturés représentent 65 % des échanges internationaux et leur valeur a été multipliée par 8 entre 1986 et 2016. En revanche, il y a une régression de la part des produits primaires : si les échanges de produits agricoles progressent légèrement, ceux des autres matières premières baissent.

• **La multiplication des flux de toute nature aboutit à un monde en réseaux caractéristique de la mondialisation.** Les espaces productifs sont interdépendants : l'augmentation du prix du pétrole dans les régions de production affecte par exemple tous les pays du monde dépendants de ces importations.

B — Un contexte favorable à l'intensification des flux

• **L'OMC ainsi que la multiplication des zones d'intégration régionale*** ont fait reculer le protectionnisme libéralisant les flux internationaux. La liberté de circulation des capitaux a permis aux FTN* d'organiser leurs chaînes de valeur* dans des pays différents.

• **Les progrès techniques des transports et communications** ont facilité l'intensification des flux et la baisse du coût d'acheminement des produits et services. Transporter une tonne de minerai de fer de l'Australie vers l'Europe ne coûte qu'environ 9 euros ! Les progrès de l'informatique permettent la connexion continue des places financières : les ¾ des transactions financières à Wall Street sont à « haute fréquence ».

• **La montée en puissance économique de nouveaux pays dynamise les flux.** La Chine est ainsi devenue la première exportatrice et la seconde importatrice mondiale de marchandises.

C — L'intensification des flux profite à certains territoires

• **Les flux privilégient les territoires les plus accessibles et les mieux interconnectés** dont les grandes métropoles et quelques façades maritimes. L'intégration des espaces productifs dans les réseaux est une condition indispensable au développement. Cette connexion peut néanmoins être une source de vulnérabilité : les pays rentiers des matières premières ou agricoles peuvent subir la baisse des prix sur les marchés mondiaux.

• **Les espaces productifs peinent à se développer dans les territoires enclavés ou en insécurité.** Parfois, ils sont connectés aux flux illicites de l'antimonde. En Amérique du Sud, les Andes colombiennes sont ainsi au cœur de la production et du commerce mondial de la drogue. Cependant les paradis fiscaux se situent fréquemment dans des pays du Nord ou dans certaines îles des Caraïbes.

> De multiples flux matériels et immatériels connectent les espaces productifs à travers le monde. Des facteurs politiques, techniques et économiques facilitent l'essor des flux structurant la mondialisation.

REPÈRE

L'évolution du commerce mondial

En milliards de dollars

Repères sur le graphique :
- Première guerre du Golfe (janvier-février 1991)
- Attentats du World Trade Center (11 septembre 2001)
- Crise économique mondiale (2008-2009)

Sources : d'après François Bost et Sébastien Piantoni, université de Reims, 2018, et d'après sources diverses dont l'OMC.

VOCABULAIRE

Antimonde Ensemble des acteurs, des activités et des flux illicites.

Flux Ensemble des circulations et des échanges de toutes natures entre les différents lieux du monde.

Mondialisation Processus d'intensification et de libéralisation des échanges à l'échelle planétaire, qui aboutit à un espace mondial de plus en plus intégré et interdépendant.

OMC Organisation mondiale du commerce dont l'objectif est de lutter contre les barrières protectionnistes freinant les échanges.

Paradis fiscal Territoire taxant très peu les capitaux et pratiquant le secret bancaire sur l'origine des fonds et l'identité des déposants.

Pays rentiers Pays dont l'économie dépend essentiellement de l'exportation de matières premières.

Produits primaires Produits destinés à être transformés (produits agricoles, matières premières énergétiques et minérales).

Transactions à haute fréquence Échanges financiers à très haute vitesse (de l'ordre des microsecondes) effectués par des algorithmes informatiques.

1 · L'OOCL Hong Kong, plus gros porte-conteneurs au monde

DONNÉES

Ce navire lancé en 2017 peut transporter 21 413 conteneurs, ce qui permet d'abaisser fortement les coûts du transport. L'Orient Overseas Container Line est une firme chinoise de transport maritime basée à Hong Kong.

2 · Des flux financiers de moins en moins contrôlables ?

« La crise de 2007-2008 a montré la difficulté à gérer, à l'échelle mondiale, des circulations financières massives et très spéculatives. Les chiffres des circulations financières donnent le tournis mais sont à la hauteur des enjeux commerciaux pour une planète ouverte quasi totalement aux échanges marchands. La question n'est pas celle de la circulation des capitaux mais celle du contrôle de ces circulations. Des années 1980 à 2008, la dérégulation[1] était la tendance. Une dizaine de bourses, surtout des Nord, polarisent 80 % de la capitalisation boursière mondiale, dont la moitié pour la bourse de New York (indice NYSE des entreprises, indice NASDAQ des hautes technologies). Les bourses des pays émergents s'élèvent en 2017 à 40 % de la capitalisation financière totale : le monde de la finance fonctionne en permanence, fait circuler de manière électronique des quantités considérables de devises qui favorisent les IDE mais rendent difficile toute régulation[1] financière mondiale. »

[1] La régulation consiste à ce que les États encadrent les flux financiers pour les contrôler et en surveiller la nature et l'origine. La dérégulation libéralise la circulation des flux financiers, les contrôles sont alors très réduits.

Hugo Billard, *Mon Atlas de prépa*, Autrement, 2018.

3 · Les 10 premiers exportateurs et importateurs de marchandises en 2016

	Exportations	Importations
1	Chine	États-Unis
2	États-Unis	Chine
3	Allemagne	Allemagne
4	Japon	Royaume-Uni
5	Pays-Bas	Japon
6	Hong Kong (Chine)	France
7	France	Hong Kong (Chine)
8	Corée du Sud	Pays-Bas
9	Italie	Canada
10	Royaume-Uni	Corée du Sud

Source : *Images économiques du monde 2019*, Armand Colin, 2018.

Analyser et confronter les documents

1. Quel type de pays est surreprésenté dans les 10 premières puissances commerciales ? Doc 3

2. Quels facteurs peuvent ralentir la croissance du commerce mondial de marchandises ? Repère et doc 2

3. Dans quelle partie du monde les flux financiers sont-ils les plus importants ? En quoi sont-ils métropolisés ? Doc 2

4. Quels facteurs peuvent contribuer à accroître les flux ? Doc 1, 2 et 3

BAC Répondre à une question problématisée

À l'aide des documents, rédigez une réponse à la question : pourquoi la mondialisation des flux favorise-t-elle certains territoires ?

DOSSIER

Quels sont les lieux et les flux de l'« antimonde » ?

L'ensemble des activités illégales représenterait entre 15 et 30 % du PIB mondial, et plus de 80 % du PIB de certains pays. Leurs lieux de production, de commercialisation, parfois nommés antimonde*, sont nombreux et variés. Ils s'inscrivent dans la « mondialisation grise ».

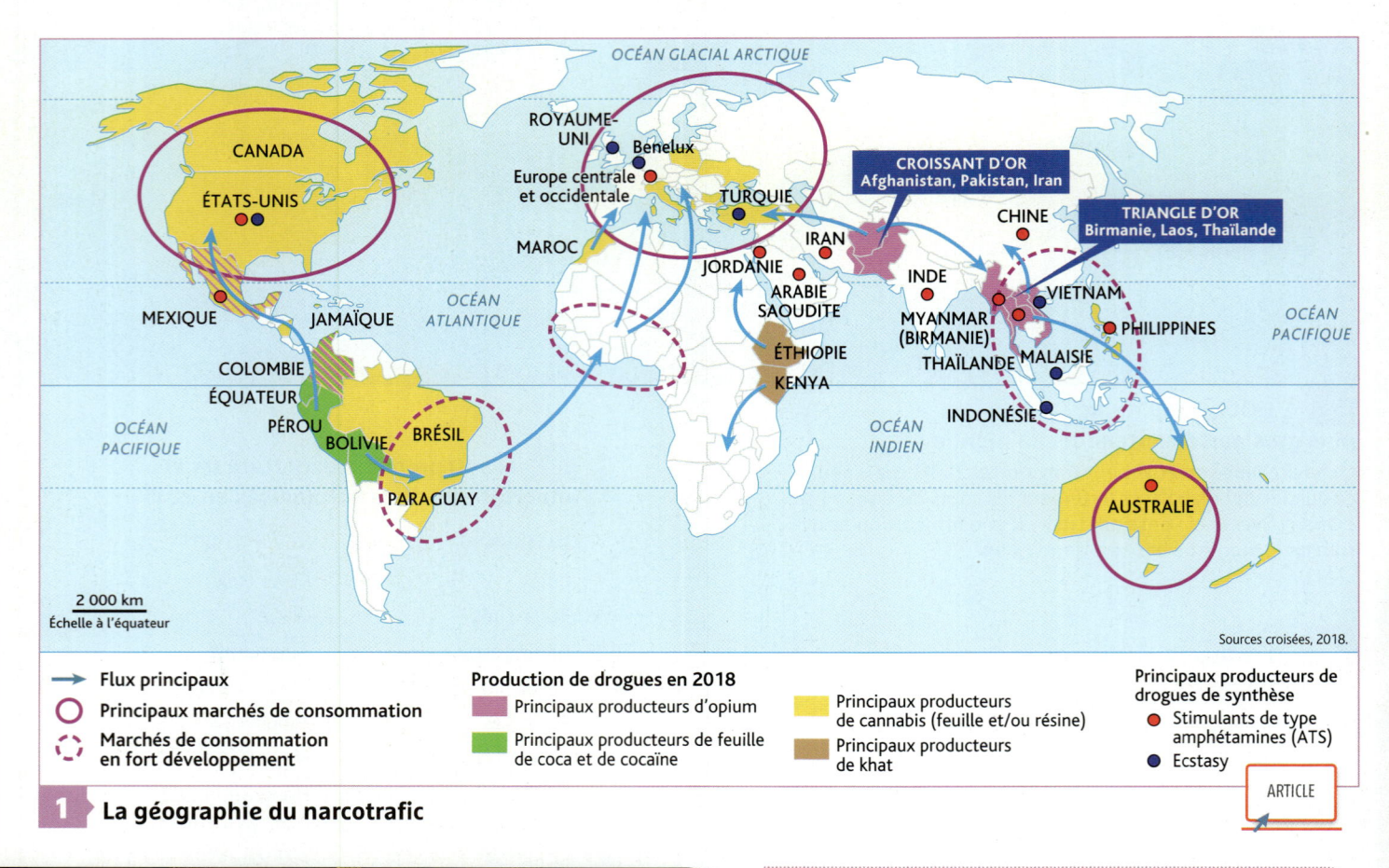

1 La géographie du narcotrafic

Légende :
- Flux principaux
- Principaux marchés de consommation
- Marchés de consommation en fort développement

Production de drogues en 2018
- Principaux producteurs d'opium
- Principaux producteurs de feuille de coca et de cocaïne
- Principaux producteurs de cannabis (feuille et/ou résine)
- Principaux producteurs de khat

Principaux producteurs de drogues de synthèse
- Stimulants de type amphétamines (ATS)
- Ecstasy

Sources croisées, 2018.

2 Le traitement des feuilles de coca en Colombie

3 L'économie du pavot en Afghanistan

« L'économie du pavot contribue [...] à l'activité économique du pays. Dans quelle proportion ? [...] L'agriculture est bien sûr le premier secteur concerné puisque 1,8 million de personnes sont estimées assurer la culture et la récolte du pavot/opium, soit 12 % de la population active [...]. Le second bassin d'emploi de l'économie du pavot concerne probablement l'intermédiation, la logistique et la sécurité des stades ultérieurs de production, collecte et trafic (collecteurs, courtiers, transporteurs, chimistes, gérants de laboratoire ou "agents de sécurité"). [...] [Au total] 2,76 millions de personnes [...] auraient été directement impliquées dans l'économie du pavot [...]. Au sommet ne se trouveraient que quelques dizaines de personnes. »

Mickaël R. Roudaut, « Kaboul-Paris : voyage d'un gramme d'héroïne. Pouvoir et puissance de l'économie du pavot », *Géoéconomie*, n° 68-1, 2014.

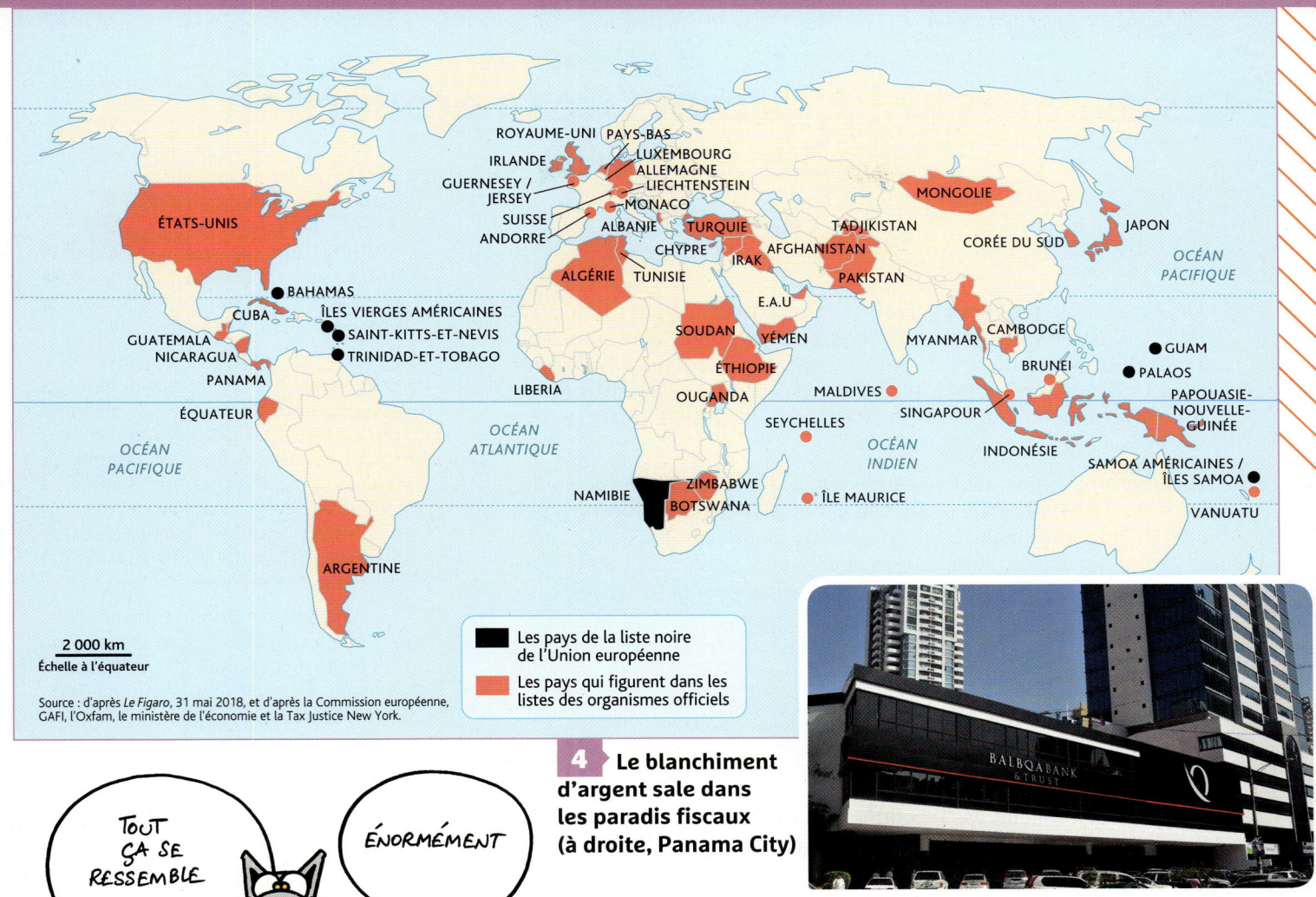

4 Le blanchiment d'argent sale dans les paradis fiscaux (à droite, Panama City)

Légende de la carte :
- Les pays de la liste noire de l'Union européenne
- Les pays qui figurent dans les listes des organismes officiels

Source : d'après *Le Figaro*, 31 mai 2018, et d'après la Commission européenne, GAFI, l'Oxfam, le ministère de l'économie et la Tax Justice New York.

5 Les formes de l'argent sale (dessin de Philippe Geluck)

On estime que « l'argent noir », issu d'activités illicites, représente entre 700 et 1500 milliards de dollars dans le monde, principalement du fait de deux secteurs : l'argent de la drogue et le trafic des êtres humains (proxénétisme, trafic de migrants...). À titre de comparaison, les PIB des Pays-Bas et de la Colombie étaient en 2018 respectivement de 826 et de 309 milliards de dollars. Mais il s'agit aussi de l'argent « gris » : contrebande, contrefaçon, fraude fiscale... Le tout est regroupé sous le nom d'« argent sale ».

DEUX PARCOURS AU CHOIX

PARCOURS GUIDÉ

1. Quelles sont les principales activités illicites ? Doc 1 à 5 Quelles sont celles qui génèrent le plus d'argent ? Doc 5
2. Analysez en détail le doc 1 : quels sont les lieux de production ? Quels sont les lieux de transit ? Quelles sont les destinations de ces flux ?
3. Que rapportent aux espaces de production les activités illicites ? Doc 2 et 3
4. Dans quels lieux l'argent sale est-il recyclé ? Doc 4 Ces lieux sont-ils situés dans quelques pays ou répartis dans le monde entier ?

PARCOURS AUTONOME

Pour vous entraîner à répondre à des questions problématisées, réalisez des plans sur :
– Quels sont les lieux de l'antimonde ?
– Quels sont les liens entre développement et antimonde ?
– Comment le trafic de drogue est-il organisé à l'échelle mondiale (production, flux, profits) ?
– Le trafic de drogue est-il révélateur des caractéristiques de « l'antimonde » ?

2. Métropolisation, littoralisation des espaces productifs et accroissement des flux

L'ESSENTIEL

Les espaces et les acteurs de la production

A La hiérarchie des espaces de production est en recomposition

• Les **espaces de production** sont très concentrés : 20 pays font 80 % de la production manufacturière mondiale. Ils connaissent toutefois une évolution, marquée par un recul sensible des **pays développés** (États-Unis, Europe…) et par l'émergence de nombreux pays d'Amérique latine, d'Afrique et surtout d'Asie. Parmi eux, les **BRICS** jouent un rôle majeur.

• Cette recomposition est liée à une organisation en **chaînes de valeur** ajoutée, en grande partie organisée par les FTN*, à la recherche d'une compétitivité* maximale. D'autres acteurs, comme les États, mais aussi les ONG et les Zones d'intégration régionale* interviennent dans cette **décomposition internationale des processus productifs (DIPP)**. Les conséquences sont la désindustrialisation des pays du Nord et l'opportunité pour certains pays du Sud de se développer en remontant ces chaînes de valeur.

B La littoralisation* et la métropolisation des lieux de production

• Les **métropoles*** et les espaces littoraux sont des espaces privilégiés de la production. Les métropoles attirent les entreprises par leurs réseaux de transport et communication, leur main-d'œuvre et la proximité des pouvoirs politique, économique et culturel. Les littoraux et leurs ports sont des espaces attractifs pour l'industrie, notamment du fait de l'importance des transports maritimes qui traitent 90 % du commerce mondial de marchandises.

• Les **flux** sont donc en essor. Si les flux immatériels sont en nette hausse, ce sont les flux manufacturés qui restent les plus importants. Ces flux sont favorisés par les organismes internationaux (OMC*) et les ZIR*. Les flux illicites, ceux de l'antimonde*, génèrent des revenus importants.

NOTIONS-CLÉS

• **BRICS** (Brésil, Russie, Inde, Chine et Afrique du Sud) Cinq pays émergents se réunissant lors de sommets annuels pour peser sur la scène internationale.

• **Chaîne de valeur ajoutée / DIPP** Segmentation du processus de production d'un même produit en de multiples tâches effectuées par des entreprises réparties dans différentes régions du monde. L'organisation en chaînes de valeur est aussi qualifiée de **décomposition internationale des processus productifs (DIPP)**. Elle est assurée par des firmes transnationales et leurs filiales.

• **Espaces de production** Espaces mis en valeur dans un but de création de richesses (mines, agriculture, industrie, tertiaire…) par différents acteurs (individus, entreprises, collectivités locales, États, organisations régionales…).

• **Flux** Ensemble des circulations et des échanges de toutes natures entre les différents lieux du monde.

NE PAS CONFONDRE

• **Pays émergents / pays développés** Les pays émergents sont des pays classiquement classés au Sud mais qui connaissent une très forte croissance économique. Les pays développés ou pays du Nord connaissent souvent une croissance faible.

RETENIR AUTREMENT

Le rôle majeur des FTN : une organisation en chaîne de valeur

Le rôle des États, des Zones d'intégration régionales, d'autres acteurs

→ La diversification des espaces et des acteurs de production ←

- favorise :
  - Échelle mondiale : Pays développés, Pays émergents
  - Échelles nationale et régionale : Façades maritimes, Métropoles, « Antimonde »
- défavorise ou ignore :
  - PMA
  - Territoires en marge

Thème 2 Une diversification des espaces et des acteurs de la production

L'ESSENTIEL EN SCHÉMAS

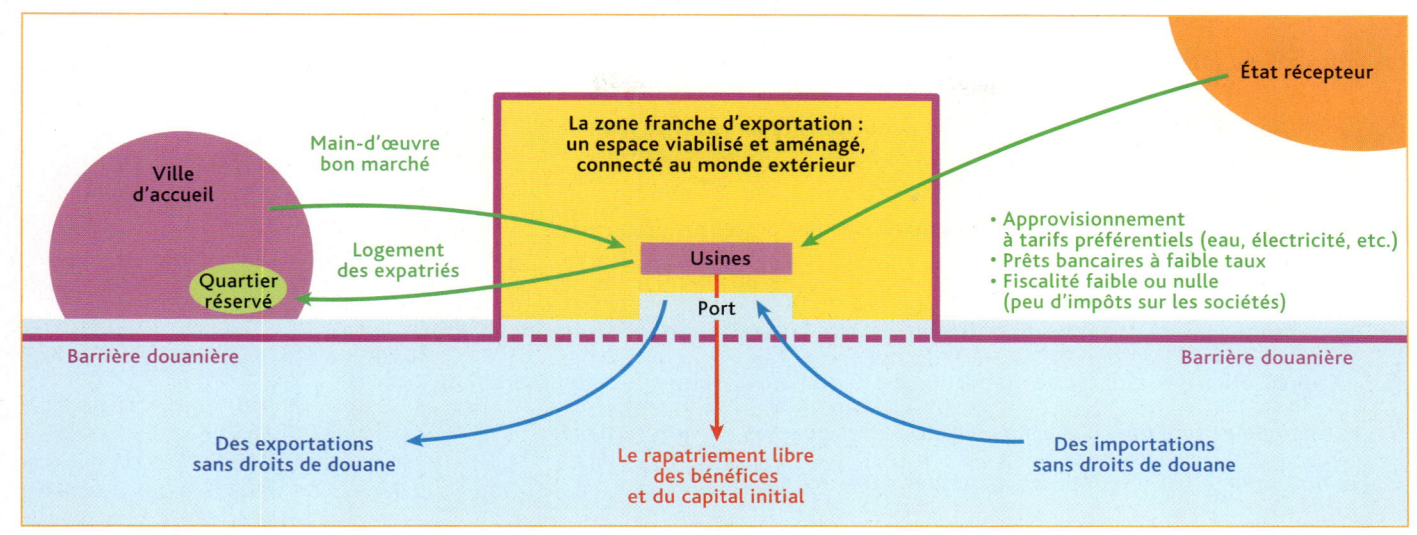

1. Une zone franche littorale

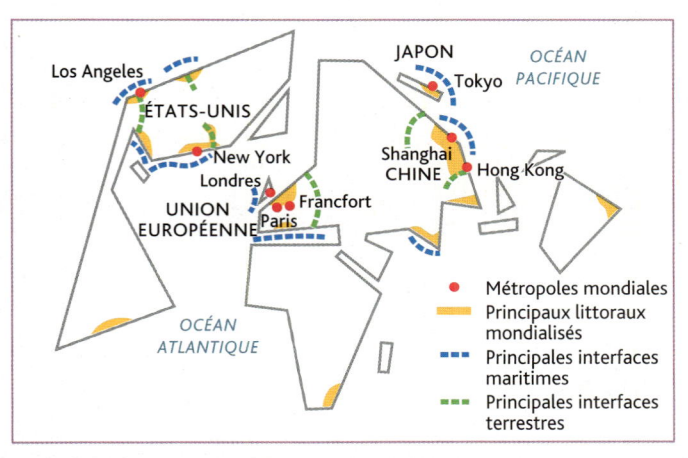

- Ville d'accueil
- Quartier réservé
- Main-d'œuvre bon marché
- Logement des expatriés
- La zone franche d'exportation : un espace viabilisé et aménagé, connecté au monde extérieur
- Usines
- Port
- État récepteur
- Approvisionnement à tarifs préférentiels (eau, électricité, etc.)
- Prêts bancaires à faible taux
- Fiscalité faible ou nulle (peu d'impôts sur les sociétés)
- Barrière douanière
- Des exportations sans droits de douane
- Le rapatriement libre des bénéfices et du capital initial
- Des importations sans droits de douane

2. Métropoles, littoraux et interfaces

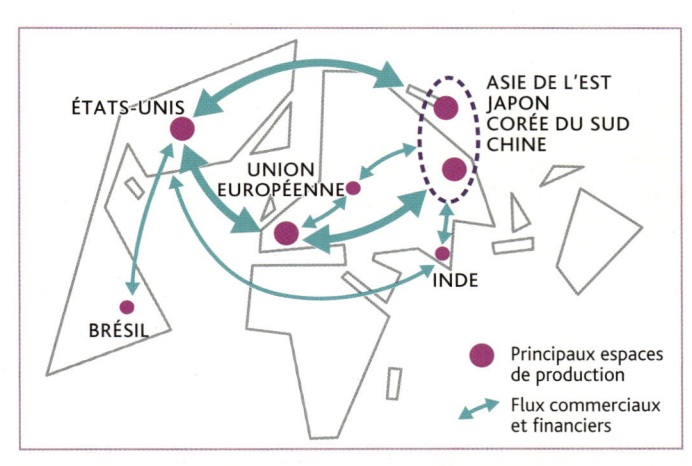

- Los Angeles, New York (ÉTATS-UNIS)
- Londres, Paris, Francfort (UNION EUROPÉENNE)
- Tokyo (JAPON)
- Shanghai, Hong Kong (CHINE)
- OCÉAN PACIFIQUE, OCÉAN ATLANTIQUE
- Métropoles mondiales
- Principaux littoraux mondialisés
- Principales interfaces maritimes
- Principales interfaces terrestres

3. Les pôles et les flux commerciaux dans le monde

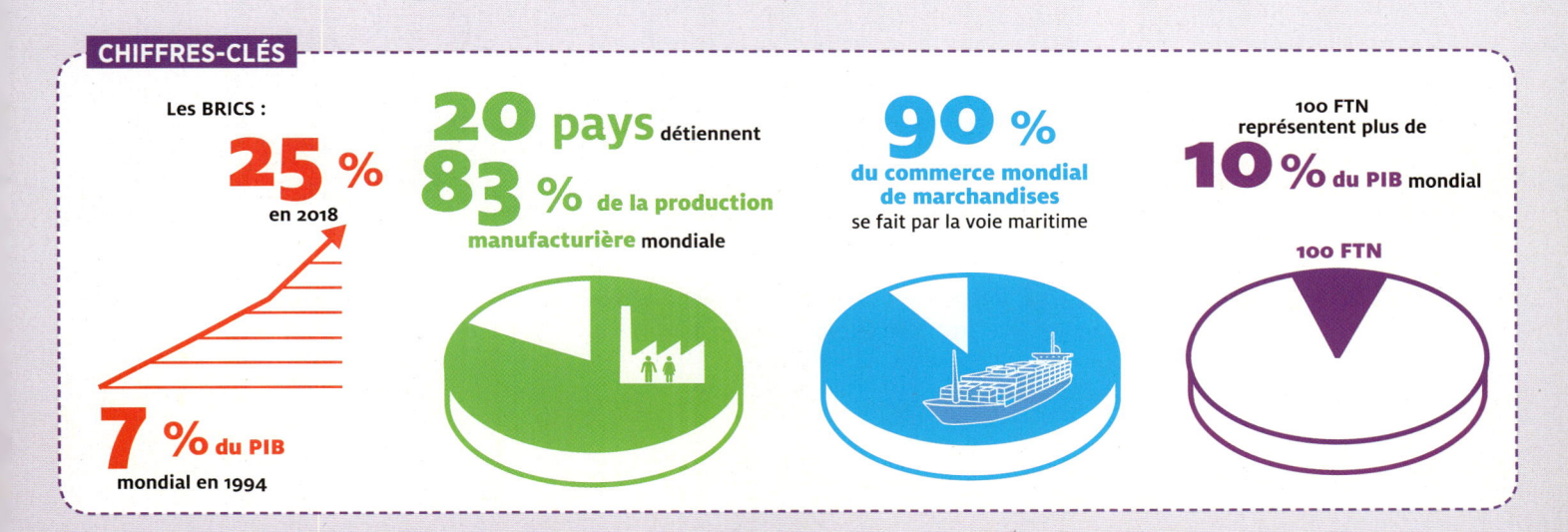

- ÉTATS-UNIS, UNION EUROPÉENNE, ASIE DE L'EST (JAPON, CORÉE DU SUD, CHINE), INDE, BRÉSIL
- Principaux espaces de production
- Flux commerciaux et financiers

CHIFFRES-CLÉS

- Les BRICS : **25 %** en 2018 / **7 % du PIB** mondial en 1994
- **20 pays** détiennent **83 %** de la production manufacturière mondiale
- **90 %** du commerce mondial de marchandises se fait par la voie maritime
- 100 FTN représentent plus de **10 % du PIB** mondial

1. Les espaces de production dans le monde   2. Métropolisation, littoralisation et flux   139

RÉVISER ACTIVEMENT

1 Je maîtrise les idées du cours

Les affirmations suivantes sont-elles vraies ou fausses ?

	Vrai	Faux
1. Les BRICS représentent plus de 80 % de la production manufacturière mondiale.		
2. Il n'y a pas de pays émergent en Afrique.		
3. Les FTN pratiquent la décomposition internationale des processus productifs.		
4. Les 100 plus importantes FTN du monde fournissent 10 % du PIB mondial.		
5. Une zone franche est une zone où la fiscalité est très faible pour attirer un maximum d'IDE.		
6. La littoralisation des espaces de production est liée à l'accroissement des flux maritimes.		
7. Les métropoles sont de moins en moins attractives pour les activités tertiaires.		
8. Les flux immatériels (Internet…) sont en très nette augmentation.		
9. Le coût du transport de marchandises par porte-conteneurs est faible.		
10. Les États-Unis restent le premier exportateur mondial de marchandises.		

2 Je dessine un schéma du monde en respectant les proportions

Entraînez-vous à réaliser un planisphère schématisé sur une feuille à petits carreaux (0,5 cm x 0,5 cm).

ÉTAPE 1 Pour commencer, dessinez la figure suivante.

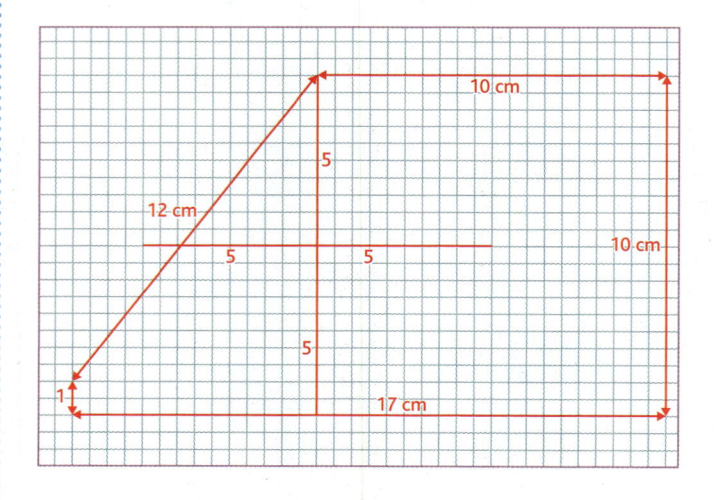

ÉTAPE 2 Puis tracez le planisphère, en repérant quelques lieux-clés.

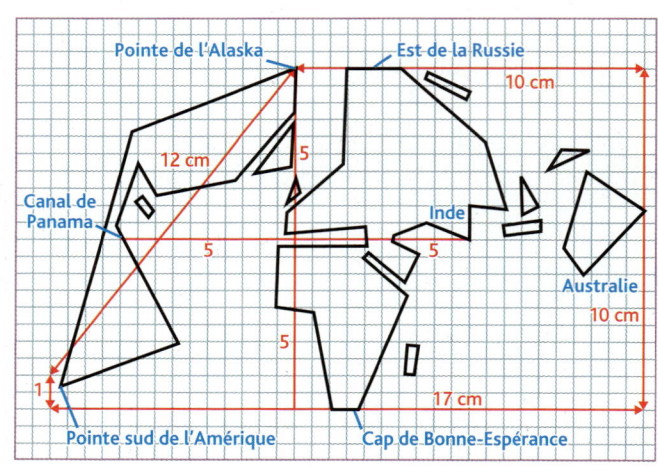

ÉTAPE 3 Refaites cet exercice de mémoire afin de pouvoir intégrer un schéma de ce type dans un devoir.

Auto-évaluation : solution de l'exercice 1 p. 288.

3 J'observe le trafic maritime en temps réel

→ Allez sur le site officiel qui recense le trafic maritime en direct : http://www.marinetraffic.com/fr/

→ Allez ensuite sur les lieux de votre choix : la capture d'écran ci-dessous est prise à Singapour au niveau du détroit de Malacca ; vous pouvez choisir d'observer, par exemple, les canaux de Suez et de Panama, la mer de Chine, la Manche, etc.

→ Comparez-les (importance du trafic, nature des navires...). Vous pouvez cliquer sur les navires de manière à voir leur destination, leur chargement... Vous aurez ainsi des exemples à utiliser dans un devoir.

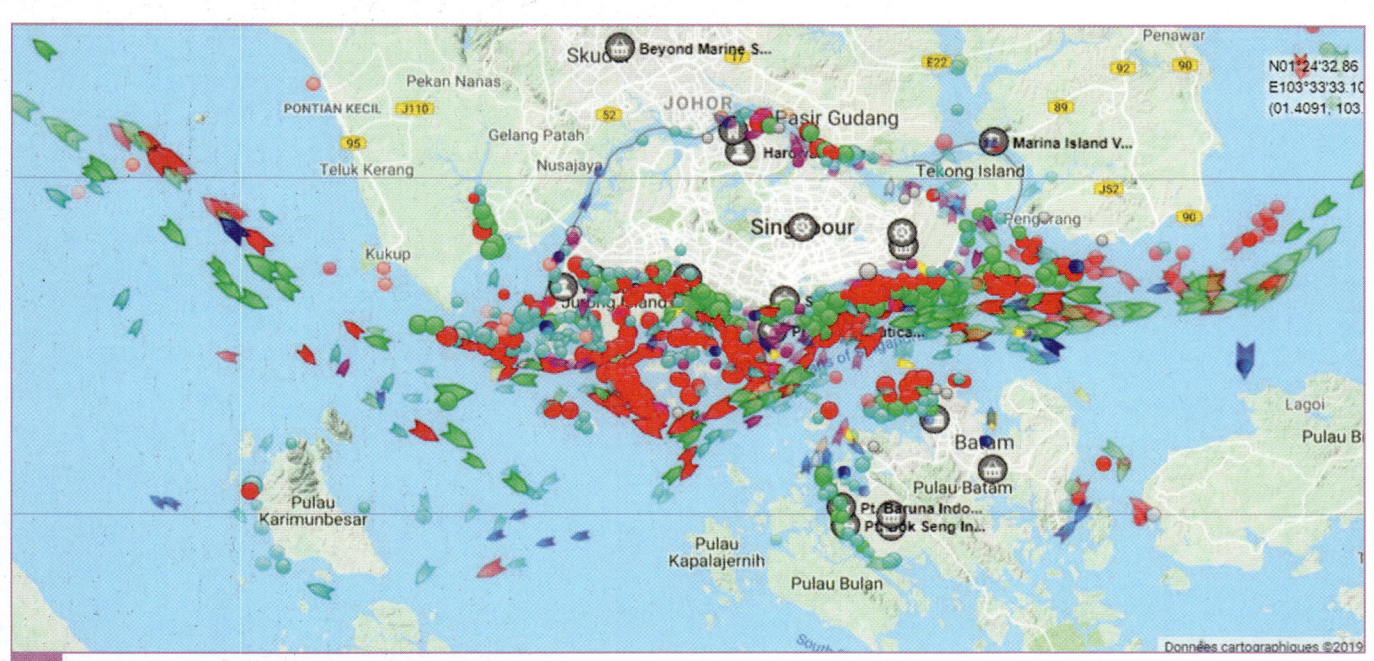

1 **Le trafic maritime dans le détroit de Malacca**
Le système AIS (Automatic Identification System) équipe les navires de commerce, de pêche et même de plaisance. Il permet de localiser ces navires, mais aussi, pour chacun d'entre eux, de connaître ses mouvements et sa destination.

SITE

4 Je révise à l'aide d'un court documentaire

Pour mieux cerner la chaîne de valeur*
dans le domaine des services informatisés,
cherchez sur Internet le film « L'Inde :
l'atelier informatique du monde ».

1. Visionnez le film.

VIDÉO

2. Pourquoi les termes suivants s'appliquent-ils à la situation vue dans le film ?

BRICS / Pays émergent / métropolisation / chaîne de valeur / technopôle / externalisation

1. Les espaces de production dans le monde   **2.** Métropolisation, littoralisation et flux   141

Magasin Carrefour à Shanghai en Chine

Thème 2 • Une diversification des espaces et des acteurs de la production

question France

3. Les systèmes productifs : entre valorisation locale et intégration européenne et mondiale

Pays fondateur de l'Union européenne, fortement intégrée dans la mondialisation, la France a valorisé ses atouts et mis l'accent sur les innovations. Les nouvelles logiques des systèmes productifs amènent à des recompositions territoriales.

Siège des couteaux Laguiole dans l'Aveyron

> Montrez que ces documents témoignent de la diversité des systèmes productifs mais aussi de leur insertion dans des territoires à différentes échelles.

Comment les systèmes productifs français tirent-ils profit d'atouts locaux et nationaux mais aussi de l'intégration dans l'UE et dans la mondialisation ?

- Comment l'UE et la mondialisation ont-elles modifié les systèmes productifs ? 148-151
- Comment les systèmes productifs tirent-ils profit des atouts locaux ? 152-155
- Comment les systèmes productifs français sont-ils réorganisés ? 156-157

À L'ÉCHELLE DE LA FRANCE

Les systèmes productifs français

Notion-clé — **Système productif**

Ensemble d'acteurs (économiques, politiques…) fonctionnant en réseau et de facteurs de localisation d'activités économiques qui concourent à la production, à la circulation et à la consommation de richesses sur des territoires à des niveaux d'échelle variés (du local au mondial).

CARTE INTERACTIVE

1. Des systèmes productifs inégalement intégrés à la mondialisation
- Cœur économique du pays, très intégré à la mondialisation
- Grandes régions productives dynamiques très intégrées à la mondialisation
- Espaces en reconversion : espaces productifs ayant souffert de la concurrence internationale
- Espaces de production marqués par un rôle essentiel de l'agriculture ou de la forêt ; tissu économique moins dense

2. Des systèmes productifs de plus en plus métropolisés
- Paris, métropole mondiale
- Métropoles de rang national ou européen
- Métropole régionale
- Technopôles et pôles de compétitivité majeurs

3. Des systèmes productifs ouverts sur l'Europe et le monde
- Axes de transports majeurs
- Principaux aéroports
- Zones industrialo-portuaires
- Route maritime d'importance mondiale
- Flux d'investissements étrangers
- Destination des délocalisations

Sources croisées, 2018.

1 Pôle de compétitivité

Logo du pôle de compétitivité « Parfums Arômes Senteurs Saveurs » (implanté à Grasse, Alpes-Maritimes) Créés en 2004 et reconnus par l'État, les pôles de compétitivité sont des associations regroupant sur un même territoire des entreprises, des établissements d'enseignement supérieur et des organismes de recherche, travaillant ensemble à des projets de développement économique pour l'innovation.

2 Aménités

Le palmarès des 100 villes où « il fait bon vivre » Les aménités – éléments agréables de l'environnement naturel et social – jouent un rôle fondamental dans l'implantation des entreprises et l'attraction de la main-d'œuvre : la presse nationale publie chaque année ce type de classement.

3 Accessibilité

Campagne de communication du Club TGV Bretagne pour l'ouverture de la LGV en juillet 2017 L'accessibilité* d'un lieu et la rapidité des déplacements étant un enjeu fondamental pour les entreprises, elles communiquent sur ces aspects – « marketing territorial* » – pour attirer des investisseurs, de la main-d'œuvre et des touristes.

Thème 2 Une diversification des espaces et des acteurs de la production

4 Innovation

Une affiche pour les expérimentations 5G d'Orange en Île-de-France (juillet 2018) En 2018, l'opérateur de téléphonie Orange a lancé des expérimentations 5G à Lille, Douai, Marseille puis en Île-de-France. La 5G va jouer un rôle déterminant dans l'équipement numérique du territoire, en permettant de répondre à une forte croissance du trafic internet mobile due à une consommation de contenus multimédias qui ne cesse d'augmenter.

Confronter la carte et les documents

1. Où se situent les espaces les plus puissants économiquement et les mieux intégrés à la mondialisation ? Et ceux qui sont les plus en difficultés et les moins bien insérés ? Carte

2. Montrez que l'innovation peut concerner tous les secteurs d'activités. Doc 1 et 4

3. Quels acteurs (économiques, politiques) contribuent directement ou indirectement à la compétitivité* des systèmes productifs* ? Doc 1 à 4

4. Quels facteurs expliquent la localisation des systèmes productifs sur le territoire et leur dynamisme ? Doc 1 à 4

3. Les systèmes productifs : entre valorisation locale et intégration européenne et mondiale

DES CARTES POUR COMPRENDRE

Les systèmes productifs français

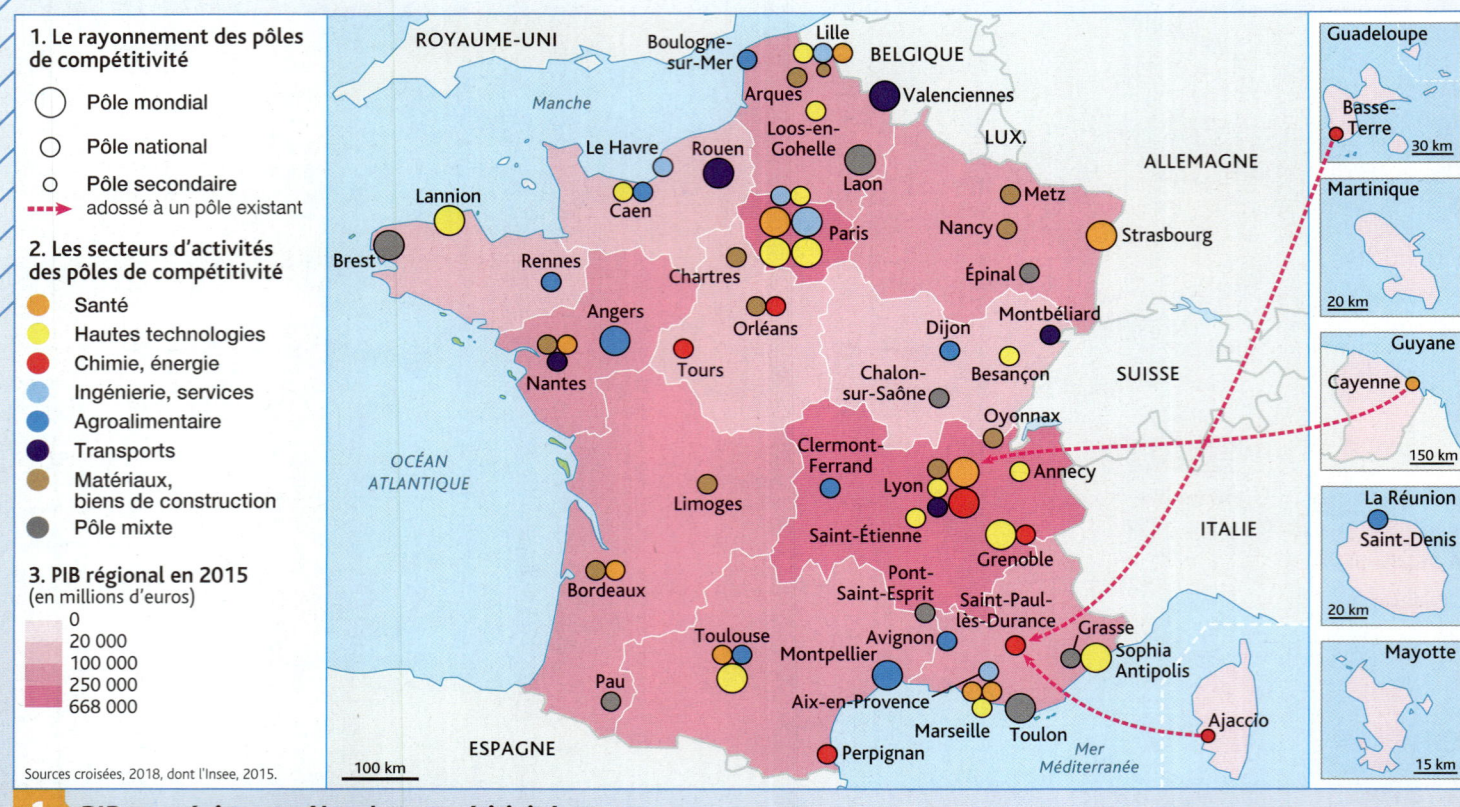

1 PIB par région et pôles de compétitivité

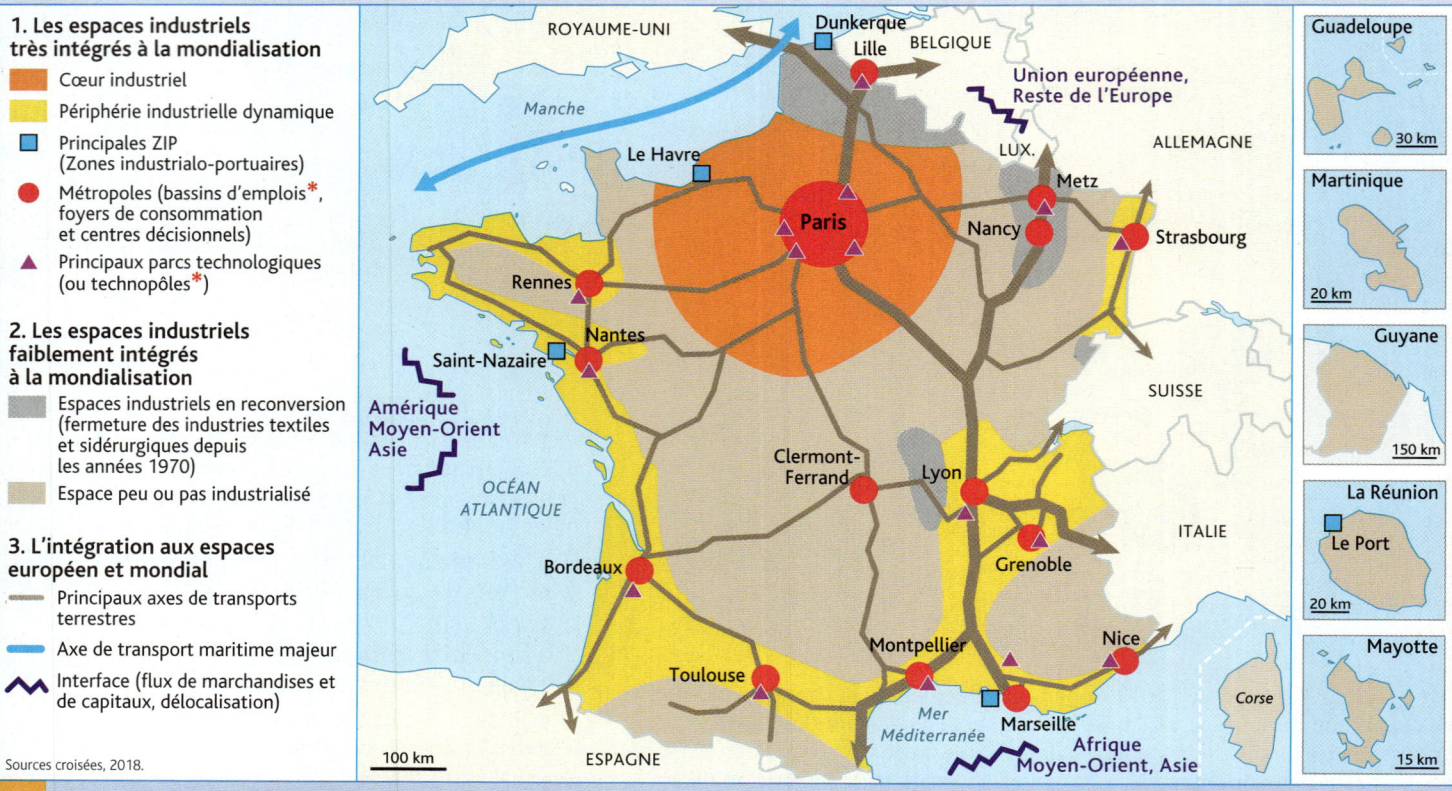

1. Le rayonnement des pôles de compétitivité
- ◯ Pôle mondial
- ○ Pôle national
- ∘ Pôle secondaire
- ⇢ adossé à un pôle existant

2. Les secteurs d'activités des pôles de compétitivité
- Santé
- Hautes technologies
- Chimie, énergie
- Ingénierie, services
- Agroalimentaire
- Transports
- Matériaux, biens de construction
- Pôle mixte

3. PIB régional en 2015 (en millions d'euros)
- 0
- 20 000
- 100 000
- 250 000
- 668 000

Sources croisées, 2018, dont l'Insee, 2015.

2 Les espaces productifs industriels

1. Les espaces industriels très intégrés à la mondialisation
- Cœur industriel
- Périphérie industrielle dynamique
- ■ Principales ZIP (Zones industrialo-portuaires)
- ● Métropoles (bassins d'emplois*, foyers de consommation et centres décisionnels)
- ▲ Principaux parcs technologiques (ou technopôles*)

2. Les espaces industriels faiblement intégrés à la mondialisation
- Espaces industriels en reconversion (fermeture des industries textiles et sidérurgiques depuis les années 1970)
- Espace peu ou pas industrialisé

3. L'intégration aux espaces européen et mondial
- Principaux axes de transports terrestres
- Axe de transport maritime majeur
- Interface (flux de marchandises et de capitaux, délocalisation)

Sources croisées, 2018.

146 Thème 2 Une diversification des espaces et des acteurs de la production

3 Les espaces productifs tertiaires

1. Une grande diversité d'espaces touristiques
- Paris, première destination touristique mondiale
- Sites touristiques majeurs (plus de 800 000 visiteurs en 2016)
- Tourisme balnéaire important
- Nombreuses stations de sport d'hiver
- Autres grandes régions touristiques
- Espaces ponctuellement mis en tourisme

2. Un tertiaire supérieur surtout concentré dans les métropoles
- Métropole mondiale concentrant les fonctions supérieures
- Métropole concentrant les fonctions régionales
- Technopole majeure

3. Des espaces accessibles et ouverts sur l'extérieur
- Principaux axes de communication
- Principaux aéroports internationaux
- Principaux flux de touristes étrangers

Sources croisées, 2018, dont entreprises.gouv, 2016.

DEUX PARCOURS AU CHOIX POUR ANALYSER LES CARTES

PARCOURS RÉDIGÉ

1. Comment les mutations de l'industrie française depuis les années 1970 se traduisent-elles spatialement ? Doc 1 et 2
2. À quelles formes de tourisme correspondent les grands sites et les régions touristiques ? Doc 3
3. Où les activités liées au secteur tertiaire supérieur sont-elles concentrées ? Doc 3
4. Quelles sont les régions les plus productrices de richesse et les types d'espaces le plus intégrés dans la mondialisation ? Doc 1 à 3
5. Quelles infrastructures favorisent l'intégration des systèmes productifs français dans la mondialisation ? Doc 1 à 3

PARCOURS CARTOGRAPHIQUE

Synthétisez les cartes 1 à 3 par un schéma représentant :
– les espaces productifs (industriels et tertiaires) les plus puissants et les mieux insérés à la mondialisation
– les espaces productifs les plus en difficulté et les moins bien insérés dans la mondialisation
– les métropoles concentrant le tertiaire supérieur et les principaux pôles de compétitivité
– les flux intégrant les systèmes productifs dans la mondialisation

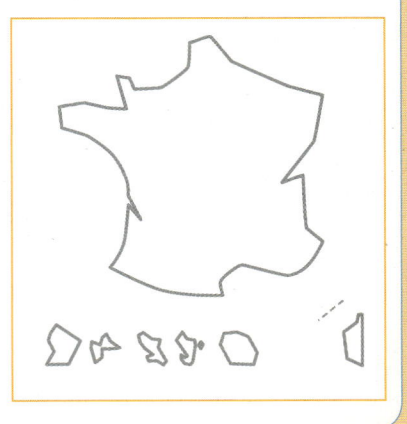

3. Les systèmes productifs : entre valorisation locale et intégration européenne et mondiale

COURS 1

Comment l'UE et la mondialisation ont-elles modifié les systèmes productifs ?

A Des systèmes productifs intégrés dans l'Union européenne

• Les **systèmes productifs** regroupent les activités qui produisent de la **richesse** (agriculture, industrie, services) et qui fonctionnent en réseau, tissant des liens entre elles. Depuis 1957 (création de la CEE), la France a impulsé des politiques européennes qui ont transformé son économie : Politique agricole commune dès 1962, Airbus dès 1970... La **libre-circulation** des personnes (Accords de Schengen signés en 1985) et surtout des marchandises et des capitaux (Traité de Maastricht, entré en vigueur en 1993), a favorisé les flux intra-européens et le dynamisme économique.

• **Mais l'ouverture des frontières a accentué la concurrence entre États**, notamment en termes de coûts de production, et a entraîné des **délocalisations** au sein de l'UE, parfois destructrices d'emplois en France. Ceci s'explique par la faiblesse des salaires dans les pays de l'Est de l'UE ou par la faiblesse des impôts et des charges sociales au Luxembourg et en Irlande.

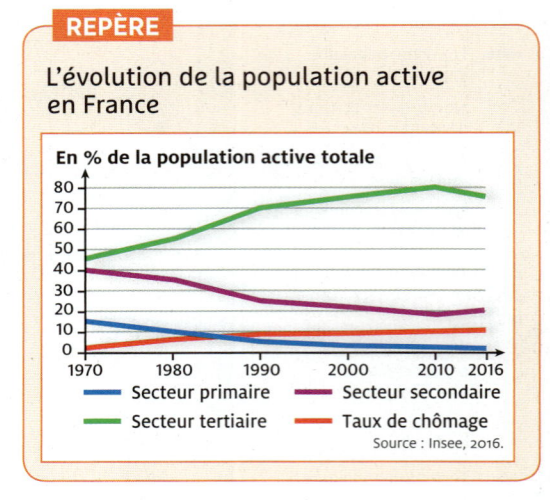

B Des systèmes productifs intégrés dans la mondialisation

• **Les entreprises françaises cherchent à améliorer leur compétitivité**, qu'il s'agisse de firmes transnationales* ou de petites et moyennes entreprises. Elles investissent, commercent voire produisent de plus en plus à l'étranger. Même si le siège social et une partie de la production restent en France, dans la ville berceau de l'entreprise (Michelin à Clermont-Ferrand), des unités sont délocalisées, par exemple, pour conquérir de nouveaux marchés ou profiter d'un coût de la main-d'œuvre moins élevé (Asie orientale).

• **Des entreprises étrangères, surtout américaines et allemandes, sont implantées en France**, pour profiter d'un marché intérieur important, d'infrastructures de qualité, d'une main-d'œuvre qualifiée. Les 20 000 entreprises étrangères installées en France réalisent plus du tiers des exportations françaises. Cependant les stocks d'**IDE** entrants et sortants diminuent, en raison d'une baisse des investissements étrangers en France, mais aussi de **relocalisations**.

C Une économie post-industrielle

• **La mondialisation et l'intégration dans l'UE ont transformé l'économie française** en une économie post-industrielle, marquée par la désindustrialisation et par la baisse des emplois agricoles. La **tertiarisation** est liée à la mécanisation, à l'évolution des modes de vie (société de consommation et de loisirs) et des politiques publiques (recrutements de fonctionnaires) mais aussi à l'importance des services dans les entreprises (recherche, marketing...).

• **Depuis les années 1960, la part des actifs des secteurs primaire et secondaire a fortement diminué** (passant respectivement de 30 à 2 % et de 34 à 18 %) alors que celle des actifs du secteur tertiaire a progressé de 36 à 80 %. Une partie des emplois détruits a été absorbée par la croissance des emplois tertiaires et l'autre alimente la progression du chômage.

▶ Les systèmes productifs français sont de plus en plus intégrés à des réseaux européens et mondiaux, ce qui a accéléré la tertiarisation.

REPÈRE

L'évolution de la population active en France

En % de la population active totale. Années 1970 à 2016. Secteur primaire, Secteur secondaire, Secteur tertiaire, Taux de chômage.
Source : Insee, 2016.

VOCABULAIRE

Délocalisation Transfert d'un site productif vers un territoire qui offre des avantages supérieurs (coût de la main-d'œuvre, fiscalité plus faible...).

Investissements directs à l'étranger (IDE) Mouvement international de capitaux destinés à des investissements à l'étranger.

Libre-circulation Possibilité de traverser les frontières sans contrôles ni prélèvement de taxes douanières.

Relocalisation Se dit notamment pour désigner le retour d'unités de production dans le pays d'origine d'une firme.

Système productif Ensemble des activités productives fonctionnant en système (en interdépendance, en réseau) à une échelle de plus en plus vaste.

Tertiarisation Progression de la part des services dans la population active et le PIB d'un État.

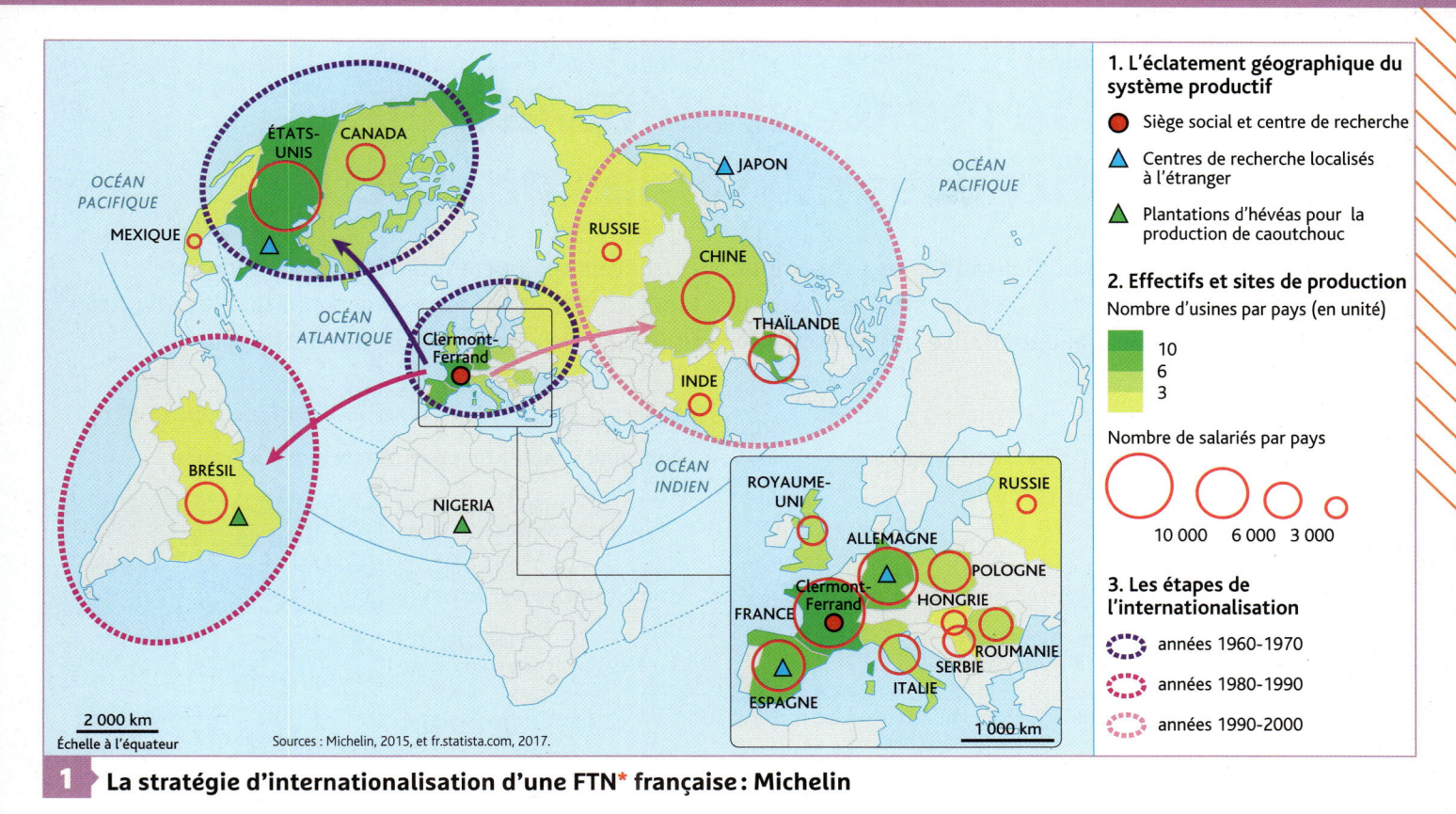

1. L'éclatement géographique du système productif
- 🔴 Siège social et centre de recherche
- 🔺 Centres de recherche localisés à l'étranger
- 🔺 Plantations d'hévéas pour la production de caoutchouc

2. Effectifs et sites de production
Nombre d'usines par pays (en unité) : 10, 6, 3

Nombre de salariés par pays : 10 000, 6 000, 3 000

3. Les étapes de l'internationalisation
- années 1960-1970
- années 1980-1990
- années 1990-2000

1 La stratégie d'internationalisation d'une FTN* française : Michelin

Sources : Michelin, 2015, et fr.statista.com, 2017.

2 Production d'étiquettes de yaourt dans une usine Danone de Moscou

L'agroalimentaire français est au cœur d'un système productif mondialisé : Danone est le premier vendeur de produits laitiers au monde et est présent sur les cinq continents. Sur 197 usines, 16 se situent en Russie, employant environ 10 000 personnes.

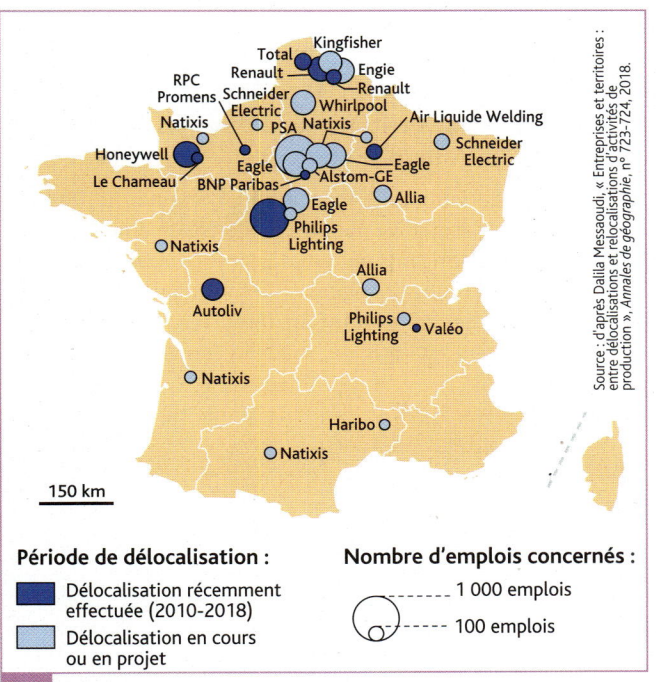

3 Les principales délocalisations de la France vers l'étranger (2010-2018)

Période de délocalisation :
- Délocalisation récemment effectuée (2010-2018)
- Délocalisation en cours ou en projet

Nombre d'emplois concernés : 1 000 emplois, 100 emplois

Source : d'après Dalila Messaoudi, « Entreprises et territoires : entre délocalisations et relocalisations d'activités de production », *Annales de géographie*, n° 723-724, 2018.

Analyser et confronter les documents

1. Montrez que l'économie française peut être qualifiée de post-industrielle. Repère

2. Comment se manifeste l'internationalisation des systèmes productifs français ? Repère et doc 1 à 3

3. Quels sont les effets positifs et négatifs de cette internationalisation ? Repère et doc 1 à 3

BAC Analyser un document

Expliquez de manière détaillée la stratégie d'internationalisation de Michelin. Pensez à utiliser les termes du vocabulaire ci-contre.

3. Les systèmes productifs : entre valorisation locale et intégration européenne et mondiale 149

DOSSIER

Le « made in France », un révélateur de l'évolution des systèmes productifs ?

Dans le contexte de la mondialisation, les consommateurs français se soucient davantage de l'origine des produits qu'ils achètent. C'est ainsi qu'est apparu le label « made in France », utilisé par de plus en plus de marques. Cette nouvelle tendance entraîne des évolutions dans les systèmes productifs français.

Importance et motivations de l'achat d'un produit MADE IN FRANCE (enquête réalisée par Ifop Profrance en 2017)

Les déterminants de l'achat d'un produit
Qualité du produit — Prix
La qualité (44 %) et le prix (31 %) sont les principaux critères dans le choix d'un produit.

Le pays de fabrication du produit est un critère de choix important
En 2017, 62 % de Français considèrent le pays de fabrication d'un produit comme un critère de choix important, voire déterminant à prendre en compte lors d'un achat.
- 2011 : 46 %
- 2013 : 52 %
- 2017 : 62 %

Payer plus cher un produit fabriqué en France ?
74 % Oui
- 37 % : jusqu'à 5 % plus cher
- 29 % : jusqu'à 10 % plus cher
- 8 % : plus de 10 % plus cher

Pourquoi acheter un produit fabriqué en France ?
- Une manière de soutenir les **entreprises** françaises : 93 %
- Une manière de participer au maintien de l'**emploi** en France : 93 %
- La préservation des **savoir-faire** en France : 91 %
- Un acte **utile** : 88 %
- La garantie d'avoir un produit fabriqué selon les **normes sociales** respectueuses des salariés : 86 %
- Un acte **citoyen** : 85 %
- La garantie d'avoir un produit de **meilleure qualité** : 75 %
- L'assurance d'avoir un **service après-vente** : 72 %

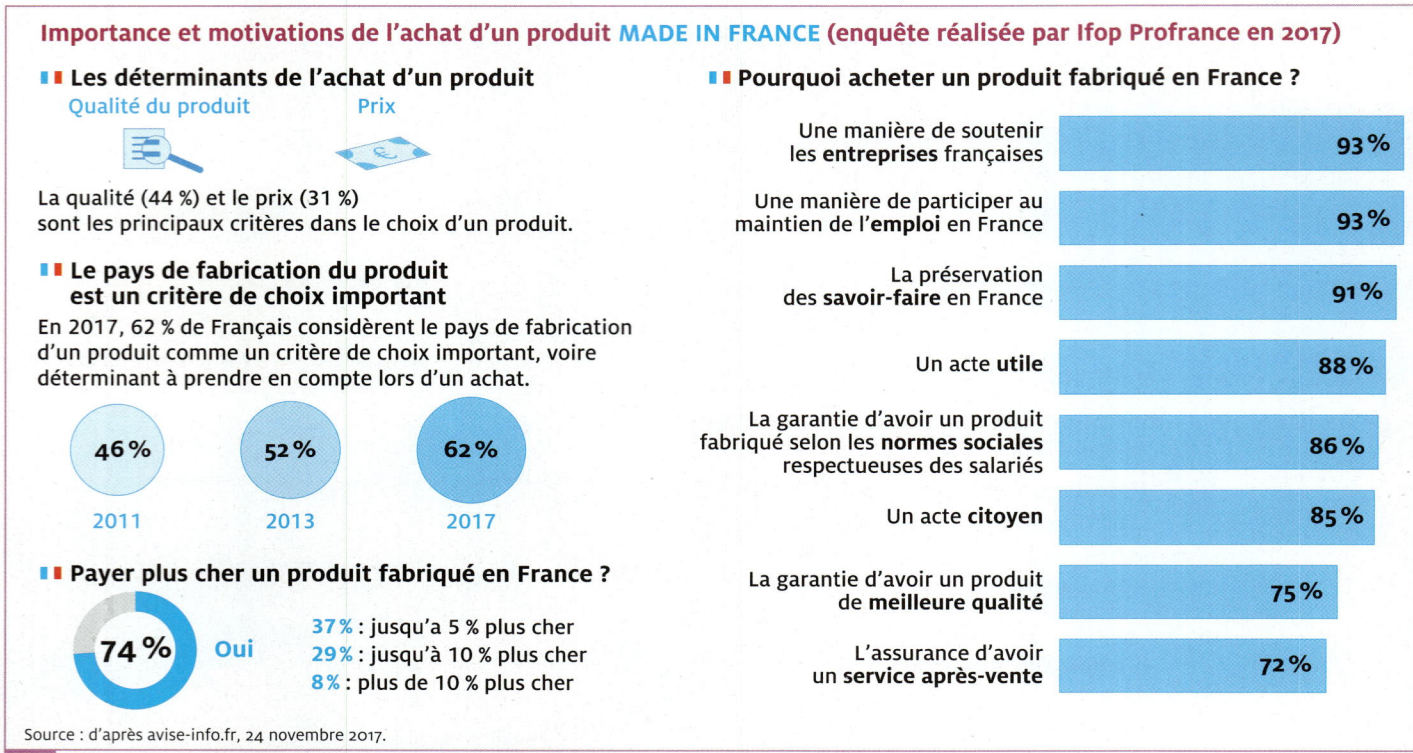

Source : d'après avise-info.fr, 24 novembre 2017.

1 Les Français et le « made in France »

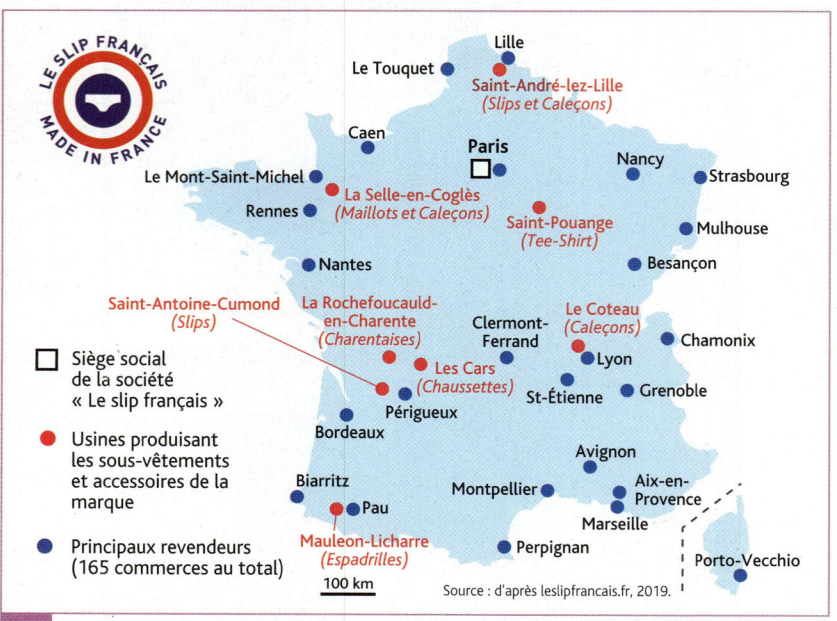

2 La stratégie territoriale de la marque « Le slip français »

Légende :
- Siège social de la société « Le slip français »
- Usines produisant les sous-vêtements et accessoires de la marque
- Principaux revendeurs (165 commerces au total)

Lieux indiqués : Lille, Le Touquet, Saint-André-lez-Lille (Slips et Caleçons), Caen, Paris, Nancy, Strasbourg, Le Mont-Saint-Michel, La Selle-en-Coglès (Maillots et Caleçons), Saint-Pouange (Tee-Shirt), Mulhouse, Rennes, Besançon, Nantes, Saint-Antoine-Cumond (Slips), La Rochefoucauld-en-Charente (Charentaises), Clermont-Ferrand, Le Coteau (Caleçons), Chamonix, Les Cars (Chaussettes), Lyon, St-Étienne, Grenoble, Périgueux, Bordeaux, Avignon, Biarritz, Pau, Montpellier, Aix-en-Provence, Mauléon-Licharre (Espadrilles), Marseille, Perpignan, Porto-Vecchio.

Source : d'après leslipfrancais.fr, 2019.

3 Les critères de définition du « made in France »

TEXTE

« En Europe, la mention de l'origine du produit est facultative pour les produits non alimentaires. Les fabricants ou commerçants peuvent choisir ou non de la faire figurer. [...] Lorsqu'une ou plusieurs parties du produit est importée, il est possible d'obtenir l'origine "made in France", à condition [de] :
– respecter un seuil maximum de valeur de ses matières premières et composants non français par rapport à son prix
– avoir fait l'objet en France de certaines opérations de transformation à partir des matières premières et composants non français. »

Ministère de l'Économie, des Finances, de l'Action et des Comptes publics, « Les labels "Fabriqué en France" pour les produits non alimentaires », economie.gouv.fr, 27 novembre 2018.

Thème 2 Une diversification des espaces et des acteurs de la production

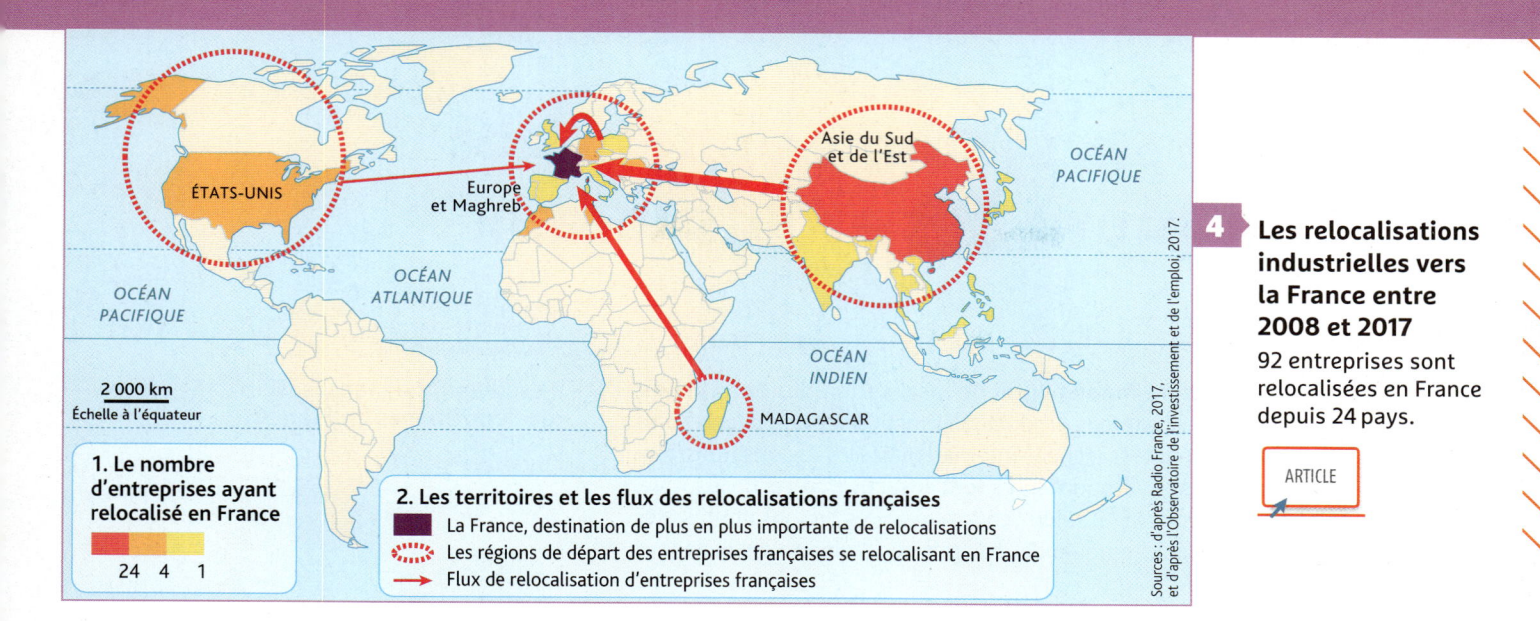

4 Les relocalisations industrielles vers la France entre 2008 et 2017

92 entreprises sont relocalisées en France depuis 24 pays.

Carte : Les territoires et les flux des relocalisations françaises
- 1. Le nombre d'entreprises ayant relocalisé en France : 24, 4, 1
- 2. Les territoires et les flux des relocalisations françaises
  - La France, destination de plus en plus importante de relocalisations
  - Les régions de départ des entreprises françaises se relocalisant en France
  - Flux de relocalisation d'entreprises françaises

Régions de départ : États-Unis, Europe et Maghreb, Asie du Sud et de l'Est, Madagascar.

Sources : d'après Radio France, 2017, et d'après l'Observatoire de l'investissement et de l'emploi, 2017.

5 La stratégie de relocalisation de Paraboot et de Rossignol

« Principale marque d'un groupe de fabrication de chaussures et de textile, Paraboot décide en 2014 de relocaliser une partie de sa production en Isère alors réalisée au Portugal […]. Cette entreprise aspire à profiter un maximum de ce que le "made in France" peut lui offrir en termes d'image, mais aussi pour reconcentrer du savoir-faire sur le territoire […], tout proche des sites historiques de l'entreprise familiale : […] les industries ayant une longue tradition familiale sur un territoire particulier peuvent être tentées de repositionner leur production ou leur activité près de leur origine géographique.

La question territoriale et plus particulièrement les aménités au développement (cadre de vie, activités culturelles et sportives…) sont souvent sous-estimées […]. Dans le cas de Rossignol, nul doute que ce qui a conduit au retour de la marque à Sallanches en Haute-Savoie correspond à des préoccupations d'image, de main-d'œuvre qualifiée pour de tels produits, voire d'accès plus direct au marché limitant les coûts de transports (l'entreprise avait délocalisé sa production à Taïwan). Aux yeux des consommateurs, un ski fabriqué dans les vallées des Alpes est gage de savoir-faire et de qualité, renvoyant à la culture locale de fabrication. »

François Raulin, Fabien Nadou (EM Normandie), « La relocalisation industrielle en France : un retour vers le futur ? », theconversation.com, 9 janvier 2018.

6 Une tendance à la relocalisation des entreprises en France ?

« Y a-t-il une tendance à la relocalisation des entreprises en France ? "Oui", répond le journaliste Jean-Paul Chapel […]. "L'an dernier, on a vu l'entreprise Solex rapatrier sa production de Chine en Normandie ; les chaussettes Olympia, qui étaient en Roumanie, sont revenues dans les Vosges ; et puis, tout récemment, les roulements à billes SKF ont décidé de relocaliser en France des usines de Singapour. Au total, 19 relocalisations en 2017, contre seulement neuf en 2015" […].

"Explication : les coûts de production augmentent dans les pays où on a délocalisé, les salaires chinois progressent, et puis le "made in France" est de plus en plus un argument marketing qui séduit la clientèle", précise le journaliste. Les délocalisations l'emportent tout de même sur les relocalisations. Quelque 4 200 emplois ont été créés grâce aux relocalisations entre 2009 et 2017, contre 32 000 emplois détruits sur la même période par les délocalisations. "Certes, les relocalisations se multiplient, mais ce sont surtout des petites entreprises qui reviennent, alors que ce sont souvent les productions des grandes entreprises qui partent." »

« Emploi : tendance à la relocalisation des entreprises », francetvinfo.fr, 8 janvier 2018.

DEUX PARCOURS AU CHOIX

PARCOURS GUIDÉ

1. Un produit labellisé* « made in France » est-il forcément totalement fabriqué en France ? **Doc 3**
2. Quelles motivations poussent les entreprises et les consommateurs vers le « made in France » ? **Doc 1, 2, 3, 5 et 6**
3. Pourquoi peut-on dire que le « made in France » renforce les territoires déjà les plus compétitifs ? **Doc 2 et 5**
4. Montrez que le « made in France » est un phénomène encore récent et marginal. **Doc 1, 4 et 6**

PARCOURS AUTONOME

À l'aide des documents, organisez des arguments en vue de rédiger une réponse au sujet :

En quoi le « made in France » reflète-t-il les permanences et les mutations des systèmes productifs français ?

	Permanences (ce qui ne change pas)	Mutations (ce qui évolue)
Production et/ou consommation		
Localisation		

3. Les systèmes productifs : entre valorisation locale et intégration européenne et mondiale

COURS 2

Comment les systèmes productifs tirent-ils profit des atouts locaux ?

A Les logiques de localisation des systèmes productifs

• **L'accessibilité est un critère fondamental de localisation des entreprises**, surtout dans le contexte de systèmes productifs* fonctionnant de plus en plus en réseaux. Elle est déterminante à l'échelle internationale : les régions transfrontalières, les zones portuaires et aéroportuaires sont attractives. À l'échelle locale, les espaces les mieux desservis et les mieux connectés (près des autoroutes, des gares TGV…) facilitent les déplacements des salariés et accélèrent les échanges commerciaux.

• **Dans un contexte de concurrence territoriale, les régions et les métropoles communiquent** sur leurs aménités afin d'attirer entreprises et habitants par des affiches et des publicités à la radio, à la télévision ou sur Internet. Montpellier a par exemple fondé sa stratégie de communication sur son climat et la qualité de son offre culturelle.

• **La recherche d'une main-d'œuvre qualifiée et spécialisée joue également un rôle**, vu l'importance accrue de l'innovation. Les régions disposant d'universités réputées, celles spécialisées depuis longtemps dans une activité de pointe sont attractives : industrie aéronautique pour Toulouse, industrie pharmaceutique pour Lyon, régions agricoles développant la recherche agronomique, industrie et agro-ressources dans le Bassin parisien.

B Des acteurs qui valorisent les atouts locaux

• **Les localisations et les réseaux des systèmes productifs dépendent de nombreux acteurs.** À côté d'acteurs privés, l'État joue un rôle fort en finançant la recherche et l'innovation. Dès les années 1960, pour faire face à la concurrence, il a favorisé l'innovation en privilégiant des secteurs comme l'aéronautique et la recherche scientifique. Les premiers technopôles* ont été aménagés dans les années 1970 dans les villes du Sud et de l'Ouest de la France (comme Sophia Antipolis près de Nice). L'État et les collectivités locales mettent l'accent sur la Recherche et Développement et développent les synergies pour soutenir l'innovation. En 2004, des « pôles de compétitivité » ont été créés : ils regroupent, sur un même territoire, des acteurs publics et privés d'un même secteur d'activités (cluster*) afin de soutenir son dynamisme économique et son rayonnement international.

• **Les autres acteurs institutionnels (régions, départements, métropoles…)** tentent d'attirer les entreprises sur leur territoire en faisant notamment du marketing territorial pour promouvoir leurs atouts. Ils cherchent aussi à favoriser la mise en réseau de leur territoire avec d'autres espaces proches ou plus lointains : réseaux de villes, départements en réseaux, réseaux universitaires… L'objectif est d'attirer de nouveaux investisseurs mais aussi de retenir les acteurs privés (investisseurs, chefs d'entreprises) qui permettent l'intégration à Europe et au monde.

> Les systèmes productifs français tirent profit d'atouts présents dans les territoires : accessibilité, aménités, main-d'œuvre… Ces atouts sont valorisés par des politiques d'aménagement, menées conjointement par des acteurs publics et privés.

REPÈRE

Les facteurs de localisation des entreprises en France

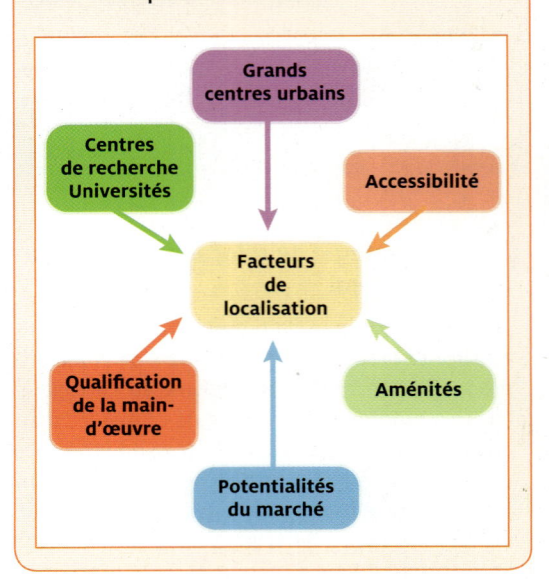

- Grands centres urbains
- Centres de recherche Universités
- Accessibilité
- Qualification de la main-d'œuvre
- Aménités
- Potentialités du marché

→ Facteurs de localisation

VOCABULAIRE

Accessibilité Plus ou moins grande facilité d'accès à un lieu par les moyens de transport et de communication.

Aménité Élément agréable de l'environnement naturel et social qui contribue à l'attractivité d'un lieu.

Innovation Introduction d'une nouveauté dans un processus de production ou de commercialisation.

Marketing territorial Mise en œuvre d'une communication pour valoriser un territoire afin d'influencer en sa faveur le comportement d'un public particulier (entrepreneurs…) face à des concurrents.

Pôle de compétitivité Association regroupant, sur un même territoire, des entreprises, des établissements d'enseignement supérieur et des organismes de recherche, travaillant ensemble à des projets de développement économique pour l'innovation.

Recherche et Développement (R&D) Ensemble des moyens mis en œuvre pour favoriser l'innovation.

Synergie Processus par lequel plusieurs acteurs interagissent, ce qui démultiplie leur efficacité.

Thème 2 Une diversification des espaces et des acteurs de la production

1 **Le technopôle*** de Sophia Antipolis près de Nice

a Laboratoires de l'université de Nice-Sophia Antipolis **b** INRIA Sophia Antipolis Méditerranée (Institut national de recherche en sciences du numérique)
c Polytech Nice-Sophia Antipolis
d Eurecom (École d'ingénieurs et centre de recherche en sciences du numérique)
e RD 504 amenant vers l'autoroute A8
f Le Provençal Golf **g** Lotissement
h Ville de Nice **i** Mer Méditerranée

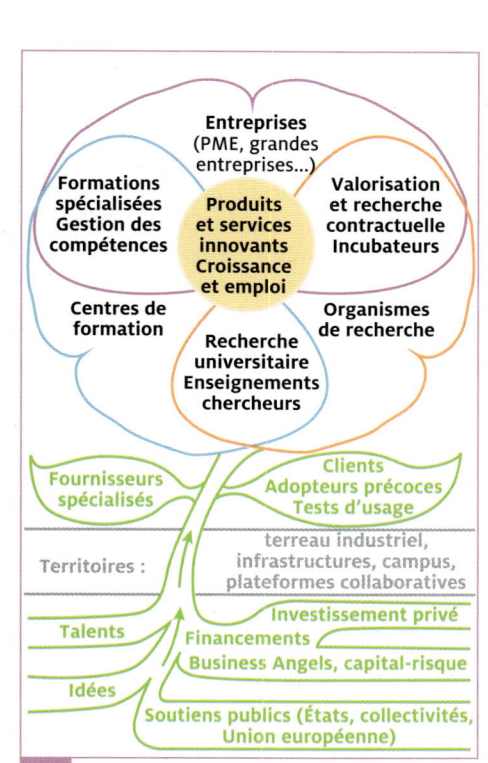

2 **Schéma d'un pôle de compétitivité**
Source : competitivite.gouv.fr

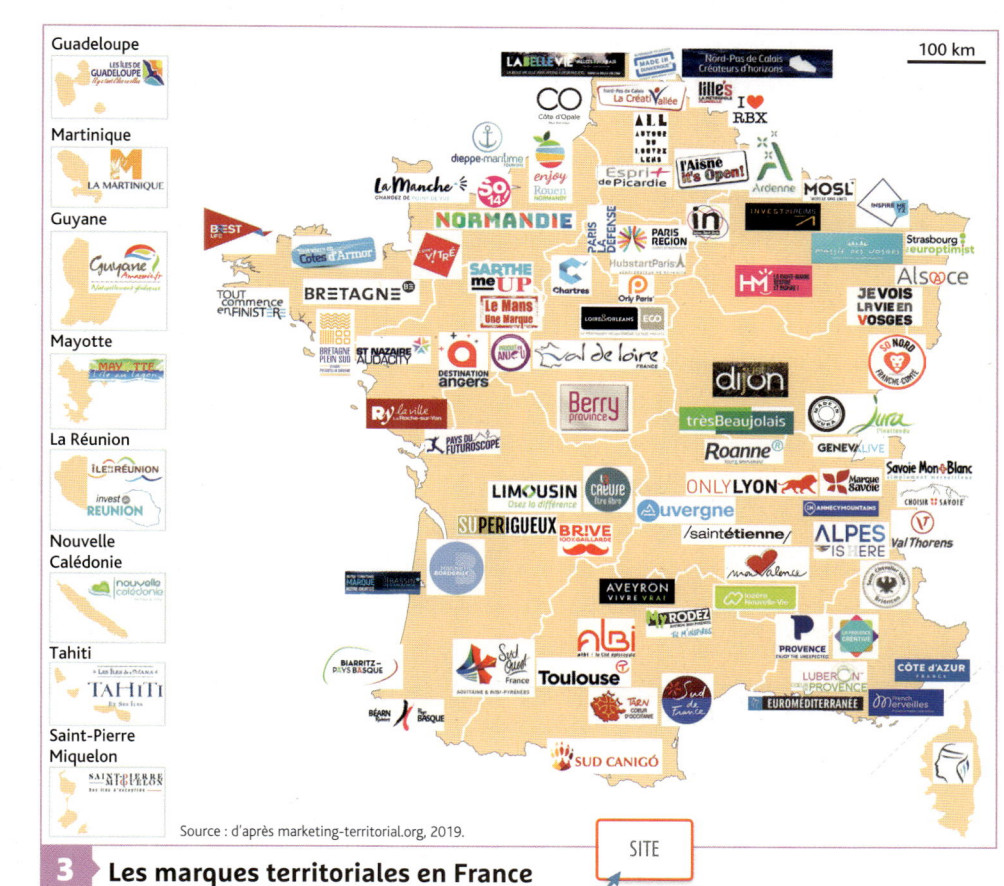

3 **Les marques territoriales en France**
Source : d'après marketing-territorial.org, 2019.

Analyser et confronter les documents

1. Quels sont les acteurs évoqués par les doc 1 à 3 ?
2. À quels facteurs mentionnés dans le repère correspondent les doc 1 à 3 ?
3. Quels éléments des pôles de compétitivité (doc 2) sont visibles sur le doc 1 ?

BAC Analyser un document

Analyser de façon critique comment le doc 2 s'appuie sur des atouts locaux pour valoriser les territoires.

3. Les systèmes productifs : entre valorisation locale et intégration européenne et mondiale

DOSSIER

L'intégration européenne, une chance pour le sillon lorrain ?

Le sillon lorrain est un système productif situé dans l'axe de la vallée de la Moselle entre Nancy et Luxembourg. Il a subi de plein fouet la crise industrielle à partir des années 1970 mais a entamé une reconversion, en essayant de tirer profit de sa proximité avec le Grand-Duché du Luxembourg.

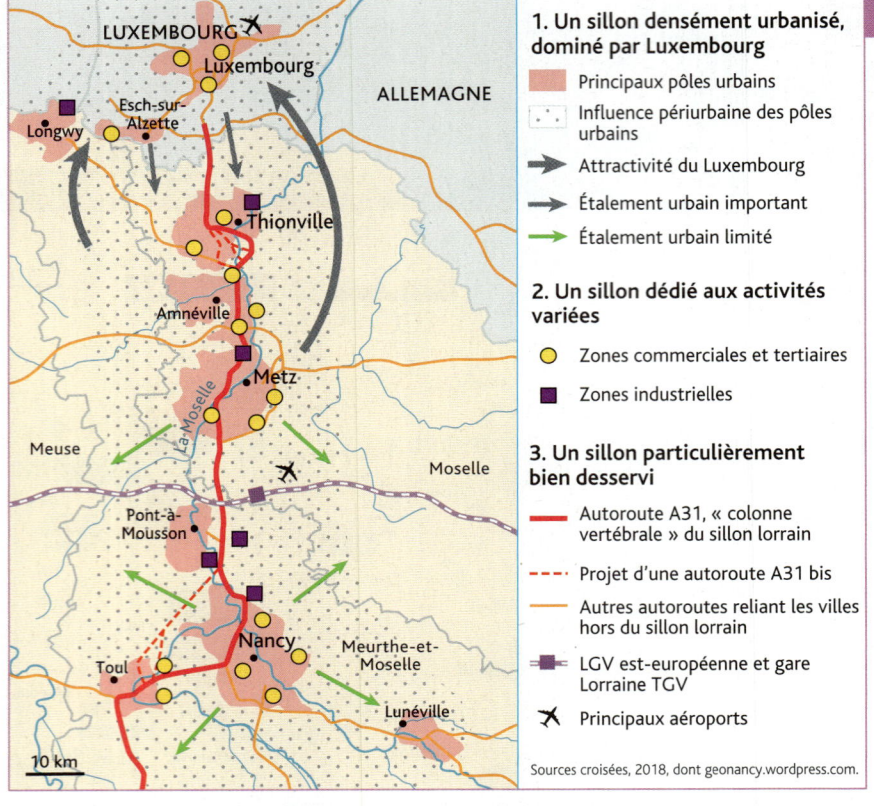

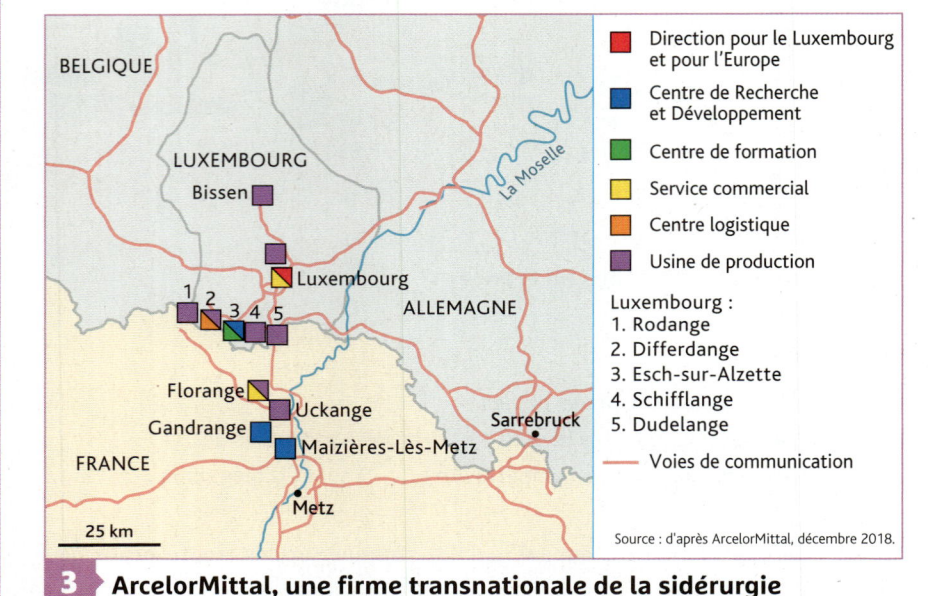

1 Le sillon lorrain, un système productif entre Luxembourg et Nancy

2 Une coopération entre entrepreneurs lorrains et luxembourgeois — ARTICLE

« C'est un fait inédit qui s'est déroulé mardi à Metz : entrepreneurs luxembourgeois et lorrains ont fait un appel du pied très net aux dirigeants politiques, à l'occasion d'une conférence sur le codéveloppement organisée par le sillon lorrain. Il s'agit d'accélérer sur le développement transfrontalier, vu les défis qui arrivent. [...]
Christine Bertrand[1] salue la formidable soupape d'emploi qu'a constituée le Grand-Duché dans les années 90, alors que la Lorraine était en crise. [...]
Nicolas Buck[2] est ensuite parti sur [...] le codéveloppement concret, c'est-à-dire la capacité du Luxembourg à faire aimant pour des entreprises qui viennent s'installer dans la Grande Région. "Il nous reste une vingtaine d'hectares pour les industries au Luxembourg, voilà le chiffre. Vous en avez combien à Illange encore : 150 hectares peut-être ? Et sur le plateau de Metz ? 400 hectares ! Le truc le plus compliqué à réussir, ça sera ça : placer des industries de l'autre côté". Reste à savoir comment, puisque la zone franche en préparation entre Esch et Audun ne sera pas duplicable à l'infini.
Du côté d'ArcelorMittal Luxembourg enfin, on alerte sur des lourdeurs transfrontalières "qui ne correspondent plus à la mobilité d'aujourd'hui", comme sur le casse-tête juridique et fiscal du télétravail. [...] »

« "New Deal" transfrontalier : les entrepreneurs lorrains et luxembourgeois lancent le pavé », *Le Quotidien*, 27 juillet 2018.

[1] Vice-Présidente du MEDEF Grand-Est (organisation patronale)
[2] Président de la Fédération des industriels luxembourgeois (Fedil)

3 ArcelorMittal, une firme transnationale de la sidérurgie implantée en Lorraine et au Luxembourg

154 **Thème 2** Une diversification des espaces et des acteurs de la production

4 La Maison du Luxembourg à Thionville

Implantée à Thionville, dans le nord du département de la Moselle, « La Maison du Luxembourg » informe les Français vivant ou passant dans la région en matière d'emploi, de vie quotidienne, d'études, de mobilités et de loisirs au sein du Grand-Duché du Luxembourg.

SITE

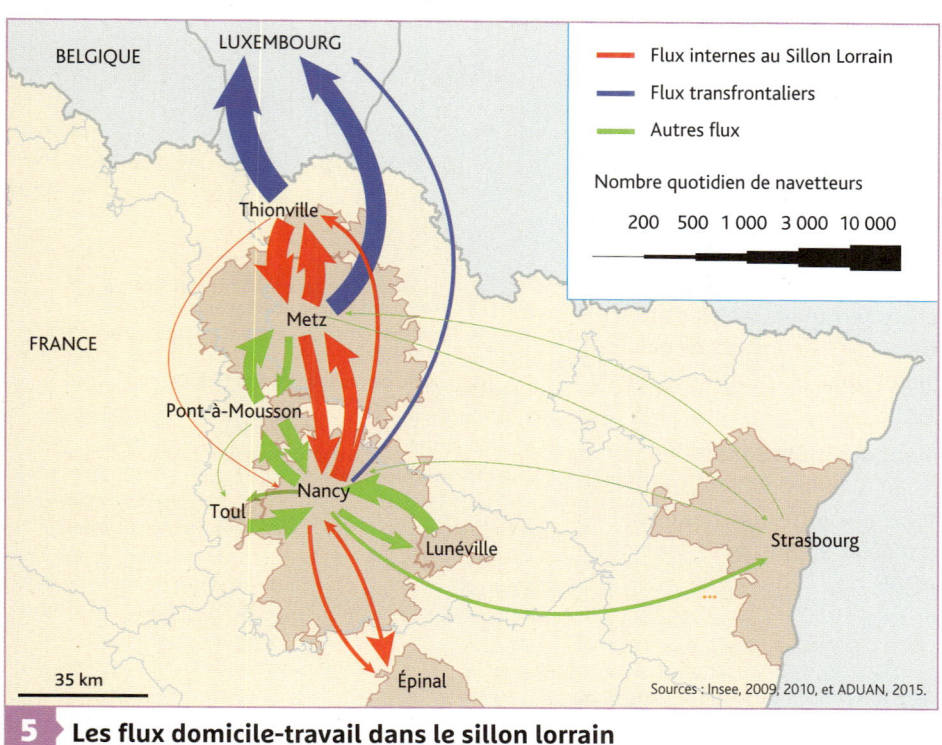

5 Les flux domicile-travail dans le sillon lorrain

Légende :
- Flux internes au Sillon Lorrain
- Flux transfrontaliers
- Autres flux

Nombre quotidien de navetteurs : 200, 500, 1 000, 3 000, 10 000

Villes : Luxembourg, Belgique, Thionville, Metz, Pont-à-Mousson, Toul, Nancy, Lunéville, Épinal, Strasbourg, France

Sources : Insee, 2009, 2010, et ADUAN, 2015.

6 Le sillon lorrain en chiffres-clés

4 intercommunalités :
- la métropole du Grand Nancy
- la communauté d'agglomération Portes de France-Thionville
- la communauté d'agglomération Metz Métropole
- la communauté d'agglomération d'Épinal

683 400 habitants dans les 4 intercommunalités

68 550 étudiants

2 256 enseignants-chercheurs

3 pôles de compétitivité labellisés : Hydreos, Fibre, Matéralia

Source : sillon.lorrain.org

SITE

DEUX PARCOURS AU CHOIX

PARCOURS GUIDÉ

1. À quelles difficultés économiques le système productif du sillon lorrain a-t-il été confronté ? **Doc 2**
2. En quoi le sillon lorrain constitue-t-il un système productif* à part entière ? **Doc 2, 3 et 6**
3. Montrez qu'il s'agit d'un système productif transfrontalier. **Doc 1, 2, 3, 4 et 6**
4. Comment l'intégration européenne a-t-elle permis à ce système productif de se redynamiser ? **Doc 2 et 5**
5. Montrez que cette intégration a placé ce système productif dans une situation de dépendance vis-à-vis du Grand-Duché du Luxembourg. **Doc 1 à 5**

PARCOURS AUTONOME

À l'aide des doc 1 à 6, complétez le schéma ci-dessous puis rédigez une réponse à la problématique du dossier.

L'intégration européenne, une chance pour le sillon lorrain ?

- Une chance permettant au sillon lorrain de se redynamiser
  – en termes d'emplois : …
  – en termes de coopération : …

- Mais un sillon qui est de plus en plus dépendant du Grand-Duché du Luxembourg
  – en termes de flux : …
  – en termes d'attractivité : …

3. Les systèmes productifs : entre valorisation locale et intégration européenne et mondiale

COURS 3

Comment les systèmes productifs français sont-ils réorganisés ?

A. Le poids toujours plus important des métropoles

- **Les métropoles jouent un rôle essentiel et croissant dans l'économie française.** Ce phénomène ne concerne pas que Paris mais toutes les métropoles régionales* (Lyon, Rennes…). Les métropoles sont à la fois des bassins d'emplois avec une main-d'œuvre nombreuse et qualifiée, mais aussi de vastes marchés de consommation, notamment dans le secteur tertiaire (commerce, loisirs…).

- **Très accessibles, les métropoles attirent de nombreuses activités industrielles et tertiaires**, notamment dans les secteurs de pointe. Les universités et les grandes écoles dispensent des formations variées et de haut niveau. Ces technopoles* sont des lieux privilégiés pour l'implantation des pôles de compétitivité*, comme Toulouse avec Airbus.

B. L'émergence de nouvelles régions attractives

- **Les activités industrielles et tertiaires** qui étaient traditionnellement concentrées au nord et à l'est d'une ligne Le Havre-Marseille ont basculé, dès les années 1970-1980, vers les régions transfrontalières de l'Est (Alsace…) et les régions littorales du Sud et de l'Ouest, qui sont devenues les territoires les plus attractifs de France. Les emplois y ont fortement progressé (tourisme, industries de pointe…). Les régions de montagne ne sont plus cantonnées au seul tourisme : pôles de compétitivité* à Pau, Grenoble et Annecy.

- **Les territoires agricoles connaissent également des mutations.** Si les grands bassins d'agriculture productiviste (Bassin parisien, Bassin aquitain) spécialisés dans la céréaliculture jouent encore un rôle majeur, d'autres territoires ont un poids croissant dans les exportations : élevage porcin en Bretagne, viticulture dans le Bordelais, en Bourgogne ou en Champagne.

C. Des systèmes productifs dont le poids décline

- **Dans le Nord et l'Est du pays, mais aussi dans les petits bassins d'emplois**, les emplois industriels ont diminué depuis les années 1970 (crise de la sidérurgie en Lorraine et dans le Nord, du textile mais aussi de l'automobile). La reconversion économique de ces territoires est difficile, hormis dans les métropoles comme Lille, qui sont fortement peuplées et ouvertes sur l'Europe.

- **Certains territoires ruraux ou montagneux sont en déclin** : une partie du Limousin, de l'Auvergne, des Alpes de Haute-Provence. Si leur accessibilité est désormais satisfaisante, en revanche, l'absence de grands centres urbains ne compense pas le recul d'une polyculture traditionnelle et peu compétitive.

- **Les territoires ultramarins présentent des difficultés spécifiques**, du fait notamment de leur éloignement de la métropole. Le tourisme, soumis à la concurrence internationale (République dominicaine, Maurice…), peine à se développer. Les cultures tropicales comme la banane souffrent d'une concurrence mondialisée (Costa Rica, Équateur…). La dépendance vis-à-vis de la métropole reste forte.

> La réorganisation des systèmes productifs répond à une double logique : une redistribution des territoires au niveau national mais aussi une concentration croissante des activités au sein des métropoles.

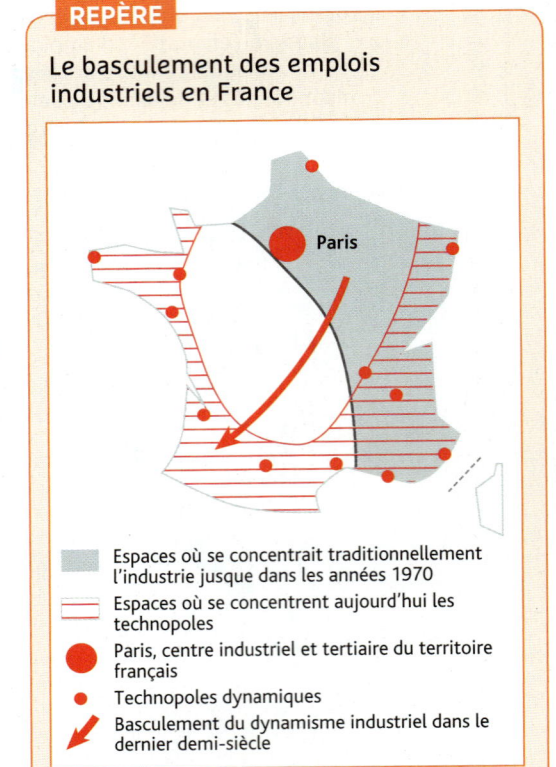

REPÈRE

Le basculement des emplois industriels en France

- Espaces où se concentrait traditionnellement l'industrie jusque dans les années 1970
- Espaces où se concentrent aujourd'hui les technopoles
- Paris, centre industriel et tertiaire du territoire français
- Technopoles dynamiques
- Basculement du dynamisme industriel dans le dernier demi-siècle

VOCABULAIRE

Agriculture productiviste Système de production agricole fondé sur l'optimisation de la production par rapport à la surface cultivée, qui requiert des investissements importants et une utilisation d'intrants agricoles (énergie, engrais, matériel).

Bassin d'emplois Territoire où la plupart des actifs résident et travaillent, et dans lequel les entreprises peuvent trouver l'essentiel de la main-d'œuvre nécessaire.

Marché de consommation Espace au sein duquel les entreprises peuvent trouver des débouchés pour leurs productions (que ce soient des biens ou des services).

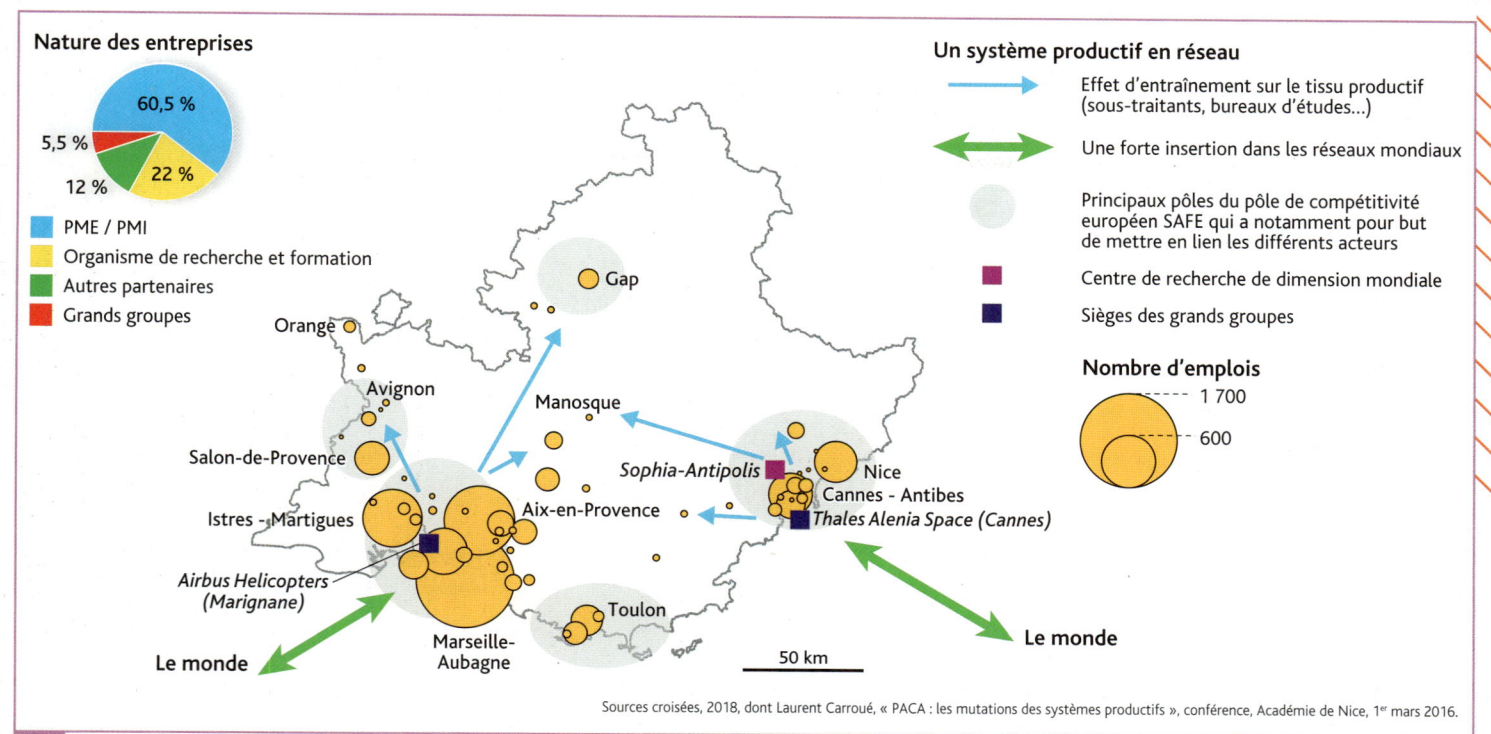

1 Le système productif de l'industrie aéronautique en Provence-Alpes-Côte d'Azur

Nature des entreprises
- 60,5 % PME / PMI
- 22 % Organisme de recherche et formation
- 12 % Autres partenaires
- 5,5 % Grands groupes

Un système productif en réseau
- → Effet d'entraînement sur le tissu productif (sous-traitants, bureaux d'études…)
- ↔ Une forte insertion dans les réseaux mondiaux
- Principaux pôles du pôle de compétitivité européen SAFE qui a notamment pour but de mettre en lien les différents acteurs
- ■ Centre de recherche de dimension mondiale
- ■ Sièges des grands groupes

Nombre d'emplois : 1 700 / 600

Villes : Orange, Avignon, Gap, Salon-de-Provence, Manosque, Istres - Martigues, Aix-en-Provence, Sophia-Antipolis, Nice, Cannes - Antibes, *Thales Alenia Space (Cannes)*, *Airbus Helicopters (Marignane)*, Marseille-Aubagne, Toulon

Échelle : 50 km — Le monde ↔ Le monde

Sources croisées, 2018, dont Laurent Carroué, « PACA : les mutations des systèmes productifs », conférence, Académie de Nice, 1er mars 2016.

2 Dossier de presse de la Chambre d'agriculture de la Guadeloupe, 2018

3 Les zones d'emploi en France

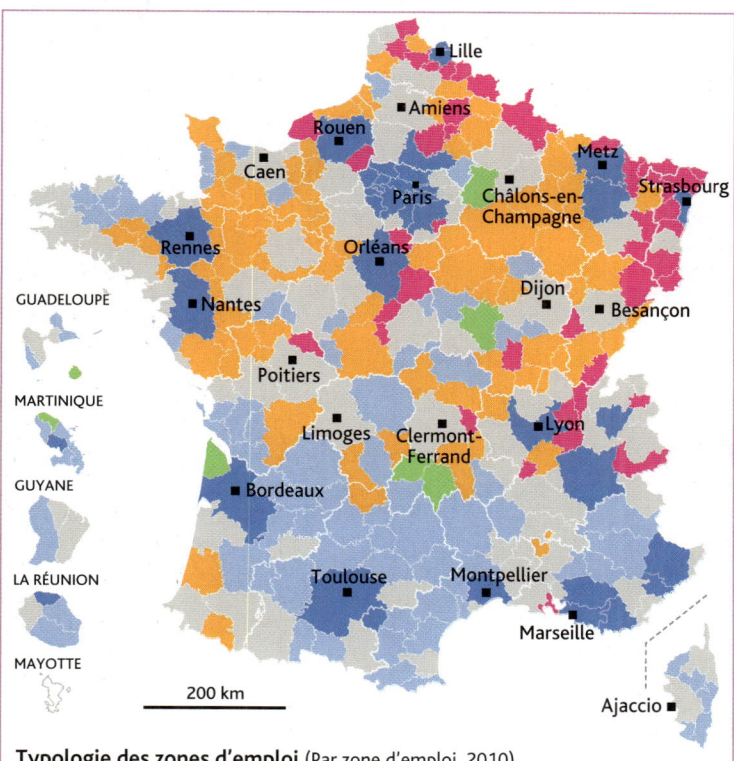

Typologie des zones d'emploi (Par zone d'emploi, 2010)

Les zones à orientation industrielle et agricole
- Surreprésentation des métiers ouvriers du tertiaire et du secondaire
- Surreprésentation des métiers ouvriers de l'industrie
- Surreprésentation marquée des métiers agricoles

Les zones à orientation tertiaire
- Surreprésentation marquée des professions du tertiaire supérieur
- Surreprésentation des professions intermédiaires du tertiaire
- Profil représentatif
- Données non disponibles

Source : d'après observatoire-des-territoires.gouv.fr, 2016.

Analyser et confronter les documents

1. Quels sont les liens qui font de l'industrie aéronautique en PACA un véritable système productif ? Doc 1
2. Où se situent la majorité des emplois agricoles, des emplois industriels et des emplois tertiaires ? Doc 3
3. En quoi les doc 2 et 3 témoignent-ils de la diversité économique des territoires ultramarins ?

BAC Réaliser une production graphique

À partir du doc 3, schématisez la répartition des types d'emplois en France.

3. Les systèmes productifs : entre valorisation locale et intégration européenne et mondiale

acteurs & ENJEUX

Localiser une entreprise, une décision qui demande réflexion

VOTRE MISSION

Fondateur·trice d'une start-up informatique implantée à Paris, vous souhaitez ouvrir un second site dans une autre ville. Deux publicités ont attiré votre attention. Vous hésitez entre Vannes (Morbihan) et Aix-en-Provence. Pour comparer leurs atouts et faire un choix, vous utilisez différents documents (cartes, sites Internet...).

Les logiques de localisation varient selon les types d'entreprises. Si certaines nécessitent des infrastructures, de transports de marchandises, d'autres dépendent davantage de l'accès au haut débit, de la présence d'une main d'œuvre qualifiée ou encore d'un cadre de vie de qualité...

1 Campagne de communication du Morbihan

MORBIHAN
SOUS LES DOSSIERS, LA PLAGE
TGV PARIS MORBIHAN
VOS ÉVÉNEMENTS ET SÉMINAIRES
2H30 DÈS JUILLET

2 Campagne de communication du Pays d'Aix

S'implanter en Pays d'Aix
territoire des énergies innovantes

35 000 entreprises
CEA Cadarache
ITER, projet de recherche international
Europôle Méditerranéen de l'Arbois
Microélectronique
Industrie photovoltaïque
Des pôles de compétitivité :
Capenergies - SCS - Risques - Optitec - Pégase

PAYS D'AIX développement TÉL. : +33 (0)4 42 17 02 32 · www.provence-pad.com
Agence de développement économique du Pays d'Aix-en-Provence
PAYS D'AIX-EN-PROVENCE ECONOMIC DEVELOPMENT AGENCY

ⓘ
- Vannes compte **53 000** habitants (le Morbihan **751 000**)
- Aix-en-Provence compte **142 000** habitants (le Pays d'Aix **402 000**)

3 Les facteurs de localisation des entreprises

« L'environnement créatif joue un rôle et nombre d'entreprises s'installent à proximité des grandes universités, de grandes écoles, de centres de recherche producteurs de chercheurs et de personnels spécialisés [...]. Elles recherchent aussi une localisation favorable. Les décideurs partent en général d'une idée de la situation générale du lieu recherché à l'image qu'ils ont des espaces concernés, c'est-à-dire des représentations plus ou moins exactes, des potentialités et des contraintes d'un lieu. Les entreprises qui opèrent dans des secteurs industriels de pointe recherchent de plus en plus des aménités du cadre de vie. Sont prises en compte les caractéristiques climatiques des lieux, l'ambiance qui y règne, la vie culturelle, la présence d'équipements publics, d'espaces verts, d'infrastructures de loisirs. Les entreprises sont enfin sensibles à la qualité du cadre de travail qui dépend de la volonté des pouvoirs publics proposant des aides à l'implantation industrielle, une taxation réduite, des réglementations souples, un accueil de qualité. »

D'après Pascal Baud, Serge Bourgeat et Catherine Bras, *Dictionnaire de Géographie*, Hatier, 2013.

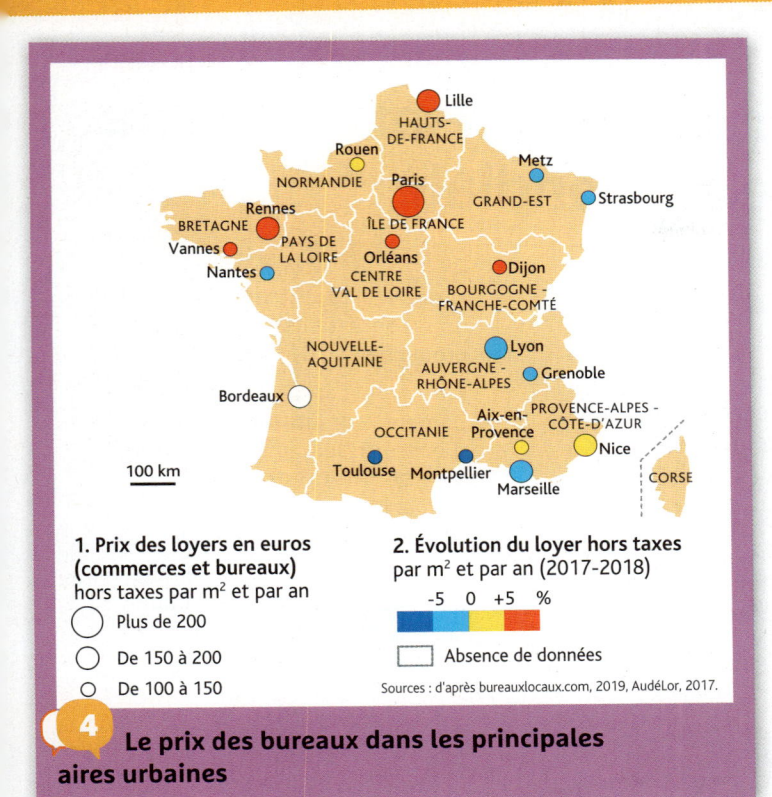

4 Le prix des bureaux dans les principales aires urbaines

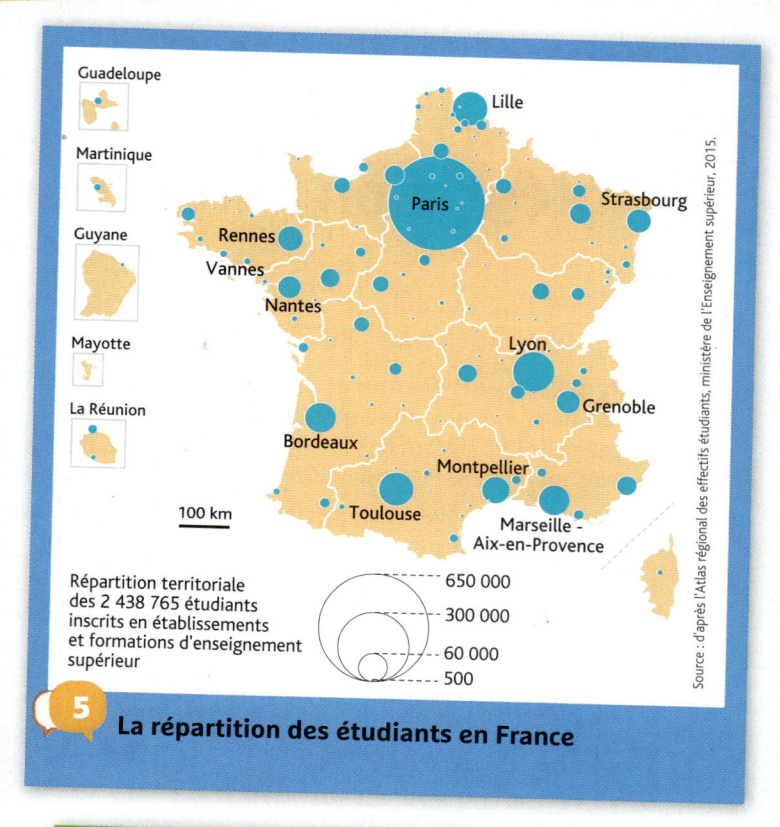

1. Prix des loyers en euros (commerces et bureaux) hors taxes par m² et par an
- ○ Plus de 200
- ○ De 150 à 200
- ○ De 100 à 150

2. Évolution du loyer hors taxes par m² et par an (2017-2018)
-5   0   +5 %

☐ Absence de données

Sources : d'après bureauxlocaux.com, 2019, AudéLor, 2017.

5 La répartition des étudiants en France

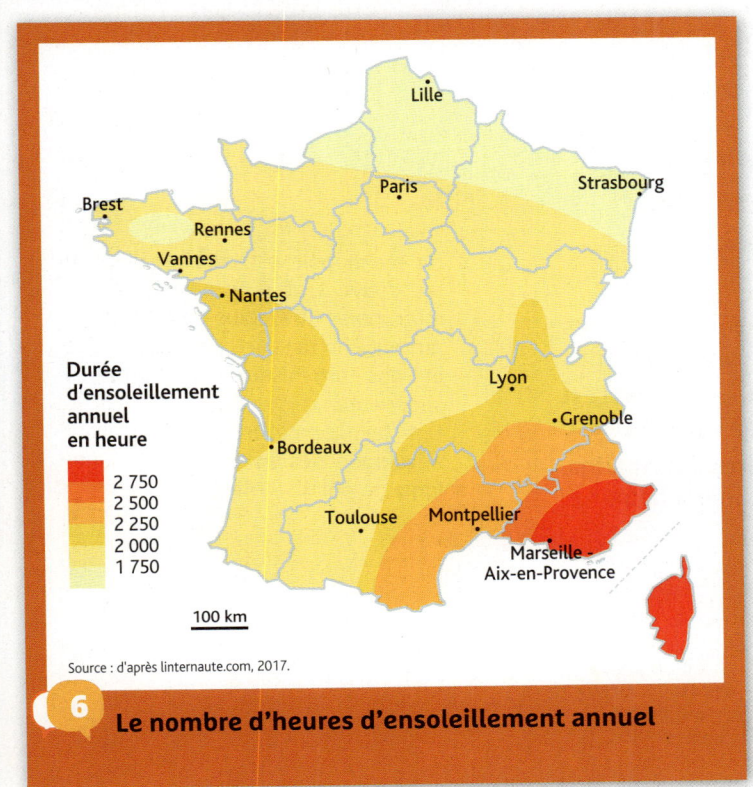

Répartition territoriale des 2 438 765 étudiants inscrits en établissements et formations d'enseignement supérieur
- 650 000
- 300 000
- 60 000
- 500

Source : d'après l'Atlas régional des effectifs étudiants, ministère de l'Enseignement supérieur, 2015.

6 Le nombre d'heures d'ensoleillement annuel

Durée d'ensoleillement annuel en heure
- 2 750
- 2 500
- 2 250
- 2 000
- 1 750

Source : d'après linternaute.com, 2017.

7 Le salaire mensuel net moyen par département (2014)

Salaire mensuel net moyen
- 3945
- 2900
- 2600
- 2300
- 2000

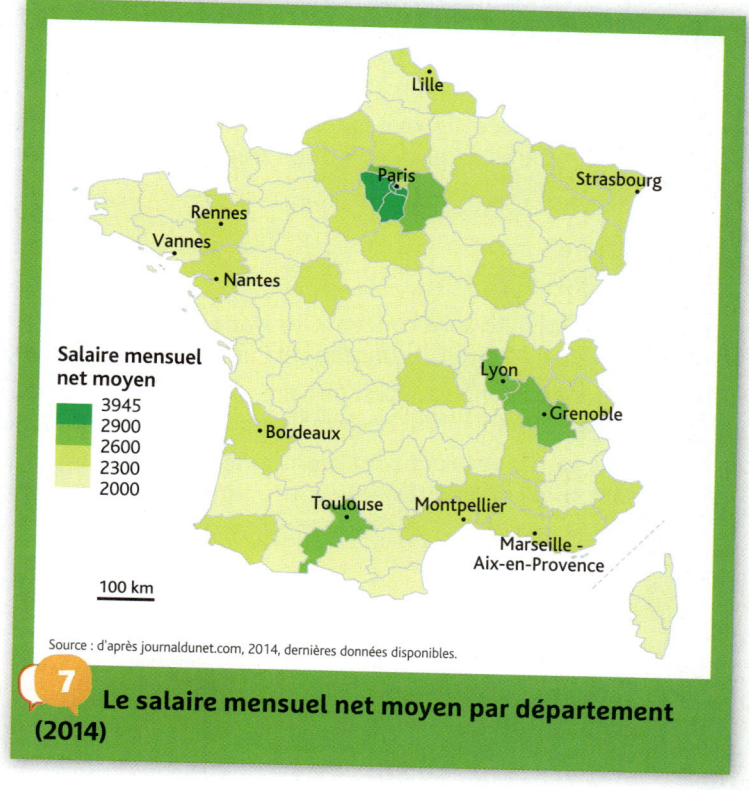

Source : d'après journaldunet.com, 2014, dernières données disponibles.

Pour trouver des arguments complémentaires :

→ Carte des pôles de compétitivité* en France : doc 1 p. 146
→ Carte des espaces productifs tertiaires en France : doc 3 p. 147
→ Carte des espaces productifs industriels en France : doc 2 p. 146
→ La couverture Internet : voir https://www.zoneadsl.com/couverture/

SITOGRAPHIE

3. Les systèmes productifs : entre valorisation locale et intégration européenne et mondiale

L'ESSENTIEL

Les systèmes productifs : entre valorisation locale et intégration européenne et mondiale

A. L'intégration dans l'UE et dans la mondialisation transforme les systèmes productifs

- L'intégration européenne et l'ouverture à la mondialisation* sont deux phénomènes majeurs. Pour améliorer leur compétitivité*, les entreprises ont **délocalisé** en implantant des filiales à l'étranger afin de conquérir de nouveaux marchés ou de bénéficier de coûts de production moins élevés.
- Depuis peu, certaines entreprises françaises relocalisent en France mais ce phénomène est marginal.
- Cette ouverture internationale a renforcé la désindustrialisation* et la **tertiarisation** engagées dès les années 1970. L'industrie est de plus en plus liée aux activités tertiaires (recherche, marketing…).

B. Les systèmes productifs français tirent parti des atouts locaux

- Les entreprises recherchent l'accessibilité* (autoroutes, LGV…) mais aussi la présence d'aménités* (cadre de vie, vie culturelle…) et une main-d'œuvre qualifiée.
- L'**innovation** a favorisé les systèmes productifs dédiés à la recherche et aux technologies de pointe (**technopôles** souvent situés dans les **technopoles**).
- L'État et les collectivités locales facilitent cette mutation, en aménageant les territoires, et notamment en créant des **pôles de compétitivité**.

C. Les systèmes productifs français sont progressivement réorganisés

- Les activités sont concentrées dans les métropoles*, qui constituent des lieux de formation et concentrent l'essentiel de la main-d'œuvre et des clients.
- Les emplois industriels et tertiaires, longtemps concentrés dans le Nord et l'Est du pays, s'implantent désormais, pour une bonne part, dans le Sud et l'Ouest.
- Les territoires ruraux et montagneux, comme les territoires ultramarins, sont souvent en difficultés et peu intégrés aux marchés internationaux.

NOTIONS-CLÉS

- **Innovation** Introduction d'une nouveauté dans le processus de production ou de commercialisation.
- **Pôle de compétitivité** Regroupement, sur un même territoire, d'entreprises, d'établissements d'enseignement supérieur et d'organismes de recherche publics ou privés travaillant en synergie*.
- **Système productif** Ensemble des activités productives fonctionnant en système (en interdépendance, en réseau) à une échelle de plus en plus vaste.
- **Tertiarisation** Progression de la part des services dans la population active et le PIB d'un État.

NE PAS CONFONDRE

- **Technopôle/Technopole**
Un technopôle est un parc d'activités, souvent situé en périphérie des métropoles les plus dynamiques, regroupant des activités de pointe et des organismes de formation supérieure.
Une technopole est une ville ayant développé des activités de technologie de pointe et de recherche.

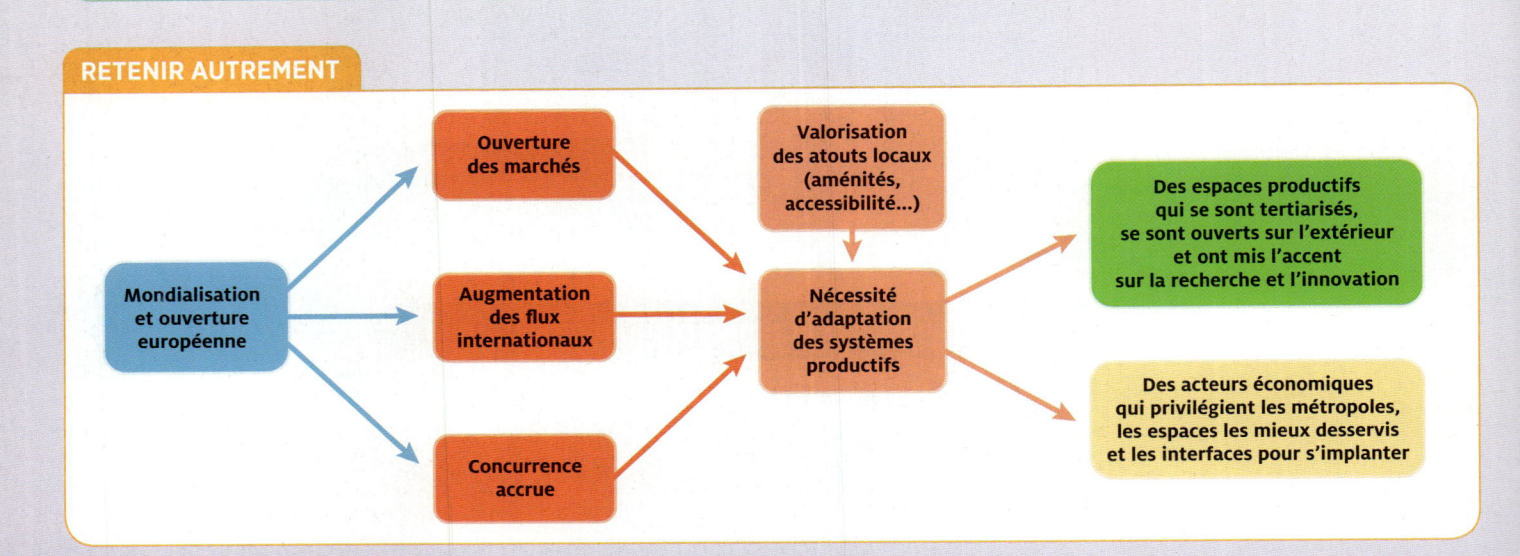

RETENIR AUTREMENT

Mondialisation et ouverture européenne →
- Ouverture des marchés
- Augmentation des flux internationaux
- Concurrence accrue

+ Valorisation des atouts locaux (aménités, accessibilité…)

→ **Nécessité d'adaptation des systèmes productifs** →

- Des espaces productifs qui se sont tertiarisés, se sont ouverts sur l'extérieur et ont mis l'accent sur la recherche et l'innovation
- Des acteurs économiques qui privilégient les métropoles, les espaces les mieux desservis et les interfaces pour s'implanter

Thème 2 Une diversification des espaces et des acteurs de la production

L'ESSENTIEL EN SCHÉMAS

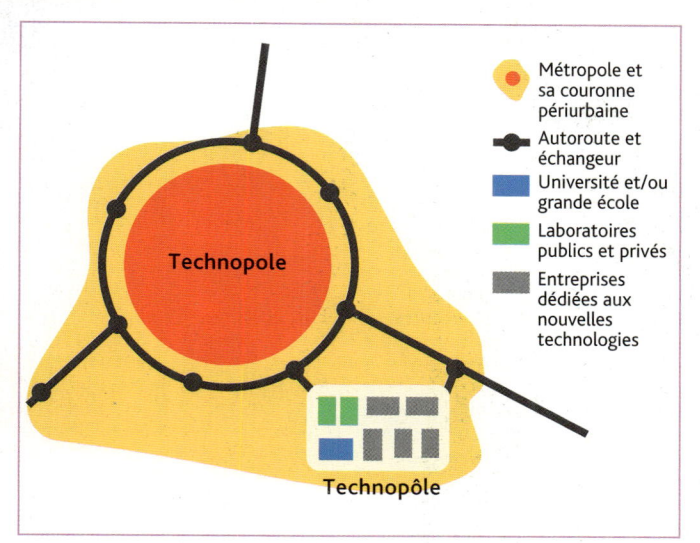

1. Un technopôle au sein d'une technopole

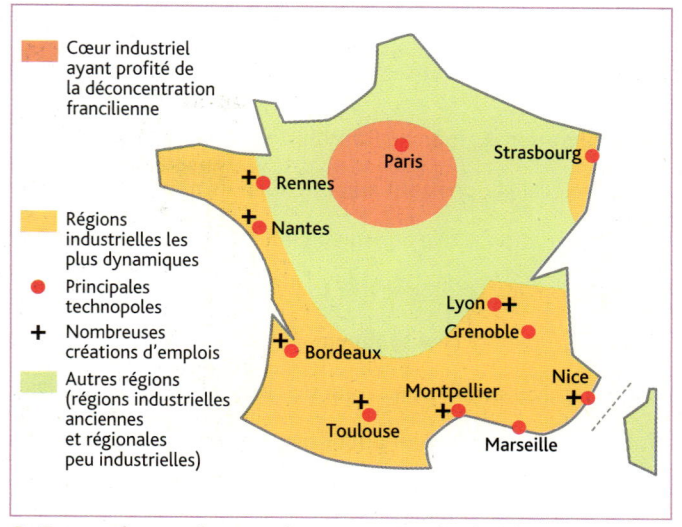

Légende :
- Métropole et sa couronne périurbaine
- Autoroute et échangeur
- Université et/ou grande école
- Laboratoires publics et privés
- Entreprises dédiées aux nouvelles technologies

2. Dynamiques des systèmes productifs industriels français

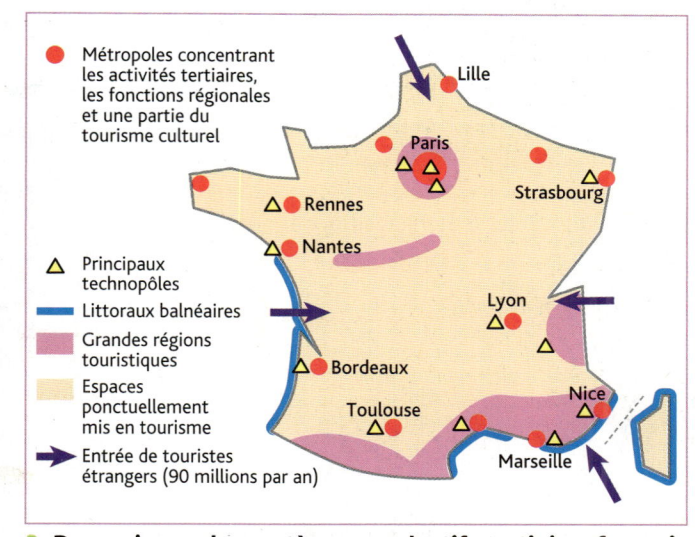

Légende :
- Cœur industriel ayant profité de la déconcentration francilienne
- Régions industrielles les plus dynamiques
- Principales technopoles
- Nombreuses créations d'emplois (+)
- Autres régions (régions industrielles anciennes et régionales peu industrielles)

Villes : Rennes, Paris, Strasbourg, Nantes, Bordeaux, Lyon, Grenoble, Toulouse, Montpellier, Marseille, Nice

3. Dynamiques des systèmes productifs tertiaires français

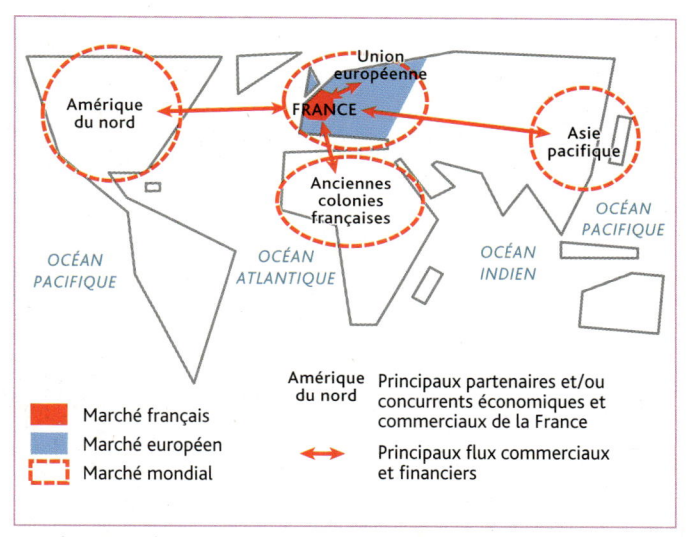

Légende :
- Métropoles concentrant les activités tertiaires, les fonctions régionales et une partie du tourisme culturel
- Principaux technopôles
- Littoraux balnéaires
- Grandes régions touristiques
- Espaces ponctuellement mis en tourisme
- Entrée de touristes étrangers (90 millions par an)

Villes : Lille, Paris, Rennes, Nantes, Strasbourg, Bordeaux, Lyon, Toulouse, Nice, Marseille

4. L'intégration des systèmes productifs français dans l'Union européenne et dans la mondialisation

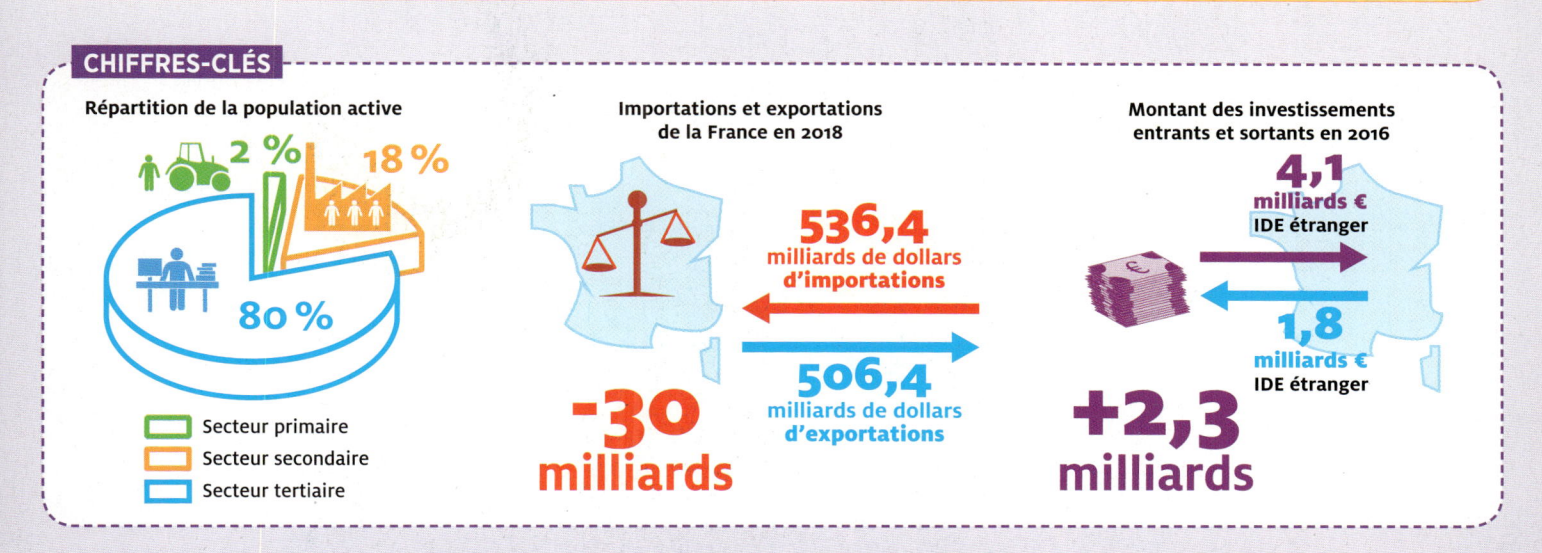

Légende :
- Marché français
- Marché européen
- Marché mondial
- Amérique du nord : Principaux partenaires et/ou concurrents économiques et commerciaux de la France
- Principaux flux commerciaux et financiers

Zones : Amérique du nord, Union européenne, FRANCE, Anciennes colonies françaises, Asie pacifique
Océans : OCÉAN PACIFIQUE, OCÉAN ATLANTIQUE, OCÉAN INDIEN, OCÉAN PACIFIQUE

CHIFFRES-CLÉS

Répartition de la population active
- 2 % Secteur primaire
- 18 % Secteur secondaire
- 80 % Secteur tertiaire

Importations et exportations de la France en 2018
- 536,4 milliards de dollars d'importations
- 506,4 milliards de dollars d'exportations
- −30 milliards

Montant des investissements entrants et sortants en 2016
- 4,1 milliards € IDE étranger
- 1,8 milliards € IDE étranger
- +2,3 milliards

3. Les systèmes productifs : entre valorisation locale et intégration européenne et mondiale

RÉVISER ACTIVEMENT

1 Je maîtrise les idées du cours

Les affirmations suivantes concernant la France sont-elles vraies ou fausses ?

	Vrai	Faux
1. L'intégration du marché français dans la mondialisation a entraîné des délocalisations.		
2. Les relocalisations sont aujourd'hui plus nombreuses que les délocalisations.		
3. La population active agricole et industrielle diminue en pourcentage.		
4. Le marketing territorial vise à renforcer l'attractivité d'un lieu.		
5. Le mot aménités est synonyme d'investissement.		
6. Les innovations sont au cœur des politiques industrielles en France aujourd'hui.		
7. L'État est le seul acteur public intervenant dans les politiques d'aménagement des territoires.		
8. Les métropoles sont les principaux bassins d'emplois et marchés de consommation.		
9. Les régions économiquement les plus dynamiques et les mieux insérées dans la mondialisation sont situées au nord d'une ligne Le Havre/Marseille.		
10. Les systèmes productifs des territoires ultramarins souffrent de l'éloignement de la métropole.		

2 Je dessine un schéma représentant la France métropolitaine en respectant les proportions

ÉTAPE 1 Pour commencer, dessinez la figure suivante, qui vous donne les grandes proportions de l'espace métropolitain.

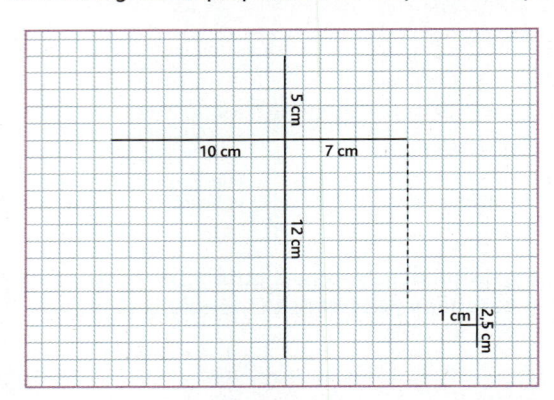

ÉTAPE 2 Vous pouvez alors positionner quelques-unes des villes françaises.

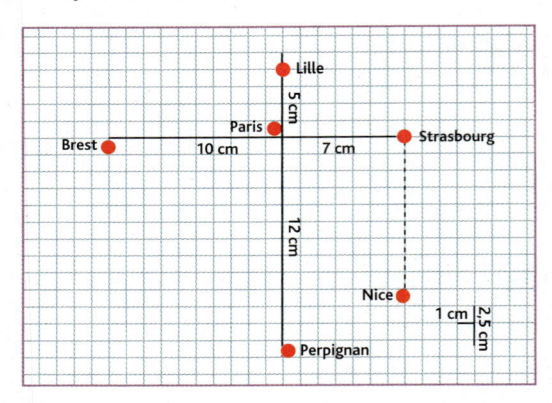

ÉTAPE 3 Terminez le schéma en traçant les contours.

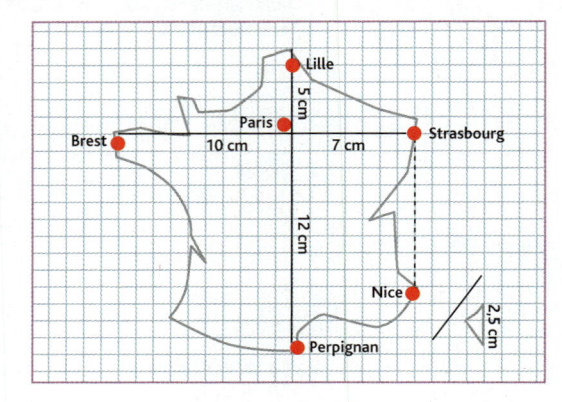

ÉTAPE 4 Vous pouvez, selon les cas, ajouter les DROM.

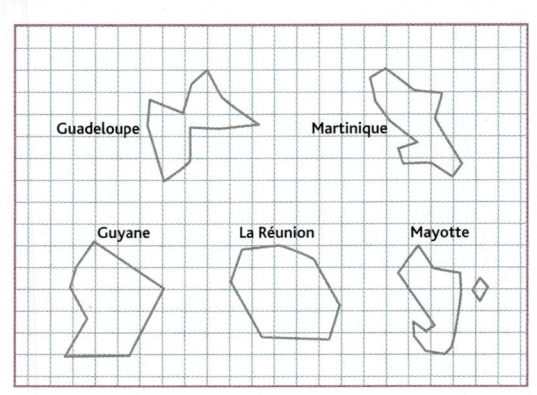

162 **Thème 2** Une diversification des espaces et des acteurs de la production

Auto-évaluation : solutions des exercices 1 et 4 p. 288.

3 Je maîtrise les localisations et dynamiques principales

Complétez la nomenclature et la légende du croquis avec les éléments mentionnés ci-dessous. Donnez-lui un titre.

Titre : ....

Pour compléter la légende :
- Métropoles
- Espace traditionnellement industriel
- Espace des technopoles
- Technopoles dynamiques
- « Basculement » des emplois industriels

Pour compléter le nom des villes :
- Strasbourg
- Rennes
- Paris
- Nice
- Toulouse
- Montpellier
- Nantes
- Brest
- Lille
- Bordeaux
- Marseille
- Lyon

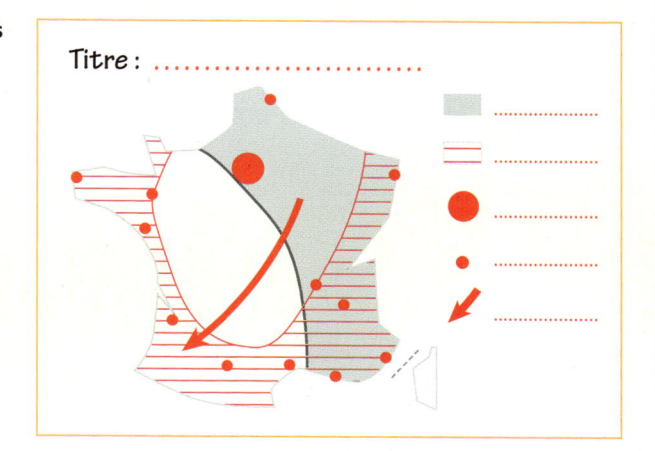

4 Je maîtrise les notions principales

Reliez chaque mot à sa définition.

1. Innovation
2. Technopole
3. Accessibilité
4. Compétitivité
5. Technopôle

A. Capacité d'un acteur économique à résister à la concurrence à toutes les échelles

B. Plus ou moins grande facilité d'accès à un lieu en utilisant les moyens de transport et de communication

C. Parc d'activités, souvent situé en périphérie des métropoles les plus dynamiques, regroupant des activités de pointe et des organismes de formation supérieure

D. Ville ayant développé des activités de technologie de pointe et de recherche

E. Introduction d'une nouveauté dans le processus de production ou de commercialisation

5 Je révise à l'aide d'un court documentaire

Pour mieux comprendre comment les systèmes productifs jouent de leurs atouts locaux afin de mieux s'insérer dans la mondialisation, cherchez sur Internet le film « Découvrir Nantes-Saint Nazaire en images ».

1. Visionnez le film.

VIDÉO

2. Récapitulez les différents atouts dont dispose la métropole de Nantes-Saint Nazaire et la façon dont elle pratique le marketing territorial* en les valorisant pour montrer son dynamisme et son insertion dans la mondialisation.

3. Les systèmes productifs : entre valorisation locale et intégration européenne et mondiale

ACQUÉRIR LES MÉTHODES

Analyser des courbes statistiques

OBJECTIFS MÉTHODE
- Analyser des données statistiques
- Distinguer valeur absolue et valeur relative

SUJET

Analysez l'évolution de la production industrielle mondiale depuis 2008.

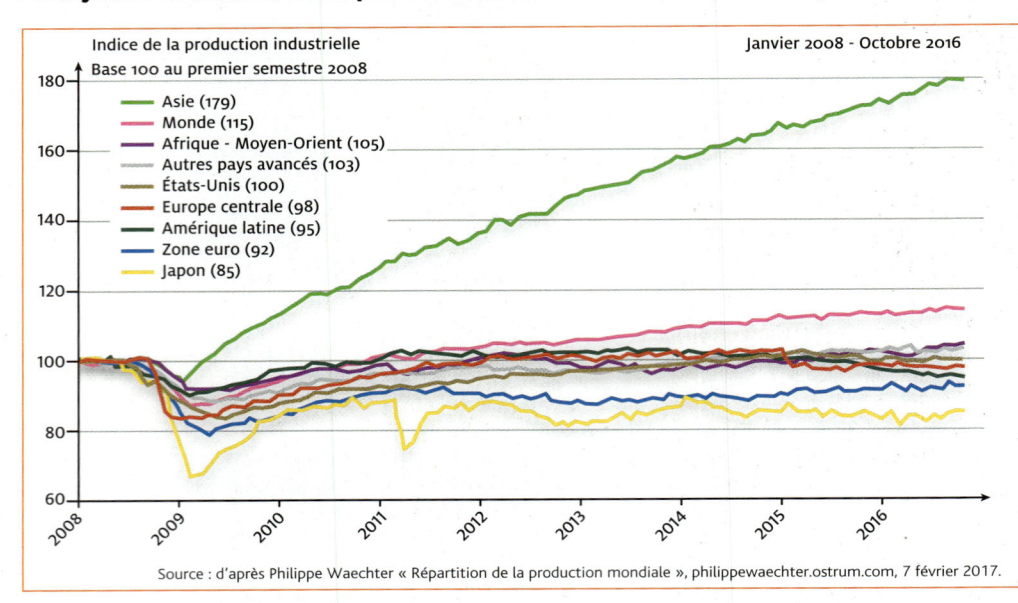

Indice de la production industrielle — Base 100 au premier semestre 2008 — Janvier 2008 - Octobre 2016

- Asie (179)
- Monde (115)
- Afrique - Moyen-Orient (105)
- Autres pays avancés (103)
- États-Unis (100)
- Europe centrale (98)
- Amérique latine (95)
- Zone euro (92)
- Japon (85)

Source : d'après Philippe Waechter « Répartition de la production mondiale », philippewaechter.ostrum.com, 7 février 2017.

1 L'évolution de la production industrielle depuis la crise économique mondiale de 2008[1]

[1] La crise économique de 2008-2012 («Grande récession») a d'abord touché les États-Unis puis l'ensemble des pays industrialisés. Cette crise, au départ boursière et bancaire, s'est traduite par la hausse du prix de l'énergie et surtout des produits agricoles, entraînant une baisse de la consommation.

POUR TRAITER LE SUJET

1. Quel est le thème du document ? Que signifie « base 100 » ? S'agit-il de données relatives ou absolues ?

2. Vérifiez que vous comprenez le document en répondant par vrai ou faux aux propositions suivantes :
   - ☐ Tous les pays avaient la même production industrielle en 2008
   - ☐ Le monde produit 11,5 % de plus (indice 11,5) en 2016 qu'en 2008
   - ☐ L'Afrique est désormais le second producteur industriel mondial, derrière l'Asie
   - ☐ En 2011, le Japon a été le seul pays à connaître une crise économique (liée à la double catastrophe du tsunami et de l'explosion de la centrale nucléaire de Fukushima, située au cœur d'un immense espace de production)

3. Que désigne le terme « Asie » tel qu'il est utilisé par le graphique ?
   - ☐ L'Asie de l'Est et du Sud (Chine, Corée du Sud, Vietnam, Inde...)
   - ☐ L'intégralité des pays du continent asiatique, sauf le Japon
   - ☐ Toute l'Asie
   - ☐ On ne peut pas le savoir, ce qui est une des faiblesses du document

4. Plus généralement, portez un regard critique sur la classification des zones géographiques.

5. Décrivez les différentes phases qu'ont connues la majorité des courbes (baisse, stagnation...). Quel pays a eu une évolution un peu différente, pourquoi ?

6. Classez les pays ou zones géographiques en trois catégories : les espaces de production en forte hausse / ceux qui stagnent / ceux qui régressent. Puis donnez des facteurs explicatifs de ces évolutions différentes.

POINT MÉTHODE

Analyser un graphique

→ **Identifier le thème général, la source, la période et l'espace concernés.**

→ **Comprendre comment le graphique a été construit** (données relatives ou absolues ; unités utilisées...).

→ **Déterminer les tendances principales** (s'il s'agit d'une évolution) **puis faire une analyse plus détaillée** (différentes phases, années particulières...), en relevant des données significatives.

→ **Expliquer en s'appuyant sur ses connaissances.**

Analyser une photographie

OBJECTIF MÉTHODE
Contextualiser une photographie

BAC ÉPREUVES COMMUNES

> **SUJET**
>
> Analysez la photographie en montrant qu'elle est révélatrice de certaines évolutions des espaces productifs en France.
>
> **1** La fondation Luma à Arles (Bouches-du-Rhône) : du site industriel au site culturel
>
> Luma Arles est un centre d'art contemporain privé dans lequel sont organisées de nombreuses expositions. Il se situe dans le Parc des Ateliers, un ancien site industriel d'ateliers ferroviaires, créé au XIXe siècle et utilisé pour la production et l'entretien de locomotives. Ce site a fermé en 1984, laissant place à une friche industrielle de 13 hectares. Depuis, les anciens bâtiments ont tous été rénovés. Au milieu du parc, la tour construite par l'architecte mondialement connu, Franck Gehry, sera achevée en 2020.

POUR TRAITER LE SUJET

1. Quelles sont les deux fonctions successives de l'espace productif du Parc des Ateliers ? Comment marquent-elles le paysage ?
2. Quelles raisons ont poussé à rénover ce site industriel ? Pourquoi le choix a-t-il été fait d'une telle architecture ? Le financement de la Fondation est-il privé ou public ?
3. À l'aide de la p. 148 et du point méthode, rédigez une réponse au sujet que vous pouvez accompagner d'un schéma.

POINT MÉTHODE

Analyser une photographie

→ **Observer un paysage** pour dégager des logiques spatiales.

→ **Localiser** le lieu photographié.

→ **Identifier les différents éléments** (types d'aménagements...) en vous aidant des informations qui sont parfois données en légende.

→ **Les relier à des notions** et termes précis.

→ Rédiger **un commentaire expliquant les phénomènes** observés.

Thème 2 Une diversification des espaces et des acteurs de la production 165

ACQUÉRIR LES MÉTHODES

Analyser une image satellite

GOOGLE EARTH

OBJECTIFS MÉTHODE
– Utiliser le numérique
– Lire une image satellite et en tirer un schéma

SUJET À l'aide de l'image satellite, analysez les différents types d'espaces de la baie de Nagoya (Japon).

1 Image satellite de Nagoya

POUR TRAITER LE SUJET

1. Localisez l'image satellite à l'aide de la carte 3 p. 129 et sur *Google Earth* (ville de Nagoya).
2. Repérez la localisation des différents zooms a à i sur l'image satellite (faites correspondre chacun d'entre eux à un des numéros). Puis, en utilisant la liste ci-dessous, donnez un titre à chaque zoom : ville de Nagoya, port pétrolier, champ de panneaux solaires, parcelles agricoles, port à conteneurs, ZIP* (sidérurgie, chimie), infrastructure de transport, base de loisirs, parcours de golf.
3. Reproduisez le schéma ci-contre en l'agrandissant, puis à l'aide des zooms et de l'image d'ensemble, coloriez les différents types d'espaces en fonction de la légende. Indiquez le nom Nagoya et mettez un titre au schéma.
4. Rédigez un commentaire montrant la pression exercée sur le littoral par différents types d'activités et l'artificialisation des milieux (terre-pleins industriels…).

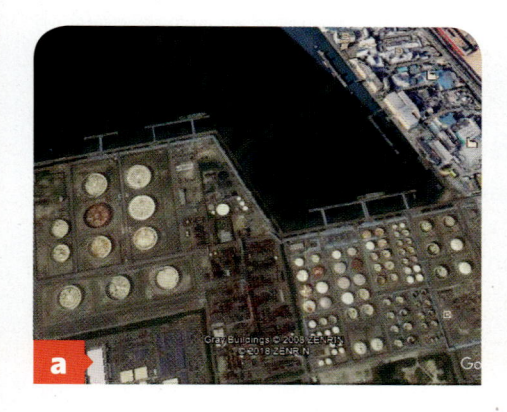

Titre : ....

- Zone industrialo-portuaire (ZIP*)
- Espace densément urbanisé
- Espace mêlant urbanisation, agriculture et loisirs
- Infrastructures de communication

POINT MÉTHODE

Lire une image satellite

→ **Identifier les éléments** qui la composent pour comprendre les **logiques d'organisation de l'espace**.

→ **Localiser et dater l'image** et l'espace concerné.

→ **Identifier les différents éléments du paysage** (ville, routes...) et en **définir les fonctions** (agricole, résidentielle...). Pour cette étape, on peut, selon les cas, utiliser Internet (*Google Earth*, ici) pour zoomer.

→ **Montrer comment les différents types d'espaces sont agencés** les uns par rapport aux autres.

Thème 2 Une diversification des espaces et des acteurs de la production 167

ACQUÉRIR LES MÉTHODES — BAC ÉPREUVES COMMUNES

Analyser un document

OBJECTIFS MÉTHODE
- Mobiliser des notions pour analyser un document
- Transformer une infographie en schéma

SUJET **Le jean : un révélateur d'un système productif mondialisé**
Vous analyserez le document en dégageant les pays et les acteurs impliqués dans la production et la diffusion d'un jean, ainsi que leurs conséquences environnementales. Votre regard critique portera sur la nature du document.

LA FABRICATION DU JEAN

Pour faire un jean, il faut :
- des rivets en zinc faits en **Australie**
- une fermeture éclair du **Japon**
- de la pierre ponce de **Turquie** pour le délavage
- du coton principalement produit en **Inde**, en **Chine** et aux **États-Unis**
- de la teinture bleu indigo synthétisée en **Allemagne**
- 50 produits chimiques environ pour le vieillissement de la toile en **Tunisie**

Savez vous qu'un jean fait 1,5 fois le tour de la planète soit **65 000 km** avant d'arriver en magasin ?

Des jeans sont fabriqués en **Asie du Sud et de l'Est** mais aussi dans les pays en développement proches des grands centres de consommation : **Tunisie, Mexique**.
En somme, la production d'un jean est répartie sur **5 continents**. Son transport implique une **consommation de pétrole** et des **émissions de gaz à effet de serre** significatives.
L'impact environnemental du jean est important puisqu'il faut :

- **5 263 litres d'eau** par kg de coton produit
- **24 %** des pesticides mondialement produits destinés à la culture du coton
- **20** traitements chimiques par parcelle et par an

2,3 milliards de jeans vendus dans le monde soit 73 jeans vendus par seconde

Levi's — Levi Strauss : n°1 mondial avec **5,3 %** du marché
Siège social : **San Francisco**
Usines en **Chine**, au **Mexique**, au **Bangladesh**, en **Éthiopie**...

1 Le jean, un produit « made in US » ou « made in world » ?
Sources : d'après Marie-Monique Robin, « Infographie, Le tour du monde d'un jean », arte.tv/sites/robin, 16 octobre 2014, et « La géopolitique du jeans », leconomiste.eu, 23 octobre 2018.

ÉTAPE 1 Réfléchir à la nature du document et faire un schéma à partir des informations prélevées

1 De quel type de document s'agit-il ? Que penser des images utilisées pour illustrer son propos ? D'après les sources, les informations sont-elles fondées ?

2 La consigne interroge sur les différents pays intervenant dans le processus de fabrication. Relevez-les et représentez-les sur un planisphère schématisé en distinguant les lieux de production de matières premières et de composants des lieux de fabrication des jeans.
Aidez-vous du fond de carte ci-dessous et de l'*exercice 2 p. 140*.

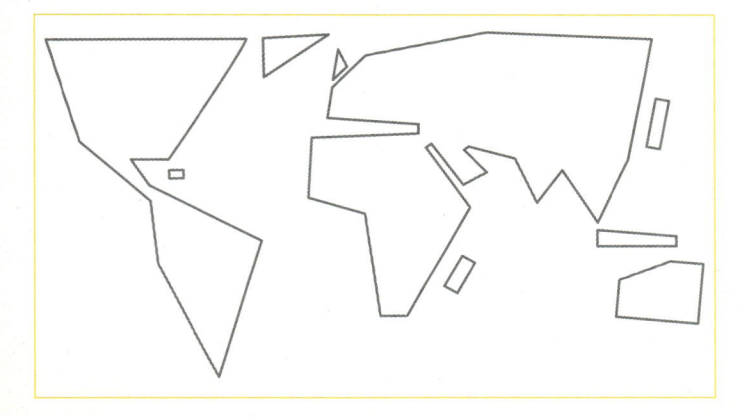

3 D'après vos connaissances, quels peuvent être les grands centres de consommation évoqués par le document ? Localisez les principaux sur votre schéma. Vous pouvez ensuite tracer quelques flux.

ÉTAPE 2 Rédiger l'analyse en utilisant des connaissances et un vocabulaire spécifique

4 L'encadré ci-dessous regroupe des notions et un vocabulaire spécifiques permettant de traiter le sujet, sans se contenter de paraphraser le document. Indiquez pour quels aspects du sujet recensés dans le tableau, vous pourrez les utiliser. Complétez aussi à l'aide de vos connaissances.

> FTN / DIPP / chaîne de valeur / Nord / Sud / avantages comparatifs / empreinte écologique / siège social / flux / pollution / mondialisation / système productif / matières premières / …

	Notions, vocabulaire
Pays impliqués	Pays du Nord
Acteurs impliqués	
Processus de production	
Processus de diffusion	
Conséquences environnementales	

5 Rédigez le devoir en utilisant le travail préalable et en intégrant le schéma que vous avez réalisé. Pensez à porter un regard critique sur la nature du document.

POINT MÉTHODE 1

Éviter la paraphrase

→ Le but d'une analyse de document est d'**extraire des informations mais aussi de les expliciter et de les expliquer**.

→ **Il ne faut donc ne pas se contenter de répéter le document** en le « recopiant » ou en le reformulant.

→ Il s'agit d'**expliquer les informations extraites en utilisant des connaissances et un vocabulaire spécifique**.

→ Il faut aussi **avoir un regard critique**.

POINT MÉTHODE 2

Porter un regard critique sur un document

→ Ne pas porter un jugement de valeur sur le document, mais **montrer ses limites grâce à des connaissances**.

→ **Analyser les sources, les dates…** afin d'en mesurer le caractère objectif.

→ **Critiquer le contenu mais aussi la forme** (figurés pour une carte, infographies, etc.)

Thème 2 Une diversification des espaces et des acteurs de la production

ACQUÉRIR LES MÉTHODES

BAC ÉPREUVES COMMUNES

OBJECTIFS MÉTHODE
- Sélectionner dans le texte les informations à cartographier
- Bâtir et organiser la légende du croquis

Réaliser un croquis à partir d'un texte

SUJET Le système productif industriel mondial : principaux pays producteurs, flux et évolutions en cours.
Vous réaliserez un croquis à partir du document 1.

A. Quels sont les 20 premiers producteurs mondiaux ?

C. Quels sont les deux facteurs d'évolution du système productif mondial mentionnés ici ?

D. Classez les grands pays industriels en deux catégories en fonction de leur évolution.

1 L'évolution du système productif industriel mondial.

« Le système productif mondial n'a jamais historiquement produit autant de biens manufacturés. Cette activité s'est largement diffusée en quelques décennies dans l'espace mondial à de nouveaux pays dans le cadre de la DIT*. [...] L'Asie polarise 80% de la croissance mondiale. En 2013, la Chine, du fait d'un essor foudroyant, devient la première puissance industrielle en dépassant les États-Unis, loin devant le Japon et l'Allemagne, alors que l'Inde dépasse la France, le Mexique et l'Espagne, et que le Brésil rattrape le Canada.

Cette activité demeure très polarisée puisque 10 États réalisent 71% de la valeur de la production mondiale et 20 États[1] 83 %. Pour autant, on assiste à une sensible diffusion des activités industrielles dans l'espace mondial, souvent liée aux délocalisations productives (textile-habillement, automobile, électronique...). Ce processus intègre ainsi les espaces périphériques de l'Europe occidentale (Pologne, Slovaquie, Roumanie, Turquie, Maroc, Tunisie...), de l'Asie du Sud-Est (Vietnam, Philippines, Thaïlande...), de l'Asie du Sud (Bangladesh, Pakistan...) ou de l'Amérique centrale et du Sud (Argentine, Pérou, Chili) Entre 2000 et 2017, les emplois dans l'industrie mondiale augmentent de 40% pour atteindre 710 millions de postes. Si l'Allemagne ou l'Irlande créent des emplois, les autres pays de l'Union européenne et l'Amérique du Nord perdent 15 millions d'emplois pour tomber à 82 millions de postes et se spécialisent de plus en plus dans les secteurs à haute-valeur ajoutée et les fonctions stratégiques (sièges sociaux, recherche, développement...), les Suds passent de 273 à 583 millions de postes. »

[1] Les autres États, classés dans les vingt premiers, sont le Royaume-Uni, l'Italie, la Russie, la Suède et l'Australie (marqués par une faible augmentation ou une récession de leur production) et la Corée du Sud, la Turquie, l'Indonésie, la Malaisie et l'Afrique du Sud (tous en très forte progression).

D'après Laurent Carroué, *Atlas de la mondialisation*, Autrement, 2018.

B. Classez les 20 premiers pays en 3 catégories.

E. S'agit-il de tous les pays du Sud ?

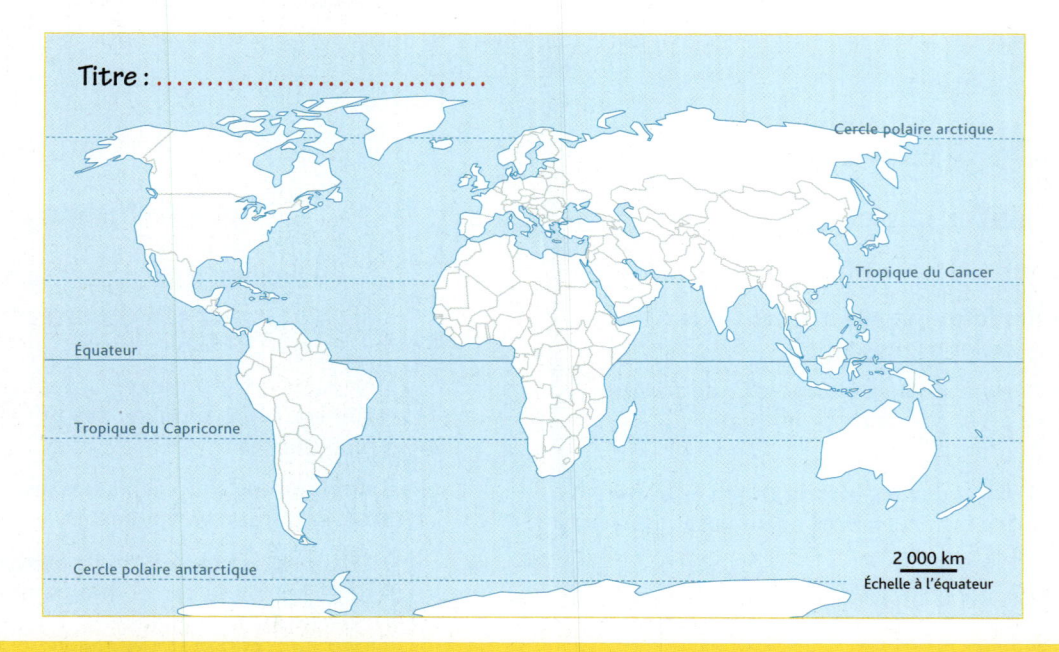

Titre : ....

Cercle polaire arctique
Tropique du Cancer
Équateur
Tropique du Capricorne
Cercle polaire antarctique

2 000 km
Échelle à l'équateur

170 **Thème 2** Une diversification des espaces et des acteurs de la production

ÉTAPE 1 Lire le sujet et le texte

1 Lisez le sujet : à quelles échelles faudra-t-il raisonner ?

2 Répondez aux questions qui entourent le texte de manière à sélectionner des informations cartographiables et utiles au sujet.

ÉTAPE 2 Bâtir la légende puis faire le croquis

3 Dans la liste ci-dessous, sélectionnez les informations utiles au traitement du sujet en supprimant celles qui sont visiblement hors-sujet :

– Allemagne et Japon, puissances industrielles	– La Chine et les États-Unis, premières puissances industrielles mondiales
– Autres grands pays industriels	– Les espaces de production agricole dans le monde
– Des délocalisations	– Les principaux flux de produits industriels
– Le développement de l'économie numérique	– Très forte augmentation de la production industrielle
– Développement des espaces industriels périphériques des grandes puissances	– Les principaux espaces de service dans le monde
– Faible augmentation ou récession de la production industrielle	

4 Dans quelle partie du plan ci-dessous classeriez-vous les informations sélectionnées ?

I. Les principaux pays et flux industriels
II. Des évolutions liées à plusieurs facteurs

5 Voici des figurés possibles pour réaliser le croquis. Terminez la légende.

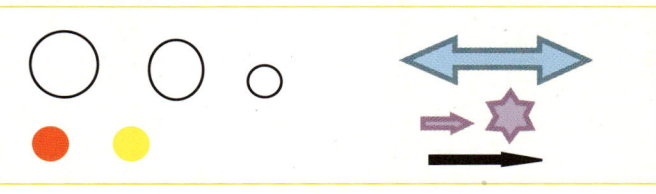

6 Réalisez le croquis, en n'oubliant pas la nomenclature (noms de pays et des océans).

POINT MÉTHODE 1

Organiser une légende pour répondre au sujet de façon structurée

→ **Lister les éléments indispensables** en veillant à ce qu'ils ne soient pas trop nombreux et qu'ils puissent être représentés graphiquement.

→ **Les organiser en deux ou trois parties** (en mettant des titres).

→ **Classer** aussi l'intérieur de chaque partie de façon logique.

POINT MÉTHODE 2

Sélectionner des informations dans un texte pour réaliser un croquis

→ **Réfléchir au sujet** du croquis et **repérer le thème et l'espace à cartographier**.

→ **Faire une première lecture** du texte pour **noter les idées principales**.

→ **Relire le texte** pour **repérer les indications géographiques** (localisations, types d'espaces...) et **les éléments utiles au sujet** (vous pouvez surligner des passages dans le texte en utilisant plusieurs couleurs).

→ **Classer les informations** en deux ou trois parties, qui serviront de base à **la légende**.

ACQUÉRIR LES MÉTHODES — BAC ÉPREUVES COMMUNES

Répondre à une question problématisée

OBJECTIFS MÉTHODE
- Intégrer des schémas pour argumenter
- Réaliser un schéma d'après une carte

SUJET Quelles sont les nouvelles logiques d'organisation de l'espace économique français dans le cadre de la mondialisation ?

ÉTAPE 1 Comprendre le sujet (termes à définir, phénomène à étudier, espace concerné...) et établir un plan selon un fil directeur

1 Voici un des plans possibles pour traiter ce sujet :

> I. Des logiques privilégiant les territoires les plus ouverts sur l'extérieur
>   A. La nécessité d'une ouverture sur l'UE et le monde
>   B. Les territoires bien reliés au monde : métropoles, grandes vallées, littoraux et zones frontalières
>
> II. Des logiques privilégiant les territoires les plus innovants et compétitifs
>   A. La nécessité, pour les acteurs publics et les FTN, de mettre l'accent sur l'innovation pour rester compétitif
>   B. Les territoires de l'innovation : pôles de compétitivité, métropoles et leurs technopôles
>
> III. Des logiques privilégiant les territoires au cadre de vie favorable
>   A. Le rôle croissant des aménités dans la localisation des activités
>   B. Des territoires qui tentent d'apparaître le plus attractif possible (marketing territorial)
>   C. Le poids croissant des régions du Sud et de l'Ouest de la France

2 En vous aidant du schéma ci-dessous, identifiez les échelles concernées par chaque sous-partie du plan.

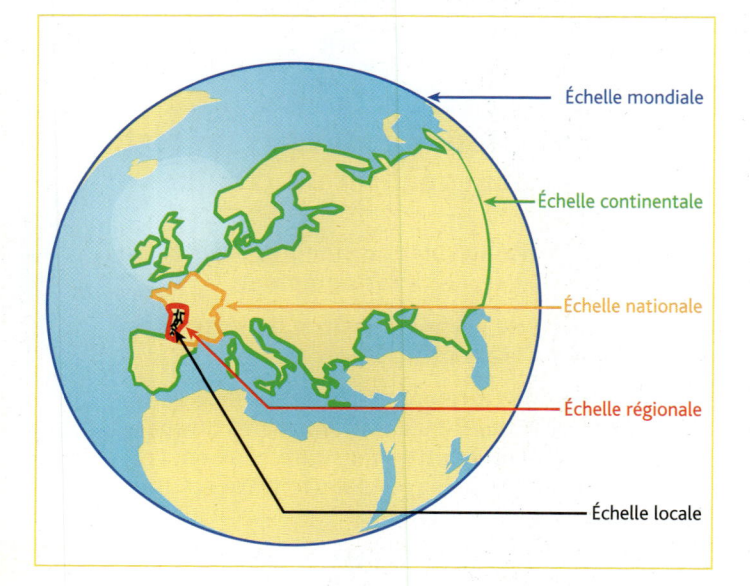

3 Rédigez l'introduction en vous aidant des cours p. 148 et 156. Vous montrerez l'intérêt du sujet, vous rappellerez les différents héritages (poids de Paris et ancienneté de l'industrialisation dans certaines régions), vous formulerez une problématique et annoncerez le plan.

ÉTAPE 2 Réaliser des schémas et les intégrer dans l'argumentation

4 Observez les six schémas proposés. Quels sont les deux schémas qui sont les moins directement utiles au sujet ? Dans quelle(s) partie(s) du plan pourriez-vous intégrer les autres ?

5 Quels sont les schémas de la page de droite qui sont synthétisés par le schéma 2 p. 161 ? Quel peut être l'intérêt d'une représentation sous forme d'hexagone dans une argumentation ?

6 En prenant exemple sur les schémas proposés, réalisez-en un autre que vous intégrerez dans le plan. À vous de choisir parmi :
– Les systèmes productifs (schématisez la carte p. 144-145)
– Les espaces productifs industriels (schématisez la carte 2 p. 146)

ÉTAPE 3 Faire des liens entre les paragraphes rédigés et les schémas

7 Rédigez la sous-partie dans laquelle vous intégreriez le schéma que vous avez produit à la question 6. Pensez à faire des liens entre votre schéma et le paragraphe.

POINT MÉTHODE

Plusieurs types de schémas cartographiques

→ Les schémas cartographiques visent tous à montrer **les logiques spatiales d'un phénomène géographique**.

→ Ils peuvent prendre **des formes différentes**, en fonction notamment du degré de simplification des contours (par exemple un hexagone pour la France).

→ Ils peuvent aussi représenter **des espaces d'échelles très diverses** (allant par exemple d'une ville au monde).

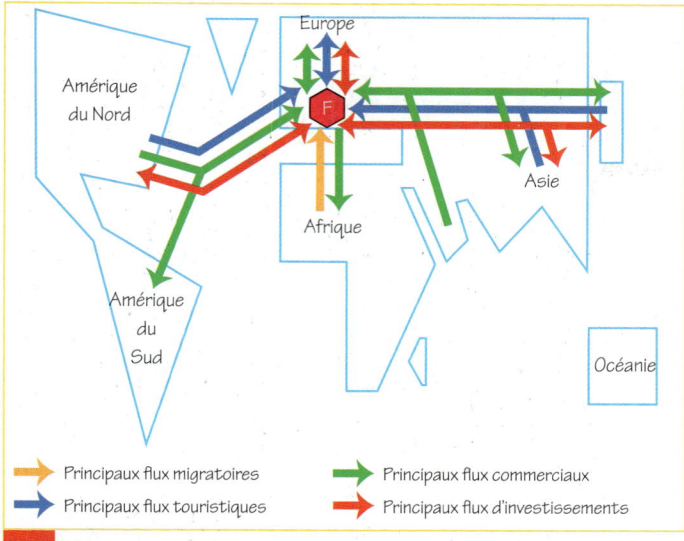

BAC ÉPREUVES COMMUNES

1. La France dans les flux mondialisés

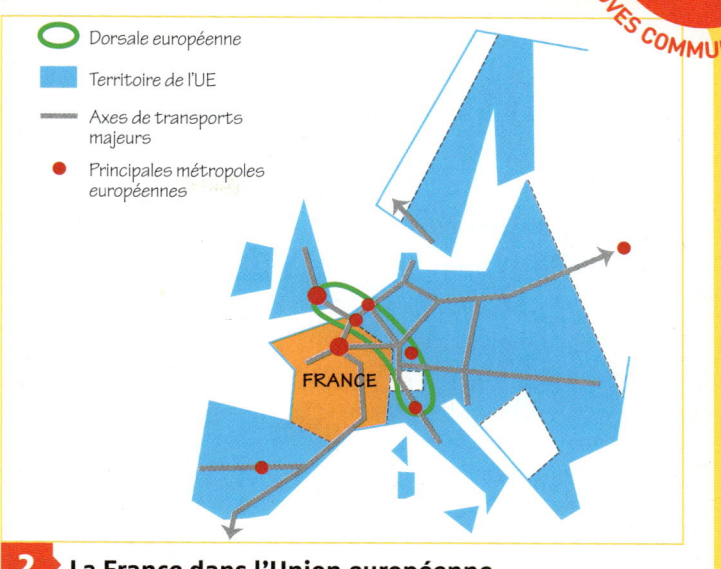

- Principaux flux migratoires
- Principaux flux touristiques
- Principaux flux commerciaux
- Principaux flux d'investissements

2. La France dans l'Union européenne

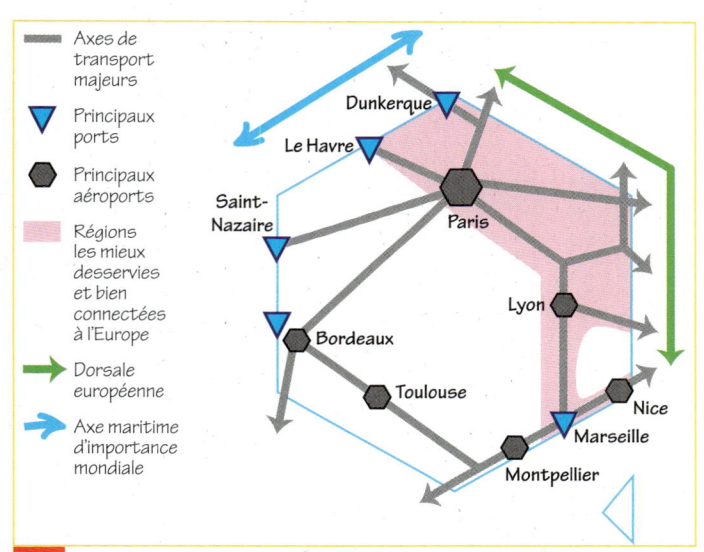

- Dorsale européenne
- Territoire de l'UE
- Axes de transports majeurs
- Principales métropoles européennes

3. Des réseaux de transports ouverts sur l'extérieur

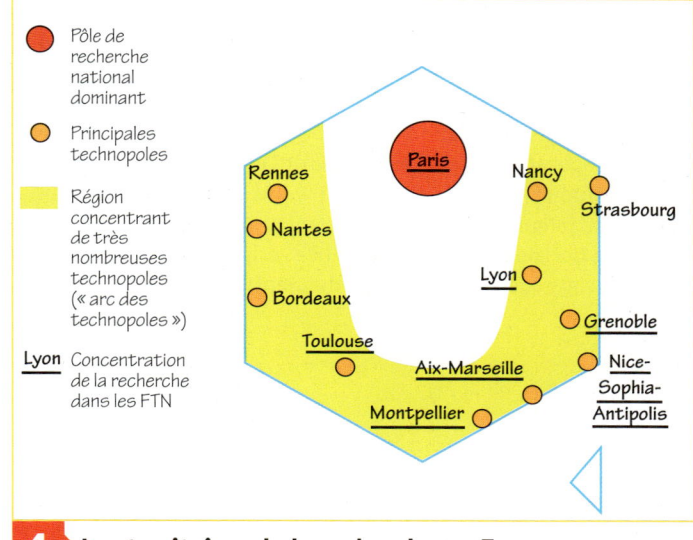

- Axes de transport majeurs
- Principaux ports
- Principaux aéroports
- Régions les mieux desservies et bien connectées à l'Europe
- Dorsale européenne
- Axe maritime d'importance mondiale

Villes : Dunkerque, Le Havre, Saint-Nazaire, Paris, Bordeaux, Toulouse, Lyon, Nice, Marseille, Montpellier

4. Les territoires de la recherche en France

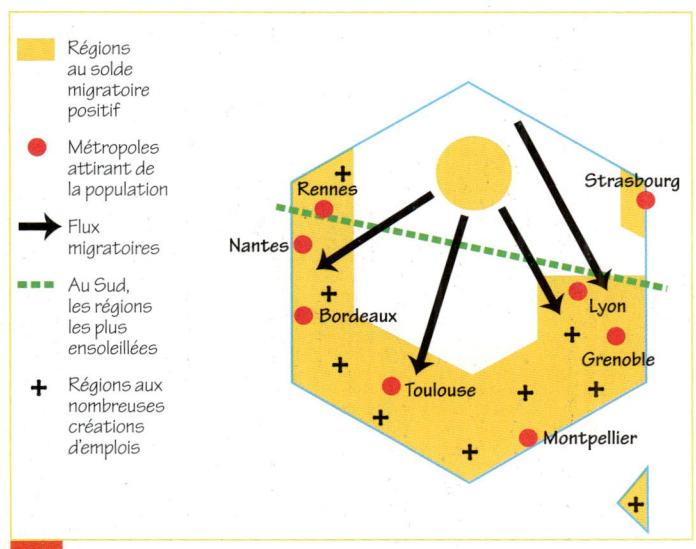

- Pôle de recherche national dominant
- Principales technopoles
- Région concentrant de très nombreuses technopoles (« arc des technopoles »)
- Lyon : Concentration de la recherche dans les FTN

Villes : Paris, Rennes, Nantes, Bordeaux, Toulouse, Montpellier, Aix-Marseille, Nice-Sophia-Antipolis, Lyon, Grenoble, Strasbourg, Nancy

5. Les régions françaises qui attirent

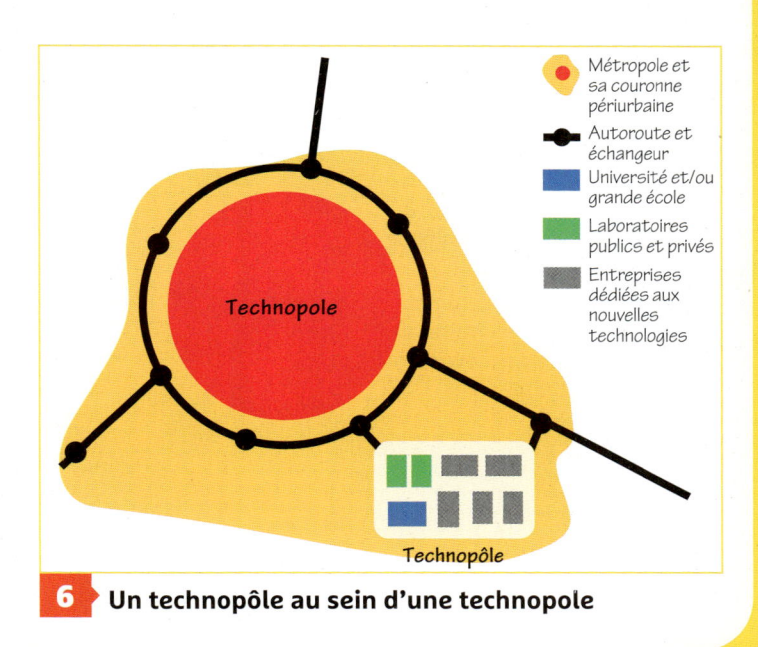

- Régions au solde migratoire positif
- Métropoles attirant de la population
- Flux migratoires
- Au Sud, les régions les plus ensoleillées
- + Régions aux nombreuses créations d'emplois

Villes : Rennes, Nantes, Strasbourg, Bordeaux, Lyon, Toulouse, Grenoble, Montpellier

6. Un technopôle au sein d'une technopole

- Métropole et sa couronne périurbaine
- Autoroute et échangeur
- Université et/ou grande école
- Laboratoires publics et privés
- Entreprises dédiées aux nouvelles technologies

Thème 2 Une diversification des espaces et des acteurs de la production 173

SUJETS POUR S'ENTRAÎNER — BAC ÉPREUVES COMMUNES

Réaliser un croquis à partir d'un texte

SUJET

À l'aide du texte et de vos connaissances, réalisez un croquis sur « Le système productif réunionnais, entre valorisation locale et intégration européenne et mondiale ».

1. La place des groupes[1] dans le tissu productif réunionnais

« À la Réunion [...] les groupes non réunionnais, tels que Bouygues, Casino, La Poste ou le Crédit Agricole, emploient localement 25 400 salariés répartis dans les principales villes. [...] Toutefois, La Réunion est moins attractive que d'autres régions françaises : l'île est loin de la métropole et elle peine à attirer des investisseurs d'autres pays. Ainsi, le poids dans l'emploi local de ces groupes extérieurs est moindre : 26 % contre 45 % dans les régions de province de métropole. Ces emplois dépendent dans quatre cas sur cinq de centres de décision situés en métropole ou d'autres DOM, en Martinique[2] principalement. Les groupes étrangers ne contrôlent que 4 % de l'emploi marchand local. L'influence étrangère sur l'île se limite pour l'essentiel à la présence d'acteurs mauriciens dans l'hôtellerie-restauration sur la côte ouest, d'un groupe américain proposant des services de sécurité et d'un brasseur néerlandais (situé principalement à Saint-Denis et à Sainte-Marie).
Par ailleurs, 780 groupes implantés à La Réunion ont leur centre de décision qui est situé sur l'île, principalement à Saint-Denis. Ces groupes réunionnais emploient 28 600 salariés. »

[1] Un groupe est une entité économique formée par un ensemble de sociétés qui sont contrôlées par une même société (ou collectivité publique), ou qui contrôle les autres.

[2] Il s'agit notamment du groupe Bernard Hayot, spécialisé dans la grande distribution.

D'après Jérôme Bourgeois et Antonin Creignou, « La place des groupes dans le tissu productif réunionnais », Insee Analyses, n° 33, juin 2018.

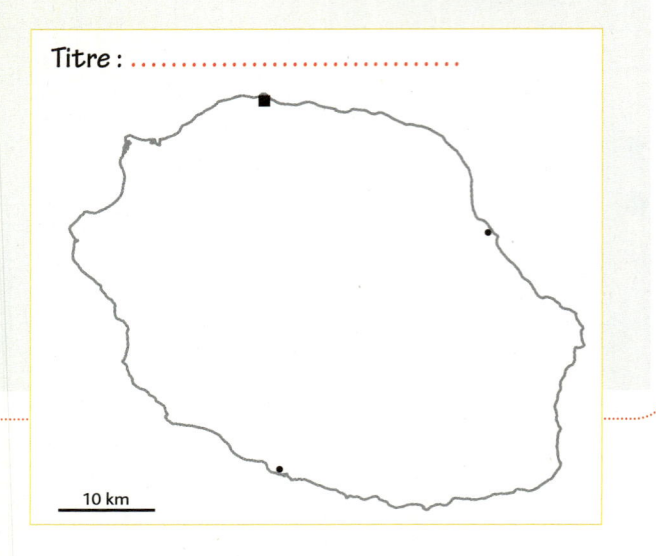

AIDE

1. Pensez à mettre **des flux** sur votre croquis.
2. Organisez votre légende en fonction du sujet : **des groupes locaux répartis sur tout le territoire, une intégration européenne et mondiale plus ponctuelle**.
3. Vous pouvez également représenter **les freins au développement** évoqués dans le texte.

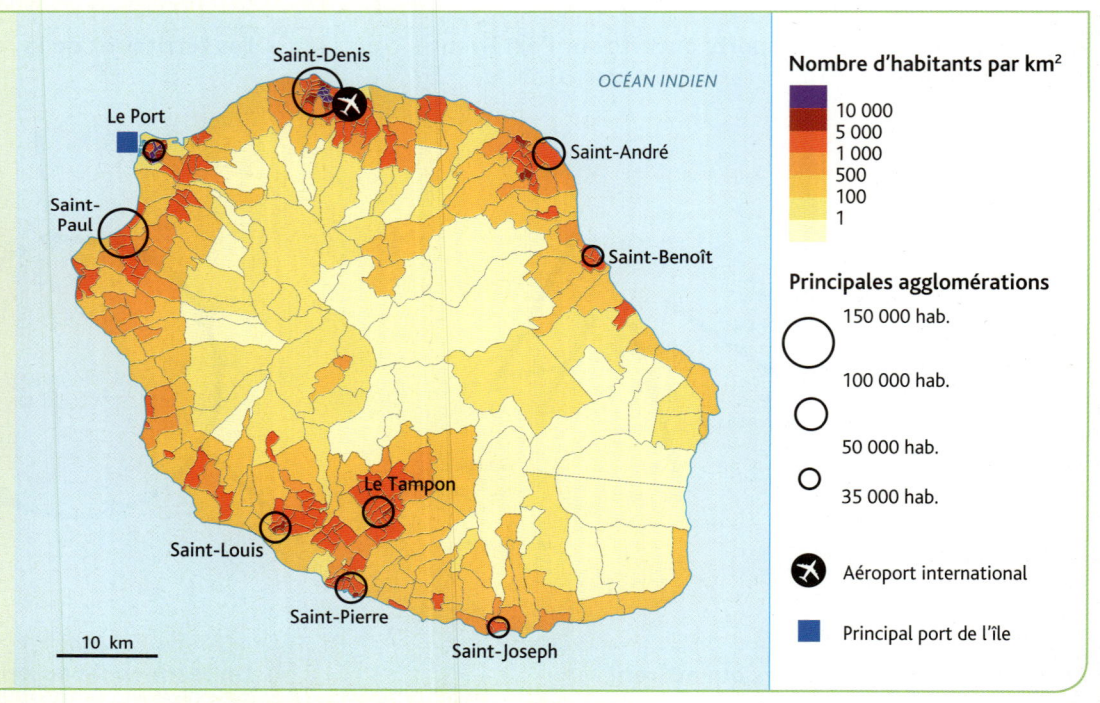

Thème 2 Une diversification des espaces et des acteurs de la production

Analyser un document

SUJET

Paris-Saclay : une « Silicon Valley à la française » ?

Après avoir localisé le pôle « Paris-Saclay », vous montrerez pourquoi il est parfois qualifié de « Silicon Valley à la française » avant de relativiser cette comparaison.

Carte de Paris-Saclay

1. Un plateau périurbain agricole
A. Une agriculture commerciale exportatrice
- Grandes cultures intensives
- Exploitation agricole
- Exportation des céréales dans le monde entier par Rouen

B. De nouvelles formes d'agriculture apparaissent
- Cultures maraîchères, biologiques...
- Exploitation agricole avec AMAP
- Vente locale des produits agricoles

C. La périurbanisation crée des tensions
- Agglomération urbaine
- Mitage des espaces ruraux par l'urbanisation
- Conflit d'usage entre agriculteurs et résidents

2. Un territoire productif innovant
A. Des industries d'avenir
- Industrie aérospatiale, défense et sécurité
- TIC (Technologie de l'information et de la Communication)
- Industrie de la santé
- Industrie énergétique

B. Tournées vers l'innovation
- Établissement de recherche/développement
- Technopôle
- Université et grande école de renommée internationale

C. Et des services destinés à la population résidente
- espace de loisirs (golf)
- Commerces de proximité, activités culturelles, services à la personne

3. Un espace relié à Paris et au monde
A. Connecté à l'agglomération
- Ligne de RER B et C
- Principales routes

B. Intégré aux réseaux nationaux et mondiaux
- La gare TGV de Massy permet d'accéder au réseau TGV sans passer par Paris
- Aéroport d'Orly, le 2ᵉ plus fréquenté en France

C. Mais des aménagements sont encore nécessaires
- Un plateau à franchir
- Un goulot d'étranglement et des embouteillages quotidiens
- Un projet de métro aérien : la ligne 18 du Grand Paris

Source : d'après Laurent Carroué, « Paris-Saclay, une Silicon Valley à la française ? », *Géoconfluences*, mars 2017.

AIDE

1. Que signifie l'expression « Silicon Valley à la française » ? Aidez-vous des doc 1 et 3 p. 100.
2. Situez Paris-Saclay dans son environnement métropolitain à l'aide des doc 10 p. 102 et doc 9 p. 30.
3. Relevez ce qui fait de Paris-Saclay un pôle technopolitain. Quels sont les points comparables avec la Silicon Valley californienne ? Quelles sont les spécificités ?

Répondre à une question problématisée

SUJET

Les systèmes productifs français, entre valorisation locale et intégration européenne et mondiale ?

AIDE

1. Qu'est-ce qu'un système productif* ? Est-ce synonyme d'espace productif ? Comparez le sujet avec celui de la p. 172 : quels sont les points communs et les différences entre eux ?
2. Aidez-vous de votre cours et des p. 142 à 161 pour rassembler des idées et des arguments et pour organiser votre devoir.
3. Pensez à donner des exemples précis, en vous appuyant notamment sur l'étude de cas p. 96 à 99 et les dossiers p. 150 et 154.

Thème 2 Une diversification des espaces et des acteurs de la production

Thème 3
Les espaces ruraux : multifonc

Quelles activités façonnent ce paysage des Pays-Bas ?

La multifonctionnalité d'un paysage rural aux Pays-Bas, dans la province du Flevoland

tionnalité ou fragmentation ?

PAYS-BAS

Si l'agriculture a façonné les paysages ruraux, comme aux Pays-Bas, d'autres activités (résidentielle, industrielle, récréative, environnementale...) se développent dans des espaces ruraux de plus en plus multifonctionnels et fragmentés.

Études de cas

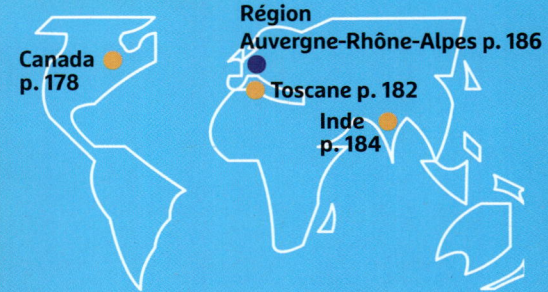

Canada p. 178
Région Auvergne-Rhône-Alpes p. 186
Toscane p. 182
Inde p. 184

questions Monde

1. La fragmentation des espaces ruraux 190

2. Affirmation des fonctions non agricoles et conflits d'usages .. 204

question France

3. Des espaces ruraux multifonctionnels, entre initiatives locales et politiques européennes 220

ÉTUDE DE CAS 1

Au Canada, des espaces ruraux multifonctionnels en recomposition ?

Environ 6,4 millions de Canadiens, soit 19 % de la population, vivent dans des communautés rurales (de moins de 1 000 habitants), parfois très éloignées des métropoles. Ces espaces ruraux, fragiles et investis de nouvelles fonctions, cristallisent des enjeux multiples.

A Un recul des activités agricoles au profit d'autres fonctions ?

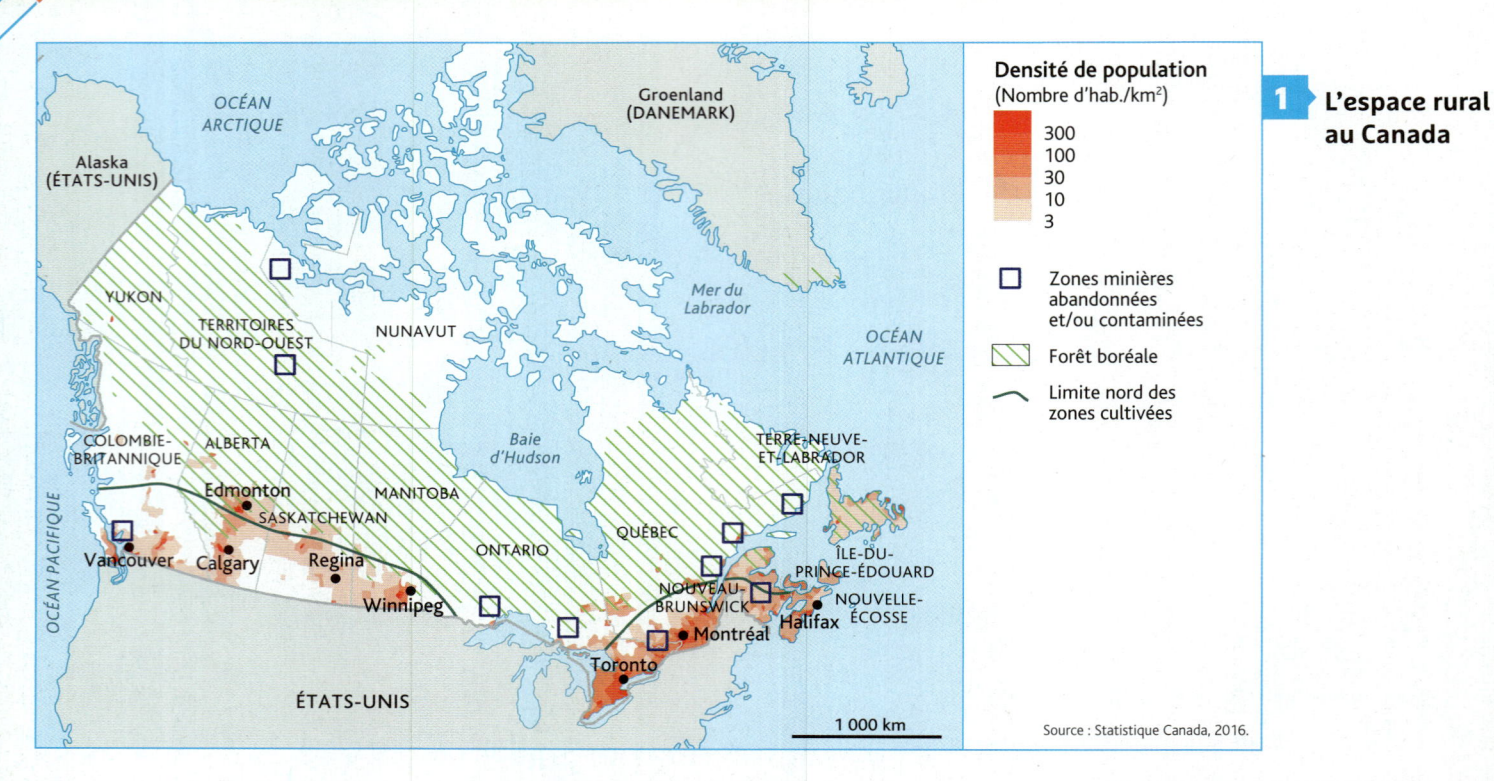

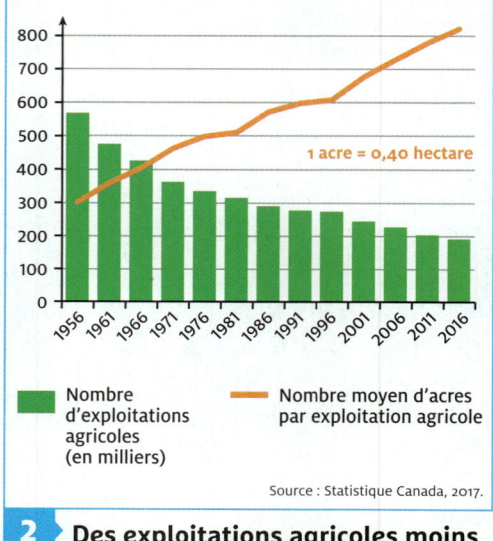

1 L'espace rural au Canada

Densité de population (Nombre d'hab./km²) : 300, 100, 30, 10, 3
- Zones minières abandonnées et/ou contaminées
- Forêt boréale
- Limite nord des zones cultivées

Source : Statistique Canada, 2016.

2 Des exploitations agricoles moins nombreuses mais plus grandes

1 acre = 0,40 hectare

Nombre d'exploitations agricoles (en milliers) / Nombre moyen d'acres par exploitation agricole

Source : Statistique Canada, 2017.

3 Paysage du Saskatchewan : champs, stockage de céréales, forage pétrolier et éoliennes

178 Thème 3 Les espaces ruraux : multifonctionnalité ou fragmentation ?

4 L'évolution du paysage de Sutton, à proximité de Montréal (Québec)

1968

2019

Légende :
- Espace boisé
- Pâturage permanent
- Chemin
- Limite de parcelle
- Haie
- Bâtiment résidentiel
- Bâtiment agricole
- Cours d'eau
- Étang

500 m

Source : d'après Julie Ruiz, in François Madoré (dir.), *Le commentaire de paysages en géographie humaine*, Armand Colin, 2006.

5 Le renouveau de la fonction résidentielle des campagnes québécoises

ARTICLE ET VIDÉO

« Après des décennies de chute démographique [...], les régions plus éloignées regagnent peu à peu en attractivité, notamment auprès des nouveaux retraités – qui arrivent souvent avec plus de moyens – mais aussi de jeunes familles. C'est le cas [...] d'Élisabeth Boily, 35 ans, qui a décidé, il y a quatre ans, de déménager avec sa famille à L'Anse-Saint-Jean [...]. Séduite par le cadre enchanteur, mais surtout par les habitants du coin, la jeune femme décrit avec un amour évident son nouveau chez-soi. "Nous n'avions jamais pensé nous installer dans un petit village", raconte l'ex-Montréalaise [...]. "Mais on a eu un coup de cœur. [...] Depuis qu'on est arrivés, beaucoup de jeunes familles se sont installées [...]. Ça met de la vie, c'est certain. Dans les dernières années, il y a un bistro qui a ouvert, une crêperie, une petite boulangerie." [...]

Des maisons ancestrales remises au goût du jour aux produits biologiques à l'épicerie, en passant par le café culturel et les nouvelles entreprises, le "visage de la ruralité québécoise" se transforme. Empruntant à la ville certains des traits qui lui étaient propres. [...] Et qui dit changement dit [...] clivages – tant financiers que culturels – entre les "locaux" et les "néoruraux" : [...] hausse marquée du prix des maisons, des impôts fonciers... »

Florence Sara G. Ferraris, « Quand les urbains changent le visage des campagnes », *Le Devoir*, 19 mai 2018.

6 L'Alberta, un espace rural touristique (montagnes Rocheuses)

Analyser et confronter les documents

1. Quelles mutations des activités agricoles et minières ont entraîné un certain déclin de la population rurale, dans un espace déjà très peu peuplé ? Comment se traduisent-elles aussi dans le paysage et l'environnement ?
Doc 1, 2 et 4

2. Quelles autres fonctions animent de plus en plus les espaces ruraux ?
Doc 3, 5 et 6

3. Expliquez les motivations des néoruraux* et dressez un bilan de leur impact. Doc 5

SYNTHÉTISER À l'aide des questions précédentes, montrez que de nouvelles fonctions viennent remplacer les activités agricoles et recomposent les espaces ruraux canadiens.

Thème 3 Les espaces ruraux : multifonctionnalité ou fragmentation ? 179

ÉTUDE DE CAS 1 > Au Canada, des espaces ruraux multifonctionnels en recomposition ?

B Quels sont les défis, anciens ou récents, à surmonter ?

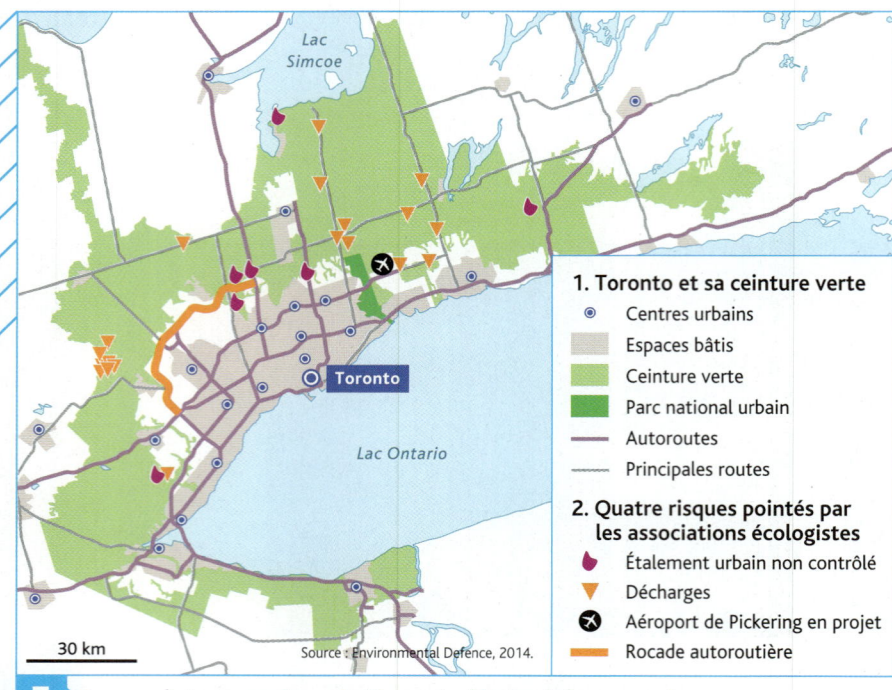

7 La « ceinture verte » de Toronto (Ontario) menacée

1. Toronto et sa ceinture verte
   - Centres urbains
   - Espaces bâtis
   - Ceinture verte
   - Parc national urbain
   - Autoroutes
   - Principales routes
2. Quatre risques pointés par les associations écologistes
   - Étalement urbain non contrôlé
   - Décharges
   - Aéroport de Pickering en projet
   - Rocade autoroutière

Source : Environmental Defence, 2014.

La ceinture verte est un espace protégé par une loi du gouvernement de l'Ontario. Sont concernés : les espaces verts, terrains agricoles, zones humides, forêts et cours d'eaux qui font face à l'étalement urbain d'une conurbation qui comprend la métropole de Toronto. Des projets récents et les nouvelles lois (*Bill 66*) sur la compétitivité de l'Ontario la mettent en péril, selon des associations et partis écologistes.

8 La géographie de la santé, révélatrice d'inégalités entre espaces urbains et espaces ruraux

« L'ancien directeur exécutif du bureau de la santé rurale affirmait [...] que "s'il y a une fracture médicale au Canada, elle n'oppose pas les riches et les pauvres mais les espaces urbains et les espaces ruraux".
La population du Canada rural diminue et vieillit. Elle est également composée de populations marginalisées comme les peuples premiers et les populations à niveau d'instruction moindre. [...] Les régions rurales présentent des revenus moindres et des taux de chômage plus élevés, qui s'expliquent en grande partie par le caractère souvent saisonnier des emplois. Les travailleurs ruraux sont impliqués dans des activités présentant des dangers comme l'agriculture, la foresterie, la pêche ou les mines ou l'exploitation du pétrole. Les modes intensifs de production agricole menacent les sols et l'eau ainsi que la santé des habitants. [...] Les populations rurales ont également des taux plus importants de consommation à risque [...], d'obésité et de malnutrition que les populations urbaines. [...] Tandis que les villes de moins de 10 000 habitants regroupent 22 % de la population, seulement 10 % des médecins y pratiquent. »

Joe Blankeneau « Comparing Rural Health and Health Care in Canada and the United States : The Influence of Federalism », *The journal of Federalism*, 2010 (trad. Bertrand Pleven).

9 Exploitation de sables bitumineux en Alberta

Le Canada est le quatrième producteur et le quatrième exportateur de pétrole dans le monde ; 98 % des réserves prouvées de pétrole au Canada proviennent des sables bitumineux, notamment dans l'Alberta dont la production pétrolière a plus que doublé depuis 2000. Fortement contestée pour des raisons environnementales, cette activité est aussi source de conflits d'usages.

INFOGRAPHIES

Analyser et confronter les documents

1. À quels défis sociaux font face les espaces ruraux les plus éloignés des métropoles ? Doc 8
2. Quels sont les impacts environnementaux des activités anciennes et nouvelles ? Doc 1, 7, 8 et 9
3. Pourquoi peut-on parler de conflits d'usages ? Doc 7 et 9

SYNTHÉTISER À l'aide des questions précédentes, exposez les défis auxquels sont confrontés les espaces ruraux.

Bilan

→ Complétez le schéma fléché à l'aide de l'étude de cas.

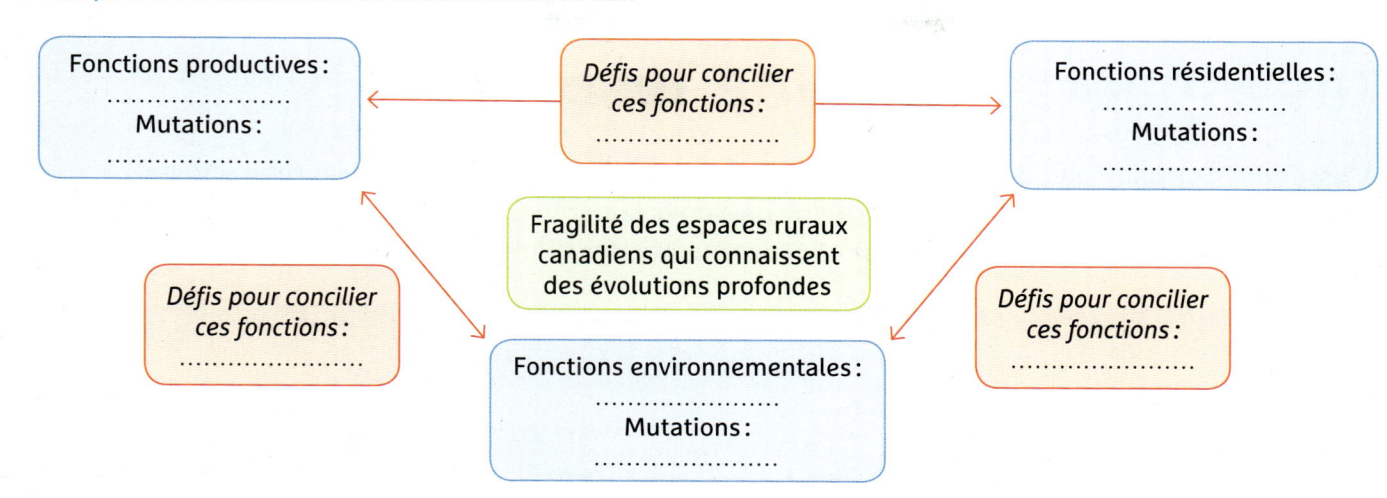

Fonctions productives : ....
 Mutations : ....

Défis pour concilier ces fonctions : ....

Fonctions résidentielles : ....
 Mutations : ....

Défis pour concilier ces fonctions : ....

Fragilité des espaces ruraux canadiens qui connaissent des évolutions profondes

Défis pour concilier ces fonctions : ....

Fonctions environnementales : ....
 Mutations : ....

→ Complétez la légende du croquis à l'aide de l'étude de cas.

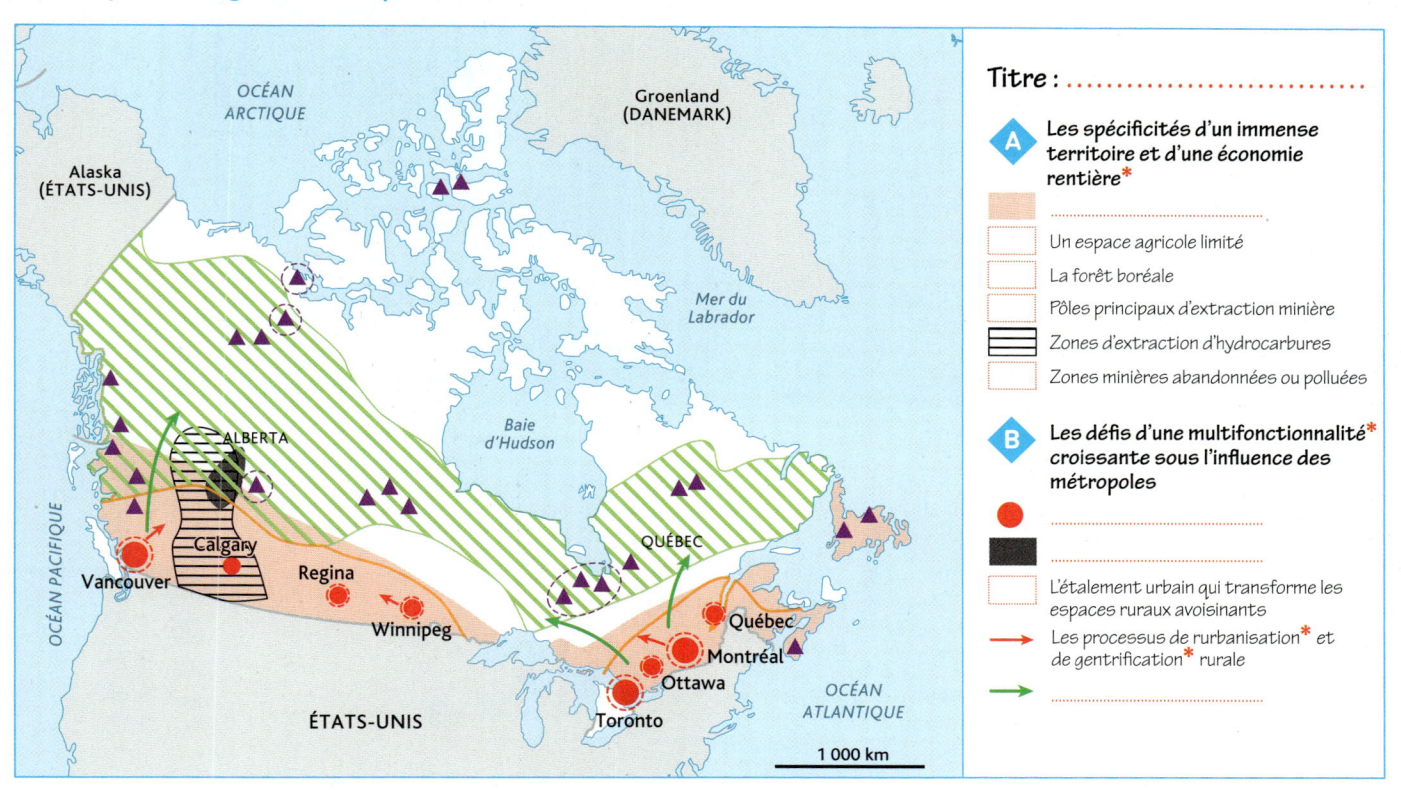

Titre : ....

A Les spécificités d'un immense territoire et d'une économie rentière*
- ....
- Un espace agricole limité
- La forêt boréale
- Pôles principaux d'extraction minière
- Zones d'extraction d'hydrocarbures
- Zones minières abandonnées ou polluées

B Les défis d'une multifonctionnalité* croissante sous l'influence des métropoles
- ● ....
- ■ ....
- L'étalement urbain qui transforme les espaces ruraux avoisinants
- → Les processus de rurbanisation* et de gentrification* rurale
- → ....

Mise en perspective

→ Répondez aux questions pour replacer le cas du Canada à l'échelle mondiale.

A
- Citez d'autres régions du monde où le peuplement des espaces ruraux est très faible. **Carte des densités de population (rabat du manuel)**
- Quelles autres grandes régions du monde ont une agriculture productiviste ? **Carte p. 192-193**

B
- Recherchez dans l'ensemble du thème, **p. 176 à 219**, des photographies montrant une multifonctionnalité* des espaces ruraux.
- Citez des régions d'autres pays connaissant une rurbanisation* ou une gentrification rurale*. **Doc 6 p. 203 et carte p.223**

ÉTUDE DE CAS 2

Comment le tourisme recompose-t-il les espaces ruraux de Toscane ?

L'essor de l'agritourisme* dans les années 1970 a été le levier d'un développement rural original en Toscane. Cette région de l'Italie dispose de paysages remarquables : elle accueille plus du tiers des nuitées relevant de l'agritourisme et 45 % des nuitées des touristes étrangers de ce secteur.

1 Paysage emblématique des collines toscanes (vallée de l'Orcia, près de Sienne)

2 La destination toscane à la frontière de l'urbain et du rural — ARTICLE

« Pour visiter les villes d'art de Florence, Sienne, Arezzo ou Volterra, les touristes, notamment les étrangers, s'installent volontiers dans les collines de Toscane centrale, attirés par les paysages, les produits du terroir et un patrimoine bâti ancien de grande valeur. L'agritourisme est un produit phare du tourisme toscan, en augmentation régulière de 10 à 15 % par an depuis 1990. Il constitue pour les exploitations situées en périurbain une forme de diversification fréquente et rentable. Il entretient le lien ville-campagne et une agriculture constitutive du patrimoine urbain. Il favorise aussi les rencontres entre ruraux et citadins, surtout si des activités culturelles, récréatives ou didactiques autres que l'hébergement ou la restauration sont proposées. Il pourrait donc contribuer à un projet de territoire agriurbain. »

Coline Perrin, « L'agritourisme périurbain dans les collines de Toscane centrale », dans Monique Poulot et al., *Les agricultures périurbaines, un enjeu pour la ville : vers des projets de territoire*, Université Paris Nanterre-ENSP Versailles, 2010.

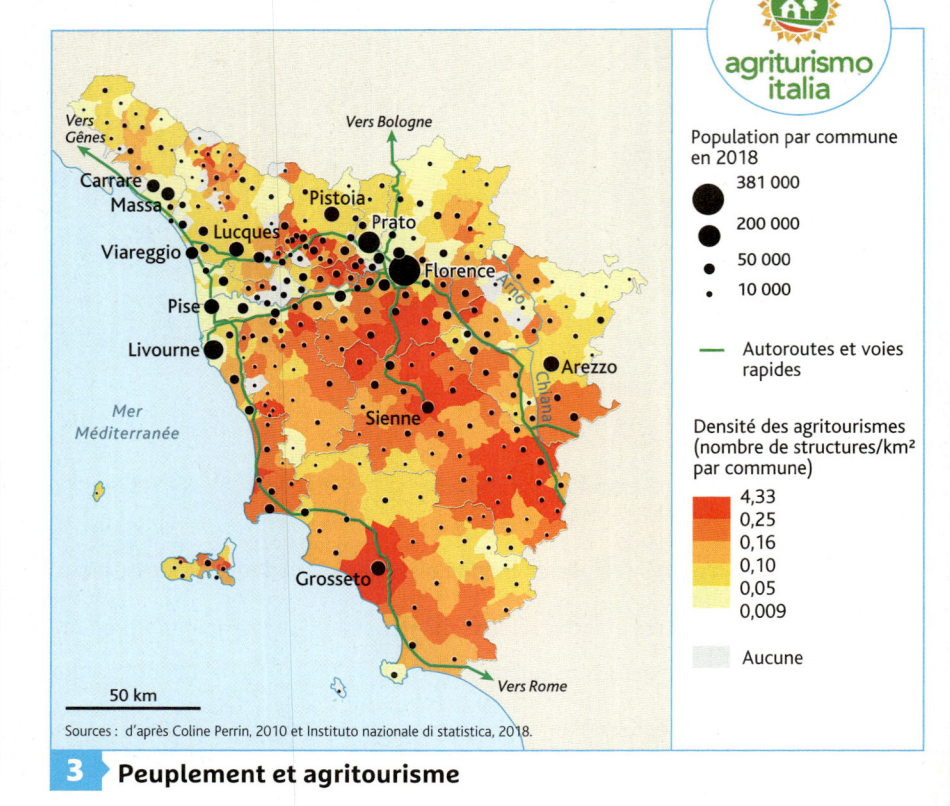

Population par commune en 2018
- 381 000
- 200 000
- 50 000
- 10 000

Autoroutes et voies rapides

Densité des agritourismes (nombre de structures/km² par commune)
- 4,33
- 0,25
- 0,16
- 0,10
- 0,05
- 0,009
- Aucune

Sources : d'après Coline Perrin, 2010 et Instituto nazionale di statistica, 2018.

3 Peuplement et agritourisme

Thème 3 Les espaces ruraux : multifonctionnalité ou fragmentation ?

ALIMENTS PRODUITS DANS TOUTE LA TOSCANE

- **Pain** — Pain toscan AOP
- **Fromage** — Pecorino Toscano AOP
- **Charcuterie** — Salamini alla cacciatora (saucisson) AOP ; Finocchiona (salami au fenouil) AOP ; Jambon toscan AOP ; Mortadelle de Bologne IGP
- **Viande** — Agneau du centre de l'Italie IGP ; Cinta senese (race porcine) AOP ; Veau blanc des Apennins IGP
- **Huile d'olive** — Huile d'olive extra-vierge de Toscane IGP
- **Desserts** — Cantucci de Toscane (croquants aux amandes) IGP

L'Appellation d'origine protégée (AOP) désigne un produit dont toutes les étapes de production sont réalisées selon un savoir-faire reconnu dans une même aire géographique, qui donne ses caractéristiques au produit. C'est un signe européen qui protège le nom du produit dans toute l'Union européenne.

L'Indication géographique protégée (IGP) identifie un produit agricole, brut ou transformé, dont la qualité, la réputation ou d'autres caractéristiques sont liées à son origine géographique.

ALIMENTS DE PRODUCTION LOCALE

- **Champignons** — Champignon de Borgotaro IGP
- **Miel** — Miel de Lunigiana AOP
- **Charcuterie** — 1. Lard de Colonnata IGP ; 2. Mortadelle de Prato IGP
- **Châtaignes et marrons** — 1. Farine de châtaigne de Lunigiana AOP ; 2. Farine de châtaigne de Garfagnana AOP ; 3. Marron de Caprese Michelangelo AOP ; 4. Marron du Mugello IGP ; 5. Châtaigne du Monte Amiata IGP
- **Céréales** — Farine d'épeautre de Garfagnana IGP
- **Haricots** — Haricot de Sorana IGP
- **Fromage** — 1. Pecorino delle Balze Volterrane AOP ; 2. Pecorino Romano AOP
- **Huile d'olive** — 1. Huile d'olive extra-vierge de Lucca AOP ; 2. Huile d'olive extra-vierge Terre de Sienne AOP ; 3. Huile d'olive extra-vierge Chianti Classico AOP ; 4. Huile d'olive extra-vierge de Seggiano AOP
- **Desserts** — 1. Ricciarelli de Sienne IGP ; 2. Panforte de Sienne IGP
- **Épices** — Safran de San Gimignano AOP

Source : d'après Tuscanycious, 2017.

4 Des produits labellisés* : un atout pour le tourisme

5 La Toscane, un modèle de gouvernance décentralisée ?

« L'agriculture et le développement rural […] relèvent entièrement de la compétence des vingt régions italiennes. Le rôle de l'administration centrale est donc relativement limité. […] Deux principaux types de gouvernance peuvent toutefois être dégagés :
– un modèle centralisé […]. C'est le cas dans les Pouilles ;
– un modèle plus décentralisé, où la part d'initiative accordée au "local" est plus grande et où l'implication des provinces ou communautés de montagne dans la gestion des dotations budgétaires est plus forte […] ; cette décentralisation reste toutefois fortement encadrée par la région, qui détermine et valide elle-même la majeure partie des critères de sélection des projets qui seront menés au niveau local ; ce modèle est caractéristique de la Toscane, où le lobby des organisations syndicales agricoles reste très influent à tous les échelons de conception et de mise en œuvre du programme de développement rural régional. »

Pauline Lécole, Anne Cobacho et Sophie Thoyer, « Politiques de développement rural entre planification centrale et initiatives locales : l'expérience de l'Allemagne et de l'Italie », dans Philippe Jeanneaux et Philippe Perrier-Cornet (éd.), *Repenser l'économie rurale*, Éditions Quæ, 2014.

Bilan

→ À l'aide des documents, rédigez une réponse à la problématique selon le plan suivant :

A Les fonctions principales de l'espace rural en Toscane. Doc 2, 3 et 4

B L'attractivité touristique de la Toscane rurale. Doc 1 à 4

C Un modèle de développement rural limité. Doc 4 et 5

Mise en perspective

→ Répondez aux questions pour replacer le cas de la Toscane à l'échelle mondiale.

A Donnez d'autres exemples d'espaces ruraux qui présentent cette multifonctionnalité*. Carte et doc 1 p. 222-223, doc 1 et 6 p. 186-187 et doc 1 et 3 p. 202

B Ces espaces jouent-ils sur les mêmes facteurs d'attractivité ? Carte et doc 1 p. 222-223, doc 2 et 6 p. 186-187 et doc 1 et 3 p. 202

C Citez d'autres pays ou régions soucieux de développer une gestion raisonnée des espaces ruraux. Doc 1 p. 197 et doc 7 et 8 p. 188

Thème 3 Les espaces ruraux : multifonctionnalité ou fragmentation ? 183

ÉTUDE DE CAS 3

Quelles mutations et recompositions des espaces ruraux en Inde ?

L'Inde, pays de la révolution verte*, est devenue une grande puissance agricole et connaît de profonds bouleversements de ses espaces ruraux depuis une vingtaine d'années. Ce pays émergent* compte encore plus de 800 millions de ruraux.

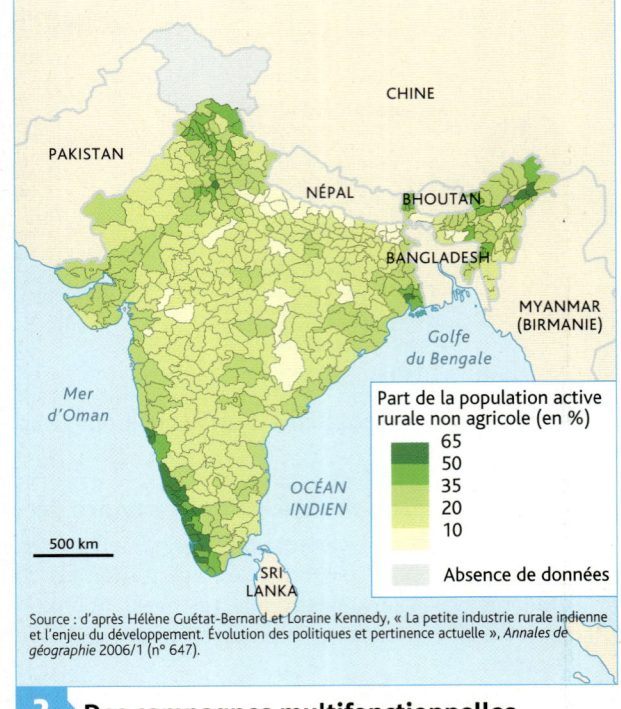

1 Travail dans une rizière au Karnataka (Sud de l'Inde)

2 Des campagnes multifonctionnelles

Part de la population active rurale non agricole (en %)
- 65
- 50
- 35
- 20
- 10
- Absence de données

Source : d'après Hélène Guétat-Bernard et Loraine Kennedy, « La petite industrie rurale indienne et l'enjeu du développement. Évolution des politiques et pertinence actuelle », *Annales de géographie* 2006/1 (n° 647).

3 L'Inde, une grande puissance agricole

« L'Inde est aujourd'hui le premier pays producteur de thé, de lait et de protéagineux. Elle occupe le deuxième rang pour la production de riz (dont elle est la première exportatrice), de blé et de canne à sucre [...] et a atteint l'autosuffisance alimentaire dès 1977 [...]. Pourtant encore un cinquième de la population est encore sous-alimentée et le revenu de la majorité des agriculteurs reste faible. [...]
Delhi adopta en 1968 [la révolution verte] reposant à la fois sur la diffusion de variétés à haut rendement, le recours aux engrais chimiques et le développement de l'irrigation [...]. Les paysans bénéficiaient d'un prix minimal pour l'achat de leur production. [...]

Les variétés cultivées depuis la révolution verte nécessitent intrants[1] et irrigation. [...] Mais les ressources en eau souterraine s'épuisent et les forages sont de plus en plus profonds, créant une inégalité d'accès flagrante entre les agriculteurs qui peuvent investir et ceux qui doivent payer le propriétaire de la pompe pour obtenir de l'eau. Les intrants chimiques et pesticides ont aussi contaminé les sols. [...] Les subventions du gouvernement et les prix agricoles ont baissé. [...] 13 000 à 16 000 paysans se suicident chaque année, soit un taux supérieur de 30 % au taux national. »

[1] Engrais et pesticides.

Lucie Dejouhanet, « De la révolution verte aux OGM : quel bilan ? », *Documentation photographique*, 2016.

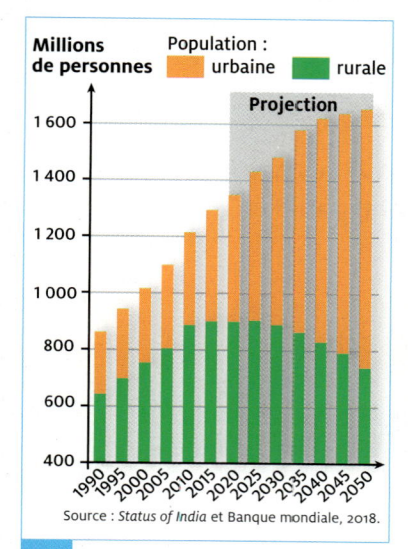

4 Une population rurale encore majoritaire en 2019

5 Artisanat textile dans un village du Tamil Nadu (Sud de l'Inde)

6 Des paysans endettés par la diffusion des OGM

« Shankara s'est suicidé. [...] On lui avait promis des récoltes et des rentrées d'argent incroyables, s'il passait de la culture de semences traditionnelles aux OGM. Séduit par ces promesses, il a emprunté l'argent afin d'acheter des semences transgéniques. Mais les récoltes ne furent pas au rendez-vous et il se retrouva dans la spirale de l'endettement et sans revenu.

Village après village, des familles se sont endettées. La différence de prix est vertigineuse : 15 euros pour 100 g de semences OGM, par rapport à moins de 15 euros pour 100 kg de semences traditionnelles. Mais les vendeurs ainsi que les représentants du gouvernement avaient promis aux paysans qu'il s'agissait de "semences magiques" avec de meilleures plantes, sans parasites ni insectes. La surface indienne plantée en OGM a doublé mais les semences ont été infestées par le ver de la capsule, un parasite vorace.

Dans le passé, lorsqu'une récolte était mauvaise, les paysans pouvaient toujours conserver des graines et les replanter l'année suivante. Cela n'est pas possible avec les OGM qui ont été modifiés génétiquement afin que la plante ne puisse plus produire de semences viables. »

D'après C. Berdot (trad. d'un article d'Andrew Malone, *Daily Mail*, 3 novembre 2008), « Inde : des milliers de cultivateurs se suicident, ruinés par les OGM », amisdelaterre.org.

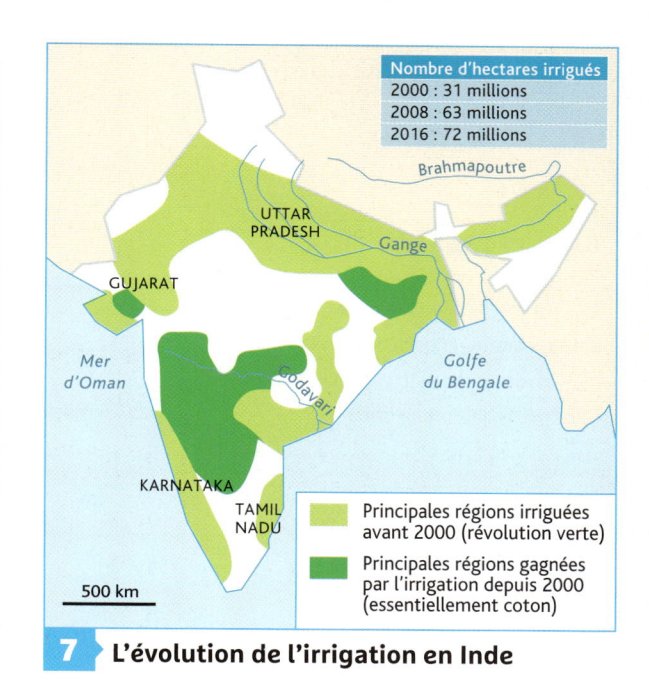

7 L'évolution de l'irrigation en Inde

Bilan

→ À l'aide des documents, rédigez une réponse à la problématique selon le plan suivant :

A Un pays autosuffisant et une grande puissance agricole avec la révolution verte Doc 1, 3, 6 et 7

B Une recomposition spatiale : les nouveaux espaces de l'Inde agricole et leurs défis Doc 2, 3, 6 et 7

C Des campagnes multifonctionnelles* : entre activités non agricoles et déclin de la paysannerie Doc 2, 4 et 5

Mise en perspective

→ Répondez aux questions pour replacer le cas de l'Inde à l'échelle mondiale.

A Citez d'autres grandes puissances exportatrices de produits agricoles Carte p. 193

B Quels sont les autres grands pays producteurs d'OGM ? Carte 2 p. 194

C Quels autres pays ont une évolution comparable de leur population rurale ? Carte 3 p. 195

Thème 3 Les espaces ruraux : multifonctionnalité ou fragmentation ? 185

ÉTUDE DE CAS 4

La région Auvergne-Rhône-Alpes, des paysages ruraux en mutation ?

La région Auvergne-Rhône-Alpes associe deux des principaux massifs français : les Alpes et le Massif central. Ses espaces ruraux, marqués par une grande diversité, connaissent des changements rapides, liés à l'urbanisation et à l'attractivité économique de la région.

A — Comment la multifonctionnalité croissante transforme-t-elle les paysages ?

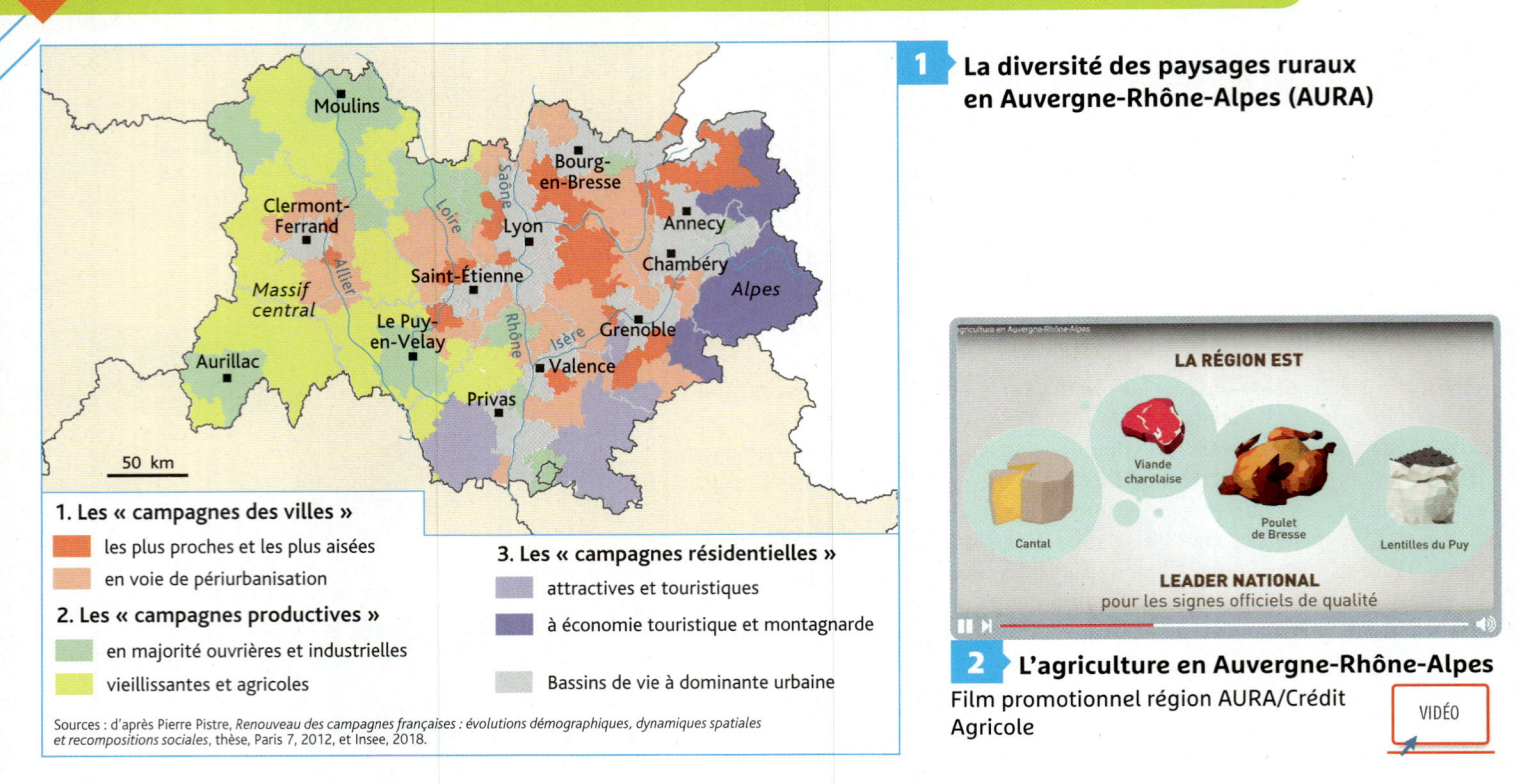

1 — La diversité des paysages ruraux en Auvergne-Rhône-Alpes (AURA)

1. Les « campagnes des villes »
   - les plus proches et les plus aisées
   - en voie de périurbanisation

2. Les « campagnes productives »
   - en majorité ouvrières et industrielles
   - vieillissantes et agricoles

3. Les « campagnes résidentielles »
   - attractives et touristiques
   - à économie touristique et montagnarde

Bassins de vie à dominante urbaine

Sources : d'après Pierre Pistre, *Renouveau des campagnes françaises : évolutions démographiques, dynamiques spatiales et recompositions sociales*, thèse, Paris 7, 2012, et Insee, 2018.

2 — L'agriculture en Auvergne-Rhône-Alpes
Film promotionnel région AURA/Crédit Agricole — VIDÉO

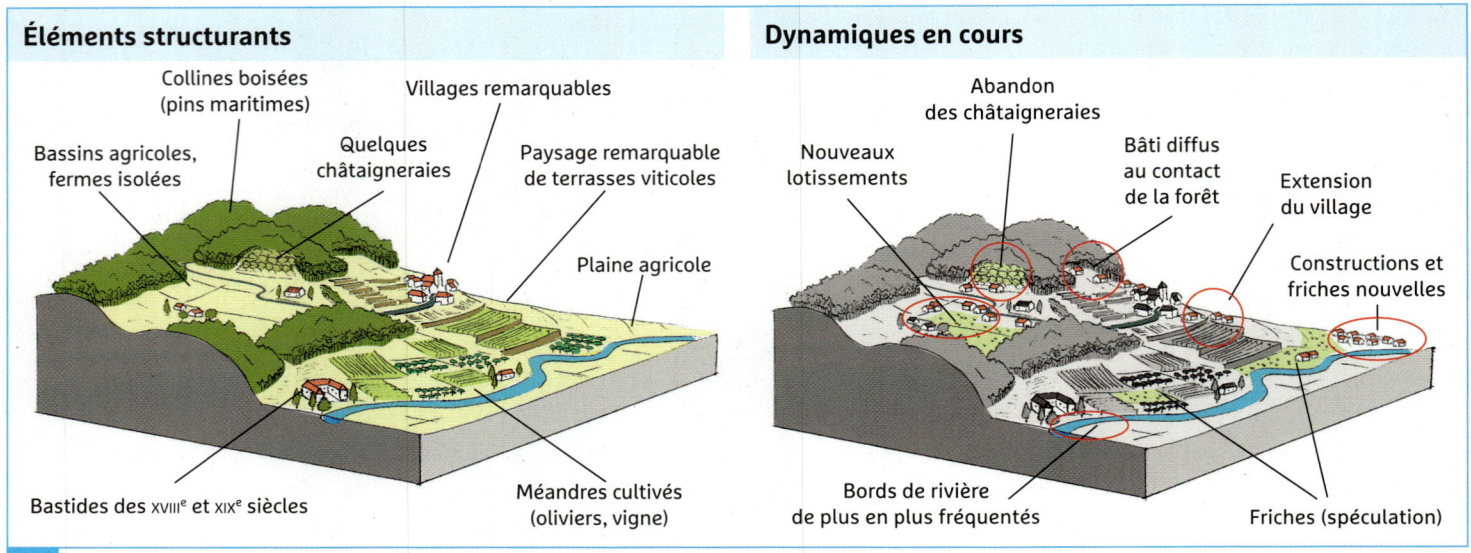

LA RÉGION EST LEADER NATIONAL pour les signes officiels de qualité : Cantal, Viande charolaise, Poulet de Bresse, Lentilles du Puy.

3 — L'évolution du paysage dans les montagnes d'Ardèche
Parc des Monts d'Ardèche, Diagnostic Ensembles paysagers, 2017.

Éléments structurants :
- Collines boisées (pins maritimes)
- Villages remarquables
- Bassins agricoles, fermes isolées
- Quelques châtaigneraies
- Paysage remarquable de terrasses viticoles
- Plaine agricole
- Bastides des XVIIIe et XIXe siècles
- Méandres cultivés (oliviers, vigne)

Dynamiques en cours :
- Abandon des châtaigneraies
- Nouveaux lotissements
- Bâti diffus au contact de la forêt
- Extension du village
- Constructions et friches nouvelles
- Bords de rivière de plus en plus fréquentés
- Friches (spéculation)

Thème 3 Les espaces ruraux : multifonctionnalité ou fragmentation ?

4 Le site du parc d'attractions Vulcania, à Saint-Ours-les-Roches (Puy-de-Dôme)

5 Le village de Novalaise (Savoie), à 24 km de Chambéry
a Activité agricole **b** Mitage* de l'espace agricole **c** Bourg ancien **d** Terrassement pour futur lotissement **e** Lotissement **f** Zone artisanale

En Auvergne-Rhône-Alpes, 7 863 terrains à bâtir ont été achetés en 2016 par des particuliers en vue de la construction d'une maison individuelle. 48 % des terrains achetés se situent dans l'espace périurbain. Plus on s'éloigne du pôle urbain, plus les surfaces de terrains augmentent et les prix au m² diminuent.

D'après la Dreal AURA, 2017.

6 Hébergements de tourisme dans la station de Sainte-Foy-Tarentaise (Savoie)

Le village de Sainte-Foy-Tarentaise s'est doté d'une station de sports d'hiver au milieu des années 1980. Ses constructions récentes en pierre de taille reprennent le style architectural rural de la Haute-Tarentaise (chalets, maisons à colonnes, toits en lauze...).

Analyser et confronter les documents

1. Quelle est l'ampleur des espaces ruraux par rapport aux espaces urbanisés ? Dans quelles parties de la région sont situés les trois grands types de campagnes ? Doc 1

2. Quels sont le poids et l'évolution de l'agriculture ? Doc 1 à 3

3. Quelles sont les fonctions visibles sur les doc 3 à 6 ? Comment ont-elles transformé les paysages ? À quels types de campagnes correspondent ces espaces ? Doc 1

SYNTHÉTISER À l'aide des questions précédentes, expliquez les mutations paysagères de la région.

Thème 3 Les espaces ruraux : multifonctionnalité ou fragmentation ?

ÉTUDE DE CAS 4 > La région Auvergne-Rhône-Alpes, des paysages ruraux en mutation ?

B — Des mutations paysagères, entre patrimonialisation et revitalisation ?

L'Agriculture Biologique en Auvergne-Rhône-Alpes
Réseau GAB • FRAB AuRA — Les Agriculteurs BIO d'Auvergne-Rhône-Alpes

7 — La revitalisation de l'agriculture et le développement du bio

Auvergne-Rhône-Alpes est la 2ᵉ région « bio » en nombre d'exploitations et en surface (notamment en Ardèche, Drôme, Isère et Rhône), avec 204 235 ha engagés en agriculture biologique.

8 — Les opérations Plan de paysage

« Le paysage est un bien commun dont nous sommes les dépositaires. [...] Il doit, pour rester vivant, s'adapter aux évolutions contemporaines qui le transforment. Le Plan de paysage est une démarche de projet dont l'objectif est de faire réfléchir ensemble habitants, usagers et aménageurs. [...] En effet, les transformations des paysages sont principalement liées aux différentes politiques d'aménagement [...]. »

Ministère de l'environnement, de l'énergie et de la mer, 2017.

Plan de paysage de Chartreuse — Parc naturel régional de Chartreuse
Objectifs de qualité paysagère et plan d'actions

9 — Allègre (Haute-Loire) lutte contre la désertification rurale

« À Allègre, 970 habitants, la dévitalisation du centre-bourg est une réalité depuis longtemps. Le maire compte sur le label "cité de caractère", obtenu en 2017, pour relancer le centre historique. Il a déjà engagé des actions avec la Région (réhabilitation d'un immeuble inoccupé pour installer un gîte d'étape et un café associatif...). »

D'après « Comment la Haute-Loire lutte contre l'abandon des centres-bourgs », France 3 Auvergne-Rhône-Alpes, 19 décembre 2018.

VIDÉO

Analyser et confronter les documents

1. En quoi les doc 6, 8 et 9 témoignent-ils d'une volonté de patrimonialisation* ?
2. Montrez que les doc 7, 8 et 9 témoignent aussi d'une volonté d'aménagement et de valorisation.
3. Quels acteurs interviennent dans la revitalisation des espaces ruraux ? Doc 2, 6, 7, 8 et 9

SYNTHÉTISER À l'aide de l'ensemble des documents, recensez les principales actions visant à revitaliser les espaces ruraux.

188 — Thème 3 Les espaces ruraux : multifonctionnalité ou fragmentation ?

Bilan

→ Complétez le schéma fléché à l'aide de l'étude de cas.

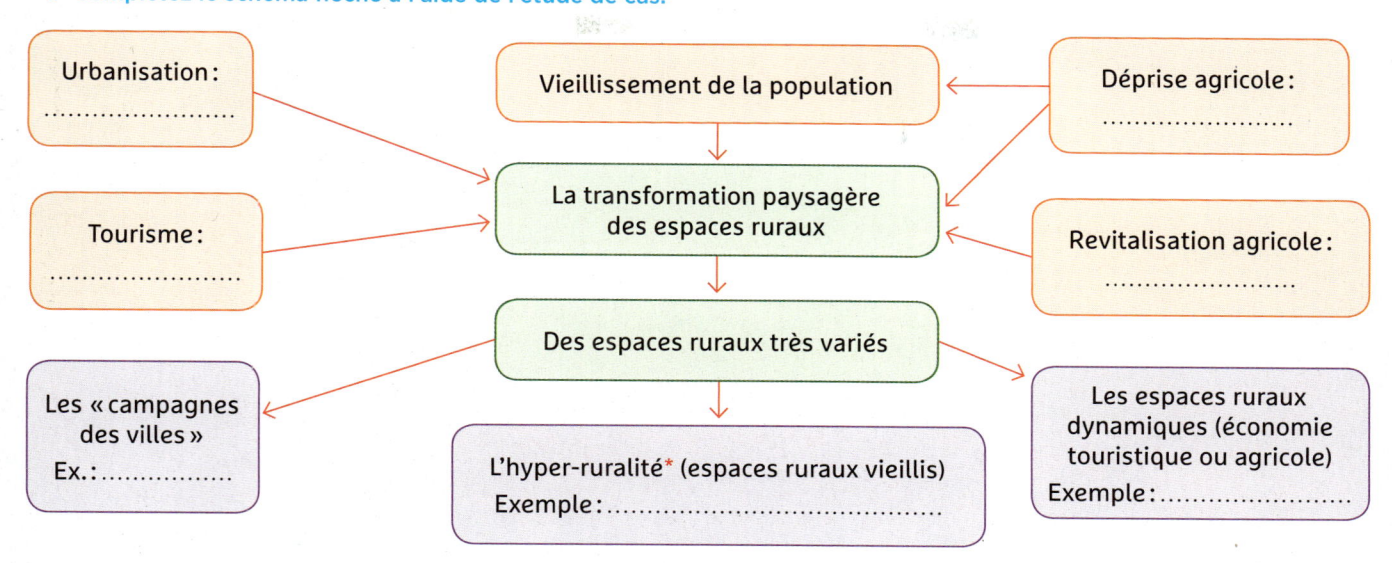

- Urbanisation : ....
- Tourisme : ....
- Vieillissement de la population
- Déprise agricole : ....
- Revitalisation agricole : ....

→ La transformation paysagère des espaces ruraux
→ Des espaces ruraux très variés

- Les « campagnes des villes » Ex. : ....
- L'hyper-ruralité* (espaces ruraux vieillis) Exemple : ....
- Les espaces ruraux dynamiques (économie touristique ou agricole) Exemple : ....

→ Complétez la légende du croquis à partir de l'étude de cas.

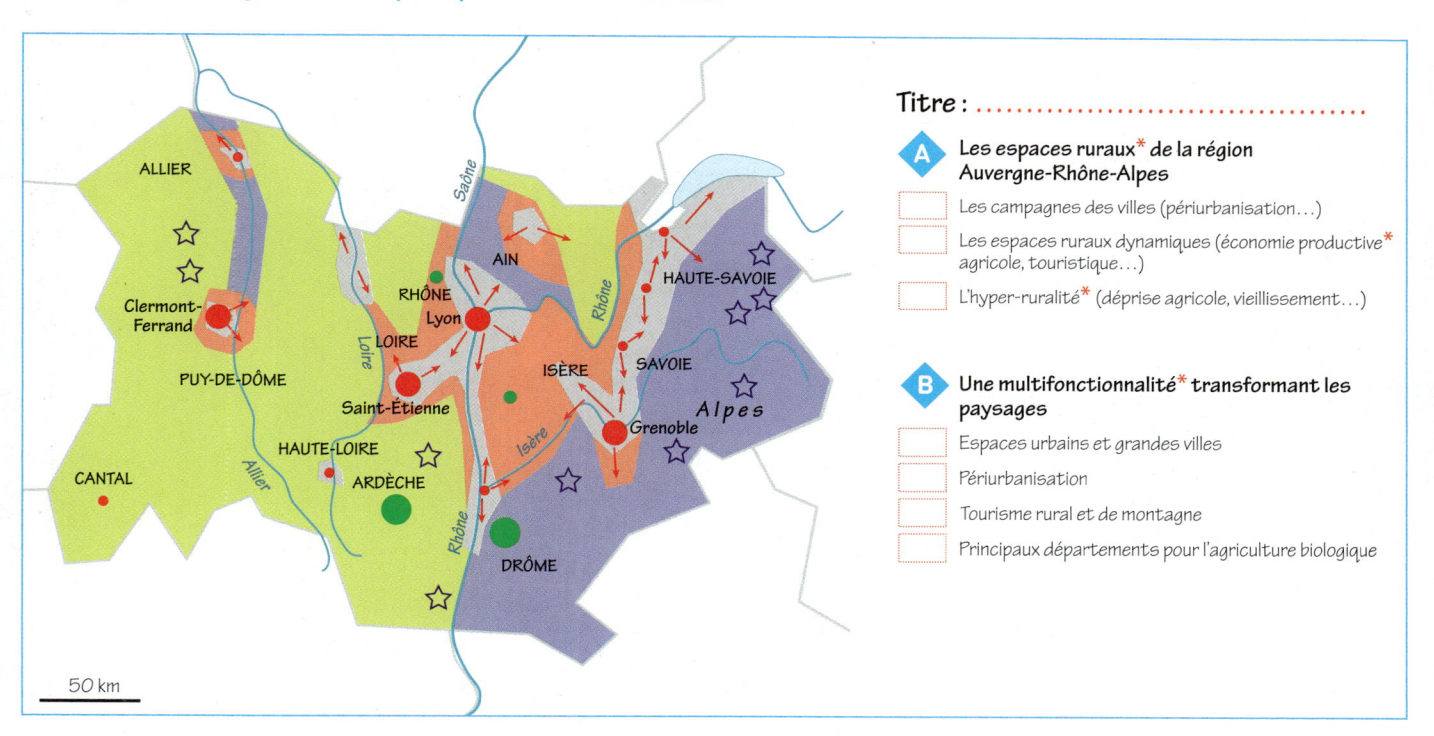

Titre : ....

A Les espaces ruraux* de la région Auvergne-Rhône-Alpes
- ☐ Les campagnes des villes (périurbanisation…)
- ☐ Les espaces ruraux dynamiques (économie productive* agricole, touristique…)
- ☐ L'hyper-ruralité* (déprise agricole, vieillissement…)

B Une multifonctionnalité* transformant les paysages
- ☐ Espaces urbains et grandes villes
- ☐ Périurbanisation
- ☐ Tourisme rural et de montagne
- ☐ Principaux départements pour l'agriculture biologique

Mise en perspective

→ Répondez aux questions pour replacer le cas de cette région à l'échelle nationale.

A
- Comparez la place des « campagnes des villes » en Auvergne-Rhône-Alpes à d'autres régions françaises. Carte p. 223
- Quelles sont les autres régions de France marquées par l'hyper-ruralité* ? Carte p. 223

B
- Dans quelles régions le phénomène périurbain est-il plus important qu'en Auvergne-Rhône-Alpes ? Carte 4 p. 225
- Quelles autres régions sont marquées par une économie touristique dynamique ? Carte p. 223

Thème 3 Les espaces ruraux : multifonctionnalité ou fragmentation ? 189

Manifestation contre une plantation de palmiers à huile (Nigeria, 2015)
Des agriculteurs protestent contre Wilmar, une FTN (firme transnationale) singapourienne qui a acheté et déforesté 19 000 hectares de terres pour cette culture d'exportation.

Thème 3 • Les espaces ruraux : multifonctionnalité ou fragmentation ?

question Monde

1. La fragmentation des espaces ruraux

Même si la part des agriculteurs diminue au sein des populations rurales, l'agriculture reste une activité structurante pour de nombreux espaces ruraux. Cependant, du fait de multiples enjeux, leur gestion s'avère de plus en plus difficile (accaparement des terres*, conflits fonciers…).

Agriculture vivrière au Pérou

> Montrez que ces photographies illustrent deux contextes agricoles différents (taille des exploitations, type de culture…)

Pourquoi peut-on parler d'une fragmentation des espaces ruraux ?

- **Comment l'agriculture structure-t-elle de nombreux espaces ruraux ?** 196-199
- **Comment l'agriculture productiviste recompose-t-elle les espaces ruraux ?** 200-203

À L'ÉCHELLE MONDIALE

Les espaces agricoles dans le monde

Notion-clé — Espace agricole, espace rural

L'agriculture est l'activité qui a modelé la plupart des paysages ruraux dans le monde. Elle structure encore certains espaces ruraux, mais le nombre d'agriculteurs diminue et d'autres activités prennent parfois le relais.

1 Front pionnier*

Déforestation en Amazonie

Les fronts pionniers agricoles se font essentiellement aux dépens des forêts. En Amazonie, il s'agit notamment de développer la culture intensive du soja.

2 Sociétés rurales, agriculture vivrière*

Un marché en Éthiopie

Les sociétés rurales ont souvent d'abord pratiqué une agriculture vivrière pour leur consommation propre. Aujourd'hui, ce type d'agriculture subsiste dans les sociétés traditionnelles, mais une partie de la production (vivrier marchand) est vendue en circuit court sur les marchés.

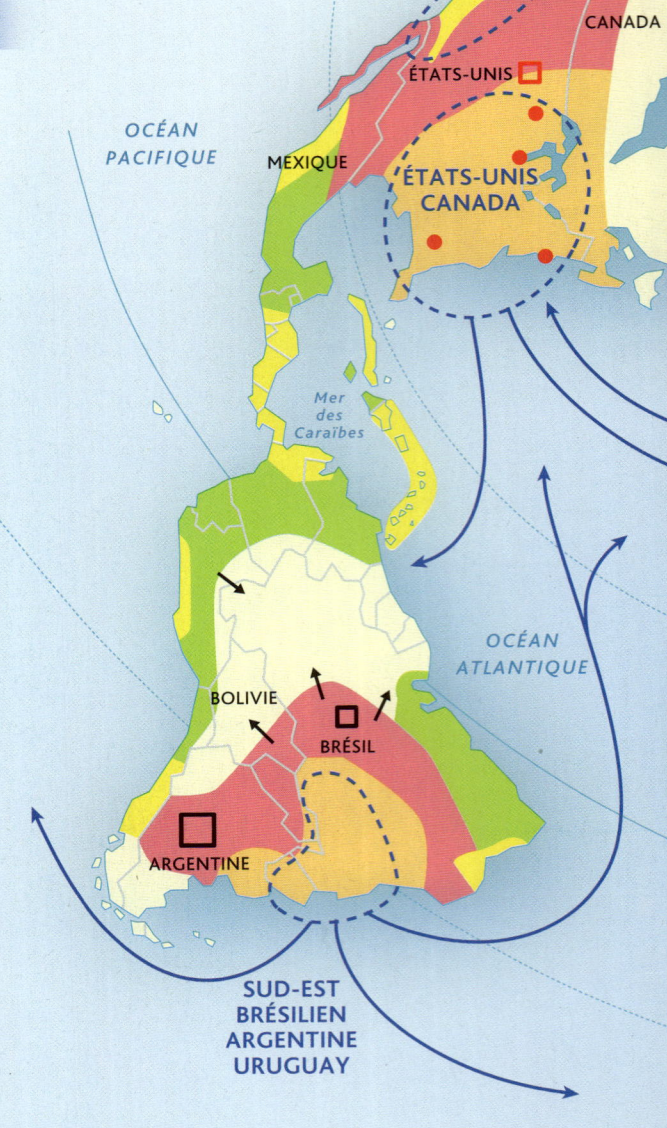

3 Exode rural, déprise rurale

Migration de paysans chinois

Dans le monde, la proportion des ruraux est passée de 60 % en 1980 à 45 % en 2017. Cette forte baisse est notamment liée à la diminution du nombre d'agriculteurs, qui entraîne, dans certains pays, un important exode rural, à l'image des *mingongs** en Chine.

1. Une agriculture à dominante vivrière

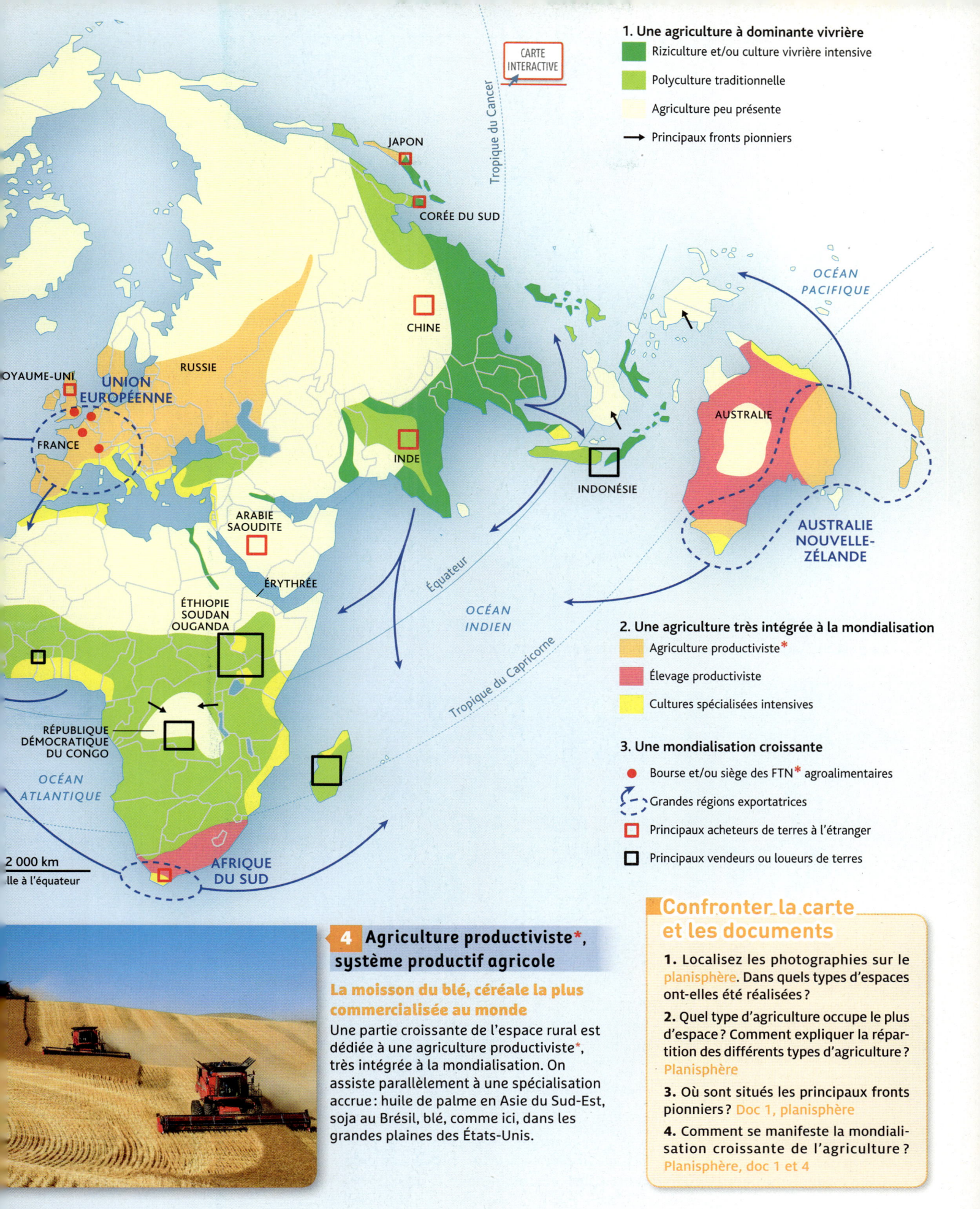

- 🟩 Riziculture et/ou culture vivrière intensive
- 🟢 Polyculture traditionnelle
- ⬜ Agriculture peu présente
- ➡ Principaux fronts pionniers

2. Une agriculture très intégrée à la mondialisation

- 🟧 Agriculture productiviste*
- 🟥 Élevage productiviste
- 🟨 Cultures spécialisées intensives

3. Une mondialisation croissante

- 🔴 Bourse et/ou siège des FTN* agroalimentaires
- ⤴ Grandes régions exportatrices
- 🟥 Principaux acheteurs de terres à l'étranger
- ⬛ Principaux vendeurs ou loueurs de terres

4 Agriculture productiviste*, système productif agricole

La moisson du blé, céréale la plus commercialisée au monde

Une partie croissante de l'espace rural est dédiée à une agriculture productiviste*, très intégrée à la mondialisation. On assiste parallèlement à une spécialisation accrue : huile de palme en Asie du Sud-Est, soja au Brésil, blé, comme ici, dans les grandes plaines des États-Unis.

Confronter la carte et les documents

1. Localisez les photographies sur le **planisphère**. Dans quels types d'espaces ont-elles été réalisées ?

2. Quel type d'agriculture occupe le plus d'espace ? Comment expliquer la répartition des différents types d'agriculture ? **Planisphère**

3. Où sont situés les principaux fronts pionniers ? **Doc 1, planisphère**

4. Comment se manifeste la mondialisation croissante de l'agriculture ? **Planisphère, doc 1 et 4**

1. La fragmentation des espaces ruraux 193

DES CARTES POUR COMPRENDRE

La fragmentation des espaces ruraux

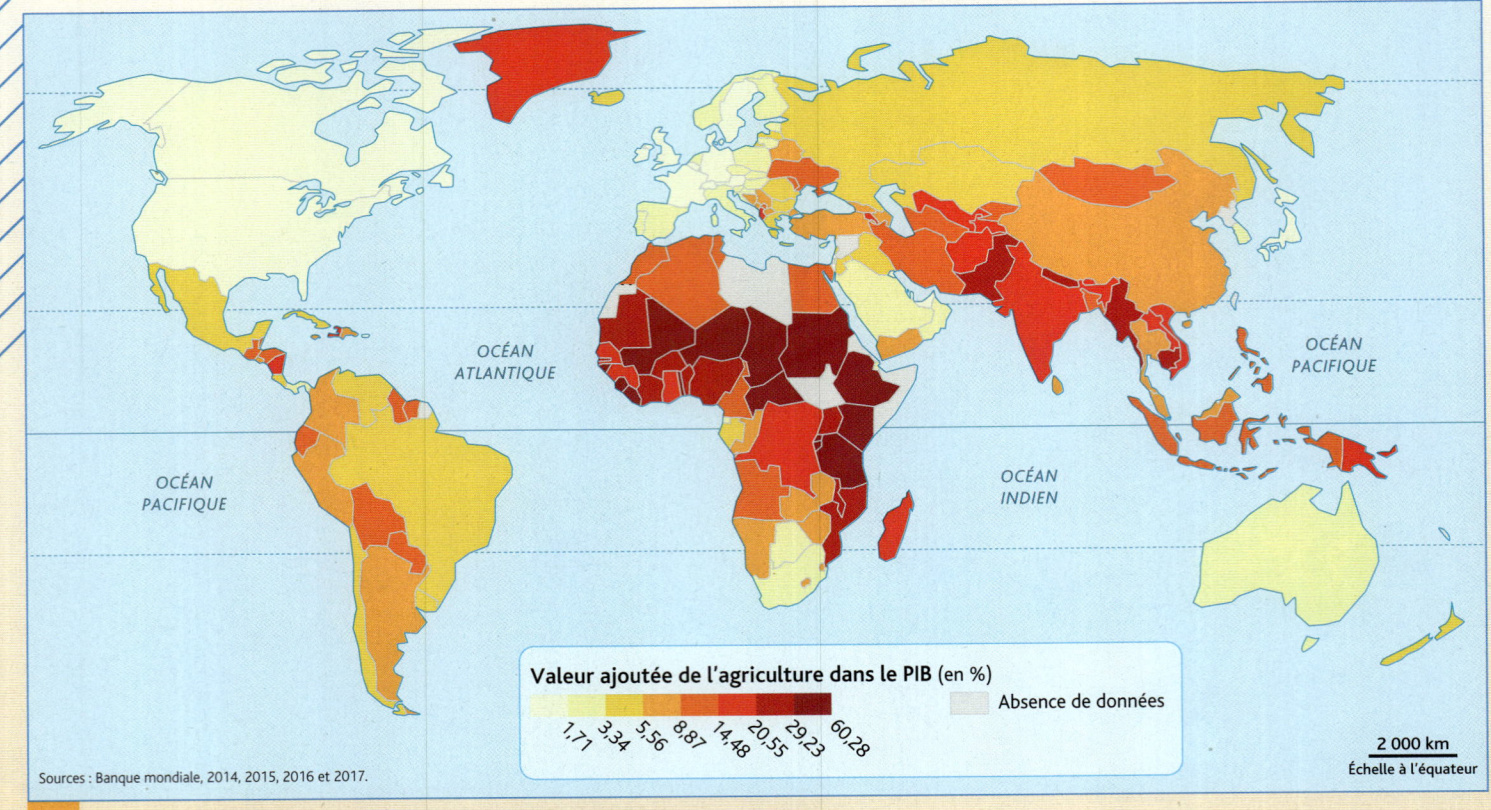

Valeur ajoutée de l'agriculture dans le PIB (en %)
1,71 — 3,34 — 5,56 — 8,87 — 14,48 — 20,55 — 29,23 — 60,28
Absence de données

Sources : Banque mondiale, 2014, 2015, 2016 et 2017.

1 La part de l'agriculture dans l'économie des différents pays

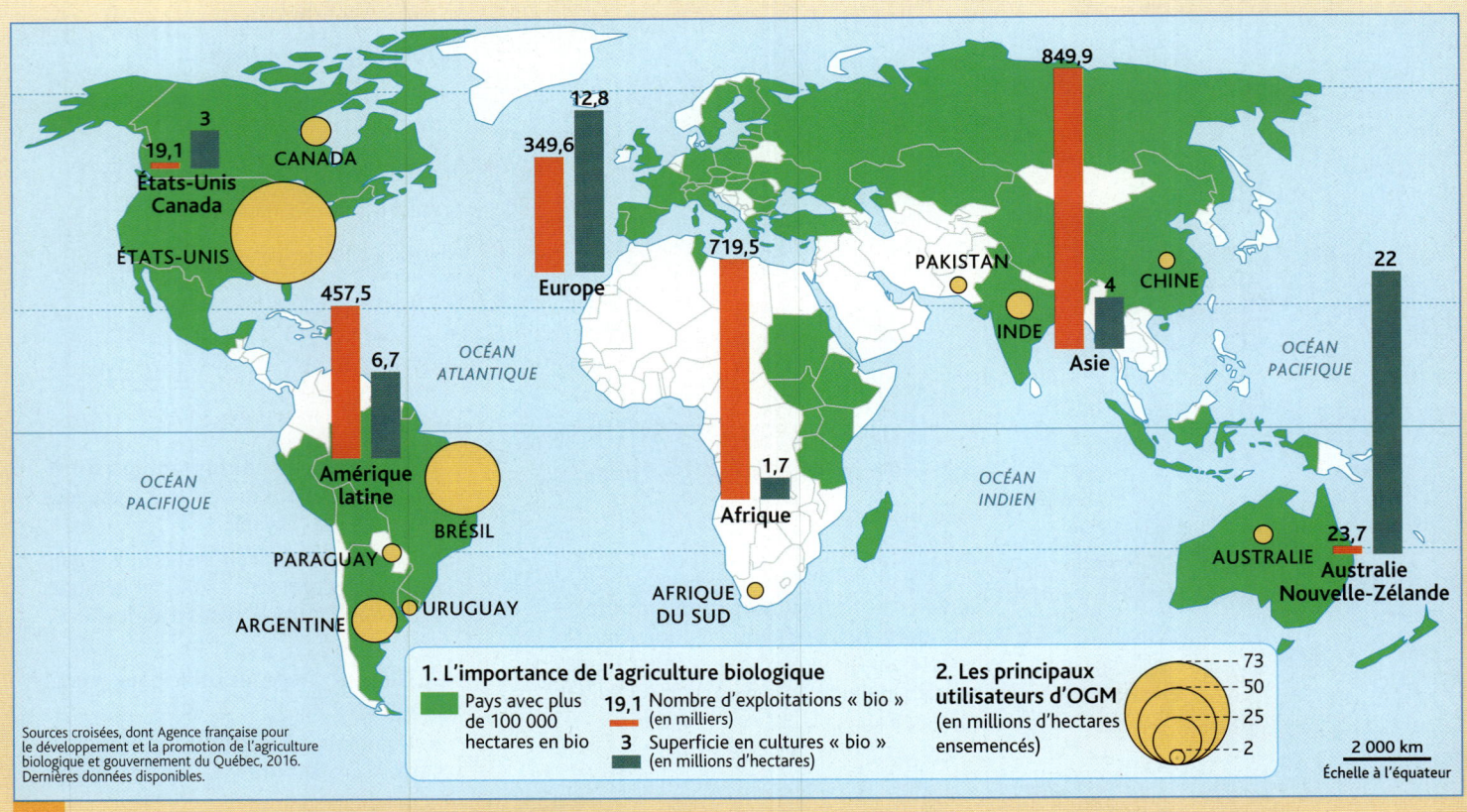

---

1. L'importance de l'agriculture biologique
- Pays avec plus de 100 000 hectares en bio
- 19,1 Nombre d'exploitations « bio » (en milliers)
- 3 Superficie en cultures « bio » (en millions d'hectares)

2. Les principaux utilisateurs d'OGM (en millions d'hectares ensemencés) : 73, 50, 25, 2

Valeurs affichées :
- États-Unis / Canada : 19,1 ; 3 ; CANADA
- Europe : 349,6 ; 12,8
- Amérique latine : 457,5 ; 6,7 ; BRÉSIL, PARAGUAY, URUGUAY, ARGENTINE
- Afrique : 719,5 ; 1,7 ; AFRIQUE DU SUD
- Asie : 849,9 ; 4 ; PAKISTAN, INDE, CHINE
- Australie / Nouvelle-Zélande : 23,7 ; 22 ; AUSTRALIE

Sources croisées, dont Agence française pour le développement et la promotion de l'agriculture biologique et gouvernement du Québec, 2016. Dernières données disponibles.

2 OGM (organismes génétiquement modifiés) et « biologique » : deux agricultures opposées ?

Thème 3 Les espaces ruraux : multifonctionnalité ou fragmentation ?

Évolution de la part de la population rurale entre 2010 et 2017 (en %)

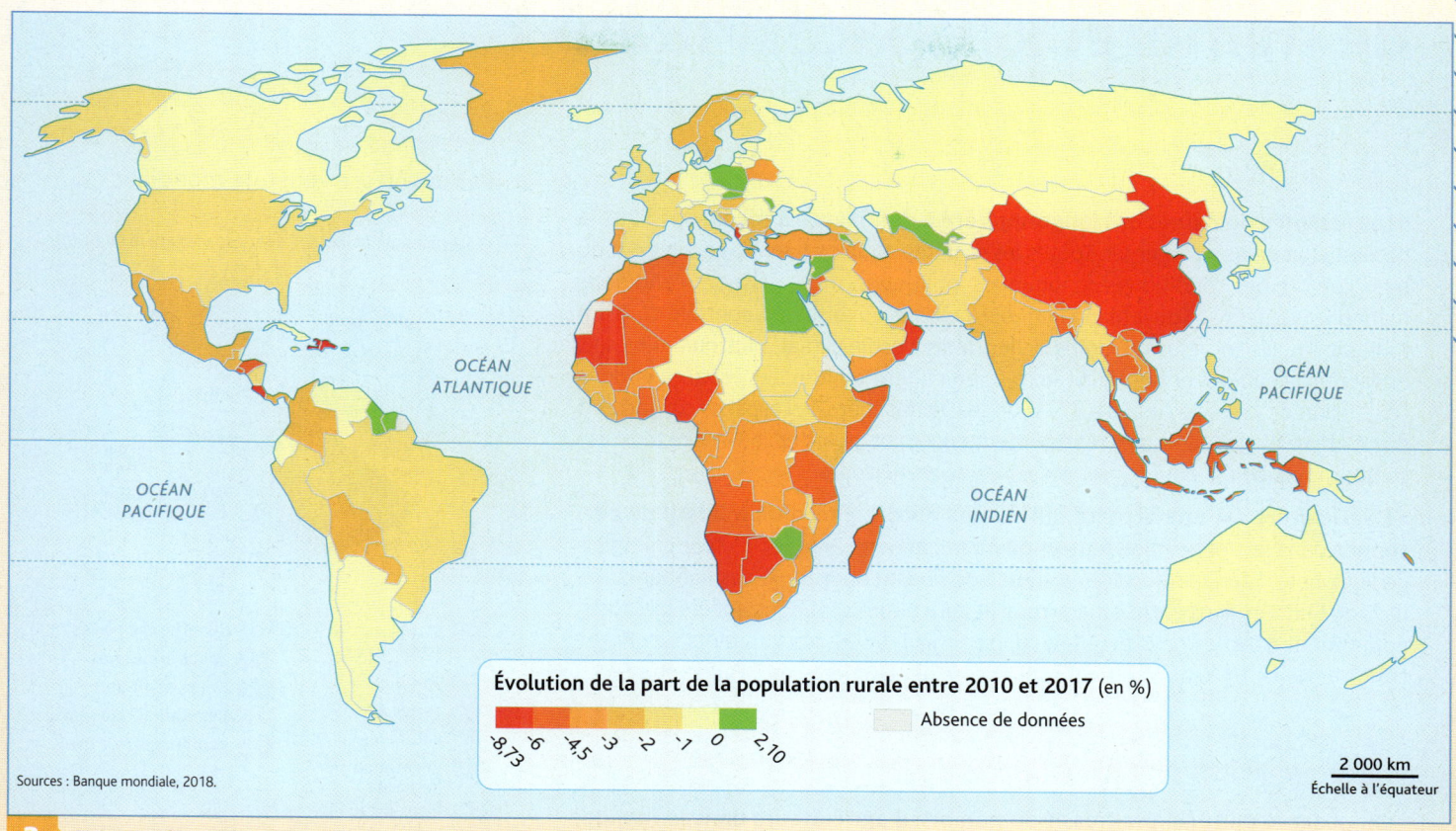

-8,73 / -6 / -4,5 / -3 / -2 / -1 / 0 / 2,10   Absence de données

Sources : Banque mondiale, 2018.

2 000 km — Échelle à l'équateur

3 L'évolution de la part de la population rurale par pays

DEUX PARCOURS AU CHOIX POUR ANALYSER LES CARTES

PARCOURS RÉDIGÉ

1. Quels sont les pays dans lesquels l'agriculture occupe une faible part du PIB ? Doc 1. Ces pays sont-ils pour autant des pays dans lesquels l'agriculture est marginale ou peu productive ? Carte p. 193

2. Quels sont les principaux pays à la fois utilisateurs d'OGM et producteurs d'agriculture biologique ? Doc 2

3. Classez les pays du doc 3 en deux ou trois catégories en fonction de l'évolution de leur population rurale. Formulez quelques hypothèses pour expliquer ces évolutions en vous aidant des p. 192-193.

BILAN Rédigez quelques lignes montrant que l'agriculture reste une activité essentielle dans de très nombreux espaces ruraux, mais que la population rurale est en recul.

PARCOURS CARTOGRAPHIQUE

Synthétisez les cartes 1 et 3 par un schéma représentant :
– les espaces où l'agriculture représente une forte part du PIB mais où la population rurale est en nette baisse,
– les espaces où l'agriculture représente une faible part du PIB et où la population rurale stagne ou baisse,
– les autres cas.

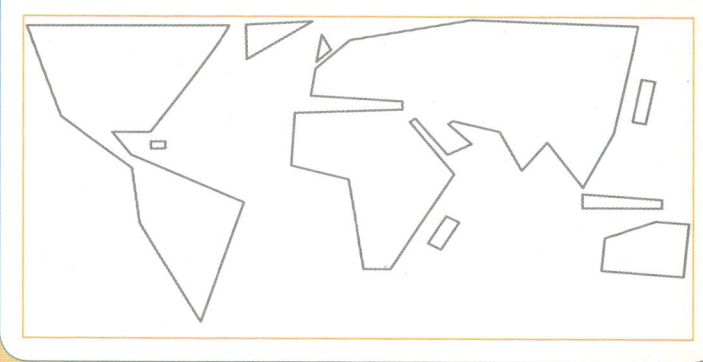

1. La fragmentation des espaces ruraux 195

COURS 1

Comment l'agriculture structure-t-elle de nombreux espaces ruraux ?

A. Les espaces ruraux sont encore marqués par l'agriculture

• **Les activités humaines ont longtemps été à dominante agricole** du fait de la nécessité vitale de s'alimenter. Toutes les sociétés rurales et donc agricoles ont dû tenir compte des conditions économiques, politiques, mais aussi des conditions naturelles. La pente a souvent joué un rôle (cultures en terrasses, contrôle de l'eau) tout comme les sols plus ou moins riches. Mais c'est le climat, plus ou moins sec, et l'accès à l'eau qui ont entraîné la mise en culture ou non des espaces et donc l'extension de l'espace rural dans le monde. De nos jours, les espaces consacrés à l'agriculture et aux pâturages représentent encore un quart de la surface terrestre contre moins de 1% pour les espaces urbains artificialisés.

• **L'agriculture est une activité qui occupe encore plus d'un milliard de personnes** dans le monde, directement ou indirectement. Premier secteur d'emplois de la planète, l'agriculture est une source de revenu pour 80% des habitants des pays du Sud. Les liens entre espace rural et agriculture sont donc encore très forts, notamment dans les pays peu développés. Ainsi, 60% des habitants des PMA* (76% au Niger, 65% au Vanuatu) sont encore directement liés à l'agriculture.

B. Mais le recul de l'agriculture contribue à une fragmentation des espaces ruraux

• **On observe un recul progressif du nombre d'agriculteurs dans le monde.** Ceci s'explique d'abord par la modernisation de l'agriculture. De plus en plus mécanisée, elle demande moins de main-d'œuvre qu'auparavant. Ce recul est aussi lié à la transition urbaine*. L'exode rural s'est traduit par le développement des villes à l'échelle mondiale : les populations rurales sont désormais minoritaires (45,2% de la population mondiale en 2018), excepté en Afrique subsaharienne, en Océanie et dans le sous-continent indien.

• **Les paysages ruraux témoignent de ces évolutions.** La plupart sont encore très souvent marqués par l'agriculture, qui a pu par exemple induire la disposition des villages par rapport aux cultures (cas des rizières) ou la place des pâturages ou des forêts. Toutefois, l'évolution des paysages ruraux témoigne des transformations de l'agriculture : le recul de son empreinte spatiale dans la plupart des pays développés se traduit soit par le développement de friches, le retour de la forêt et la désertification dans les zones les plus éloignées des centres urbains, soit par l'apparition de nouvelles fonctions (périurbanisation*, fonction récréative...) dans les espaces ruraux proches des centres urbains.

• **À l'opposé, dans beaucoup de pays du Sud, le paysage rural est encore largement un paysage agricole.** Celui-ci est cependant, lui aussi, en pleine évolution du fait des mutations de l'agriculture : la mécanisation se traduit par des parcelles cultivées de plus en plus grandes, par des modifications diverses allant des changements de cultures à la déforestation.

> La fragmentation des espaces ruraux dépend de la place plus ou moins grande laissée à l'agriculture dans des sociétés en mutation. Les recompositions spatiales des espaces ruraux se font pour partie en lien avec les espaces urbains.

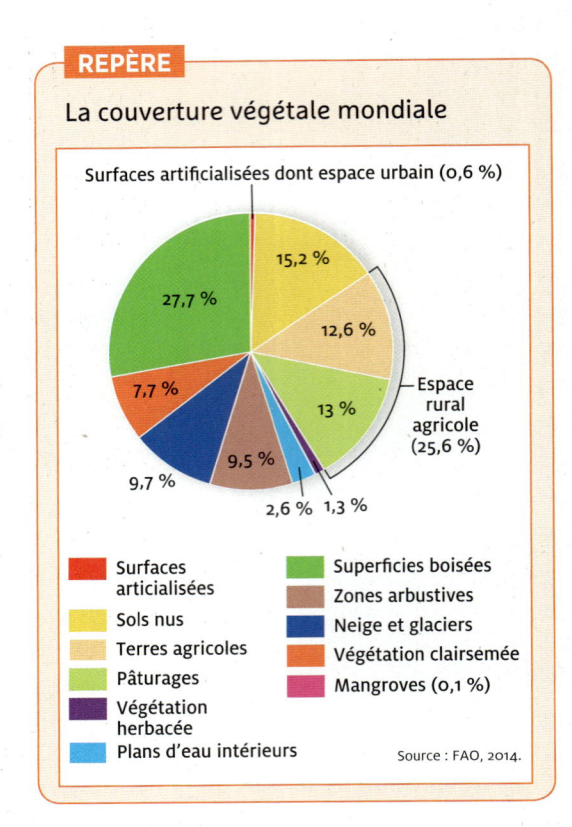

REPÈRE

La couverture végétale mondiale

Surfaces artificialisées dont espace urbain (0,6 %)
- 15,2 %
- 12,6 %
- 13 % — Espace rural agricole (25,6 %)
- 9,5 %
- 1,3 %
- 2,6 %
- 9,7 %
- 7,7 %
- 27,7 %

Légende :
- Surfaces artificialisées
- Sols nus
- Terres agricoles
- Pâturages
- Végétation herbacée
- Plans d'eau intérieurs
- Superficies boisées
- Zones arbustives
- Neige et glaciers
- Végétation clairsemée
- Mangroves (0,1 %)

Source : FAO, 2014.

VOCABULAIRE

Espace rural Espace qui relève de la campagne et qui s'oppose donc traditionnellement à l'espace urbain.

Friche agricole Terre qui n'est plus cultivée et a été laissée à l'abandon.

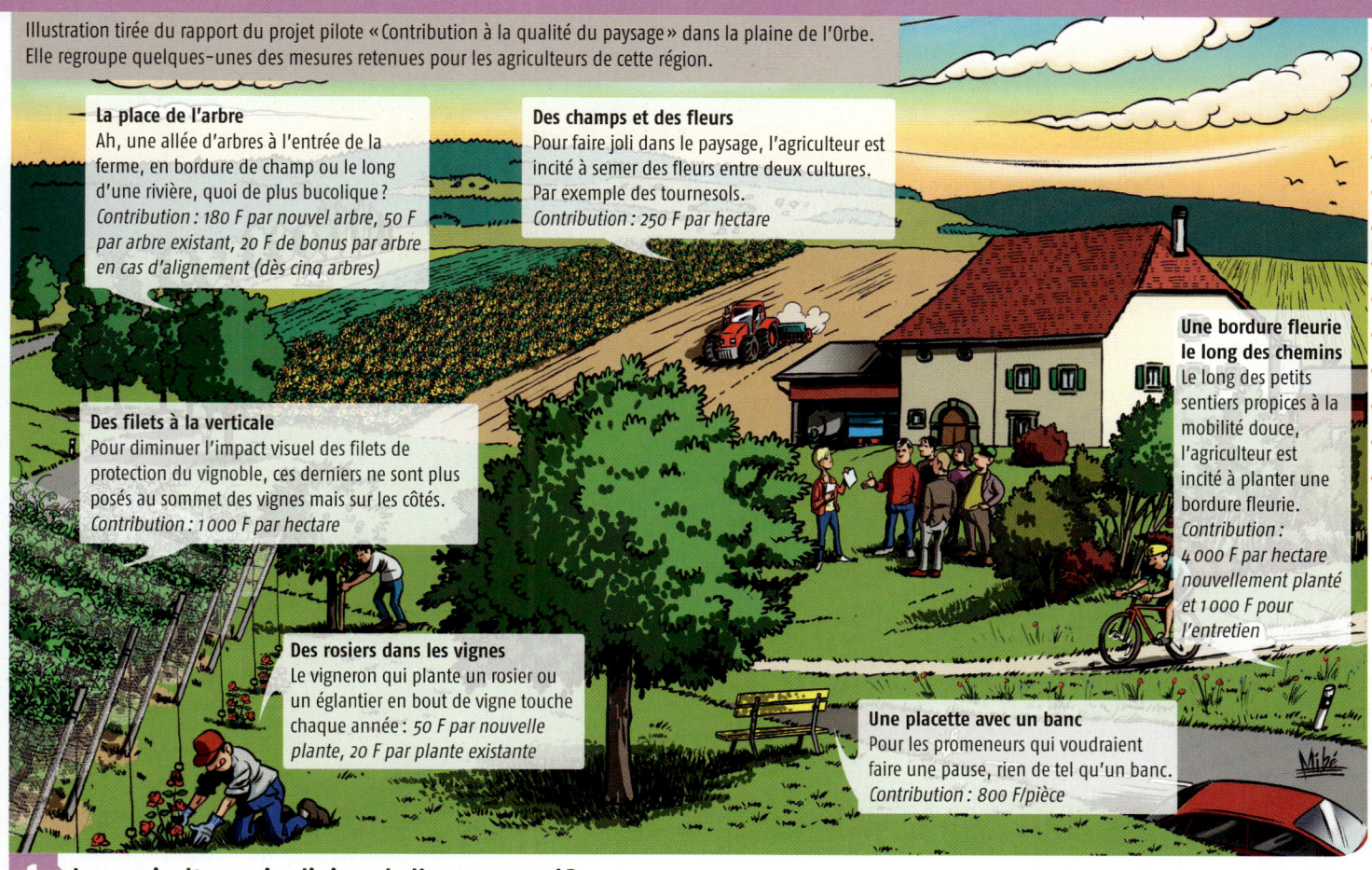

Illustration tirée du rapport du projet pilote « Contribution à la qualité du paysage » dans la plaine de l'Orbe. Elle regroupe quelques-unes des mesures retenues pour les agriculteurs de cette région.

La place de l'arbre
Ah, une allée d'arbres à l'entrée de la ferme, en bordure de champ ou le long d'une rivière, quoi de plus bucolique ?
Contribution : 180 F par nouvel arbre, 50 F par arbre existant, 20 F de bonus par arbre en cas d'alignement (dès cinq arbres)

Des champs et des fleurs
Pour faire joli dans le paysage, l'agriculteur est incité à semer des fleurs entre deux cultures. Par exemple des tournesols.
Contribution : 250 F par hectare

Une bordure fleurie le long des chemins
Le long des petits sentiers propices à la mobilité douce, l'agriculteur est incité à planter une bordure fleurie.
Contribution : 4 000 F par hectare nouvellement planté et 1 000 F pour l'entretien

Des filets à la verticale
Pour diminuer l'impact visuel des filets de protection du vignoble, ces derniers ne sont plus posés au sommet des vignes mais sur les côtés.
Contribution : 1 000 F par hectare

Des rosiers dans les vignes
Le vigneron qui plante un rosier ou un églantier en bout de vigne touche chaque année : 50 F par nouvelle plante, 20 F par plante existante

Une placette avec un banc
Pour les promeneurs qui voudraient faire une pause, rien de tel qu'un banc.
Contribution : 800 F/pièce

1 ▸ Les agriculteurs, jardiniers de l'espace rural ?
Dessin de Mibé
En Suisse, le canton de Vaud proposait en 2012 de financer ces actions pour entretenir le paysage rural (montants donnés en francs suisses).

Rizières en terrasses permettant de bénéficier de parcelles planes pour la culture du riz

Versant trop raide, laissé à la forêt

Village groupé pour laisser le plus de place possible aux rizières

2 ▸ Un espace rural fortement marqué par l'agriculture (Philippines)

Analyser et confronter les documents

1. De quelle évolution de l'espace rural et de ses fonctions témoigne le doc 1 ?

2. Montrez que l'agriculture joue encore un rôle structurant dans le paysage rural. Doc 2

BAC Répondre à une question problématisée
Pourquoi les agriculteurs sont-ils parfois qualifiés de « jardiniers de l'espace rural » ?

1. La fragmentation des espaces ruraux

DOSSIER

L'Indonésie, quels paradoxes pour une puissance agricole émergente ?

L'Indonésie, pays émergent*, figure parmi les plus grands producteurs et exportateurs agricoles mondiaux. Pourtant, 8 % de ses habitants souffrent encore de sous-nutrition, et les impacts sociaux et environnementaux de sa politique agricole sont lourds.

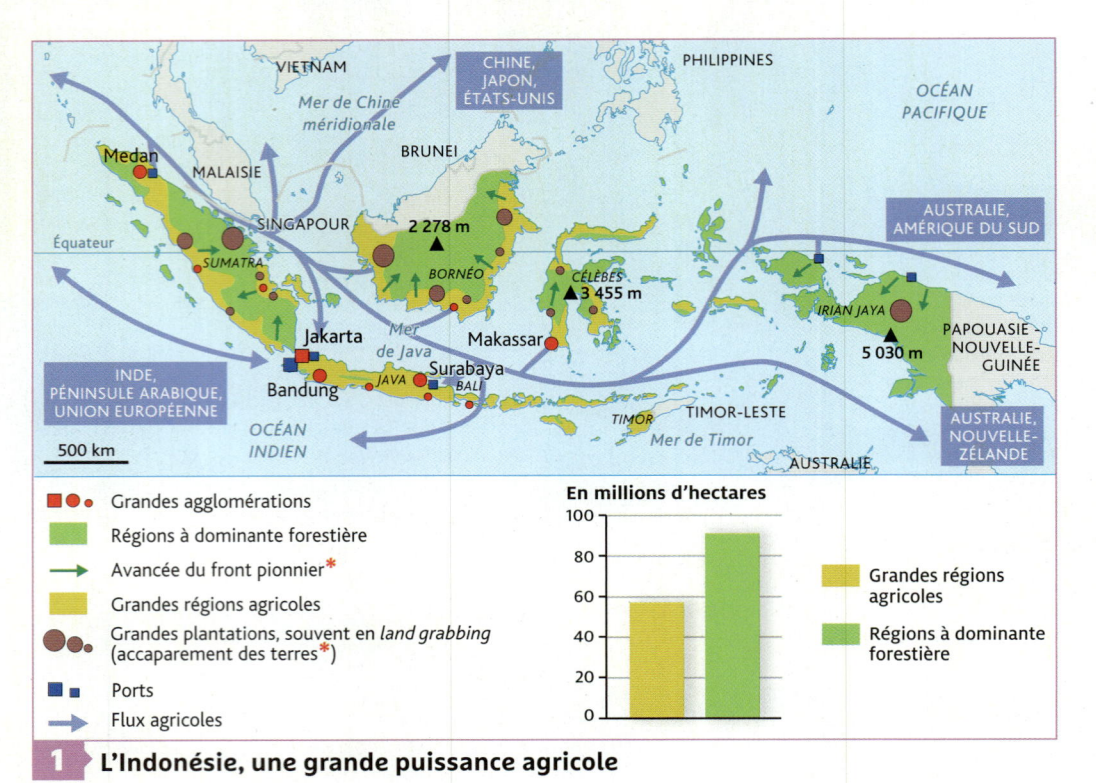

1 L'Indonésie, une grande puissance agricole

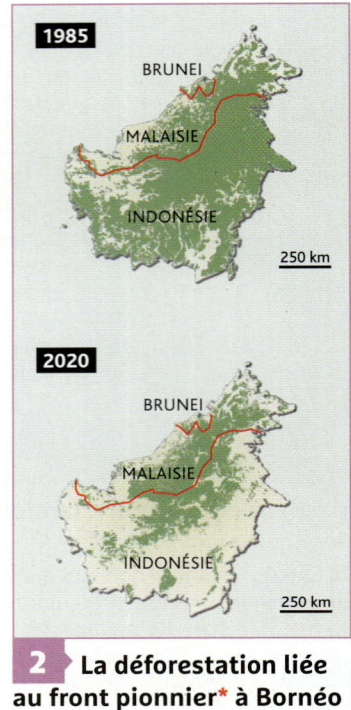

Légende :
- Grandes agglomérations
- Régions à dominante forestière
- Avancée du front pionnier*
- Grandes régions agricoles
- Grandes plantations, souvent en *land grabbing* (accaparement des terres*)
- Ports
- Flux agricoles

2 La déforestation liée au front pionnier* à Bornéo (1985 / 2020)

4 L'Indonésie en chiffres

Population (2019)	• 268,7 millions dont 54% d'urbains • 40 % des actifs travaillent dans l'agriculture • 7,9 % de la population en sous-nutrition (18,6 % en 2005)
Principales productions agricoles (rang mondial)	• Huile de palme (1er producteur et 1er exportateur) • Riz (3e), Café (3e), Cacao (3e) • Bois (7e) • Canne à sucre (9e), principalement pour les agrocarburants • Maïs (11e)
Exportations et importations	• Les produits agricoles constituent 25 % de la valeur des exportations du pays, dont la moitié d'huile de palme. • Mais l'Indonésie doit importer des produits de base (blé, soja, lait, viande).

3 La riziculture à Bali, une culture vivrière* traditionnelle

Thème 3 Les espaces ruraux : multifonctionnalité ou fragmentation ?

5 Les impacts sociaux et environnementaux des plantations de palmiers à huile

« L'huile de palme [...], soutenue par une croissance forte de la demande internationale d'huiles végétales, a vu ses surfaces en productions multipliées par plus de dix entre 1990 et 2014. [...] Le moteur principal [...] est l'investissement privé, notamment via des grandes entreprises privées ou publiques gérant des exploitations de plusieurs milliers d'hectares [...], mais également de la part de petits producteurs qui représentent environ 40 % des surfaces en culture.

Ce fort développement de l'huile de palme a été accompagné de nombreuses critiques à la fois sur le plan environnemental (déforestation, perte de biodiversité) mais aussi économique et social (conflits fonciers[1], traitement des petits producteurs partenaires des grandes entreprises, dépendance aux marchés d'exportation, trop faible part d'exportation d'huile raffinée). »

[1] Ces conflits opposant petits paysans délogés de leurs terres et grandes sociétés peuvent être très violents (intimidation, incendies de maisons, et même assassinats).

« Les politiques agricoles à travers le monde : l'Indonésie », site du ministère de l'Agriculture et de l'Alimentation, 19 août 2016.

6 Plantation de palmiers à huile en Sulawesi du Sud (Célèbes)

Plusieurs millions d'hectares de terres sont vendus ou loués à des firmes agroalimentaires* étrangères (palmier à huile, canne à sucre) dans le cadre de l'accaparement des terres* (*land grabbing*). Au total, 25 millions d'hectares de forêt ont disparu, dont 7,5 millions pour la production agricole.

7 La pollution atmosphérique liée à la culture sur brûlis

VIDÉO

Les feux de forêts sont provoqués par la culture sur brûlis, utilisée comme moyen de défrichement et de fertilisation dans les zones tropicales.

DEUX PARCOURS AU CHOIX

PARCOURS GUIDÉ

1. Montrez que l'Indonésie privilégie les cultures commerciales* par rapport aux cultures vivrières* alors que la sécurité alimentaire* n'est pas encore assurée. Doc 1 à 4
2. Quels sont les moyens mis en œuvre pour développer ces cultures commerciales ? Doc 1, 2, 5 et 6
3. Quels sont les impacts économiques et sociaux des cultures commerciales et particulièrement de la culture du palmier à huile ? Doc 1, 4 et 5
4. Montrez que l'essor des plantations a aussi des impacts environnementaux. Doc 5, 6 et 7

BILAN Rédigez quelques lignes pour répondre à la problématique du dossier.

PARCOURS AUTONOME

Complétez le schéma bilan ci-dessous puis rédigez une synthèse répondant à la problématique du dossier.

- Le choix d'une agriculture commerciale : ....
  - au détriment des cultures vivrières : ....
- Des exportations agricoles massives : ....
- Des impacts environnementaux : ....
- Une insécurité alimentaire : ....
- Des conflits fonciers : ....

1. La fragmentation des espaces ruraux

COURS 2

Comment l'agriculture productiviste recompose-t-elle les espaces ruraux ?

A — L'agriculture productiviste s'est généralisée

- **L'agriculture productiviste a permis d'augmenter la production** par différents moyens : usage de pesticides et d'engrais, irrigation, cultures sous serre et élevage hors-sol, usage de céréales à hauts rendements ayant permis la révolution verte en Asie et des OGM (organismes génétiquement modifiés), très utilisés aux États-Unis et au Brésil par exemple. Ce modèle productiviste a favorisé l'essor des cultures commerciales destinées à l'exportation (cacao, blé, soja…), dont certaines cultures non alimentaires (coton, canne à sucre pour les agrocarburants…). Cependant, si certaines cultures vivrières* sont en recul, d'autres sont commercialisées sur les marchés urbains (vivrier marchand), notamment en Afrique.

- **L'espace rural cultivé est en expansion**, notamment avec les fronts pionniers (Amazonie, Indonésie). De plus en plus, l'extension de l'espace cultivé passe par l'accaparement des terres (land grabbing), en général dans des pays en développement (Afrique, Indonésie…).

- **Le bilan de l'agriculture productiviste est mitigé.** Elle a certes permis une meilleure sécurité alimentaire* et s'est accompagnée d'une transition alimentaire*. Mais elle est responsable de nombreuses crises environnementales (pollution), sociales (inégal accès à la terre), sanitaires (aliments contaminés) ou culturelles (standardisation de l'alimentation à l'échelle mondiale). Le développement de l'agriculture biologique*, de la labellisation*, des circuits courts sont autant de tentatives de réponses à ces crises. Le commerce équitable, par exemple, reste encore marginal, mais touche 2 millions de paysans, qui bénéficient en moyenne de revenus supérieurs de 30 à 40 % à ceux des autres agriculteurs.

B — Des liens de plus en plus étroits entre agriculture, espace rural et espace urbain

- **La production et la commercialisation de denrées agricoles** et agroalimentaires sont de plus en plus mondialisées. Elles sont dominées par quelques pays exportateurs du Nord (États-Unis, Union européenne, notamment les Pays-Bas…), mais aussi par des pays émergents* (Brésil, Chine, Inde) et par de grandes firmes agroalimentaires (Nestlé, Coca-Cola…) issues de ces mêmes pays.

- **L'accès à un grand port contribue à des recompositions spatiales** de l'espace rural. Sa proximité favorise les cultures d'exportation comme, par exemple, en Côte d'Ivoire (port d'Abidjan). Au contraire, son éloignement rend ces espaces ruraux moins attractifs et permet donc davantage de maintenir des cultures vivrières.

- **Les liens entre ville et espace rural se sont donc resserrés.** Les agriculteurs sont dépendants des cours des matières agricoles fixés en ville (bourse au blé de Chicago, aux fleurs d'Amsterdam…), des décisions prises dans le cadre de l'Organisation mondiale du commerce (OMC) ou de l'Union européenne, des firmes multinationales pour l'accès aux semences – notamment les OGM (firme Monsanto rachetée par Bayer) – et pour la commercialisation des récoltes.

▶ L'agriculture productiviste et l'intégration dans la mondialisation ont permis de mieux assurer la sécurité alimentaire* au niveau mondial, mais ce choix est porteur d'une recomposition des espaces ruraux.

REPÈRE

Les premiers exportateurs de produits agroalimentaires dans le monde

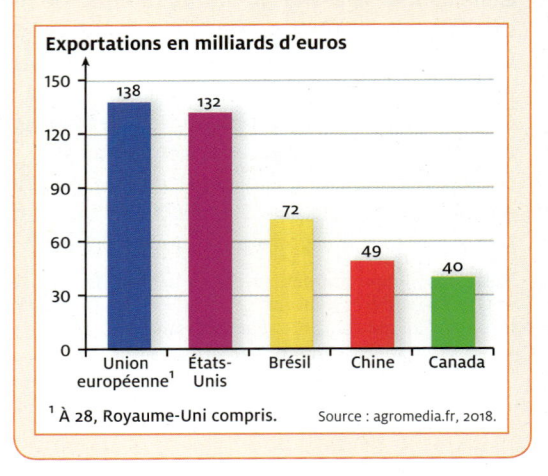

Exportations en milliards d'euros

- Union européenne[1] : 138
- États-Unis : 132
- Brésil : 72
- Chine : 49
- Canada : 40

[1] À 28, Royaume-Uni compris. Source : agromedia.fr, 2018.

VOCABULAIRE

Accaparement des terres (land grabbing) Achat ou location de terres agricoles par des États ou des sociétés privées étrangers.

Agriculture productiviste Agriculture qui cherche à produire le plus possible en peu de temps (productivité élevée) et sur peu d'espace (rendement élevé).

Commerce équitable Commerce assurant des revenus corrects aux producteurs et le revendiquant par un label.

Cultures commerciales Cultures destinées à être vendues et souvent exportées.

Firme agroalimentaire Entreprise qui transforme des produits agricoles bruts en produits alimentaires et qui les commercialise.

Front pionnier Espace en cours de peuplement et de mise en valeur.

Révolution verte Augmentation de la production agricole dans certains pays du Sud par la modernisation des techniques et des aides aux petits agriculteurs.

Thème 3 Les espaces ruraux : multifonctionnalité ou fragmentation ?

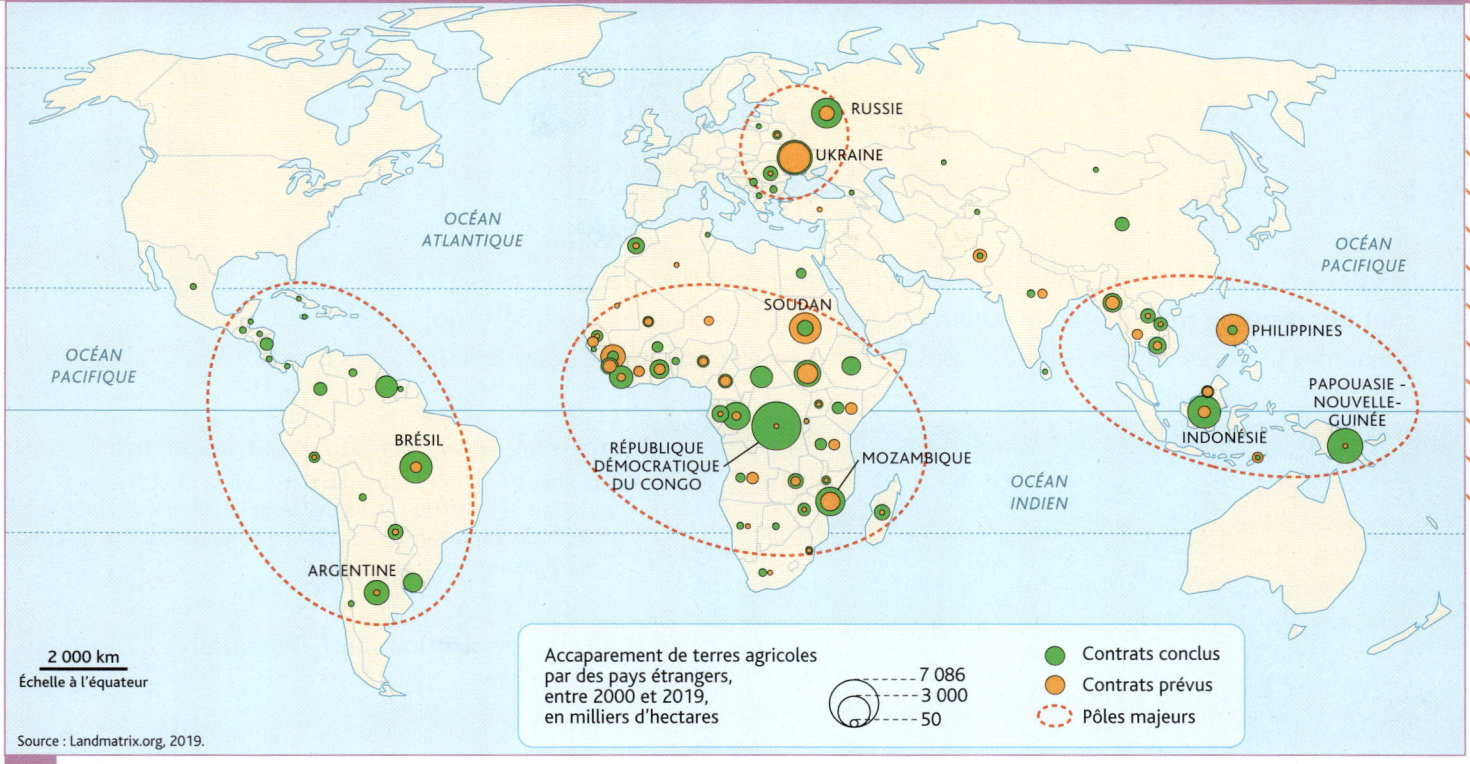

1 L'accaparement des terres* (*land grabbing*) dans le monde

Accaparement de terres agricoles par des pays étrangers, entre 2000 et 2019, en milliers d'hectares : 7 086 – 3 000 – 50
● Contrats conclus
● Contrats prévus
⭕ Pôles majeurs

Source : Landmatrix.org, 2019.

2 Les espaces ruraux plus pollués que les espaces urbains ?

Si l'espace rural est porteur d'une image de pureté, il est néanmoins soumis à de fortes pollutions. Cette caricature dénonce le fait qu'en France le ministère de l'Agriculture a refusé en 2018 l'interdiction immédiate du glyphosate, un herbicide dangereux pour l'environnement et pour la santé.

3 Paysage rural d'agriculture irriguée de blé au Kansas (États-Unis)

Analyser et confronter les documents

1. Montrez le poids de l'agriculture productiviste et la très forte intégration de l'agriculture dans la mondialisation. Repère, doc 1 et 3

2. Dans quels pays se situent les principaux espaces ruraux cibles de l'accaparement des terres ? Doc 1

3. Que dénonce la caricature ? Doc 2

BAC Analyser un document

Analysez plus en détail le doc 2 : comment le dessinateur fait-il passer son message ?

1. La fragmentation des espaces ruraux

DOSSIER

Les Pays-Bas : un espace rural multifonctionnel saturé ?

Les Pays-Bas, deuxième exportateur mondial de produits agroalimentaires*, sont pourtant un pays de faible superficie (environ 13 % de la France métropolitaine), densément peuplé et très urbanisé. Ses espaces ruraux sont donc soumis à de fortes pressions.

1 Un espace rural, récréatif et patrimonialisé

Plusieurs sites ruraux sont au patrimoine mondial de l'humanité de l'UNESCO. Ils donnent lieu à une activité touristique importante comme le village de Zaanse Schans, près d'Amsterdam.

2 Les exportations agroalimentaires des Pays-Bas

2ᵉ exportateur mondial de produits agroalimentaires* après les États-Unis

101 milliards de dollars exportés en 2017

Principaux produits exportés : fleurs, produits laitiers, œufs, viande, légumes

Des **FTN*** mondialement connues : Heineken, Unilever…

3 Définir l'espace rural aux Pays-Bas

« Bien que, depuis des siècles, les Pays-Bas [aient] la réputation d'être un des pays les plus urbanisés, l'image qui règne à l'étranger est formée en grande partie de représentations rurales et surtout agricoles : les moulins à vent, les sabots, les tulipes et le fromage. [...] Mais existe-t-il aux Pays-Bas des régions qui peuvent être qualifiées de rurales ? Aucune des 12 provinces des Pays-Bas n'a une densité de population inférieure à 150 habitants au km². [...] Ni les caractéristiques structurelles économiques (l'importance de l'agriculture) ni les différences socioculturelles ne nous permettent de faire une distinction nette entre les régions rurales et les régions urbanisées aux Pays-Bas. [...]

De plus la pression urbaine pose problème aux régions rurales des Pays-Bas. Avec un peu d'imagination, on peut considérer la campagne des Pays-Bas comme un "jardin d'expérience" pour les régions urbanisées. [...]

Depuis les années soixante, la politique de l'aménagement du territoire a attribué aux régions rurales des fonctions nouvelles : l'attention est portée sur l'agriculture, mais aussi sur la nature et le paysage, le secteur des loisirs, les terrains d'entraînement militaire et l'habitat. [...] Les régions rurales des Pays-Bas, hier autonomes et surtout agricoles, sont devenues plurielles. »

Frank van Dam et Paulus P. P. Huigen, « L'espace rural aux Pays-Bas : un changement fondamental », *Hommes et Terres du Nord*, 1997/2.

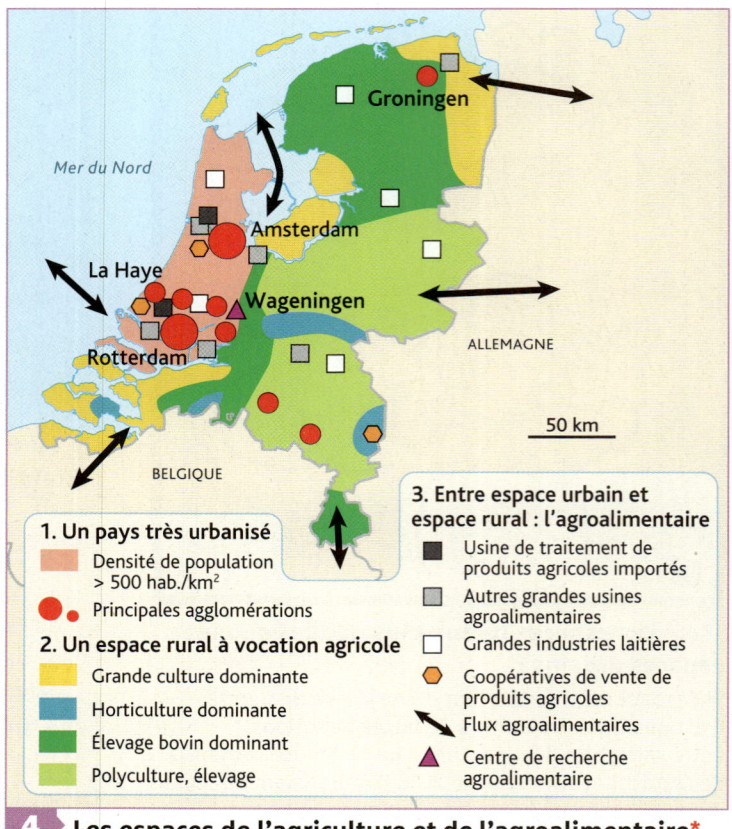

4 Les espaces de l'agriculture et de l'agroalimentaire* d'un pays très urbanisé

1. Un pays très urbanisé
- Densité de population > 500 hab./km²
- Principales agglomérations

2. Un espace rural à vocation agricole
- Grande culture dominante
- Horticulture dominante
- Élevage bovin dominant
- Polyculture, élevage

3. Entre espace urbain et espace rural : l'agroalimentaire
- Usine de traitement de produits agricoles importés
- Autres grandes usines agroalimentaires
- Grandes industries laitières
- Coopératives de vente de produits agricoles
- Flux agroalimentaires
- Centre de recherche agroalimentaire

Thème 3 Les espaces ruraux : multifonctionnalité ou fragmentation ?

5 **L'agriculture sous serres dans la « Silicon Valley de l'agriculture »**

« Avec 80 % des terres cultivées placées sous verre, la région du Westland fait office de capitale de la serre des Pays-Bas. La majorité des fermes hollandaises sont des exploitations familiales qui restent compétitives grâce à des régulateurs de climat automatisés et à un éclairage LED écoénergétique qui permettent à la période de végétation de durer toute l'année. »

« Les Pays-Bas, centre de toutes les innovations agricoles », nationalgeographic.fr.

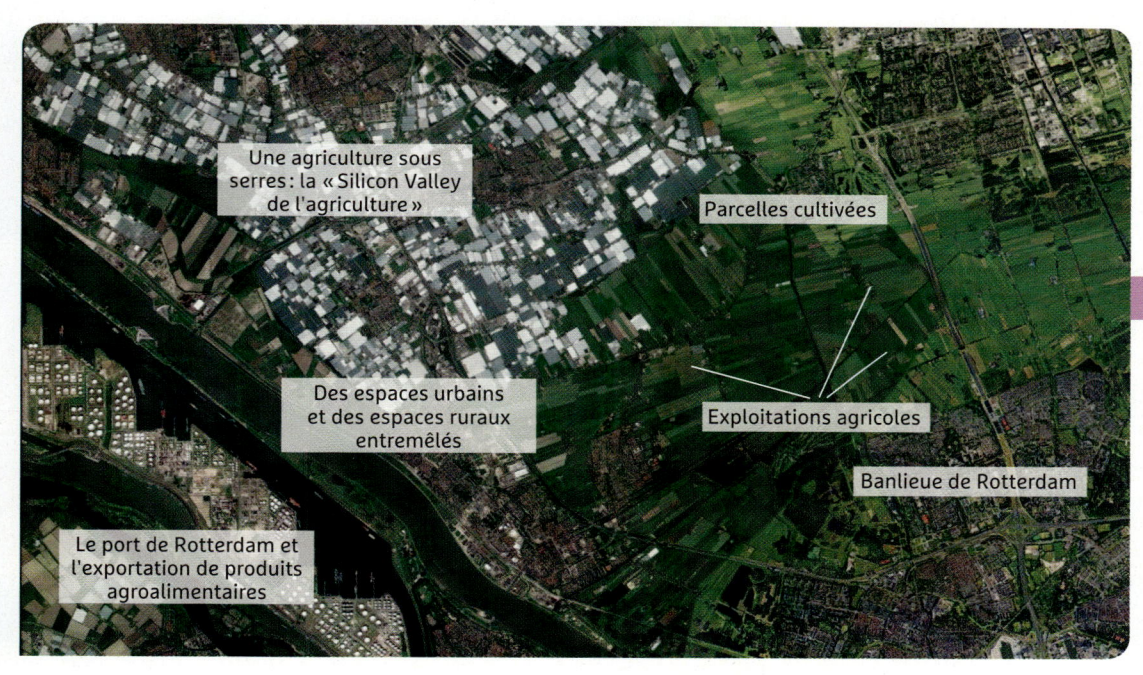

6 **Les environs de Rotterdam**

Légendes : Une agriculture sous serres : la « Silicon Valley de l'agriculture » ; Parcelles cultivées ; Des espaces urbains et des espaces ruraux entremêlés ; Exploitations agricoles ; Banlieue de Rotterdam ; Le port de Rotterdam et l'exportation de produits agroalimentaires.

DEUX PARCOURS AU CHOIX

PARCOURS GUIDÉ

1. Quelles sont les caractéristiques et les fonctions de l'espace rural aux Pays-Bas ? Quels liens entretient-il avec l'espace urbain ? **Doc 1 et 3**
2. Quelle est l'importance de l'agriculture et de l'agroalimentaire* ? **Doc 2 et 4**
3. Décrivez et expliquez la localisation des productions agricoles puis des activités agroalimentaires. **Doc 4, 5 et 6**
4. Pourquoi peut-on parler d'une saturation de l'espace rural ? **Doc 3, 4, 5 et 6**

BILAN Rédigez quelques lignes pour répondre à la problématique du dossier.

PARCOURS AUTONOME

Rédigez une réponse organisée à la problématique du dossier en suivant ce plan :

1. Un espace rural support d'une agriculture mondialisée
2. Un espace rural imbriqué dans l'espace urbain
3. Un espace rural multifonctionnel*

1. La fragmentation des espaces ruraux   203

Touristes dans la vallée du Dadès (Maroc)

Thème 3 • Les espaces ruraux : multifonctionnalité ou fragmentation ?

2. Affirmation des fonctions non agricoles et conflits d'usages

Les espaces ruraux ont de plus en plus des fonctions non agricoles : tourisme, production d'énergie, fonction résidentielle, industrielle… Cette multifonctionnalité* mène à des conflits d'usages et pose la question de l'effacement progressif de la distinction entre espaces ruraux et espaces urbains.

ALLEMAGNE

Paysage rural en Bavière (Allemagne)

❓ Comment ces photographies montrent-elles une transformation des espaces ruraux, l'affirmation de fonctions non agricoles et de possibles conflits d'usages ?

⇢ **Comment les espaces ruraux sont-ils transformés par leurs liens accrus avec les espaces urbains ?**

- Comment se traduit la multifonctionnalité croissante des espaces ruraux ? 208-211
- Pourquoi la multifonctionnalité peut-elle entraîner des conflits d'usages ? 212-215

À L'ÉCHELLE MONDIALE

La population rurale dans le monde

Notion-clé **Espace rural***

Espace qui n'est pas urbain et est donc moins densément peuplé. Il peut être strictement agricole mais est de plus en plus multifonctionnel (fonction industrielle, résidentielle, récréative...). Une grande partie de la population rurale n'entretient donc pas de rapport direct avec l'agriculture.

1 Fonction résidentielle

Zone résidentielle en milieu rural, Canada Les espaces ruraux ont toujours eu une fonction résidentielle dans le cadre des villages. Longtemps victimes de l'exode rural, certains villages se repeuplent par l'arrivée d'urbains. Ces néoruraux* gardent partiellement des modes de vie urbains.

2 Agriculture, élevage

Élevage dans la pampa argentine Si l'agriculture occupe une bonne part de l'espace rural dans le monde, l'élevage se déploie aussi sur d'immenses territoires comme aux États-Unis ou, ici, en Argentine.

3 Protection, environnement

Parc national des Tatras, Pologne S'il existe dans le monde plusieurs parcs nationaux urbains, la plupart des parcs nationaux sont situés dans des espaces ruraux, comme ici en Pologne.

206 **Thème 3** Les espaces ruraux : multifonctionnalité ou fragmentation ?

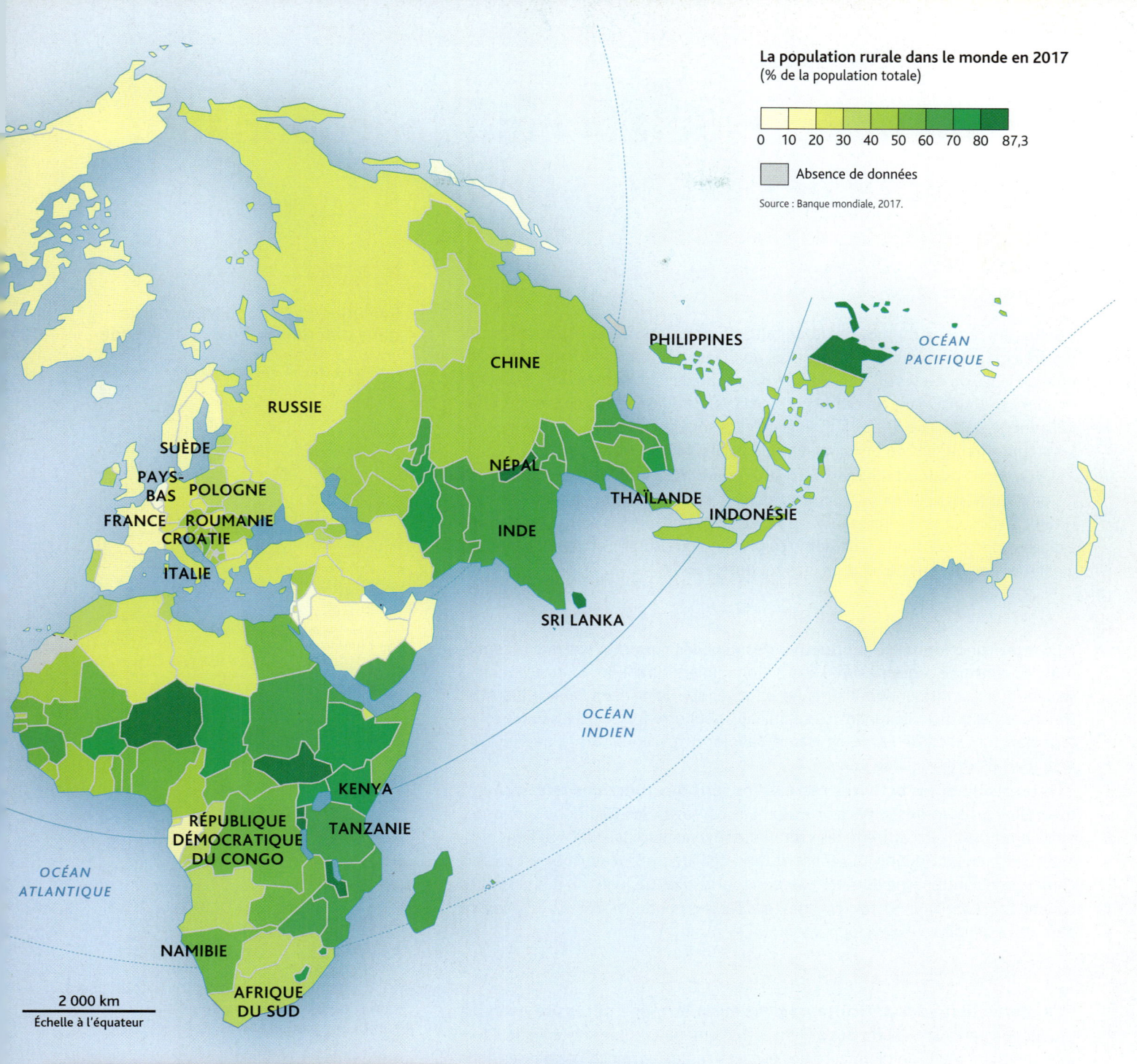

La population rurale dans le monde en 2017
(% de la population totale)

0 10 20 30 40 50 60 70 80 87,3

Absence de données

Source : Banque mondiale, 2017.

4 Conflit d'usages

Conflit d'usages en Haute-Savoie

La multifonctionnalité et la cohabitation de populations rurales traditionnelles et de néoruraux* engendrent parfois des conflits d'usages. Ces conflits peuvent porter sur des « nuisances sonores » : tracteurs, animaux, mais aussi cloches d'églises.

Quand le tintement des clarines des vaches agace les résidents
HAUTE-SAVOIE / LE BIOT — Ledauphine.com

Confronter la carte et les documents

1. Analysez la carte : dans quelles parties du monde les populations rurales sont-elles dominantes ? Où sont-elles les moins nombreuses par rapport à la population totale ?
2. À quelles fonctions de l'espace rural correspondent les photographies ?
3. Localisez les quatre documents sur la carte : quelle est l'importance de la population rurale dans les pays concernés ?
4. Localisez les photographies sur la carte p. 193 : les pays concernés sont-ils de grands pays agricoles ?

2. Affirmation des fonctions non agricoles et conflits d'usages   207

COURS 1

Comment se traduit la multifonctionnalité croissante des espaces ruraux ?

A. Des espaces ruraux diversement peuplés et en mutation

• **Selon les régions du monde, la densité de population des espaces ruraux est très inégale.** L'activité agricole mais aussi les conditions naturelles, la proximité de villes ou d'axes de transport, le niveau de développement influencent le peuplement. Ainsi, dans les campagnes de la vallée du Gange (Inde), les densités peuvent dépasser 1 000 hab./km² alors qu'elles sont inférieures à 1 hab./km² dans les steppes mongoles ou dans une grande partie de l'Amazonie.

• **La fonction résidentielle n'est pas seulement liée à l'activité agricole.** Dans les pays du Nord, les aménités rurales attirent de nouveaux habitants. Ces néoruraux favorisent une renaissance rurale de certaines régions alors que d'autres espaces connaissent un déclin démographique en raison de l'exode rural et du vieillissement de leur population (Japon, Russie).

B. L'affirmation croissante de fonctions non agricoles

• **La multifonctionnalité productive des espaces ruraux n'est pas récente, mais se renforce aujourd'hui.** L'extraction minière (uranium, or, terres rares*) se développe en Afrique subsaharienne, en Amérique latine et en Chine. L'industrie rurale, souvent de taille modeste et familiale, peut être très spécialisée (décolletage dans la vallée de l'Arve en Haute-Savoie ; orfèvrerie dans la province de Vicence, au nord-ouest de Venise).

• **Le tourisme et les activités récréatives sont des fonctions relativement nouvelles au sein des espaces ruraux.** Les paysages, les traditions supposées et les produits locaux attirent des visiteurs, souvent citadins, qui cherchent ainsi à découvrir ce patrimoine*. La folklorisation de l'identité locale apparaît parfois comme une contrepartie de cette fonction touristique. Cependant, des pratiques comme l'agritourisme, parfois encouragées par des politiques publiques, peuvent permettre un meilleur développement.

C. L'essor de la pluriactivité en milieu rural

• **La pluriactivité des agriculteurs peut aussi être une nécessité** quand la production agricole ne suffit pas à vivre correctement. Comme stratégie de développement, la multifonctionnalité des espaces ruraux permet d'établir des liens entre différentes activités. Aux États-Unis, 93 % des ménages agricoles combinent l'agriculture avec une autre activité. En Côte d'Ivoire, de nombreuses femmes, réunies en coopératives, produisent du manioc qu'elles transforment en semoule à destination des marchés urbains et internationaux. En Inde, la collecte et le recyclage du plastique sont des activités complémentaires pour la survie de nombreux paysans.

• **L'imbrication des différentes fonctions des espaces ruraux s'inscrit dans les paysages :** usines, réseaux de transport, infrastructures de services... En Asie, la multifonctionnalité des campagnes densément peuplées prend le nom de *desakota*.

> La diversité des habitants et des activités au sein des espaces ruraux peut favoriser des dynamiques positives entre ces différentes fonctions, mais une telle multifonctionnalité peut aussi engendrer des conflits d'usages*.

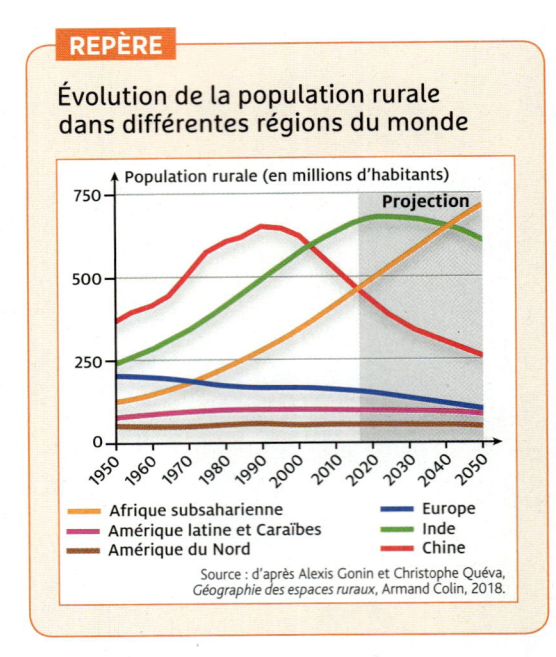

REPÈRE

Évolution de la population rurale dans différentes régions du monde

Population rurale (en millions d'habitants), 1950-2050 (Projection à partir de 2020)

Courbes : Afrique subsaharienne, Amérique latine et Caraïbes, Amérique du Nord, Europe, Inde, Chine.

Source : d'après Alexis Gonin et Christophe Quéva, *Géographie des espaces ruraux*, Armand Colin, 2018.

VOCABULAIRE

Agritourisme (ou agrotourisme) Forme de tourisme lié à l'agriculture (« tourisme à la ferme ») et plus largement aux territoires ruraux (paysages agricoles, traditions...).

Aménités Ensemble des éléments qui constituent un cadre de vie agréable et attractif pour les habitants.

Folklorisation Exagération du caractère traditionnel d'un lieu, d'un groupe ou d'une activité.

Multifonctionnalité Diversité des fonctions d'un territoire.

Néorural Personne habitant une commune rurale depuis peu (moins de cinq ans en France), et ayant son précédent domicile dans une commune urbaine relativement éloignée.

Peuplement Processus d'installation et de répartition des hommes dans l'espace.

Renaissance rurale Regain démographique des espaces ruraux.

1 **Des femmes cherchant de l'or dans les déblais de la mine de Tiébélé au Burkina Faso**

« Si l'activité de creuseur est réservée aux hommes, les femmes participent aussi à l'activité minière, en plus de la gestion de la vie de famille. Elles sont généralement cantonnées à un travail de surface, notamment le tri ou le concassage des roches remontées des galeries. »

Joseph Bohbot, « L'orpaillage au Burkina Faso : une aubaine économique pour les populations, aux conséquences sociales et environnementales mal maîtrisées », EchoGéo, n° 42, 2017.

2 **L'espace rural multifonctionnel du delta du Yangzi (Chine)**

« [Dans le delta du Yangzi] l'espace rural est aujourd'hui investi par de nouvelles fonctions. La campagne dans son ensemble n'est plus perçue de manière négative par des urbains en quête d'un ailleurs et de délassement. La campagne est désormais une destination choisie, voire revendiquée, par un nombre croissant de touristes. [...] [Cet] espace fortement polarisé par la métropole shanghaïenne produit un espace rural original, densément peuplé et multifonctionnel. C'est le résultat, d'une part, des processus d'industrialisation rurale imposés depuis 1949, et d'autre part, de l'ouverture économique et du recentrage du développement sur les métropoles participant au système économique mondial. Les espaces ruraux y conservent de fortes densités et le développement d'activités non agricoles dans les campagnes crée une complémentarité fonctionnelle avec la ville. Le paysage n'est ni strictement rural, ni urbain, une singularité qui évoque les *desakota*[1] [...]. Ces nouvelles campagnes rurbaines sont en recomposition. Les surfaces agricoles sont pour partie en sursis, les entreprises rurales et les industries se multiplient le long des voies de communication en périphérie des villes. »

[1] *Desakota* est un terme indonésien, *desa* signifiant « rural » et *kota*, « urbain ».

Emmanuel Véron, « Les espaces ruraux touristiques dans le delta du Yangzi, entre intégration ville-campagne et développement rural », EchoGéo, n° 26, octobre-décembre 2013.

3 **Tourisme rural à Bali, Indonésie**

Analyser et confronter les documents

1. Quelles fonctions des espaces ruraux sont visibles sur les doc 1 et 3 ?
2. Pourquoi le paysage du delta du Yangzi dans la région de Shanghai est-il qualifié, dans le doc 2, de « ni strictement rural, ni urbain » ? Quel terme d'origine indonésienne désigne ce type d'espace fréquent en Asie du Sud et de l'Est ?

BAC Répondre à une question problématisée

Comment la multifonctionnalité* croissante des espaces ruraux se traduit-elle dans les paysages ?

DOSSIER

À quelles pressions sont soumis les espaces ruraux de l'Andalousie ?

L'Andalousie est la province la plus peuplée d'Espagne et une destination touristique majeure. Mais le moteur de son économie est l'agriculture intensive : avec plus du quart de la production espagnole, l'Andalousie est le « jardin de l'Europe ». Ce modèle de développement territorial génère diverses tensions.

1 « La perle de l'Andalousie » : une station balnéaire au milieu des serres, à proximité de Carchuna

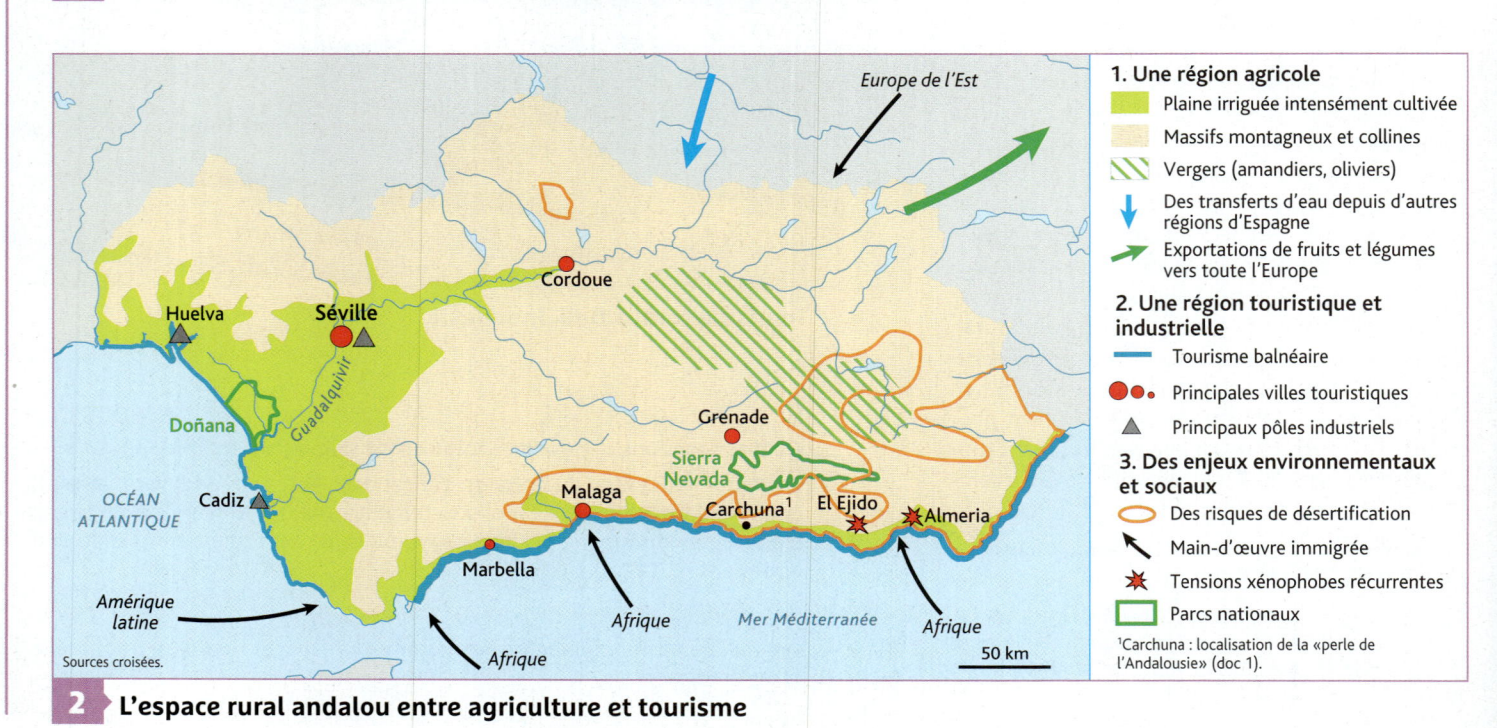

Légendes photo : Complexe touristique — Plage — Bâtiment d'exploitation — Serres

Légende de la carte :

1. Une région agricole
- Plaine irriguée intensément cultivée
- Massifs montagneux et collines
- Vergers (amandiers, oliviers)
- Des transferts d'eau depuis d'autres régions d'Espagne
- Exportations de fruits et légumes vers toute l'Europe

2. Une région touristique et industrielle
- Tourisme balnéaire
- Principales villes touristiques
- Principaux pôles industriels

3. Des enjeux environnementaux et sociaux
- Des risques de désertification
- Main-d'œuvre immigrée
- Tensions xénophobes récurrentes
- Parcs nationaux

[1] Carchuna : localisation de la « perle de l'Andalousie » (doc 1).

Sources croisées.

2 L'espace rural andalou entre agriculture et tourisme

210 — Thème 3 Les espaces ruraux : multifonctionnalité ou fragmentation ?

3 Depuis les années 1970, une agriculture intensive dans un milieu aride

« Dans la province espagnole d'Almeria, entre la côte andalouse et les contreforts des montagnes, la terre semble recouverte d'un immense drap gris argent. Ici s'étend le potager de l'Europe. Les tomates, concombres, haricots verts, courgettes, poivrons, melons et pastèques vendus dans tous les supermarchés du continent mûrissent sous une mer de plastique qui a remplacé le paysage naturel de lande rousse et rocailleuse. Difficile d'imaginer comment un tel désert a pu devenir la capitale européenne de l'agriculture hors-sol. Un des ingrédients de cette réussite économique est l'ensoleillement exceptionnel. L'autre est un invisible trésor : l'eau souterraine.

On raconte que les premières serres sont nées par hasard, alors que des paysans locaux cherchaient à protéger leur production du vent, dans les années 1960. L'expansion a été fulgurante dans les deux décennies suivantes, grâce à une multiplication des forages. [...] La province est aujourd'hui en train d'anéantir ce qui a fait sa richesse, l'eau[1]. »

Gaëlle Dupont, « Comment le potager de l'Europe a poussé sur le désert andalou », *Le Monde*, 2007.

[1] En Andalousie, les usages de l'eau sont répartis ainsi : 82 % pour l'agriculture, 16 % pour les usages domestiques dont le tourisme, 3 % pour l'industrie (2018). Plus d'1,1 million d'hectares de terres sont irriguées, dont un tiers à partir d'eau souterraine.

4 La surexploitation d'une main-d'œuvre agricole immigrée

« Dans la grande commune d'El Ejido, 33 % de la population est d'origine étrangère, [...] pour l'essentiel masculine. [...] De nombreux scandales ont révélé dans la région une véritable surexploitation de celle-ci (très bas salaires, précarité généralisée, mise en concurrence, poids du travail clandestin, conditions de logement déplorables [...] parfois sans eau et électricité, répression antisyndicale...) et de fortes tensions racistes et xénophobes. »

Laurent Carroué, « El Ejido en Andalousie : une agriculture hyper-productiviste littorale sous une mer de plastique », cnes.fr.

5 Un espace rural grignoté par l'espace urbain (Marbella, 140 000 habitants)

PARCOURS GUIDÉ

1. Décrivez le paysage agricole de la plaine littorale de Carchuna. Doc 1 À quel type d'agriculture correspond-il ? Doc 1, 2 et 3 Vous pouvez chercher « Carchuna » sur Google Maps et zoomer sur l'image.

2. D'où vient une grande partie de la main-d'œuvre agricole et dans quelles conditions vit-elle ? Quels liens établir avec l'agriculture productiviste ? Doc 2, 3 et 4

3. Pourquoi le modèle agricole andalou requiert-il d'importantes quantités d'eau ? D'où provient cette eau ? Doc 1, 2 et 3

4. Quelles sont les autres activités qui peuvent entrer en concurrence pour l'usage de l'eau et des sols ? Quels enjeux environnementaux pouvez-vous identifier ? Doc 1, 2 et 5 Vous pouvez chercher « Marbella » sur Google Maps et zoomer sur l'image.

BILAN Rédigez quelques lignes pour répondre à la problématique du dossier.

PARCOURS AUTONOME

Rédigez une réponse organisée à la problématique du dossier en suivant par exemple ce plan :

1. Un modèle agricole productiviste aux forts impacts sociaux et environnementaux

2. Une concurrence pour l'eau et les sols entre plusieurs activités

COURS 2

Pourquoi la multifonctionnalité peut-elle entraîner des conflits d'usages ?

A Des divergences d'aménagement selon les fonctions

- **Les différentes fonctions des espaces ruraux ne sont pas toujours compatibles.** Il existe des formes variées de concurrence entre les activités économiques de production (agriculture, mine, industrie), les fonctions sociales (résidentielles et récréatives) qui considèrent les espaces ruraux comme un cadre de vie permanent ou temporaire et les objectifs de protection de l'environnement mais aussi du patrimoine. Par exemple, les défenseurs de l'environnement qui souhaitent promouvoir l'établissement de parcs nationaux rencontrent souvent l'opposition d'une partie des habitants et des acteurs économiques. Les promoteurs de grandes infrastructures de transport s'opposent fréquemment aux agriculteurs et aux habitants.

- **Les enjeux fonciers et la pression sur la ressource en eau illustrent ces conflits d'usages et d'aménagement.** Les pays méditerranéens qui ont connu un fort développement touristique (Espagne, Tunisie…) sont ainsi confrontés à une délicate gestion des stocks et de la qualité de l'eau, une ressource également indispensable à l'agriculture et à l'industrie. Plus généralement, le partage de l'espace disponible doit faire l'objet de négociations, de compromis et de réglementations.

- **L'aménagement des espaces ruraux est donc un enjeu politique.** Il soulève des phénomènes de contestation de type NIMBY de la part des habitants qui dénoncent des projets d'infrastructures à proximité de leur lieu de vie (lignes à grande vitesse, stations d'épuration…). Ces conflits peuvent aussi devenir des oppositions de type « Ni ici ni ailleurs » quand ce n'est pas seulement le lieu d'implantation d'une infrastructure qui est contesté, mais le projet dans son ensemble.

B Des conflits d'usages de nature différente

- **Un processus de gentrification rurale est en cours dans certaines régions rurales attractives**, notamment des pays du Nord (Canada, France…). L'installation de néoruraux* plus aisés apparaît comme un levier de dynamisme territorial, mais aussi comme un facteur de domination et de marginalisation potentielle d'une partie de la population, à l'instar du processus d'embourgeoisement observé dans certains quartiers urbains.

- **Les grands projets d'aménagement et l'exploitation des ressources échappent souvent aux populations locales.** En Chine, la construction du barrage des Trois-Gorges sur le fleuve Yangzi a entraîné le déplacement de près de 2 millions de personnes, dont plus de la moitié étaient des paysans. De manière plus insidieuse, la mise en place d'espaces protégés (parcs nationaux, réserves naturelles) fait parfois peser des contraintes fortes sur les populations, comme au Botswana où la création de la réserve du Kalahari a contraint le peuple San à quitter son territoire d'origine.

> Inégalement confrontés à la mondialisation, les espaces ruraux font l'objet d'attentions et de projets variés qui entraînent fréquemment des conflits d'usages entre les habitants et les autres acteurs de ces espaces.

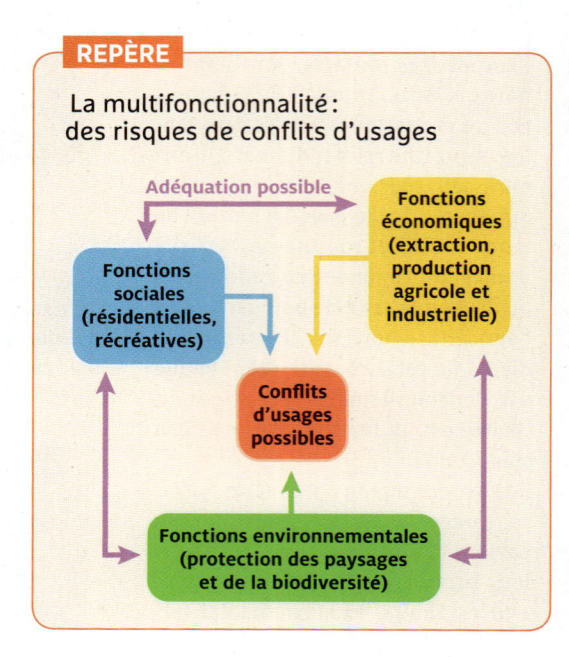

REPÈRE

La multifonctionnalité : des risques de conflits d'usages

- Fonctions sociales (résidentielles, récréatives)
- Fonctions économiques (extraction, production agricole et industrielle)
- Fonctions environnementales (protection des paysages et de la biodiversité)
- Conflits d'usages possibles
- Adéquation possible

VOCABULAIRE

Conflit d'usages Rivalité et tension pour l'exploitation, l'appropriation ou la gestion d'une même ressource ou d'un même espace.

Gentrification rurale Processus d'installation de personnes aisées ou de classe moyenne au sein d'espaces ruraux, qui se fait parfois au détriment des habitants anciennement installés (hausse du coût du foncier).

NIMBY (*Not in my backyard* : littéralement, « Pas dans mon jardin ») Opposition d'acteurs locaux à un projet d'intérêt général.

Posy Simmonds, Tamara Drewe, *Denoël, 2008 (trad. fr. Lili Sztajn), p. 23, 25, 102.*

1 La bande dessinée *Tamara Drewe* : la campagne anglaise gentrifiée*

« La bande dessinée *Tamara Drewe* illustre les divisions sociales de l'espace qui traversent certaines campagnes anglaises : les grandes maisons des nouveaux habitants (1) s'opposent aux maisons mitoyennes des *working classes* locales, aux marges des bourgs (3). Cela peut entraîner un sentiment de dépossession et marginalisation de la part des classes populaires (2). »

Greta Tommasi, « La gentrification rurale, un regard critique sur les évolutions des campagnes françaises », Géoconfluences, *27 avril 2018.*

2 Des conflits d'usages* dans l'espace rural au Cameroun

« Le Cameroun compte aujourd'hui environ 20 millions d'habitants, dont la moitié environ vit en zone rurale, là où sont situés les principaux projets [...]. Ces derniers renforcent la pénurie foncière. En effet, bien que le droit foncier ne reconnaisse pas la propriété coutumière des terres, la présence de populations est tolérée sur les terres du domaine national, dont la loi foncière prévoit qu'elles sont sous la garde [...] de l'État. Les communautés peuvent donc y vivre et s'en servir, jusqu'à ce que le gouvernement estime nécessaire de les affecter à des usages incompatibles avec ceux des communautés (projets d'exploitation des ressources naturelles, infrastructures, aires protégées, etc.). Une telle affectation force les communautés à s'exiler vers d'autres terres du domaine national, avec la même précarité de leurs droits fonciers. Cette expulsion, qualifiée de "déguerpissement" dans le droit foncier national, s'effectue sans compensation des communautés pour les terres perdues. [...] On observe déjà les signes de cette exaspération des populations rurales autour de certains sites agro-industriels au Cameroun : des destructions de biens des entreprises, des barrages sur les pistes, et même un cas de séquestration d'un directeur d'entreprise. »

Samuel NGuiffo, « Une autre facette de la malédiction des ressources ? Chevauchements entre usages différents de l'espace et conflits au Cameroun », Politique africaine, *n° 13, 2013.*

Analyser et confronter les documents

1. Quelles fonctions représentées sur le **repère** se retrouvent dans les **doc 1 et 2** ?
2. Quels sont les types de conflits d'usages évoqués ? **Doc 1 et 2**
3. Montrez que ces conflits ne sont pas de même nature ni de même ampleur au Cameroun et en Angleterre. **Doc 1 et 2**

BAC Réaliser une production graphique

Faites un schéma fléché à partir du **doc 1** ou du **doc 2** (inspirez-vous du **repère**).

2. Affirmation des fonctions non agricoles et conflits d'usages

DOSSIER

Les aires protégées en Afrique : des espaces ruraux au cœur de conflits d'usages

Environ 15 % du territoire africain (soit près de 4 millions de km²) sont aujourd'hui protégés (parcs nationaux, réserves...). Or ces espaces ruraux sont convoités pour d'autres usages, et les populations locales, parfois déplacées, profitent peu des retombées économiques.

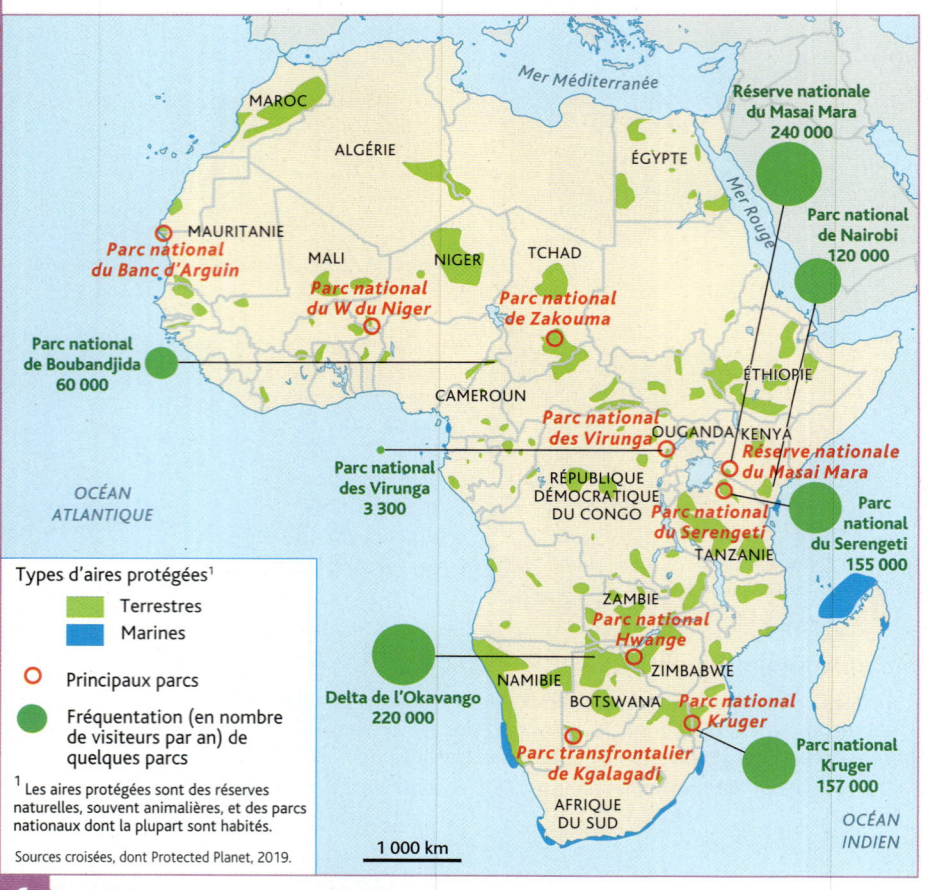

1 Les aires protégées en Afrique

Types d'aires protégées[1]
- Terrestres
- Marines
- Principaux parcs
- Fréquentation (en nombre de visiteurs par an) de quelques parcs

[1] Les aires protégées sont des réserves naturelles, souvent animalières, et des parcs nationaux dont la plupart sont habités.

Sources croisées, dont Protected Planet, 2019.

Parcs mentionnés sur la carte :
- Parc national du Banc d'Arguin (Mauritanie)
- Parc national de Boubandjida 60 000
- Parc national du W du Niger
- Parc national de Zakouma
- Parc national des Virunga 3 300
- Parc national des Virunga
- Réserve nationale du Masai Mara 240 000
- Parc national de Nairobi 120 000
- Réserve nationale du Masai Mara
- Parc national du Serengeti
- Parc national du Serengeti 155 000
- Delta de l'Okavango 220 000
- Parc national Hwange
- Parc national Kruger
- Parc transfrontalier de Kgalagadi
- Parc national Kruger 157 000

---

2 « Le syndrome de Tarzan » : protection de l'environnement et populations locales

« Incorrigibles, les Occidentaux continuent de se persuader qu'ils savent mieux que les Africains ce qui est bon pour l'Afrique : après l'ingérence économique et politique, voici venu le temps de l'ingérence écologique. En Afrique, l'homme occidental se prend pour Tarzan, protecteur de la forêt et des grands singes contre les méchantes peuplades noires. Les réserves de terres africaines [...] se sont progressivement transformées en parcs naturels et aires protégées [...]. Aujourd'hui, 14 % du continent environ est classé, bien plus encore dans certains pays d'Afrique australe et orientale, au détriment des populations locales, privées de leurs terres de chasse, de culture ou de transhumance pastorale [...]. Ainsi les Massaïs du Kenya et de Tanzanie [...] ou encore les Sans (*bushmen*) du Kalahari ont-ils perdu leurs terres coutumières au nom de la protection d'une nature dont ils étaient pourtant les gardiens ancestraux. »

Sylvie Brunel, *L'Afrique est-elle si bien partie ?*, Éditions Sciences Humaines, 2014.

---

3 Safari-photo en Tanzanie

Les safaris-photos représentent la première source de revenus de la Tanzanie (17 % du PIB). Une grande partie des touristes (1,2 million en 2016) passent par de grands groupes touristiques occidentaux qui sous-traitent à des compagnies locales.

4 L'urbanisation de l'espace rural dans le parc national de Nairobi, Kenya

5 Le parc national de la N'sele a déjà perdu 50 % de sa superficie

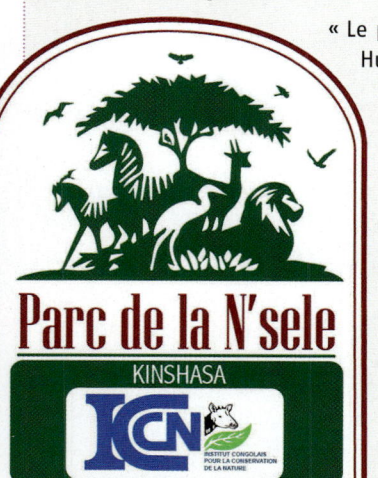

> « Le parc national de Nsele est à nouveau menacé. Huit ans après la destruction de toutes les constructions illégales, le parc naturel le plus proche de Kinshasa est à nouveau occupé illégalement sur près de la moitié de sa surface. Complexe immobilier, hôtel, antennes d'entreprises, l'Institut congolais pour la conservation de la nature (ICCN) ne cesse de tirer la sonnette d'alarme. En novembre 2017, la présidence a chargé le gouvernement de trouver un compromis entre les parties, notamment entre l'ICCN et la société chinoise CIIG [qui a entrepris la construction] de 600 maisons de luxe. »

« RDC : le parc national de Nsele envahi par les constructions illégales », rfi.fr, 10 mars 2018.

6 Affiche de l'ONG WWF contre des forages pétroliers dans le parc des Virunga, RDC

Le parc national des Virunga est un des principaux sanctuaires de gorilles. En 2018, le gouvernement de RDC a accordé des autorisations de forage pétrolier sur 21 % de la superficie du parc. Ce parc abrite par ailleurs de nombreux villages de pêcheurs qui vont être délogés.

DEUX PARCOURS AU CHOIX

PARCOURS GUIDÉ

1. Quelle est l'importance des aires protégées en Afrique ? Montrez qu'elles visent à combiner la protection d'espaces ruraux et leur valorisation. *Introduction, doc 1 et 3*
2. Sont-elles situées dans des espaces peuplés ? *Doc 2 et 4* Quelle critique est formulée par le *doc 2* ?
3. Quelles menaces pèsent sur ces espaces protégés ? Pourquoi peut-on parler de conflits d'usages ? *Doc 2, 4, 5 et 6*

PARCOURS AUTONOME

Réalisez un schéma montrant les conflits d'usages qui s'exercent dans les aires protégées en Afrique. Vous pouvez vous inspirer du schéma ci-dessous.

Les aires protégées en Afrique : 15 % de l'espace rural

- Des milieux à protéger : ....
- Des espaces peuplés : ....
- Des espaces ruraux convoités : ....

→ De multiples conflits d'usages : ....

2. Affirmation des fonctions non agricoles et conflits d'usages

L'ESSENTIEL

Les espaces ruraux : multifonctionnalité ou fragmentation ?

A Les espaces ruraux sont encore très souvent agricoles

- L'agriculture occupe encore un milliard de personnes dans le monde. Les **espaces ruraux** sont donc très largement des **espaces agricoles**, notamment dans de nombreux pays du Sud. L'espace cultivé est en augmentation (**fronts pionniers**, accaparement des terres*). Les espaces agricoles sont aussi en pleine mutation, notamment du fait de la mécanisation et de la modernisation de l'agriculture. Ce phénomène, ancien au Nord, se diffuse au Sud en lien avec l'**agriculture productiviste** et le développement des cultures commerciales*.

- La fragmentation des espaces ruraux dépend de la place plus ou moins importante laissée à l'agriculture dans des sociétés en mutation. Les recompositions spatiales des espaces ruraux se font pour partie sous l'impulsion des espaces urbains : les liens entre ville et campagne se sont resserrés.

B Les fonctions non agricoles s'affirment dans des espaces de plus en plus multifonctionnels

- L'espace rural possède de nombreuses autres fonctions, non agricoles. Il s'agit par exemple de l'industrie, de l'extraction minière, du tourisme, mais aussi de la fonction résidentielle, souvent en lien avec la ville (gentrification rurale*, **périurbanisation**). Cette imbrication des fonctions a des conséquences sociales (pluriactivité en milieu rural) et des conséquences spatiales : elle s'inscrit dans les paysages ruraux avec le développement d'infrastructures de transport ou de logistique.

- Cette multifonctionnalité* est ancienne mais en essor. Elle peut se traduire par des **conflits d'usages** de nature diverse : enjeux fonciers, projets d'aménagement se faisant au détriment de populations locales, conflits entre néoruraux* et agriculteurs… Les pressions sur l'environnement sont également fortes.

NOTIONS-CLÉS

- **Agriculture productiviste** Agriculture qui cherche à produire le plus possible en peu de temps (productivité élevée) et sur peu d'espace (rendement élevé).
- **Conflit d'usages** Rivalité et tension pour l'exploitation, l'appropriation ou la gestion d'une même ressource ou d'un même espace.
- **Front pionnier** Espace en cours de peuplement et de mise en valeur.
- **Périurbanisation** Urbanisation s'effectuant autour des agglomérations sur des espaces ruraux.

NE PAS CONFONDRE

- **Espace rural/espace agricole**
L'espace rural concerne tout ce qui n'est pas urbain à l'exception des zones non peuplées.
Les espaces agricoles sont donc très souvent des espaces ruraux même s'il existe une agriculture urbaine. En revanche, les espaces ruraux sont de moins en moins des espaces agricoles du fait d'une multifonctionnalité* croissante.

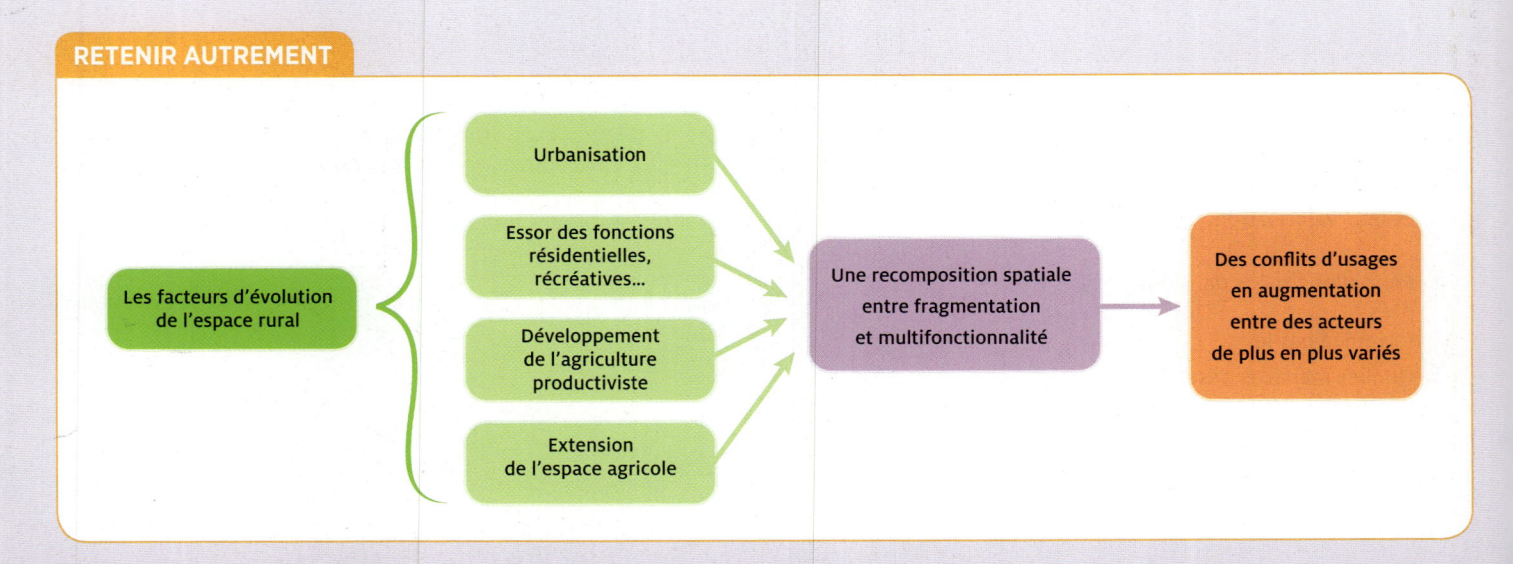

RETENIR AUTREMENT

Les facteurs d'évolution de l'espace rural :
- Urbanisation
- Essor des fonctions résidentielles, récréatives…
- Développement de l'agriculture productiviste
- Extension de l'espace agricole

→ **Une recomposition spatiale entre fragmentation et multifonctionnalité**

→ **Des conflits d'usages en augmentation entre des acteurs de plus en plus variés**

L'ESSENTIEL EN SCHÉMAS

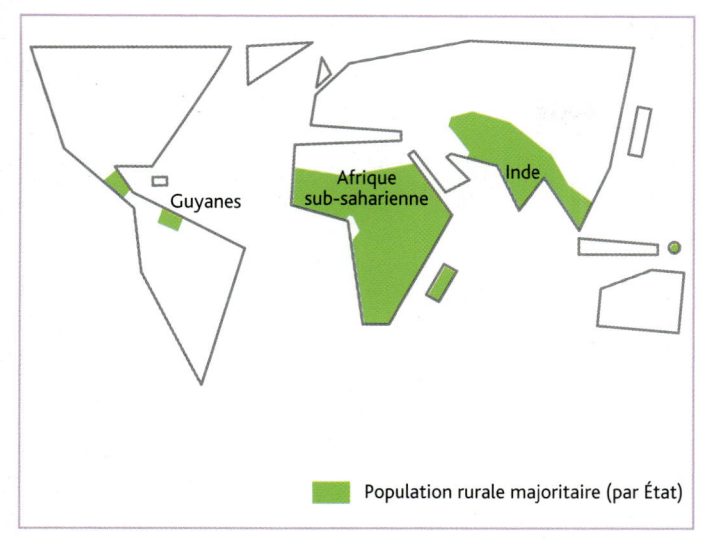

1. La population rurale dans le monde

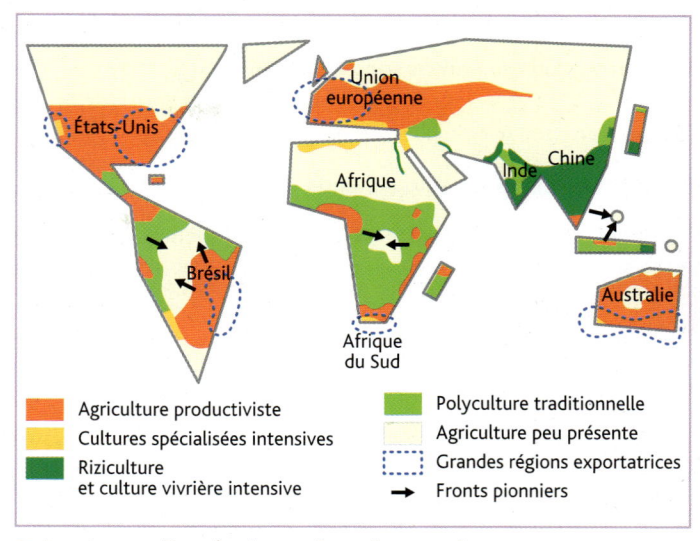

Légende : Population rurale majoritaire (par État)
Zones indiquées : Guyanes, Afrique sub-saharienne, Inde

2. Les types d'agriculture dans le monde

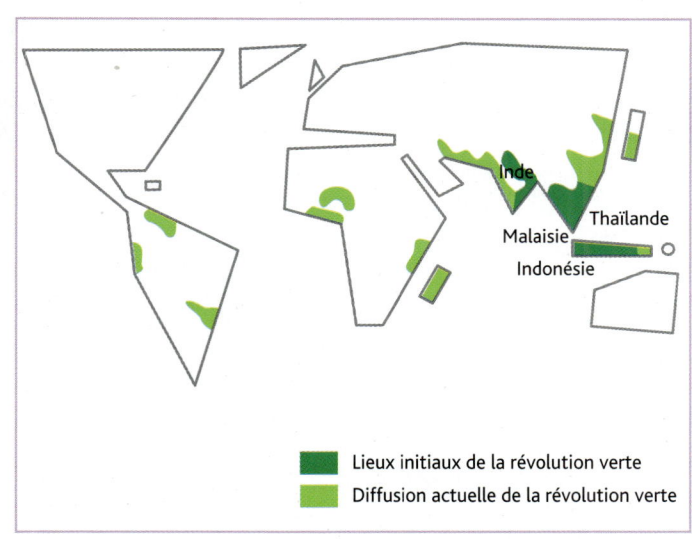

Légende :
- Agriculture productiviste
- Cultures spécialisées intensives
- Riziculture et culture vivrière intensive
- Polyculture traditionnelle
- Agriculture peu présente
- Grandes régions exportatrices
- Fronts pionniers

Zones indiquées : États-Unis, Union européenne, Chine, Brésil, Afrique, Inde, Afrique du Sud, Australie

3. Les lieux de la révolution verte dans le monde

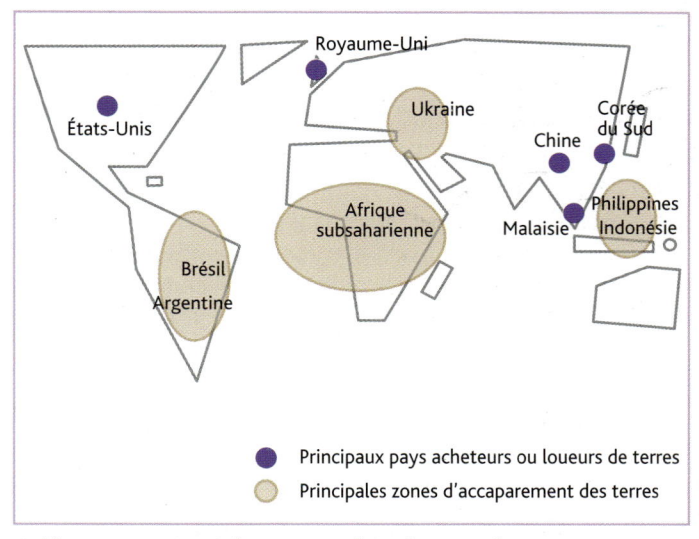

Légende :
- Lieux initiaux de la révolution verte
- Diffusion actuelle de la révolution verte

Zones indiquées : Inde, Malaisie, Thaïlande, Indonésie

4. L'accaparement des terres dans le monde

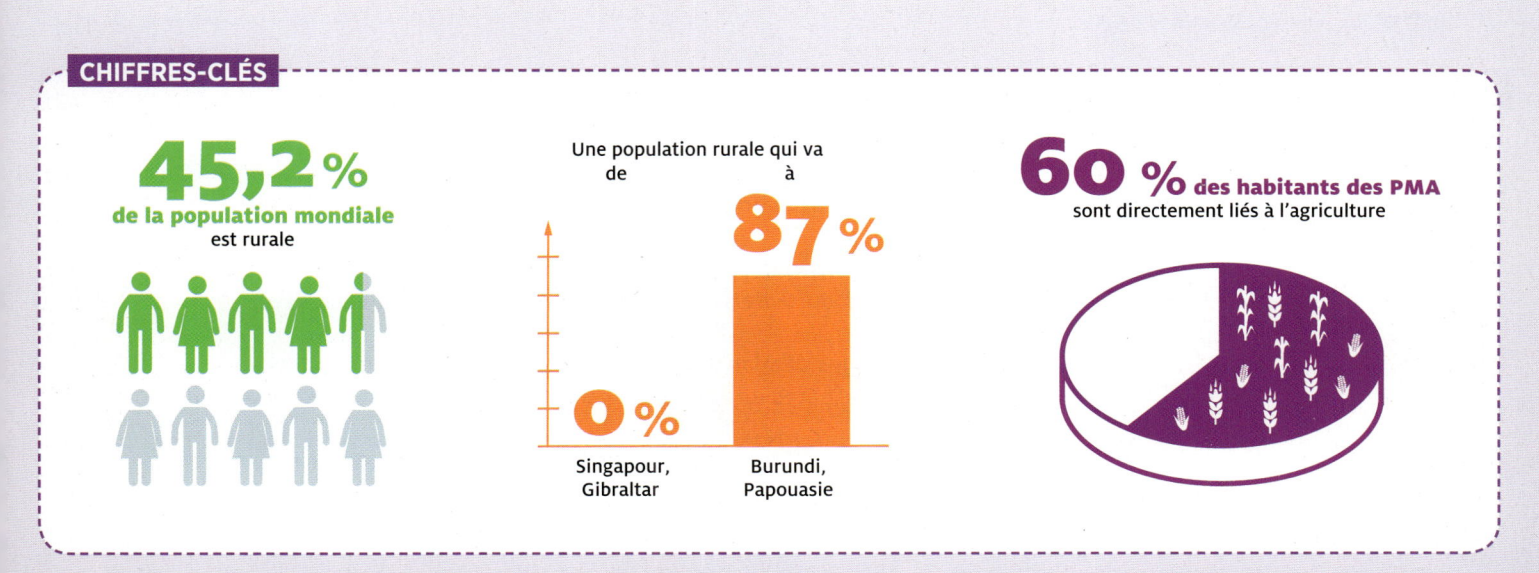

Légende :
- Principaux pays acheteurs ou loueurs de terres
- Principales zones d'accaparement des terres

Pays acheteurs : États-Unis, Royaume-Uni, Chine, Corée du Sud
Zones d'accaparement : Brésil-Argentine, Ukraine, Afrique subsaharienne, Malaisie, Philippines, Indonésie

CHIFFRES-CLÉS

45,2 % de la population mondiale est rurale

Une population rurale qui va de **0 %** (Singapour, Gibraltar) à **87 %** (Burundi, Papouasie)

60 % des habitants des PMA sont directement liés à l'agriculture

1. La fragmentation des espaces ruraux   2. Affirmation des fonctions non agricoles et conflits d'usages

RÉVISER ACTIVEMENT

1 Je maîtrise les idées du cours

Les affirmations suivantes sont-elles vraies ou fausses ?

	Vrai	Faux
1. L'espace rural est l'espace occupé par l'agriculture.		
2. Les grandes firmes agroalimentaires proviennent de plus en plus des pays émergents.		
3. L'agriculture productiviste a eu des conséquences environnementales négatives.		
4. L'agriculture biologique ne touche quasiment pas les pays émergents.		
5. La révolution verte a interdit l'utilisation d'engrais et des pesticides.		
6. NIMBY est une des principales FTN de l'agroalimentaire.		
7. La densité de population des espaces ruraux est très inégale dans le monde.		
8. La gentrification rurale se traduit par le départ en ville des populations riches.		
9. La multifonctionnalité des espaces ruraux est en augmentation.		
10. Il y a de moins en moins de conflits d'usages dans les espaces ruraux.		

2 J'analyse un graphique

1. **À quels numéros correspondent les courbes suivantes ?**
   - A. Part de la population rurale dans le monde (en %)
   - B. Part de la population urbaine dans le monde (en %)
   - C. Population rurale dans le monde (en milliards d'habitants)
   - D. Population urbaine dans le monde (en milliards d'habitants)

2. **Quelle est :**
   - a. La part approximative de la population rurale dans le monde en 2020 ?
   - b. La part approximative de la population rurale dans le monde en 2050 (prévisions) ?
   - c. Le nombre de ruraux dans le monde en 1950 ?
   - d. Le nombre de ruraux dans le monde en 2050 (prévisions) ?

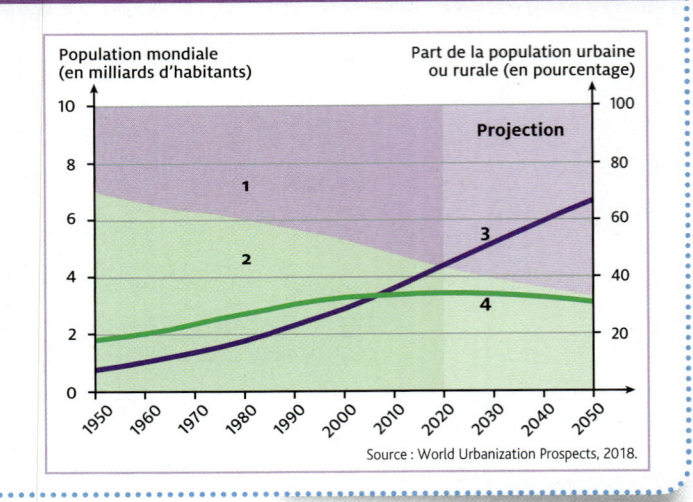

Source : World Urbanization Prospects, 2018.

3 Je maîtrise les notions

À quelle notion correspond chaque proposition ?

1. Agriculture productiviste
2. Conflit d'usages
3. Gentrification rurale
4. Accaparement des terres (*land grabbing*)

A. Achat ou location de terres agricoles par des États ou des sociétés privées étrangers.

B. Agriculture qui cherche à produire le plus possible en peu de temps (productivité élevée) et sur peu d'espace (rendement élevé).

C. Installation de personnes aisées ou de classe moyenne au sein d'espaces ruraux, parfois au détriment d'habitants anciennement installés.

D. Rivalité et tension pour l'exploitation, l'appropriation et la gestion d'une même ressource ou d'un même espace.

Auto-évaluation : solutions des exercices 1, 2 et 3 p. 288.

4 Je reconnais différents types d'agricultures

Associez chacune de ces photos prises en Chine à un ou plusieurs des termes ci-dessous.

Agriculture irriguée | Agriculture commerciale | Cultures vivrières | Élevage intensif | Riziculture

5 Je révise à l'aide d'un court documentaire

Pour mieux cerner le phénomène de l'agritourisme :

1. Regardez le film suisse : « L'essor de l'agritourisme ».

VIDÉO

2. Pour quelles raisons l'agritourisme se développe-t-il en Suisse ? À quelles difficultés sont confrontés les agriculteurs ?

1. La fragmentation des espaces ruraux **2.** Affirmation des fonctions non agricoles et conflits d'usages 219

La Mutinerie, espace dévolu au télétravail dans le Perche
Le télétravail se développe dans de nombreux départements ruraux du fait d'initiatives locales, d'une plus large couverture numérique, de la législation européenne et de subventions.

Thème 3 • Les espaces ruraux : multifonctionnalité ou fragmentation ?

3. Des espaces ruraux multifonctionnels, entre initiatives locales et politiques européennes

Les espaces ruraux sont marqués par les mutations des systèmes agricoles, la pression urbaine et de nouvelles fonctionnalités : télétravail, essor résidentiel, loisirs…
Certains espaces ruraux sont vieillissants, d'autres connaissent un véritable renouveau.

Cueillette de légumes en libre-service à Genas près de Lyon
De nombreux agriculteurs diversifient leurs productions ou leur circuit commercial. La vente directe est encouragée par l'essor des populations périurbaines.

> Montrez que ces photographies témoignent d'une évolution des espaces ruraux liés à une transformation de la société et à des initiatives allant de l'échelle locale à l'échelle européenne.

Quels acteurs contribuent à la multifonctionnalité des espaces ruraux en France ?

- Comment expliquer la multifonctionnalité croissante des espaces ruraux français? 226-229
- Quels sont les enjeux d'aménagement liés au développement rural? 230-233
- Acteurs et enjeux : Le patrimoine paysager, une chance pour l'espace rural? 234-235

À L'ÉCHELLE DE LA FRANCE

Des espaces ruraux multifonctionnels

Notion-clé **Ruralité**

Ensemble de représentations collectives liées à l'espace rural (style de vie, nature, traditions…) que l'on oppose souvent à « la ville », à « l'urbain ».

1. Campagnes des villes, du littoral et des vallées urbanisées
- densifiées, en périphérie des villes, à très forte croissance résidentielle et à économie dynamique
- diffuses, en périphérie des villes, à croissance résidentielle et dynamique économique diversifiée
- densifiées, du littoral et des vallées, à forte croissance résidentielle et à forte économie présentielle

2. Campagnes agricoles et industrielles
- sous faible influence urbaine

3. Campagnes vieillies à très faible densité
- à faibles revenus, économie présentielle et agricole
- à faibles revenus, croissance résidentielle, économie présentielle et touristique
- à faibles revenus, croissance résidentielle, économie présentielle et touristique dynamique, avec éloignement des services d'usage courant

4. Des espaces spécifiques outre-mer
- Espaces urbanisés
- Espaces sous influence urbaine à densité modérée, à revenus faibles et population modeste
- Espaces résidentiels et agricoles peu denses, à revenus faibles et population modeste
- Espaces agricoles très peu denses, avec baisse de l'emploi et exode rural, à revenus très faibles et population très modestes
- Espaces agricoles, forestiers et touristiques, peu denses, en croissance de population et à forte croissance d'emploi, à revenus très faibles et population jeune

5. Hors champ
- Unités urbaines > 10 000 emplois
- Absence de données pour Mayotte

Sources : INRA UMR 1041 CESAER / UFC-CNRS UMR 6049 ThéMA / Cemagref DTM METAFORT, 2015.

1 **Fonction résidentielle, rurbain**

Lotissements à Châteaugiron, près de Rennes La fonction résidentielle des espaces ruraux peu éloignés des centres urbains est en essor. Les nouveaux habitants, souvent qualifiés de rurbains, recherchent les avantages de l'espace rural (proximité de la nature, etc.) tout en conservant un mode de vie urbain (mobilités vers la ville pour le travail, les services…).

2 **Aides européennes**

Affiche du pays de Remiremont (Vosges) Le LEADER (programme du FEADER*), intervient dans le cadre d'une politique d'aide au développement rural et à l'agriculture. Il subventionne divers projets en métropole et en outre-mer (11,4 milliards d'euros pour la période 2014-2020), en particulier dans les régions défavorisées.

3 **Espace multifonctionnel**

Plateau de Valensole (Provence) Les espaces ruraux ne sont pas consacrés qu'à la seule activité agricole et sont donc multifonctionnels* (activités résidentielles, industrielles ou touristiques, ou de loisirs).

222 Thème 3 Les espaces ruraux : multifonctionnalité ou fragmentation ?

4 Déprise rurale, vieillissement

Village d'Oulles-en-Oisans (Isère) Une grande partie de l'espace rural français se vide de sa population, notamment active. Cette déprise rurale conduit à un vieillissement de la population. La commune d'Oulles-en-Oisans connaît un regain d'activité l'été (agriculture, tourisme), mais elle compte moins de 10 habitants permanents.

Confronter la carte et les documents

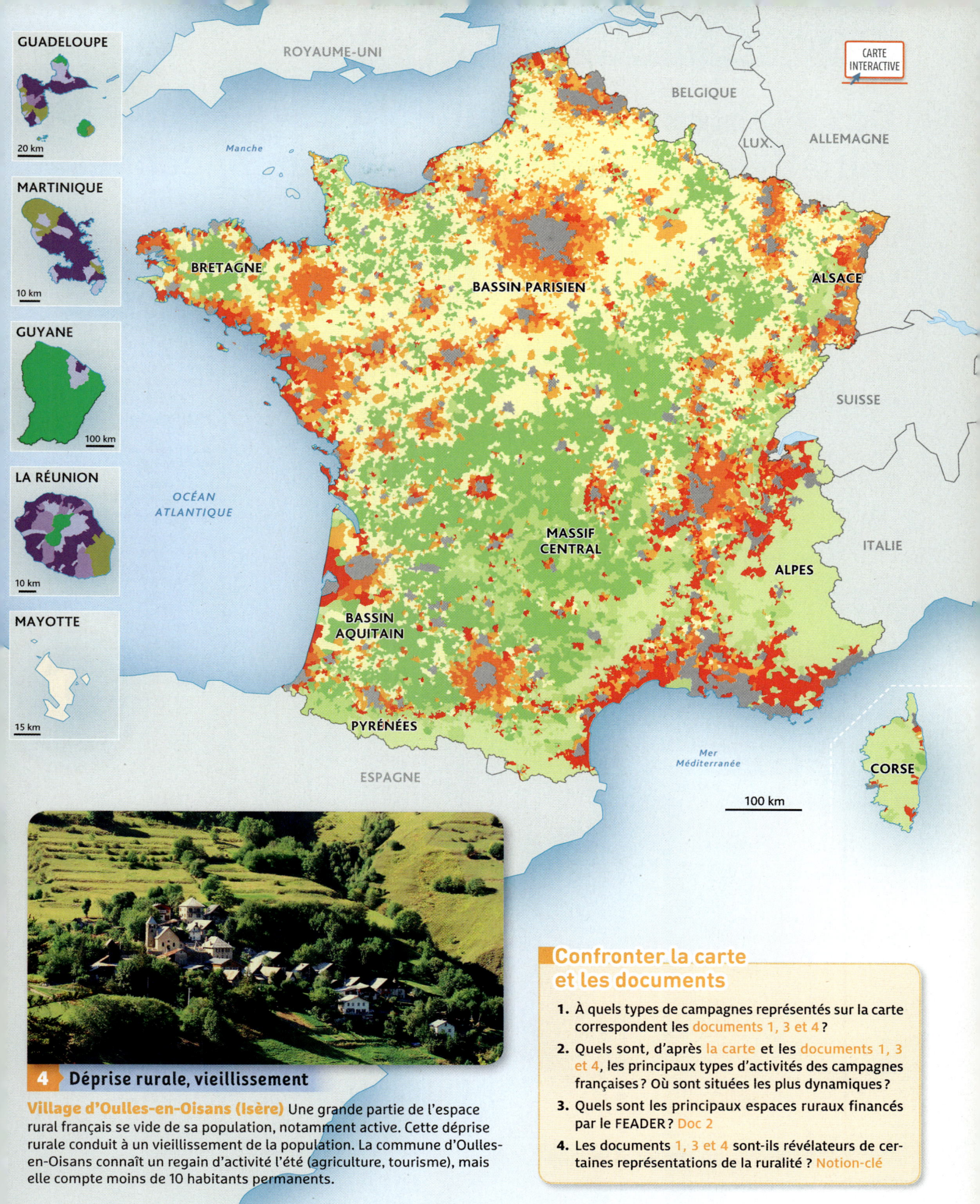

1. À quels types de campagnes représentés sur la carte correspondent les documents 1, 3 et 4 ?
2. Quels sont, d'après la carte et les documents 1, 3 et 4, les principaux types d'activités des campagnes françaises ? Où sont situées les plus dynamiques ?
3. Quels sont les principaux espaces ruraux financés par le FEADER ? Doc 2
4. Les documents 1, 3 et 4 sont-ils révélateurs de certaines représentations de la ruralité ? Notion-clé

3. Des espaces ruraux multifonctionnels 223

DES CARTES POUR COMPRENDRE

Des espaces ruraux multifonctionnels entre initiatives locales et politiques européennes

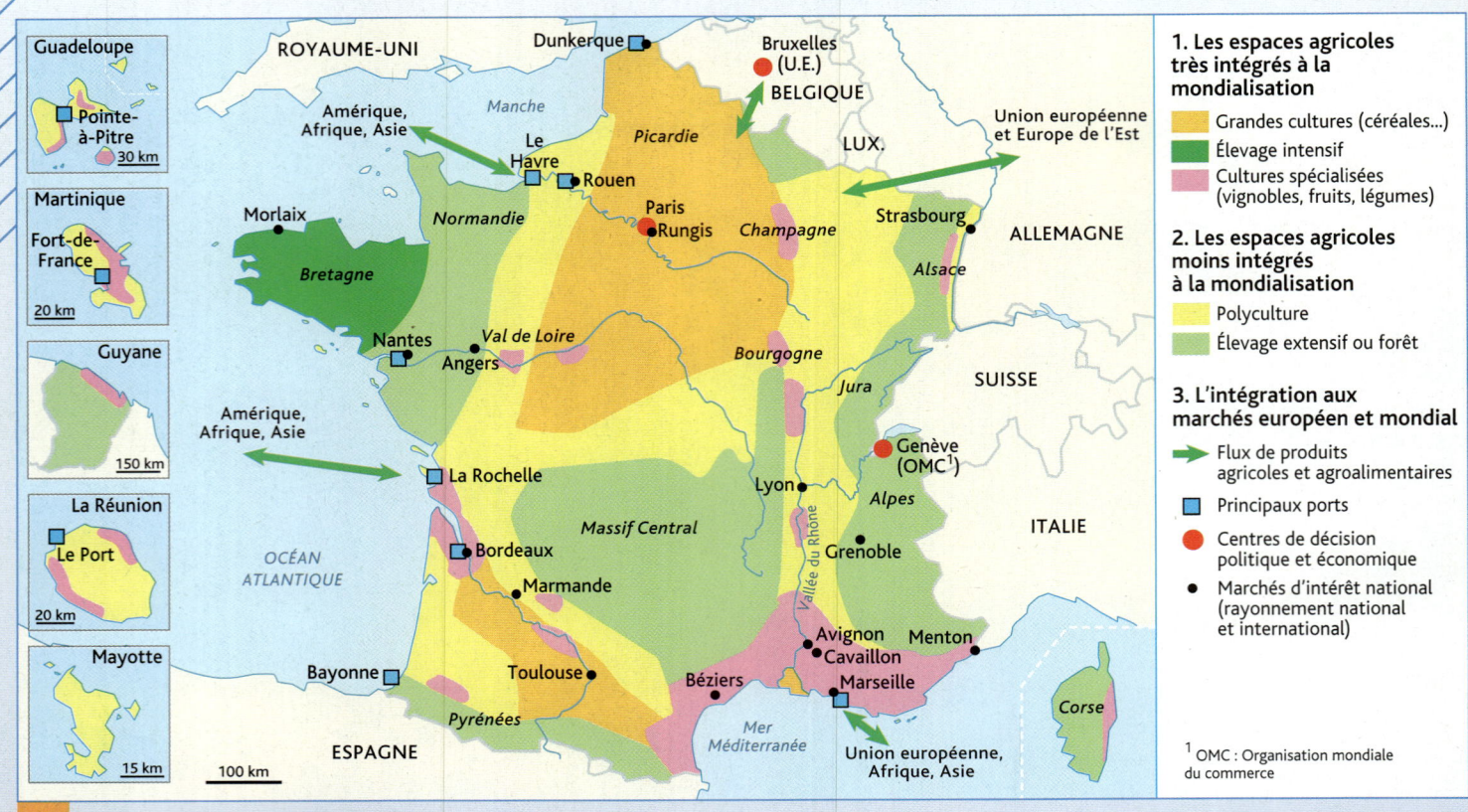

1. Les espaces agricoles très intégrés à la mondialisation
- Grandes cultures (céréales...)
- Élevage intensif
- Cultures spécialisées (vignobles, fruits, légumes)

2. Les espaces agricoles moins intégrés à la mondialisation
- Polyculture
- Élevage extensif ou forêt

3. L'intégration aux marchés européen et mondial
- Flux de produits agricoles et agroalimentaires
- Principaux ports
- Centres de décision politique et économique
- Marchés d'intérêt national (rayonnement national et international)

[1] OMC : Organisation mondiale du commerce

1 Les espaces agricoles français

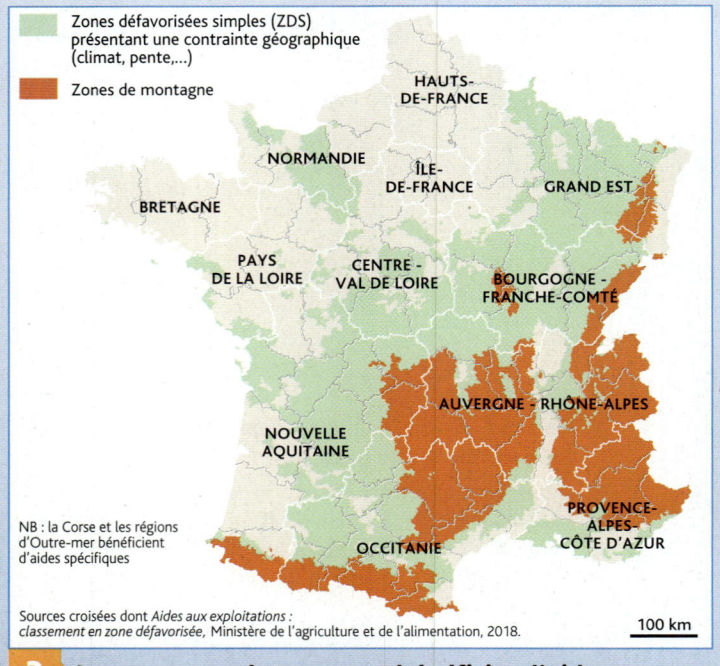

Zones défavorisées simples (ZDS) présentant une contrainte géographique (climat, pente,...)

Zones de montagne

NB : la Corse et les régions d'Outre-mer bénéficient d'aides spécifiques

Sources croisées dont *Aides aux exploitations : classement en zone défavorisée*, Ministère de l'agriculture et de l'alimentation, 2018.

2 Les zones rurales pouvant bénéficier d'aides européennes

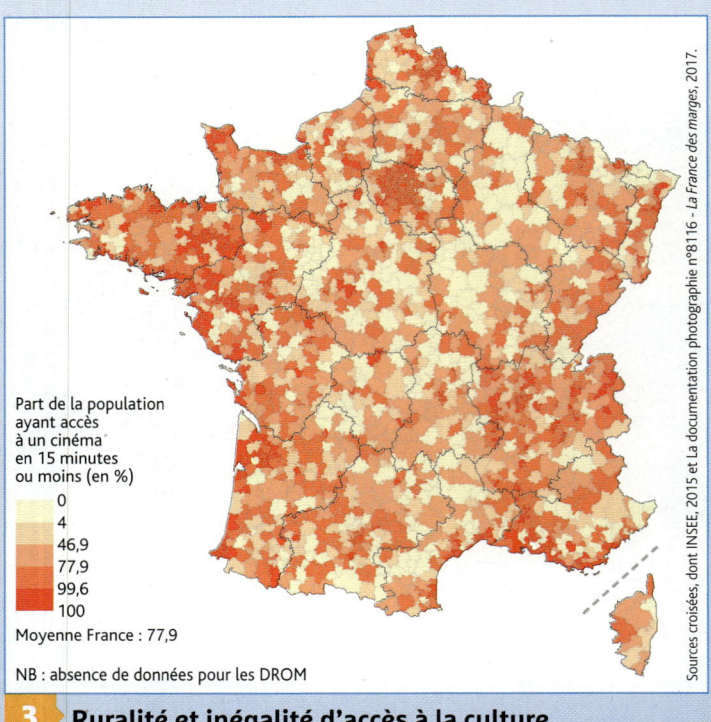

Part de la population ayant accès à un cinéma en 15 minutes ou moins (en %)
- 0
- 4
- 46,9
- 77,9
- 99,6
- 100

Moyenne France : 77,9

NB : absence de données pour les DROM

Sources croisées, dont INSEE, 2015 et La documentation photographique n°8116 – *La France des marges*, 2017.

3 Ruralité et inégalité d'accès à la culture

224 **Thème 3** Les espaces ruraux : multifonctionnalité ou fragmentation ?

Variation de la densité de population entre 2010 et 2015 (en %)

- 20
- 5
- 0 — Densification
- -5
- -20 — Dédensification

Moyenne France : 2,44 %

Absence de données

En métropole, flux domicile-travail supérieurs à 100 trajets entre deux communes en 2014

Sources : d'après INSEE et Observatoire des territoires.

4 L'essor du périurbain en France

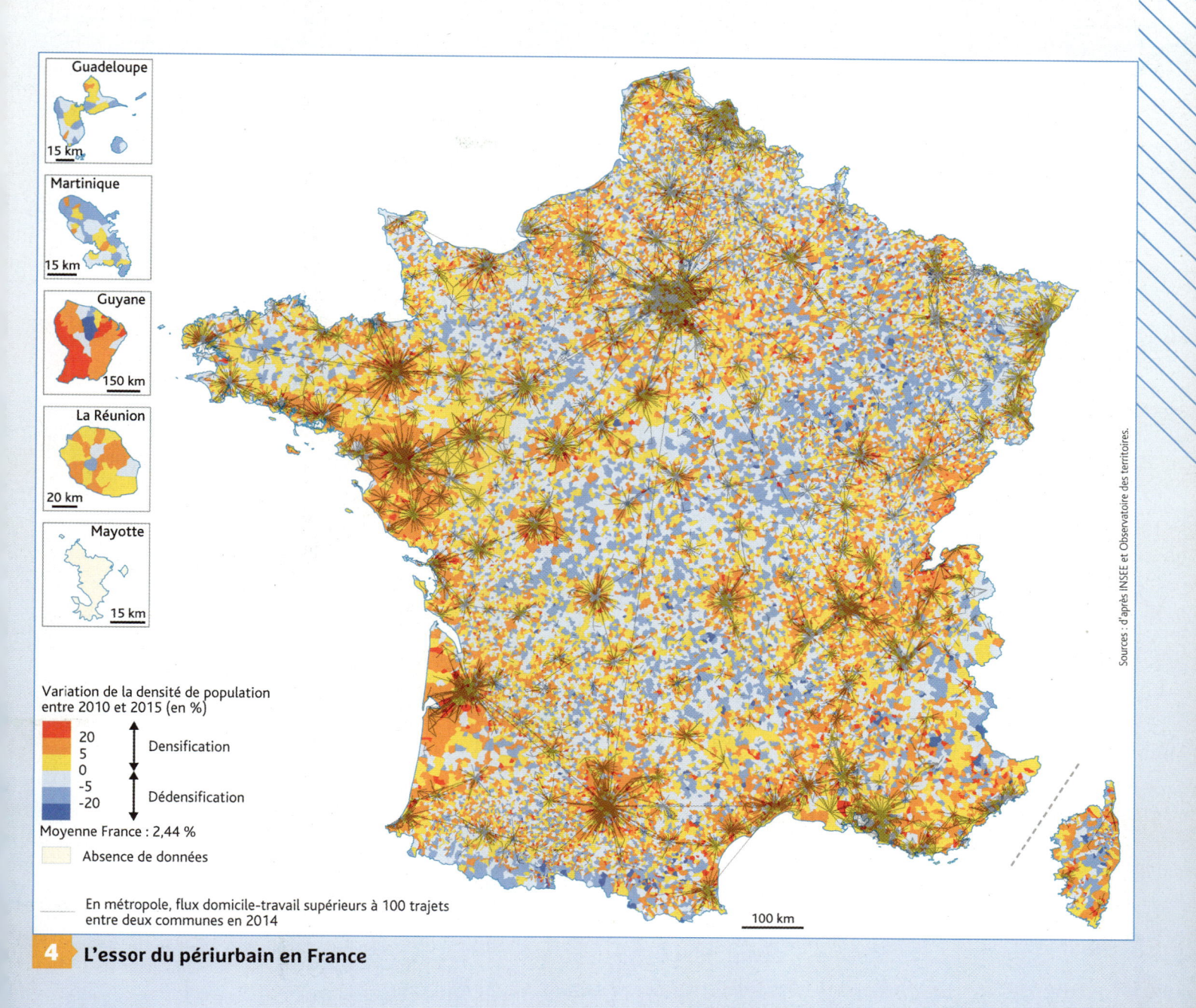

DEUX PARCOURS AU CHOIX POUR ANALYSER LES CARTES

PARCOURS RÉDIGÉ

1. Où les espaces agricoles les plus intégrés à la mondialisation sont-ils localisés ? **Doc 1**
2. Quelle est l'ampleur des zones rurales défavorisées en France métropolitaine ? **Doc 2 et 3** À quels types d'agriculture et de campagnes correspondent-elles ? **Doc 1 et carte p. 223**
3. Confrontez les **documents 1 et 4**. Quelle est l'importance de la périurbanisation* en France ? Pourquoi peut-on dire qu'elle contribue à modifier la nature même de l'espace rural ?

PARCOURS CARTOGRAPHIQUE

Réalisez un schéma de la France synthétisant les **cartes 1, 2 et 4** selon la légende suivante :

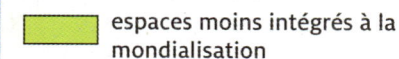

- ■ espaces agricoles très intégrés à la mondialisation
- ■ espaces moins intégrés à la mondialisation
- ▨ espaces ruraux bénéficiant d'aides européennes
- → essor du périurbain

Aidez-vous de la page 162.

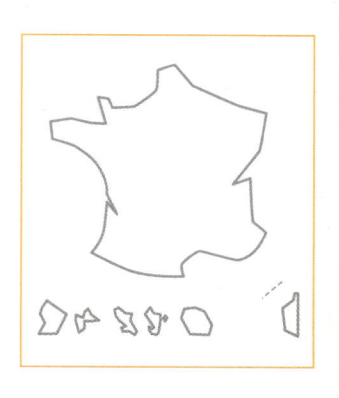

3. Des espaces ruraux multifonctionnels

COURS 1

Comment expliquer la multifonctionnalité croissante des espaces ruraux français ?

A — Des paysages ruraux façonnés par l'agriculture

- **L'agriculture n'est plus l'activité économique dominante**, mais elle structure encore fortement l'espace rural français (30 millions d'hectares sur les 55 millions du territoire national). L'agriculture productiviste* a renforcé la concentration et les spécialisations régionales pour être compétitive face à la concurrence mondiale. Le secteur agroalimentaire* est largement implanté en milieu rural (Lactalis, Danone…) faisant de la France le 4e exportateur mondial.

- **L'ensemble de la filière agricole doit faire face aux impacts environnementaux** (pollution des eaux, érosion des sols) provoqués par des pratiques intensives. De nouvelles orientations valorisent les labels de qualité (appellation d'origine contrôlée, agriculture biologique…), les circuits courts et l'agritourisme* se développent. L'agriculture doit rester rémunératrice pour les agriculteurs afin de maintenir cette activité sur l'ensemble du territoire.

B — Une fonction productive qui se diversifie

- **L'industrie est localement très présente au sein de systèmes productifs locaux** anciens, comme la coutellerie autour de Thiers. L'ancrage territorial et la modernisation des outils de production permettent de faire face à la concurrence internationale, notamment dans le cadre des pôles compétitivité* ruraux (agro-industrie, comme les bioraffineries). Dans les espaces forestiers (31 % du territoire), la filière bois contribue à la croissance verte (bâtiments Haute qualité environnementale, le bois de chauffage, etc).

- **L'espace rural constitue une part importante du potentiel touristique de la France**. Les collectivités locales mettent en œuvre une patrimonialisation des produits du terroir, des cultures populaires, des paysages (cirques de La Réunion reconnus patrimoine mondial de l'UNESCO, par exemple). Les activités récréatives contribuent à transformer profondément ces territoires (résidences secondaires, saisonnalité de l'économie).

C — Une fonction résidentielle en plein essor

- **L'espace rural est marqué par les faibles densités** (de populations, de constructions, d'emplois, d'équipements…) et par la prédominance des espaces agri-naturels. Cette faible densité se conjugue avec une accessibilité inégale, mais possible partout. L'espace rural est donc un espace attractif en terme résidentiel en raison du plus faible coût du foncier ou des aménités* environnementales.

- **La logique de périurbanisation accroît la pression foncière** et aboutit à des paysages hybrides mêlant lotissements pavillonnaires, zones commerciales, échangeurs routiers… Même les communes rurales les plus éloignées voient arriver de nouveaux résidents, actifs ou retraités. Ce modèle du « tout-mobilité » pose des défis environnementaux (pollution, artificialisation des sols) et sociaux (coût de l'essence). Des documents de planification visent à lutter contre l'étalement urbain et ses effets négatifs (mitage, consommation d'espaces agricoles ou « naturels »).

> **Les pratiques agricoles ont modelé la diversité des espaces ruraux français. Leur multifonctionnalité s'accentue, et chaque territoire rural en recomposition doit relever le défi du développement durable.**

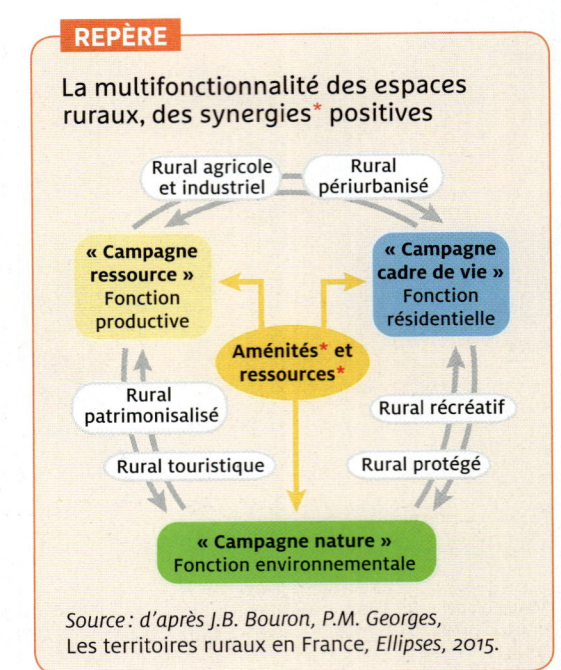

REPÈRE

La multifonctionnalité des espaces ruraux, des synergies* positives

- Rural agricole et industriel → « Campagne ressource » Fonction productive
- Rural périurbanisé → « Campagne cadre de vie » Fonction résidentielle
- Rural patrimonialisé / Rural touristique
- Rural récréatif / Rural protégé
- Aménités* et ressources*
- « Campagne nature » Fonction environnementale

Source : d'après J.B. Bouron, P.M. Georges, *Les territoires ruraux en France*, Ellipses, 2015.

VOCABULAIRE

Croissance verte Stratégie de développement économique soutenable sur le long terme, veillant à ne pas diminuer le capital naturel.

Labellisation Fait d'identifier et de garantir l'origine d'un produit par une appellation (label).

Mitage Éparpillement, sans plan d'urbanisme réellement cohérent, d'infrastructures, de zones d'habitat, de zones d'activité, dans des espaces initialement ruraux (forestiers ou agricoles).

Patrimoine / patrimonialisation Bien commun (naturel ou culturel) considéré comme devant être légué aux générations futures. La **patrimonialisation** tend donc à préserver ce bien en l'état.

Périurbanisation Urbanisation s'effectuant autour des agglomérations sur des espaces ruraux.

Système productif local (SPL) Tissu industriel dense de petites entreprises d'un même secteur travaillant en réseau.

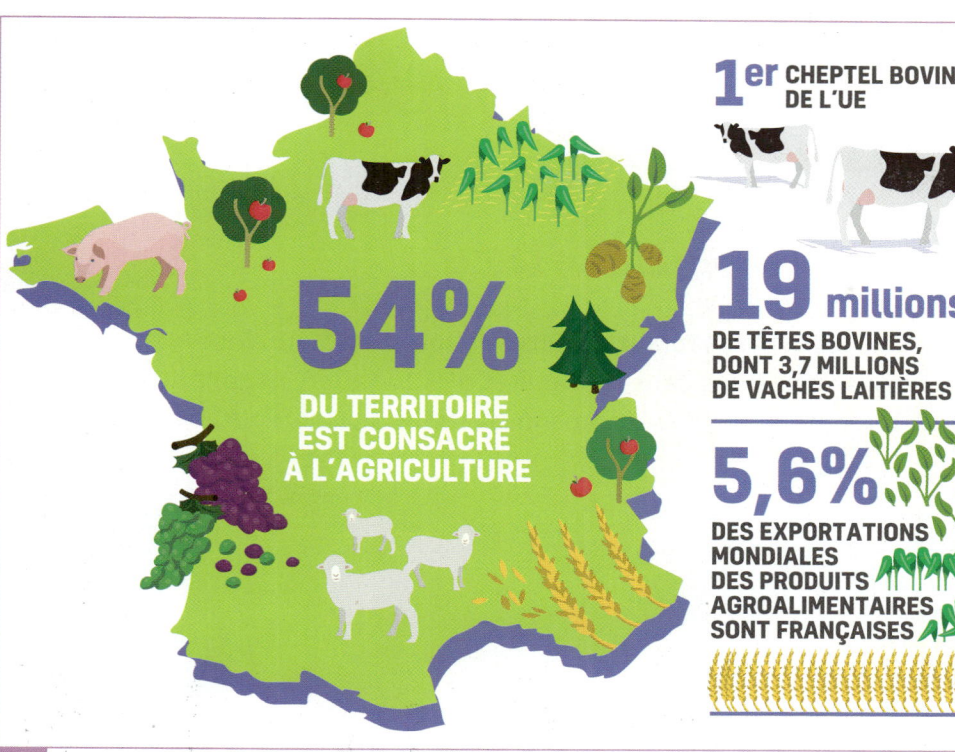

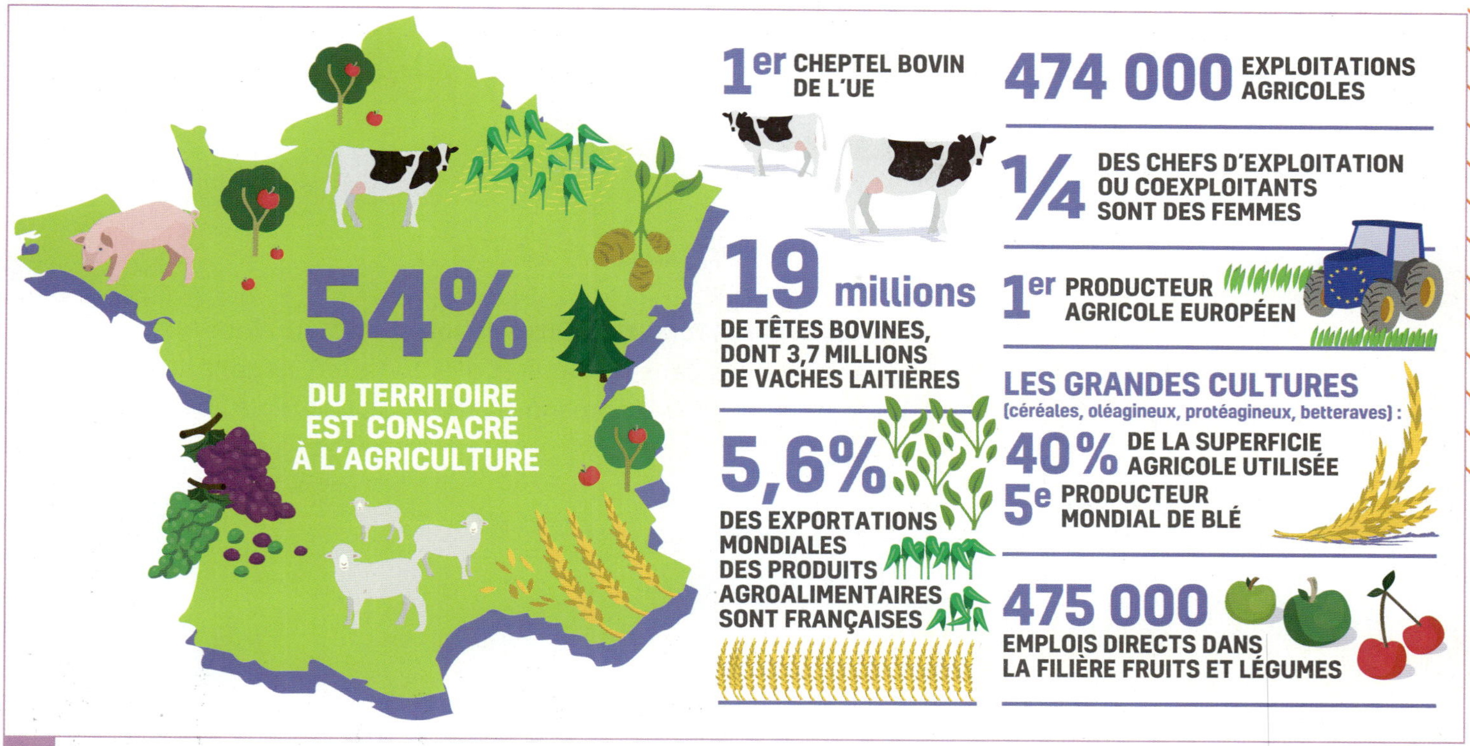

1 Une agriculture française performante

- **54%** DU TERRITOIRE EST CONSACRÉ À L'AGRICULTURE
- **1er** CHEPTEL BOVIN DE L'UE
- **19 millions** DE TÊTES BOVINES, DONT 3,7 MILLIONS DE VACHES LAITIÈRES
- **5,6%** DES EXPORTATIONS MONDIALES DES PRODUITS AGROALIMENTAIRES SONT FRANÇAISES
- **474 000** EXPLOITATIONS AGRICOLES
- **1/4** DES CHEFS D'EXPLOITATION OU COEXPLOITANTS SONT DES FEMMES
- **1er** PRODUCTEUR AGRICOLE EUROPÉEN
- **LES GRANDES CULTURES** (céréales, oléagineux, protéagineux, betteraves) : **40%** DE LA SUPERFICIE AGRICOLE UTILISÉE
- **5e** PRODUCTEUR MONDIAL DE BLÉ
- **475 000** EMPLOIS DIRECTS DANS LA FILIÈRE FRUITS ET LÉGUMES

Source : d'après le Ministère de l'agriculture et de l'alimentation, 2017.

2 L'Institut européen de bioraffinerie Reims Champagne-Ardenne

L'Institut européen de bioraffinerie Reims Champagne-Ardenne (IEB) est l'une des composantes du pôle de compétitivité* rural IAR (industries-agro-ressources). Il regroupe une bioraffinerie associant des entreprises de transformation du végétal (blé, betteraves à sucre…) en sucre, bioéthanol, biogaz, produits cosmétiques et une plate-forme d'innovation (centres de recherches publics et privés en biotechnologies). Le site de Pomacle-Bazancourt fournit 1 200 emplois directs, 1 000 emplois indirects et compte 150 chercheurs et enseignants.

3 Lotissement en bordure d'un champ de blé (Eure-et-Loir)

Analyser et confronter les documents

1. Montrez l'importance et la diversité des secteurs agricole et agroalimentaire en France. Doc 1
2. Quels types d'espaces et quelles fonctions évoqués par le repère montrent les doc 2 et 3 ? Montrez que ces fonctions peuvent être en adéquation ou en tension.

BAC Analyser des documents

Montrez que la carte du doc 1 donne une image stéréotypée de l'agriculture, en la confrontant à la carte 1 p. 224.

3. Des espaces ruraux multifonctionnels

DOSSIER

Les espaces ruraux en Guadeloupe et en Martinique : une multifonctionnalité accrue ?

Contrairement à une image assez répandue, les espaces ruraux de Guadeloupe et de Martinique ne sont pas seulement des espaces agricoles spécialisés dans les cultures d'exportation. Ils sont de plus en plus diversifiés : espaces périurbains, littoraux touristifiés, campagnes isolées de l'intérieur...

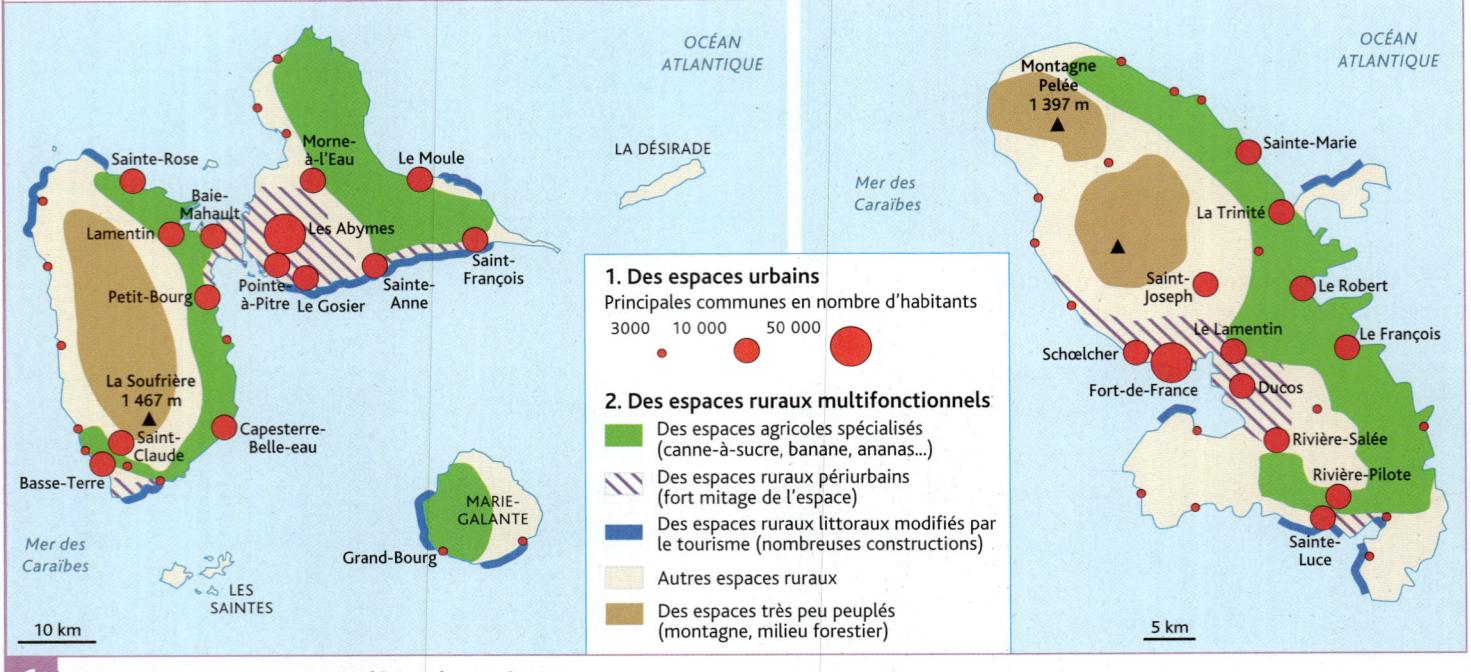

1 Des espaces ruraux multifonctionnels

Légende :
1. **Des espaces urbains** — Principales communes en nombre d'habitants (3 000, 10 000, 50 000)
2. **Des espaces ruraux multifonctionnels**
   - Des espaces agricoles spécialisés (canne-à-sucre, banane, ananas...)
   - Des espaces ruraux périurbains (fort mitage de l'espace)
   - Des espaces ruraux littoraux modifiés par le tourisme (nombreuses constructions)
   - Autres espaces ruraux
   - Des espaces très peu peuplés (montagne, milieu forestier)

2 Paysages ruraux de Grande-Terre (Guadeloupe)

3 Les recompositions de l'espace rural martiniquais

« Les formes de bâti urbain se retrouvent désormais dans les campagnes qui sont de plus en plus exposées aux phénomènes de mitage (densification du bâti : la ville grignote la campagne et les espaces naturels) et de rurbanisation [...]. Beaucoup de mornes[1] ruraux martiniquais ont été ces dernières décennies fortement exposés au mitage, qu'il s'agisse de ceux de Case-Pilote et Trinité dans le Nord, ou de ceux du Diamant, de Sainte-Luce et du Marin dans le Sud. Ainsi, une grande partie de la Martinique rurale des années 1960 s'est transformée au fil du temps en espace urbain ou rurbain. D'anciennes parcelles agricoles ont été modifiées en lotissements, en cités, en zone d'activités économiques ou administratives. C'est par exemple le cas des quartiers Palmiste et Bois carré au Lamentin. »

[1] Collines

Corinne Plantin, « Ville et campagne : opposition ou imbrication ? », *La Mouïna* n°17, juin 2018.

4 L'isolement en milieu rural

« En Martinique, beaucoup de personnes habitent à la campagne dans des maisons individuelles ou dans de petits groupes collectifs. Pourtant, il y a un déficit en termes de services de proximité. On s'y sent isolé, éloigné de tout. Le premier constat est la dépendance à la voiture pour se déplacer, le service de transport en commun étant insuffisant ou pas desservi dans certains quartiers. Se déplacer, accéder aux soins, profiter des loisirs, s'alimenter, effectuer tous les actes du quotidien deviennent un parcours du combattant, et ce, d'autant plus que la topographie très vallonnée de notre territoire rend les choses encore plus complexes en termes d'accessibilité. De ce fait, les personnes en situation de handicap ou à mobilité réduite, déjà fragilisées par leur état de santé, sont en plus victimes de cette sensation d'éloignement et d'isolement vis-à-vis des services. »

Michel Bucher, « L'accessibilité en milieu rural », *La Mouïna* n°17, juin 2018.

Fond-Saint-Denis (Martinique)

5 Campagne du FEADER* pour aider les agriculteurs isolés

Campagne de la région Guadeloupe et de l'Union européenne pour informer et mettre en contact les agriculteurs isolés et le Fonds européen de développement agricole. Le FEADER dispose en Guadeloupe de 171 millions d'euros pour la période 2014-2020, « destinés à contribuer au développement d'une agriculture plus équilibrée, plus respectueuse de l'environnement, plus compétitive et plus innovante ».

Source : région Guadeloupe, 2018.

DEUX PARCOURS AU CHOIX

PARCOURS GUIDÉ

1. Quelle est l'importance des espaces ruraux dans les deux départements ? Doc 1 Pourquoi peut-on dire qu'ils sont désormais multifonctionnels ? Doc 1, 2 et 3
2. Quels sont les problèmes soulevés par le document 4 ? À quel type d'espaces ruraux répertoriés dans le document 1 correspondent-ils ?
3. Quels acteurs sont à l'origine de la campagne d'information du document 5 ? Montrez que cette initiative vise à répondre à la fois aux problèmes de l'agriculture et à ceux soulevés par le document 4.

PARCOURS AUTONOME

Analysez les documents en montrant la multifonctionnalité des espaces ruraux de la Guadeloupe et de la Martinique, mais aussi les défis qui se posent à leurs populations.

Puis effectuez une recherche Internet sur les espaces ruraux de La Réunion. Pour cela, cherchez des documents équivalents (rôle du FEADER ? existence d'un mitage de l'espace rural ? différences entre l'intérieur et le littoral ? isolement ?).

ORAL Vous pourrez présenter le résultat de vos recherches à l'oral.

3. Des espaces ruraux multifonctionnels

COURS 2

Quels sont les enjeux d'aménagement liés au développement rural ?

A Il n'y a pas qu'une France rurale, mais des ruralités multiples

• **Les territoires ruraux vivent de profondes mutations.** Certains continuent à perdre de la population dans une logique de déprise et de vieillissement. Leur problème principal est l'isolement. D'autres connaissent une forte attractivité. Le retour au rural s'associe à une grande pluralité de pratiques et de modes d'habiter, allant jusqu'à la gentrification rurale* (Dordogne, Ardèche…) ou, à l'inverse, une certaine paupérisation.

• **Trois France rurales ressortent.** Les « campagnes agricoles et industrielles » (9 % de la population sur 26 % du territoire) relèvent d'une économie productive et sont sous faible influence urbaine (périphérie du Bassin parisien). Les « campagnes des villes et du littoral » (26 % de la population sur 26 % du territoire), marquées par une économie présentielle résidentielle ou touristique, connaissent un dynamisme démographique. Les « campagnes vieillies et à très faible densité » (8 % de la population sur 42 % du territoire) s'étendent des Ardennes aux Pyrénées, sur une partie de la Bretagne et de la Normandie, et dans les massifs montagneux qui sont cependant, pour certains, redynamisés par le tourisme.

• **L'hyper-ruralité caractérise certains bassins de vie** pénalisés par les zones blanches de la téléphonie mobile ou du très haut débit (fracture numérique), par la désertification médicale, la fermeture des écoles, l'absence de commerces de proximité. La pénurie de ces services renforce la désertification avec des densités inférieures à 30 habitants par km².

B Des transformations parfois conflictuelles mais porteuses de développement

• **Les néoruraux* ont parfois une vision idéalisée du territoire dans lequel ils s'installent**, ce qui peut conduire à des conflits d'usages* avec les agriculteurs. La campagne est aussi le symbole d'une identité à défendre, comme en témoigne la multiplication des conflits d'aménagement et d'environnement (ZAD) : Center Parcs de Roybon, enfouissement de déchets nucléaires à Bure, etc.

• **La multifonctionnalité des espaces ruraux multiplie les acteurs** (agriculteurs, habitants, touristes, entrepreneurs, associations de protection de l'environnement…) qui sont force de propositions et de changements (transition énergétique par exemple). Les institutions soutiennent le développement rural. L'UE, grâce au FEADER et au programme LEADER, finance des projets pilotes en zone rurale. L'État labellise* des pôles d'excellence rurale innovants et créateurs d'emplois.

• **Des mesures concrètes tentent de réduire les inégalités territoriales** et de permettre à chaque citoyen un égal accès aux services (maisons de santé pluridisciplinaires, par exemple). Des contrats de ruralité mobilisent les acteurs locaux (collectivités territoriales, opérateurs ou associations) autour d'un projet de territoire bénéficiant de crédits (aires de covoiturage, espaces de travail partagés, soutien de l'école rurale, etc).

> Les enjeux d'aménagement sont divers car ils correspondent à des attentes variées, les espaces ruraux étant traversés par des représentations relevant des ruralités différentes et parfois contradictoires.

REPÈRE

Les 4 priorités du FEADER* pour la France (2014-2020)

1. L'installation des jeunes agriculteurs
2. Les paiements en valeur des zones soumises à des contraintes naturelles ou spécifiques
3. Les mesures agro-environnementales et climatiques. Le soutien à l'agriculture biologique. Les paiements au titre de Natura 2000 et de la directive cadre de l'eau
4. Les investissements dans les secteurs agricole, agroalimentaire et forestier

Source : d'après le FEADER

VOCABULAIRE

Économie présentielle Économie basée sur la production de biens et de services visant la satisfaction des besoins de personnes présentes dans la zone, qu'elles soient résidentes ou touristes.

Économie productive Économie fondée sur des activités qui produisent des biens et des services majoritairement consommés hors de la zone de production (agriculture et industrie notamment).

Développement rural Processus de diversification et d'enrichissement des activités économiques et sociales sur un espace rural fondé sur l'investissement des acteurs locaux. Il valorise des ressources locales dans une approche transversale (démographie, services, activités, ressources, environnement, etc.).

FEADER Fonds européen agricole pour le développement rural.

Hyper-ruralité 26 % du territoire accueillent seulement 5,4 % de la population française et se distinguent par la faible densité de population, le vieillissement, l'enclavement, les faibles ressources financières, le manque d'équipement et de services, l'éloignement et l'isolement sous toutes ses formes.

ZAD (Zone à défendre) Occupation à but politique d'un terrain à forte dimension environnementale ou agricole, dans le but de s'opposer à un projet d'aménagement.

Un jour, un projet
L'Union européenne près de chez vous

L'UE s'engage dans l'environnement et le tourisme dans le Massif Alpin (Luberon):

ESPACE VALLÉEN

Le projet a pour objectif de valoriser le patrimoine naturel et culturel pour augmenter la fréquentation touristique.

Contribution de l'UE : 467 256 €

http://bit.ly/EspaceValleen17

#tourisme
#environnement

Soutenu par le Fonds européen régional FEDER
POIA (programme opérationnel interrégional pour le Massif alpin)

1 Le soutien de l'Union européenne aux initiatives locales de développement rural

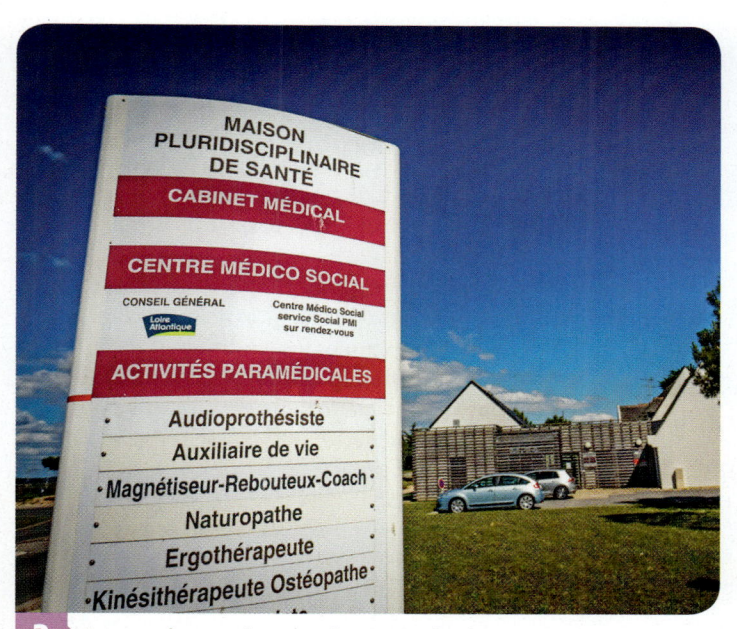

2 Les maisons de santé, une solution pour lutter contre les déserts médicaux ? (Loire-Atlantique)

3 Transition énergétique et initiatives citoyennes (commune d'Aubais, Gard)

Analyser et confronter les documents

1. Quels types d'aménagements et d'objectifs pour les espaces ruraux évoquent le repère et les doc 1 à 3 ?
2. Quels sont les acteurs impliqués dans ces aménagements ? Repère et Doc 1 à 3

BAC Répondre à une question problématisée

Pourquoi peut-on dire que certains ruraux se heurtent à des difficultés spécifiques mais qu'ils sont aussi des lieux d'initiatives multiples ?

3. Des espaces ruraux multifonctionnels

DOSSIER

Quelles sont les mutations des paysages ruraux bretons ?

La Bretagne a connu de très importantes mutations paysagères depuis une soixantaine d'années. Elle est devenue une campagne agricole productive et résidentielle, au prix de transformations majeures des paysages traditionnels hérités. Ses paysages continuent de nos jours à se recomposer.

1 Paysage du bocage[1] breton à Fougères (Ille-et-Vilaine)

[1] Le bocage est un type de paysage rural caractérisé par des haies fermant les champs, de nombreux arbres et un habitat dispersé.

2 Des paysages ruraux issus de la révolution agricole bretonne

« Après la Seconde Guerre mondiale, la Bretagne est marquée par un retard et un déclin économique très importants. [...] Pour "sortir la Bretagne de l'ornière", il est nécessaire que l'État intervienne [...].
Le décollage économique passe obligatoirement par la transformation et la modernisation de l'agriculture [...] transformant en moins d'une génération la Bretagne en l'une des premières régions européennes de production agricole et d'industrie agro-alimentaire, de plain-pied dans les marchés européens et internationaux.
Le paysage et l'environnement bretons [...] portent de manière très visible les marques de ces nouvelles formes de productions agricoles et de transformations [...] : le bocage est [...] démantelé [...], un paysage de type agro-industriel est créé, caractérisé par de longs bâtiments abritant des porcheries ou des poulaillers, des silos et des usines d'aliments, des centrales laitières et des tours de séchage [...]. Les conséquences environnementales des pratiques agricoles (usage d'engrais, épandage de lisiers, suppression du bocage...) sont particulièrement importantes (qualité des eaux, eutrophisation des rivières...) et finissent par marquer également le paysage[1]. »

[1] Parallèlement, ce modèle d'agriculture productiviste*, longtemps performant, est en crise depuis une vingtaine d'années, dans le contexte de la mondialisation.

D'après atlasdespaysages-morbihan.fr, 2019.

3 Campagne publicitaire de l'association « Produit en Bretagne »

Face aux problèmes économiques et environnementaux du modèle productiviste breton, de nombreux agriculteurs développent une nouvelle stratégie depuis une vingtaine d'années : agriculture plus respectueuse de l'environnement, reboisement, campagnes de communication autour des produits locaux.

Labels on aerial photo:
- Reboisement
- Bâtiments agricoles, élevage
- Grandes parcelles
- Développement de lotissements pavillonnaires
- 200 m

4 ▸ Les transformations du paysage à Bourg-des-Comptes depuis 1950

Bénéficiant d'une bonne desserte routière à moins de 30 km de Rennes, d'une gare et de la qualité du cadre, le secteur s'est beaucoup développé, notamment sous la forme d'importantes surfaces pavillonnaires.

ANALYSE DIACHRONIQUE

5 ▸ Le paysage breton, source de conflits d'usages ?

Film « Le paysage en Bretagne. L'Ouest en mémoire » de l'INA.

DEUX PARCOURS AU CHOIX

PARCOURS GUIDÉ

1. Quelles ont été les évolutions du paysage agricole breton depuis les années 1950 ? **Doc 1, 2 et 4**
2. Quelles ont été les conséquences environnementales et économiques de cette évolution ? **Doc 2**
3. Quelles nouvelles populations sont installées dans l'espace rural breton ? **Doc 4 et 5**
4. Quelles sont les évolutions actuelles des paysages ruraux bretons ? **Doc 2 à 5** En quoi cela peut-il créer des conflits d'usages ? **Doc 5**

PARCOURS AUTONOME

Allez sur le site de l'IGN « Remonter le temps ».
Choisissez un autre village de Bretagne et regardez s'il a connu les mêmes évolutions que le secteur de Bourg-des-Comptes (**doc 4**). Pour cela, sur le site, utilisez l'outil « comparer » avec « photos aériennes » à gauche et « photographies aériennes anciennes » à droite. Expliquez ces évolutions.

Puis faites de même avec un village de votre choix, dans une autre région de France. Rédigez entièrement votre réponse. Montrez les évolutions, sous forme rédigée ou par un schéma cartographique.

3. Des espaces ruraux multifonctionnels

acteurs & ENJEUX

Grands Sites, géoparcs... Le patrimoine paysager, une chance pour l'espace rural?

L'espace rural est souvent marqué par sa forte valeur paysagère, qui suscite des mesures de protection et de valorisation. Celles-ci peuvent prendre la forme de classement en parcs nationaux, parcs naturels régionaux, Grands Sites de France, géoparcs de l'Unesco...

VOTRE MISSION

Vous devez développer l'espace rural dans votre région, en misant sur son patrimoine paysager. Pour commencer, vous analysez ce qui se fait ailleurs en France pour valoriser des sites remarquables. Puis vous recherchez dans votre région un site qui mériterait ce type de mesures, vous choisissez le type de protection ou de valorisation adapté et vous dressez un argumentaire pour justifier ce choix.

Carte des Grands Sites de France :
- Les Deux-Caps Blanc-Nez, Gris-Nez [1,2]
- Baie de Somme [2]
- Pointe du Raz en Cap Sizun
- Dunes Sauvages de Gâvres à Quiberon
- Marais Poitevin
- Bibracte-Mont Beuvray
- Puy de Dôme
- Solutré Pouilly Vergisson
- Puy Mary - Volcan du Cantal
- Aven d'Orgnac
- Pont du Gard [1,255]
- Cirque de Navacelles
- Gorges de l'Hérault
- Conca d'Oru, vignoble de Patrimonio, golfe de Saint-Florent
- Camargue gardoise [1,6]
- Sainte Victoire [1,3]
- Massif du Canigó
- Îles Sanguinaires - pointe de la Parata

Légende :
- 🟢 Site classé d'intérêt national ayant obtenu le label Grand site de France après une opération de réhabilitation
- 🟠 Site classé d'intérêt national bénéficiant d'une opération de réhabilitation du fait de sa surfréquentation touristique
- 1,2 Les sites les plus fréquentés, en millions de visiteurs par an

1 Les Grands Sites de France : une majorité d'espaces ruraux

Créé en 2000, le réseau des Grands Sites de France compte aujourd'hui 46 Grands Sites membres, qui accueillent près de 32 millions de visiteurs. « Il rassemble des sites ayant reçu le label Grand Site de France et d'autres engagés dans des démarches de développement durable pour l'obtenir. »

Source : grandsitedefrance.com

VIDÉO

2 Le Marais poitevin, Grand Site de France et parc naturel interrégional

3 Le bilan de l'écotourisme dans le Marais poitevin

Un fort potentiel	Un bilan mitigé
• 850 000 visiteurs par an	• Concentration des visiteurs dans le temps (saison estivale) et dans l'espace (marais mouillé « Venise verte »)
• 800 professionnels du tourisme (hébergements, restaurateurs, activités, notamment la promenade en barque avec 30 embarcadères)	• Coulon : 2 000 habitants à l'année, 300 000 en été
• Une attente des visiteurs : la nature, le calme et les paysages	• Durée de visite limitée (une journée pour 1 visiteur sur 2)
	• Un produit phare : la promenade en barque
	• Des retombées économiques à développer

Source : d'après le Parc interrégional du Marais poitevin

234 **Thème 3** Les espaces ruraux : multifonctionnalité ou fragmentation ?

4 Le gouffre de Padirac dans les Causses du Quercy (Lot)

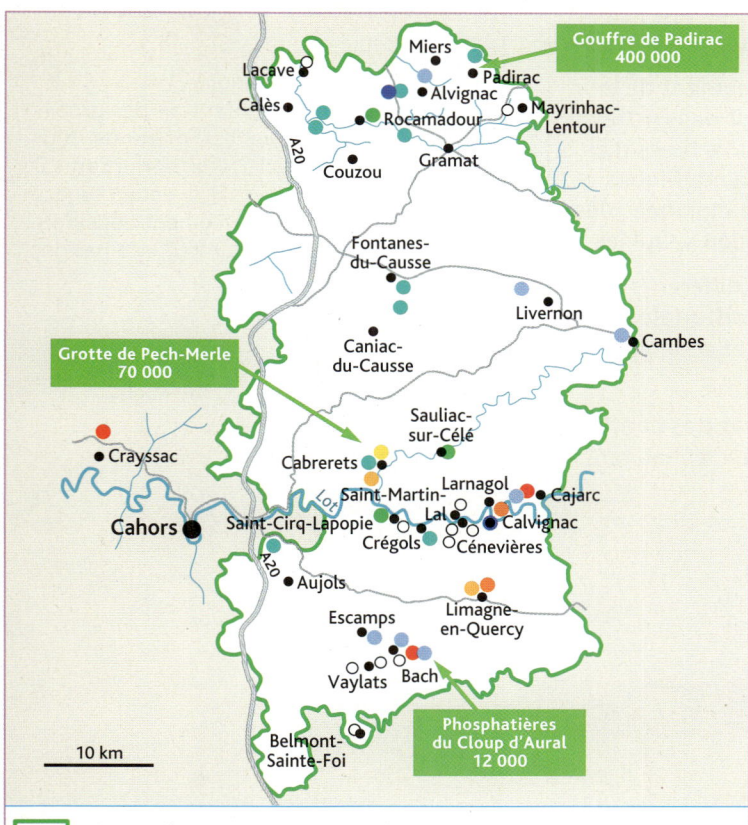

5 Le parc naturel régional des Causses du Quercy, labellisé géoparc mondial Unesco

Légende de la carte :
- Limites du parc naturel régional
- Site : Sites les plus visité (en nombre de visiteurs par an)

Thèmes principaux du géoparc Unesco :
- Fossiles et paléoenvironnements
- Roches et modes de sédimentation
- Strates, jalons de l'histoire de la Terre
- Phénomènes tectoniques
- Karst, sous différentes formes
- L'humain dans son paysage géologique
- La calcite, un minéral
- Ressources du sous-sol
- Sites complémentaires

Sites notables :
- Gouffre de Padirac : 400 000
- Grotte de Pech-Merle : 70 000
- Phosphatières du Cloup d'Aural : 12 000

6 Qu'est-ce que le classement Géoparc de l'Unesco ?

« Géoparc mondial Unesco est aujourd'hui un label territorial international [...]. Il désigne des territoires au patrimoine géologique remarquable qui portent un projet de développement durable en collaboration avec les habitants, au bénéfice de ces derniers. Les géoparcs développent des actions de recherche et de préservation sur les patrimoines géologiques en liaison avec les autres patrimoines du territoire (naturel, culturel, immatériel), d'éducation et de sensibilisation du grand public, de développement économique par la création de nouveaux produits et emplois, en particulier dans le secteur de l'écotourisme. On compte aujourd'hui plus de 120 géoparcs mondiaux Unesco dans 35 pays. »

Source : Unesco, *Guide des géoparcs Unesco de France*, 2017.

Pour trouver des arguments complémentaires :

→ Le site Internet des Grands Sites de France

→ Le site du Comité national des géoparcs de France qui fournit en PDF le guide des géoparcs UNESCO de France

→ Le site de l'UNESCO qui fournit des fiches sur chaque géoparc

→ Les sites Internet de votre région, département et commune

SITOGRAPHIE

3. Des espaces ruraux multifonctionnels

L'ESSENTIEL

Des espaces ruraux multifonctionnels

A Les espaces ruraux sont de plus en plus multifonctionnels*

• L'agriculture occupe encore en France plus de 50 % du territoire. La France a développé une agriculture productiviste* très compétitive dans le contexte de la mondialisation*. Mais cela s'est aussi traduit par des impacts négatifs sur l'environnement (pollution, érosion). Des solutions alternatives se développent (**labellisation**, agriculture biologique, etc.).

• La multifonctionnalité* souvent ancienne des espaces ruraux (artisanat et industries en milieu rural) s'accroît par l'essor du tourisme et notamment de l'agritourisme*, qui conduit parfois à une **patrimonialisation** de l'espace rural.

• La fonction résidentielle est également en croissance. La **périurbanisation** contribue à individualiser les espaces ruraux proches des villes de ceux qui sont plus éloignés, moins peuplés et souvent encore à vocation agricole. Ce processus conduit parfois à une gentrification rurale*.

B La diversité des espaces ruraux crée de nouveaux enjeux

• Si certains espaces ruraux sont marqués par le vieillissement de leur population, par la déprise agricole et le développement des friches*, d'autres, en revanche, sont très attractifs. On distingue trois types d'espaces ruraux en France : les « campagnes des villes », dynamiques et rurbanisées, les « campagnes agricoles et industrielles » éloignées des centres urbains, et des « campagnes vieillies », souvent peu peuplées.

• Les enjeux en termes de services publics sont donc très différents d'un lieu à l'autre et témoignent de véritables inégalités territoriales que tentent de contenir les initiatives locales, les aides de l'État et de l'Union européenne (**FEADER**).

• Cette diversité des espaces ruraux se traduit aussi par des conflits d'usages* entre différents acteurs et parfois entre néoruraux* et habitants plus anciennement installés.

NOTIONS-CLÉS

• **FEADER** Fonds européen agricole pour le développement rural.

• **Labellisation** Fait d'identifier et de garantir l'origine d'un produit par une appellation (label).

• **Patrimoine, patrimonialisation** Bien commun (naturel ou culturel) considéré comme devant être légué aux générations futures. La patrimonialisation tend donc à préserver ce bien en l'état.

• **Périurbanisation** Urbanisation s'effectuant autour des agglomérations sur des espaces ruraux.

NE PAS CONFONDRE

• **Espace rural, espace périurbain, espace urbain** À l'origine, l'**espace rural** désignait tout ce qui n'était pas urbain. Mais la situation est devenue plus complexe du fait de la périurbanisation. Le **milieu périurbain** est un espace souvent administrativement considéré comme rural, mais caractérisés par des modes de vie urbains.

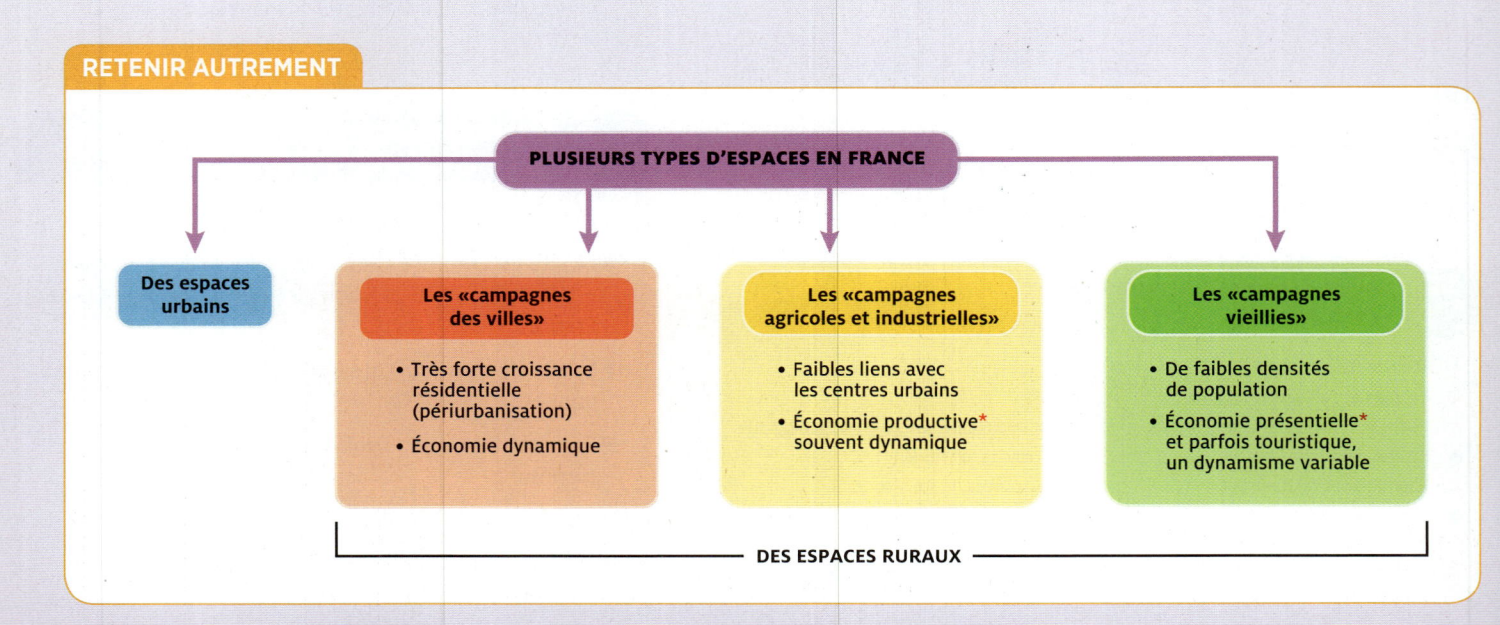

RETENIR AUTREMENT

PLUSIEURS TYPES D'ESPACES EN FRANCE

- **Des espaces urbains**

- **Les «campagnes des villes»**
  • Très forte croissance résidentielle (périurbanisation)
  • Économie dynamique

- **Les «campagnes agricoles et industrielles»**
  • Faibles liens avec les centres urbains
  • Économie productive* souvent dynamique

- **Les «campagnes vieillies»**
  • De faibles densités de population
  • Économie présentielle* et parfois touristique, un dynamisme variable

— DES ESPACES RURAUX —

Thème 3 Les espaces ruraux : multifonctionnalité ou fragmentation ?

L'ESSENTIEL EN SCHÉMAS

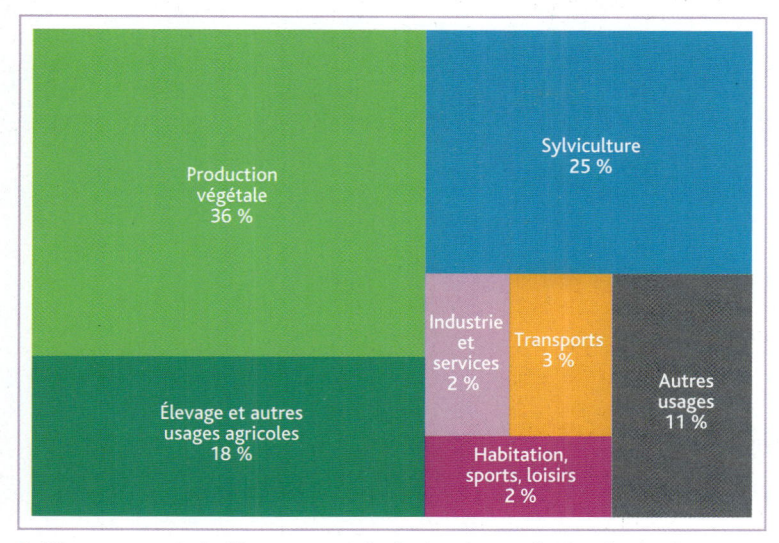

1. L'importance de l'espace agricole sur le territoire français

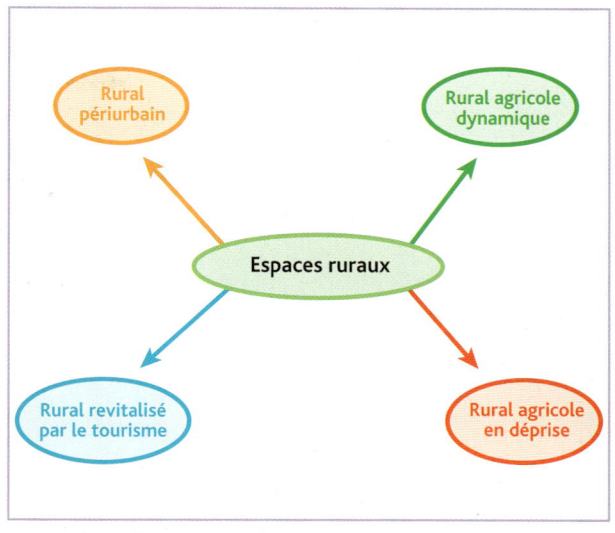

- Production végétale 36 %
- Sylviculture 25 %
- Élevage et autres usages agricoles 18 %
- Industrie et services 2 %
- Transports 3 %
- Habitation, sports, loisirs 2 %
- Autres usages 11 %

2. La diversité des espaces ruraux

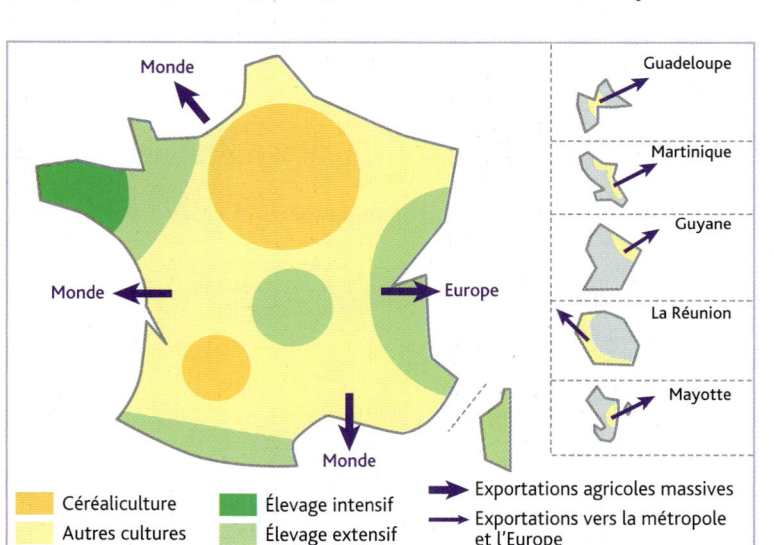

Espaces ruraux :
- Rural périurbain
- Rural agricole dynamique
- Rural revitalisé par le tourisme
- Rural agricole en déprise

3. La dynamique des espaces agricoles en France

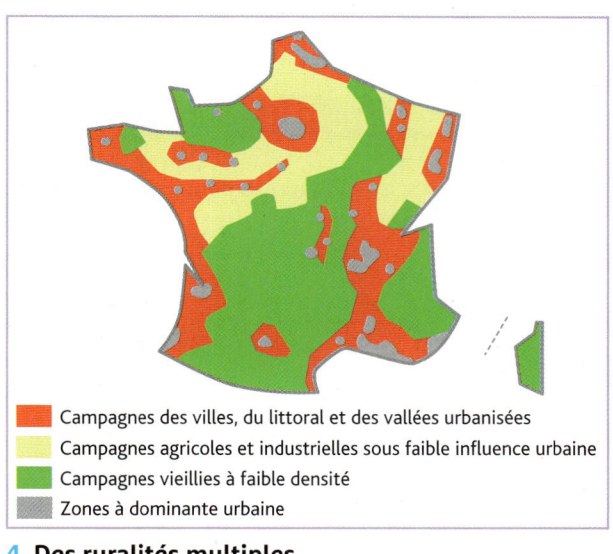

- Céréaliculture
- Autres cultures
- Élevage intensif
- Élevage extensif
- Exportations agricoles massives
- Exportations vers la métropole et l'Europe

(Cartes : France métropolitaine, Guadeloupe, Martinique, Guyane, La Réunion, Mayotte)

4. Des ruralités multiples

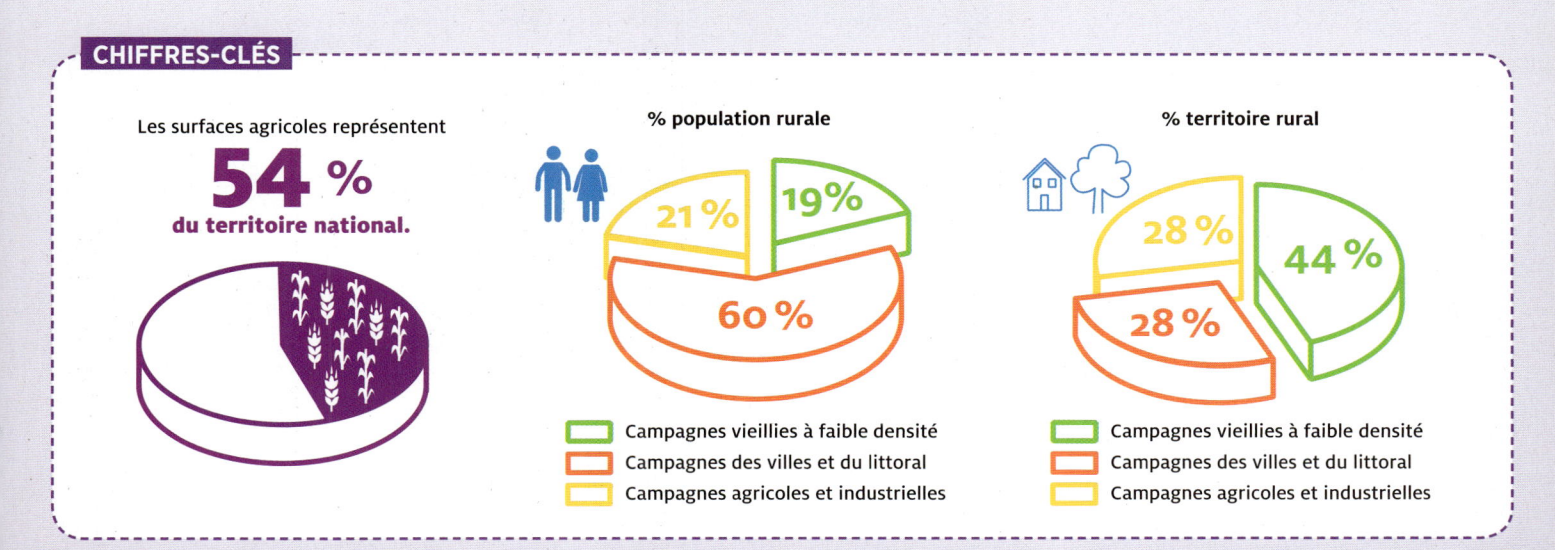

- Campagnes des villes, du littoral et des vallées urbanisées
- Campagnes agricoles et industrielles sous faible influence urbaine
- Campagnes vieillies à faible densité
- Zones à dominante urbaine

CHIFFRES-CLÉS

Les surfaces agricoles représentent **54 %** du territoire national.

% population rurale
- Campagnes vieillies à faible densité : 19 %
- Campagnes des villes et du littoral : 60 %
- Campagnes agricoles et industrielles : 21 %

% territoire rural
- Campagnes vieillies à faible densité : 44 %
- Campagnes des villes et du littoral : 28 %
- Campagnes agricoles et industrielles : 28 %

3. Des espaces ruraux multifonctionnels

RÉVISER ACTIVEMENT

1 Je maîtrise les idées du cours

Les affirmations suivantes, concernant la France, sont-elles vraies ou fausses ?

	Vrai	Faux
1. Plus de la moitié de l'espace rural français est consacrée à l'agriculture.		
2. L'agriculture en France a des conséquences environnementales parfois négatives.		
3. L'agritourisme est une activité en développement.		
4. Dans les DROM, l'espace rural est entièrement consacré à l'agriculture.		
5. La Bretagne est l'une des principales régions agricoles françaises.		
6. La gentrification rurale a quasiment disparu en France.		
7. Plus aucun endroit du territoire n'est touché par l'hyper-ruralité.		
8. L'Union européenne aide les territoires ruraux grâce au FEADER.		
9. La patrimonialisation des espaces ruraux est en progression.		
10. Les conflits d'usages dans les espaces ruraux régressent.		

2 Je maîtrise les localisations

Faites correspondre les numéros indiqués sur la carte et en légende aux propositions qui conviennent (ports et types d'agriculture).

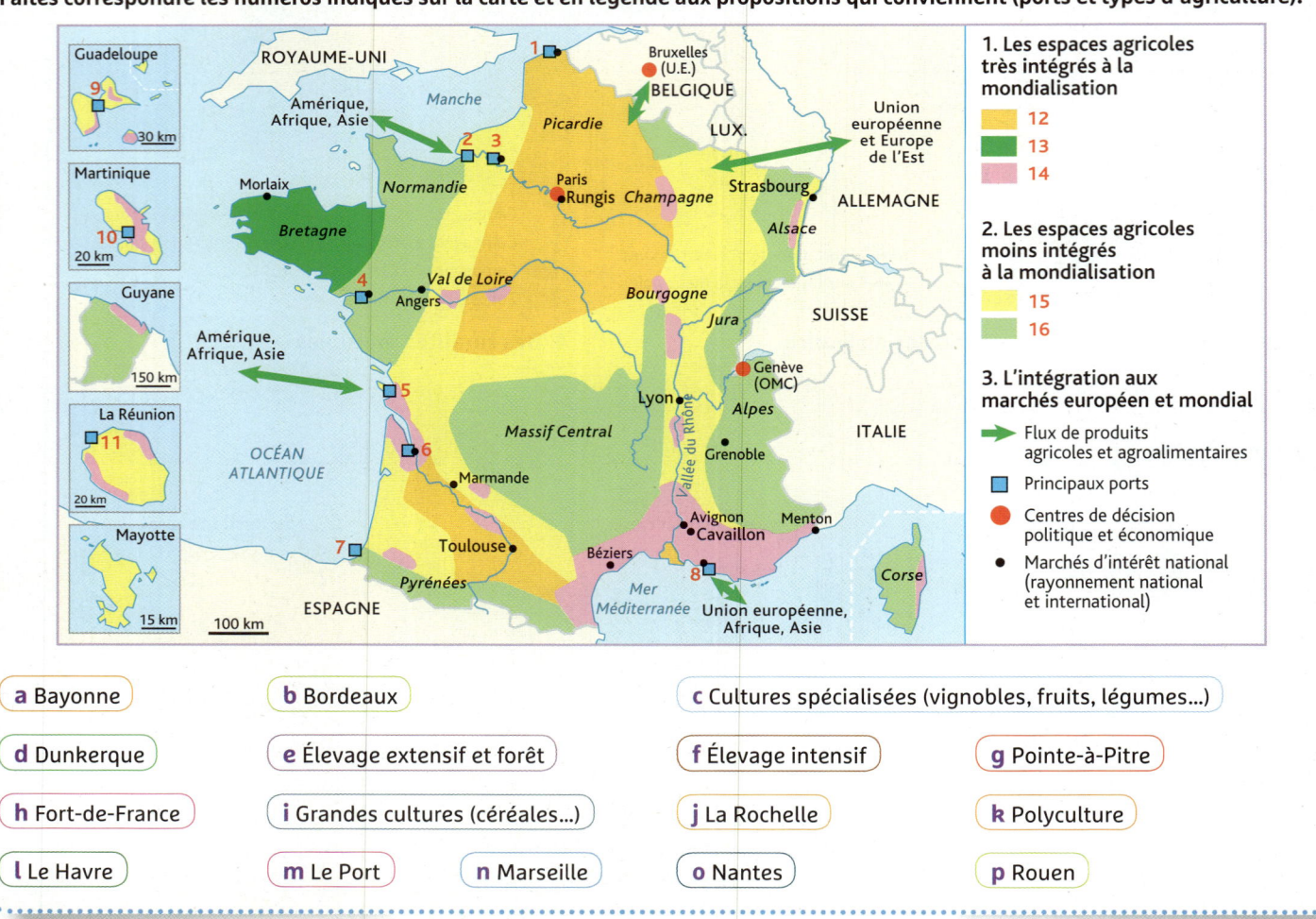

- **a** Bayonne
- **b** Bordeaux
- **c** Cultures spécialisées (vignobles, fruits, légumes…)
- **d** Dunkerque
- **e** Élevage extensif et forêt
- **f** Élevage intensif
- **g** Pointe-à-Pitre
- **h** Fort-de-France
- **i** Grandes cultures (céréales…)
- **j** La Rochelle
- **k** Polyculture
- **l** Le Havre
- **m** Le Port
- **n** Marseille
- **o** Nantes
- **p** Rouen

238 Thème 3 Les espaces ruraux : multifonctionnalité ou fragmentation ?

Auto-évaluation : solutions des exercices 1 et 2 p. 288

3 J'analyse une couverture de revue

Analysez la couverture en répondant aux questions 1 à 3, puis imaginez des titres d'articles qui pourraient être intégrés aux différentes parties du sommaire :

1. Le choix de la photographie : correspond-il à la représentation la plus fréquente des espaces ruraux ?

2. Ce qui est marqué en blanc correspond-il à la réalité des espaces ruraux français ?

3. Explicitez le titre : pourquoi sont-elles « de retour » ?

Le sommaire de la revue	Titres d'articles possibles
I. Dynamiques : des territoires pas si abandonnés	....
II. Ressources : un nouvel eldorado ?	....
III. Initiatives : ils-elles font bouger les campagnes (enquêtes sur des associations, sur des actions locales)	....

4 Je révise à l'aide d'un court documentaire

Pour mieux cerner l'évolution des espaces ruraux en France et les conflits d'usages induits par cette évolution :

1. Visionnez le film « Le grignotage agricole, conséquence de la périurbanisation ».

2. Pourquoi les termes suivants s'appliquent-ils à la situation vue dans le film ?

- agriculture intensive
- espace agricole
- espace rural
- conflit d'usage
- périurbanisation

VIDÉO

3. Des espaces ruraux multifonctionnels 239

ACQUÉRIR LES MÉTHODES — BAC ÉPREUVES COMMUNES

OBJECTIF MÉTHODE
Décrypter une publicité avec un regard critique.

Analyser une publicité

SUJET Pourquoi cette affiche publicitaire est-elle révélatrice de l'évolution de l'agriculture et des comportements alimentaires en France ?

Annotations sur l'affiche :
- Le mot « bio » présent deux fois dans l'image
- Les éléments du paysage : des vaches dans une prairie, un arc-en-ciel…
- Des aliments
- De multiples couverts, symbolisant la restauration collective
- La nature de l'affiche et sa source
- Un premier slogan et un jeu de mots pour accrocher le lecteur
- Un second slogan
- Des bâtiments : un collège ou un lycée
- Le logo de l'association
- Les labels et les acteurs partenaires de cette publicité

1 Affiche à destination des cantines des collèges et des lycées d'Alsace en 2014

Cette affiche a été publiée par l'OPABA (Organisation professionnelle de l'agriculture biologique en Alsace), un syndicat professionnel qui rassemble tous les agriculteurs biologiques alsaciens.

POUR TRAITER LE SUJET

1. Quelles sont la source et la nature du document ?
2. Analysez la composition de l'image : quels éléments visuels (images, logos) soulignent qu'il s'agit d'une agriculture biologique ? En quoi les éléments écrits renforcent-ils cette idée ?
3. De manière plus large, quels sont les signes de préoccupations liées au développement durable (images, slogans) ?
4. À l'aide de ce qui précède et du cours 2 p. 230-231, rédigez une réponse au sujet en l'organisant en plusieurs parties et en ajoutant une dimension critique.

Pensez à utiliser des termes précis : acteurs, agriculture biologique, labellisation, développement durable, etc.

POINT MÉTHODE — Analyser une publicité

→ **Se demander qui en est à l'origine** (un organisme public, une entreprise…), quel est **son sujet**, à qui elle s'adresse et quel est **son support** (affiche, site internet…).

→ **Dégager les arguments** mis en avant et montrer comment ils sont mis en valeur (choix des mots, des images, des couleurs…).

→ **Expliquer ces arguments** à l'aide de ses connaissances et **avoir un regard critique**.

Analyser une caricature

OBJECTIF MÉTHODE
Comprendre la signification d'une caricature

BAC ÉPREUVES COMMUNES

SUJET Analysez cette caricature en expliquant ce que l'auteur a voulu dénoncer. Nuancez son propos en portant un regard critique.

- La dénonciation de quel phénomène ? (*manure* : fumier)
- Du soja génétiquement modifié
- Une carte du monde évoquant la mondialisation
- Quel est le phénomène représenté ? Dans quel pays ?
- Un élevage hors-sol : la dénonciation de quel type d'agriculture ?
- Les exportations de l'Union européenne
- Des *chicken wings* et des *spare ribs* : la dénonciation de quel type d'alimentation ?
- Les excédents de lait de l'Union européenne vendus en Afrique : quelles conséquences pour l'agriculture de ces pays ?

1 Caricature d'ARC 2020 contre la politique agricole de l'Union européenne, 2012

ARC 2020 est un groupe de pression constitué de 150 organisations issues de 22 États européens. Il milite notamment contre le fait qu'une majorité des « protéines végétales destinées aux animaux d'élevage sont importées, accaparant 16 millions d'hectares de terres[1] au détriment des communautés paysannes locales en Amérique du Sud. Cela encourage la monoculture OGM, avec des effets dévastateurs sur l'environnement. »

[1] Il y a en réalité plus de 30 millions d'hectares de terres accaparées dans le monde, mais moins de 10 millions en Amérique latine.

Arc2020.eu, 2012.

POUR TRAITER LE SUJET

1. Présentez le document (nature, auteurs, sujet général). Aidez-vous de la légende.
2. Examinez l'image en lisant les annotations et en répondant aux questions posées dans certaines vignettes.
3. Rédigez un texte expliquant ce que le document dénonce et comment il le fait. Vous nuancerez ce qui est montré (utilisez la note 1).

Pensez à utiliser des termes précis : accaparement des terres, agriculture productiviste, agroalimentaire, mondialisation, Brésil, environnement, États-Unis, Union européenne, Afrique, exportations, importations, OGM, etc.

POINT MÉTHODE

Analyser une caricature

→ **Comprendre ce que le dessinateur a voulu critiquer** et montrer comment il a fait passer son message de façon graphique, et souvent humoristique.

→ **Repérer l'auteur, la date, la source et le sujet global** du document.

→ **Analyser l'organisation d'ensemble** du dessin puis **les différents éléments qui le composent** (texte, personnes, objets...). Ceux-ci sont souvent exagérés puisqu'il s'agit d'une caricature, mais ils sont symboliques et **demandent à être interprétés** en fonction de ce que l'on connaît du sujet.

→ **Porter un regard critique.**

Thème 3 Les espaces ruraux : multifonctionnalité ou fragmentation ?

ACQUÉRIR LES MÉTHODES

Analyser des représentations artistiques

SUJET À partir des documents et, éventuellement, d'autres œuvres artistiques, analysez certaines représentations associées aux sociétés et espaces ruraux.

1 *Prairie Farm*, peinture de William Kurelek, 1976

William Kurelek était un artiste canadien (1927-1977) qui voulait rendre compte de l'immensité de l'Ouest canadien et traitait, souvent à partir de souvenirs personnels, les questions de l'identité culturelle, communautaire, religieuse et familiale.

2 *Tom à la ferme*, film de Xavier Dolan, 2012

Tom, un jeune publicitaire de Montréal, se rend aux funérailles de son petit ami Guillaume, dans la campagne québécoise. Il y rencontre sa famille, dont Francis, le frère de Guillaume, un fermier viril, violent et homophobe, qui est le seul à connaître la nature de la relation entre Tom et son frère. À force de menaces, Tom se retrouve peu à peu sous l'emprise de Francis.

Tom à la ferme est un thriller psychologique qui a pour décor l'immensité d'un espace rural dont le réalisateur a voulu donner une image grise, froide et angoissante.

POUR TRAITER LE SUJET

1. Quel est l'espace commun représenté par ces deux documents ?
2. Analysez le doc 1 : en quoi représente-t-il « un rêve » pour le peintre ?
3. Analysez le doc 2 : quelle image de la société rurale le cinéaste cherche-t-il à donner ?
4. À l'aide de ce qui précède, rédigez un texte répondant à la problématique : « Les représentations associées à l'espace rural : rêve ou cauchemar ? » Vous pouvez argumenter à l'aide d'autres œuvres évoquant des espaces ruraux (tableaux, films, programmes TV, BD...).

POINT MÉTHODE

Analyser une œuvre d'art en géographie

→ Comprendre comment un phénomène spatial est traité par un artiste.

→ Dégager ce que l'œuvre révèle d'une société et de ses interrogations.

242 **Thème 3** Les espaces ruraux : multifonctionnalité ou fragmentation ?

OBJECTIF MÉTHODE
Analyser un paysage de façon diachronique

Comparer deux photographies d'époques différentes

SUJET En comparant les deux photographies, analysez les recompositions et la multifonctionnalité de l'espace rural à Chasseneuil-du-Poitou (Vienne, 13 km au nord de Poitiers).

1 Chasseneuil-du-Poitou en 1959

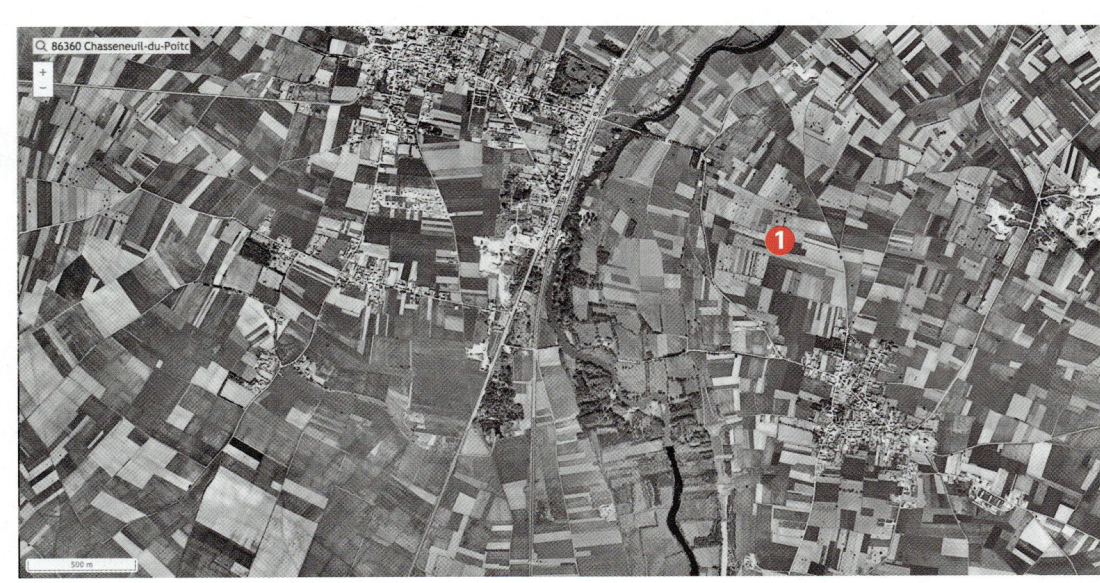

ANALYSE DIACHRONIQUE

POUR TRAITER LE SUJET

1. Observez les photographies et faites correspondre un numéro aux éléments suivants :
   - **a** agriculture dominante
   - **b** agriculture résiduelle
   - **c** autoroute
   - **d** parc de loisirs (Futuroscope)
   - **e** parcelles agricoles de plus grande taille
   - **f** périurbanisation
   - **g** progression de la forêt
   - **h** zone industrielle et commerciale

2. Montrez que ces photographies témoignent de la recomposition des espaces ruraux proches des métropoles régionales et d'une multifonctionnalité croissante.

   Rédigez votre réponse à l'aide des termes ci-dessus et en utilisant éventuellement le site de l'IGN « Remonter le temps ».

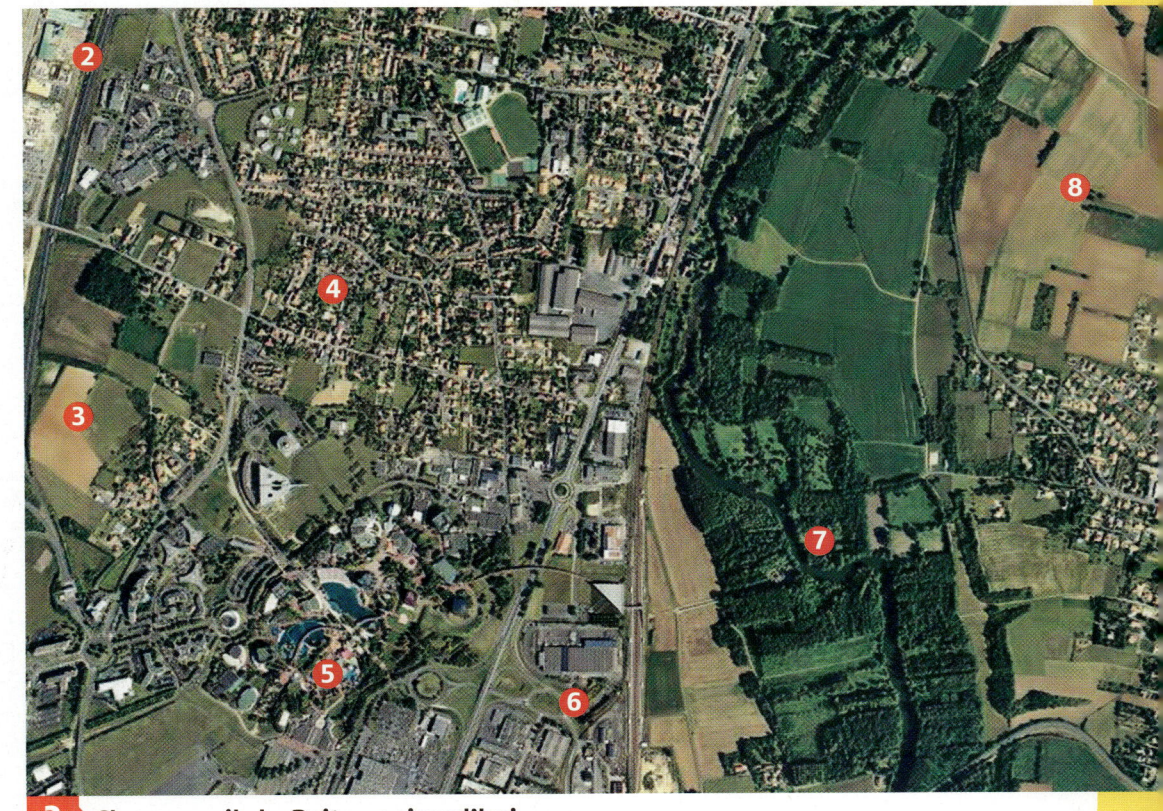

2 Chasseneuil-du-Poitou aujourd'hui

Thème 3 Les espaces ruraux : multifonctionnalité ou fragmentation ? 243

ACQUÉRIR LES MÉTHODES — BAC ÉPREUVES COMMUNES

Analyser des documents

OBJECTIFS MÉTHODE
- Extraire des informations d'un texte et en faire un schéma fléché
- Mobiliser des connaissances pour analyser un texte

SUJET

« Le loup contre les bergers » :
un conflit d'usages dans les espaces ruraux de montagne en France.
Votre analyse expliquera pourquoi l'on peut parler d'un conflit d'usages entre différents acteurs, puis montrera les tentatives pour y remédier et les évolutions en cours.

1. Les conflits liés au loup

« Le loup a été un animal commun en France pendant des siècles, en montagne comme en plaine [...]. Si le retour du loup a d'abord concerné des espaces naturels protégés comme le parc national du Mercantour, sa présence a bientôt été relevée dans plusieurs départements. Sa présence à proximité des pâturages a rapidement soulevé l'inquiétude des bergers, renforcée par l'augmentation du nombre [de loups]. [...]

Son retour en France coïncide avec un contexte particulier : celui des graves difficultés auxquelles fait face le pastoralisme[1]. Cette filière souffre d'un triple handicap : la crise de la filière agricole en France et de l'élevage en particulier ; les difficultés de l'agriculture de montagne [...] ; et les problèmes spécifiques de la filière ovine peu rémunératrice au regard du travail qu'elle exige. [...]

Ce conflit oppose principalement deux groupes d'acteurs. Un groupe rassemble ceux qui estiment que le loup est une contrainte de plus, ou de trop, pour les éleveurs, défenseurs d'une ruralité de montagne en difficulté et accusant les pouvoirs publics de préférer une nature sauvage à une nature habitée. Un deuxième groupe rassemble les défenseurs du loup[2], estimant qu'il faisait partie des écosystèmes avant sa disparition, que son retour est une restauration de la biodiversité, et que les éleveurs des autres pays parviennent à cohabiter avec cette espèce qui est de toute façon protégée par le droit européen et international. [...]

Le plan national loup est l'outil mis en place par l'État pour gérer la cohabitation entre les éleveurs et le loup. [...] Deux types d'actions complémentaires sont mises en œuvre : d'une part indemniser les éleveurs en cas d'attaque, d'autre part encourager les éleveurs à changer leurs pratiques pour limiter le nombre d'attaques. Tandis que l'indemnisation est financée entièrement par l'État français, les mesures de protection sont cofinancées par le FEADER*. [...] Au fil des numéros d'*Info Loup*, la publication mensuelle du plan loup, des conseils sont prodigués aux éleveurs pour "faire obstacle au prédateur". L'une des mesures consiste à généraliser les chiens de protection tels que les patous[3]. Ces chiens bergers [...] grandissent au milieu du troupeau et développent des réflexes de protection des brebis. La DREAL[4] reconnaît que ces évolutions génèrent des contraintes, demandent du temps aux éleveurs, et changent leurs habitudes de travail. »

[1] Mode d'exploitation agricole fondé sur l'élevage en pâturages naturels.
[2] Il s'agit notamment des associations écologistes et de protection de la nature.
[3] La présence de ces chiens provoque un autre conflit d'usages avec des randonneurs et vététistes, parfois agressés par les patous.
[4] Direction régionale de l'environnement, de l'aménagement et du logement.

Jean-Benoît Bouron, « Le plan loup, une réponse de l'État à un conflit socio-environnemental », *Géoconfluences*, avril 2017.

2. Le loup à la conquête de toute la France

« Depuis la première observation de deux loups, dans le parc national du Mercantour (Alpes-Maritimes), le 4 novembre 1992, l'espèce n'a cessé de croître et de se multiplier, partant chaque année à la conquête de nouveaux territoires. Dans cette histoire d'un quart de siècle, l'année 2017 marque certainement le passage d'un nouveau seuil, des loups ou des indices de leur présence étant désormais régulièrement observés en régions de plaine, alors qu'ils ne l'étaient qu'en montagne, jusqu'alors.

[...] L'État a élaboré son nouveau "plan national loup et activités d'élevage" pour les années 2018 à 2023 [...]. Une des principales dispositions de ce nouveau "plan loup" prend en compte l'expertise scientifique sur le devenir du loup [...] Cette "évaluation prospective à l'horizon 2025-2030" recommande de ne pas abattre plus de 10 % des effectifs lupins afin que ceux-ci restent au "moins stables". »

Antoine Peillon, « Le loup, à la conquête de toute la France », *La Croix*, 9 janvier 2018.

ÉTAPE 1 Comprendre le sujet et mettre en relation des informations extraites des documents

1 Quel est l'espace concerné par le sujet ? À l'aide de vos connaissances et du doc 1, expliquez pourquoi il s'agit d'un espace multifonctionnel.

2 Vérifiez le sens de « conflit d'usages » puis montrez que le schéma ci-dessous reprend les trois temps de la consigne du sujet. Complétez-le à l'aide des documents.

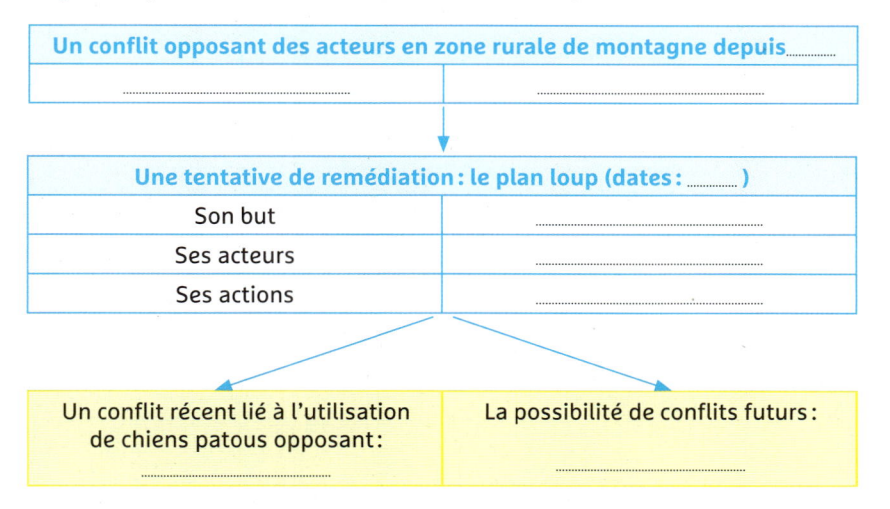

```
┌─────────────────────────────────────────────────────────────┐
│   Un conflit opposant des acteurs en zone rurale de         │
│   montagne depuis............                                │
├──────────────────────────────┬──────────────────────────────┤
│                              │                              │
└──────────────────────────────┴──────────────────────────────┘
                          ↓
┌─────────────────────────────────────────────────────────────┐
│   Une tentative de remédiation : le plan loup (dates : ....)│
├──────────────────────────────┬──────────────────────────────┤
│   Son but                    │                              │
│   Ses acteurs                │                              │
│   Ses actions                │                              │
└──────────────────────────────┴──────────────────────────────┘
              ↙                                    ↘
┌──────────────────────────────┐  ┌──────────────────────────────┐
│ Un conflit récent lié à       │  │ La possibilité de conflits   │
│ l'utilisation de chiens       │  │ futurs :                     │
│ patous opposant :             │  │                              │
│ ..........                    │  │ ..........                   │
└──────────────────────────────┘  └──────────────────────────────┘
```

ÉTAPE 2 Rédiger le devoir en mobilisant des connaissances

3 Pour préparer votre réponse au sujet, approfondissez certains points au brouillon :
– Recensez et classez les arguments des principaux acteurs en conflit.
– Concernant les tentatives de remédiation, ne vous contentez pas de citer les documents : de quels types d'acteurs et de mesures s'agit-il ?
– Concernant les évolutions en cours, quel est le risque d'extension géographique du conflit ?

4 Rédigez le devoir en tenant compte du travail préalable et des points méthode.

POINT MÉTHODE 1

Élaborer un schéma fléché à partir d'un texte

Cela permet de :
→ **synthétiser de manière visuelle** des processus ;
→ montrer **les rapports de cause à effet**, notamment par des flèches.

Pour cela, il faut :
→ **extraire les informations** importantes contenues dans le document ;
→ les classer, **les hiérarchiser et montrer des interrelations.**

POINT MÉTHODE 2

Réaliser une analyse de document

Il faut éviter deux écueils :
→ **celui de la seule restitution de connaissances** qui « oublie » le document au profit de considérations plus générales ;
→ **la paraphrase** qui consiste à se contenter de répéter ce que dit le document sans expliquer.

Pour éviter ces écueils, il faut :
→ **citer le texte** en utilisant des guillemets, ou en utilisant des formules telles que « le texte précise que » ;
→ **mobiliser des connaissances**, qui expliquent, enrichissent ou nuancent le document.

ACQUÉRIR LES MÉTHODES

Réaliser un croquis

OBJECTIFS MÉTHODE
- Construire un croquis d'après une carte de projection différente
- Comprendre les différences entre carte, croquis et schéma

SUJET

Réalisez un croquis des espaces agricoles dans le monde en vous aidant d'une carte et d'un schéma.

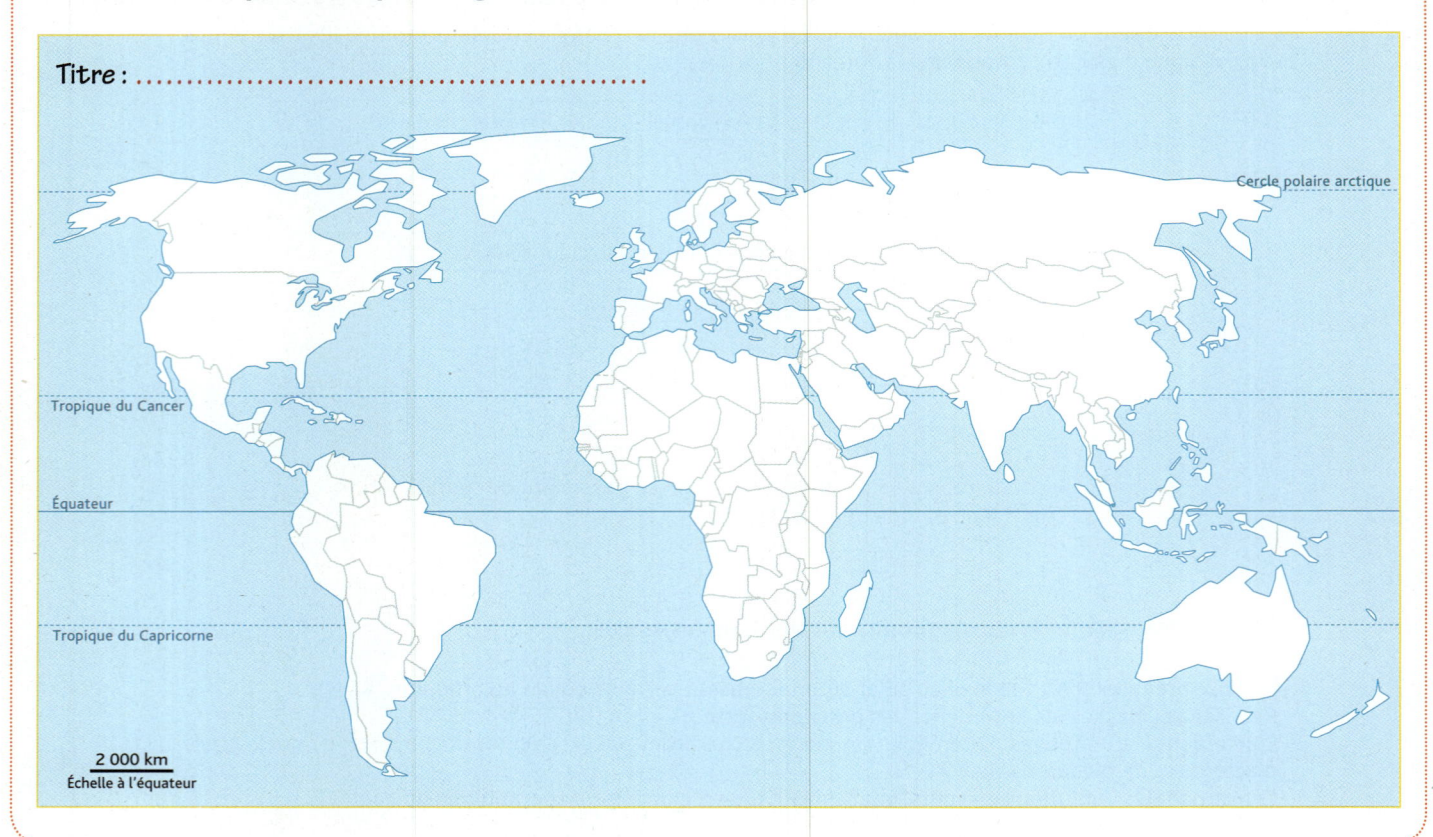

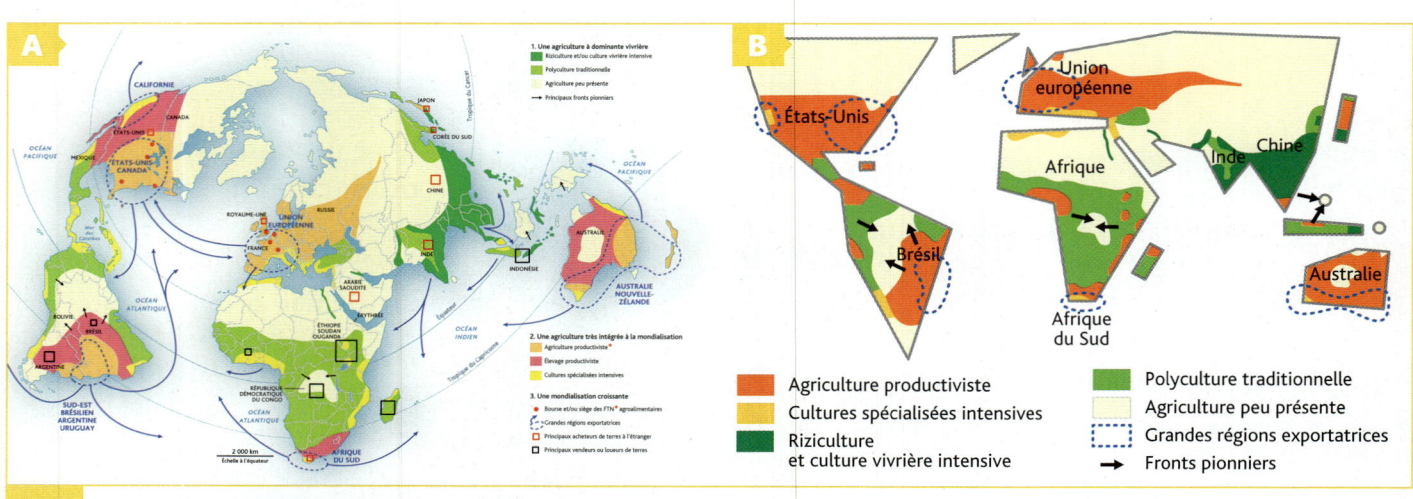

Titre : ....

Cercle polaire arctique

Tropique du Cancer

Équateur

Tropique du Capricorne

2 000 km
Échelle à l'équateur

A / **B**

1. Une agriculture à dominante vivrière
   - Riziculture et/ou culture vivrière intensive
   - Polyculture traditionnelle
   - Agriculture peu présente
   - → Principaux fronts pionniers

2. Une agriculture très intégrée à la mondialisation
   - Agriculture productiviste
   - Élevage productiviste
   - Cultures spécialisées intensives

3. Une mondialisation croissante
   - Bourse et/ou siège des FTN agroalimentaires
   - Grandes régions exportatrices
   - Principaux acheteurs de terres à l'étranger
   - Principaux vendeurs ou loueurs de terres

- Agriculture productiviste
- Cultures spécialisées intensives
- Riziculture et culture vivrière intensive
- Polyculture traditionnelle
- Agriculture peu présente
- Grandes régions exportatrices
- → Fronts pionniers

Aide Les espaces agricoles dans le monde
Voir p. 192-193 (A) et p. 217 (B)

246 Thème 3 Les espaces ruraux : multifonctionnalité ou fragmentation ?

ÉTAPE 1 Distinguer carte, croquis et schéma

1 La carte (doc A) et le schéma (doc B) portent sur le même thème (celui du sujet). Comparez :
– leur légende (présence d'un plan ? nombre d'informations ? Pourquoi avoir gardé celles-ci et pas d'autres ?) ;
– la précision des localisations et le niveau de détail.

2 D'après le point méthode 1, quel devra être le degré de précision de votre croquis (nombre d'éléments représentés, détail des localisations) par rapport à la carte et au schéma ?

ÉTAPE 2 Organiser la légende du croquis

3 Dans la liste ci-dessous, quelles informations, non cartographiées sur le doc A et extraites de documents du manuel, pourrait-on éventuellement utiliser sur le croquis ? (Attention, certaines sont hors-sujet.)

- ☐ La part de l'agriculture dans l'économie des différents pays (carte 1 p. 194)
- ☐ L'importance des cultures OGM (carte 2 p. 194)
- ☐ L'importance de l'agriculture biologique (carte 2 p. 194)
- ☐ L'évolution de la population rurale dans le monde (carte 3 p. 195)
- ☐ La population rurale dans le monde (carte p. 207)

4 À l'aide de votre réponse à la question 3 et des doc A et B, sélectionnez une dizaine d'éléments de légende et classez-les en deux ou trois parties. Pour chacun d'entre eux, choisissez un figuré adéquat (voir le tableau des figurés sur le rabat du manuel).

ÉTAPE 3 Réaliser le croquis

5 Le fond de croquis fourni par le sujet est différent de celui du doc A. Lisez le point méthode 2 : quel est le mode de projection du fond de croquis ? celui du doc A ?

6 Réalisez le croquis selon la légende que vous avez établie. Prenez garde à la justesse des localisations vu le changement de projection. Mettez une nomenclature (noms de certains pays, des océans) et donnez un titre au croquis.

POINT MÉTHODE 1

Distinguer carte, croquis et schéma

→ **Une carte** a pour but de localiser des phénomènes géographiques de façon précise.

→ **Un croquis**, réalisé sur un fond de carte simplifié, sélectionne davantage les informations, les classe et les met en relation. Il simplifie leur représentation.

→ **Le schéma** est encore plus simplifié mais est aussi plus théorique. Réalisé sur un fond très simplifié, il nécessite une sélection poussée des informations afin de mettre en évidence des dynamiques spatiales.

POINT MÉTHODE 2

Les modes de projection des planisphères

La terre étant sphérique, il est impossible de la représenter à plat tout en respectant à la fois les proportions, les surfaces et les distances. Les nombreux modes de projection aboutissent forcément à un résultat « insatisfaisant ».

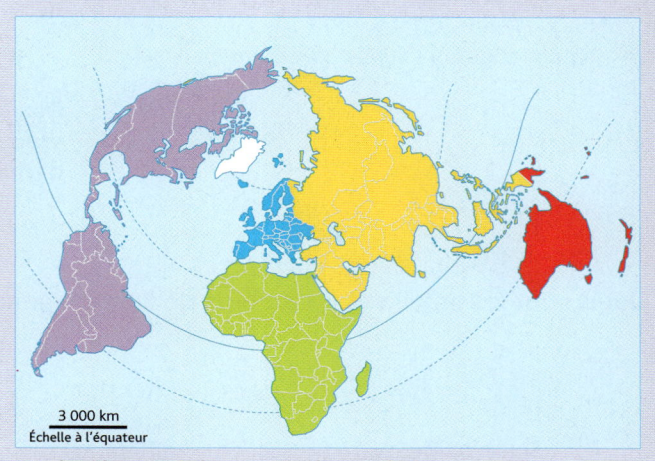

Projection polaire de Breisemeister

Projection de Robinson (centrée sur l'Europe)

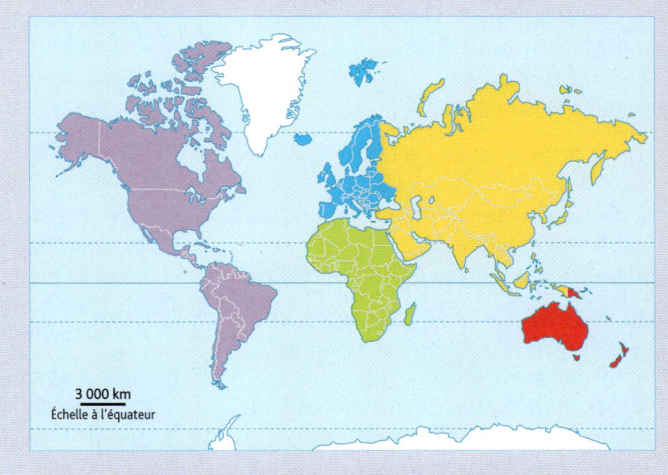

Projection de Mercator (centrée sur l'Europe)

Thème 3 Les espaces ruraux : multifonctionnalité ou fragmentation ?

ACQUÉRIR LES MÉTHODES — BAC ÉPREUVES COMMUNES

OBJECTIFS MÉTHODE
- Réfléchir à un sujet et à un plan
- Articuler idées, arguments et exemples

Répondre à une question problématisée

SUJET Quels sont les enjeux et les acteurs de l'aménagement et du développement des espaces ruraux en France ?

ÉTAPE 1 Comprendre le sujet

1 Répondez aux questions qui entourent le sujet.

- Donnez des exemples de types d'aménagements.
- Définissez le terme et donnez des exemples de types d'espace ruraux.

Quels sont les **enjeux** et les **acteurs** de l'**aménagement** et du développement des **espaces ruraux** en **France** ?

- Que signifie ce terme ?
- Citez des acteurs de différentes échelles.
- Faudra-t-il évoquer les DROM ?

ÉTAPE 2 Insérer des arguments dans le plan choisi

2 Parmi les trois plans proposés, lequel ne peut pas convenir ? Justifiez votre réponse. Choisissez ensuite l'un des autres plans en fonction de vos connaissances.

Plan 1	Plan 2	Plan 3
I. Une multifonctionnalité porteuse de nouveaux enjeux	**I. Le poids encore important des espaces agricoles**	**I. Une multifonctionnalité porteuse de nouveaux enjeux et de difficultés**
A. Une multifonctionnalité accrue	A. Des paysages ruraux façonnés par l'agriculture	A. Une multifonctionnalité accrue
B. Des espaces en concurrence et des conflits d'usages	B. L'agriculture : une fonction productive qui se diversifie	B. Des espaces en concurrence et des conflits d'usages
C. Des enjeux environnementaux		C. Des espaces ruraux vieillissants et en déprise
II. Les difficultés de certains espaces ruraux	**II. Une multifonctionnalité porteuse de nouveaux enjeux d'aménagement**	**II. Des initiatives touchant différents domaines**
A. Un vieillissement et une déprise démographique	A. Des ruralités multiples	A. Une agriculture redynamisée
B. Un déclin des activités et des services	B. Des attentes fortes en termes de services publics	B. Une nouvelle attractivité économique et touristique
	C. Des transformations parfois conflictuelles	C. Des mesures environnementales
III. Des mesures d'aménagement et de développement portées par de multiples acteurs	**III. Le cas des DROM**	**III. Des acteurs multiples**
A. Des initiatives locales, nationales et européennes	A. Des espaces ruraux spécifiques	A. Des acteurs privés et publics
B. Des initiatives portant sur des domaines variés (agriculture, tourisme, services…)	B. Des mesures européennes	B. Des initiatives locales
		C. Des initiatives nationales et européennes

Thème 3 Les espaces ruraux : multifonctionnalité ou fragmentation ?

3 Dans quelles sous-parties du plan intégreriez-vous les éléments tirés des documents suivants ?

Documents	Sous-partie
Doc 4 p. 187 Le site du parc d'attractions Vulcania	
Doc p. 221 Cueillette en libre-service	
Doc 3 p. 222 Promeneurs en milieu rural	
Doc 1 p. 222 Lotissements en milieu rural	
Carte p. 223 Des espaces ruraux multifonctionnels	
Carte 1 p. 224 Les espaces agricoles français	
Carte 2 p. 224 Les zones rurales pouvant bénéficier d'aides européennes	
Carte 3 p. 224 Ruralité et inégalité d'accès à la culture	
Doc 9 p. 188 Allègre lutte contre la désertification rurale	
Doc 2 p. 227 Bioraffinerie Reims-Champagne	
Repère p. 230 Les 4 priorités du FEADER	
Doc 2 p. 231 Les maisons de santé	
Doc 5 p. 229 Le bus du FEADER en Guadeloupe	

ÉTAPE 3 Rédiger le devoir

4 Le début du devoir (I A) est rédigé ici. À quels éléments les passages soulignés correspondent-ils ?

Éléments	Couleur
Argumentation, contre-argumentation	
Exemple illustrant une idée générale	
Localisation	
Idée principale de la sous-partie	
Notions, termes spécifiques	

> Les espaces ruraux français sont de plus en plus multifonctionnels. En effet, l'agriculture n'est plus l'activité économique dominante. Même si elle occupe encore près de 30 millions d'hectares sur les 55 millions du territoire national, moins d'un million de personnes travaillent désormais dans ce secteur. Les activités industrielles, parfois liées à l'agroalimentaire comme les bioraffineries, restent ponctuellement implantées en milieu rural, notamment dans le pourtour du Bassin parisien ou dans des espaces tournés vers des productions spécialisées (décolletage de la vallée de l'Arve par exemple). Ce sont cependant les activités récréatives et touristiques qui connaissent le plus grand essor, qu'il s'agisse de tourisme rural comme en moyenne montagne ou d'activités de randonnée. Mais c'est le développement de la fonction résidentielle qui bouleverse le plus certains espaces ruraux, en particulier autour des aires urbaines, qui s'étalent par périurbanisation. Ce phénomène se retrouve aussi bien en métropole que dans les DROM, par exemple autour de Pointe-à-Pitre en Guadeloupe.

5 En vous inspirant de ce qui précède, rédigez une sous-partie du plan que vous avez choisi.
Utilisez des arguments et des exemples extraits des documents de la question 4 ou de votre cours.

POINT MÉTHODE

Distinguer arguments et exemples

→ La réponse à une question s'apparente à une **démonstration**.

→ Elle doit donc **utiliser des arguments** pour justifier les idées principales.

→ Ces arguments doivent eux-mêmes être illustrés par des **exemples précis**.

SUJETS POUR S'ENTRAÎNER

BAC ÉPREUVES COMMUNES

Analyser un document

SUJET

L'espace rural au Québec : un espace multifonctionnel

Expliquez pourquoi le texte évoque à propos du Québec une ruralité devenue « plurielle » et une « complémentarité ville-campagne ». Vous donnerez des raisons de ces évolutions et montrerez qu'on les retrouve dans d'autres régions du monde.

1 L'espace rural au Québec

« Vous savez désormais que vous êtes "tous ruraux"[1] [...] parce que vous consommez les fraises de l'île d'Orléans, le maïs de Neuville, le fromage de Saint-Raymond, les crevettes de la Côte-Nord, les homards de la Gaspésie, les confitures de Sainte-Marcelline ; aussi parce que vous fréquentez les auberges de Charlevoix, skiez sur les pentes du mont Sainte-Anne, chinez dans les boutiques d'antiquaires de Magog ; vous aimez la douceur des savons au lait de chèvre de Port-au-Persil, vous possédez un chalet à Val-David, vous vous pâmez devant les couchers de soleil de Trois-Pistoles.

Demain, on peut imaginer que l'Union des municipalités du Québec [...] créera un événement analogue sur le thème "Tous urbains". Urbains parce que c'est dans les villes que ruraux et citadins vont [...] à l'université, fréquentent les centres commerciaux, les Ikea, Costco et autres, assistent à des concerts et à de grands événements sportifs, admirent les expositions des artistes de renom, baignent dans l'effervescence du monde des affaires, achètent leurs voitures et prennent l'avion pour le soleil des Antilles.

S'il y a une chose que l'espace que nous occupons nous enseigne, c'est l'interdépendance et la complémentarité ville-campagne. [...] La ruralité d'aujourd'hui ne correspond plus à la campagne des années 1940 et 1950, agricole et homogène. La ruralité actuelle est plurielle [...]. Partout, la multifonctionnalité s'est imposée. Ainsi cohabitent l'agriculture, l'activité commerciale, les fonctions résidentielle, de villégiature, récréative, institutionnelle et de transformation. La ruralité d'aujourd'hui se définit moins par les activités qu'on y exerce que par la façon d'occuper (d'habiter) le territoire. [...] Depuis la fin des années 1980, [...] [avec la révolution dite numérique], plusieurs secteurs d'activités économiques se dématérialisent, chamboulant les logiques de localisation et les modèles traditionnels d'occupation de l'espace. Ces activités économiques [...] sont dites *foot loose* (sans attache territoriale). Théoriquement, elles peuvent s'établir n'importe où, mais pas à n'importe quelles conditions (infrastructures, services, main-d'œuvre, formation, télétravail, coworking...).

Cette libération de la contrainte de la concentration pour de nombreuses entreprises, conjuguée à la quête d'une meilleure qualité de vie chez les travailleurs et les familles, crée les conditions d'un exode urbain vers les régions, leurs petites villes et petits villages. C'est une tendance de fond observée et analysée dans plusieurs pays, dont on reconnaît les avantages pour l'occupation du territoire et l'équilibre entre centre et périphérie. »

[1] Le texte fait référence à une initiative québécoise (« Tous ruraux ») qui vise à « reconstruire les ponts entre urbains et ruraux afin qu'ils prennent conscience de leur interdépendance et complémentarité ».

Bernard Vachon, « Comprendre le potentiel de la ruralité actuelle », *Le Devoir*, 30 mai 2018.

AIDE

1. La consigne demande d'analyser le texte de près mais aussi de le mettre en relation avec la situation d'autres pays. Vous devez donc faire appel à des connaissances.
2. Pensez à mobiliser des notions et un vocabulaire spécifique.
3. Vous pouvez replacer le Québec dans le cadre plus global du Canada avec l'étude de cas p. 178-181.

BAC ÉPREUVES COMMUNES

Réaliser un croquis à partir d'un texte

SUJET

Les types d'espaces ruraux en France métropolitaine
En vous appuyant sur le texte et sur vos connaissances, vous réaliserez un croquis montrant la diversité des espaces ruraux en France métropolitaine.

1 Les espaces ruraux en France métropolitaine

Les espaces ruraux français sont très diversifiés, selon leur peuplement et leurs activités et dynamisme économiques. On peut schématiquement en distinguer trois types.

Le premier est marqué par un peuplement relativement dense et une croissance économique et démographique. Il s'agit en particulier des espaces situés en périphérie des aires urbaines. Leur dynamisme démographique s'explique en partie par la périurbanisation qui s'étend parfois fort loin de l'agglomération. La plupart des littoraux ainsi que des grandes vallées abritent également des espaces ruraux dynamiques, à forte économie présentielle. Comme les précédents, ils attirent une population croissante ; certains bénéficient aussi des retombées économiques du tourisme.

Un second type d'espace est plus traditionnel en ce sens qu'il est encore marqué par une forte activité agricole, et parfois industrielle. Ces campagnes s'étendent sur un quart du territoire français, essentiellement dans le pourtour du Bassin parisien, dans certaines parties de la Bretagne et de la Vendée.

Le reste du territoire rural est marqué par le vieillissement de la population et de faibles densités. Alors qu'il recouvre 42 % du territoire, il ne compte que 8 % de la population française. Il s'étend des Ardennes aux Pyrénées, englobant une large partie du Sud-Ouest, ainsi que sur les autres massifs montagneux et sur une partie de la Bretagne et de la Normandie. Cependant, si la plupart de ces territoires sont marqués par de faibles revenus, certains sont redynamisés par le tourisme, comme dans les Alpes et les Pyrénées ou dans les montagnes corses.

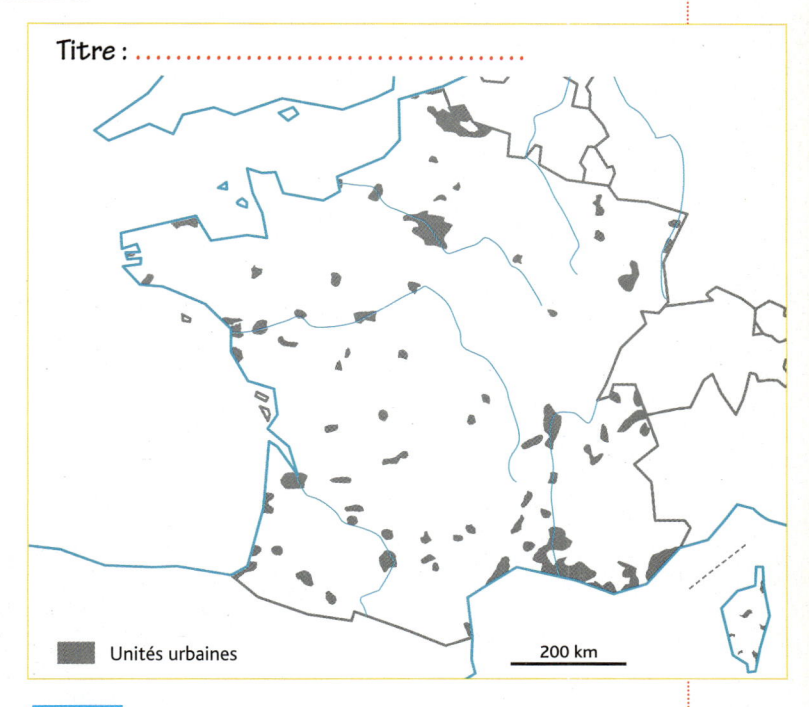

Titre : ....

Unités urbaines — 200 km

AIDE

1. Vérifiez que vous maîtrisez la notion d'espace rural* et sa différence avec espace agricole.
2. Le texte distingue trois types d'espaces ruraux, mais certains d'entre eux peuvent être subdivisés. Il faut en tenir compte dans l'organisation de la légende.
3. Pensez à donner des titres signifiants en légende et à bien choisir les figurés (voir le rabat du manuel).
4. En cas de difficultés, vous pouvez aussi vous aider de la carte p. 223.

Répondre à une question problématisée

SUJET

Pourquoi la multifonctionnalité des espaces ruraux dans le monde est-elle porteuse de complémentarité mais aussi de conflits d'usages ?

AIDE

1. Vérifiez que vous maîtrisez la notion d'espace rural* et de conflit d'usages*.
2. Aidez-vous de votre cours et des p. 204 à 209 et 212-213 pour rassembler des idées et des arguments.
3. Pensez à vous appuyer sur des exemples précis, en vous aidant des études de cas p. 178 à 189 et des dossiers p. 202-203, 210-211 et 214-215.

Thème 3 Les espaces ruraux : multifonctionnalité ou fragmentation ? 251

Thème 4
La Chine : des recompositions

? Quelle forme de recomposition est visible sur le document ?

Rizières en lisière de la ville de Shaxi (40 km au sud de Guangzhou)

spatiales multiples

Shaxi, delta de la rivière des Perles*

CHINE

Pays émergent, deuxième puissance économique mondiale depuis 2010, la Chine a connu des recompositions spatiales multiples liées à son insertion dans la mondialisation : littoralisation, métropolisation, recul des terres agricoles et, plus récemment, développement de l'Ouest du pays.

Étude de cas

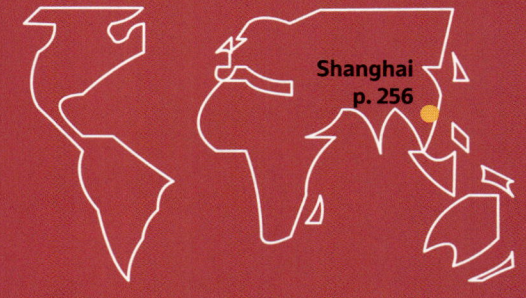

Shanghai p. 256

Questions Chine

DONNÉES PAYS

1. Développement et inégalités .. 264
2. Des ressources et des environnements sous pression 268
3. Recompositions spatiales : urbanisation, littoralisation, mutations des espaces ruraux 272

NOTIONS-CLÉS

La Chine : des recompositions spatiales multiples

Cette année, vous avez abordé la notion de recomposition sous divers angles : urbanisation et métropolisation, littoralisation et diversification des espaces de production, recomposition des espaces ruraux...
Dans ce thème conclusif, vous mobiliserez les connaissances et capacités acquises pour étudier la Chine, un espace particulièrement concerné par le phénomène de recomposition.
Avant de commencer, testez vos connaissances et partez à la découverte de la Chine !

1 Des notions déjà maîtrisées

- Seriez-vous capable, sans regarder le lexique du manuel, de donner la définition de « recomposition spatiale » ?
- Seriez-vous capable de citer des exemples de recompositions spatiales liées à :

  la métropolisation   la littoralisation   la mondialisation

2 De l'échelle mondiale à l'échelle de la Chine

Les pages du manuel « À l'échelle mondiale » abordent par des planisphères quelques grandes notions du programme. Analysez le cas de la Chine sur ces différents planisphères.

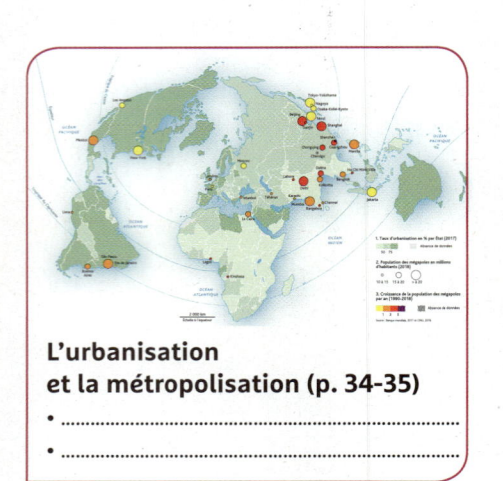

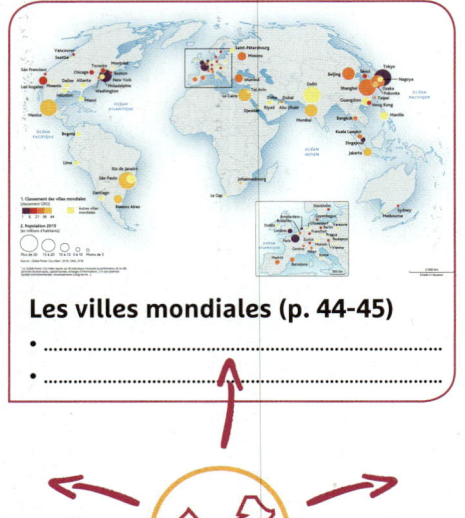

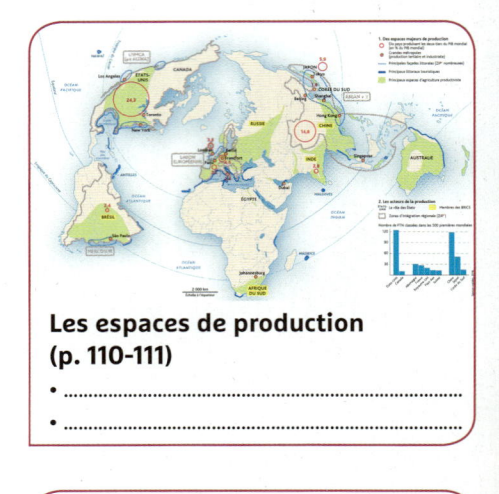

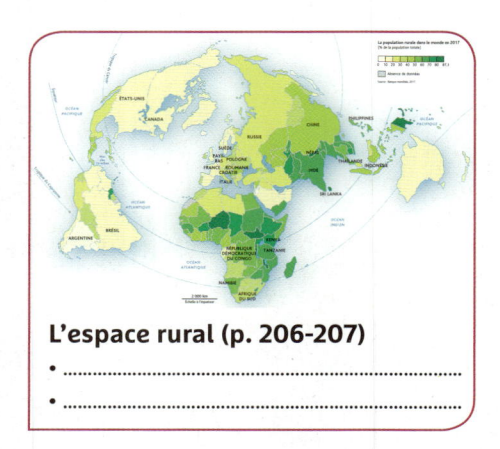

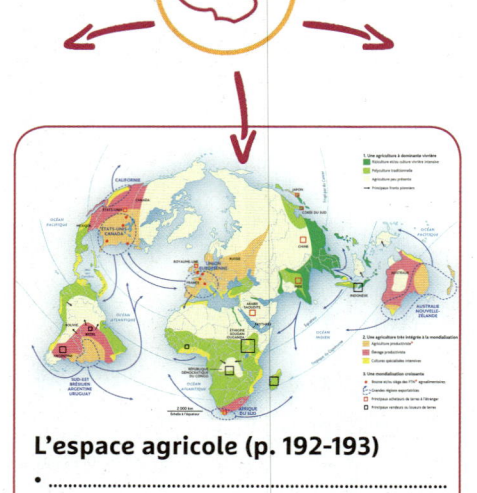

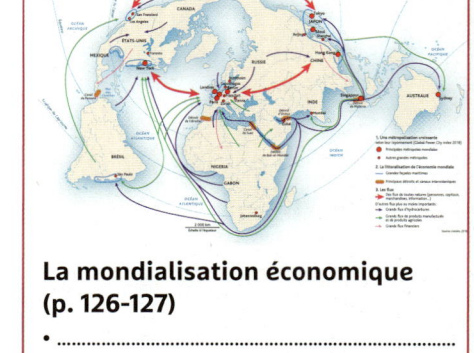

Les villes mondiales (p. 44-45)
- ....
- ....

L'urbanisation et la métropolisation (p. 34-35)
- ....
- ....

Les espaces de production (p. 110-111)
- ....
- ....

L'espace rural (p. 206-207)
- ....
- ....

L'espace agricole (p. 192-193)
- ....
- ....

La mondialisation économique (p. 126-127)
- ....
- ....

254 **Thème 4** La Chine : des recompositions spatiales multiples

3 Des images et des notions à associer

Faites correspondre certaines des notions étudiées cette année et référencées dans la liste ci-dessous aux photographies qui conviennent, toutes prises en Chine.

1 Guangdong, siège de Huawei à Shenzhen

2 Shandong, port de Qingdao

CENTRALITÉ production
recomposition PÉRIURBANISATION
centre-périphérie
MÉTROPOLE/MÉTROPOLISATION
espace productif
système productif FLUX
ENTREPRISE MULTINATIONALE
chaîne de valeur ajoutée
espace rural VILLE
FRAGMENTATION ruralité
MULTIFONCTIONNALITÉ

3 Xinjiang, bidonville en périphérie d'Urumqi

4 Guangxi, rizières en terrasse et village de Longsheng

5 Hong Kong, skyline

6 Jiangsu, usine de jouets à Lianyungang

Thème 4 La Chine : des recompositions spatiales multiples

ÉTUDE DE CAS

Quelles recompositions spatiales la croissance de Shanghai entraîne-t-elle ?

Shanghai (24 millions d'habitants) est en pleine recomposition : en 30 ans, dans un contexte de mondialisation, la ville s'est dotée d'un complexe industrialo-portuaire et d'un quartier des affaires de rang mondial. Mais le choix de la croissance à tout prix induit de profonds bouleversements spatiaux, sociaux et environnementaux.

A Sur quels fondements repose la croissance de Shanghai ?

1. Au centre, un tissu urbain dense
- Ville-centre
- Aire urbanisée
- Quartier des affaires de Lujiazui
- Promenade du Bund

2. En périphérie, une concurrence pour l'espace
- Zones agricoles
- Zones agricoles et urbaines
- Principales zones industrielles
- Villes nouvelles
- Zone de pêche polluée

3. Une métropole connectée
- Aéroport international
- 1 2 3 Trois sites portuaires successifs
- Une interface de rang mondial
- De puissants liens avec l'arrière-pays

1 Une métropole* en mutation

2 Une croissance économique soutenue par l'État

« Au début des années 1990, [...] Shanghai bénéficie de la volonté du gouvernement : [elle] est située au centre du littoral et au débouché de l'axe est-ouest du Yangzi [...]. Elle possède une bourse, développe des services aux entreprises, redistribue ses activités industrielles en périphérie, satellise les villes de sa région proche et réarticule des réseaux d'échelles régionale et nationale [...]. Si Shanghai détruit ses anciens lilong[1] et expulse une large partie de ses populations en périphérie au profit de tours de bureaux ou d'appartements inaccessibles au plus grand nombre, une politique de secteurs préservés se met également en place. Le dynamisme shanghaïen s'exprime surtout avec le projet de la Nouvelle Zone de Pudong [...]. Face au Bund, la façade de la vieille ville, sont construits le quartier d'affaires de Lujiazui et ses célèbres réalisations architecturales [...]. De nouvelles zones industrielles, ouvertes aux investissements étrangers, accueillent des industries de nouvelles technologies. Pudong dispose d'un aéroport international [...] et son port Waigaoqiao a été complété par le port en eau profonde de Yangshan plus au sud. »

Thierry Sanjuan, *Atlas de la Chine*, Autrement, 2018.

[1] *Lilong* : quartier ancien.

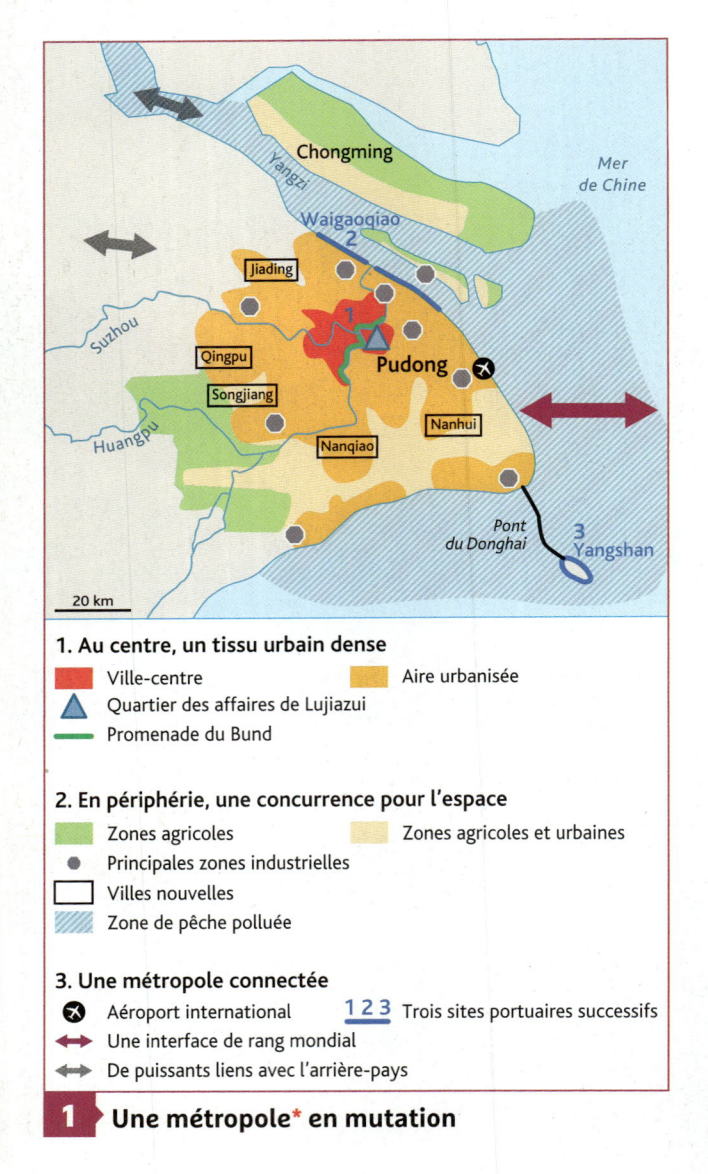

3 Un puissant littoral industrialo-portuaire

Les zones industrialo-portuaires qui entourent Shanghai et remontent loin en amont du Yangzi en font le premier port du monde.

256 **Thème 4** La Chine : des recompositions spatiales multiples

La Perle de l'Orient, 468 m (télévision)

Shanghai World Financial Center

Shanghai Tower, 682 m (bureaux, hôtel, commerces)

Shanghai International Finance Center

Bank of China Tower

Promenade du Bund

4 **Le quartier des affaires de Lujiazui, symbole de la puissance financière**

Le quartier des affaires de Lujiazui (district de Pudong) symbolise la transition de la ville vers les services et donne une image moderne et identifiable de Shanghai. Sur l'autre rive, l'ancienne zone industrialo-portuaire a été remplacée par un espace public de promenade de 21 km de long.

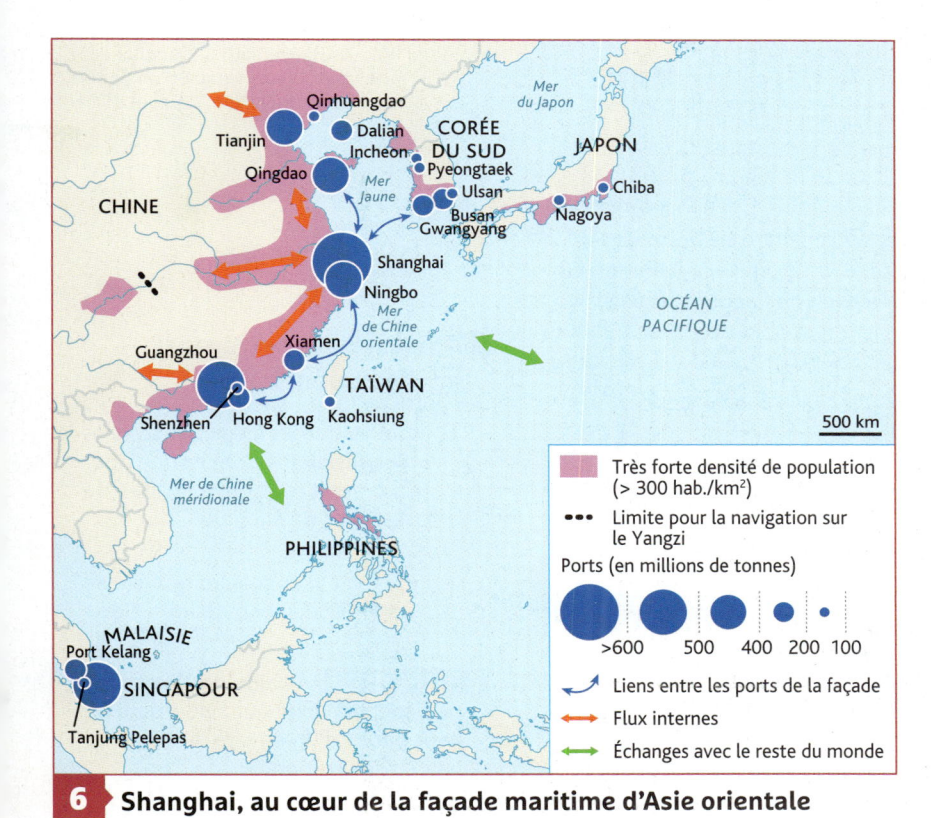

5 **Le centre de Shanghai en 24,9 milliards de pixels**

Cette image prise depuis la tour de télévision de la Perle de l'Orient résulte de l'assemblage de plusieurs milliers de photos.

6 **Shanghai, au cœur de la façade maritime d'Asie orientale**

Légende :
- Très forte densité de population (> 300 hab./km²)
- Limite pour la navigation sur le Yangzi
- Ports (en millions de tonnes) : >600, 500, 400, 200, 100
- Liens entre les ports de la façade
- Flux internes
- Échanges avec le reste du monde

Analyser et confronter les documents

1. Montrez la présence de fonctions métropolitaines à Shanghai. Comment se traduisent-elles dans le paysage ? Doc 1 à 4

2. Quels facteurs expliquent la croissance économique de Shanghai ? Doc 2 et 6

3. Allez consulter le doc 5 sur Internet. Repérez les différents quartiers du doc 1 : le Huangpu, le Bund (anciens bâtiments du début du XXᵉ siècle, sa nouvelle promenade…) et les axes de transport qui le connectent à la zone de Pudong en arrière-plan.

SYNTHÉTISER À l'aide des questions précédentes, exposez les causes et les modalités des principales recompositions spatiales engendrées par la croissance de Shanghai. Doc 1 à 6

Thème 4 La Chine : des recompositions spatiales multiples

ÉTUDE DE CAS > Quelles recompositions spatiales la croissance de Shanghai entraîne-t-elle ?

B — Quels sont les revers de la croissance ?

7 — Un étalement urbain à réguler
Pour désengorger Shanghai, cinq villes nouvelles sont en cours de réalisation, reliées à la ville-centre par autoroute, voie ferrée ou métro. La ville nouvelle de Songjiang a été peuplée, dans un premier temps, par les populations rurales délogées des secteurs à urbaniser et par exode rural en provenance des campagnes environnantes ; et, dans un second temps, par des Shanghaïens originaires de la ville-centre. Shanghai devient ainsi polycentrique*.

D'après Carine Henriot, « Métropolisation chinoise et villes nouvelles : l'exemple de l'aménagement polycentrique de Shanghai », Géoconfluences, 2016.

8 — Les mingongs*, des citoyens de seconde zone
« Environ 34 millions de personnes vivent à Shanghai, mais seulement 24 millions y résident légalement. Le reste, ce sont des mingongs, des ouvriers d'origine paysanne qui, bien qu'habitant la ville depuis de nombreuses années, demeurent des ruraux. Même s'ils disposent d'un permis de séjour délivré à condition d'avoir un emploi, [ils] peuvent à tout moment [...] être renvoyés par la police dans leur province. Ces migrants résidents [...] ne peuvent bénéficier d'aucun des services sociaux [...], pas même de l'école publique gratuite pour leurs enfants. [...] [Le permis à points] permet en théorie aux ruraux de passer dans la catégorie privilégiée des citadins, si tant est qu'ils remplissent toute une série de conditions [...] : un permis de séjour à Shanghai depuis plus de sept ans [...], un seul enfant [...] et un métier de "technicien de niveau supérieur", [...] [ce qui] exclut la quasi-totalité des 10 millions de travailleurs migrants, qui exercent généralement dans le bâtiment ou dans des domaines non qualifiés. »

Philippe Grangereau, « Shanghai dote ses travailleurs ruraux d'un permis à points », Libération, 2 juillet 2013.

9 — Une pollution qui inquiète les autorités
« Si la qualité de l'air s'est améliorée, la qualité de l'eau s'est quant à elle détériorée... [...] Les inspecteurs du ministère de la Protection de l'environnement ont constaté que les normes environnementales du principal pôle économique du pays s'étaient dégradées et que les autorités locales ont renoncé à une partie de leurs devoirs en la matière. [...] 800 entreprises qui avaient reçu l'ordre de fermer en 2013 étaient toujours en activité trois ans plus tard. Les autorités locales apparaissent comme le maillon faible de la lutte contre la pollution en Chine, nombre d'entre elles préférant fermer les yeux sur les violations pour préserver les emplois et leurs revenus. »

« La ville de Shanghai pointée pour sa pollution », Ouest-France, 12 avril 2017.

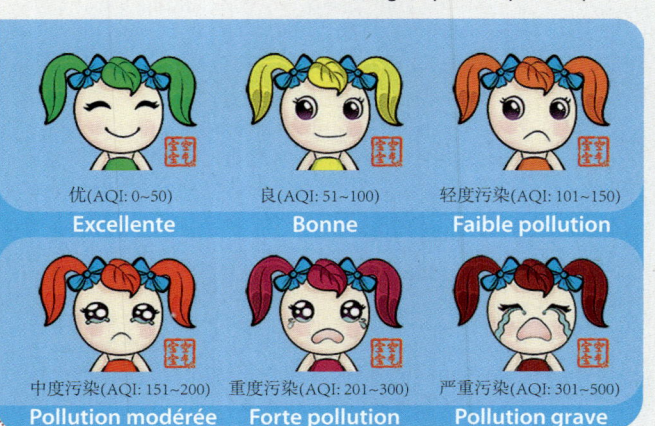

Mascottes utilisées par le bureau de l'environnement de Shanghai pour donner l'indice de qualité de l'air (IQA).

优 (AQI: 0~50) Excellente
良 (AQI: 51~100) Bonne
轻度污染 (AQI: 101~150) Faible pollution
中度污染 (AQI: 151~200) Pollution modérée
重度污染 (AQI: 201~300) Forte pollution
严重污染 (AQI: 301~500) Pollution grave

Analyser et confronter les documents

1. Montrez que les inégalités sociales et les problèmes environnementaux sont exacerbés par la croissance de Shanghai. Doc 1, 2, 8, 9 et doc 2 p. 273.
2. Comment Shanghai tente-t-elle de réguler l'étalement urbain* ? Doc 1 et 7.

SYNTHÉTISER À l'aide des questions précédentes, expliquez pourquoi on peut parler d'un envers du décor de la métropolisation.

Bilan

→ Complétez le schéma fléché à l'aide de l'étude de cas.

- Une volonté politique de l'État
- Un port au cœur d'une grande façade littorale
- Une intégration dans la mondialisation

→ **Shanghai, une métropole en forte croissance et concentrant des fonctions économiques :** ....

- Des recompositions spatiales multiples : ....
- Des défis à surmonter : ....

→ Complétez le croquis à l'aide de l'étude de cas.

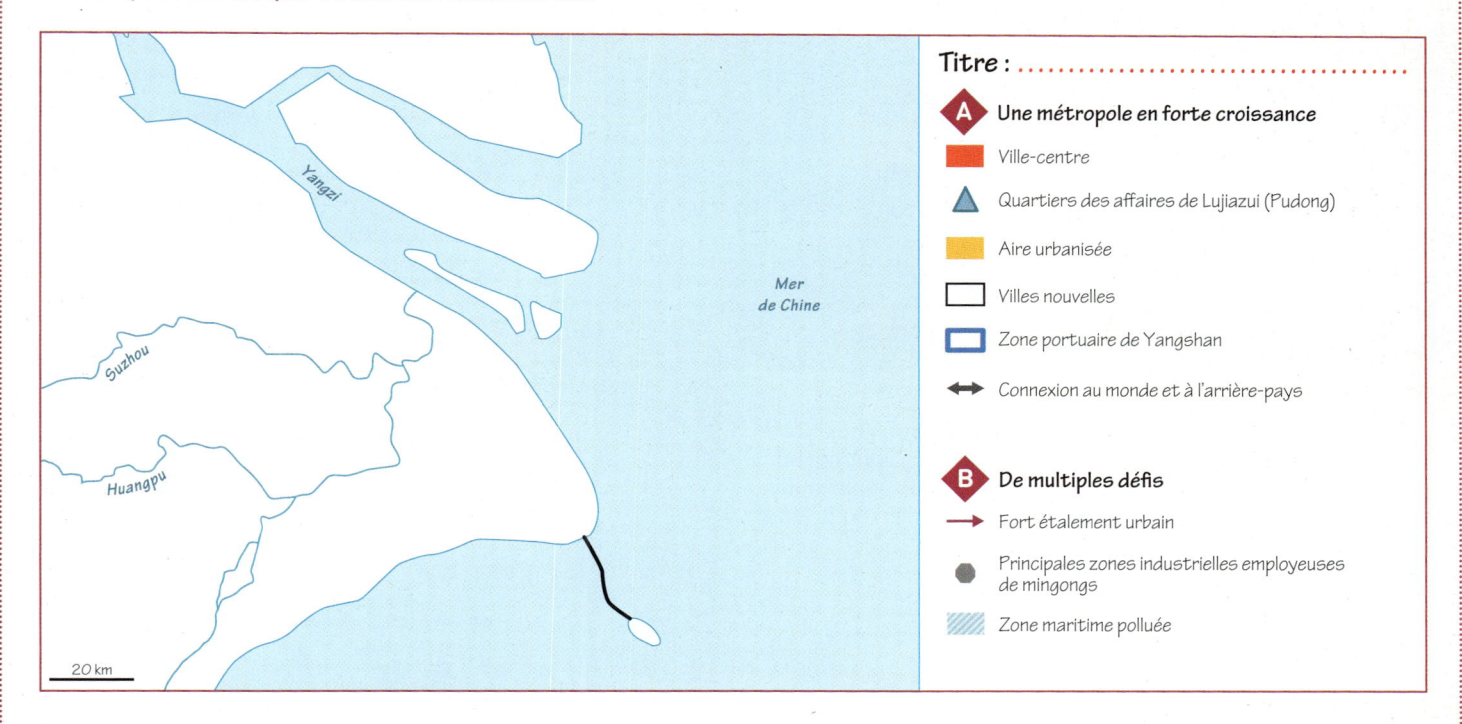

Titre : ....

A Une métropole en forte croissance
- ■ Ville-centre
- ▲ Quartiers des affaires de Lujiazui (Pudong)
- ■ Aire urbanisée
- □ Villes nouvelles
- □ Zone portuaire de Yangshan
- ↔ Connexion au monde et à l'arrière-pays

B De multiples défis
- → Fort étalement urbain
- ● Principales zones industrielles employeuses de mingongs
- ▨ Zone maritime polluée

Mise en perspective

→ Répondez aux questions pour replacer le cas de Shanghai à l'échelle de la Chine.

A
- Citez d'autres métropoles* mondiales chinoises. Où sont-elles localisées ? Carte p. 260-261
- Montrez que le cas de Shanghai est représentatif de la forte croissance démographique et économique de la Chine littorale et de ses modalités. Doc 1 p. 262, carte, doc 1, 2 et 3 p. 260-261

B
- Recherchez dans les p. 252 à 279 des photographies montrant la croissance et l'étalement urbain des mégapoles chinoises.
- Montrez que d'autres mégapoles chinoises subissent une forte pollution et semblent mettre en place des mesures pour la limiter. Doc 1, 3 et 6 p. 270-271

Thème 4 La Chine : des recompositions spatiales multiples 259

À L'ÉCHELLE DE LA CHINE

Des recompositions territoriales

Notion-clé **Recomposition spatiale***

Les territoires connaissent des recompositions spatiales : ils se réorganisent, modifient leurs réseaux et sont le lieu de dynamiques, qui jouent à toutes les échelles. Ces recompositions, très importantes en Chine, sont liées à de nombreux facteurs.

1. Ouverture de la Chine littorale à partir de 1980
- Région littorale privilégiée
- Espaces les plus ouverts aux investissements étrangers
- Métropole mondiale
- Beijing
- Zone d'influence intérieure des métropoles mondiales
- Diffusion intérieure

2. Recherche d'un rééquilibrage intérieur depuis 2000
- Marge intérieure ou périphérie
- Valorisation du bassin du Yangzi
- Barrage des Trois-Gorges
- Nouvelles villes relais de l'ouverture vers l'intérieur
- Modernisation des axes vers l'ouest

3. Axes actuels de développement

Axes intérieurs
- Corridor fluvial
- Axe routier et ferroviaire

Axes internationaux de la BRI (Belt and Road Initiative)
- Route terrestre
- Voie ferrée transasiatique
- Route maritime

4. Population des villes (en millions d'habitants)
23,5   20   10   5   2

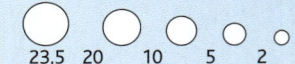

Source : d'après Thierry Sanjuan, *Atlas de la Chine*, Autrement, 2018.

1 Métropolisation

Le centre de Beijing Ce phénomène de concentration des activités et des pouvoirs de commandement est particulièrement actif en Chine, non seulement dans les métropoles littorales mais aussi à l'intérieur des terres, comme à Chongqing, Xi'an ou Beijing, centre d'impulsion politique du pays.

2 Urbanisation*, étalement urbain*

Chongqing Pays longtemps rural, la Chine est majoritairement urbaine depuis 2012. Cet essor se fait d'abord par étalement urbain au détriment des terres agricoles environnantes.

3 Littoralisation*

Shenzhen, dans le delta de la rivière des Perles La Chine s'est développée à partir des années 1980 d'abord sur son littoral. La forte littoralisation se double d'une métropolisation. Shenzhen est ainsi passée de 352 000 habitants en 1982 à 11,8 millions en 2018. Elle accueille de très nombreux sièges sociaux d'entreprises chinoises ou étrangères.

Thème 4 La Chine : des recompositions spatiales multiples

4 Marge*, ouverture vers l'ouest (*Go West Policy*)

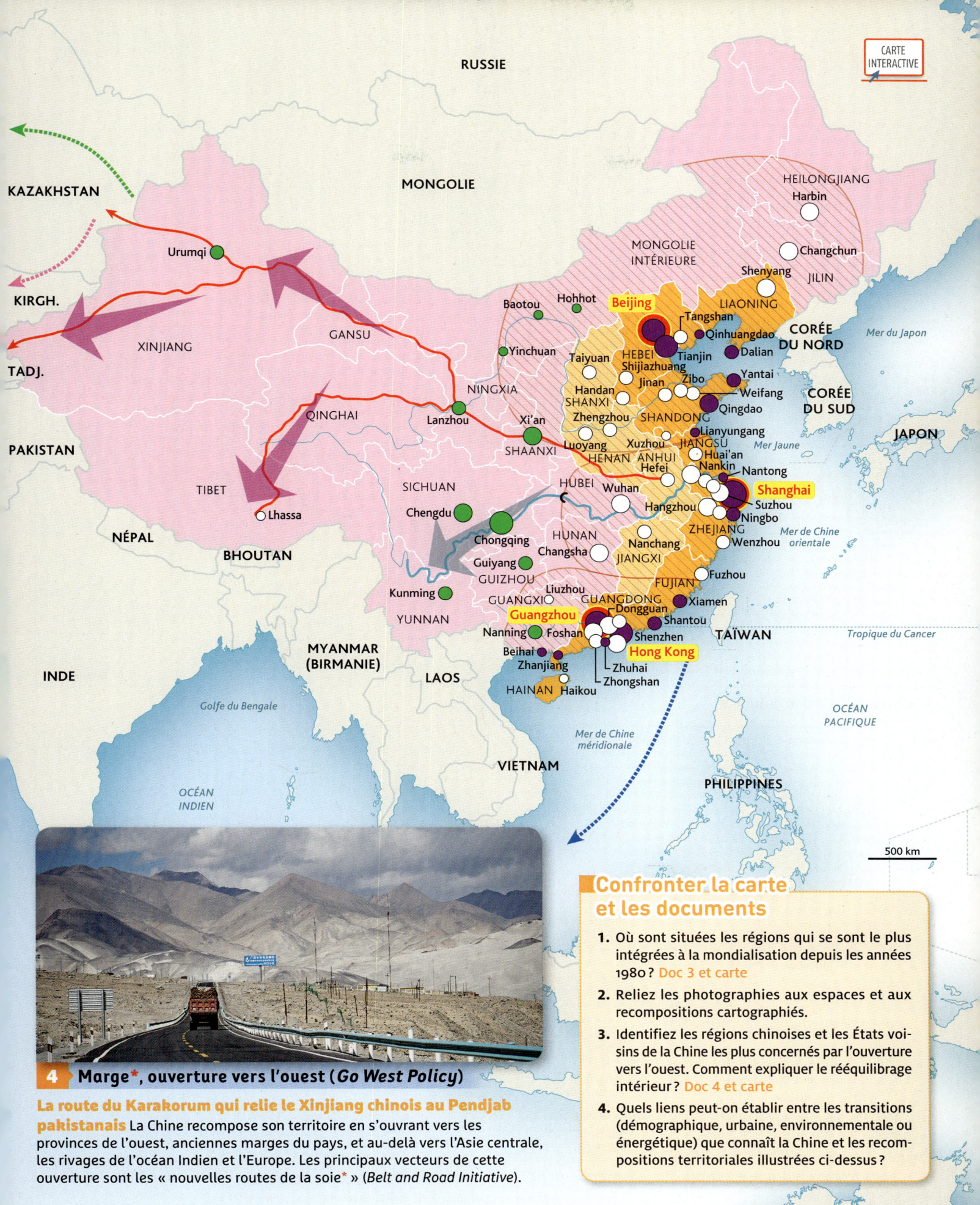

La route du Karakorum qui relie le Xinjiang chinois au Pendjab pakistanais La Chine recompose son territoire en s'ouvrant vers les provinces de l'ouest, anciennes marges du pays, et au-delà vers l'Asie centrale, les rivages de l'océan Indien et l'Europe. Les principaux vecteurs de cette ouverture sont les « nouvelles routes de la soie* » (*Belt and Road Initiative*).

Confronter la carte et les documents

1. Où sont situées les régions qui se sont le plus intégrées à la mondialisation depuis les années 1980 ? Doc 3 et carte

2. Reliez les photographies aux espaces et aux recompositions cartographiés.

3. Identifiez les régions chinoises et les États voisins de la Chine les plus concernés par l'ouverture vers l'ouest. Comment expliquer le rééquilibrage intérieur ? Doc 4 et carte

4. Quels liens peut-on établir entre les transitions (démographique, urbaine, environnementale ou énergétique) que connaît la Chine et les recompositions territoriales illustrées ci-dessus ?

Thème 4 La Chine : des recompositions spatiales multiples

DES CARTES POUR COMPRENDRE

La Chine : des recompositions spatiales multiples

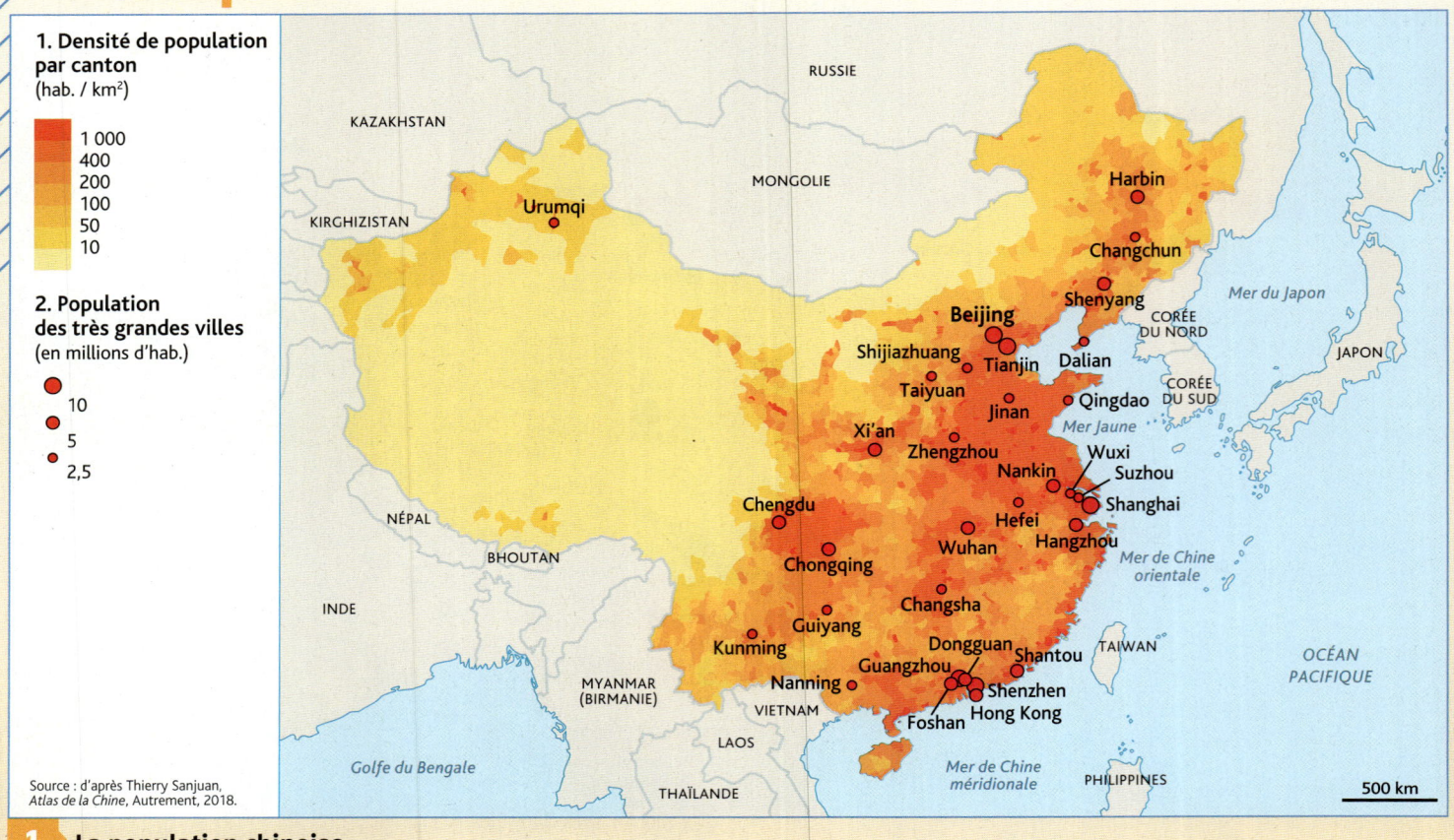

1. Densité de population par canton (hab. / km²)
- 1 000
- 400
- 200
- 100
- 50
- 10

2. Population des très grandes villes (en millions d'hab.)
- 10
- 5
- 2,5

Source : d'après Thierry Sanjuan, *Atlas de la Chine*, Autrement, 2018.

1 La population chinoise

2 Les freins environnementaux au développement

- Zone à risques d'inondations
- Déserts et steppes
- Montagnes et hauts plateaux
- Zone de forte érosion des terres
- Région affectée par les cyclones tropicaux
- Avancée du sable
- Cyclones

Source : d'après *Atlas de la renaissance chinoise*, Conflits, HS n°8, automne 2018.

3 La localisation des sièges sociaux des FTN* chinoises

- Villes abritant plusieurs sièges sociaux de FTN* chinoises
- Chine du sud et de l'est : Chine de l'ouverture et de la mondialisation (banques, recherche, entreprises les plus mondialisées)
- Chine du nord : centre politique, entreprises diverses, notamment industries minières
- Chine du centre : Chine en développement récent, entreprises diverses

Source : d'après *Atlas de la renaissance chinoise*, Conflits, HS n°8, automne 2018.

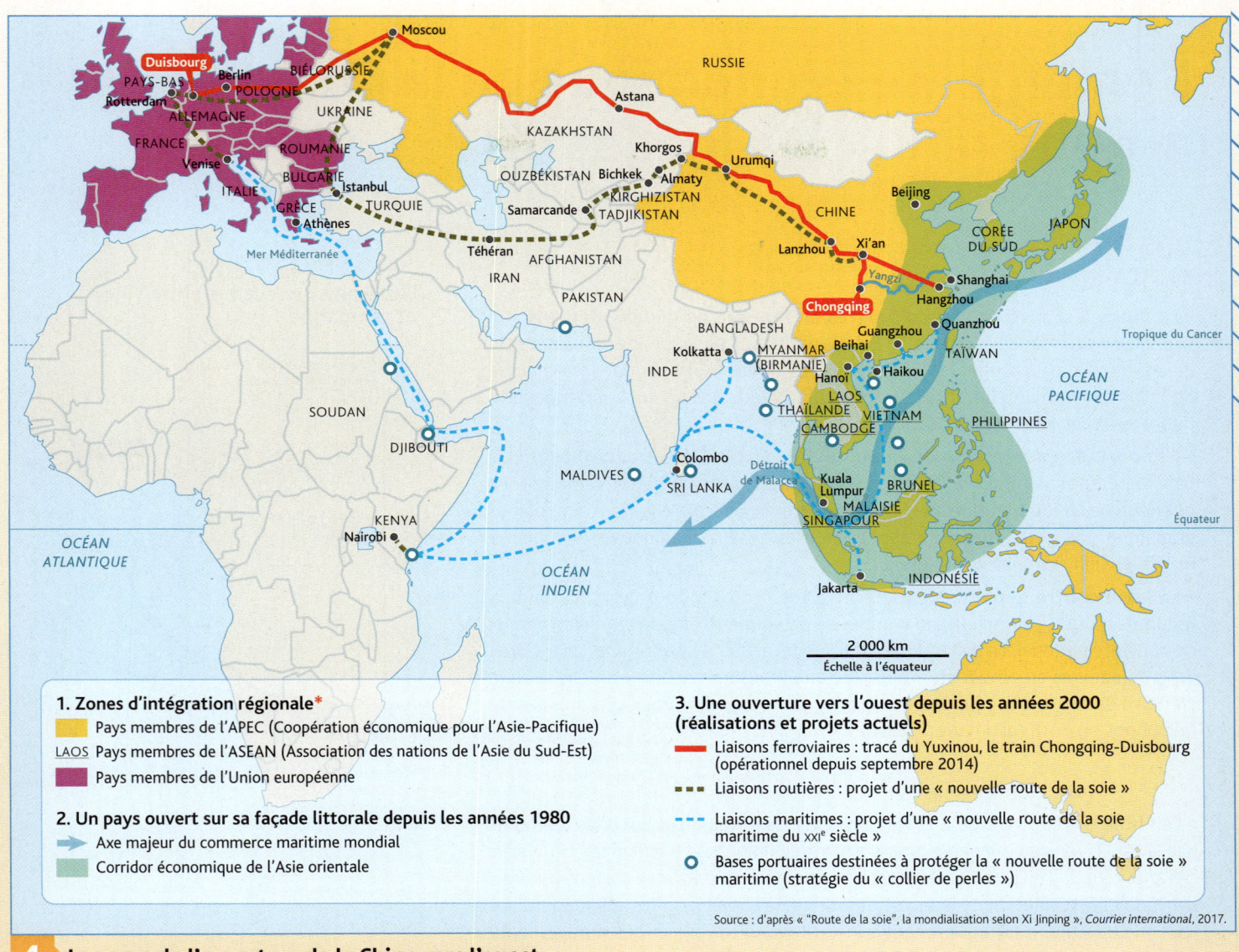

4 Les axes de l'ouverture de la Chine vers l'ouest

1. Zones d'intégration régionale*
- Pays membres de l'APEC (Coopération économique pour l'Asie-Pacifique)
- LAOS Pays membres de l'ASEAN (Association des nations de l'Asie du Sud-Est)
- Pays membres de l'Union européenne

2. Un pays ouvert sur sa façade littorale depuis les années 1980
- Axe majeur du commerce maritime mondial
- Corridor économique de l'Asie orientale

3. Une ouverture vers l'ouest depuis les années 2000 (réalisations et projets actuels)
- Liaisons ferroviaires : tracé du Yuxinou, le train Chongqing-Duisbourg (opérationnel depuis septembre 2014)
- Liaisons routières : projet d'une « nouvelle route de la soie »
- Liaisons maritimes : projet d'une « nouvelle route de la soie maritime du XXIe siècle »
- Bases portuaires destinées à protéger la « nouvelle route de la soie » maritime (stratégie du « collier de perles »)

Source : d'après « Route de la soie », la mondialisation selon Xi Jinping », *Courrier international*, 2017.

DEUX PARCOURS AU CHOIX POUR ANALYSER LES CARTES

PARCOURS RÉDIGÉ

1. Quels types d'espaces sont les plus densément peuplés et urbanisés en Chine ? À quels risques et contraintes environnementales sont-ils soumis ? **Doc 1 et 2**
2. Quelles recompositions territoriales marquent le territoire chinois depuis le début des années 2000 ? Quels sont les axes privilégiés de ces dynamiques ? **Doc 3 et 4**
3. Comment ces dynamiques s'inscrivent-elles dans un cadre géographique plus large ? **Doc 4**

BILAN Rédigez quelques lignes expliquant pourquoi les recompositions territoriales en cours en Chine sont destinées à conforter la puissance économique et politique de cet État.

PARCOURS CARTOGRAPHIQUE

Réalisez un schéma très simplifié synthétisant les **doc 1, 3 et 4** et montrant les caractères spécifiques des « trois Chine » : la Chine littorale, la Chine de l'intérieur et la Chine de l'ouest.

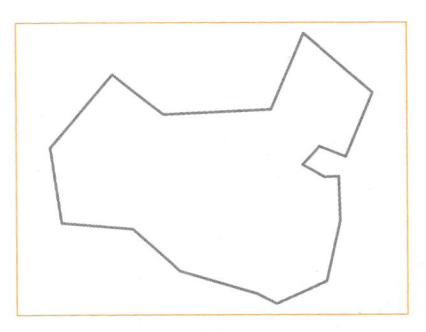

Thème 4 La Chine : des recompositions spatiales multiples

COURS 1

L'émergence économique de la Chine a-t-elle réduit les inégalités ?

A — Un développement accéléré, une lutte efficace contre la pauvreté

- **La Chine a réalisé de grands progrès en matière de développement** et a connu une croissance spectaculaire de son PIB* sur plusieurs décennies. Cette émergence* s'est traduite depuis le début des années 1990 par une forte hausse de l'IDH* et une amélioration des principaux indicateurs sociaux (mortalité infantile, accès à l'eau potable…).

- **L'importance numérique de sa population** (1,4 milliard en 2019) peut être considérée non comme un frein à la croissance mais comme un stimulant. La politique de l'enfant unique mise en place en 1979 a accéléré la transition démographique. Elle a été totalement abandonnée en 2018 face au nouveau problème qu'est le vieillissement de la population.

- **La lutte contre la pauvreté a été efficace** : entre 1990 et 2015, la Chine a réduit de plus de 500 millions le nombre de personnes très pauvres, selon le taux de pauvreté national. La dynamique est toujours active : le pays comptait 100 millions de pauvres en 2012 mais moins de 40 millions en 2018. La classe moyenne chinoise est de loin la plus importante du monde, et comptait 350 millions de personnes en 2018 (estimation basse).

B — Un pays d'inégalités, une société en réaction ?

- **La Chine est confrontée à la forte hausse des inégalités sociales**, démultipliées par la croissance économique. Nombre de Chinois revendiquent de bénéficier davantage des fruits de l'émergence et réclament une hausse de leur pouvoir d'achat et l'amélioration de leurs conditions de travail. Ils manifestent aujourd'hui leur mécontentement, notamment par des revendications et des mouvements de grèves que les dirigeants du pays, désireux de préserver le consensus social, prennent très au sérieux. La dimension spatiale des inégalités est nette.

- **Le fossé entre les villes et les campagnes s'est accentué** : en 2015, le revenu annuel des ruraux était trois fois inférieur à celui des urbains, écart qui s'explique par les différences de niveau d'éducation et par un accès plus généralisé, en ville, aux logements sociaux et à une couverture sociale étendue, notamment en matière de retraite. Les Chinois les plus défavorisés sont des ruraux éloignés des centres.

- **À l'échelle intra-urbaine, les écarts se creusent également**, au détriment des mingongs, qui ont migré majoritairement vers les grandes villes, et des populations sans emploi des villes moyennes et importantes.

- **Les inégalités régionales persistent** : l'écart de revenu moyen par habitant entre la province la plus pauvre, le Guizhou, et la plus riche, la région autonome de Shanghai, est en 2018 de 1 à 10. La Chine littorale, initialement choisie pour y développer des pôles d'investissement, n'a que peu diffusé son développement et a distancé les provinces intérieures. Celles-ci pourraient trouver avec les « nouvelles routes de la soie » de nouvelles opportunités de développement.

> L'émergence de la Chine s'est donc traduite à la fois par une diminution de la pauvreté et une hausse des inégalités, tant sociales que spatiales.

REPÈRE

Les écarts de revenus entre ville et campagne

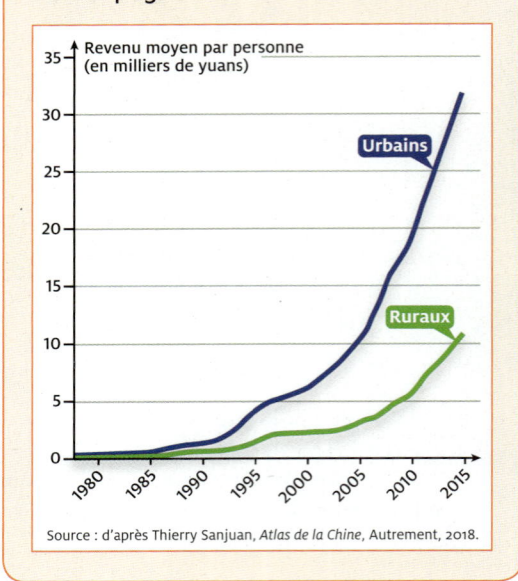

Revenu moyen par personne (en milliers de yuans), courbes Urbains et Ruraux de 1980 à 2015.

Source : d'après Thierry Sanjuan, *Atlas de la Chine*, Autrement, 2018.

VOCABULAIRE

Mingongs Travailleurs migrants allant des campagnes chinoises vers les grands centres urbains où ils n'ont pas le droit de s'installer à vie et où ils subissent des conditions de travail et de vie très difficiles.

Nouvelles routes de la soie (*Belt and Road Initiative*) Projet stratégique visant à relier économiquement la Chine à l'Europe en intégrant les espaces d'Asie centrale par un vaste réseau de corridors routiers et ferroviaires. Dans son versant maritime, ce réseau de routes commerciales inclut les espaces africains riverains de l'océan Indien.

Politique de l'enfant unique Politique antinataliste autoritaire mise en œuvre en Chine de 1979 à 2016 qui procédait à une pénalisation des parents de plus d'un enfant.

1 Rue piétonne à Guangzhou

La rue Shangxiajiu est le principal quartier commerçant de la ville et une attraction touristique majeure.

2 L'accroissement des inégalités sociales en Chine

ARTICLE

« Entre 1978 et 2015, la croissance chinoise a incontestablement permis de sortir le pays de la pauvreté. [...] Le revenu national par habitant est passé d'à peine 150 euros par mois en 1978 à près de 1 000 euros par mois en 2015. Si le revenu moyen du pays reste entre 3 et 4 fois plus faible qu'en Europe ou en Amérique du Nord, les 10 % des Chinois les plus aisés – soit 130 millions de personnes tout de même – disposent, eux, d'un revenu moyen équivalent à celui des pays riches. Le problème est que les 50 % des Chinois les plus pauvres ont bénéficié d'une croissance deux fois plus faible que la moyenne [...]. La part des 50 % les plus pauvres dans le revenu national chinois est passée de 28 % à 15 % entre 1978 et 2015, alors que celle des 10 % les plus riches passait de 26 % à 41 %. L'ampleur du phénomène est impressionnante : les niveaux d'inégalité sociale chinois ont nettement dépassé les niveaux européens, et se rapprochent à vive allure de ceux observés aux États-Unis. »

Thomas Piketty, « De l'inégalité en Chine », Le blog de Thomas Piketty, lemonde.fr, 14 février 2017.

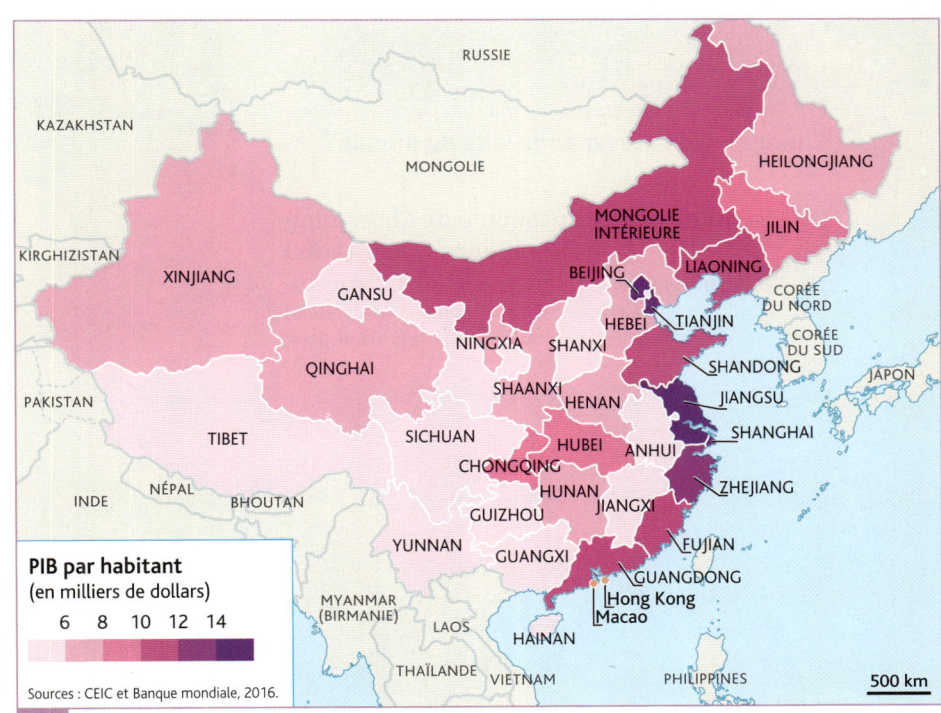

3 Les inégalités régionales en Chine

PIB par habitant (en milliers de dollars)
6   8   10   12   14

Sources : CEIC et Banque mondiale, 2016.

Analyser et confronter les documents

1. En quoi le doc 1 témoigne-t-il de l'émergence de la Chine ?
2. Quelle est l'évolution de la pauvreté en Chine ? Doc 2 Les inégalités sociales ont-elles pour autant diminué ? Doc 1 et 2
3. Montrez que les inégalités sont aussi spatiales. Repère, Doc 1 et 3

BAC Répondre à une question problématisée

L'émergence de la Chine : réduction de la pauvreté ou augmentation des inégalités ?

Thème 4 La Chine : des recompositions spatiales multiples

DOSSIER

Chongqing est-elle la plus grande ville du monde ?

En 2018, certains médias annonçaient que la plus grande ville du monde n'était ni Shanghai ni Tokyo... mais Chongqing qui ne compte pourtant « que » 14 millions d'habitants selon le gouvernement chinois. Erreur de calcul ? Cette métropole de l'intérieur est en tout cas le symbole de la nouvelle stratégie gouvernementale : réorienter le développement du pays vers l'ouest.

1 Chongqing, la plus grande ville du monde ?

2 La municipalité autonome de Chongqing (30 millions d'habitants)

En Chine, une municipalité autonome est composée d'un centre urbain, de sa banlieue mais aussi des espaces ruraux environnants.

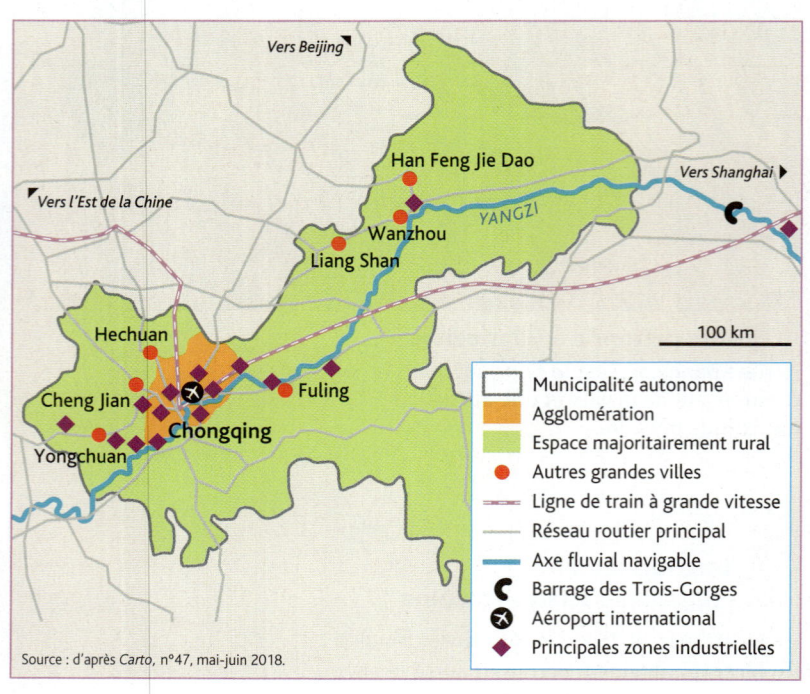

Source : d'après *Carto*, n°47, mai-juin 2018.

- Municipalité autonome
- Agglomération
- Espace majoritairement rural
- Autres grandes villes
- Ligne de train à grande vitesse
- Réseau routier principal
- Axe fluvial navigable
- Barrage des Trois-Gorges
- Aéroport international
- Principales zones industrielles

3 Une croissance très rapide

266 **Thème 4** La Chine : des recompositions spatiales multiples

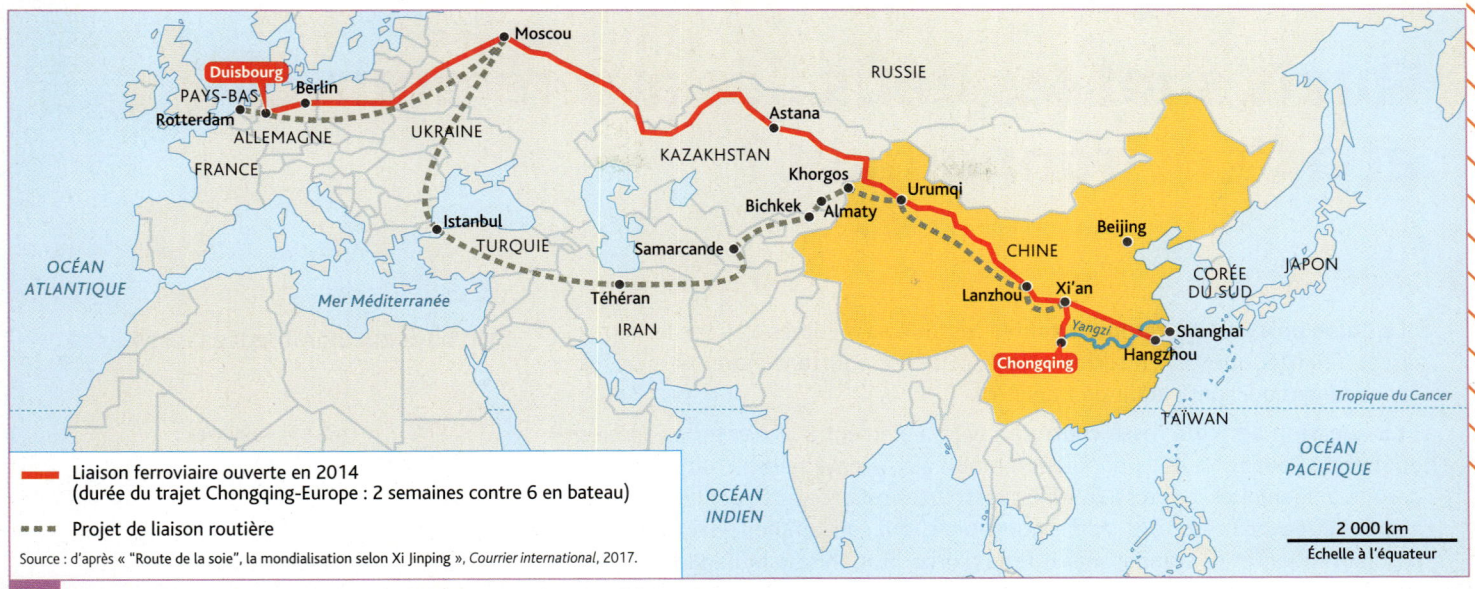

4 Les voies terrestres des « nouvelles routes de la soie »

Légende :
— Liaison ferroviaire ouverte en 2014 (durée du trajet Chongqing-Europe : 2 semaines contre 6 en bateau)
--- Projet de liaison routière

Source : d'après "Route de la soie", la mondialisation selon Xi Jinping », *Courrier international*, 2017.

5 Chongqing en chiffres — ARTICLE

Population de la municipalité	Plus de 30 millions d'hab.
Population de l'agglomération	14 millions
Taux de croissance du PIB (2016)	Environ 10 % (7 % pour le reste de la Chine)
Salaire chez Foxconn (usine d'assemblage informatique)	224 euros/mois (284 à Beijing)
Durée du trajet en train Chongqing-Europe	2 semaines (6 en bateau)
Part des marchandises transportées par train	2 % (mais en forte croissance)

Source : *Le Monde*, 2017.

6 Chongqing, symbole de la politique du « Go West » — ARTICLE

« En 2008, la crise financière internationale a touché les provinces exportatrices du littoral chinois [...], frappées par la baisse des demandes à l'étranger. Pour compenser cette perte de dynamisme, le gouvernement a mis en place un vaste projet de soutien au Sud-Ouest du pays. La politique du "Go West" partait du constat qu'à la fin des années 2000, l'Ouest, qui recouvre 56 % du territoire chinois, n'abritait que 11 % de la population et ne contribuait qu'à hauteur de 8 % à la richesse nationale. [...] L'économie de Chongqing reste dominée par les industries [...]. Un quart des ordinateurs vendus dans le monde sont assemblés ici (61 millions en 2017), la ville-province est aussi le premier bassin automobile de Chine, avec 3 millions de véhicules sortis des lignes de production en 2016. [...] Aussi grande et riche qu'un État à part entière, la municipalité autonome aspire à devenir le centre financier, industriel et commercial de l'intérieur de la Chine. En plus d'importantes ressources naturelles, elle dispose d'une position stratégique sur la route du Tibet et de l'Asie centrale. »

Nashidil Rouiaï, « Chongqing, cœur du "Go West" chinois », *Carto*, n°47, mai-juin 2018.

DEUX PARCOURS AU CHOIX

PARCOURS GUIDÉ

1. Chongqing est-elle vraiment la plus grande ville du monde ? Pourquoi cette confusion ? Introduction, doc 1, 2, 3 et 5
2. Sur quels aspects le reportage de France 2 insiste-t-il ? Doc 1
3. Sur quels secteurs repose l'économie de Chongqing ? Doc 2, 5 et 6
4. Quelles sont les raisons nationales et internationales du développement rapide de la métropole de Chongqing ? Doc 1, 2, 4, 5 et 6 Quelle place occupe-t-elle sur les nouvelles routes terrestres de la soie ? Quelles autres villes chinoises sont dans une situation similaire ?

PARCOURS AUTONOME — ORAL

Réalisez un diaporama (OpenOffice, PowerPoint…) qui servira de base à un exposé oral sur le sujet :
« Pourquoi Chongqing est-elle en forte croissance, sans être toutefois "la plus grande ville du monde" ? »

Thème 4 La Chine : des recompositions spatiales multiples 267

COURS 2

Quels sont les défis liés aux ressources et à l'environnement ?

A — Le défi de la dépendance alimentaire et énergétique

• **La Chine possède de très importantes ressources** minières (comme les terres rares), énergétiques et en terres arables. Elle est pourtant marquée par des dépendances qui sont autant de fragilités.

• **La question agricole reste centrale** : avec seulement 8 % des terres arables du monde pour 19 % de la population mondiale, le pays peine à satisfaire ses besoins alimentaires. La pression sur les ressources est accentuée par la transition alimentaire avec l'essor des classes moyennes, qui consomment davantage de produits laitiers et de viande, ainsi que par l'urbanisation et la multiplication des infrastructures de transport qui prélèvent une partie des espaces disponibles pour l'agriculture. Le pays compense partiellement par des importations massives de denrées alimentaires, par l'achat de firmes agroalimentaires étrangères et par la pratique de l'accaparement des terres*, notamment en Afrique.

• **L'augmentation de la consommation énergétique est un autre problème** lié à la croissance économique et à la progression des dépenses dues aux transports. La Chine, qui produit à peine un tiers de sa consommation énergétique, est le premier importateur mondial d'hydrocarbures. Soucieuse de sa sécurité énergétique, elle noue des relations avec des pays voisins (Russie, pays d'Asie centrale...) pour multiplier les sources et les routes d'approvisionnement.

B — Le défi environnemental

• **La question environnementale représente un défi majeur**, tant les menaces sont nombreuses et les dégradations déjà préoccupantes. La pollution de l'air est l'une des plus visibles et pénalisantes. Elle s'explique par l'utilisation importante du charbon comme source d'énergie, par les fumées d'usines non filtrées et par la circulation automobile. La pollution des cours d'eau et des nappes phréatiques, souillés par les rejets agricoles, industriels et urbains, et l'accumulation des déchets atteignent des niveaux élevés. Quant au barrage géant des Trois-Gorges sur le Yangzi, il a créé d'importants dégâts sociaux et environnementaux.

• **D'autres périls menacent la Chine** : certaines provinces de l'intérieur souffrent de la déforestation, de la désertification et de l'érosion des sols alors que les premiers effets du changement climatique se font sentir dans les villes littorales, affectées par la montée des eaux et le tassement des sols sous l'effet de la sécheresse et du poids des bâtiments. De nombreux espaces sont également soumis à des risques majeurs (séismes, inondations). Enfin, le manque d'eau devient préoccupant au nord du pays, au point de susciter de gigantesques projets de transferts hydriques depuis le sud.

• **La Chine n'a pris conscience que récemment de l'acuité de ces questions.** Elle a signé l'Accord de Paris sur le climat en 2015 et s'est engagée dans la promotion des énergies renouvelables, des automobiles électriques et la reforestation. Sources d'emplois nouveaux, ces évolutions pourraient donc être doublement profitables aux populations.

Les défis en termes de ressources et d'environnement sont donc énormes et loin d'être surmontés, même si de nombreux progrès sont réalisés.

REPÈRE
Un pays aux nombreuses ressources

Terres rares*
1es réserves mondiales
(40 % du total mondial)

Pétrole
13es réserves mondiales
1er importateur mondial

Gaz
12es réserves mondiales
2e importateur mondial

Hydrocarbures non conventionnels
(gaz et pétrole de schiste)
1es réserves mondiales

Charbon
3es réserves mondiales
1er producteur mondial
1er consommateur mondial

VOCABULAIRE
Terres rares Ensemble de 17 métaux (lithium, cérium...) indispensables notamment à la fabrication de produits optiques, électroniques (écrans plats, tablettes...) et de voitures électriques.

1 **Dans la ville de Guiyu, la plus grande décharge mondiale de matériel électronique**

La Chine est l'un des pays du monde qui reçoit le plus de déchets électroniques venus du reste de l'Asie, des États-Unis, mais aussi (illégalement) d'Europe. Au sein même de la Chine, l'essor de la consommation de matériels électriques et électroniques lié à l'émergence du pays a accéléré ce phénomène. Une partie de ces déchets est recyclée de façon informelle par des populations pauvres qui mettent ainsi en péril leur santé.

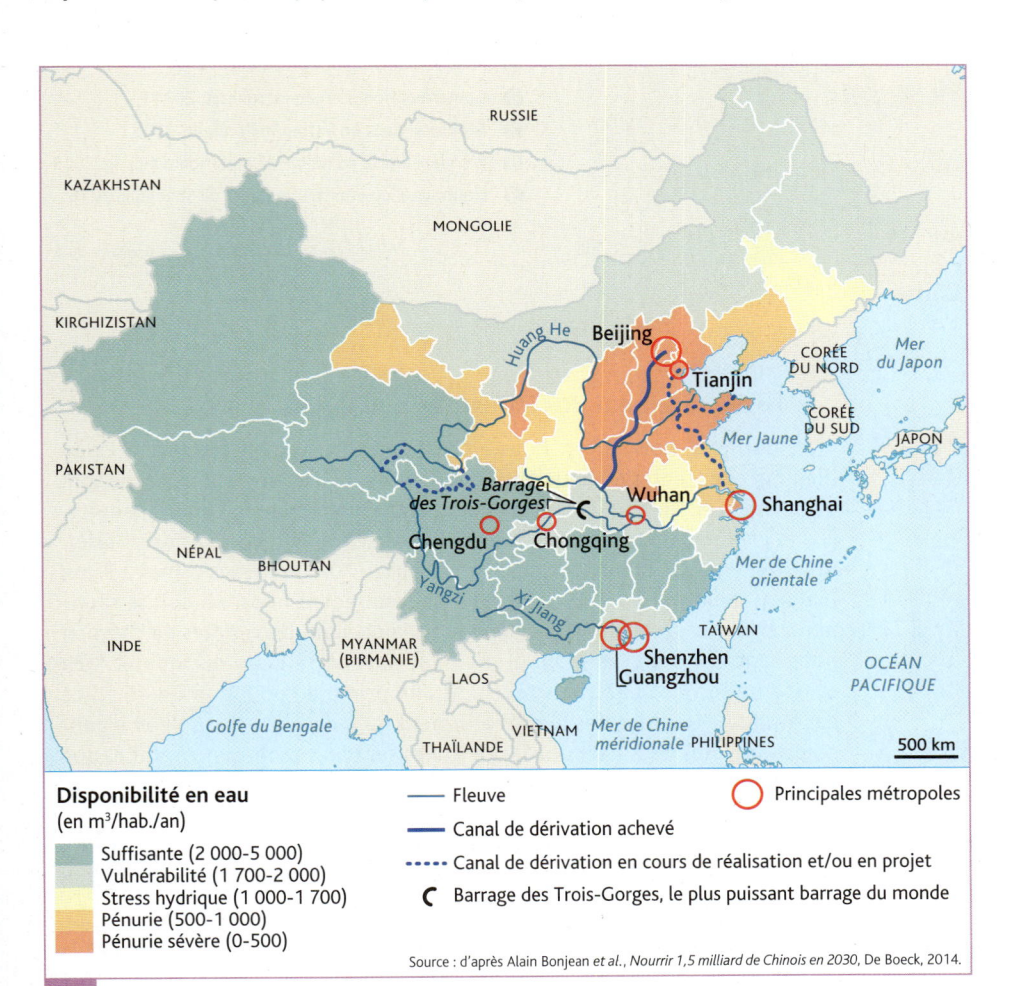

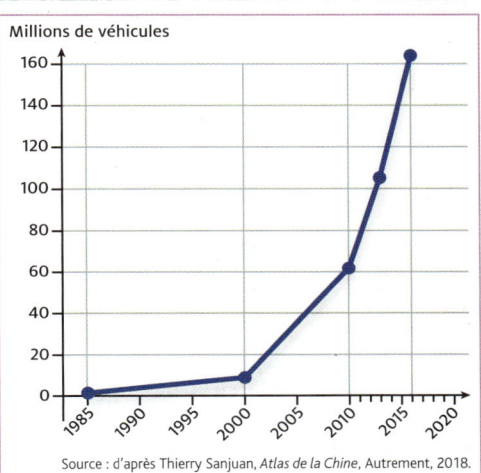

3 **Le nombre croissant de véhicules, facteur de pollution**

Source : d'après Thierry Sanjuan, *Atlas de la Chine*, Autrement, 2018.

2 **Des ressources hydriques inégales**

Disponibilité en eau (en m³/hab./an)
- Suffisante (2 000-5 000)
- Vulnérabilité (1 700-2 000)
- Stress hydrique (1 000-1 700)
- Pénurie (500-1 000)
- Pénurie sévère (0-500)

— Fleuve
— Canal de dérivation achevé
---- Canal de dérivation en cours de réalisation et/ou en projet
C Barrage des Trois-Gorges, le plus puissant barrage du monde
○ Principales métropoles

Source : d'après Alain Bonjean et al., *Nourrir 1,5 milliard de Chinois en 2030*, De Boeck, 2014.

Analyser et confronter les documents

1. Quelle est l'importance des ressources naturelles en Chine ? Sont-elles suffisantes ? Pour quelles raisons ? **Repère et doc 2**

2. Quelle est la région de Chine la plus touchée par la pénurie en eau ? Montrez l'ampleur des aménagements hydrauliques réalisés ou projetés. **Doc 2**

3. Quels liens peut-on mettre en évidence entre l'émergence de la Chine et les problèmes environnementaux ? **Ensemble des doc**

BAC **Réaliser une production graphique**

Réalisez un schéma des ressources en eau et des aménagements hydrauliques (doc 2).

Thème 4 La Chine : des recompositions spatiales multiples

DOSSIER

La Chine : un environnement sous pression ?

La croissance économique chinoise entraîne une dégradation de l'environnement, en ville comme dans les campagnes. L'une des priorités du gouvernement semble être désormais de réduire ces nuisances contre lesquelles la population manifeste régulièrement.

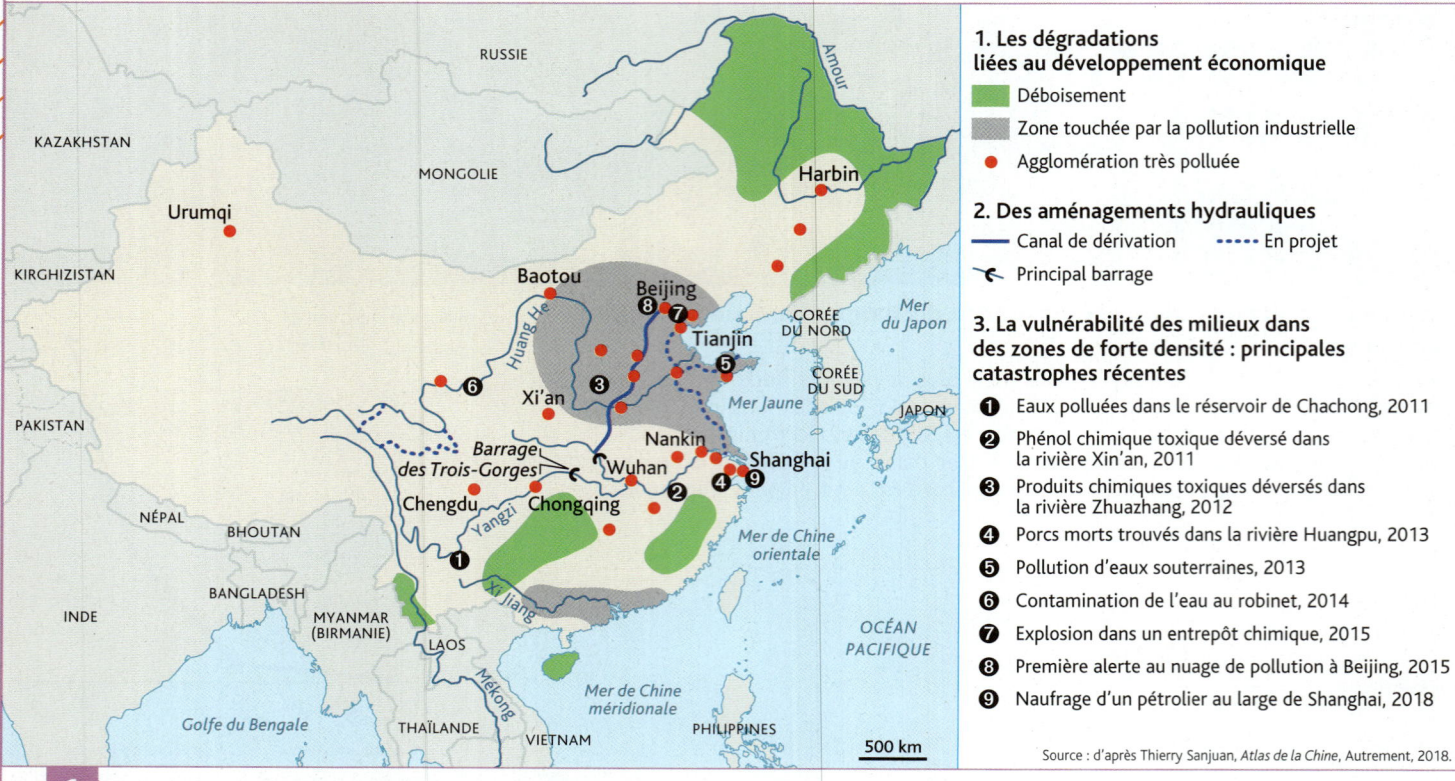

1. Les dégradations liées au développement économique
- Déboisement
- Zone touchée par la pollution industrielle
- Agglomération très polluée

2. Des aménagements hydrauliques
- Canal de dérivation
- En projet
- Principal barrage

3. La vulnérabilité des milieux dans des zones de forte densité : principales catastrophes récentes
1. Eaux polluées dans le réservoir de Chachong, 2011
2. Phénol chimique toxique déversé dans la rivière Xin'an, 2011
3. Produits chimiques toxiques déversés dans la rivière Zhuazhang, 2012
4. Porcs morts trouvés dans la rivière Huangpu, 2013
5. Pollution d'eaux souterraines, 2013
6. Contamination de l'eau au robinet, 2014
7. Explosion dans un entrepôt chimique, 2015
8. Première alerte au nuage de pollution à Beijing, 2015
9. Naufrage d'un pétrolier au large de Shanghai, 2018

Source : d'après Thierry Sanjuan, *Atlas de la Chine*, Autrement, 2018.

1 Les atteintes à l'environnement en Chine

2 Les conséquences de l'élevage intensif

Pour faire face à la forte demande en lait, la Chine construit des fermes de plus de 10 000 vaches. En 2008, des petits producteurs ont ajouté de la mélamine à leur lait, le rendant toxique à long terme. Les autorités ont alors pensé que des fermes géantes pouvaient être plus facilement contrôlées. Mais le stockage du fumier et l'épandage des eaux de nettoyage conduisent à des catastrophes écologiques.

3 Le déplacement des industries polluantes

« Ces derniers mois, 3 centrales à charbon sur 4 ont été fermées à Pékin [Beijing] pour tenter de faire baisser la pollution. Mais en réalité elles ne sont que déplacées. Notamment dans l'Ouest de la Chine, une zone moins peuplée. [...] Le charbon alimente les centrales électriques ou encore les usines d'acier. Résultat : l'air est pollué, on voit à peine le ciel. "On ferme des usines à Pékin [Beijing] pour que les gens de la capitale respirent et nous, on doit se sacrifier", explique un ouvrier [...]. "Quand il y a du vent, les cendres de charbon nous rentrent dans les yeux. On ne peut plus boire l'eau du robinet." En compensation, les habitants touchent une prime de pollution de 46 euros par an. [...] "Les autorités locales affirment qu'il n'y a pas de problème pour notre santé. On nous a dit que les centrales sont plus propres qu'avant et que les installations, plus modernes, polluent moins", confie un villageois. "Et puis dans l'usine d'acier juste à côté, 300 personnes viennent d'être embauchées. C'est de l'emploi pour nous !", reconnaît-il. Certains habitants demandent l'arrêt du charbon qui pollue l'air qu'ils respirent, mais [...] la plupart des villageois continuent de se chauffer avec ce combustible. »

Laure Dautriche, « Ces usines polluantes que la Chine délocalise », Europe 1, 2 novembre 2015.

Thème 4 La Chine : des recompositions spatiales multiples

4　Épisode de pollution de l'air à Beijing

Ces épisodes sont causés par les industries, la circulation automobile, les centrales thermiques et les chauffages individuels au charbon. En 2017, la concentration annuelle en particules fines a été 6 fois plus élevée à Beijing que la norme recommandée par l'Organisation mondiale de la santé.

5　Une prise de conscience récente

ARTICLE

« Durant 30 ans de croissance continue, personne ne s'était préoccupé de la montée en puissance d'usines polluantes ni de l'utilisation massive, l'hiver, de combustibles au charbon. [...] Les équipes proches de Xi Jinping – devenu président de la République en 2012 – ont complètement changé d'attitude : il a été décidé de s'attaquer à la pollution et de le faire de façon transparente – ce qui est inhabituel dans la pratique du Parti communiste chinois. [...] Les associations écologistes se sont multipliées dès lors qu'elles ont été officiellement autorisées. À la différence de celles qui se consacrent à la défense des droits de l'homme, une association verte peut donc dénoncer dans la presse une usine qui déverse des déchets dans une rivière ou une autre dont les émanations toxiques provoquent des maladies respiratoires alentour. [...] De nouvelles réglementations ont été accompagnées par la création de nouveaux corps d'inspecteurs pour obliger les industries à limiter leurs rejets polluants. 2 000 usines dans la région de Pékin [Beijing] ont reçu cette année des [financements] pour filtrer leurs émissions. Celles qui ne pouvaient les diminuer ont été autoritairement fermées. [...] Tout citadin chinois peut consulter sur son portable le degré de pollution de sa ville. »

Richard Arzt, « Pourquoi la Chine n'est plus le vilain petit canard de la pollution », slate.fr, 18 novembre 2017.

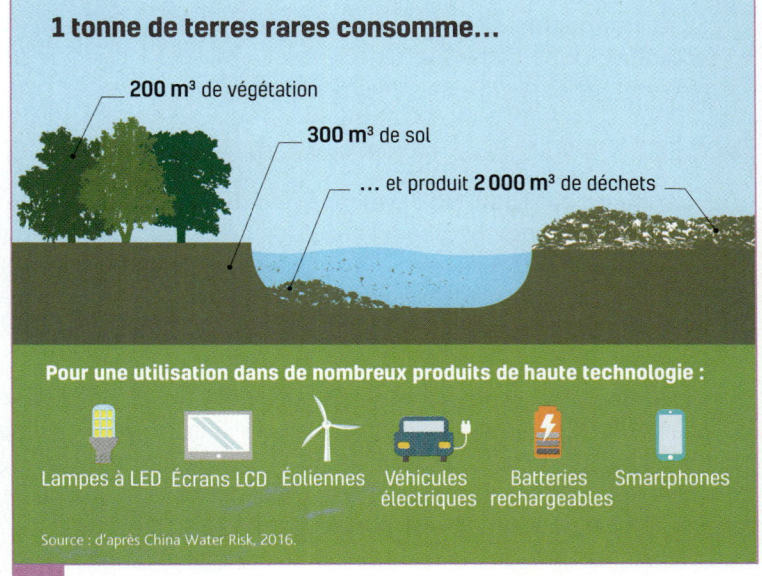

1 tonne de terres rares consomme...
- 200 m³ de végétation
- 300 m³ de sol
- ... et produit 2 000 m³ de déchets

Pour une utilisation dans de nombreux produits de haute technologie :
Lampes à LED　Écrans LCD　Éoliennes　Véhicules électriques　Batteries rechargeables　Smartphones

Source : d'après China Water Risk, 2016.

6　La pollution liée à l'exploitation des terres rares*

La Chine a près de 40 % des réserves mondiales de terres rares mais fournit 95 % du marché mondial car peu de pays souhaitent en produire, vu la pollution liée à leur extraction et ses conséquences sur la santé : les villages riverains des mines de Baotou dans le Nord du pays sont appelés « villages du cancer ».

DEUX PARCOURS AU CHOIX

PARCOURS GUIDÉ

1. Quels sont les types de milieux et d'espaces affectés par la pollution et les catastrophes en Chine ? Quelle partie du pays est la plus touchée ? Doc 1 et 4
2. À quelles activités sont dues ces atteintes à l'environnement ? Quelles conséquences ont-elles sur la population ? Doc 1, 2, 3, 4 et 6
3. Qu'est-ce qui a poussé les autorités à lutter contre la pollution et comment s'y prennent-elles ? Doc 3 à 5
4. Quelles peuvent être les difficultés rencontrées par cette lutte antipollution ? Doc 3 et doc 9 p. 258

PARCOURS AUTONOME

Analysez les documents puis rédigez un texte que vous illustrerez à l'aide d'exemples, comme s'il s'agissait d'un reportage réalisé sur la question environnementale en Chine.

Thème 4　La Chine : des recompositions spatiales multiples

COURS 3

Quelles recompositions affectent le territoire chinois ?

A De la transition démographique à la transition urbaine*

- **La Chine est majoritairement urbaine depuis 2012** (59 % en 2018). La croissance urbaine s'est accélérée à partir des années 1990, alimentée par l'exode rural (*mingongs**). Les centres-villes présentent aujourd'hui les attributs de la modernité et les niveaux de vie y sont proches de ceux des pays du Nord.

- **Une centaine de villes possèdent plus d'un million d'habitants.** Outre le delta de la rivière des Perles, immense conurbation d'environ 42 millions d'habitants qui regroupe les aires urbaines de Guangzhou-Hong Kong et Shenzhen, Shanghai (24 millions d'habitants) et Beijing (21 millions) sont les plus peuplées. Ces métropoles* sont des pôles de la mondialisation et les vitrines de l'émergence*.

- **Les campagnes peinent pour la plupart à s'intégrer aux dynamiques actuelles.** Leurs franges se réduisent au profit des villes dont les périphéries croissent rapidement, alimentées par l'étalement urbain*.

B La Chine littorale reste le cœur économique

- **La Chine a opté pour un développement fondé sur les exportations** à partir de la fin des années 1970, sous l'impulsion de Deng Xiaoping, dirigeant du parti communiste à la tête du pays. Elle a implanté sur ses littoraux des ZES, puis, avec le socialisme de marché, elle a ouvert aux investissements étrangers des ports, trois deltas – dont celui de la rivière des Perles et celui du Yangzi dominé par Shanghai – et le golfe de Bohai, à l'est de Beijing et Tianjin.

- **La Chine littorale représente aujourd'hui près de 60 % du PIB national** pour 14 % de la surface du pays. Shenzhen symbolise l'essor spectaculaire de la Chine littorale qui a bénéficié de la DIPP*. Village de pêcheurs à l'origine, cette mégapole* compte aujourd'hui près de 15 millions d'habitants et héberge les sièges sociaux de grandes entreprises. Elle participe à intégrer la Chine aux dynamiques de la métropolisation* et de la mondialisation.

C Des rééquilibrages et de nouvelles ouvertures

- **Le gouvernement chinois a lancé en 2000 le plan de développement des provinces de l'intérieur** (*Go West Policy*) pour corriger les déséquilibres territoriaux et favoriser la croissance économique. La construction du barrage des Trois-Gorges sur le Yangzi (1994-2012) marque la volonté de développer la Chine intérieure. Des infrastructures de transport sont construites rapidement ; la Chine compte le plus important réseau mondial de LGV* (22 000 km de lignes).

- **Depuis 2013, la Chine a accentué son ouverture vers l'ouest** en programmant la création de « nouvelles routes de la soie* » (*Belt and Road Initiative*). Il s'agit de relier la Chine littorale à l'Europe occidentale par un faisceau de voies routières et ferroviaires intégrant ainsi l'Asie centrale. Les réseaux de transport de différents pays sont désormais connectés, des conduites d'hydrocarbures alimentent la Chine depuis l'Asie centrale et une « route de la soie digitale » est en cours de développement. Les « nouvelles routes de la soie » sont aussi maritimes, reliant l'Afrique et le Moyen-Orient à la Chine.

> L'urbanisation, la littoralisation et les mutations de l'intérieur sont donc les trois principales recompositions affectant le territoire chinois.

REPÈRE

La Chine : une transition urbaine* accélérée

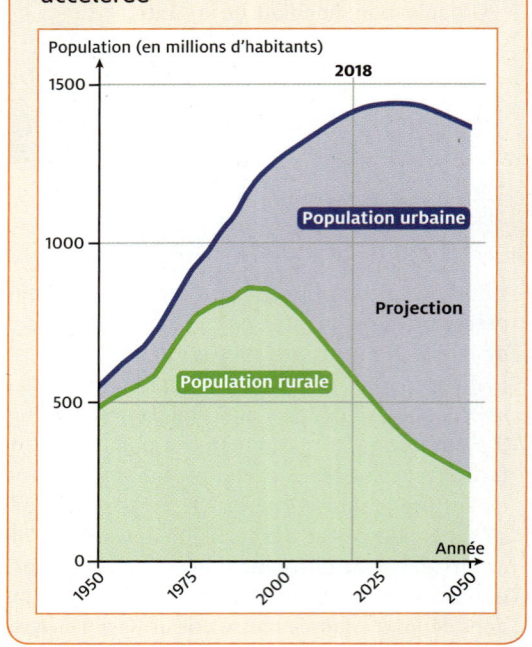

VOCABULAIRE

Delta de la rivière des Perles Conurbation d'environ 42 millions d'habitants qui regroupe les aires urbaines de Guangzhou-Hong Kong et Shenzhen.

Socialisme de marché Néologisme désignant un système économique combinant la dictature du Parti communiste chinois et l'ouverture au libéralisme économique.

ZES (Zones économiques spéciales) Zones franches* créées en Chine à partir de 1980 dans le cadre de l'ouverture économique et du passage progressif d'une économie socialiste à une économie libérale.

Thème 4 La Chine : des recompositions spatiales multiples

1 **Les *mingongs*, des travailleurs migrants**

Au moins 280 millions de *mingongs*, originaires de l'intérieur de la Chine, travaillent dans les usines ou la construction pour des salaires très bas, qu'ils renvoient en partie dans leur région natale. Ces citoyens de seconde zone n'ont pas le droit de s'installer à vie dans les régions littorales et n'ont pas accès aux services publics de santé ou d'éducation pour leurs enfants.

REPORTAGE PHOTO

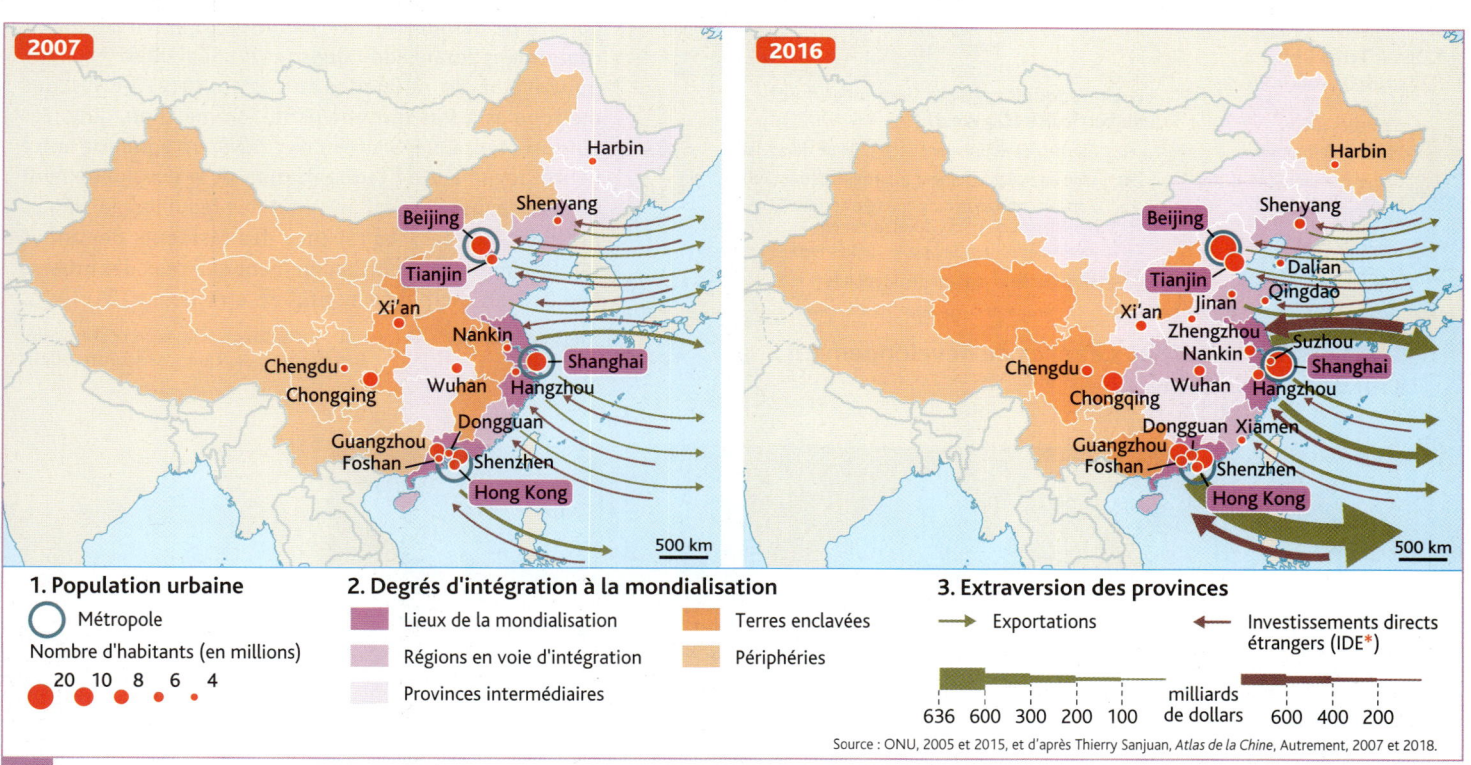

2 **Le degré d'intégration des territoires chinois à la mondialisation (2005-2018)**

1. Population urbaine
- Métropole
- Nombre d'habitants (en millions) : 20 10 8 6 4

2. Degrés d'intégration à la mondialisation
- Lieux de la mondialisation
- Régions en voie d'intégration
- Provinces intermédiaires
- Terres enclavées
- Périphéries

3. Extraversion des provinces
- Exportations
- Investissements directs étrangers (IDE*)
- milliards de dollars : 636 600 300 200 100 / 600 400 200

Source : ONU, 2005 et 2015, et d'après Thierry Sanjuan, *Atlas de la Chine*, Autrement, 2007 et 2018.

Analyser et confronter les documents

1. Quelle est l'importance de l'urbanisation en Chine ? Quelles en sont les causes et certaines conséquences ? Repère, doc 1 et 2
2. Quels liens peut-on établir entre la mondialisation et le poids économique de la Chine littorale ? Doc 2
3. Analysez la recomposition du territoire chinois. Doc 2

BAC Répondre à une question problématisée

Quels facteurs expliquent les recompositions qui affectent le territoire chinois ?

Thème 4 La Chine : des recompositions spatiales multiples

DOSSIER

Vers un rééquilibrage du territoire chinois ?

L'émergence* a longtemps profité à la façade littorale de la Chine et a accru les inégalités spatiales à plusieurs échelles : entre la Chine de l'intérieur et la Chine littorale, mais aussi à l'intérieur de la région littorale et au sein des villes. Un rééquilibrage semble s'amorcer depuis peu.

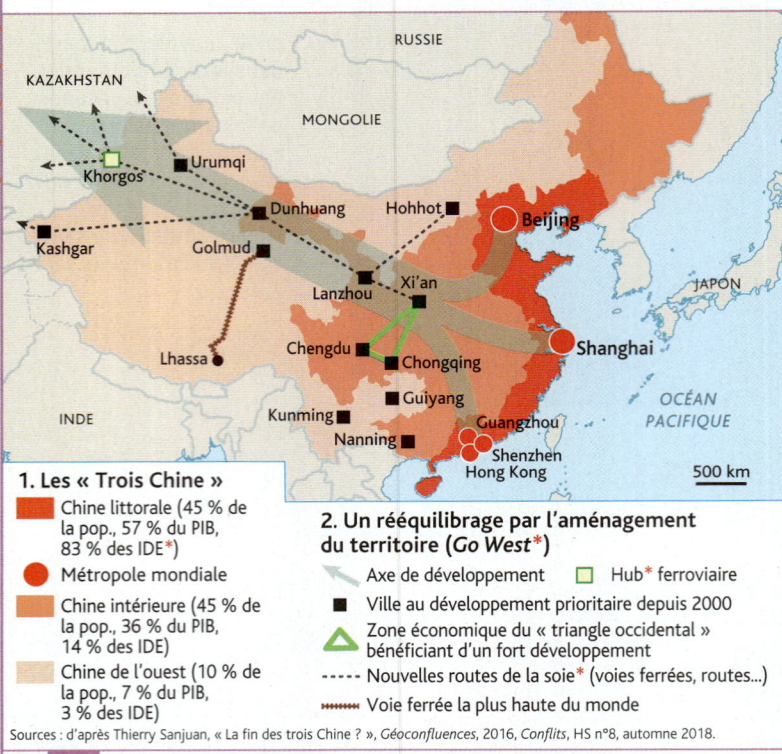

1. Contrastes spatiaux et axes de développement : la fin des « trois Chine » ?

1. Les « Trois Chine »
- Chine littorale (45 % de la pop., 57 % du PIB, 83 % des IDE*)
- Métropole mondiale
- Chine intérieure (45 % de la pop., 36 % du PIB, 14 % des IDE)
- Chine de l'ouest (10 % de la pop., 7 % du PIB, 3 % des IDE)

2. Un rééquilibrage par l'aménagement du territoire (Go West*)
- Axe de développement
- Hub* ferroviaire
- Ville au développement prioritaire depuis 2000
- Zone économique du « triangle occidental » bénéficiant d'un fort développement
- Nouvelles routes de la soie* (voies ferrées, routes...)
- Voie ferrée la plus haute du monde

Sources : d'après Thierry Sanjuan, « La fin des trois Chine ? », *Géoconfluences*, 2016, *Conflits*, HS n°8, automne 2018.

2. La Chine tente de réduire des inégalités persistantes — ARTICLE

« Les inégalités entre la Chine rurale et la Chine urbaine ne se limitent pas aux revenus. [...] Les plus pauvres et les plus vulnérables se trouvent avant tout parmi les agriculteurs et les retraités des zones rurales ainsi que chez les travailleurs migrants (*mingongs*) ayant fui les campagnes pour chercher un emploi dans les métropoles de l'Est et du Sud-Est chinois et qui vivent en ville avec un certificat de résidence rurale, les privant de nombreux droits. [...]

La politique du "Go West" [...] et le programme de la nouvelle route de la soie [...] ont, entre autres, pour objectif de désenclaver et dynamiser les provinces majoritairement rurales de l'Ouest et du Sud-Ouest en s'appuyant sur de nouvelles infrastructures et sur des métropoles à fort rayonnement, comme Chongqing. Les autorités tentent également de trouver un équilibre entre l'encouragement de l'urbanisation et le développement des campagnes. Signe d'un début de rééquilibrage, depuis plusieurs années, les revenus des résidents des zones rurales progressent plus rapidement que ceux des urbains (+ 6,2 % en campagne et + 5,6 % en ville en 2016). »

Nashidil Rouiaï, « Chine : des inégalités sociales persistantes », *Carto*, n°49, septembre-octobre 2018.

3. Ville de Gyantse au Tibet

Annexée en 1950, cette région himalayenne est peuplée de populations tibétaines, désormais minoritaires du fait de la colonisation chinoise.

Thème 4 La Chine : des recompositions spatiales multiples

4 **Les nouvelles infrastructures de transport dans la région de Khorgos**
Khorgos, dans le Xinjiang, est un hub ferroviaire et routier international.

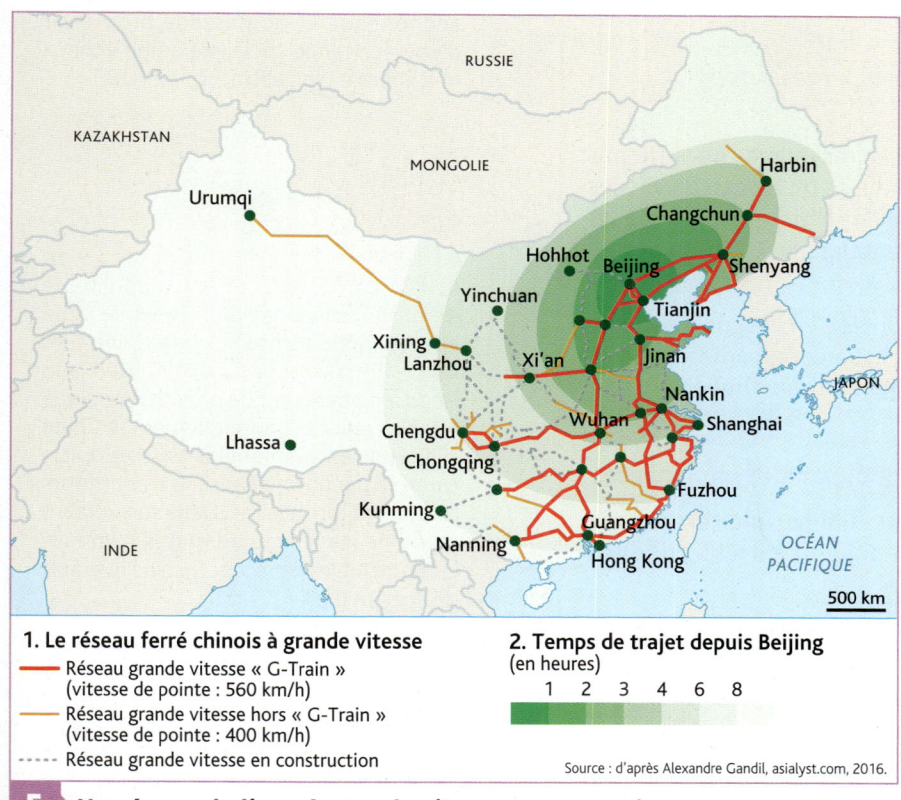

5 **Un réseau de ligne à grande vitesse en expansion**

1. Le réseau ferré chinois à grande vitesse
- Réseau grande vitesse « G-Train » (vitesse de pointe : 560 km/h)
- Réseau grande vitesse hors « G-Train » (vitesse de pointe : 400 km/h)
- Réseau grande vitesse en construction

2. Temps de trajet depuis Beijing (en heures) : 1, 2, 3, 4, 6, 8

Source : d'après Alexandre Gandil, asialyst.com, 2016.

6 **Nombre de passagers sur les lignes chinoises à grande vitesse**

Source : d'après Alexandre Gandil, asialyst.com, 2016.

DEUX PARCOURS AU CHOIX

PARCOURS GUIDÉ

1. Quelles sont les principales inégalités spatiales en Chine ? À quelles échelles se manifestent-elles ? Doc 1, 2 et 3
2. Quels sont les principaux objectifs de rééquilibrage des territoires et les moyens utilisés pour les atteindre ? Doc 1, 2, 4, 5 et 6
3. Montrez que certains aspects de l'aménagement du territoire ont aussi une dimension internationale. Doc 1 et 4

PARCOURS AUTONOME

À l'aide des documents, traitez la question du rééquilibrage du territoire chinois, soit sous forme rédigée, soit sous la forme d'un schéma de ce type :

Des inégalités spatiales à toutes les échelles : …… → Une politique de rééquilibrage des territoires : …… ← La volonté de s'ouvrir vers l'ouest : ……

Thème 4 La Chine : des recompositions spatiales multiples

L'ESSENTIEL

La Chine : des recompositions spatiales multiples

A L'émergence a réduit la pauvreté mais a accru les inégalités

• Grâce à plusieurs décennies de croissance, la pauvreté a fortement diminué en Chine (500 millions de personnes très pauvres en moins en 25 ans) et une importante classe moyenne est apparue.

• Cependant, l'émergence* s'est aussi traduite par une hausse des inégalités tant sociales que spatiales (provinces littorales/provinces intérieures, villes/campagnes, résidents du littoral/*mingongs*). Le partage des fruits de la croissance est devenu une revendication forte d'une partie des Chinois.

B Le pays est confronté à des défis liés aux ressources et à l'environnement

• L'exploitation intensive d'un territoire riche en ressources ne suffit pas à compenser la croissance industrielle et la hausse du niveau de vie des Chinois (besoins alimentaires nouveaux, mobilités croissantes...). Le pays est donc dépendant des importations (alimentaires, énergétiques...) et multiplie les sources d'approvisionnement.

• Le défi environnemental est énorme, et les autorités n'en ont pris conscience que récemment. La pollution de l'air et de l'eau est préoccupante, de même que l'érosion des sols ou les impacts du changement climatique.

C L'émergence suscite des recompositions spatiales importantes

• La **transition urbaine** change le visage de la Chine : une centaine de villes millionnaires à haut niveau de vie sont aujourd'hui les vitrines de l'émergence et les pôles de la mondialisation.

• La littoralisation est le résultat du choix de l'ouverture fait à la fin des années 1970 (**ZES**...) et a donné une forte impulsion à des pôles comme Shanghai, Shenzhen (delta de la rivière des Perles*) ou Tianjin.

• Le gouvernement tente de rééquilibrer le développement en faveur de l'intérieur (*Go West Policy*, **nouvelles routes de la soie**).

NOTIONS-CLÉS

• *Mingongs* Populations issues des campagnes chinoises et travaillant dans les grands centres urbains.

• **Transition urbaine** Passage rapide d'un peuplement en majorité rural à un peuplement en majorité urbain (analogie avec la transition démographique).

• **ZES (Zones économiques spéciales)** Zones franches* créées en Chine à partir de 1980 dans le cadre de l'ouverture économique et du passage progressif d'une économie socialiste à une économie libérale (socialisme de marché).

NE PAS CONFONDRE

• *Go West Policy*/**Nouvelles routes de la soie** La *Go West Policy* ou politique de désenclavement de l'Ouest se situe à l'échelle du territoire de la Chine. Les **nouvelles routes de la soie** (*Belt and Road Initiative*) sont un projet stratégique visant à relier économiquement la Chine à l'Europe en intégrant les espaces d'Asie centrale par un vaste réseau de corridors routiers et ferroviaires. Dans son versant maritime, ce réseau de routes commerciales inclut les espaces africains riverains de l'océan Indien.

RETENIR AUTREMENT

Une émergence économique liée à l'intégration à la mondialisation
- → Une Chine moins pauvre mais plus inégalitaire socialement et spatialement → Des recompositions impulsées par l'État
- → Des défis liés aux besoins en ressources et aux atteintes à l'environnement → Un « rééquilibrage » vers l'ouest
- → Des recompositions spatiales : transition urbaine, littoralisation... → De nouvelles routes commerciales (routes de la soie)

L'ESSENTIEL EN SCHÉMAS

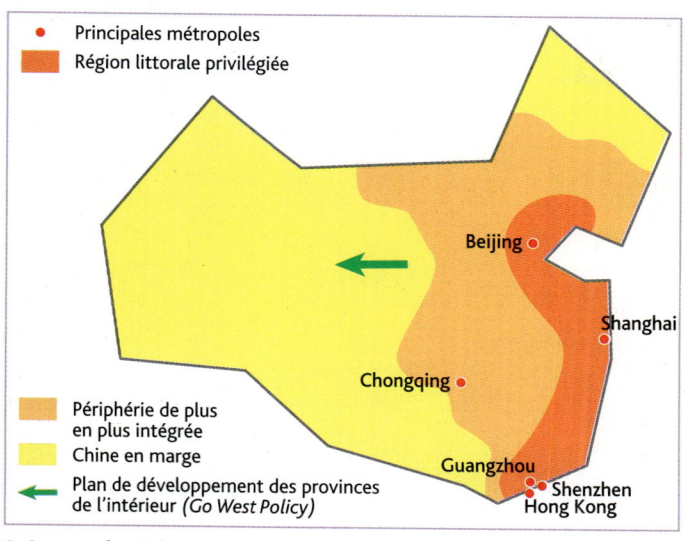

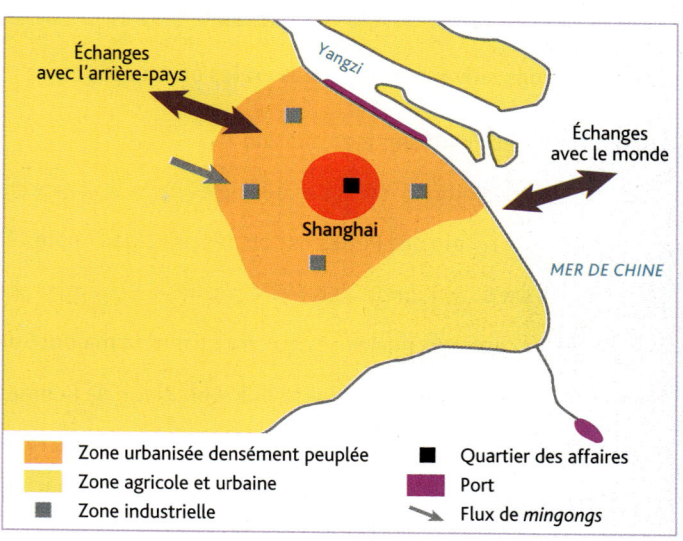

1. Les trois Chine

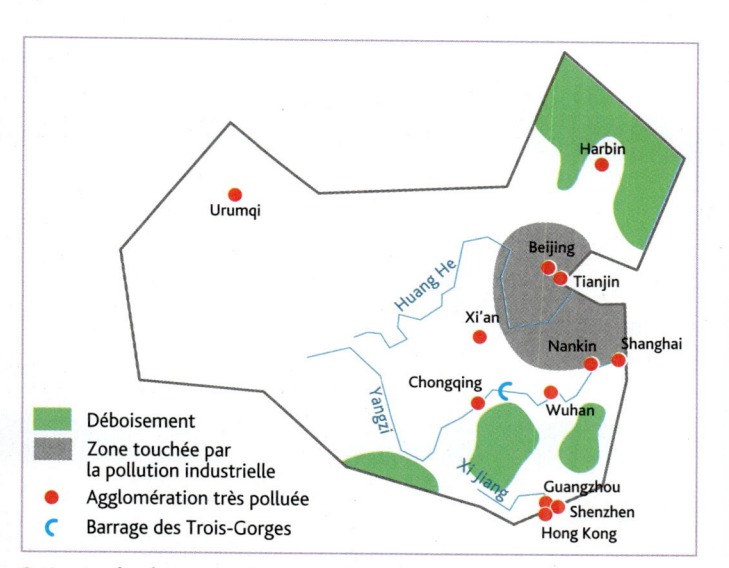

Légende :
- Principales métropoles
- Région littorale privilégiée
- Périphérie de plus en plus intégrée
- Chine en marge
- Plan de développement des provinces de l'intérieur (Go West Policy)

Villes : Beijing, Shanghai, Chongqing, Guangzhou, Shenzhen, Hong Kong

2. Shanghai, une métropole mondiale

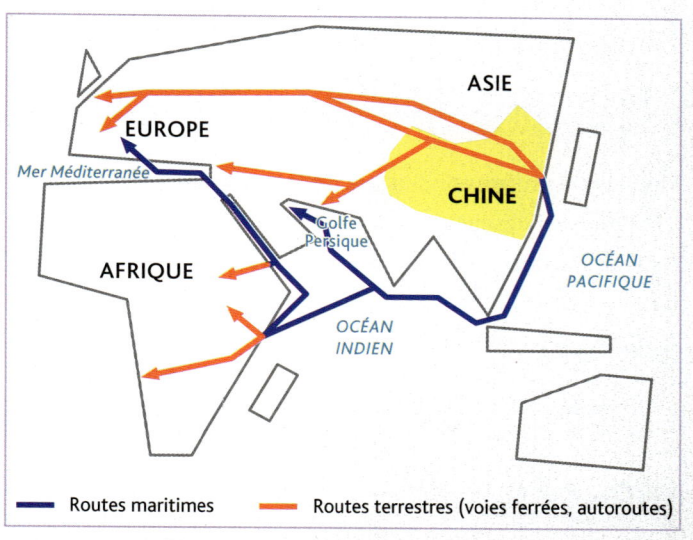

- Échanges avec l'arrière-pays
- Échanges avec le monde
- Yangzi, Mer de Chine
- Zone urbanisée densément peuplée
- Zone agricole et urbaine
- Zone industrielle
- Quartier des affaires
- Port
- Flux de *mingongs*

3. Les principaux enjeux environnementaux

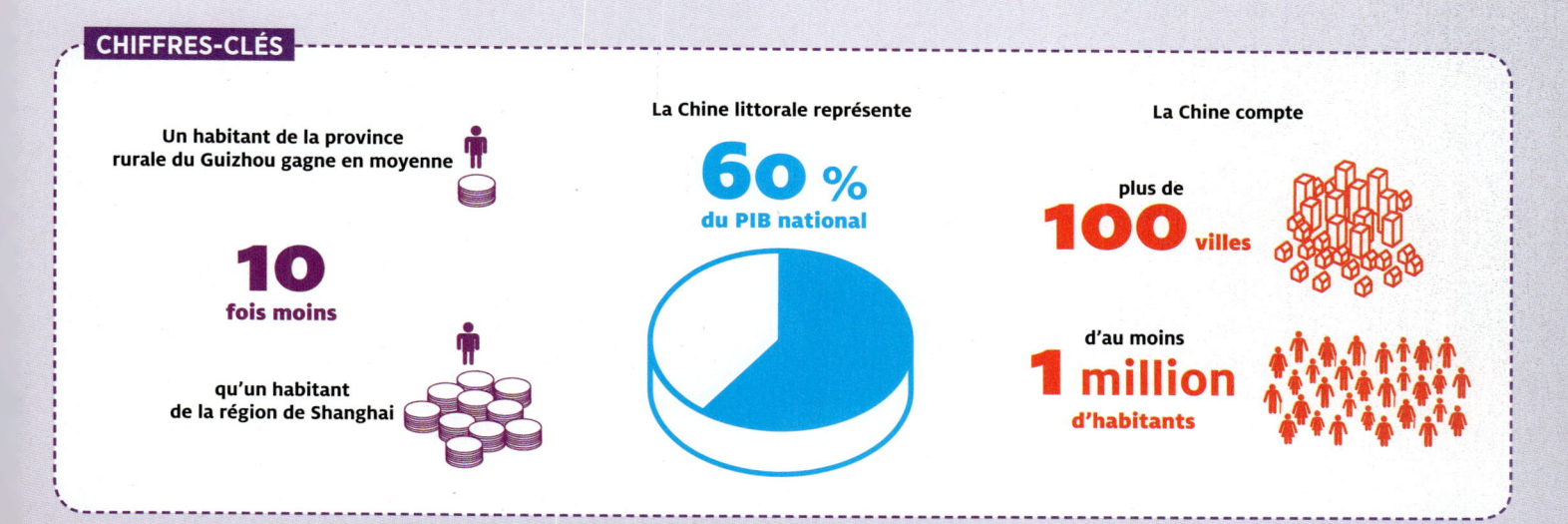

- Déboisement
- Zone touchée par la pollution industrielle
- Agglomération très polluée
- Barrage des Trois-Gorges

Villes : Urumqi, Harbin, Beijing, Tianjin, Xi'an, Nankin, Shanghai, Chongqing, Wuhan, Guangzhou, Shenzhen, Hong Kong
Fleuves : Huang He, Yangzi, Xi Jiang

4. Les « nouvelles routes de la soie »

- Routes maritimes
- Routes terrestres (voies ferrées, autoroutes)

Régions : ASIE, EUROPE, AFRIQUE, CHINE, Mer Méditerranée, Golfe Persique, OCÉAN PACIFIQUE, OCÉAN INDIEN

CHIFFRES-CLÉS

Un habitant de la province rurale du Guizhou gagne en moyenne **10 fois moins** qu'un habitant de la région de Shanghai

La Chine littorale représente **60 %** du PIB national

La Chine compte plus de **100 villes** d'au moins **1 million** d'habitants

Thème 4 La Chine : des recompositions spatiales multiples

RÉVISER ACTIVEMENT

1 Je maîtrise les idées du cours

Les propositions suivantes sont-elles vraies ou fausses ?

	Vrai	Faux
1. La Chine est autosuffisante en énergie.		
2. Les campagnes profitent peu des bénéfices de la croissance chinoise.		
3. Le delta de la rivière des Perles est un des principaux pôles économiques chinois.		
4. La Chine loue de nombreuses terres agricoles à l'étranger pour nourrir sa population.		
5. Ce sont des centrales nucléaires qui produisent la majorité de l'électricité chinoise.		
6. La Chine maintient encore aujourd'hui la politique de l'enfant unique.		
7. Les « nouvelles routes de la soie » sont uniquement des routes terrestres.		
8. La Chine possède le plus important réseau mondial de lignes à grande vitesse.		
9. La pauvreté a beaucoup baissé en Chine depuis 25 ans.		
10. L'État chinois ne prend aucune mesure contre la pollution de l'air.		

2 Je maîtrise les notions

À quels mots correspondent les définitions suivantes ?

1. Politique de désenclavement de l'Ouest chinois.
2. Zones franches créées en Chine à partir de la fin des années 1970.
3. Habitants des campagnes venus chercher du travail dans les grands centres urbains.

3 Je maîtrise les localisations

À quels numéros indiqués sur le schéma correspondent les villes et les fleuves suivants ?

A. Shanghai
B. Beijing
C. Chongqing
D. Shenzhen
E. Guangzhou
F. Tianjin
G. Huang He
H. Yangzi
I. Hong Kong
J. Xi Jiang

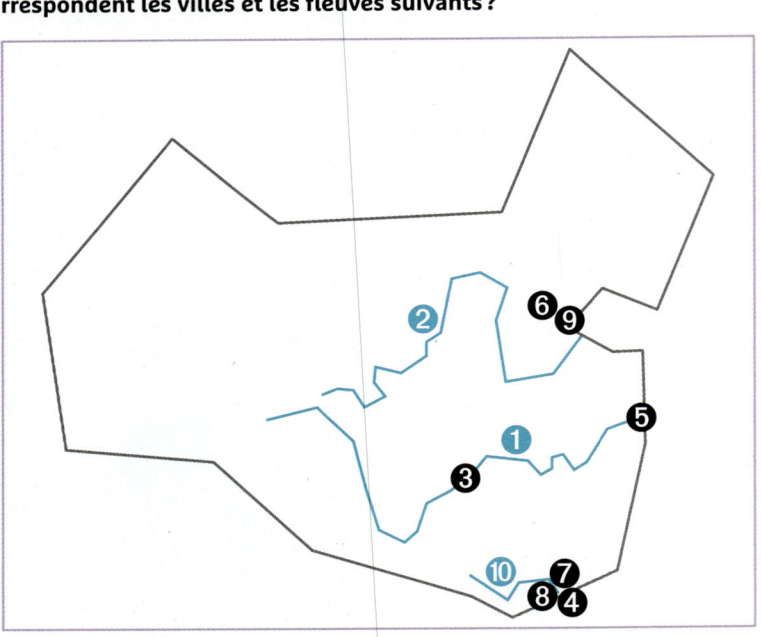

4 Je compare deux photographies diachroniques

À quels numéros (parfois inscrits sur les deux photos) correspondent les lieux suivants ?

Shanghai en 1987

Shanghai en 2018

A. Immeubles d'habitation, symboles de la transition urbaine chinoise

B. Quartier des affaires, symbole de l'émergence chinoise

C. Rivière Huangpu devenue trop petite pour les porte-conteneurs de dernière génération

D. Zones industrialo-portuaires transférées sur le Yangzi ou à Yangshan

E. Quartier du Bund, bâtiments du début du XXe siècle construits par les Occidentaux

5 Je révise à l'aide d'un court documentaire

Pour mieux cerner les enjeux des « nouvelles routes de la soie », cherchez sur Internet l'émission du *Dessous des cartes* de janvier 2015 : « Vers une nouvelle route de la soie ? ».

1. Visionnez l'émission à partir de 3 minutes 36.

VIDÉO

2. Résumez les objectifs économiques et politiques de ce projet pour la Chine. Quelles sont, notamment, les conséquences attendues pour la partie occidentale de la Chine ?

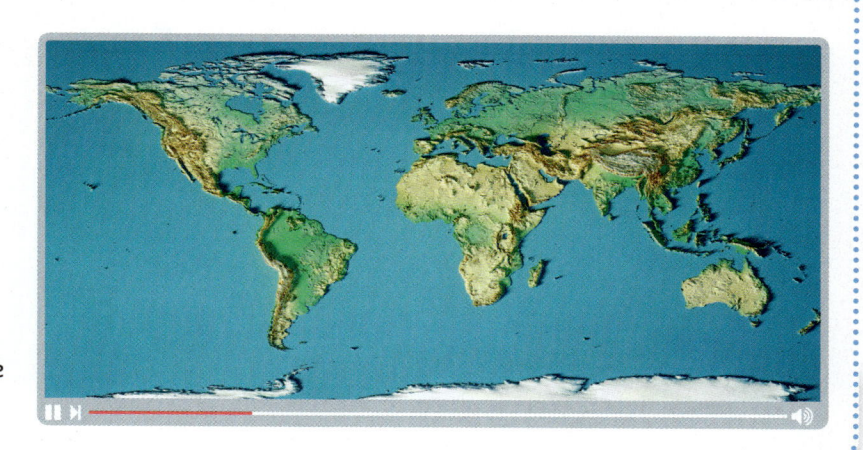

ACQUÉRIR LES MÉTHODES — BAC ÉPREUVES COMMUNES

OBJECTIF MÉTHODE
Réutiliser les notions vues dans l'année

Analyser un document

SUJET
Les recompositions spatiales du delta de la rivière des Perles
Dégagez les recompositions démographiques et urbaines à l'œuvre dans le delta de la rivière des Perles. Donnez-en les raisons économiques et historiques puis les conséquences paysagères et sociales.

1 Le dynamisme du delta de la rivière des Perles

« Le delta de la rivière des Perles est [...] la région économique la plus dynamique du pays depuis le lancement du programme de réforme de la Chine en 1979. Alors que le pays est au bord du chaos dans les années 70, [...] le gouvernement dirigé à l'époque par Deng Xiaoping décide de [...] lancer d'importantes réformes pour faire de la Chine une super puissance économique. Pour ce faire, en 1980 des urbanistes mandatés par le gouvernement chinois ont établi un plan visant à rassembler les 9 villes situées autour de la région rurale du delta de la rivière des Perles. L'objectif premier ? Créer une zone urbaine 26 fois plus grande que Londres et sa périphérie [...]. La nouvelle méga-ville devait couvrir une grande partie du centre manufacturier de la Chine, de Guangzhou à Shenzhen [...]. À cette époque, des rivières et des ruisseaux coulaient à travers les sols fertiles pleins de rizières, de champs de blé et de vergers. [...]
Le PIB de la région est passé de 8 milliards de dollars en 1980 à [...] près de 22,1 milliards de dollars en 2005. En un peu plus de 20 ans, le taux de croissance du PIB de la zone a dépassé 16 %, alors que la moyenne nationale de la Chine était à l'époque de 9,8 %. [...] En 2011, près de 150 grands projets d'infrastructures ont été présentés pour relier les réseaux énergétiques, de télécommunication, des transports et de distribution d'eau des 9 villes. [...] Alors que le delta de la rivière des Perles comptait près de 10 millions d'habitants répartis dans plusieurs villes moyennes à la fin des années 1980, désormais, la région abrite 42 millions de personnes, soit une population supérieure à celles de l'Argentine, de l'Australie ou du Canada. [...]
Selon un rapport récent de la Banque mondiale, le delta de la rivière des Perles a dépassé Tokyo et serait à ce jour la plus grande zone urbaine du monde en termes de taille et de population. [...] L'expansion urbaine peut [...] creuser l'écart des inégalités. Le prix des logements ou des transports peut pousser les personnes dotées de faibles revenus à vivre loin de leur lieu de travail, des écoles et des commerces. La Banque mondiale explique également que ces personnes peuvent être forcées de s'installer dans les bidonvilles pour rester plus près du centre. »

« Delta de la rivière des Perles : l'incroyable expansion de la plus grande zone urbaine au monde vue depuis l'espace », atlantico.fr, 21 septembre 2015.

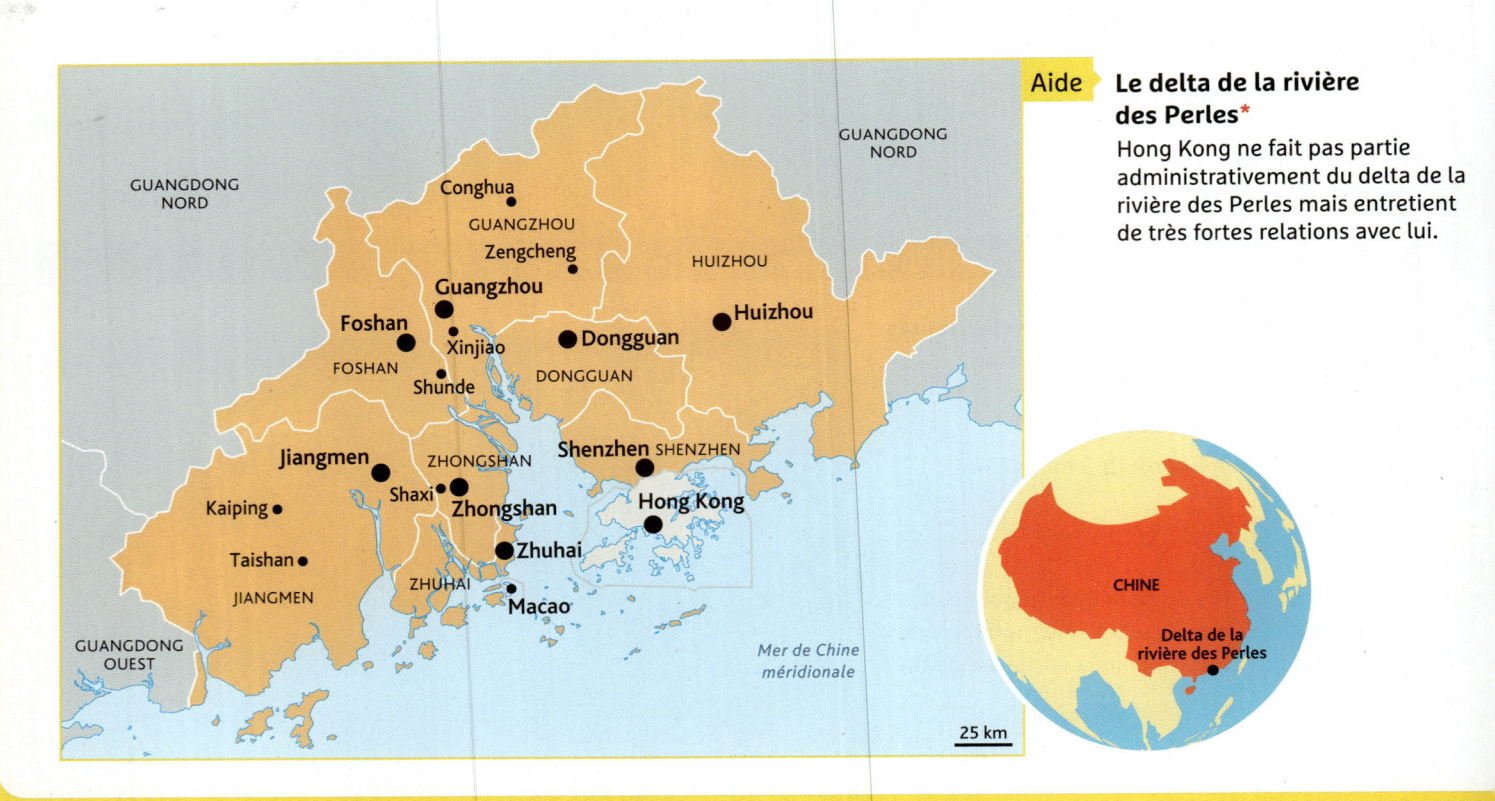

Aide — Le delta de la rivière des Perles*

Hong Kong ne fait pas partie administrativement du delta de la rivière des Perles mais entretient de très fortes relations avec lui.

280 **Thème 4** La Chine : des recompositions spatiales multiples

ÉTAPE 1 Prendre connaissance du texte et le relier à des notions

1 En vous appuyant sur le document d'aide et sur une carte de Chine, précisez où se situe l'espace nommé « delta de la rivière des Perles ».

2 D'après la consigne du sujet, quels sont les trois axes qui doivent guider votre analyse ?

3 Lisez une première fois le texte puis, dans la liste ci-dessous, sélectionnez des notions qu'il faudra mobiliser.
- Recomposition
- Centralité, centre-périphérie, métropole/métropolisation, ville
- Espace productif, entreprise multinationale, chaîne de valeur ajoutée, flux, production, système productif
- Espace rural, multifonctionnalité, fragmentation, périurbanisation, ruralité

4 À quelles notions et thématiques de l'année correspondent les passages surlignés de différentes couleurs dans le texte ?

ÉTAPE 2 Extraire des informations et les expliciter par des connaissances

5 Le tableau ci-dessous qui correspond au premier axe du sujet distingue les informations extraites du texte des notions et explications à apporter. Seuls quelques éléments sont indiqués. Complétez-le.

Axe 1	Informations issues du texte	Notions et explications
Recomposition démographique	- Une population passée de 10 millions d'habitants en 1980 à 42 millions en 2015	- Transition démographique : .... - Exode rural : ....
Recomposition urbaine	- Des acteurs : « des urbanistes mandatés par le gouvernement chinois » sous Deng Xiaoping -	- Décision prise dans le cadre d'un État autoritaire, au moment de la « modernisation » et l'ouverture souhaitées par le successeur de Mao. - Transition urbaine : ....

6 Faites de même pour les axes 2 et 3 de la consigne.

Axe 2	Informations issues du texte	Notions et explications
Recomposition économique	....	....
Raisons historiques	....	....

Axe 3	Informations issues du texte	Notions et explications
Conséquences paysagères	....	....
Conséquences sociales	....	....

ÉTAPE 3 Rédiger le devoir

7 Rédigez une courte introduction présentant le document et l'espace concerné.

8 Rédigez la réponse au sujet en vous appuyant sur le travail préalable. Pensez à faire des citations que vous mettrez entre guillemets.

Thème 4 La Chine : des recompositions spatiales multiples

ACQUÉRIR LES MÉTHODES — BAC ÉPREUVES COMMUNES

Réaliser un croquis à partir d'un texte

OBJECTIFS MÉTHODE
- Tirer des informations d'un texte
- Trouver les figurés les plus adaptés

SUJET

À partir de vos connaissances et du texte, réalisez un croquis sur le thème : « **L'espace chinois : un espace inégalement intégré à la mondialisation** ». Vous ferez apparaître les dynamiques spatiales en fonction des régions et les portes d'entrée de la mondialisation en Chine.

1 Une inégale intégration à la mondialisation

L'Asie du Sud-est et de l'Est est au cœur du commerce mondial. Dans le classement mondial des plus importantes places portuaires, on trouve en première et en seconde position deux ports autant voisins que concurrents, Ningbo et Shanghai. Depuis les années 1990, l'intégration de la Chine au système économique mondial a privilégié le littoral et se diffuse clairement à l'intérieur des terres depuis le milieu des années 2000. Cinq grands types régionaux peuvent être distingués.

Les lieux de la mondialisation comprennent les trois grandes métropoles (Shanghai, Beijing et Tianjin) ainsi que les provinces les plus précocement lancées dans les réformes économiques et l'ouverture (Jiangsu, Guangdong et Zhejiang). Ce sont dans ces régions qu'arrivent les principaux investissements étrangers.

Les régions en voie d'intégration peuvent être des provinces littorales inscrites dans un processus d'intégration au système économique mondial, mais qui ne disposent pas de pôles métropolitains et se sont lancées dans les réformes (Shandong, Fujian, Liaoning et l'île-province de Hainan) et des territoires profitant pleinement de l'axe fluvial du Yangzi et de ses aménagements (Chongqing, Hubei).

Les provinces intermédiaires comptent un pôle intérieur en pleine croissance (le Shaanxi et ses voisins, le Henan et le Ningxia), s'articulent à l'axe fluvial du Yangzi (Jiangxi, Hunan et Anhui), au pôle pékinois (Mongolie-Intérieure et Hebei) ou relèvent des dynamiques du Nord-Est (Jilin). Ces dernières restent encore pénalisées par des structures productives et des spécialisations économiques souvent vieillies.

Les terres enclavées enregistrent un développement franchement insuffisant. Elles sont intérieures, encore mal reliées aux dynamiques contemporaines. Le Shanxi, le Qinghai, le Sichuan et le Guangxi font figure de poches en développement en attente.

Les périphéries s'inscrivent aux franges de la Chine historique des Han. Elles sont peu dynamiques, pénalisées par une situation frontalière (Heilongjiang) ou un enclavement intérieur (Guizhou et Yunnan). Elles peuvent correspondre à des provinces de l'Ouest chinois (Xinjiang et Tibet).

D'après Frank Tétart, *Grand Atlas 2016* et *Grand Atlas 2019*, Autrement.

ÉTAPE 1 Réfléchir au sujet

1 Lire attentivement le sujet : quels sont deux types d'informations demandées ?

2 Dans le sujet, qu'entend-on par « dynamiques » ?
- Les seules régions dynamiques
- Les différents types d'espaces, plus ou moins dynamiques et inégalement intégrés à la mondialisation

3 « Portes d'entrée de la mondialisation » désigne :
- Les lieux préférentiels : ports, métropoles…
- Les frontières du pays

ÉTAPE 2 Réaliser la légende

4 Repérez sur le **document d'aide** les provinces chinoises mentionnées dans le texte et classez-les au brouillon en fonction de leur dynamisme.

5 Classez les informations ci-dessous dans les deux parties de la légende.
- Des périphéries peu dynamiques
- Des provinces intermédiaires
- Des terres enclavées, au développement insuffisant
- Des régions en voie d'intégration
- Le fleuve Yangzi, axe préférentiel de diffusion de la mondialisation
- Les grands ports
- Les investissements étrangers en Chine
- Les premières provinces ouvertes à la mondialisation
- Les métropoles, centres d'impulsion de la mondialisation

ÉTAPE 3 Réaliser le croquis

6 Sélectionnez des figurés adaptés en vous aidant du **point méthode** et du tableau situé sur le **rabat du manuel**.

7 Réalisez le croquis, puis portez la nomenclature : noms de quelques régions, des mers et océans, des métropoles…

Thème 4 La Chine : des recompositions spatiales multiples

BAC ÉPREUVES COMMUNES

Titre : ....

1. Dynamiques spatiales

2. Portes d'entrée de la mondialisation

POINT MÉTHODE

Choisir des figurés

→ **Évoquer graphiquement des faits et des idées** : des flèches pour montrer des flux ou des liens, des couleurs d'intensité variable ou des figurés de taille variable pour représenter un phénomène...

→ **Respecter les conventions cartographiques** en évitant de choisir des figurés « imagés » (un arbre pour représenter une forêt...).

Aide Les provinces, régions autonomes et municipalités chinoises

Thème 4 La Chine : des recompositions spatiales multiples

ACQUÉRIR LES MÉTHODES — BAC ÉPREUVES COMMUNES

OBJECTIF MÉTHODE : Insérer un schéma dans une argumentation

Répondre à une question problématisée

SUJET Quelles recompositions spatiales multiples la Chine connaît-elle ?

Après avoir montré que l'émergence du pays a conduit à une évolution différenciée des territoires, vous expliquerez les rééquilibrages en cours.

ÉTAPE 1 — Comprendre le sujet et faire un plan détaillé

1 Avant de traiter le sujet, vérifiez le sens du terme « recomposition » p. 260.
Quelles sont les principales recompositions spatiales que l'on peut observer dans ce pays ?

2 Expliquez en quelques phrases comment le plan proposé ci-dessous permet de traiter le sujet.

I. Les « trois Chine » : une recomposition spatiale liée à l'émergence du pays...

A. La Chine littorale, le moteur du pays
  1. La Chine la plus peuplée et la première à avoir achevé la transition démographique
  2. La Chine des grandes métropoles
  3. Une émergence dès les années 1980, avec l'insertion progressive à la mondialisation

B. Les provinces de l'intérieur, des périphéries peu à peu intégrées
  1. Une périphérie globalement moins peuplée mais riche en ressources
  2. Des terres d'exode rural vers le littoral
  3. Des situations variables (les grandes vallées fluviales, axes de l'émergence)

C. Les provinces de l'Ouest, des marges
  1. Des provinces très peu peuplées
  2. Des régions riches en ressources
  3. Des terres difficiles à contrôler (éloignement, présence de minorités...)

II. ...mais un rééquilibrage à différentes échelles : la fin progressive des « trois Chine » ?

A. Pourquoi rééquilibrer le territoire chinois ?
  1. Les problèmes de la Chine littorale (pollution, manque de terres arables...)
  2. Une volonté d'aménagement du territoire à l'échelle nationale
  3. La volonté d'ouverture vers l'ouest et vers l'étranger (« nouvelles routes de la soie »)

B. À l'échelle nationale : l'émergence de nouvelles régions
  1. Les provinces centrales au très fort développement (Xi'an, Chongqing)
  2. L'ouverture progressive des marges occidentales du fait de la *Go West Policy*

C. À l'échelle locale, des recompositions spatiales également nombreuses
  1. Des inégalités croissantes entre les métropoles et les campagnes
  2. À l'échelle urbaine, des recompositions entre quartiers (étalement urbain, métropolisation...)

ÉTAPE 2 — Rédiger le devoir

3 Dans l'exemple d'introduction ci-dessous, repérez la ou les phrases qui montrent l'intérêt du sujet, définissent la notion principale, énoncent la problématique du devoir et annoncent le plan.

> Il est habituel d'opposer trois Chine : une Chine « qui s'est éveillée » que l'on se représente mondialisée, faite de métropoles géantes, de gratte-ciel et d'usines « inondant » le monde de leurs produits face à une Chine rurale, faite de rizières et semblant à l'écart du développement et, plus loin encore, à une Chine de l'ouest, très marginale et peuplée de minorités. Cette vision correspond aux profondes transformations qui ont affecté la Chine depuis près de 40 ans, mais elle doit être aujourd'hui nuancée. Quelles recompositions spatiales animent le territoire chinois à différentes échelles ? Nous étudierons dans une première partie une certaine permanence des « trois Chine », avant de voir en seconde partie le rééquilibrage actuel du territoire.

4 Le début de la première sous-partie du devoir (I A) est rédigé ci-après. Repérez l'idée générale, les arguments et les exemples cités.

(Commencer chaque paragraphe par un alinéa)

L'ouverture du pays, initiée dans les années 1980, a renforcé la subdivision du territoire en « trois Chine ».

→ La Chine littorale a été la première région à se développer. Il s'agit des régions les plus peuplées du pays avec des densités dépassant souvent les 400 habitants au km², y compris en milieu rural. Ces provinces littorales représentent à elles seules environ 45 % de la population du pays. Les espaces les plus peuplés sont situés le long du golfe de Bohai et de Tianjin à Shanghai, mais aussi dans le delta de la rivière des Perles qui, de Guangzhou à Hong Kong (britannique jusqu'en 1997), compte plus de 30 millions d'habitants. Ces régions ont été les premières à connaître une transition démographique, accélérée par la politique dite « de l'enfant unique ». Le résultat en est un vieillissement qui inquiète les autorités.

Cette Chine littorale est aussi celle des grandes métropoles. En effet…

(Ne pas mettre les titres du plan mais une phrase introductive)

(Première idée du I-A : premier paragraphe)

5 La sous-partie 2 du A peut s'appuyer sur un schéma comme ci-dessous. Parmi les deux propositions de rédaction, laquelle vous paraît la meilleure ? Justifiez votre réponse.

Proposition 1
L'extension de Shanghai est donc très importante, comme on peut le voir sur ce schéma, avec le port, les banlieues, les zones artisanales, le centre des affaires et les flux…

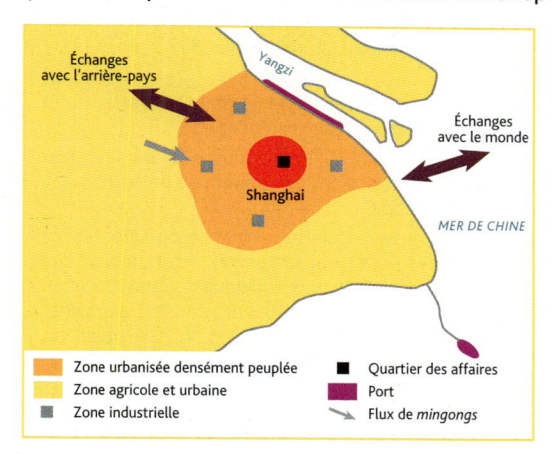

Schéma de Shanghai :
- Échanges avec l'arrière-pays
- Yangzi
- Échanges avec le monde
- Shanghai
- MER DE CHINE
- Zone urbanisée densément peuplée
- Zone agricole et urbaine
- Zone industrielle
- Quartier des affaires
- Port
- Flux de *mingongs*

Proposition 2
La croissance économique de Shanghai, liée pour partie à son activité commerciale portuaire, a entraîné un fort étalement urbain, à partir d'un noyau central, comme on peut le voir sur ce schéma…

6 Rédigez la sous-partie 2 du A en respectant les règles formelles indiquées dans le **point méthode** et en intégrant le schéma.

7 Terminez le devoir selon le plan indiqué et en y intégrant des schémas de votre choix.

POINT MÉTHODE

Présenter matériellement une argumentation

→ **La présentation** doit être claire et aérée, de façon à rendre visible l'organisation des idées.

→ **Sauter une ligne** après l'introduction, entre les différentes parties et avant la conclusion.

→ **Faire un retrait** (alinéa) au début de chaque partie et sous-partie.

→ **Tout doit être rédigé : ne pas mettre le titre des parties** mais faire une phrase introductive au début de chaque partie pour annoncer l'idée principale.

→ **Faire des phrases de transition** entre les grandes parties.

Thème 4 La Chine : des recompositions spatiales multiples 285

LEXIQUE

Accessibilité Plus ou moins grande facilité d'accès à un lieu par les moyens de transport.

Accaparement des terres (*Land grabbing*) Achat ou location de terres à l'étranger par des États ou des sociétés privées.

Agglomération Ensemble formé par la ville-centre et sa banlieue.

Agriculture biologique Agriculture qui a recours à des techniques respectueuses de l'environnement et de la santé et sans produits chimiques.

Agriculture productiviste Agriculture cherchant à produire beaucoup en peu de temps (productivité élevée) sur peu d'espace (rendement élevé).

Agritourisme (ou agrotourisme) Tourisme lié à l'agriculture («tourisme à la ferme») et plus largement aux territoires ruraux.

Agroalimentaire Secteur qui transforme des produits agricoles bruts en produits alimentaires et qui les commercialise.

Aire urbaine En France, zone dépendant d'un pôle urbain et d'une couronne dont 40% de la population au moins travaille dans le pôle ou dans les autres communes de la couronne.

Aménités Ensemble des éléments qui constituent un cadre de vie agréable et attractif pour les habitants.

Antimonde Ensemble des acteurs, des activités et des flux illicites.

Archipel mégalopolitain mondial (AMM) Métaphore désignant l'ensemble des villes mondiales, reliées entre elles par des liens et des flux.

Avantages comparatifs d'un territoire Éléments qui lui permettent d'être plus attractif que les autres.

Bassin d'emplois Territoire où la plupart des actifs résident et travaillent, et où les entreprises peuvent trouver l'essentiel de la main-d'œuvre.

Bidonville/Habitat informel Ensemble d'habitations précaires, dans un secteur non viabilisé, faits, du moins au départ, de matériaux de récupération. Le terme d'informel désigne le fait que les habitants ne possèdent pas de titre de propriété; il peut s'appliquer à des habitats plus élaborés.

Brain drain («fuite des cerveaux») Émigration de personnes qualifiées.

Brevet voir p. 114

BRICS Acronyme pour Brésil, Russie, Inde, Chine et Afrique du Sud. Voir p. 114.

Capitalisation boursière Valeur marchande de toutes les sociétés cotées sur un marché boursier.

CBD (*Central Business District*) Quartier des affaires (États-Unis).

Centre fonctionnel Espace qui concentre des pouvoirs de commandement au sein d'une métropole (centre des affaires, grands musées, centres politiques...).

Centre/périphérie Un centre est un pôle qui joue un rôle d'impulsion et de direction. Les périphéries sont les espaces sous la domination d'un centre.

Chaîne de valeur ajoutée/DIPP Segmentation du processus de production d'un même produit en de multiples tâches effectuées par des entreprises réparties dans différentes régions du monde. On appelle aussi cette organisation décomposition internationale des processus productifs (DIPP).

Cluster Concentration en un même lieu d'activités spécialisées dans un même domaine. Les clusters spécialisés dans la haute technologie sont des technopôles.

Commerce équitable Commerce assurant des revenus corrects aux producteurs et le revendiquant par un label.

Compétitivité voir p. 118

Conflit d'usages Rivalité et tension pour l'exploitation, l'appropriation ou la gestion d'une même ressource ou d'un même espace.

Croissance verte Stratégie de développement économique soutenable sur le long terme, veillant à ne pas diminuer le capital naturel.

Cultures commerciales Cultures destinées à être vendues et souvent exportées.

Cultures vivrières Cultures destinées à la consommation familiale du producteur. Elles sont parfois commercialisées localement (vivrier marchand).

Délocalisation Transfert d'un site productif vers un territoire qui offre des avantages supérieurs (coût de la main-d'œuvre, fiscalité plus faibles...).

Delta de la rivière des Perles voir p. 272

Densification Augmentation de la densité de population et/ou du bâti sur un territoire.

Désindustrialisation Diminution de la part de l'industrie dans la population active et le PIB d'un État.

Développement rural voir p. 230

DIPP voir Chaîne de valeur ajoutée

DIT Division internationale du travail.

Economie du savoir voir p. 38

Économie présentielle voir p. 230

Économie productive Économie fondée sur des activités qui produisent des biens et des services majoritairement consommés hors de la zone de production (agriculture et industrie notamment).

Économie rentière ou Économie de rente Pour un pays, fait de tirer l'essentiel de ses revenus de la vente de ses ressources (énergie...).

Économies d'échelle Baisse du coût unitaire d'un produit obtenue par une entreprise en accroissant sa production.

Edge city («ville lisière») Pôle secondaire récent (20 ou 30 ans) qui rassemble des bureaux, des espaces commerciaux, quelques sièges sociaux. Situés en périphérie, souvent près des aéroports et des échangeurs autoroutiers, ils participent au polycentrisme des espaces métropolitains.

Émergence/Pays émergent Pays où la forte croissance économique entraîne un certain développement (essor de la participation aux échanges internationaux, développement humain, essor de la classe moyenne).

Équipement métropolitain Infrastructure politique, économique, culturelle ou scientifique permettant le rayonnement d'une métropole.

Espace de relégation Espace peu attractif où des populations résident sans l'avoir véritablement choisi pour des raisons économiques, politiques...

Espace périurbain Espace situé autour d'une ville au-delà des banlieues et dépendant de cette ville.

Espace rural Espace qui relève de la campagne et s'oppose traditionnellement à l'espace urbain.

Espace de production Espace mis en valeur dans un but de création de richesses (mines, agriculture, industrie, tertiaire...) par différents acteurs (individus, entreprises, collectivités locales, États, organisations régionales...).

Étalement urbain Extension de l'espace urbanisé en périphérie des villes.

Externalisation Terme voisin de sous-traitance. Il s'agit pour une entreprise de transférer une partie de ses activités vers une autre entreprise, dans le même pays ou à l'étranger.

Externalités négatives voir p. 122

FEADER Fonds européen agricole pour le développement rural.

Flux Ensemble des circulations et des échanges de toutes natures entre les différents lieux du monde.

Flux tendus Mode de production très rentable qui consiste pour une entreprise à ne pas avoir de stocks. Les matières premières ou pièces détachées arrivent au fur et à mesure des besoins.

Folklorisation Exagération du caractère traditionnel d'un lieu, d'un groupe ou d'une activité.

Fonction métropolitaine Fonction de commandement politique (capitale), économique (siège de FTN, bourse...) ou culturelle (marché de l'art, grand musée...). Ces fonctions génèrent des emplois dits «stratégiques»: professions libérales et assimilés, cadres de la fonction publique et des entreprises, professions intellectuelles.

Fragmentation fonctionnelle Organisation d'un territoire marquée par une séparation des espaces selon la fonction qu'ils remplissent.

Fragmentation socio-spatiale Organisation d'un territoire marquée par une séparation des espaces selon le niveau de vie ou d'origine des populations.

Friche agricole Terre qui n'est plus cultivée et a été laissée à l'abandon.

Front pionnier Espace en cours de peuplement et de mise en valeur.

FTN (Firme transnationale) Entreprise réalisant ses activités et son chiffre d'affaires dans plusieurs pays. Elle est constituée d'une société-mère qui a son siège social dans le pays d'origine et de filiales implantées dans d'autres pays.

GAFAM Google, Apple, Facebook, Amazon, Microsoft.

Gentrification rurale Processus d'installation de personnes aisées ou de classe moyenne au sein d'espaces ruraux et qui se fait parfois au détriment des habitants anciennement installés (hausse du coût du foncier).

Gentrification urbaine Installation de population aisée dans des quartiers rénovés, souvent centraux, au détriment des populations modestes.

Go West Policy Plan de développement lancé en 2000 par le gouvernement chinois pour désenclaver les provinces de l'intérieur et favoriser la croissance économique.

Grand Paris voir p. 66

Habitat informel voir Bidonville

Hinterland (ou arrière-pays) voir p. 130

Hub Lieu permettant une redistribution des passagers, marchandises ou informations vers d'autres destinations (hubs portuaires, aéroportuaire...).

Hyper-ruralité voir p. 230

IDE (Investissements directs à l'étranger) Mouvement international de capitaux destinés à des investissements à l'étranger.

Indicateur de développement humain (IDH) Allant de 0 (peu développé) à 1 (très développé), il tient compte du revenu par habitant, de l'espérance de vie à la naissance et des années de scolarisation des adultes âgés de plus de 25 ans ou, pour les enfants, des années attendues de scolarisation.

Indice de primauté Rapport entre la population de la première ville et de la deuxième ville d'un pays.

Innovation Introduction d'une nouveauté dans le processus de production ou de commercialisation.

Interface Zone de contact entre des espaces de nature différente.

Labellisation Fait d'identifier et de garantir l'origine d'un produit par une appellation (label).

LGV Ligne de train à grande vitesse (TGV).

Libre-circulation Possibilité de traverser les frontières sans contrôles ni prélèvement de taxes douanières.

Littoralisation Processus de concentration croissante des populations et des activités à proximité des littoraux.

Loi SRU (Loi Solidarité et renouvellement urbain) Vise à lutter contre les fractures sociales et à coordonner l'aménagement urbain.

Macrocéphalie urbaine Littéralement « gros cerveau » ; terme qui désigne le fait qu'une ville est « anormalement » peuplée par rapport aux autres villes du pays.

Marché de consommation Espace où les entreprises peuvent trouver des débouchés pour leurs productions (que ce soient des biens ou des services).

Marge Territoire qui reste à l'écart (du développement, de la mondialisation...).

Marketing territorial Mise en œuvre d'une communication pour valoriser un territoire afin d'influencer en sa faveur le comportement d'un public particulier (entrepreneurs...) face à des concurrents.

Mégalopolis Ensemble urbain qui va de Boston à Washington sur la côte Est des États-Unis.

Mégapole Ville très peuplée (10 millions d'habitants ou plus).

Métropole Grande ville qui concentre population et fonctions de commandement (politique, économique, et/ou culturel).

Métropole (statut de) En France, un des échelons du découpage territorial créé en 2010 et effectif depuis 2014 pour renforcer le pouvoir des ensembles urbains de plus de 400 000 habitants dans une aire urbaine de plus de 650 000.

Métropole régionale Métropole ayant souvent le statut de « capitale administrative » d'une région à l'intérieur d'un État, et rayonnant sur cet espace.

Métropolisation Processus de concentration des activités et des fonctions de commandement dans un nombre limité de grandes villes, les métropoles, dans un contexte de mondialisation.

Mingongs Travailleurs migrants allant des campagnes chinoises vers les grands centres urbains.

Mitage Éparpillement sans plan d'urbanisme réellement cohérent, d'infrastructures, de zones d'habitat, de zones d'activité, dans des espaces initialement ruraux (forestiers ou agricoles).

Mixité sociale/fonctionnelle Coexistence de personnes issues de milieux divers et de niveaux de vie différents/de fonctions diverses (résidentielle, industrielle, tertiaire...).

Mondialisation Processus d'intensification et de libéralisation des échanges à l'échelle planétaire, qui aboutit à un espace mondial de plus en plus intégré et interdépendant.

Multifonctionnalité Diversité des fonctions d'un territoire.

Néorural Personne habitant une commune rurale depuis peu (moins de cinq ans en France), et ayant son précédent domicile dans une commune urbaine relativement éloignée.

NIMBY (*Not in my backyard*, littéralement « Pas dans mon jardin ») Opposition d'acteurs locaux à un projet d'intérêt général.

Nouvelles routes de la soie (*Belt and Road Initiative*) Projet stratégique visant à relier économiquement la Chine à l'Europe en intégrant les espaces d'Asie centrale par un vaste réseau de corridors routiers et ferroviaires. Dans son versant maritime, ce réseau de routes commerciales inclut les espaces africains riverains de l'océan Indien.

OMC Organisation mondiale du commerce dont l'objectif est de lutter contre les barrières protectionnistes freinant les échanges.

Paradis fiscal Territoire taxant très peu les capitaux et pratiquant le secret bancaire sur l'origine des fonds et l'identité des déposants.

Patrimoine/patrimonialisation Bien commun (naturel ou culturel) considéré comme devant être légué aux générations futures. La patrimonialisation tend donc à préserver ce bien en l'état.

Pays rentiers Pays dont l'économie dépend essentiellement de l'exportation de matières premières.

PDU (Plan de déplacement urbain) Organise les transports dans une aire urbaine, avec un volet environnemental.

Périurbanisation Urbanisation s'effectuant autour des agglomérations sur des espaces ruraux.

Peuplement Processus d'installation et de répartition des hommes dans l'espace.

PIB (Produit intérieur brut) Richesse produite dans un État pendant une année.

Plateforme logistique Infrastructures de chargement et de déchargement.

PMA (Pays les moins avancés) Classification officielle de l'ONU désignant les pays connaissant le plus de retard de développement (47 en 2018).

Pôle de compétitivité Association regroupant, sur un même territoire, des entreprises, des établissements d'enseignement supérieur et des organismes de recherche, travaillant en synergie sur des projets innovants.

Politique de l'enfant unique voir p. 264

Politique de la ville Politique mise en place par les pouvoirs publics pour tenter de réduire la fragmentation sociale et spatiale en zone urbaine.

Polycentralité Organisation spatiale qui se caractérise par la présence de plusieurs centres fonctionnels au sein d'un territoire.

Produits primaires Produits destinés à être transformés (produits agricoles, matières premières énergétiques et minérales).

Quartier prioritaire voir p. 74

Quartier résidentiel fermé (*gated community*) Quartier clos dont l'accès est contrôlé.

Recherche et Développement (R&D) Ensemble des moyens mis en œuvre pour favoriser l'innovation.

Recomposition spatiale Réorganisation des territoires liée à des dynamiques variées (économiques, démographiques...).

Relocalisation Se dit notamment pour désigner le retour d'unités de production dans le pays d'origine d'une firme.

Renaissance rurale Regain démographique des espaces ruraux.

Rénovation urbaine Opération d'aménagement urbain (au moins à l'échelle d'un quartier) passant par la réhabilitation et/ou la démolition, par la création de logements, la réorganisation des activités, de la voirie, etc. Certaines de ces opérations visent à la requalification.

Requalification urbaine Opération d'urbanisme visant à changer la fonction d'un quartier (par exemple, quartier industriel transformé en quartier tertiaire ou résidentiel).

Réseau Ensemble des chemins et axes matériels et immatériels qui relient les différentes parties de la planète. Les lieux de connexion de ces réseaux sont des nœuds.

Ressource Richesse potentielle exploitée ou non par l'homme.

Révolution verte Augmentation de la production agricole dans certains pays du Sud par la modernisation des techniques et des aides aux petits agriculteurs.

Ruralité Ensemble de représentations collectives liées à l'espace rural (style de vie, nature...) que l'on oppose souvent à « la ville », à « l'urbain ».

Rurbanisation Processus d'urbanisation d'espaces ruraux.

SCoT (Schéma de cohérence territoriale) Document d'urbanisme prévisionnel engageant des communes d'un territoire sur 15 ans.

Sécurité alimentaire Capacité des populations à se nourrir convenablement, en quantité et en qualité.

Socialisme de marché voir p. 272

Synergie Processus par lequel plusieurs acteurs interagissent, ce qui démultiplie leur efficacité.

Système productif Activités productives fonctionnant en système (en interdépendance, en réseau) à une échelle de plus en plus vaste.

Système productif local (SPL) Tissu industriel dense de petites entreprises d'un même secteur travaillant en réseau.

Technopôle Parc d'activités regroupant des activités de pointe (recherche, haute technologie) et de formation supérieure.

Technopole Ville ayant développé des activités de technologie de pointe et de recherche.

Terres rares voir p. 268

Tertiarisation Progression de la part des services dans la population active et le PIB d'un État.

Transactions à haute fréquence voir p. 134

Transition alimentaire Passage d'une consommation peu calorique, à base de céréales, à une consommation plus importante en calories et en protéines d'origine animale.

Transition urbaine Passage rapide d'un peuplement en majorité rural et dispersé à un peuplement en majorité urbain et concentré (analogie avec la transition démographique).

Valeur ajoutée Différence entre la valeur finale d'une production et la valeur des matières premières et pièces détachées ayant servi à la production.

Ville mondiale Métropole qui concentre des activités de commandement politiques et/ou économiques d'échelle mondiale, qui possède une forte capacité d'innovation et marquée par un cosmopolitisme. Les villes mondiales constituent des ancrages privilégiés pour les échanges mondialisés.

ZAD (Zone à défendre) voir p. 230

ZES (Zone économique spéciale) Zones franches créées en Chine à partir de 1980 dans le cadre de l'ouverture économique et du passage progressif d'une économie socialiste à une économie libérale.

ZIP (Zone industrialo-portuaire) Espace littoral associant des activités industrielles et portuaires.

ZIR (Zone d'intégration régionale) Union douanière entre plusieurs États avec, parfois, des politiques économiques et même une monnaie commune.

Zone franche Territoire dans lequel un État offre des avantages notamment fiscaux pour attirer des investissements étrangers et développer des activités à des fins d'exportation.

CRÉDITS

PHOTOS Couverture : Photo12.com/Alamy • **11** : DR • iStock/Extreme Photographer • DR • Photo12/imagesBROKER/Justus de Cuveland • DR • DR • IGN2019 • IGN2019.

THÈME 1 12-13 : Hemis.fr/Jon Arnold Images • 15 : AFP/D. Kanter • 16 h : Hemis/Alamy/D. Bajurin • 16 b : Hemis/Alamy/P. Scalia • 18 h : Hemis/Alamy/A. Helin • 18 b : Hemis/Alamy/F. Bienewald • 19 h : © Google Earth • 19 b : Hemis/Alamy/T. Kurikawa • 20 g : Hemis/Alamy/Dinodia Photos • 20 d : DPA/P. Kneffel • 23 h : Hemis/Alamy/Grant Rooney Premium • 23 b : Photo12/Alamy/M. Slusarczyk • 24 : The Guardian • 27 h : Plainpicture/R. Harding/N. Emmerson • 27 b : D.R. • 28 : Hemis/Alamy/A. Kravchenko • 29 h : ONLYFRANCE.FR/JF Tripelon-Jarry • 29 b : SIPA/S. Allaman • 32 : Hemis/Alamy/S. Pavone • 33 : Hemis/Alamy/Jose Luis Stephens • 34 h : Hemis/Alamy/K. Kost • 34 g : Hemis/Alamy/StoryLife • 34 bd : Jeffrey Milstein photography • 35 : Hemis/Alamy/F. Khan • 37 : D. Méchin • 39 : Reuters/Kim Hong-J • 40 : Geoff George • 41 g : HW7FEF • 41 d : I.Baan • 42 : AGROBBUCHTALGmbHviainfinitude.biz(Singapore) • 43 : Hemis/Alamy/J.Kraft • 44 h : Hemis/Alamy/Bailey-CooperPhotography • 44bg : Hemis/Alamy/L.Coughlan • 44 bd : TASS via Getty Images/V. Sharifulin • 45 : Hemis/Alamy/F. Stark • 49 : Hemis/Alamy/Mezairi Artworks • 51 : AFP/K. Desouki • 52 : GettyImages/L. Ruecker • 53 : C. Giraud • 55 : J. Miller/Millefoto • 58 : Thales © Gravity • 59 : iStock/FrankRamspott • 60 : Maxppp/IP3 Press • 61 : hanslucascom/A. Finistre • 62 h : Reuters/B. Tessier, Pierre Bideau (Conception éclairage) • 62 bg : J. Isenmann • 62 bd : Archives Sud-Ouest • 63 : Saif images/C. Cornut • 67 : E. Fischer, using data from Flickr and Picasa. Base map data © OpenStreetMap contributors, CC-BY-SA • 68 : Hemis/Alamy/G. Oze • 69 h-b : © Google Earth • 71 h : Hemis.fr/C. Moirenc • 71 b : AFP/H. Valenzuela • 72 : Hemis.fr/J.-M. Barrere • 73 : ONLYFRANCE.FR/A. Bertrande • 75h-b : © NAI • 76 : Divergence/O. Coret • 77 h : M. Szlazak • 77 b : INA, 20 heures du 18/02/2017, reportage Ambrine Boida • 81 : INA, Enquête de régions Rhône Alpes Auvergne du 28/11/2014, reportage J. Perrier • 82 : ANA/ONLYWORLD.NET/R. Leboucher • 83 : © Google Earth • 85 h : Hemis/Alamy/G. Balfour Evans • 85 m : Wessal Capital • 85 b : Alstom • 88 : Hemis/Alamy/Viennaslide.

THÈME 2 • 94-95 : AFPphoto/J.Vaughan • 97 : Airbus - D.R. • 98 : AFPphoto/ImagineChina/LiXiaofei • 101h : Photo12/Alamy/Maurilius images Gmbh • 101m : INA/20 heures du 24 octobre 2016, reportage de Valérie Astruc • 102 h : Getty Images/B. Kraft/Contributeur • 102bd : © Service Infographie/lefigaro.fr/2018 • 104 b : Photo12/Alamy/P. Rodphan • 105 hg : © « CAPA – Centre for Aviation » • 106 : © 2015 Zapiro. Originally published in the Times. Re-published with permission – For more Zapiro cartoons visit www.zapiro.com • 107 : Reuters/S. Sibeko • 108 : Photo12/Alamy/Image Broker/W. Wirth • 109 : AFP Photo/Getty Images ASIAPAC/Getty Images/C. Sung-Jun • 110 h : REA – Ropi/Featurechina/G. Zhou • 110bg : Photo12/Alamy/AgencjaFotograficznaCaro • 110bd : Photo12/Alamy/KremlinPool • 111 : Photo12/Alamy/M.Green • 115hg-hd : Photo12/Alamy/Xinhua • 116 : Photo12/Alamy/G. Robinson • 117 : © Chappatte, The New York Times • 119 : Maxppp/EPA/YMYIK • 120 : Sipa/Chine Nouvelle • 121 : « L'EMPIRE DE L'OR ROUGE – Enquête Mondiale sur la tomate d'industrie » de Jean-Baptiste Malet © Librairie Arthème Fayard 2017 • 123 : AFP Photo/Y. Chiba • 124 : Reuters/B. MCDermid • 125 : Reuters/S. Zivulovic • 126 h : Dreamstime.com/M. Rauw • 126 m : Photo12/Alamy/Robert Estall photo agency • 126 bd : Getty Images/Westend61 • 127 : Photo12/Alamy/Robertharding/R. Cummino • 131 : AgeFotostock/Topic Photo Agency IN • 132 g : AFP Photo/J. Nackstrand • 132 d : Maxppp/EPA/S. Lindholm • 133 h : AFP Photo/B. Horvat • 135 : Photo12/Alamy/Desintegrator • 136 : REA/The New York Times – REDUX/J. Arredondo • 137 md : Photo12/Alamy/BSTAR Images • 137 mg : © Philippe Geluck • 141 h : Marine Traffic • 141 b : Photo12/Alamy/S. Forster • 142 : AFP Photo/ImagineChina/J. Ren • 143 : Only France/M. Subervie • 144 h : D.R. • 144 bg : L'Express/2018 • 144 bd : Club TGV Bretagne • 149 : Photo12/Alamy/ITAR-TASS • 150 mg : www.leslipfrancais.fr • 153 h : © Google Earth • 153 b : D.R. • 155 : Maxppp/PhotoPQR/Le Républicain Lorrain • 157 : D.R. • 158 F : © Morbihan Tourisme – Signe des Temps - iStock-Fotolia • 158 d : Réalisation d'Amasis pour Pays d'Aix Développement, Agence de développement économique du Pays d'Aix • 163 : Biosphoto/J-F. Souchard • 165 : © Luma Arles, Parc des Ateliers © Hervé Hotte • 166-167 : © Google Earth

THÈME 3 176-177 : Getty Images/D. Bosma • 178 : Photo12/Alamy/B. Stanley • 179 hg : Gérald Domon, in François Madoré, Le commentaire de paysages en géographie humaine, Armand Colin, 2006 • 179 g : © Google Earth/Maps • 179 bd : Photo12/Alamy/Hemis • 180 bg : Photo12/Alamy/Design Pics Inc • 182 : iStock/R. Bas • 184 : Getty Images/RBB • 185 : AgeFotostock/Dinodia • 186 d : Région AURA/Crédit Agricole • 186 bg-bd : N. Salinas, Charte 2014-2029 du Parc Naturel régional des Monts d'Ardèche • 187 hg : Vulcania.com • 187 d : IGN 2019 • 187 bg : Shutterstock/Colores • 188 h : AuraBio • 188 d : Parc Naturel Régional de Chartreuse • 188 bg : Photo12/Alamy/Jaubert French Collection • 190 : Friends of the Earth USA • 191 : Photo12/Alamy/T. Fernandez • 192 h : Maxppp/M. Sayao/EPA • 192 bg : iStock/O. Espinosa • 192 bd : Getty Images/Bloomberg • 193 : Photo12/Alamy/Design Pics Inc • 197 h : Dessin de Mibé • 197 b : Photo12/Alamy/J.J. Morales • 198 g : Photo12/Alamy • 199 hd : Photo12/Alamy • 199 bg : A.Rante/Greenpeace • 201bg : ©LB • 201bd : Photo12/Alamy/G.Heilman • 202 : iStock/Eonaya • 203h : NationalGeographic/L.Locatelli • 203b : ©GoogleEarth/Maps • 204 : Photo12/Alamy/Ivoha • 205 : Photo12/Alamy • 206 hg : Pxhere • 206 bg : Photo12/Alamy/R. Harding • 206 bd : Shutterstock/Bogumil • 207 : B. Auzou/Le Dauphiné • 209 h : J. Bohbot • 209 bd : BaliJungleAdventurePark • 210 : AgeFotostock/Photo12/J.A. Jimenez • 211hd : Photo12/Alamy/J.Sochor • 211bd : ©GoogleEarth/Maps • 213 : ÉditionsDeNoel/UnitedAgentsUK/P. Simmonds • 214 bg : Photo12/Alamy/R.C. Bauer • 215 hg : Photo12/Alamy/M. Brand • 215 g : DR • 215 hd : WWF • 219 hg : iStock/Golero • 219 hd : iStock/Pavliha • 219 mg : AFP/XINHUA • 219 md : AFP/STR • 219 bd : FDDM • 220 : E. Van Den Broek/MutinerieVillage • 221 : L. Darnis • 222 h : M. Ollivier/Archives Ouest France • 222 b : M. Touchemann/Pays de Remiremont • 222 bd : Getty Images/S. Sarkis • 223 b : Maire d'Oulles en Oisans • 227 g : J.-M. Leclère-Reims • 227 d : REA/S. Leitenberger • 228 bg : Hemis.fr/A. Brusini • 229 g : Age Fotostock/C. Goupi • 229 hd : Région Guadeloupe • 231 h : Union européenne, 1995-2019 • 231 g : Phanie/Garo • 231 d : Les Survoltés, http://survoltes.fr • 232 hg : D. Jolivet • 232 bg : Produit en Bretagne • 233 h : IGN 2019 • 233 bg : INA/D'un soleil à l'autre, reportage de Sylvain Jaeger et Pierre Adrien, 13/05/95 • 234 d : Hemis.fr/H. Lenain • 235 h : D. Butaeye/SES de Padirac • 239 hd : Alternatives Économiques. Les dossiers N° 16/Décembre 2018 • 239 bd : CIT'images/Xavier Testelin • 240 : OPABA • 241 : DR • 242 g : Estate of William Kurelek, courtesy of the Wynick/Tuck Gallery, Toronto • 242 d : Photogramme issu du film « Tom à la ferme » de Xavier Dolan © 2013 – 8290849 Canada INC. (une filiale de MIFILIFIMS Inc.) MK2 FILMS/ARTE France Cinéma • 243 hd : IGN 2019 • 243 bd : IGN 2020

THÈME 4 252-253 : DR • 255 hd : Getty Images/ChinaFotoPress • 255 hg : Photo12/Alamy/VogelSP • 255 mg : G. Sabrié • 255 md : Getty Images/K. Wu • 255 bg : Getty Images/Uschools • 255 bd : AFP • 256 hd : Getty Images/Yaorusheng • 257 hg : Photo12/Alamy/P. Horree • 257 d : Big Pixel • 258 hg : 123RF/A. Iasinskii • 258 bd : DR • 260hg : Getty Images/Bjdlzx • 260 bg : Getty Images/Construction Photography/Avalon • 260 bd : 123RF/Yayaow • 261 : AFP/J. Eisele • 265 : Getty Images/S. PavonePhoto • 266 hg : France 2 • 266 bg : Getty Images/China Photos • 269 : REA-LAIF/Kai Loeffelbein • 270 : Photo12/Alamy/L. Derimais • 271 hd : AFP/W. Zicheng • 273 h : Reuters/J. Yu • 274 bg : Photo12/Alamy/Zerega • 275 h : ShutterStock/HelloRF Zcool • 279 hg : DR • 279 mg : Photo12/Alamy/Prisma by D. Presseagentur GmbH • 279 bd : iStock/FrankRamspott.

TEXTES Malgré tous les efforts de l'éditeur, il nous a été impossible d'identifier certains auteurs. Quelques demandes n'ont pas à ce jour reçu de réponses. Les droits de reproduction sont réservés.

SOLUTIONS AUX EXERCICES

p. 58 : **ex. 1** 1F, 2V, 3F, 4V, 5V, 6V, 7F, 8V, 9F, 10V • **ex. 4** A. 1a, 2d, 6e, B. 5c, 7b C. 3f, 4g, 8h • **p. 80** : **ex. 1** 1V, 2F, 3F, 4F, 5F, 6F, 7V, 8V, 9F, 10V • **ex. 2** 1c, 2p, 3l, 4b, 5u, 6v, 7q, 8g, 9o, 10n, 11d, 12r, 13e, 14j, 15a, 16s, 17m, 18f, 19h, 20k, 21i, 22t • **ex. 3** 1. Métropole, 2. Indice de primauté, 3. Quartier prioritaire • **p. 140** : **ex. 1** 1F, 2F, 3V, 4V, 5V, 6F, 7V, 8V, 9V, 10F • **p. 162** : **ex. 1** 1V, 2F, 3V, 4V, 5F, 6V, 7F, 8V, 9V, 10V • **ex. 4** 1E, 2D, 3B, 4A, 5C • p. 218 : **ex. 1** 1F, 2V, 3V, 4F, 5F, 6V, 7F, 8F, 9V, 10F • **ex. 2** 1. A2 • B1 • C4 • D3 • 2. a. 45 % b. 35 % c. 1,9 milliard d. 3 milliards • **ex. 3** 1B, 2D, 3C, 4A • **p. 238** : **ex. 1** 1V, 2V, 3V, 4V, 5V, 6F, 7F, 8V, 9V, 10F • **ex. 2** a7, b6, c14, d1, e16, f13, g9, h10, i12, j5, k15, l2, m11, n8, o4, p3 • **p. 278** : **ex. 1** 1F, 2V, 3V, 4V, 5F, 6F, 7F, 8V, 9V, 10F • **ex. 3** 1H, 2G, 3C, 4I, 5A, 6B, 7D, 8E, 9F, 10J • **ex. 4** 1C, 2D, 3A, 4E, 5B.

Le code de la propriété intellectuelle n'autorise que « les copies ou reproductions strictement réservées à l'usage privé du copiste et non destinées à une utilisation collective » [article L. 122-5] ; il autorise également les courtes citations effectuées dans un but d'exemple ou d'illustration. En revanche « toute représentation ou reproduction intégrale ou partielle, sans le consentement de l'auteur ou de ses ayants droit ou ayants cause, est illicite » [article L. 122-4]. La loi 95-4 du 3 janvier 1994 a confié au C.F.C. (Centre français de l'exploitation du droit de copie, 20, rue des Grands-Augustins, 75006 Paris), l'exclusivité de la gestion du droit de reprographie. Toute photocopie d'œuvres protégées, exécutée sans son accord préalable, constitue une contrefaçon sanctionnée par les articles 425 et suivants du Code pénal.

DANGER LE PHOTOCOPILLAGE TUE LE LIVRE

Équipe éditoriale : Alice Karle, Florence Coquinot, Kummba Seck, Marie Valente et Lou Hoschedé
Couverture : Marion Aguttes
Conception de la maquette intérieure : Clémentine Largant et Sylvie Chesnay
Réalisation : Sabine Beauvallet et Véronique Rossi
Coordination et direction artistique : Studio Humensis, Audrey Hette
Cartographie : EdiCarto
Infographies : Orou Mama et Studio Humensis
Iconographie : Marie-Pascale Meunier, Dagmara Bojenko et Anne Wirz
Photogravure et prépresse : Arthur Caillard et ApexGraphic
Fabrication : Coralie Zémé

La pâte à papier utilisée pour la fabrication du papier de cet ouvrage provient de forêts certifiées et gérées durablement.
Imprimé en Italie - N° d'édition : 03580466-01
Dépôt légal : avril 2019